当代法哲学和法律理论导论

（第九版）

温弗里德·哈斯默尔
〔德〕乌尔弗里德·诺伊曼 主编
弗兰克·萨利格

郑永流 译

Hassemer/Neumann/Saliger (Hrsg.)

Einführung in die Rechtsphilosophie und Rechtstheorie der Gegenwart

9. Auflage

根据 C.F. 米勒出版社 2016 年第九版译出

当代法哲学和法律理论导论

（第九版）

主编：温弗里德·哈斯默尔　　乌尔弗里德·诺伊曼　　弗兰克·萨利格

著者：阿尔弗雷德·比勒斯巴赫　　京特·埃尔沙伊德　　温弗里德·哈斯默尔

阿图尔·考夫曼　　赖因哈德·默克尔　　乌尔弗里德·诺伊曼

迪特马尔·冯·普福尔滕　　洛塔尔·菲利普斯　　弗兰克·萨利格

约亨·施奈德　　乌尔里希·施罗特

C. F. 米勒出版社　德国海德堡　2016年　第九版

前　言

本书第八版主要限于文献数据和实证法律引用的更新，在这之后，当前的第九版在理论上重新作了设计。这包括近年来在法哲学研讨中处在前沿的主题。这涉及“法律的经济分析”（阿尔弗雷德·比勒斯巴赫），“神经科学与法律”（赖因哈德·默克尔）以及“在（刑）法中的程序化”（弗兰克·萨利格）。阿图尔·考夫曼的思想史贡献一章由迪特马尔·冯·普福尔滕进行了更新。

为此，在主题上删去了与时代相关的法学与社会科学的关系一章。也删去了系统理论的文本；在这些方面可参考在思想史中的梗概（下文 2.4.1）。

我们很高兴，来自阿图尔·考夫曼慕尼黑研究所圈子的另两位著名法哲学家赖因哈德·默克尔和迪特马尔·冯·普福尔滕成为我们的合作者。第一署名人也很高兴，属于阿图尔·考夫曼的“孙辈”的弗兰克·萨利格，不仅作为共同的作者，也是共同的编者，已肩负起延续这个项目的责任。

不幸的是，最初的两位作者，温弗里德·哈斯默尔和洛塔尔·菲利普斯，在此新版本完成之前去世了。他们的文章，按照约定，在收录进本书时内容没有变动。另外，新版的理念应能得到温弗里德·哈斯默尔，本书的长期共同编者的赞同。

各位编者特别感谢黎桑德拉·福克纳女士、朱莉娅·马科科女士、谢伦·萨利希女士（均为法兰克福）和塔玛拉·施奈德女士（慕尼黑）在新版出版中的帮助。

本新版应该是献给阿图尔·考夫曼的纪念。他的愿望是这个“导论”能被理解为对法哲学和法律理论这个最重要领域的指引，但也能被理解为对共同探讨者的邀请，同样伴随着由他倡议和受他启发的这本著作的第九版。

乌尔弗里德·诺伊曼
弗兰克·萨利格
美因河畔法兰克福/慕尼黑，2016年9月

第七版前言

第七版显示出相对于上一版的若干变化，它们主要考虑了过去十年中法哲学讨论的发展。现在有一个单独章节专门讨论法律论证理论，自第六版问世以来，这一理论已变得越来越重要。新收录了一篇关于在生物法和生物伦理学领域当前特别现实的法哲学问题的论文。另一方面，省略了关于“法律和语言”一章，以及对马克思主义法哲学的独立介绍，该部分将在以后的版本中整合到“历史话语”中。将关于法律与道德之间的关系单独设立一章，弥补了先前版本中许多读者感到遗憾的空白。之前一直辟专章对分析法律理论地位的介绍，现在被浓缩在各处的相关讨论中。

创立这本“导论”并在六个版本中做出了重大贡献的阿图尔·考夫曼于2001年4月11日去世。我们决定在此版本中完全保留他的核心文章，仅对文章附录的参考文献（页边码第19页及以下诸页和第147页）作了最新的更替。另外只是纠正了一些明显的印刷错误。所有其他文章均已修订和更新。

自第一版以来本书所追求的意图没有改变，即不仅向读者介绍当今主要的法哲学和法律理论问题的讨论状况，而且还邀请他们来“共同探讨”。为进一步加强不同法律秩序和法律文化之间的法哲学交流做出贡献的意愿也没有改变。

我们感谢乌尔特·艾森哈特候补文官、薇拉·扎赫尔女士、卢茨·艾达姆先生和亚历山大·科尔茨先生（均为美因河畔法兰克福）在完成此新版方面的倾力合作。应给予扎沙·齐曼先生特别的感谢，他不仅制作了术语索引，还成功地协调了校对和其他技术工作。

温弗里德·哈斯默尔

乌尔弗里德·诺伊曼

2004 年 1 月于美因河畔法兰克福

第一版前言

呈现在读者面前的拙著之蓝本，是本书两主编于1971年出版的《当代法哲学和法律理论基本问题》。它原收于一英文文集，后被译成日文和韩文，其朴素的目的是，为有兴趣的读者提供有关当代法哲学和法律理论发展状况的信息。总体上，它得到了学界友善的认可。当时学界全部的批评集中在该书过于简要，对于主要想了解该学科发展趋势的读者来说，须已具备许多背景知识。这就给我们提供了大幅度扩展其内容的动因。结果是，产生了一部新书而不是原书的新版。当然，"基本问题"仍为重头戏。

在"基本问题"之上进行新的扩充还另有缘故。在上一年，各州对考试范围作了调整，据此，法哲学除具有基础学科的特征以外，还变成了选修课，这意味着法哲学的重要性不是降低而是提高了。依原考试条例，考生可能局限于"法哲学原理"，并且它几乎从未被列入考试内容。现在，选修了法哲学的考生，必须通过笔试和口试，以证明他具有此学科全面和专深的知识。

虽然现在有大量优秀的法哲学、法律理论和方法论文献，但尚缺乏一本面向选修课学生，一方面介绍法哲学基础知识，另一方面论述当代法哲学（广义）思潮概况的著作。

惜既有的法哲学文献仍过于艰深，为不附随此趋势，我们组成了一个大小适中的共创者圈子。无疑，一个12人*的作者队伍比一个或两个人，更适合担当向读者深入和全面介绍法哲学之任务。

每位作者对自己承担的部分，负完全的学术责任。只要读者仍能明晓本书的总体精神，因分工带来的偶尔的观点对立，虽是不可避免的，却也无碍大局。为了保证本书总体精神的明晰性，即内在关联性，作者圈子仅限于那些在慕尼黑大学法哲学和法律信息学研究所长期合作的同事。特别是在本书初稿写作期间，作者们积极交换意见，讨论可能出现的重复和矛盾之处，并尽最大力气消除之。各章之间的横向关联使全书一目了然，便于使用。引证方式的统一，进一步阅读文献的选择，内容细目以及索引，也有助于此目标的实现。

然而，读者必须时刻警醒：不能将法哲学和法律理论问题，一如至今为止的多数教学和考试参考书，仍与法律教义学的知识连在一起。基本问题不是去“认识”，而是要批判性地思考和反思。假如这也首先取决于对问题等级的描述，那么，在有关被选择的问题和阐述中，读者将确实到处能发现作者要阐明的思想。

尽管作为一本导论，应尽可能涵盖法哲学和法律理论的全部问题，但却无法做到毫无疏漏。有些问题未被提及，有些只是在书的最后才梗概式地涉及。应予明确强调的是，本书大体上保持了案例式写作特征。像《当代法哲学和法律理论基本问题》那本小册子所传达的意向一样，此处也将试图在某种程度上通过“案例”来训练法哲学和法律理论思维。之于问题的阐述，也希望对于读者，它提供的是一种观点及其支撑，却又不将视角过分局限。重要的不是关于信息，而是对问题的思考，在思考中，首先也要从社会科学的角度去考察价值。

---

* 据作者之一诺伊曼介绍，起初为12人，后各版人数不等。——译者

对学生而言，本书的功用虽首先旨在帮助他们准备法哲学这门选修课，但撰写者们绝不仅仅只愿使应考者满意（不可想像法哲学中有什么“临时抱佛脚的参考”），他们更乐意为有志于法哲学的人提供路向上的帮助和思考的建议。最后但并非最不重要的是，撰写者们也渴望在联邦德国以外觅得知音，真正的法哲学和法律理论决不应囿于一国。

还须交待一下本书的体系，它对法哲学和法律理论议题展开的顺序，大致上为从一般到特殊，间或也从传统到现代。历史上的学说，仅在直接关乎当下情势时，才被论及。

阿图尔·考夫曼

1976 年 10 月于慕尼黑

要　目

目录

C. 重点问题

E. 趋势

缩略语对照表

a. a. O.	am angebenen Ort 出处同上
Abt.	Abteilung 章
a.E.	am Ende 最后
a. F.	alte Fassung 老版本
A(llg.)T	Allgemeiner Teil 总论
Abs.	Absatz 段落
AcP	Archiv für die civilistische Praxis 民事实践文汇
ADV	Automatisierte Datenverarbeitung 自动化数据处理
Alt.	Alternative 其他方案
Anm.	Anmerkung 注释
Anm. d. Verf.	Anmerkung des Verfassers 作者注释
AöR	Archiv des öffentlichen Rechts 公法文汇
ARSP	Archiv für Rechts- und Sozialphilosophie 法哲学和社会哲学文汇
Art.	Artikel 文章
ARWP	Archiv für Rechts- und Wirtschaftsphilosophie 法哲学和经济哲学文汇
Aufl.	Auflage 版次
Ausg.	Ausgabe 版次
BB	Der Betriebs-Berater 企业顾问
Bd., Bde.	Band, Bände 卷、册
BDSG	Bundesdatenschutzgesetz 联邦数据保护法

Beih.	Beiheft 增刊
bes., insbes.	besonders, insbesondere 特别是
BGB	Bürgerliches Gesetzbuch 民法典
BGH	Bundesgerichtshof 联邦最高法院
BGHSt	Entscheidungen des Bundesgerichtshofs in Strafsachen (Amtliche Sammlung) 联邦最高法院刑事裁判集（官方汇编）
BGHZ	Entscheidungen des Bundesgerichtshofs in Zivilsachen (Amtliche Sammlung) 联邦最高法院民事裁判集（官方汇编）
BImSchG	Bundesimmissionsschutzgesetz 联邦污染物排放控制法
BT	Deutscher Bundestag 德国联邦议会
BVerfG	Bundesverfassungsgericht 联邦宪法法院
BVerfGE	Entscheidungen des Bundesverfassungsgerichts 联邦宪法法院裁判集
bzw., resp.	beziehungsweise, respektive 或者，有鉴于
ca.	circa 大约
CR	Computer und Recht 计算机与法律
dgl., ders., dens., dies,	dergleichen, derselbe, denselben, dieselbe 同一的
d. h.	das heißt 即
d. i.	das ist 是
Dig.	Digesten 学说汇纂
Diss.	Dissertationsschrift 博士论文
DÖV	Die Öffentliche Verwaltung 公共行政
DRiZ	Deutsche Richterzeitung 德国法官报
DSWR	Datenverarbeitung, Steuer, Wirtschaft und Recht 数据处理，税务，经济与法律
dtsch., dt.	deutsch 德国的
DVR	Datenverarbeitung im Recht (1972/1973—1985) 法律数据处理

DZPhil	Deutsche Zeitschrift für Philosophie 德国哲学杂志
ed., edd.	(hat bzw. haben) herausgegeben (lat. edidit, ediderunt) 主编
Eds., eds.	haben herausgegeben (engl, edited by)Editor, 主编
Ed.	Editor, Herausgeber bzw. engl, edition (Auflage) 编者
EDV	Elektronische Datenverarbeitung 电子数据处理
ESchG	Embryonenschutzgesetz 胚胎保护法
etc.	et cetera 等等
f., ff.	folgende 以下，以下诸页
FamRZ	Zeitschrift für das gesamte Familienrecht 整体家庭法杂志
FAZ, F.A.Z	Frankfurter Allgemeine Zeitung 法兰克福汇报
Festschr. f.	Festschrift für 纪念文集
Fn.	Fußnote 脚注
GG	Grundgesetz für die Bundesrepublik Deutschland 联邦德国基本法
ggf-	gegebenenfalls 如有必要
grds.	grundsätzlich 基本的
GRGA	Gustav-Radbruch-Gesamtausgabe in 20 Bänden, hrsg. von Arthur Kaufmann, seit 1987《古斯塔夫·拉德布鲁赫全集》20 卷，阿图尔·考夫曼编，自 1987 年
GVG	Gerichtsverfassungsgesetz 法院组织法
HGB	Handelgesetzbuch 商法典
hrsg., Hrsg.	herausgegeben, Herausgeber 编者
i. e. S.	im engeren Sinne 狭义的
insbes.	insbesondere 特别是
i. S.	im Sinne 在……意义上

i. S. v.	im Sinne von 在……意义上
i. Üb.	im Übrigen 此外
iur	Informatik und Recht (1986—1988) 信息学与法律
i. V. m.	in Verbindung mit 与……相联系
i. w. S.	im weiteren Sinne 进一步而言
JA	Juristische Arbeitsblätter 法律工作通报
Jb.	Jahrbuch für Rechts Soziologie und Rechtstheorie 法社会学和法律理论年鉴
JBl	Juristische Blätter 法律通报
jg-	Jahrgang 年，发行年度
Jura	Juristische Ausbildung 法律教育
JuS	Juristische Schulung 法律教育
JW	Juristische Wochenschrift 法律周刊
JZ	Juristenzeitung 法律人报
Kap.	Kapitel 章
KJ	Kritische Justiz 批判司法
KrimJ	Kriminologisches Journal 犯罪学杂志
KZfSS	Kölner Zeitschrift für Soziologie und Sozialpsychologie 科隆社会学和社会心理杂志
MDR	Monatsschrift für Deutsches Recht 德国法月刊
MEW	Marx-Engels-Werke, Dietz Verlag Berlin 马克思恩格斯全集，柏林迪茨出版社
m.	mit 以及
m. N.	mit Nachweisen 证明
m. w. N.	mit weiteren Nachweisen 有更详细的说明

n. Chr.	nach Christus 公元
NF, N. E, n. R	Neue Folge 新系列
NK-StGB	Nomos Kommentar (zum Strafgesetzbuch) Nomos 评注（刑法）
NJ	Neue Justiz 新司法
NJW	Neue Juristische Wochenschrift 新法律周刊
NJW-RR	Neue Juristische Wochenschrift, Rechtsprechungs-Report 新法律周刊，司法报告
Nr.	Nummer 数字
PID	Präimplantationsdiagnostik 胚胎植入前遗传学诊断
o. J.	ohne Jahr 未注明日期
OLG	Oberlandesgericht 州高等法院
ÖVD	Öffentliche Verwaltung und Datenverarbeitung 公共行政与数据处理
ÖZöffR, ÖZöR	Österreichische Zeitschrift für öffentliches Recht 奥地利公法杂志
Rdn., Rn.	Randnummer 边码
resp.	Respektive 或者更确切地说
Röm	Römer-Brief (Der Brief des Paulus an die Christen in Rom) 罗马书
RR	Reine Rechtslehre 纯粹法学
RTh, RTh.	Rechtstheorie, Zeitschrift für Logik, Methodenlehre, Kybernetik und Soziologie des Rechts 法律理论，法律逻辑学、法律方法论、法律控制论和法社会学杂志
RTh. I	Rechtstheorie. Ansätze zu einem kritischen Rechtsverständnis, hrsg. von Arthur Kaufmann, 1971 法律理论，一个批判法学理解的方法，阿图尔·考夫曼编，1971 年
RTh. II	Rechtstheorie. Beiträge zur Grundlagendiskussion, hrsg. von G. Jahr und W. Maihofer, 1971 法学理论，基础讨论文集，G. 雅尔和 W. 迈霍菲编，1971 年

RuP	Recht und Politik 法律和政治
S., s.	Seite bzw. siehe (oder auch Satz) 页，另见（或句）
s. a.	siehe auch 亦见
SJZ	Süddeutsche Juristenzeitung 南德法律人报
s. o.	siehe oben 见上文
sog.	sogenannte 所谓的
Sp.	Spalte 栏
StGB	Strafgesetzbuch 刑法典
StPO	Strafprozessordnung 刑事诉讼法
s. u.	siehe unten 见下文
SZGB	Schweizerisches Zivilgesetzbuch 瑞士民法典
TPG	Transplantationsgesetz 器官移植法
u. a.	und andere bzw. unter anderem 另外
u. Ä.	und Ähnliches 类似的
u. a. m.	und andere(s) mehr 和其他更多
Übers., übers,	Übersetzung, übersetzt von 翻译
u. ö.	und öfter 更经常是
u. s. w.	und so weiter 等等
v.	von bzw. vom 的
v. a.	vor allem 首先
v. Chr.	vor Christus 公元前
Vgl., vgl.	vergleiche 参见
Vol., vol.	Volume 卷
WEX	Wahlfach Examinatorium 选修课模拟考试

z.B.	zum Beispiel 例如
ZfbF	Zeitschrift für betriebswirtschaftliche Forschung 企业经济研究杂志
ZfS	Zeitschrift für Soziologie 社会学杂志
zit.	zitiert 引用
ZPO	Zivilprozessordnung 民事诉讼法
ZRP	Zeitschrift für Rechtspolitik 法政治学杂志
ZSchr	Zeitschrift 杂志
ZStW	Zeitschrift für die gesamte Strafrechtswissenschaft 整体刑法学杂志
z.T.	zum Teil 一部分
ZVglRWiss.	Zeitschrift für vergleichende Rechtswissenschaft 比较法学杂志

作者简介

（以德语姓氏字母为序）

阿尔弗雷德·比勒斯巴赫（Alfred Büllesbach），1942年生。从事管理培训和管理活动，学习法律、社会学、政治学，通过第一次和第二次国家司法考试，政治学硕士，法学博士学（阿图尔·考夫曼门下），不来梅大学应用信息学、法律信息学名誉教授。至1979年任慕尼黑大学法哲学和法律信息学研究所学术助理。1979年至1990年任不来梅州数据保护州代表。后任戴姆勒－奔驰跨国服务（debis）的数据保护和工业协会安全负责人，以及debis Systemhaus的法律和合同事务负责人。他曾任戴姆勒克莱斯勒公司全球康采恩数据保护专员。此外，任德国法律和信息学协会（DGRI）理事会第一主席，多个科学顾问委员会成员，萨尔州大学欧洲研究所客座教授，乌拉尔－叶卡捷琳堡州立大学名誉教授。现任德国法律和信息学基金会理事会主席。

发表若干有关法哲学和法社会学、数据保护、法律信息学、信息技术开发和信息技术安全的作品。约200篇有关这些主题的文章。主编“信息技术与法律”系列丛书，主题为“媒体与法律的融合”“电信法中的数据保护”“2000年信息法”“无数据保护的数据交易”“电子政务”等,《简明欧洲信息技术法》评注的作者和合编者，第2版，2010年。

京特·埃尔沙伊德（Günter Ellscheid），1930年生。1950—1954年在美因茨和科隆大学学习法学。自1962年起在萨尔布吕肯大学从事法哲学研究（受考夫曼和迈霍菲尔指导）。1967年获博士学位（阿图尔·考夫曼门下）。自1958年起在司法机构工作，首先担任检察官，然后担任初级法院、州法院和州高等法院的法官。1969年10月1日至1970年9月30日，任慕尼黑大学法哲学研究所助理。之后在萨尔布吕肯大学法哲学和社会哲学研究所任学术助理。1985—1995年任萨尔州州高等法院院长。萨尔布吕肯大学法哲学和法律理论名誉教授。

出版物:《伊曼努尔·康德哲学中的实然和应然难题》，科隆、柏林、波恩、慕尼黑，1968年。《利益法学》，研究路径丛书，第CCCXLV卷，G. 埃尔沙伊德和W. 哈斯默尔编。附有埃尔沙伊德的导论，达姆施塔特，1974年，以及若干关于法哲学、法律理论和刑法主题的论文。

温弗里德·哈斯默尔（Winfried Hassemer），1940年生，2014年1月9日在美因河畔法兰克福去世。1959—1963年在海德堡，日内瓦和萨尔布吕肯研习法学。1964—1969年任萨尔州大学法哲学和社会哲学研究所助理。1967年获法学博士学位（阿图尔·考夫曼门下）。1970年通过候补文官考试。自1970年起任慕尼黑大学法哲学研究所助理。1972年在慕尼黑大学获刑法、刑事诉讼法、法哲学和法律社会学教授资格，并被任命为美因河畔法兰克福大学法学专业的法律理论、法哲学和刑法教授。国际法哲学和社会哲学协会德国分会和法律社会学协会的理事会长期成员。1991—1996年任黑森州数据保护专员。1996—2008年任联邦宪法法院法官，多所大学的名誉博士。自2002年4月10日起，任联邦宪法法院副院长兼第二庭庭长。

独立出版物:《事实构成与类型：刑法诠释学探讨》，1968年。《当代法哲学与法律理论的基本问题》，1971年（与考夫曼合作）。《犯罪的理论和社会学：实践导向的法益学说的各种方法》，1973年，1980年。

《刑法教义与刑事政策》，1974年。《一般预防的主要问题》，1979年（与克劳斯·吕德森、沃尔夫冈·瑙克合作）。《刑法基础导论》，1981年，第12版，1990年。《通过社会科学的刑法的进步？》，1983年（与克劳斯·吕德森、沃尔夫冈·瑙克合作）。《现代刑法中的产品责任》，海德堡，1994年，第2版，1996年。《今日数据保护和数据处理》，威斯巴登，1995年。《作为迫害者的受害者》，法兰克福，1996年（与卡琳·马图塞克合作）。《由于新的控制需求和信息技术的隐私机会》，1997年。《法治国中的刑罚》，安德烈·冯·希尔施作序，巴登－巴登，2000年（刑法学与刑事政策，第3卷）。《刑法自由》，罗伯特·莱希特作序，柏林，2001年（"共和国的头脑"）。《犯罪受害者：法律与正义》，慕尼黑，2002年（与扬·菲利普·瑞姆茨玛合作）。《法治国中的宗教宽容：以伊斯兰教为例》，2004年。《自决：仍合时代？》，2006年。《关于管辖权的说明》，2007年。《现代法律的表现形式》，2007年。《刑法：它的自我理解，它的世界》，2008年。《刑罚为什么必须存在：一种辩护》，第2版，2009年。

阿图尔·考夫曼（Arthur Kaufmann），1923年生于霍恩特维尔（Hohentwiel）；2001年4月11日在慕尼黑去世。1945—1949年在海德堡研习法学。1949年获博士学位（古斯塔夫·拉德布鲁赫门下）。1952—1957年任卡尔斯鲁厄初级法院法官。1957—1960年在海德堡研习哲学。1960年在海德堡获刑法、刑事诉讼法和法哲学教授资格。1960年在萨尔布吕肯任刑法、刑事诉讼法和法哲学教授，自1969年起任职于慕尼黑，任慕尼黑大学法哲学和法律信息学研究所所长。1989年退休。

多所大学名誉博士。巴伐利亚科学院的正式成员；国际法哲学和社会哲学协会名誉主席；国际法哲学和社会哲学协会德国分会名誉主席；日本刑法学会名誉会员；悉尼大学法学高级研究所名誉通讯成员；

乌德勒支艺术和科学院通讯成员。

400多种出版物，主要涉及法哲学和刑法领域，现被翻译成16种外语。主编学术评论性的古斯塔夫·拉德布鲁赫全集20卷（自1987年出版）。

赖因哈德·默克尔（Reinhard Merkel），1950年生。在波鸿，海德堡和慕尼黑研习法学。分别于1977年和1980年通过第一次和第二次国家司法考试。1978—1983年在慕尼黑研习哲学与文学。1981—1985年在慕尼黑法哲学和法律信息学研究所任学术助理，1985—1988年任职于该研究所学术委员会。1993年获得慕尼黑大学博士学位，1997年获法兰克福大学教授资格。1997—1999年在比勒费尔德大学、罗斯托克大学和汉堡大学主持刑法、刑事诉讼法和法哲学教席。自2000年4月起任汉堡大学刑法和法哲学教授；2011—2015年任汉堡大学法哲学专业执行负责人；自2015年起退休。跨大西洋研究小组“辛克斯顿集团：干细胞、道德与法律国际联合会”成员（辛克斯顿，英国和巴尔的摩，美国）。自2011年1月起任“利奥波第那”全国科学院成员，科学理论部。自2012年任德国伦理咨询委员会成员；2016年4月被重新任命，任期四年。2008/2009年任柏林科学院研究员，2013/2014年任格雷夫斯瓦尔德·阿尔弗雷德·克虏伯科学院研究员。阿尔贝尔出版社“应用伦理”丛书联合编辑；帕尔格拉/麦克米兰出版社“法律，神经科学和人类行为”丛书科学顾问委员会成员（伦敦/纽约/墨尔本）。

主要出版物：《卡尔·克劳斯著作中的刑法和讽刺》，1994年；第2版（袖珍本），1998年（1996年度法律书籍）；《早期安乐死：关于新生儿生死的医学决定的法律伦理和刑法基础》，2001年；胎儿研究项目，2001年；《干预大脑：改变心理和社会》，2007年（与G.伯尔、J.费格特等合作）；《意志自由与法律责任》，2008年（2008年度法律书籍），第 2 版，2014 年；《对人的临床研究的益处和危害》（与 J. 博斯、H. 拉斯佩、B. 舍内－塞弗特合作），2009 年。若干关于刑法、法哲学、哲学与文学主题的论文。

乌尔弗里德·诺伊曼（Ulfrid Neumann），1947 年生。在蒂宾根和慕尼黑研习法学。分别于 1971 年和 1974 年在慕尼黑通过第一次和第二次国家司法考试。自 1974 年起任慕尼黑大学法哲学和法律信息学研究所学术助理。1978 年在慕尼黑大学获博士学位，1983 年获教授资格。1984 年任法兰克福大学法哲学教授，1987—1994 年任萨尔布吕肯大学刑法、刑事诉讼法、法哲学和法律社会学教授。自 1994 年起任美因河畔法兰克福大学刑法、刑事诉讼法、法哲学和法律社会学教授。1998—2006 年任国际法哲学和社会哲学协会（IVR）德国分会主席。古斯塔夫·拉德布鲁赫基金会主席。1991—1999 年任德国研究协会（DFG）评审专家，负责法哲学和国家哲学。多所大学名誉博士。日本刑法学会名誉会员。《法哲学和社会哲学文汇》（ARSP）主编。《整体刑法杂志》（ZStW）和《法哲学与法社会学论丛》（北京）编委。《Nomos 刑法典评注》的共同编辑和作者（巴登－巴登，1995 年及以后）。

主要出版物：《法律本体论和法律论证》，1979 年；《归责和“前责任”》，1985 年；《法律论证学》，1986 年；《法律中的事实》，2004 年；《作为结构和论证的法律》（选集），2008 年。曾发表若干关于刑法和刑事诉讼法、法哲学、法律理论和法律社会学等主题的论文。

迪特马尔·冯·普福尔滕（Dietmar von der Pfordten），1964 年生。在慕尼黑，伦敦和蒂宾根研习法学、哲学和政治学。分别于 1988 年和 1993 年通过第一次和第二次国家司法考试。1990—1992 年任慕尼黑大学法哲学和法律信息学研究所学术助理。1991 年在慕尼黑获法学博士学位（阿图尔·考夫曼门下）。1993—1999 年任哥廷根大学哲学专业学术助理和高级助理。1994 年在慕尼黑获哲学博士学位（尤里安·尼达-吕梅林门下）。1996—1997 年哈佛大学访问学者。1998 年在哥廷根获教授资格。1999—2002 年任爱尔福特大学法哲学和社会哲学教授。自 2001 年以来任爱尔福特公益科学学院的正式成员。自 2002 年起任哥廷根大学法哲学和社会哲学教授，以及法哲学和社会哲学系主任。自 2003 年任联邦政府归还与纳粹迫害相关的文化遗产咨询委员会成员（所谓林巴赫委员会）。2006—2007 年任布鲁塞尔国际法律理论学院客座教授。2011 年在格罗宁根帝国大学、2011/2012 在卡利亚里大学任客座教授。

独立出版物:《描述、进化、规章》，柏林，1993 年;《生态伦理》，莱茵贝克，1996 年;《法律伦理学》，慕尼黑，2011 年，同年第 2 版;《法哲学》（阿尔贝·特克斯特编），弗莱堡，2002 年，2010 年第 2 版;《法律中的概念》（J. 哈格编），海德堡，2009 年;《康德的人的尊严、法律与国家五论》，帕德博恩，2009 年;《规范伦理学》，柏林，2010 年;《寻找洞察力：论哲学的使命和价值》，汉堡，2010 年（劳卡俄语翻译，圣彼得堡 2016 年，英语和葡萄牙语翻译准备中）;《法哲学导论》（贝克知识丛书），慕尼黑，2013 年;《伦理，政治和法律中的规范的个人主义》（与 L. 屈勒合编），蒂宾根，2014 年;《道德现实主义？》（编），明斯特，2015;《人的尊严》（贝克知识丛书），慕尼黑，2016 年。

洛塔尔·菲利普斯（Lothar Philipps），1934 年生；2014 年 11 月 24 日在慕尼黑去世。在明斯特、维尔茨堡和萨尔布吕肯研习法律。1959 年通过第一次国家司法考试。萨尔布吕肯大学法哲学和社会哲学研究所助理（受维尔纳·迈霍菲尔领导）。1963 年获博士学位（维尔纳·迈霍菲尔门下），1965 年通过第二次国家司法考试，1970 年获教授资格。1972 年任萨尔布吕肯大学教授，自 1977 年任慕尼黑大学法哲学和法律信息学研究所刑法，刑事诉讼法和法哲学教授。1999 年退休。

独立出版物:《论社会角色的本体论》，1964 年;《行为活动空间》，1974 年;《通过计算机的法学测试任务和评估》，1978 年。此外，还有若干关于法哲学、法律理论、法律信息学、刑法和刑事诉讼法主题的论文。

弗兰克·萨利格（Frank Saliger），1964 年生。在美因河畔法兰克福研习法学，分别于 1991 年和 1994 年在美因河畔法兰克福通过第一次和第二次国家司法考试。自 1994 年在萨尔布吕肯和美因河畔法兰克福任犯罪科学与法哲学研究所学术助理。1999 年在美因河畔法兰克福获博士学位，2003 年获教授资格。2005 年任汉堡布塞留斯（Bucerius）法学院刑法、刑事诉讼和法哲学教授。2014 年任蒂宾根大学刑法、刑事诉讼法、经济刑法和法哲学教授。自 2016 年任慕尼黑大学刑法、刑事诉讼法、经济刑法和法哲学教授。联邦律师协会刑法委员会的常任嘉宾。罗克辛律师事务所特邀律师。《医学刑法杂志》(medstra）联合编辑。

主要出版物:《拉德布鲁赫公式与法治国》，1995 年;《政党法与刑法》，2005 年;《环境刑法》，2012 年;《最后的自我决定》，2015 年;若干关于不忠和欺诈的评论；若干关于刑事和刑事诉讼法、经济和医疗刑法以及法哲学和法律理论主题的论文。

约亨·施奈德（Jochen Schneider），1943 年生。研习法学。分别于 1970 年和 1980 年通过第一次和第二次国家司法考试。1971 年任学术助理，1972—1980 年任慕尼黑大学法哲学和法律信息学研究所学术助理。1977 年获博士学位（阿图尔·考夫曼门下）。自 1982 年以来在某工业部门工作，为自由律师。自 1992 年以来任慕尼黑大学（法律信息学）名誉教授。

出版物关于法律信息学、法律理论、法哲学、数据保护和计算机法，以及软件 / IT 法律的作品。

乌尔里希·施罗特（Ulrich Schroth），1946年生。在萨尔布吕肯大学和慕尼黑大学研习法学。1976—1981年在慕尼黑当律师。1983年获博士学位。自1987年10月起在慕尼黑大学任刑法、刑事诉讼法、法律哲学和法律社会学教授。1998—2007年担任慕尼黑大学法学院负责学生工作的院长。2007—2009年任法学院院长。多个DFG资助的移植医学法律和伦理问题研究项目负责人。移植医学院副主席和院长。1999—2007年，瑞士国家科学基金会国家研究项目“植入和移植”指导小组的评审专家和专业顾问。自2000年1月起任巴伐利亚格罗斯汉德姆（Großhadem）医院移植中心州医学协会器官活体捐赠委员会执行成员。自2015年退休。

出版物:《犯罪和刑罚的新理论》，1980年（与U. 诺伊曼合作）;《刑法中主观解释的理论与实践》，1983年;《作为先占的故意》，1994年;《故意与错误》，1998年;《欧洲器官活体捐赠：法律监管模式，伦理讨论和实践动力》(与托马斯·古特曼合作），2002年;《公平的器官分配的基础：医学，心理学，法律，伦理学，社会学》(与托马斯·古特曼、克劳斯·施内温德等合作），2003年;《移植法（TPF）评注》（与托马斯·古特曼、彼得·金、弗阿特·奥登库合作），2005年;《患者自主：以器官活体捐献为例》(与克劳斯·施内温德、托马斯·古特曼、比扬·法特－莫哈达姆合作），2006年;《刑法分则》，第5版，2010年。主编和独著作品:《移植，器官获得和器官分配》，2003年（与富特·奥杜库、威利·福斯库尔合编）;《医疗刑法手册》(与克劳斯·罗克辛合编），第4版，2010年;《政治－法律－伦理：从过去中验证和对未来的展望》(与康拉德·希尔珀特合编），第1版，2011年。此外还有若干论文。

A. 绪论

1. 法哲学、法律理论和法律教义学 1

阿图尔·考夫曼 慕尼黑

1.1 法哲学与法律教义学

法哲学是哲学的一个分支，而不是法学的子学科。但人们也不可将法哲学视为（一般）哲学的一个特殊种类。哲学一直并以其所有形式，与人的此在，与卡尔·雅斯贝尔斯所称的“大全”[1]这一基本问题相连。简言之，在哲学中，这关涉“根本”的问题。

是故，法哲学区别于哲学的其他分支不在于其有什么特殊性，要害是，它以哲学的方式去反映、讨论法的原理、法的基本问题，并尽可能给出答案。通俗地说，在法哲学中是法学家问，哲学家答。因此，一位训练有素的法哲学家必须兼通法学和哲学两门学问，对于那个经常被提到的问题:“纯哲学家”的法哲学与“纯法学家”的法哲学哪个更糟，应该说二者都不怎么样。

法哲学并非法学，更非法律教义学。据康德，教义学是“对自身

---

〔1〕 雅斯贝尔斯,《哲学导论》，第25版，1986年，第24页及以下诸页。进一步的论述可见埃迪特·施泰因,《哲学导论》，1991年，导言（第21页及以下诸页）。

能力未先予批判的纯粹理性的独断过程”，[2]教义学者从某些未加检验就被当作真实的、先予的前提出发，法律教义学者不问法究竟是什么，法律认识在何种情况下、在何种范围中、以何种方式存在。这不意指法律教义学必然诱使无批判，但即便它是在批判，如对法律规范进行批判性审视，[3]也总是在系统内部，并不触及现存的体制。在法律教义学的定式里，这种态度完全正确。只是当它把法哲学和法律理论的非教义学（超教义学）思维方式，当作不必要、“纯理论”甚至非科学的东西加以拒绝时，危险便显示出来。

2 当然，这也不意味着，哲学，法哲学能完全无条件地开展研究。人们自能明了那个被帕斯卡尔在《波尔罗亚尔的逻辑学》(1662年）一书中形容为无法获得的“完美无缺的方法”：不允许使用未被明确定义的概念，不允许提出其真实性未经证明的主张。在此，无须赘述这两个要求无法实现，因为它们必定导致无穷复归。

但不同于教义学，哲学至少必须尝试对科学和体制的基本问题和基本前提,(像今人喜欢说的）进行深层次探讨。易言之，哲学必须采取超越体制的立场。[4]这种立场不是空洞无物的，正如新近的诠释学所指出的那样,“先见”和“前理解”是理解意义的先验条件，其之于语言学尤为重要（法学亦属语言学，因为它在本质上与语言文本有

---

〔2〕 康德,《纯粹理性批判》，B版，第XXXV页。还可参见艾克·冯·萨维尼,《教义学的作用——科学的审视》，载U.诺伊曼等著,《法律教义学和科学理论》，1976年，第100页及以下诸页。

〔3〕 参见《联邦最高法院刑事裁判集》第24卷，第40页及以下诸页：关于“法律秩序之维护”(《刑法典》第47条第1款、第56条第3款）——此判决虽具有十足的批判性，但完全是教义性的。

〔4〕 参见科英,《法哲学纲要》第5版，1993年，第3页：“在不摒弃法学在其领域内已获得的知识情况下，法哲学也必须超越其界限，法哲学将由法文化现象提出的特殊问题，与哲学上的一般和基本问题结合起来。”

关[5])。但哲学决不可停留在此种预设中，而是必须通过“在进一步探究意义中所产生的事物，去不断地修正预设”。[6]在哲学中，同样，在法哲学中，不可能存在无疑的东西，它们自身的本质也概莫能外。原则上，哲学家不可毫无疑问地承认什么。在这点上，事实上可以说，哲学要比其他具体学科更“根本地”去研究问题，但不能由此推出哲学解决的问题比教义学解决的问题重要这种结论，例如，医学中癌症研究的重要性并不亚于法哲学中正确（正当）法的标准之探讨。哲学与教义学不是“多与少”“重要与不重要”，而是不同种类的关系，因此，不能以一方取代另一方。

1.2　法哲学的对象

如上所述，法哲学与法律教义学的区别在于对象的不同。在科学理论中，人们将**质料客体**在整体上理解成某一科学所研究的具体对象。相反，**形式客体**则指研究这个整体的特殊视角（因此，形式客体有时
被称为“研究对象”）。对每一种科学来说，形式客体是其独特之处， 3
而质料客体则为多种科学的共有。譬如，“法”，是全部法学学科共同的质料客体。民法、国家法、行政法、刑法是在各自的形式客体上相异的。最近还可以看到，质料客体一直在不停地分裂成许多形式客体

[5] 尤见伽达默尔，《真理与方法》，第5版，1986年，第270页及以下诸页，第330页及以下诸页；埃塞尔，《法律发现中前理解与方法选择》，第2版，1972年，特别是第136页及以下诸页。另参见阿图尔·考夫曼，《法律诠释学文集》，第2版，1993年，第51页，第74页及以下诸页，第86页，第92页及以下诸页。最新的叙述清楚的基础读物是J. 施特尔马赫的《法哲学的诠释学理解》，1991年。

[6] 注5，伽达默尔，《真理与方法》，第271页。

（如犯罪学已成为与刑法学比肩并立的独立学科，其本身又分化成几个专业），这导致了科学的进一步专门化。此一难以遏制的进程，必然会产生将目光死盯在“专业”上之危险，结果是，关联、整体和基础在视野中消失。愈是如此，愈将显出哲学的重要。

如其名所示，假如具体科学的本质建诸它总是指向个别事物，从未在其整体上以存在者为目标，那么，哲学的本质就是以形式客体的总体性为特征。众所周知，哲学从不关注个别，也不以个别的集合为对象，它要研究的是整体、关联和基础，哲学最困难的问题之一就在于此。

具体科学与一个特定的质料客体，即一个具体的存在者相联，它们从某一特定的视角，即形式客体上去考察这个具体的存在者。但在哲学上，我们不再以这种方式受质料客体和形式客体的双重约束。哲学真的有自己的“对象”（一个实体的对象无疑没有）吗？它完全没有一个特定的质料客体，它赖以存在的形式客体：“根本性的存在”，也是不特定的。一方面缺乏特定的质料客体，另一方面形式客体具有普遍性，遂使得哲学的认识和方法充满了难题。即便哲学可以从可感知的个别事物出发（如某一特定的法律规范），但哲学原本的对象并非是此种或彼种个别事物，而总只是探求事物背后之理，达到“超越”之境界的方法（比如问，法律规范“究竟”是什么）。

由于哲学没有特定的质料客体，相反有一个具有普遍性的形式客体，因而哲学应有些思辨的成分。哲学家当认识整体，但人的理解的特性是，总是只能关注个别事物。我们从未直接把握过存在的整体或法的整体。因此，哲学绝不能直接和在原理上（uno actu）把握其“对象”，相反，它必须从具体事物出发，这自然就要不断地展望和考虑到全部哲学研究的目标：对整体的思考。用雅斯贝尔斯的话说，“作为科学，哲学关注的是整体，但它的实现却发生在具体事物之中。”[7]

正因为具体科学关注的是具体事物，原则上，具体学科中的一个 4
独立的研究者，能在其研究室和实验室里进行科学创造，但在哲学领域则不可能。唯有从诸多部分中，人们才能识得整体。因此，哲学的目的只能在许多哲学家的共同努力，即在“商谈”中实现。基于此，沟通，“传播共同体”[8]在哲学中发挥着如此大的作用，以致哲学比其他具体科学更依赖于交互作用、主体间性、合意和相互接近。[9]如果正确地理解观点的多样性、不同学说的多元论的话，之于哲学，它们决不是障碍或死胡同，恰恰相反，而是其充分发展的必要条件。

由此又引出（法）哲学的相对主义问题。谁要是把不同的哲学观看作是个别的，似乎每一个别必须独自去获得整体，那他必定会得出极端的相对主义支配着哲学之结论。唯有从千百年来许多人的共同作用角度来理解哲学的人，唯有能从分歧中看到一致的人，方可挣脱相对主义。

1.3 法哲学中的正确问题

在（教义学的）具体科学中，问题的方向由其对象决定，因其只从具体事物入手，故问题的提出直接与具体事物相连。具体而言，给法律者提出何种难题，直接产生于各自的形式客体。例如，侵权行为导致损害赔偿，自然就出现是否适用德国《民法典》第823条及以下

〔7〕 雅斯贝尔斯，《哲学》，第3版，1956年，第1卷，第322页。

〔8〕 参见注1，雅斯贝尔斯，《哲学导论》，第21页及以下诸页和其他页。又见阿图尔·考夫曼，《正义——被遗忘的通向和平之路》，1986年，尤其是第122页及以下诸页。

〔9〕 详见阿图尔·考夫曼，《转折中的法哲学》，第2版，1984年，第57页及以下诸页。

条文的问题。

但在哲学和法哲学中情况就不同。它们的对象是存在的整体和法的整体。然而，一如前述，由于我们的思维不能立即和在原理上获得这个整体，而必须从个别，从整体的某一部分开始，因此，从方法上看，哲学中问题的提出不取决于其对象。虽然我能问：何谓整体之存在？什么是整体之法？但在方法上，除此问题外，我在哲学和法哲学中毫无进展。我必须从细节入手，提出诸如法的目的和目标、法律实证主义的意义、法律与美德的关系、法律规范的功能、法的历史性要素、实然和应然的“二元方法论”“一般原则”与“规则”的关系等
5 问题。只有由这许许多多的细节才能——当然是大体上——组合成整体。没有一种科学的哲学能放弃分析方法，当然，它也必须遵循综合方法。

但如何正确地提出问题呢？这决定着哲学中的正确问题。这难以回答，因为在哲学中不存在按照某一特定方向去提问的某种强制。原则上，只要做法得当，人们就能从细节达到整体（但正如“诠释学循环”的部分－整体关系说所指明的：没有对整体的（前）理解，便不可能知晓部分是什么，而整体只有在对部分有了认识的基础上才显现出来）。在死刑、责任、德国《民法典》第242条规定的一般条款，抑或法人制度方面，都可生发出很好的法哲学问题。甚至像“靠右行驶！”这样明显是技术性的规则，也完全可能是回答法律规范的含义、本质、意义这些法哲学问题的出发点。

尽管一切哲学最终总是指向诸如存在的整体，真理的整体，法的整体这类共同目标，但可能提出的哲学问题或难点，如前述，原则上是无数的。借此，哲学再次区别于具体科学，后者的问题之数量原则上是有限的。因而，只涉及特定研究对象的具体科学，能一次实现其

目标，而哲学由于其研究的是“事情的本性”，则无法做到。

然而，一个特定时期的哲学从未看到整体，而总是关注整体的某一个别方面，这就意味着必然忽视其他方面。于是，晚近的哲学便产生一种使命，将被忽视的其他方面纳入视野并把握它。虽然晚近哲学的目标在终极上总是与先前的毫无二致，但从历史性，也即**历史情势**中不断涌现出新的变化了的任务，[10]由此，哲学便成长起来。具体地看，为 17 和 18 世纪唯理的和唯心的自然法学说所片面强调的法的理性和理念因素，不得不被历史法学派，最终被法律实证主义所抛弃，19 世纪的法律实证主义因此肩负着一项历史使命：它必须重新思考法的实际**存在**，即法的**实证性**。但在经历极端的实证主义于 20 世纪造成的可怕的法律滥用后，我们的当务之急是，去努力找到对立法和法律发现中恣意妄为进行限制的“**不可支配之物**”，但不应该在抽象的价值王国里，而必须在法的现实中去寻找。[11]从上述示例中也可见，一个 6
哲学家完全可能对自己时代的问题不闻不问。[12]

应予明确的是，上述所言意指，正确提出哲学问题，是一个极具影响和有着重大科学责任的难题，还应指明，一种特定的哲学，只有从其问题的提出上才可能被理解。倘若人们不了解有关哲学家如何提出问题来探讨事情，未把握引发有关哲学家提出特定问题的历史情势，

〔10〕 拉德布鲁赫曾说过：“每个时代必须重书法学”，此言尤适于法哲学（《法哲学》，第 9 版，1983 年，第 222 页；《拉德布鲁赫全集》，第 2 卷，1993 年）。参见注 1，雅斯贝尔斯，《哲学导论》，第 109 页：“把逝去的时代当作是我们的时代，就像要重塑古艺术品一样，几乎不可能。”

〔11〕 参见 W. 哈斯默尔，《刑事程序中的不可把握性》，载《法治国与人的尊严——W. 迈霍菲尔纪念文集》，1988 年，第 183 页及以下诸页。

〔12〕 详见注 9，阿图尔·考夫曼，《转折中的法哲学》，尤其是第 69 页及以下诸页，第 110 页及以下诸页。

则没有一种哲学思想是可以理解的。一切有关哲学学说的知识，尚不是哲学，一如海德格尔所确言："充其量只是哲学学。"[13]

1.4 科学主义、哲学主义的谬误与对哲学的误待

前已指出，"纯哲学家"的法哲学，像"纯法学家"的法哲学一样糟糕。先说后者，纯法学倾向的法哲学家，落入唯科学论的误区，其谬误之处，一为高估（教义学的个别）科学，一为片面醉心于（法律）科学思维。此种法哲学家企图离开哲学，主要是脱离哲学知识去回答法哲学问题，特别是法的基本问题，持此态度的人越来越多。雅斯贝尔斯一针见血地指出，"几乎每个人都认为自己拥有对哲学问题的判断力。一方面，人们承认在科学中学习、传授和方法是理解的条件，另一方面，却主张在讨论哲学问题时无需其他条件，只要能谈得拢即可。"[14] 法学家正好如此，几乎每个人都认为自己有资格论说法哲学事务，纵使他从未严肃地探讨过哲学。这种法律唯科学论，在被称为"法哲学的安乐死"[15] 的19、20世纪之交的所谓一般法学说身上，表现最甚，在那里，法律"专家"欲把持哲学事务，并想将法哲学解说成"法学家哲学"。一般法学说这种法学近亲繁殖的结果，至多是产生一种粗俗哲学，它或许本能地蒙对一回，但却不知自己在干什么，一般而言，只是平庸的半瓶子醋。

---

〔13〕 海德格尔，《形而上学导论》，1953年，第9页。

〔14〕 注1，雅斯贝尔斯，《哲学导论》，第10页。

〔15〕 注10，拉德布鲁赫，第114页。

相反，**唯哲学论**是那些只受哲学激励和引导的法哲学的误区，它不关心独特的法律问题，不关心此时此刻法学对哲学提出的问题。在人们将这样或那样的哲学思潮转换成法哲学语言时，它有点怪异地提供给我们关于来源的深层考察，但它在这里所回答的问题，与特定的历史情 7
势毫不相干，因而，在此时此刻完全不是问题，即不具发问价值。

非哲学家对待哲学的一种常见缺陷是，试图将任一哲学思想、学说、理论搬到自己的领域，即像应用处方一样“**应用**”哲学。由此在法哲学中产生许多著名流派：托马斯主义、康德主义、黑格尔主义、马克思主义以及所有其他类似学派。对此，首先应予反驳，哲学思想从未提供一个像专利配方那样的现成答案，人们能像接受数学公式一样，简单地使用之。相反，哲学“仅仅”关注视角：从特定时空出发被证明为是根本性的观察方向。不幸的是，哲学必须听任人们指责它经常失灵，但在事实上，这种失灵起因于不假思索、未经批判地接受哲学的这一做法。只有通过积极地反思和共思，通过自身的共同探索，人们才能获得一种哲学家的学说。但这种**获得**与外在的接受有着本质的差别：“唯有那种将获得的东西通过自身的行为加以转化的摄取，才不是剽窃”。[16]

从上述还可得知，传授与哲学的本质相悖。此种传授仍可能斩获颇多，但它迟早会蜕化为教条主义，而教条主义再也没有能力展开事物的其他方面，只会导致“所传授的思想”的僵化、硬化和绝对化。所有绝对化的观点，所有能轻松运用的精致公式，如“命令就是命令”，“法律就是法律”，甚至“法就是正义”，这一切一切的核心是不

〔16〕 注7，雅斯贝尔斯，《哲学》，第1卷，第285页。另，在第287页及以下诸页，他论及并反对哲学中的传授方式。

真实和呆滞的。只有那些开放的、未完结的、尚有疑问的东西才具活力。究其根本，埃迪特·施泰因所言极是：“人们完全不可教授和学习哲学，只能探讨哲学”。[17]

1.5 法哲学与法律理论

相对而言，揭示哲学与教义学的关系要容易一些。但如何区分法哲学与法律理论？至今尚无一个令人满意的答案。这由外在表现可以看出，刊载于《法哲学和社会哲学文汇》杂志中的论文，就主题看，也能在《法律理论》杂志上发表，反之亦然。

8 对在法哲学旁还存在着法律理论这一现象，人们只能作历史解释。虽然“法律理论”是一旧语，但被用来指称法学中的一个专门学科，不长于30年。当然，法律理论也不再是一个全新的学科，因为19至20世纪初标称为“一般法学说”所说的，与今天的法律理论，虽非完全是一回事，但极为相似。

此外，法哲学与法律理论的区别非常模糊。法哲学更关注内容，而法律理论对形式尤为看重，这种说法虽似有几分道理，然而，由于不存在无形式的内容，也没有无内容的形式，所以并未廓清二者的界限。与法哲学一道，法律理论认为，它不拘泥于现行的法（它原则上也是超越体系的），而把指向“正当的法”，尽管经常是间接的。它也不像法社会学那样，致力于法律实况研究。

在根本上，法律理论只是在其动因上才与法哲学有别：这是指从哲学中“解放”，法学家愿在自己的领地里，以“法学家的哲学”这种

〔17〕 注1，埃迪特·施泰因，《哲学导论》，第21页。

方式去回应法的哲学问题。[18] 为人津津乐道的事情是：科学从哲学中“迁出”，“哲学的终结”，仅作为“残余学科”的哲学。海德格尔首先挑明：“早在希腊哲学时代就显示出一种决定性的哲学动向：这是在哲学拓开的视域中的科学训练……，这只需举出心理学、社会学、作为文化人类学的人类学之独立地位，逻辑在逻辑学和语义学中的作用就足矣……”[19] 人们也记得，一切自然科学本来就栖居在哲学中。

稍加修正，也可这样来评价法哲学。正如汉斯·里费尔所言，[20]
随着时间的推移，许多学科从法哲学中“迁出”，要举出这样的例子不
是什么难事。康德在其《法学的形而上学原理》[21] 中就探讨过物权、婚
姻法、亲属法、国家法、国际法，等等。在黑格尔的《法哲学》[22] 中，
人们可以发现所有权、契约、不法、责任、家庭、国家等章节。就连 9
在古斯塔夫·拉德布鲁赫的最后的“古典”法哲学那里[23]，也列有相
同的章节，诸如私法和公法、所有权、婚姻法、继承法、刑法、诉讼

---

〔18〕 参见勒莱克的文章，载其主编《法哲学还是法律理论？》，1988 年，导言第 7 页，正文第 1 页及以下诸页；另见 R. 德赖尔，《一般法律学说何为》，载其文集《法、道德、意识形态》，1981 年，第 17 页及以下诸页；雅尔和迈霍菲尔主编《法律理论》，1971 年；阿图尔·考夫曼主编《法律理论》，1971 年；阿多迈特，《法律理论——学生用书》，第 3 版，1990 年。最新的见 R. 德赖尔，《论法哲学与法律理论之关系》，载舍勒堡主编《法的哲学与哲学的法——H. 克伦纳纪念文集》，1992 年，第 15 页及以下诸页。

〔19〕 海德格尔，《面向思的事情》，1969 年，第 61 页及以下诸页，尤其是第 63 页。埃迪特·施泰因的说明意趣盎然：“通过界定个别科学特定的任务，哲学的研究领域没有缩小，相反，在这些科学以前所未知的身份登台亮相自成一体时，哲学又获得了新的研究对象。哲学的使命没有因这些具体的科学而消失”。注 1，《哲学导论》，第 23 页。

〔20〕 里费尔，《法哲学和国家哲学基本问题——政治哲学人类学》，1969 年，第 5、19、32 页及以下诸页。详述可参见注 5，阿图尔·考夫曼，《法律诠释学文集》，第 6 页及以下诸页。

〔21〕 康德，《道德形而上学》，第一篇，1798 年。

〔22〕 黑格尔，《法哲学原理》，1821 年。

〔23〕 拉德布鲁赫，《法哲学》，第 3 版，1932 年（殁后第 9 版，1983 年），《拉德布鲁赫全集》，第 2 卷，1993 年。

法、教会法、国际法……同样，人们能在根本上对所有法律问题进行哲学探讨。但这不改变物权、继承法、刑法、国际法等同时成为一门独立的学科。

随着时光的流逝，也即由于科学的不断复杂化，人们难以综览其全貌，也就在此情况下，在过去的三四十年间，法哲学中的一些特殊主题被分离出来，它们现被放在“法律理论”标识下来讨论，如：法律规范理论、法律认识论、法律论证理论和法律判决理论，以及法律方法论、法律语义学和法律诠释学，还有法律论题学、法律修辞学等其他理论。但不同于继承法、刑法、国家法，也不同于法社会学这些具有自主性的学科，上述“法律理论”问题仍属于法哲学，因为至今尚未有一个可将它们区别开来的标准。充其量，人们只能确立它们各自相对的重心：法律理论的兴趣主要在形式和结构要素上，而狭义上的法哲学更关注内容。[24]本书将不对法律理论与法哲学作严格的划分，先前对法哲学的解说，同样也适于法律理论，下文的论述将继续遵守这一界定。

1.6 哲学和法哲学的根源

为了解哲学及法哲学究竟应该和将会是什么，人们首先必须对其根源有一清晰认识。谈到此，人们须记住，依其理念，哲学虽是永恒之物，但它仍受制于历史性法则。[25]也即，它实际上探讨的是规律性，

---

〔24〕 参见阿尔弗雷德·比勒斯巴赫和约亨·施奈德，《选修专业课法哲学，法社会学》，载《法学家杂志》，1975年，第747页及以下诸页。

〔25〕 参见阿图尔·考夫曼，《自然法与历史性》，1957年；注5，阿图尔·考夫曼，《法律诠释学文集》，第25页及以下诸页；阿图尔·考夫曼，《法律理论——方法论视野中的法的历史性》，载《法哲学和社会哲学文汇》增刊2（1988），第114页及以下诸页；全面的论述见J.洛姆帕特，《当代德国法的历史性根基》，1968年；J.洛姆帕特，《法的原则的历史性》，1976年。

而绝不为哲学家的偶为和任意所支配。雅斯贝尔斯曾指出：哲学有三种主要根源：惊异、怀疑和震撼。[26]相应地，哲学有三个基本分支：本体论、认识论和存在哲学。每一分支有对世界的特殊的立场和独特的见解，每一分支开辟了自己的时代。 10

1.6.1 本体论（作为客观性的世界）

每一种本体论哲学首先专注于存在，即**客体**（但这并非必是其实质特征，譬如，它也研究结构和关系[27]）。其态度就是对一切奇事的奇异表示**惊异**：存在者存在，而不是相反，不存在。这一态度可以在柏拉图、亚里士多德、托马斯·阿奎那、歌德那里找到。对不是由我们创造的世界这一此在显出惊诧，就迫使人们去探求，去发问，因为我感到惊奇，所以我领悟到自己一无所知。我将去探求为何存在者存在，而不是相反，不存在。这就是**本体论**的问题。

本体论也是一种立于存在信赖之上的哲学，它源于存在者，外在于我们的思维而存在。本体论关注的不是意识而是存在，一般而言，存在是**不可把握的**，只是当人尊重蕴含于存在（“自然”）中的规律时，它才听命于人。显而易见，这样一种立于存在信赖之上，以客观现实性为导向的哲学，只是在一个井然有序、基础稳固，尤其是充满自信的时代才可能出现。因而，在一种精神和文化高度发达的时代，诸如在亚里士多德所处的古希腊全盛时期，在托马斯·阿奎那的全盛的经院哲学中，在黑格尔的德国唯心主义鼎盛岁月，本体论遂成为占支配地位的哲学思潮。

---

〔26〕注1，雅斯贝尔斯，《哲学导论》，第16页及以下诸页。

〔27〕如见H.龙巴赫，《结构本体论》，1971年；R.-F.霍斯特曼，《本体论与关系》，1984年；W.V.奎因，《本体相对性》，1975年。

客观主义法哲学也是以惊异为其出发点，它所惊异的是：存在本身就包含着秩序和建构；一种事物和关系的“自然”秩序就摆在那里；在人类一起生活的共同体中，处处原在地就有法。假如对人类文明自身固有的法则这一存在无动于衷，人们绝对不可能提出自然法问题。因为一个把法看作是纯人为之物的人，如何会冒出公正一类的、“不可把握的”法这种问题来？唯有从本性上，把法理解成一种外在于我们思维和意志的既存之物，唯有不否认法的存在属性，才可能有真正的自然法学说。除了存在，自然法别无其他有效的根据。说到底，自然法学说不外是法律本体论（但不必然是实体本体论），因而，本体论当红之日，就是自然法风光之时。自然法之花只是盛开在基本的存在信赖之沃土上。唯有信赖自己、信赖世界的传人，才会皈依自然法。

11
1.6.2 认识论（作为主观性的世界）

倘若说，一切客观主义哲学起始就置身于惊异和信赖之中，那么，主体导向的哲学的基调原初就是不信任和怀疑。因为我们不能确定，感觉是否欺骗了我们，因为我们在认识过程中一再误入歧途，因为我们唯有必须经常地去体验，自己的思维陷入万劫不复的矛盾深渊，为我们感觉到的和自以为识得的一切，必先被质疑一番，以便证实，什么东西能承受住这种极端的怀疑，而又是何物实际上具有可靠性。当笛卡尔在《第一哲学沉思集》(1641年）中提出怀疑一切可怀疑之事这个原则时，[28]他考虑的是我们认识的可靠性，即“认识的清楚和明白”，当康德在《纯粹理性批判》(1787年）序言中说道，为了

〔28〕 沉思一：我们可以怀疑一切的理由；沉思四：错误的根源。

给信仰留出地盘，必须剔除旧形而上学（臆想性）之论，[29]他也是在思考这个问题。

在人们从怀疑入手去作探究的场合，世界观将是另一番景象。人们的目光不是对准如何存在的物，而是思维着的主体。作为本源的不是存在，而是认识，存在被解释成意识的产物。就像普罗泰戈拉教导的：人是万物的尺度。哲学完全成了主观性的，成为意识哲学。因此，哲学的基本问题便是：我如何从我的意识中获得对“外部世界”的认识？也即，我究竟如何能认识事物？哲学不再主要关注物、对象、存在，而把兴趣放在认识、意识、方法上。此时，不是本体论，而是认识论成为第一哲学。于是，那种针对康德哲学为歌德所批评的倾向：哲学同样“不再顾及客体”，[30]太轻而易举地出现了。这样一种不再从信赖角度去理解存在，而是沉溺于永恒的怀疑之中的哲学，的确象征着一个时代的高潮行将逝去，衰落的趋势已露端倪。1826 年 1 月 29 日歌德曾告诉埃克曼：“不瞒您说，有些事情您在您的一生中肯定会多次体验到。一切处在倒退和衰落中的时代充满主观性，反之，一切进步的时代倾向客观性”。这位康德的同代人还补充道：“我们现处于一种倒退时期，因为它是主观的”。

此言对**法哲学**再合适不过。倘若说，法哲学起始就对位于存在之中的先在秩序无动于衷，而一上来就怀疑这种秩序的存在，那么，不再是公正的法，而是施塔姆勒所言的“法的知识”，[31]为首要问题。法之独立的存在属性被否定了，法只是一个名义上的概念，一个由立法者绝对权力创制的（实证主义）制定法的总称而已。人们根本不再去 12

〔29〕 B 版第 XXX 页。

〔30〕 歌德，1831 年 9 月 18 日给舒尔茨的信。

〔31〕 施塔姆勒，《法学理论》，第 2 版，1923 年，第 14 页及以下诸页。

理会自然法理念，一如自然法则只是被视为“科学的一般套用”，人们将自然法解释成“理论的产品”。[32]除了“一般法学说”[33]外，法哲学没剩下什么了。衰落也在此显出。[34]

1.6.3 存在哲学（作为自我生成过程的世界）

哲学思想的第三个根源是存在性震撼，当人被置于此在的“边缘状态”之前时，存在性震撼侵袭着他。这类情势，人既不能逾越也不能改变，依傍它们，人（或社会乃至整个人类）体验着自己此在的边缘，感悟着自身时刻牵挂着的世界的非确定性：责任、疾病、死亡、战争、瘟疫、文化的毁灭、民族的没落。意识到这种边缘状态，发觉自身软弱无力，如爱比克泰德所言，迫使人去表明立场，去追问人之此在的意义。“困境教人思考”（恩斯特·布洛赫）。[35]一切取决于人是如何对待这种边缘状态，人可能对它闭眼不见，视之为无，抑或在某一日为它所实际降服。此类情形是此在的非本真形式，此在的亏缺：群体此在。假如人果断地应对这种边际情势，有意义地将之纳入自己的计划和行动中，并通过自我意识的转变使之完全成为自身的状态，他才能达到真实的存在，达到此在的本真。存在哲学探求的，是呼吁人们去抗拒那种溺入只是苦苦挣扎这种非本真中的冲动，在这种抗拒

〔32〕 恩吉施，《当今法和法学中具象化理念》，第2版，1968年，第231页。切不可认为，此一观点绝对荒谬。

〔33〕 参见注32和注15中著作。

〔34〕 见拉德布鲁赫，《法学导论》，第8、9版，1929年，第199页（殁后第12版，康拉德·茨威格特整理，1969年，第252页及以下诸页；《拉德布鲁赫全集》，第1卷，1987年，第390页）。

〔35〕《蒂宾根哲学引论》，第1卷，1963年，第12页及以下诸页。资料来源：汉娜·阿伦特，《何谓存在哲学？》，1990年。

中自己决定自身的前途命运，并实现自我。

基于上述之言，毫不奇怪，在一个处于转变和因之发生危机的时代，我们处处首先与存在哲学不期而遇。它是转折时代典型的哲学。虽然名称不同，在进入古代的前苏格拉底时代，在转向中世纪的奥古斯丁那里，在迈入现代的帕斯卡尔处，我们都碰到了存在哲学。它也是我们这个向着新的、尚未命名的第四时期过渡的时代之哲学。[36]

在法的领域亦有这种存在性震撼，边缘状态意识，对我们世俗法 13
不可避免的抗拒之经历，以及用绝对价值衡量所带来的法的可疑性。拉德布鲁赫曾说过，唯有那种在良心上有负疚感的人，唯有那种“在其职业生涯中，每一刻完全意识到职业的必要性，同时对其职业有深刻怀疑之人”，[37]才可能是优秀的法学家。这完全是存在哲学式的思考。像我们所熟知的，对法的局限性、不完整性和不可靠性闭眼不见的法学家，盲目地沉溺于此种法中，导致大难临头。这既是实证主义者，也是自然法论者的立场。实证主义者眼里只有法律，他封杀了法的一切超法律成分，因而，就像我们在20世纪体验的多到厌恶程度的，在被政治权力扭曲的法之面前，实证主义者毫无抵抗。自然法论者则贬实证法律而扬先在规范，由于他不能从认识论上对先在规范予以证明，尤像18世纪自然法所展示的，结果走入法的不确定性和任意性。这两种理论在法的存在方式上都有缺失，因此，法在它们那里

---

〔36〕 海德格尔——不仅是他——提到“控制论”时代；参见注19,《面向思的事情》，第64页。另尤见古尔迪尼,《现代之终结——发展方向初探》，第5版,1950年。及阿图尔·考夫曼,《后现代法哲学》，第2版，1992年；西班牙文版，博佳塔出版社，1992年。

〔37〕 注10，拉德布鲁赫,《法哲学》，第204页。另见埃里克·沃尔夫,《法学的可疑性和必然性》，1953年（1965年重印）。

均未走向自我。[38]

1.6.4 不同方向的综合

前文对哲学的分类是一种理想的理解，没有一种思潮是纯而又纯的。但不同的时代强调的重点各异。从理想的分类上浓缩出的哲学特征，其缺陷也要比实际观察的明显得多。

法的旧实体本体论和客观主义看法是错误的。法不是如同树木和房屋一般的“客体”，相反，它是一种关系的结构，人们在这种关系中相互依存并与物发生联系。代替实体本体论，应确立关系本体论。

但同样错误的是，将一切淹没在主观性，归根结底是功能性中，彻底否定“本体性”（不可把握性）。它带来的危险是，法完全被置于立法者支配之下。

即便是存在相反的思维征兆，客观主义和主观主义这两种学说，对主体－客体图式（主体与客体在认识上分离）负有责任。今天，这种图式在自然科学中也遭到质疑，至少，它不适合诠释性（理解）科学，它必须让位于个人的思维。

14 对此，必须避免的不仅是让－保罗·萨特的极端存在哲学，据此，人自己形成其道德，还有尼克拉斯·卢曼的极端功能主义，据此，法仅仅由程序产生，具有唯一的合法性。个人，也包括法，是预设的，同时又是自我创设的，是不可取消的客观性和主观性的合体，它们既是个人形成过程的“内容”，也是“方式”，通过此形成过程，人和法达到其具体的此在形式，而不仅仅是该过程的产品。简言之，这是一

〔38〕 此问题见迈霍菲尔主编，《自然法还是法律实证主义？》，第3版，1981年；另见注5，阿图尔·考夫曼，《法律诠释学文集》，第79页及以下诸页。

种建诸实体（人）观念之上的程序正义论。[39]

1.7 当今哲学和法哲学的任务

我们生活在一个过渡和变革的时代，到处都在谈论“范式转换”，转换连转换接踵而来。恰巧人们还具有现代的特征：唯理性被推到极致，此时，发端于美国和法国的“后现代”也开始向我们走来，这只不过意味着非理性的复归。非理性决不是医治有着科学要求的哲学的药方。但正好在人们一头栽倒于唯理性和理性上时，人们便可轻易地获知，由此产生了对现代、尤其是对启蒙的不满，这种不满赋予了后现代极大的魅力。用一句话来概括：这是“现代的完全强制”“总体理性”“循环启蒙”，它将一切赌注押在赤裸裸的统治和利用学问上，同时由此表明，它无力回答对人来说真正重要的问题。[40] 应如何解释这种理性的失灵呢？

如果瞥一眼历史，我们就能明白，在哲学尤其是法哲学的任务上，一直交替存在着两种相互对立、相互消解、极端的观点。一种认为，哲学的任务是创设关于世界、人类和法的绝对的、普适的和不变的定理。为此，人们作了无数次尝试，我们只想到（绝对主义的）自然法学说，然而，每次都以失败而告终。这些尝试必定失败，首先，根本

---

〔39〕详见阿图尔·考夫曼，《法律逻辑学和关系本体论之初探——个性法律理论的基础》，载《法律理论》第17期（1986），第257页及以下诸页；同作者，《论法学的科学性——真理一致理论的特征》，载《法哲学和社会哲学文汇》第72期（1986），第425页及以下诸页；同作者，《法与理性》，载《法治国与人的尊严——W. 迈霍菲尔纪念文集》，1988年，第11页及以下诸页；同作者，《程序正义论》，1989年；注36，同作者，《后现代法哲学》。

〔40〕见彼得·科斯洛夫斯基，《后现代文化——技术发展的社会－文化后果》，1987年，尤其是第27页及以下诸页。

15 不存在此类绝对的、超时代的内容。其次，据康德，“纯粹的”知识只是一种借助其能认识事物的形式，那个不是出自知性，而是源于经验的内容，只是后天的东西，而且也不是“纯粹的”。[41]

基于这一判断的另一种方向则是，为了哲学探讨的“纯粹性”而放弃了一切内容，尤其是关于价值的见解（如马克斯·韦伯的“科学的价值无涉”，汉斯·凯尔森的“纯粹法学”），只是使用存在、思维和法的形式。这种“纯粹性”更被视作“唯理性”的决定性标准，因而，“纯粹性”将一切内容上的哲学探讨当作非唯理的，进而是非科学的而加以拒绝。但这种如此缩减为形式纯粹性的唯理性，同样也必然落入非议，因为它也未给出真正重要的问题之答案。无疑，哲学中的形式主义（对此，康德本人无过错）虽提出了一些极富洞见的理论，但是，众所周知，因为没有内容的思维是空洞的，[42]它愈是固守纯粹性规则，对于实际生活而言，其重要性就愈小。

人们不能兼采两者：形式的纯粹性和在内容上有重要的思想效力。在现代法哲学家中，没有人比拉德布鲁赫更好地意识到这一点，他是在形式主义的一般法学说统治了一百年之后，重新探讨法的内容的第一批学者之一。几乎在哲学被要求回到“事物自身”的同时，法哲学也重又回归到“法之事情”。[43]仅仅在埃德蒙德·胡塞尔的《纯粹现象学和现象学哲学观念》（1913 年）发表一年之后，拉德布鲁赫出版

〔41〕见康德的《纯粹理性批判》“先验逻辑学”部分（A 版第 50 页及以下诸页，B 版第 74 页及以下诸页）。

〔42〕康德，《纯粹理性批判》，B 版第 75 页：“思维无内容是空洞的，直观无概念是盲目的”。

〔43〕关于“法之事情”参见注 5，阿图尔·考夫曼，《法律诠释学文集》，第 53 页及以下诸页，第 95 及下页诸页，第 98 页。视角有些不同的见 J. 赫鲁斯卡，《对法的文本的理解——实证法的诠释学超实证性》，1972 年，第 56 页及以下诸页。

了《法哲学原理》(1914 年)，关于法的**内容**和**正确性**问题随之重新提出。拉德布鲁赫，这个为人乐称作实证主义的主要证人的学者，实际上是实证主义的克服者。从其早期有代表性的实然与应然之间的“二元方法论”(见下文 2.5.1)，到“观念的质料确定性”思想，直至后期的“事情的本性”学说，他走的是一条笔直的路。法哲学翻开**超越自然法和实证主义**这一新的篇章，是与拉德布鲁赫的名字连在一起的。

当然，拉德布鲁赫必须为其法哲学的实质化付出代价，这个代价就是法哲学的或价值论的相对主义。虽然他坚持法的潜在的最高价值，在量上是有限的，但他却认为，不存在关于唯一公正的价值问题之科学答案。在这种相对主义背后，存在着自由、宽容和民主之伦理。由于在独裁时期对这些伦理的背叛，相对主义也在法哲学中被抛弃，法
的内容被武断地决定。对我们来说，这条路今天已被封闭，希望也永 16
远被封闭。但我们因此也必须埋葬具有实质科学性的法哲学观吗？

拉德布鲁赫过早地交枪了。因为他未能清楚地验证法的最高价值——个人价值、集体价值、工作价值，所以，他一开始就放弃了与所有不相信这些东西的人沟通，具体而言，与这些人沟通，只能在政治而非学术层面。

哲学在这种征兆中萎缩了。从中可见，拉德布鲁赫只是把明确的“纯粹的”认识看作是认识（他当时也是一个康德主义者，该学派主张，在科学上，一个问题只能有一个正确答案），他把哲学认识的全过程视为整个一个独白式的。然而，哲学认识要求协同努力，哲学的实现，与此同时由人推动的人的自我实现，发生在与其他哲学思考者进行**哲学沟通**的行动中。早在由柏拉图创建的雅典学园中，人们就知道这种相互探讨（ουμφλοσοφεῖν），当时也存在着非常确定的论证和辩驳（ἔλεγχος）规则。在现代商谈理论中（于尔根·哈贝马斯、卡尔-

奥托－阿佩尔等），唯有通过合作方能发现真理（正确性），尤其在非经验（规范）领域，这一观念已又向前推进了一大步。然而，人们在通过论证以达到“终极理由”的努力中，又一再陷入前康德客观主义、反相对主义和反多元主义中（步自然法和实证主义思维方式之后尘）。

权威之思维起始就使沟通成为不可能，而相对主义则在无法达成内容上的一致时，过早地放弃了沟通的对话，因而两者都未切中哲学探讨的使命，这就是，在沟通中一步一步地去形成“传播共同体”。[44]当然，目的不单在传播自身。哲学商谈的目的是形成**主体间的合意**和在此意义上的真理。但人们也不可认为，似乎没有达成一致就等于沟通的失败，毋宁是，对于这类必须保持无答案之问题，沟通恰好也可能意味着相互理解和互相接纳，这是**宽容原则**的要求。

人类自身就这些“重要的”问题免于强制和暴力地相互交流和自己去意识，在“控制论时代”，在“后现代”仍将如此，因为在实现这些任务中，人类在任何时候都不可能成为机器和自动售货机。“后
17 现代”也意指一种警示：我们这个世界的法律化是技术唯理性的一部分，我们不要受技术唯理性驱使得太远，以致忘记了人类和人类的基本关怀。[45]

文献辑选

A. 哲学导论，辞典，百科全书

布洛赫，恩斯特，《蒂宾根哲学引论》，2 卷本，1963，1964 年（1979 年第 2 版）。

Bloch, Ernst, Tübinger Einleitung in die Philosophie, 2 Bde., 1963, 1964 (2. Aufl.

〔44〕参见注 43 和注 8 中著作。

〔45〕另见 V. 赫斯勒，《当代的危机与哲学的责任》，1990 年。

1979).
海德格尔，马丁，《形而上学导论》，1953 年（第 6 版，1998 年）。
Heidegger, Martin, Einführung in die Metaphysik, 1953 (6. Aufl. 1998).
希施贝格尔，约翰尼斯，《哲学史》，2 卷本，第 13/14 版，1991 年。
Hirschberger, Johannes, Geschichte der Philosophie, 2 Bde., 13/14. Aufl. 1991.
赫斯特，罗伯特（编），《哲学思想大师》，2 卷本，第 6 版，2001 年。
Hoerster, Norbert (Hrsg.), Klassiker des philosophischen Denkens, 2 Bde., 6. Aufl. 2001.
赫费，奥特弗里德（编），《哲学大师》，2 卷本，第 2 版，2008 年。
Höffe, Otfried (Hrsg.), Klassiker der Philosophie, 2 Bde., 2. Aufl. 2008.
雅斯贝尔斯，卡尔，《哲学导论》，1953 年。
Jaspers, Karl, Einführung in die Philosophie, 1953 .
雅斯贝尔斯，卡尔，《哲学巨匠》，3 卷本，1981 年（口袋版，2012 年）。
Jaspers, Karl, Die Großen Philosophen, 3 Bde., 1981 (Taschenbuchausg. 2012).
里特尔，约阿希姆（编），《哲学史辞典——鲁道夫·艾斯勒〈哲学概念辞典〉修订本》，11 卷本，自 1971 年起出版。
Ritter, Joachim (Hrsg.), Historisches Wörterbuch der Philosophie; neubearbeitete Ausgabe des, Wörterbuch der Philosophischen Begriffe, von Rudolf Eisler, 11Bde., erscheint seit 1971.
勒德，沃尔夫冈，《哲学之路》，第 1 卷《古代、中世纪、文艺复兴》，1994 年，第 2 卷，《17 至 20 世纪》，1996 年。*
Röd, Wolfgang, Der Weg der Philosophie, Band I: Altertum, Mittelalter, Renaissance, 1994, Band II: 17. bis 20. Jahrhundert, 1996*.
施佩克，约瑟夫（编），《哲学巨匠论哲学基本问题》，13 卷本，1975 至 1992 年。
Speck, Josef (Hrsg.), Grundprobleme der großen Philosophen, 13 Bde., 1975 bis 1992.
施特格米勒，沃尔夫冈，《当代哲学主要思潮——批判性导论》，第 1 卷，

* 由阿图尔·考夫曼编辑的文献清单已相应地更新为现在出版的新版本，并由标有星号（*）的新标题进行了补充。

第6版，1978年；第2卷，第8版，1987年；第3卷，第8版，1987年；第4卷，第1版，1989年。

Stegmüller, Wolfgang, Hauptströmungen der Gegenwartsphilosophie; Eine kritische Einführung, 1. Bd., Aufl. 1978; 2. Bd., 8. Aufl. 1987; 3. Bd., 8. Aufl. 1987; 4. Bd., 1. Aufl. 1989.

施泰因，埃迪特，《哲学导论》，1992年。

Stein, Edith, Einführung in die Philosophie, 1992.

武赫特尔，库尔特，《20世纪哲学史的微小而重要的构成》，1995年。

Wuchterl, Kurt, Bausteine einer Geschichte der Philosophie des 20. Jahrhunderts, 1995*.

B. 法哲学经典

亚里士多德，《尼各马可伦理学》，约公元前320年（第5卷包括正义学说）。

Aristoteles, Nikomachische Ethik, ca. 320 v. Chir. (das V. Buch enthält die Lehre von der Gerechtigkeit).

托马斯·阿奎那，《法与正义》，德国托马斯文集第18卷专号（拉丁文－德文），1987年。原始出处为《神学大全》II，II，57—59，第1266—1272页。

Thomas von Aquin, Recht und gerechtigkeit. Sonderausgabe des 18. Bandes der Deutschen Thomas-Ausgabe (lateinisch-deutsch), 1987. Die Originalstelle ist die Summa theologica II, II, 57-59, entstanden 1266-1272.

康德，伊曼纽尔，《道德形而上学》，1797年，第2版，1798年（第1篇：法权学说形而上学原理）。

Kant, Immanuel, Metaphysik der Sitten, 1797, 2. Aufl. 1798 (1. Teil: Metaphysische Anfangsgründe der Rechtslehre).

费希特，约翰·戈特利布，《自然法基础——依据科学论的原则》，1796年。

Fichte, Johann Gottlieb, Grundlage des Naturrechts—nach Prinzipien der Wissenschaftslehre, 1976.

费希特，约翰·戈特利布，《法权学说》，1812年。

Fichte, Johann Gottlieb, Rechtslehre, 1812.

黑格尔，乔治·威廉·弗里德里希，《法哲学原理——或自然法和国家科学大纲》，1821 年。

Hegel, Georg Wilhelm Friedrich, Grundlinien der Philosophie des Rechts—oder Naturrecht und Staatswissenschaft im Grundrisse, 1821.

C. 当代法哲学代表作（含法律理论和方法论）

阿尔尼奥，奥利斯,《法学的思维方式——法学研究理论导论》，1979 年。

Aarnio, Aulis, Denkweisen der Rechtswissenschaft; Einführung in die Theorie der rechtswissenschaftlichen Forschung, 1979.

阿尔尼奥，奥利斯,《论法律推理》，1977 年。

Aarnio, Aulis, On Legal Reasoning, 1977.

阿多迈特，克劳斯,《大学生法律理论》，第 6 版，2012 年。

Adomeit, Klaus, Rechtstheorie für Studenten, 6. Aufl. 2012.

阿尔舒荣，卡洛斯 / 布林金，欧格尼奥,《规范性系统》（译自英语），1994 年。

Alchourrón, Carlos E. /Bulygin, Eugenio: Normative Systeme (aus dem Englischen), 1994*.

阿列克西，罗伯特,《法律论证理论》，第 2 版，1991 年。（第 3 版，1996 年） 18

Alexy, Robert, Theorie der juristischen Argumentation, 2. Aufl. 1991. (3. Aufl. 1996).

同作者,《法的概念和有效性》，第 2 版，1994 年。

ders., Begriff und Geltung des Rechts, 2. Aufl. 1994.

同作者,《法，理性，商谈：法哲学研究》，1995 年。*

ders., Recht, Vernunft; Diskurs, Studien zur Rechtsphilosophie, 1995*.

阿列克西，罗伯特,《法的概念和法的有效性》，1992 年。

Alexy, Robert, Begriff und Geltung des Rechts, 1992.

巴尔韦格，奥特马尔 / 赛贝特，托马斯 - 米夏埃尔（主编）,《修辞法律理论》，1982 年。

Ballweg, Ottmar/Seibert, Thomas-Michael (Hrsg.), Rhetorische Rechtstheorie, 1982.

巴鲁齐，阿尔诺,《自由，法和公益——法哲学的基本问题》，1990 年。

Baruzzi, Arno, Freiheit, Recht und Gemeinwohl; Grundfragen einer Rechtsphilosophie, 1990.

鲍曼，马克斯，《语言和时间中的法 / 正义》，1991 年。
Baumann, Max, Recht, Gerechtigkeit in Sprache und Zeit, 1991.
伯肯弗尔德，恩斯特－沃尔夫冈，《国家，民族，欧洲：国家法学说，宪法理论和法哲学研究》，1999 年。*
Böckenförde, Ernst-Wolfgang, Staat, Nation, Europa. Studien zur Staatsrechtslehre, Verfassungstheorie und Rechtsphilosophie, 1999*.
布劳恩，约翰，《20 世纪法哲学》，2001 年。*
Braun, Johann, Rechtsphilosophie im 20. Jahrhundert, 2001*.
布里斯科恩，诺贝特，《法哲学》，1990 年。
Brieskorn, Norbert, Rechtsphilosophie, 1990.
比德林斯基，弗兰茨，《法律方法论和法的概念》，第 2 版，1991 年。
Bydlinski, Franz, Juristische methodenlehre und Rechtsbegriff, 2. Aufl. 1991.
卡纳里斯，克劳斯－威廉，《法学中的系统思维和系统概念》，第 2 版，1983 年。
Canaris, Claus-Wilhelm, Systemdenken und Systembegriff in der Jurisprudenz, 2. Aufl. 1983.
科英，赫尔穆特，《法哲学纲要》，第 5 版，1993 年。
Coing, Helmut, Grundzüge der Rechtsphilosophie, 5. Aufl. 1993.
德赖尔，拉尔夫，《法－道德－意识形态——法律理论研究》，1981 年。
Dreier, Ralf, Recht-Moral-Ideologie; Studien zur Rechtstheorie, 1981.
同作者，《法－国家－理性——法律理论研究之二》，1991 年。
ders., Recht-Staat-Vernunft; Studien zur Rechtstheorie 2, 1991.
杜比沙，罗兰德，《法律理论导论》，1983 年。
Dubischar, Roland, Einführung in die Rechtstheorie, 1983.
德沃金，罗纳德，《原则问题》，1985 年。
Dworkin, Ronald, A Matter of Principle, 1985.
同作者，《法律的帝国》，1986 年。
ders., Law's Empire, 1986.
同作者，《善待公民权》（译自英文），1990 年。
ders., Bürgerrechte ernstgenommen (aus dem Englischen), 1990.

恩吉施，卡尔，《法律思维导论》，第 8 版，1983 年（1989 年第 2 次重印），第 82 页。（2010 年第 11 版由托马斯·维滕贝格尔和迪尔克·奥托编辑）。

Engisch, Karl, Einführung in das juristische Denken, 8. Aufl. 1983 (2. Binderate 1989), (11. Aufl. 2010, herausgegeben und bearbeitet von Thomas Würtenberger und Dirk Otto).

同作者，《追求正义——法哲学的主题》，1971 年。

ders., Auf der Suche nach der Gerechtigkeit; Hauptthemen der Rechts philosophie, 1971.

同作者，《法律理论文集》，1984 年。

ders., Beitäge zur Rechtstheorie, 1984.

埃塞尔，约瑟夫，《法律发现中前理解与方法选择——法官判决实践的唯理性基础》，第 2 版，1972 年。

Esser, Josef, Vorverständnis und Methodenwahl in der Rechtsfindung; Rationalitätsgrundlagen richterlicher Entscheidungspraxis, 2. Aufl. 1972.

同作者，《法官私法建构中的原则和规范》，第 4 版，1990 年。

ders., Grundsatz und Norm in der richterlichen Fortbildung des Privat rechts, 4. Aufl. 1990.

费希纳，埃里希，《法哲学——法社会学和法形而上学》，第 2 版，1962 年。

Fechner, Erich, Rechtsphilosophie; Soziologie und Metaphysik des Rechts, 2. Aufl. 1962.

范伯格，内勒/格罗斯，海曼，《法哲学》，第 2 版，1980 年（2000 年第 6 版）。

Feinberg, Noel/Gross, Hyman, Philosophy of Law, 2nd Ed. 1980 (6th Ed. 2000).

菲肯切尔，沃尔夫冈，《法律方法的比较阐释》，5 卷本，1975—1977 年。

Fikentscher, Wolfgang, Methoden des Rechts in vergleichender Darstellung, 5 Bde., 1975-1977.

费策，卡尔－海因茨，《分享与负责》，1986 年。

Fezer, Karl-Heinz, Teilhabe und Verantwortung, 1986.

弗兰肯贝格，京特，《寻找公正的社会》，1994 年。

Frankenberg, Günter, Auf der Suche nach der gerechten Gesellschaft, 1994*.

加格内尔，施登，《立法思想史研究》，1960 年。

Gagnér, Sten, Studien zur Ideengeschichte der Gesetzgebung, 1960.

戈尔丁，马丁·P.,《法律推理》，1984 年。

Golding, Martin P., Legal Reasoning, 1984.

古蒂埃尔，克劳斯,《渐进认识论视野中的法哲学与法律方法论》，1989 年。

Goutier, Klaus, Rechtsphilosophie und juristische Methodenlehre im Lichte der evolutionären Erkenntnistheorie, 1989.

格林，迪特尔 / 迈霍菲尔，维尔纳（主编）,《立法理论与法律政策》(《法社会学和法律理论年鉴》第 13 卷)，1988 年。

Grimm, Dieter/Maihofer, Werner (Hrsg.), Gesetzgebungstheorie und Rechtspolitik (Jahrbuch für Rechtssoziologie und Rechtstheorie 13), 1988.

京特，克劳斯,《相适的意义——道德和法中的适用商谈》，1988 年。

Günther, Klaus, Der Sinn für Angemessenheit; Anwendungsdiskurse in Moral und Recht, 1988.

哈贝马斯，于尔根,《事实性与有效性——论法和民主法治国的商谈理论》，1992 年（1994 年第 4 版）。

Habermas, Jürgen, Faktizität und Geltung; Beiträge zur Diskurstheorie des Rechts und des demokratischen Rechtsstaates, 1992 (4. Aufl. 1994).

同作者,《包容他人：政治理论研究》，1996 年。*

ders., Die Einbeziehung des Anderen, Studien zur politischen Theorie, 1996*.

哈夫特，弗里特约夫,《法律修辞学》，第 4 版，1990 年。

Haft, Fritjof, Juristiche Rhetorik, 4. Aufl. 1990.

哈曼，名字不详,《法律方法论》，第 5 版，1989 年。

Hamann, Vorname unbekannt, Juristische Methodik, 5. Aufl. 1989.

哈特，H. L. A,《法律的概念》(译自英文)，1973 年。

Hart, H. L. A., Der Begriff des Rechts (aus dem Englischen), 1973.

亨克尔，海因里希,《法哲学导论》，第 2 版，1977 年。

Henkel, Heinrich, Einführung in die Rechtsphilosophie, 2. Aufl. 1977.

赫贝格尔，马克西米连 / 西蒙，迪特尔,《法律者的科学理论——逻辑学，语义学，经验科学》，1980 年。

Herberger, Maximilian/Simon, Dieter, Wissenschaftstheorie für Juristen; Logik,

Semiotik, Erfahrungswissenschaften, 1980.

赫费，奥特弗里德,《政治正义——法和国家批判哲学原理》, 1987 年（1994 年第 2 版）。

Höffe, Otfried, Politische Gerechtigkeit; Grundlegung einer kritischen Philosophie von Recht und Staat, 1987 (2. Aufl. 1994).

同作者,《绝对法律原则——现代之反面》，1990 年。

ders., Kategorische Rechtsprinzipien; Ein Kontrapunkt der Moderne, 1990.

同作者,《全球化时代的民主》，1999 年。*

ders., Demokratie im Zeitalter der Globalisierung, 1999*.

霍夫曼，哈索,《法哲学和国家哲学导论》，第 5 版，2011 年。*

Hofmann, Hasso, Einführung in die Rechts- und Staatsphilosophie, 5. Aufl. 2011*.

霍恩，诺贝特,《法学和法哲学导论》，第 6 版，2016 年。* 19

Horn, Norbert, Einführung in die Rechtswissenschaft und Rechtsphilosophie, 6. Aufl. 2016*.

赫鲁斯卡，约阿希姆,《法律案件的构造——事实确定与法律适用之关系研究》，1965 年。

Hruschka, Joachim, Die Konstitution des Rechtsfalles; Studien zum Verhältnis von Tatsachenfeststellung und Rechtsanwendung, 1965.

同作者,《法律文本的理解——实证法的诠释学超实证性》，1972 年。

ders., Das Verstehen von Rechtstexten; Zur hermeneutischen Transpositivität des positiven Rechts, 1972.

胡贝尔，沃尔夫冈,《正义与法》，第 3 版，2006 年。

Huber, Wolfgang, Gerechtigkeit und Recht, 3. Aufl. 2006*.

雅尔，京特 / 迈霍菲尔，维尔纳（主编）,《法律理论——论原理讨论》，1971 年。

Jahr, Günther/Maihofer, Werner (Hrsg.), Rechtstheorie; Beiträge zur Grundlagendiskussion, 1971.

雅各布斯，京特,《规范、人、社会：法哲学前思》，第 3 版，2008 年。*

Jakobs, Günther, Norm, Person, Gesellschaft. Vorüberlegungen zu einer Rechtsphilosophie, 3. Aufl. 2008*.

约根森，施蒂格，《法与社会》（译自丹麦文），1971年。

Jørgensen, Stig, Recht und Gesellschaft (aus dem Dänischen), 1971.

同作者，《法律认识的断片》，1988年。

ders., Fragment of Legal Cognition, 1988.

考夫曼，阿图尔，《转折中的法哲学》，第2版，1984年。

Kaufmann, Arthur, Rechtsphilosophie im Wandel, 2. Aufl. 1984.

同作者，《类比与“事情的本性”——兼论类型学说》，第2版，1982年。

ders., Analogie und “Natur der Sache”; Zugleich ein Beitrag zur Lehre vom Typus, 2. Aufl. 1982.

同作者，《法律诠释学论文集——及其他法哲学论文》，第2版，1993年。

ders., Beiträge zur Juristischen Hermeneutik—sowie weitere rechts philosophische Abhandlungen, 2. Aufl. 1993.

同作者，《程序正义论》，1989年。

ders., Prozedurale Theorien der Gerechtigkeit, 1989.

同作者，《后现代法哲学》，第2版，1992年。

ders., Rechtsphilosophie in der Nach-Neuzeit, 2. Aufl. 1992.

同作者，《论正义——实践法哲学三十章》，1993年。

ders., über Gerechtigkeit; Dreißig Kapitel praxisorientierter Rechtsphilosophie, 1993.

同作者，《法哲学的基本问题》，1994年。*

ders., Grundprobleme der Rechtsphilosophie, 1994*.

考夫曼，马蒂亚斯，《法哲学》，1996年。*

Kaufmann, Matthias, Rechtsphilosophie, 1996*.

凯尔森，汉斯，《纯粹法学》，第2版，1960年（1976年重印）。

Kelsen, Hans, Reine Rechtslehre, 2. Aufl. 1960 (Nachdruck 1976).

同作者，《规范的一般理论》，1979年。

ders., Allgemeine Theorie der Normen, 1979.

克斯廷，沃夫冈，《政治与法：当代政治哲学和现代法哲学文集》，2000年。*

Kersting, Wolfgang, Politik und Recht. Abhandlungen zur politischen Philosophie der Gegenwart und zur neuzeitlichen Rechtsphilosophie, 2000*.

同作者,《社会正义理论》，2000 年。*

ders., Theorien der sozialen Gerechtigkeit, 2000*.

基斯特，斯特凡,《法哲学导论》，2010 年。*

Kirste, Stephan, Einführung in die Rechtsphilosophie, 2010*.

克伦纳，赫尔曼,《危机中的法哲学》，1976 年。

Klenner, Hermann, Rechtsphilosophie in der Krise, 1976.

同作者,《从本性的法到法的本性》，1984 年。

ders., Vom Recht der Natur zur Natur des Rechts, 1984.

同作者,《19 世纪德国法哲学》，1991 年。

ders., Deutsche Rechtsphilosophie im 19. Jahrhundert, 1991.

克卢格，乌尔里希,《法律逻辑学》，第 4 版，1982 年。

Klug, Ulrich, Juristische Logik, 4. Aufl. 1982.

科赫，汉斯－约阿希姆 / 吕斯曼，赫尔穆特,《法律论证学说》，1982 年。

Koch, Hans-Joachim/Rüßmann, Helmut, Juristische Begründungslehre, 1982.

同作者 / 吕斯曼，赫尔穆特,《法律论证学说》，1982 年。

ders. /Rüßmann, Helmut, Juristische Begründungslehre, 1982.

科勒，彼得,《法的理论导论》，1997 年第 2 版。*

Koller, Peter, Theorie des Rechts. Eine Einführung, 2. Aufl. 1997*.

克拉默，恩斯特·A.,《法律方法论》，2016 年第 5 版。*

Kramer, Ernst A., Juristische Methodenlehre, 5. Aufl. 2016*.

克拉维茨，维尔纳,《实证法及其功能——对功能法律理论的类别和方法论思考》，1967 年。

Krawietz, Werner, Das positive Recht und seine Funktion; Kategoriale und methodologische überlegungen zu einer funktionalen Rechtstheorie, 1967.

同作者,《法律判决与法学认识》，1978 年。

ders., Juristische Entscheidung und wissenschaftliche Erkenntnis, 1978.

克里勒，马丁,《法律获取理论——在宪法解释问题上的发展》，第 2 版，1976 年。

Kriele, Martin, Theorie der Rechtsgewinnung—entwickelt am Problem der Verfassungsinterpretation, 2. Aufl. 1976.

同作者,《法与实践理性》，1979 年。

ders., Recht und praktische Vernunft, 1979.

拉多伊尔，卡尔－海因茨,《后现代法的理论：自我关涉－自我组织－程序化》，第 2 版，1995 年。*

Ladeur, Karl-Heinz, Postmodeme Rechtstheorie: Selbstreferenz-Selbstorganisation-Prozedurali sierung, 2. Aufl. 1995*.

兰珀，恩斯特－约阿希姆,《法人类学》，1970 年。

Lampe, Ernst-Joachim, Rechtsanthropologie, 1970.

同作者,《遗传法律理论——法，进化和历史》，1987 年。

ders., Genetische Rechtstheorie; Recht, Evolution und Geschichte, 1987.

同作者,《刑罚哲学：刑罚正义研究》，1999 年。*

ders., Strafphilosophie. Studien zur Strafgerechtigkeit, 1999*.

拉伦茨，卡尔,《法学方法论》，第 6 版，1991 年。

Larenz, Karl, Methodenlehre der Rechtswissenschaft, 6. Aufl. 1991.

同作者,《正当法——法伦理学原理》，1979 年。

ders., Richtiges Recht; Grundzüge einer Rechtsethik, 1979.

莱加茨・y. 拉卡姆巴拉,《法哲学》（译自西班牙文），1965 年。

Legaz y Lacambra, Rechtsphilosophie (aus dem Spanischen), 1965.

洛姆帕特，约瑟,《法律原则的历史性》，1976 年。

Llompart, José, Die Geschichtlichkeit der Rechtsprinzipien, 1976.

隆巴尔蒂－瓦劳里，路易基,《法哲学课程》，1981 年。

Lombardi-Vuallauri, Luigi, Corso di Filosofia del Diritto, Padova 1981.

洛佩茨－卡莱拉，尼各拉斯・玛丽亚,《法哲学》，1985 年。

Lopez-Calera, Nicolás Maria, Filosofía del Derecho, 1985.

吕德森，克拉斯,《作为法律渊源的经验》，1972 年。

Lüderssen, Klaus, Erfahrung als Rechtsquelle, 1972.

20 同作者,《法学中的起源和有效性》，1996 年。*

ders., Genesis und Geltung in der Jurisprudenz, 1996*.

卢曼，尼克拉斯,《法律系统与法律教义学》，1974 年。

Luhmann, Niklas, Rechtssystem und Rechtsdogmatik, 1974.

同作者,《社会的法》，1993（1995）。*

ders., Das Recht der Gesellschaft, 1993 (1995)*.

同作者,《法的分化：法社会学和法律理论文集》，1999 年。*

ders., Ausdifferenzierungen des Rechts. Beiträge zu Rechtssoziologie und Rechtstheorie, 1999*.

麦考密克，尼尔,《法律推理与法律理论》，1978 年。

MacCormick, Neil, Legal Reasoning and Legal Theory, 1978.

马尔曼，马蒂亚斯,《法哲学和法律理论》，2016 年第 4 版。*

Mahlmann, Matthias, Rechtsphilosophie und Rechtstheorie, 4. Aufl. 2016*.

迈霍菲尔，维尔纳,《法与存在——法律本体论引论》，1954 年。

Maihofer, Werner, Recht und Sein; Prolegomena einer Rechtsontologie, 1954.

同作者（编）,《法的概念和本质》，1973 年。

ders., (Hrsg.), Begriff und Wesen des Rechts, 1973.

马西斯，勒内,《法哲学——导论》，1969 年。

Marcic, René, Rechtsphilosophie; Eine Einführung, 1969.

同作者 / 塔梅洛，伊尔马,《自然法与正义》，1989 年。

ders., /Tammelo, Ilmar, Naturrecht und Gerechtigkeit, 1989.

马里诺，基乌塞佩,《法学中的法律原则》，1990 年。

Marino, Giuseppe, Diritto Principi Giurisprudenaz, 1990.

马丁内茨 - 多拉尔，约瑟 - 玛丽亚,《法律认识的结构》，1963 年。

Martinez-Doral, José Maria, The Structure of Juridical Knowledge, 1963.

马斯托拉蒂，菲利普,《法律思维导论》，第 2 版，2003 年。*

Mastronardi, Philippe, Juristisches Denken; Eine Einführung, 2. Aufl. 2003*.

莫尔瑙，卡尔・A.（主编）,《作为社会科学的法学》，1983 年。

Mollnau, Karl A. (Hrsg.), Rechtswissenschaft als Gesellschaftswissenschaft, 1983.

同作者（编）,《法的结构理论问题》，1985 年。

ders., (Hrsg.), Probleme einer Strukturtheorie des Rechts, 1985.

米勒，弗里德里希 / 克里斯滕森，拉尔夫,《法律方法》，2013 年第 11 版第 1 卷。

Müller, Friedrich/Christensen, Ralph, Juristische Methodik, Bd. 1, 11. Aufl. 2013.

米勒，沃尔夫冈·H.,《伊曼纽尔·康德的作为科学和法哲学的伦理学》，1992年。

Müller, Wolfgang H., Ethik als Wissenschaft und Rechtsphilosophie nach Immanuel Kant, 1992.

瑙克/哈策尔,《法哲学基本概念》，2010年第6版。

Naucke/Harzer, Rechtsphilosophische Grundbegriffe, 6. Aufl. 2010.

瑙克，沃尔夫冈,《法哲学的基本概念》，第2版，1986年。

Naucke, Wolfgang, Rechtsphilosophische Grundbegriffe, 2. Aufl. 1986.

内尔霍特，帕特里克（编）,《法，解释和现实——认识论，诠释学和法学论文集》，1990年。

Nerhot, Patrick (Hrsg.), Law, Interpretation and Reality; Essays in Epistemology, Hermeneutics and Jurisprudence, 1990.

同作者（编）,《法律认识和类比——法律认识论，法律诠释学和法律语言学片论》，1991年。

ders., (Hrsg.), Legal Knowledge and Analogy; Fragments of Legal Epistemology, Hermeneutics and Linguistics, 1991.

诺伊曼，乌尔弗里德,《法律本体论与法律论证》，1979年。

Neumann, Ulfrid, Rechtsontologie und juristische Argumentation, 1979.

同作者,《法律论证学说》，1986年。

ders., Juristische Argumentationslehre, 1986.

同作者/拉尔夫，约阿希姆/v·萨维尼，埃克,《法律教义学与科学理论》，1976年。

ders., /Rahlf, Joachim/v. Savigny, Eike, Juristische Dogmatik und Wissenschaftstheorie, 1976.

同作者,《作为结构和论证的法》，2008年。*

ders., Recht als Struktur und Argumentation, 2008*.

诺尔，彼得,《立法学说》，1973年。

Noll, Peter, Gesetzgebungslehre, 1973.

奥勒罗，安德森,《人权与法律方法论》，1989年。

Ollero, Andrés, Derechos Humanos y Metodologia Juridica, 1989.

同作者,《法律解释与法律实证主义》，1982 年。

ders., Interpretación del Derecho y Positivismo legalista, 1982.

同作者,《法学与哲学——德国的主要讨论》，1978 年。

ders., Rechtswissenschaft und Philosophie; Grundlagendiskussion in Deutschland, 1978.

奥帕雷克，卡茨米尔茨,《命令理论和规范理论》，1986 年。

Opałek, Kazimierz, Theorie der Direktiven und der Normen, 1986.

奥波歇尔，恩里科,《法哲学导论》，1983 年。

Opocher, Enrico, Lezioni di Filosofia del Diritto, 1983.

帕夫洛夫斯基，汉斯－马丁,《法律人的方法论》，第 2 版，1991 年。

Pawlowski, Hans-Martin, Methodenlehre für Juristen, 2. Aufl. 1991.

同作者，汉斯－马丁,《法律方法论导论——法哲学和法律理论基础课程研习读本》，1986 年（2000 年第 2 版）。

ders., Hans-Martin, Einführung in die Juristische Methodenlehre; Ein Studienbuch zu den Grundlagenfächern Rechtsphilosophie und Rechtstheorie, 1986. (2. Aufl. 2000).

佩克策尼克，阿列克山大,《法律论证基础》，1983 年。

Peczenik, Aleksander, Grundlagen der juristischen Argumentation, 1983.

同作者 / 乌西塔洛，尤尔基（编）,《法律推理的推理》，1979 年。

ders., /Uusitalo, Jyrik (Hrsg.), Reasoning on Legal Reasoning, 1979.

佩雷尔曼，沙姆,《论正义》（译自法文），1967 年。

Perelman, Chaïm, über die Gerechtigkeit (aus dem Französischen), 1967.

同作者,《作为论证学说的法律逻辑学》（译自法文），1979 年。

ders., Juristische Logik als Argumentationslehre (aus dem Französischen), 1979.

同作者,《修辞学王国——修辞学与论证》（译自法文），1980 年。

ders., Das Reich der Rhetorik; Rhetorik und Argumentation (aus dem Französischen), 1980.

佩施卡，维尔莫斯,《现代法哲学基本问题》（译自匈文），1974 年。

Peschka, Vilmos, Grundprobleme der modernen Rechtsphilosophie (aus dem Ungarischen), 1974.

同作者,《法律规范理论》(译自匈文)，1982年。

ders., Die Theorie der Rechtsnormen (aus dem Ungarischen), 1982.

同作者,《法的特点》(译自匈文)，1989年。

ders., Die Eigenart des Rechts (aus dem Ungarischen), 1989.

波斯皮希尔，里奥波尔德,《法人类学——远古和近代文化中的法和社会》（译自英文)，1982年。

Pospísil, Leopold, Anthropologie des Rechts; Recht und Gesellschaft in Rchalschen Undmodernen Kulturen (aus dem Englischen), 1982.

拉德布鲁赫，古斯塔夫,《法哲学》，第3版，1932年（殁后出版的第9版，1983年)。

Radbruch, Gustrav, Rechtsphilosophie, 3. Aufl. 1932 (postum 9. Auflage 1983).

同作者,《法哲学入门》，1947年（殁后出版的第3版，1965年)。

ders., Vorschule der Rechtsphilosophie, 1947 (postum 3. Aufl. 1965)

同作者,《法学入门》，第7/8版，1929年（殁后出版的第13版，1980年，康拉德·茨威格特编)。

ders., Vorschule der Rechtswissenschaft, 7./8. Aufl. 1929 (postum 13. Aufl. 1980, bearbeitet von Konrad Zweigert).

21 同作者,《法哲学》(学生版)，第2版，2003年。*

ders., Rechtsphilosophie (Studienausgabe), 2. Aufl. 2003*.

赖施，彼得,《法律方法》，1995年。*

Raisch, Peter, Juristische Methoden, 1995*.

罗尔斯，约翰,《正义论》(译自美国版)，第5版（德文)，1990年。

Rawls, John, Eine Theorie der Gerechtigkeit (aus dem Amerikanischen), 5. (deutsche), Aufl. 1990.

同作者,《作为公平的正义》，奥托弗里德·赫费编，1977年。

ders., Gerechtigkeit als Fairneß, hrsg. von Otfried Höffe, 1977.

同作者,《作为公平的正义：一个新的方案》，2003年。*

ders., Gerechtigkeit als Fairneß. Ein Neuentwurf, 2003*.

雷亚勒，米古厄尔,《法哲学》，2卷，1972年。

Reale, Miguel, Filosofia do Direito, 2 Bände, 1972.

赖希，诺贝特，《马克思主义和社会主义法律理论》，1972 年。

Reich, Norbert, Marxistische und Sozialistische Rechtstheorie, 1972.

雷泽－舍费尔，瓦尔特 / 舒翁，卡尔・特奥多尔（主编），《伦理学与政治学——论辩伦理学，正义理论和政治实践》，1991 年。

Reese-Schäfer, Walter/Schuon, Karl Theodor (Hrsg.), Ethik und Politik; Diskursethik, Gerechtogkeitstheorie und politische Praxis, 1991.

黑瑙，勒内・A.，《法律制定与方法论——对法律制定与法律适用关系的法律理论考察》，1979 年。

Rhinow, René A., Rechtsetzung und Methodik; Rechtstheoretische Untersuchungen zum gegenseitigen Verhältnis von Rechtsetzung und Rechtsanwendung, 1979.

罗贝斯，格哈德，《作为法律概念的正义》，1980 年。

Robbers, Gerhard, Gerechtigkeit als Rechtsbegriff, 1980.

罗布勒斯，格瑞戈里奥，《法律理论导论》，1988 年。

Robles, Gregorio, Introdución a la Teoria del Derecho, 1988.

罗丁根，胡贝特，《法律论证的实用主义》，1977 年。

Rodingen, Hubert, Pragmatik der juristischen Argumentation, 1977.

勒迪希，于尔根，《司法认识过程理论》，1973 年。

Rödig, Jürgen, Theorie des gerichtlichen Erkenntnisverfahrens, 1973.

同作者（编），《立法理论研究》，1976 年。

ders., (Hrsg.), Studien zu einer Theorie der Gesetzgebung, 1976.

勒尔，克劳斯，《一般法律学说》，第 2 版，2001 年。*

Röhl, Klaus, Allgemeine Rechtslehre, 2. Aufl. 2001*.

勒莱克，格尔德（主编），《法哲学或法律理论？》，1988 年。

Roellecke, Gerd (Hrsg.), Rechtsphilosophie oder Rechtstheorie?, 1988.

罗密欧，弗朗西斯科，《类比——法律中的唯理真理概念研究》，1991 年。

Romeo, Francesco, Analogie; Zu einem relationalen Wahrheitsbegriff im Recht, 1991.

罗特洛伊特纳，胡贝特，《法律理论与法社会学》，1981 年。

Rottleuthner, Hubert, Rechtstheorie und Rechtssoziologie, 1981.

吕特尔斯 / 菲舍尔 / 比尔克，《法的理论》，第 9 版，2016 年。

Rüthers/Fischer/Birk, Rechtstheorie, 9. Aufl. 2016.

里费尔，汉斯,《法哲学和国家哲学基本问题——政治的哲学人类学》，1969 年。

Ryffel, Hans, Grundprobleme der Rechts-und Staatsphilosophie; Philosophische Anthropologie des Politischen, 1969.

萨利格，弗兰克,《拉德布鲁赫公式与法治国》，1995 年。*

Saliger, Frank, Radbruchsche Formel und Rechtsstaat, 1995*.

沙普，扬,《法律方法学说的主要问题》，1983 年。

Schapp. J., Hauptprobleme der juristischen Methodenlehre, 1983.

同作者,《自由、道德和法》，1994 年。*

ders., Freiheit, Moral und Recht, 1994*.

施密特，约翰内斯,《正义，福利和唯理性——分配原则的公理基础和决定理论基础》，1991 年。

Schmidt, Johannes, Gerechtigkeit, Wohlfahrt und Rationalität; Axiomatische und entscheidungstheoretische Fundierungen von Verteilungsprinzipien, 1991.

施奈德，汉斯,《立法》，第 2 版，1991 年（2002 年第 3 版）。

Schneider, Hans, Gesetzgebung, 2. Aufl. 1991 (3. Aufl. 2002).

施拉姆，特奥多尔,《法哲学导论》，第 2 版，1982 年。

Schramm, Theodor, Einführung in die Rechtsphilosophie, 2. Aufl. 1982.

施雷肯贝格尔，瓦尔德马尔,《修辞符号学》，1978 年。

Schreckenberger, Waldemar, Rhetorische Semiotik, 1978.

同作者（编）,《立法学说》，1986 年。

ders., (Hrsg.), Gesetzgebungslehre, 1986.

施温多夫斯基，汉斯－彼得,《法与正义》，1996 年。*

Schwintowski, Hans-Peter, Recht und Gerechtigkeit, 1996*.

泽尔曼，库尔特（编）,《法哲学的现实问题》，2000 年。*

Seelmann, Kurt (Hrsg.), Aktuelle Fragen der Rechtsphilosophie, 2000*.

同作者 / 德姆科,《法哲学》，第 6 版，2014 年。*

ders. / Demko, Rechtsphilosophie, 6. Aufl., 2014*.

赛德尔，格瑞茨戈里茨・里奥波尔德,《法律系统与社会》，1985 年。

Seidler, Grzegorz Leopold, Rechtssystem und Gesellschaft, 1985.

斯福扎，西萨里尼·维达,《法哲学》(译自意文)，阿列山多·巴拉塔作后记，1966年。

Sforza, Cesarini Widar, Rechtsphilosophie (aus dem Italienischen); mit einem Nachwort von Alessandro Baratta, 1966.

西利尔，彼得/凯勒，贝尔特拉姆（编),《当代法哲学的争议》，1999年。*

Silier, Peter/Keller, Bertram (Hrsg.), Rechtsphilosophische Kontroversen der Gegenwart, 1999*.

苏萨·俄·布里托，约瑟·德,《法哲学与国家哲学》，1987。

Sousa e Brito, José de, Filosofia do Direito e do Estado, 1987.

施特尔马赫，耶尔茨,《法哲学的诠释观》，1991年。

Stelmach, Jerzy, Die hermeneutische Auffassung der Rechtsphilosophie, 1991.

施托莱斯，米夏埃尔,《法与不法》，1994年。*

Stolleis, Michael, Recht und Unrecht, 1994*.

斯通，朱利尤斯,《人之法与人之正义》，1965年。

Stone, Julius, Human Law and Human Justice, 1965.

施特兰青格尔，鲁道夫,《正义—— 一个唯理分析》，1988年。

Stranzinger, Rudolf, Gerechtigkeit; Eine rationale Analyse, 1988.

施特鲁克，格哈德,《论法律论证理论》，1977年。

Struck, Gerhard, Zur Theorie juristischer Argumentation, 1977.

塔梅洛，伊尔马,《法律逻辑学与实体正义》，1971年。

Tammelo, Ilmar, Rechtslogik und materiale Gerechtigkeit, 1971.

同作者,《正义理论》，1977年。

ders., Theorie der Gerechtigkeit, 1977.

同作者,《论正义哲学》，1982年。

ders., Zur Philosophie der Gerechtigkeit, 1982.

图尔敏，斯蒂芬,《论证的应用》(译自英文)，1975年（1996年第2版)。

Toulmin, Setphen, Der Gebrauch von Argumenten (aus dem Englischen), 1975 (2. Aufl. 1996).

特拉普，赖纳·W.,《“非古典的”功利主义—— 一种正义理论》，1988年。

Trapp, Rainer W., “Nicht-Klassischer” Utilitarismus; Eine Theorie der Gerechtigkeit,

1988.

菲韦格，特奥多尔,《论题学与法学》，第 5 版，1974 年。

Viehweg, Theodor, Topik und Jurisprudenz, 5. Aufl. 1974.

维利，米歇尔,《法哲学》，第 1 卷，第 3 版，1982 年。

Villey, Michel, Philosophie du droit, vol. 1, 3. Ed. Paris 1982.

22 魏因伯格，奥塔,《规范与制度——法律理论导论》，1988 年。

Weinberger, Ota, Norm und Institution; Eine Einführung in die Theorie des Rechts, 1988.

同作者,《法律逻辑学——现代逻辑学在法律思维中的应用探讨》，第 2 版，1989 年。

ders., Rechtslogik; Versuch einer Anwendung moderner Logik auf das juristische Denken, 2. Aufl. 1989.

同作者,《道德与理性——伦理学，正义理论和规范逻辑学论文集》,1992 年。

ders., Moral und Vernunft; Beiträge zur Ethik, Gerechtigkeitstheorie und Normenlogik, 1992.

韦尔策尔，汉斯,《自然法与实体正义》，第 4 版，1962 年（1980 年重印）。

Welzel, Hans, Naturrecht und materiale Gerechtigkeit, 4. Aufl. 1962 (Nachdruck 1980).

韦泽尔，乌韦,《法律的人造物——法律导论》，第 6 版，1992 年（2000 年第 8 版）。

Wesel, Uwe, Juristische Weltkunde；Eine Einführung in das Recht, 6. Aufl. 1992 (8. Aufl. 2000).

韦斯特曼，克里斯托夫,《伦理学和法律学说中的论证和证明》，1977 年。

Westermann, Christoph, Argumentationen und Begründungen in der Ethik und Rechtslehre, 1977.

温克勒，京特（主编）,《立法》，1981 年。

Winkler, Günther (Hrsg.), Gesetzgebung, 1981.

同作者,《法学中的理论和方法》，1989 年。

ders., Theorie und Methode in der Rechtswissenschaft, 1989.

同作者,《法律理论与认识论》，1990 年。

ders., Rechtstheorie und Erkenntnislehre, 1990.
沃尔夫，埃里克,《希腊法律思想》，4 卷（卷 3 卷 4 分上下册），第 1950 页及以下诸页。
Wolf, Erik, Griechisches Rechtsdenken, 4 Bde. (Band 3 und 4 in zwei Teilen), 1950ff.
同作者,《德国思想史中的法学巨匠》，第 4 版，1963 年。
ders., Große Rechtsdenker der deutschen Geistesgeschichte, 4. Aufl. 1963.
察卡里亚，基乌塞佩,《实证法和法律实证主义》，1991 年。
Zaccaria, Giuseppe, Diritto Positivo e Positivitá del Diritto, 1991.
齐姆宾斯基，齐格蒙特,《波兰对法哲学和法律理论的贡献》，1987 年。
Ziembinski, Zygmunt, Polish Contributions to the Theory and Philosophy of Law, 1987.
齐佩利乌斯，赖因霍尔德,《法哲学》，第 6 版，2011 年。
Zippelius, Reinhold, Rechtsphilosophie, 6. Aufl. 2011.
齐佩利乌斯，赖因霍尔德,《法律方法论》，第 11 版，2012 年。
Zippelius, Reinhold, Juristische Methodenlehre, 11. Aufl. 2012.
同作者,《开放社会中的法与正义》，1996 年第 2 版。*
ders., Recht und Gerechtigkeit in der offenen Gesellschaft, 2. Aufl. 1996*.

B. 历史基础

2. 法哲学的问题史

阿图尔·考夫曼　慕尼黑
迪特马尔·冯·普福尔滕　哥廷根

2.1 引言

什么是法律？这是法哲学的基本问题。在法哲学内部存在两种具体化：其一，人们可以问，什么是作为认识和描述的事物的法律，也即，相对于非法律，什么是法律；其二，什么应当是作为指引行为的对象的法律，也即，相对于不公正的法律，什么应当是公正的法律。第一个问题是法律理论的问题，第二个问题是法律伦理学的问题。在法律伦理学内部有两个基本问题：1. 什么是公正的法律？和 2. 我们如何认识或实施公正的法律？这两个问题一起提出了作为实证法律的标准的正义问题。

人们曾长期认为，至今仍以为，可将上述两个基本问题完全分开来研究和回答。"正当法"，一个一直存在的问题，被当作一个物质对象，一个相对于人们思维而存在的"客体"，"主体"当能把握其丝毫未掺入主观成分的纯客观性。这是一种现代科学理想，它指向以精确自然科学为典范。与此相应，至今人们仍是分别教授和撰写几乎互不相干独立并存的"法哲学"也即"法律伦理学"（如拉伦茨，《正当法》）

与“方法论”（如拉伦茨，《法学方法论》）。

眼下人们从科学理论中获知，不能单以自然科学的标准和范畴，去观察和评判世界。人们甚至发现，即便在自然科学领域，也不可能处处皆是主体无涉的知识。这尤适于也包括法学在内的理解性科学。一如还将展示的，无疑，法学起始就未形成主体－客体图式。在法学中，不存在一种未打上法律寻找者印记的知识，创造的成分一直（但绝非仅仅），也共同起着作用。法的“认识”也总是一种法的“塑造”。更明确地说，法之具体的此在形式（特别是法院将如何“言说”），总只是存在于**法之实行的过程**中。相应地，在新的时代，各种**程序正义论**得以形成，它们将“正当法”视为法律发现过程的产物。

24 问题仅在于，是否仅仅是这种产物，或者说，这一过程是否具有一个实体的（“本体的”）根基。

那么，不考虑“正当法的方法”，人们完全不能言说“正当法”，同样，不顾及“方式”，“内容”也无从谈起。将这一篇章分成两部分于事无补，但在教学方法上不无理由。我们阐述问题只能一步一步地展开，不能毕其功于一役。然而，人们必须先对它们“究竟”要说什么，有一大概了解。一如前面指出的，人们只有借由部分才可理解整体，但何为部分，唯在对整体具有一种“前理解”（“诠释学的前见”！之后）时，方能知晓。基于此，在“引言”这一节里，在某种程度上是结论先行，以使读者明白，他当把下文要讨论的部分置于何种“整体”之中。

但为何要作问题史之讨论？如果不甘固守于思辨，哲学和法哲学也依赖于**经验**和**实验**。[1] 哲学的实验发生于历史之中（仿如哲学的“事件”），此一实验的优势鲜明，即非纯虚构的（与某些其他的程序正义

〔1〕 参见 R. 齐佩利乌斯，《法律中的实验方法》，载美因兹科学和文学学院编，《精神科学和社会科学分部论文集》，1991 年第 4 辑。

论相反，它们出自虚构的实验：想像的“原初状态”的契约模式，在这种模式中，每个权利人通过协议确定他们的一切事务；想像的“理想对话情景”的商谈模式，它被赋予合意的和真理的证明力）。我们的问题史讨论也基于一种商谈，但它是一种**实在的商谈**，**它曾真实地发生过并持续地发生着**：它就是古老的**永恒哲学**的思维。正义的许多原则——各得其所、黄金规则、绝对命令、公平原则、宽容诫命，以及其他等，被认为超越了一切历史经验，实际上为“空洞的公式”，它们也不存在什么优先规则。这些原则只是在形成中，即它们如何在各自时代背景下展现内容，才具有含义和顺序。我们必须从历史中把握和完成我们今天的使命。与之相应，我们不是漫无目的地去探索法哲学史，而是依据今天摆在我们面前的问题行事。然而，我们的探索不得不限制在西方法哲学史上，一来，其实质理由为，因为它铸造了我们的法文化，另外，还考虑到空间因素。但应明确指出，欧洲不是法文化的唯一发源地，在其他地方很早就存在着高度发达的法文化，人们只要想想巴比伦和汉谟拉比法典。普通法哲学史，尤其是普通法律史，尚须编修。〔2〕 25

2.2 法哲学的历史发展

法哲学史在大的路径上，与**自然法史**是一致的，在此，**人们不可在实际存在的**，**也即实证法的狭义上来理解**“**法律**”。它是一部问题

〔2〕 杰出的法学家保罗·约翰·安塞姆·冯·费尔巴哈（1775—1833年）曾撰写过此类普通法律史，但未能全部完成。参见古斯塔夫·拉德布鲁赫，《保罗·约翰·安塞姆·费尔巴哈——一位法学家的生活》，第3版，1969年，第190页及以下诸页。另见阿图尔·考夫曼，《比较法哲学——以传统中国和西方法文化为例》，载《W. 洛伦茨纪念文集》，1991年，第635页及以下诸页。

史，这就是，人们如何能从一些不可把握的东西，也即客观的东西，或曰客观观念或见解，也即广义的自然中（其中最大的问题是，应研究何谓“自然”），推断出人的行为之标准和规范，也即人的法律，它们表明抗拒人的任意是义务。一如两千年前，这一问题在今天这个原子、基因和计算机技术时代，仍具强烈的现实性。

2.2.1 古代法哲学

2.2.1.1 在远古（前科学）时代（公元前 7 世纪），这个问题尚未被提出。法仅安身于人的传说、童话、宗教礼仪、习俗、神话中，[3]且当然地被接受。大概远古人也力图去释清世界，因为追问为什么的形而上学之本能，不可排除地植根于人类。但他们的回答不是源于对宇宙结构的认识，且没有阐明行为的规律性，毋宁是，不外乎一种幻想的结果，这种幻想把自然、世界和生命的过程，简单归至超俗的、类似于人类想像出的、自由的和无计划的支配力量。色诺芬尼的嘲讽并非全然无理：“荷马和赫西俄德诗颂创世主缔造一切”。[4]万物被试图以神话来解释，法也在神话那里获得自己的根基。

这种神话学的世界图景，置远古人于与自身内外的自然事件对立之无助境地。苍天与大地，疾病与战争，生存与死亡，之于他，是模糊的神秘之暴力，他把握不住它们的作用和关联，它们是人的灾难

〔3〕 H. 朔勒的论断是令人感兴趣的：像童话一样，原始法常常有着同样的人种学之源，参见其《童话、法和法的实现》，载《Th. 毛恩茨八十华诞纪念文集》，1981 年，第 317 页及以下诸页。

〔4〕 残篇 11。前苏格拉底残篇由赫尔曼·迪尔斯整理和编辑，他死后由瓦尔特·克兰茨接替。第 1 卷，第 6 版，1951 年（第 12 次重印，1985 年）；第 2 卷，第 6 版，1952 年（第 11 次重印，1985 年）；第 3 卷，第 6 版，1951 年（第 12 次重印，1985 年）。残篇的序号习惯上据迪尔斯 / 克兰茨（DK）。

（μοῖρα），敌对力量，持续地威胁着人的此在。因而，他感到“被抛 26
入”其最终未把握的世界，此在之畏常伴左右。

今人对这种此在感觉毫不陌生，当然，这种此在感觉也具有时代性。在远古时代末期，第一个探求理性支撑点的努力，也是从命运背弃感中产生，内斯特勒以“从神话到逻各斯”来标称这一步。[5]

2.2.1.2 为此，我们来到俗称的**前苏格拉底时期**。[6] 在泰勒斯（公元前624—前547年）和巴门尼德斯（公元前520—前460年）对一种存在的、世界的和人的第一原因，第一原则的根基式寻找之外，二元对立的思维方式是新的世界图景之特征。这些特征，唯有与思维方式的对立一道来理解。阿那克西曼德（公元前六世纪左右）曾在此一含义上意欲将存在与秩序（今人称之为实然与应然）区别开来，但仍把它们视为一体：无限者所指的，也是寓于秩序中的存在者。[7] 也就是，这一“西方最古老的法律思想”，含有存在哲学的命题，即除了此在本身，每一独立生物，还被赋予以由于它存在、所以它存在之权利，

---

〔5〕 威廉·内斯特勒，《从神话到逻各斯：希腊思想的自我发展》，1940年第1版，1998年新版。热内·马西斯应用于法律，《法哲学史》，1971年，第152页。

〔6〕 对此作详述（有进一步的介绍）的为A. 费尔德罗斯，《西方法哲学——历史视野中的基础和主要问题》，第2版，1963年，第7页及以下诸页。埃里克·沃尔夫进行了全面的论述，《希腊法律思想》，4卷（第3和4卷分两册），1950年及以后。为满意起见，要非常认真地读一读L. 德·克雷斯岑措，《希腊哲学史》（译自意大利文），第1卷，前苏格拉底哲学家，1985年；第2卷，从苏格拉底到柏拉图，1990年。

〔7〕 见埃里克·沃尔夫，《自然法学之问题——发展方向初探》，第3版，1964年，第33页。但对这个原始文本的翻译非常不确定：“......διδόναι γὰϱ αὐτὰ δίϰην ϰαὶ τίσιν ἀλλήλοις τής ἀδιϰίας ϰατὰ τήν τοῦ χϱόνου τάξιν......”（残篇12）。参见埃里克·沃尔夫自己在《希腊法律思想》中的译文，第1卷，1950年，第226页及以下诸页，尤其是第233及下页。

据赫尔曼·迪尔斯，该段希腊文意为：因为根据时间秩序万物为其罪恶彼此遭受了刑罚和惩处。见赫尔曼·迪尔斯，《前苏格拉底残篇》，第4版，柏林，1922年，第15页。承蒙瑞士胜雅律先生惠寄此德文释义，谨谢。——译者

自我决断之权利要求，同时，人也因此必须让他人自我决断他是什么，他当如何（“各得其所”公式受其影响则是很后的事）。不应忽视毕达哥拉斯（公元前 570 年左右），他早就阐明了社会正义这一正义类型，其要义是可与数字次序相比的和谐。

一些早期希腊哲学家二元对立的思维方式，在赫拉克利特这位“难以理解的人”（公元前 500 年左右）那里找到了完整的表达，因之，他部分影响了继他之后的几乎所有的思想家，如柏拉图的理念说，据此，在现象（φαινόμενα）世界背后屹立着一个理念世界（νοῦμενα），一个真正的存在世界，还有亚里士多德的“隐德来希”论，即一切活生成长原则。在赫拉克利特看来，唯有过程，变易，在其世界图景中有一席之地［“人未两次踏进同一条河流”；一切皆流（πάντα ῥεῖ）这一格言，似乎不是出自于他］，万物由于对立而生，一切行为受世界法
27 则、世界理性、逻各斯的统制。那个著名的却也是有争议的残篇 114 如是说：“一切人法受哺于神法”。[8] 在此，人定正义（δίκαιος νόμος）与自然正义，实证法与自然法首度相别，因之，唯理正义学说和自然法学说由此发端。尽管人定法与自然在本性上仍被视为一体，但人的主观已认识到它们是可分的，并作好了可能分离的准备。

在随后的岁月直到今天，这种二元对立的法之图景具有重要影响：中世纪上帝法与世俗法的对立（但自然法栖身于永恒法与人法之间），是对古代自然与人法相对的追随，在近代则由相互抗衡的理性秩序与强制秩序所替代。就此而言，这一“经典的自然法学说”在其三个时期有着三种共同的特点：1. 自然法是不变的和普遍有效的，因此对一

〔8〕“Γὰο πάντες όι ἀνρώπεοι νόμοι ὑπό ἓνος τοῦ θείου”——与此相关有意思的还有，P. 艾森哈特 /D. 屈特 /H. 施蒂尔解释为：人从未两次踏进同一条河流。《科学认识的界限》，1988 年。

切时间和一切人有效；2. 借助理性，自然法是可认识的；3. 自然法不仅是实证法的标准，而且当实证法与它相悖时（曾有“法律的不公正”之思想），[9]取而代之。但我们立刻可以看到，古代自然法学说，部分地也包括中世纪自然法学说，并非处处遵循这一模式。

2.2.1.3 智者学派[10]早就在自然法之酒中又掺进了大量的水。其最著名的代表人物——普罗泰戈拉（公元前480—前410年）[11]从宇宙主义思维转向人本主义思维。依他之见，不是逻各斯或存在，而是人是万物之尺度，亦即是经验的人，而非道德的人是万物之尺度。以这种人－尺度之思想，遂取得了从客观法律思维向主观法律思维，同时又迈入价值相对主义之进步。价值相对主义在普罗泰戈拉那里尚属温和，但到了高尔吉亚和特拉西马可斯（两人生活在公元前450—前350年间）已呈激进之势，伊壁鸠鲁（公元前371—前270年）以及卡涅阿德斯（公元前214—前129年）最终走向了怀疑论，认为自然中没有什么是公正的，卡利克内（公元前500年）甚至坚信每个人都有权利通过任何手段来满足自己的欲望。因此，承认最高的自然法被用来证明暴君是正当的。但我们还要再回到普罗泰戈拉。他否认客观真理，实际上只能说，真理是人凭着自己的感觉所发现的东西，因而，真理与观察主体相连，并是相对的。依此见，规范与自然呈尖锐对立之势。法仅指实证的，经由人们协商一致形成的人法。假如人们情愿的话， 28
可以将智者学派称作科学实证主义的源头，但它也是相对主义民主之

〔9〕 参见G. 拉德布鲁赫，《法哲学初探》，第3版，1965年，第20页，《拉德布鲁赫全集》，第3卷，1990年，第138页。

〔10〕 关于智者学派的自然法，除见费尔德罗斯、埃里克·沃尔夫和马西斯的著作外，还另见H. 韦尔策尔，《自然法与实质正义》，第4版，1962年（重印本，1980年），第12页及以下诸页。这四位提及的学者也属本书要详述的。

〔11〕 我们主要是通过柏拉图的《普罗泰戈拉篇》和《泰阿泰德篇》了解普罗泰戈拉的。

源并非偶然。因为普罗泰戈拉的主观主义不是个人主义的，而是集体主义的：多数意见起决定作用。因而，法仅指实证的，经人们协商一致形成的人法。多数人不得不决定，什么必须平等地和不平等地适用。虽然平等就是同等对待，不平等则指区别对待这一法律原则是预设的，但平等地及不平等地对待什么，则由多数意愿决定。

但据何种标准多数人非任意地作出此决断呢？希腊的先哲们早就对这一法哲学的核心问题作了充分的探讨。在《普罗泰戈拉篇》中，柏拉图借希皮阿斯之口说道："我以为，我们不是基于法律而成为自然的亲戚、朋友和同胞……也就是，对于我们来说，虽然认识到事情的本性，但没有体面地显示尊严，也许不大光彩……。"[12]然而，什么是"人的本质"和"事情的本性"呢？其理由存在于法之中，或者像智者安提丰（公元前500年）指出的那样，人的本质是平等的在于："我们仍都是以口和鼻来呼吸，用手来吃饭"，是否如此呢？[13]对此，韦尔策尔的看法是，人的本质那张普罗透斯之脸，在每个自然法思想家那里，是以他们愿意的方式表现的。[14]这是一个讨论颇多的"自然法的"（或自然主义的）"循环推论"。它究竟意味着什么，让我们暂时搁置一下。但自智者学派以来，本质的概念已成为法哲学的支点，却是正确的。古代和中世纪主要是在实体意义上来理解它。只是康德才成功地超越了实体本体论，虽然在康德之前也有哲学家，如普罗丁，认为它不是实体本体论的。[15]

---

〔12〕 柏拉图，《普罗泰戈拉篇》337c，d。

〔13〕 残篇44。

〔14〕 注10，韦尔策尔，《自然法》，第16页。

〔15〕 关于本质的概念见阿图尔·考夫曼，《法学和法哲学论证中的"本质"》，载G. 富克斯主编，《人与自然（本质）——探求失落的统一》，1989年，第121页；另见阿图尔·考夫曼，《有自然之法吗？》，载《G. 施彭德尔纪念文集》，1992年。还见H. 克伦纳，《从自然之法到法之自然》，1984年；F. 伯克勒，《有争议的本质的概念》，1987年。

2.2.1.4 按时间之序，现在我们进入经典的**雅典哲学**世界，雅典哲学可被视为智者学派的集大成者，同时又是其超越者。其开端为苏格拉底（公元前469—前399年），他的学说主要由其学生柏拉图，部分由色诺芬薪传给我们。苏格拉底转向了人的精神世界，这是人类学思想的萌芽，尽管不论是在古代还是在中世纪，均未提出真正的人类学问题。一方面，苏格拉底不再赞同对道德的世界理性不加批评的信仰，但另一方面，他又力图走出智者学派的主观主义和相对主义，这是他迈向客观真理领域的一步。其口号为深入内心（Γνῶθι σαυτόν）， 29
认识自我。自然律法居于胸中，灵魂给人以道德标准，即便外在权威已动摇，人还保持这个标准。因此，苏格拉底创立了天赋的自然法学说，其后继者众多：西塞罗、保罗、奥古斯丁、克里索斯托……

苏格拉底四面出击：道德行为的客观性-伦理性问题，公正、善和德行的内容问题。法和道德的关系成为一个难题。[16] 他还主要通过其生活，甚于其学说，使法律正义思想产生功效。他尊合法律性为公正的本性（后在托马斯·阿奎那处再现），因而，在他看来，服从法律不容商讨，哪怕这是一个有缺陷的，甚至是罪恶的法律。正如人们所知，他为这个信念而赴死。他拒绝从监狱逃走的那个令人折服的理由，在今天仍有现实性："你以为这可能吗？"，他反驳克里同，"国家尚存且未完全失常，法官已作出的判决在那里就没有效力了，而且能为个人不遵守和废除"。[17] 一曲法的安定性之颂歌！无疑，任何合法性是一个重要因素，但非人可以绝对固守的，历史也昭示了这一点。

雅典"学园"的创建人柏拉图（公元前427—前347年），[18] 像苏

---

〔16〕费尔德罗斯有详述，注6，《法哲学》，第24页及以下诸页。

〔17〕柏拉图，《克里同篇》50。

〔18〕K. 雅斯贝尔斯所著《柏拉图》（1976）有助了解柏拉图。

格拉底一样，也探讨思维的内容，它不仅是主观意见（δόξα），而且是普遍有效的知识（ἐπιστήμη），它脱离了感觉世界的变易和不确定性，同时永久存在。一如其师，他也想进军不容怀疑的真理领域，但他不是在人的灵魂中，而是在一切先在绝对理念的世俗现象中发现它。理念（ἰδέα εἶδος）是真实的存在者，因为它有一个永远一贯的先验的内容，经此排斥一切变易（在柏拉图的全部比喻中，“洞穴说”最为著名：我们处在阴影之中，因而，在认识之初，只能模糊地看到光源：善之理念）〔19〕。借此，柏拉图成为理念学说的创始人，并继续发展了巴门尼德斯的客观唯心主义哲学，此一思想如何在后世，当然是以不同的修正形式，仍有所反映，人们首先想到的是黑格尔。

30 对于城邦而言核心的是正义的理念，柏拉图视之为，每个人应当为共同体贡献他的一份（τὸ τὰ αντοῦ πεειν）〔20〕，如农民生产粮食，商人出售商品，等等。于是，柏拉图将政治正义首先理解成个人的贡献正义，同时他也提到，每个人应当从共同体获得他的一份。〔21〕因而，他也已经知晓后来被称为分配正义的正义形式。柏拉图因此成为主要的西方正义公式的创立者，这个公式在几乎所有伟大的思想家直至康德，在很多法律文本，如民法大全那里找得到：各得其所（suum cuique）。每个人得到他自己的。但是柏拉图在此仍强调贡献方面，所以每个人都应该为共同体贡献他的一份，而他的弟子亚里士多德则反向行之，每个人都应该从共同体得到他的一份，因而，分配正义位居中心。柏拉图的理念，即每个人都应该为共同体做出贡献，在根本上是合理的，直至今天

〔19〕 柏拉图,《国家篇》517b。

〔20〕 柏拉图,《国家篇》433a 及以下。参见冯·普福尔滕,《法伦理学》，2011 年，第 216 页及以下诸页，第 222 页。

〔21〕 柏拉图,《国家篇》433e。

在所有运行的共同体中发挥着作用：在每个意欲在市场上生存的企业公司中，工程师将顾及技术问题和商人考虑经济问题，而不是相反。我们肯定不愿意医生向我们提供法律咨询，而律师处理医疗事务。因此，柏拉图在功能分工和贡献效益意义上理解正义。这是共同体中正义的一个重要方面，虽然正如将展现的那样，不是唯一的。撇开贡献正义是对正义的不完整理解这个问题，对柏拉图产生了两个其他的问题：首先，对正义的这一限定并没有说明，作为一个整体社会应当导向何处。柏拉图将对这个问题的回答导向了善的最高理念。正义仅应该是这个善的最高理念的一部分。另一方面，提出了谁应当认识到善的理念，和与之相关的认识到公正贡献的问题。根据柏拉图，这只能是一个小的、精心挑选的、训练有素的专家或学者集团：是广义的哲学王，而不是今天狭义的哲学。[22]这些政治专家应当统治城邦，在统治中，实际的行政管理应当留给第二等的、同样受过专门训练的官员或守护人集团。虽然我们在所有现代民主国家都找得到一个这样特殊的国家官员集团，一个专家集团的建议，根据我们今天的理解，是不民主的。柏拉图将自己能力导向的工作或贡献差异化的理性理念推到极致，并忽视了：对于政治决定而言，对作为整体的共同体是善的东西，所有公民他们的关切都必须在内容上被考虑到，他们的意愿表达在形式上被考虑到。因此，他忽视了所谓的规范性个人主义的基本见解：最终，一切有关个人的必须考虑到他们的关切，不仅是找到共同体抽象的善（参见第 2.6 节）。[23] 31

一如在后期黑格尔的客观唯心主义中，事实上，在柏拉图的理念学说也已经服务于一种非民主的、权威的国家学说基础。他不支持善

〔22〕 柏拉图,《国家篇》437d。

〔23〕 冯·普福尔滕,《规范伦理学》，2010 年；注 20,《法律伦理学》，第 267 页及以下诸页;《法哲学：导论》，2013 年，第 106 页及以下诸页。

罗泰戈拉的民主思想，据此，原则上每个公民有能力参与国家意志的形成。据他的见解，毋宁是，只有很少的人知道共同的至善，他们必须统治无知者，同时用强制的方式，“但这并非像特拉西马可斯那样看待被统治者的，奴隶应接受有害于自己的统治，而是接受神和智慧者的统治，这于双方是最好的。虽然每个人有一种自我控制为最佳，但为了我们大家也根据彼此总体上相当的能力，受相同的统治，友好相处，对人从外部进行统治，无疑是对的”。〔24〕强制致善，柏拉图以为具有道德上的合理性（为了平等也是如此），这也就像医生为了健康可以强迫病人一样。〔25〕强制论与其自由的概念如何协调，当然是另一个问题。〔26〕但比较明显，之于柏拉图，民主制可能不是其理想的国家形式，相反，他偏爱贵族制以及君主制。为了正确地评判雅典和希腊当时的人文和政治精神，还有许多重要人物必须被考虑：希罗多德（公元前500—前424年）、伯里克利（公元前499—前429年，民主派！）、修昔底德（公元前460—前400年），因而还得另写一书。

尤其一如理念，法理念也是法的居常不变的真实存在，以及与此相关的完善的、不变的知识之对象。其特点就像柏拉图在他《政治家篇》对话录结语中，对法律（νόμος）与认识（φρόνησις）二者相互关系所说的：“在某种程度上，相当明显，立法属统治艺术，但最好不是法律，而是具有见识的统治者握有权力。……因为法律无力精确把握对所有的人来说是最有益的和最公正的东西，无力指派出一个实际的至善……”〔27〕

〔24〕 柏拉图，《国家篇》590d。

〔25〕 柏拉图，《政治家篇》296。

〔26〕 完整的阐述参见H.-G.伽达默尔，《柏拉图的辩证伦理学——对“菲勒波斯篇”的现象本体论的阐释》，1983年。

〔27〕 柏拉图，《政治家篇》294a，b。

柏拉图不信任法律，他寄望于在理念中构筑的客观、自然的约束律。他早就提出了那个后来尤为新经院哲学家所热衷的问题：“虔诚，是因为它是虔诚的才受上帝之钟爱，还是因为它受上帝之钟爱才是虔诚的”。[28]在其早期对话《安提丰》中，柏拉图与苏格拉底的回答一致，不同于后来的保罗，他是在第二个意义上回答的。柏拉图首先答道：上帝不是世界的立法者，这与他的理念自然法立场完全一致。然后，
柏拉图在其晚年作品《法律篇》中，将上帝视为立法者，并认为法治 32
是第二好的解决方案。[29]他在此书中也讨论了平等问题，并阐发了正义不应被理解为数量的平等，而是比例的平等（比例平等、类比）。但是亚里士多德创见了这一学说。

古代自然法学说，在斯塔吉拉人亚里士多德（公元前 384—前 322 年）那里达到了巅峰。时年 20 岁师从柏拉图的亚里士多德，接受了柏拉图的客观的、自然的约束律的主张，但对之进行了重大的改造。这主要表现在两个方面：其一，他将客观的约束律与自然的概念更加强有力地联系起来，由此，他遂成为通过“自然”及“自然的”约束这一狭义的自然法学说的真正开山人，其二，他论述了一切存在者中形式与质料的统一。他将这两者归至一点：自然（φύσις）一直是对象的现实之完整形式。合乎自然肯定是事物的最佳状态，[30]但因此自然被

---

〔28〕 柏拉图,《欧蒂弗罗篇》10a。

〔29〕 柏拉图,《法律篇》642a。

〔30〕 亚里士多德,《政治学》1254a。有关亚里士多德的文献众多，与这里要讨论的问题相关的一些文献，参见 M. 萨洛蒙,《亚里士多德的正义概念》，1937 年；G. 比恩,《亚里士多德的政治哲学基础》，1985 年；F.-P. 哈格尔,《亚里士多德的伦理学和政治学》，1972 年；W. 西格弗里德,《亚里士多德的法思想》，1947 年；J. 里特尔,《亚里士多德的“自然法”》，1961 年；O. 赫费,《实践哲学——亚里士多德模式》，1971 年；A. O. 罗蒂主编,《亚里士多德伦理学论文集》，1980 年；W. v. 莱登,《亚里士多德论平等和正义》，1985 年；H. A. 费希纳,《论亚里士多德的正义概念》，1855 年莱比锡第 2 次重印，1987 年。

理解成具有价值性，而不仅仅是存在的及经验的。

自然正义与实证的、法律的正义的区别，之于亚里士多德是不言而喻的。但与前人不同，他怀疑实证法律的完美性和绝对有效性。他早已意识到（这是我们在第二次世界大战后才必须重新学习的），可能存在恶的非公正之法律，他敦促，必须通过“公道”（ἐπιείκεια）来纠正这种法律的不公正。那个由苏格拉底加以绝对化的法的安定性，在此又被还原成一个理性标准。

在亚里士多德那里，我们也首度发现了自然法和实证法的定义：“城邦的法分为自然的与法律的（实证的）。自然的是这样一种法，它到处有着相同的有效性，不取决于对人来说是好还是坏。法律的则指，其内容原初是偶然的，但一旦由制定法律所确认，便有着确定的内容。”[31]因而，亚里士多德也将自然法称为城邦的法、政治法和非偶然法。之于他，城邦，即国家，是所有人和成员共同体的目标，因为唯有国家是自足的。人在本性上，一如人所传诵的，是一个城邦生物，一个政治生物（ζῶον πολιτικόν）。[32]

在《尼各马可伦理学》第5卷中（以其子尼各马可得名），亚里士多德阐发了其正义学说，它构成今天所有认真思考正义问题的出发
33 点。正义的核心是平等。但不同于很久之后，如康德，把平等理解成形式的或可计算的平等（平等必须以精确的对等来应对：以极端对极端，以血还血，以牙还牙），亚里士多德将平等具体分为比例的、几何的和类比的，至少在分配正义的框架中。[33]他说：“平等处在过多

〔31〕亚里士多德，《尼各马可伦理学》1134b。

〔32〕亚里士多德，《政治学》1253a。

〔33〕类比是正义和法的核心问题之一，见阿图尔·考夫曼，《类比与“事情的本性”——兼论类型学说》，第2版，1982年。当今重要的著作为F. 罗密欧，《类比——论法中理性的真理概念》，1991年；及P. 内尔霍特主编，《法律认识与类比》，1991年。

（ὑπερβολή）与过少（ἔλλειψις）之中间（μέσον）……因为平等是居间的，所以法也是居间的……之所以法是比例的……因为比例是中间的，且公正是比例的。”[34]（人们能这样来解读亚里士多德，在对谋杀者的惩罚与对偷窃者的惩罚之间，因而必须存在着一种恰当的比例，例如：谋杀者：偷窃者＝终身监禁：1年徒刑——处死谋杀者，砍下偷窃者的手，并非正义。）比例要求尺度（μέτρον），类比需要比照物。亚里士多德将这种标准称为“比值”（Würdigkeit）。[35]因此，这明显涉及正义问题的核心及至全部内容。

亚里士多德区别了平等以两种不同形式表现于其中的两类正义：平衡的正义（iustitia commutativa）和分配的正义（iustitia distributiva）。[36]平衡的正义指在自然上不平等，但在法律面前平等（亚里士多德称之为“矫正的正义”），它意味着根据法律对等地位，给付与回报（商品与价格，损害与赔偿）之绝对平等，一如我们尤在对等交换的私法关系中看到的（因此，它也被称作交换正义）。相反，在大多数人行为中的比例平等则是：根据功绩、能力和需求等标准来分配（δίκαιον διανεμητικόν）权利和义务——如考虑收入的多寡来征收不同的税款，或依资历和技能决定公务员的晋升。易言之，分配的正义是后为西塞罗用拉丁语所承接的“各得其所”原则。分配的正义之于实证法是基础，因为私法之平衡的正义是以分配的正义之公共行为为前提，例如，像权利能力与行为能力的特定法律地位之划定，尤其是法律交易参与者的平等地位（也如参与者的不平等地位：如子女、未成年人、成年人，但这种不平等之于他们自身又是平等的）。

[34] 亚里士多德，《尼各马可伦理学》1131a，1131b，1132a。

[35] 同上书1131a。

[36] 同上书1130b及以下诸页。

34 在这里被描述的图式1中，还考虑到了柏拉图所强调的贡献正义，它后来被托马斯·阿奎那称为**法律的正义**（iustitia legalis）。[37]经由法律正义，个人对共同体的义务表现出来，例如个人交税和支付租金或会费。

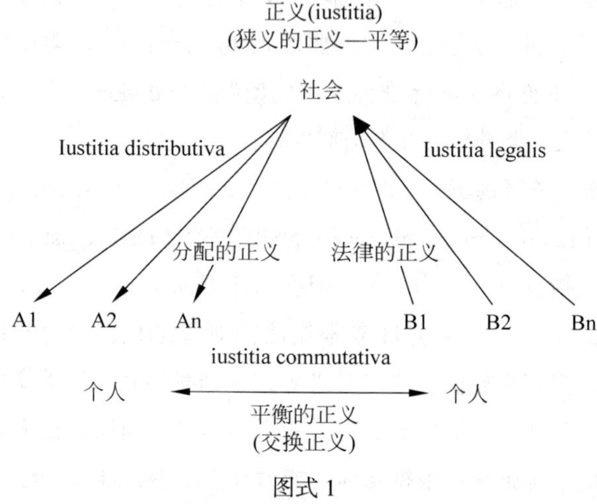

图式1

转至当代，人们能以刑法理论为例来说明正义的不同形式。如果人们在“绝对理论”含义上把刑罚理解成报复（“责任平衡”），那么，这是探讨平衡的正义：建立责任与刑罚之间绝对的对等标准（如康德着重指出：“但如果他杀了人，他必死。在此没有替代物来满足正义……”）。[38]相反，如果人们在“相对理论”含义上，把刑罚的本质视为所谓重新社会化或今天到处谈论的“积极的一般预防”，那么，这关系到分配的和贡献的正义及法律的正义之行为：义务的承担和履行，

〔37〕托马斯·阿奎那，《神学大全》II，II，第57页及以下诸页。

〔38〕康德，《道德形而上学》，学院版，第333页。

社会内部的法和法忠诚的稳定化，以达到社会的补偿，尤其是要将罪犯重新整合成社会中平等之一员。

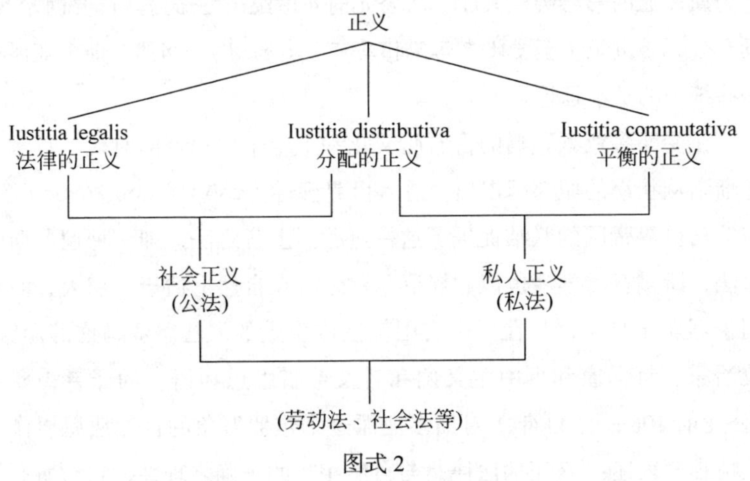

图式 2

图式 2 表明，从正义观看，可能在公法与私法之间不存在着一种真正的区别。[39] 35

2.2.1.5 假如我们是出于纯历史之目的，那现在还必须探究一下亚里士多德之后的不同思潮和学派：逍遥派、享乐主义者、犬儒主义者、伊壁鸠鲁派、怀疑主义思潮、新柏拉图主义、普罗丁学派（存在着某种普罗丁复兴，但在法哲学中没有引起特别的反响，普罗丁本人对合法性兴趣不大，然而，值得注意的是，他是**程序性自然概念**的代表，这一学说后在谢林那里复活）、雅典学派、亚历山大学派，等等。实质上这一时期的斯多亚派仍令人生趣，因为它架起了古代自然法通

〔39〕 详见 J. J. M. 范德芬，《人法——人性与合法性》，1981 年，第 244 页及以下诸页，第 257 页及以下诸页。

向中世纪基督教自然法的哲学之桥。具体地看，斯多亚派哲学家们无疑代表着大相径庭的理论，然而，斯多亚派（其名出自雅典彩绘处被称为斯多亚的彩绘圆柱大厅）从公元前4世纪（芝诺为其首要创始人）延至公元2世纪（至爱比克泰德和马可·奥勒留）。当然，斯多亚派有一些统一的基本思想。

在受斯多亚派影响的古希腊文化和上半个罗马帝国时代，哲学思想渐渐从狭小的城邦国走出，进入世界理性（τοῦ κόσμου λόγος）[40]，与罗马世界帝国的联结促进了这一进程。上帝之法，即一种逻各斯的律法，斯多亚派学者也以“规范”称之，在自然上适于一切人，而有别于不属于自然，只在一个有限范围内生效的人法。罗马修辞学家、政治家、哲学家和折中主义调和者及希腊思想和语言的译者西塞罗（公元前106—前43年）对斯多亚派这个包罗万象的自然法思想作了最精彩的表述：“真正的法律是与自然相吻的正确之理性，它对所有的人普遍适用，稳定持久地存在，它通过命令召唤履行义务，经由戒律防止作恶……限制这种法律的影响，有悖于上帝之法，部分废止它也不允许，完全取消它也不可能。但我们既不能通过元老院，也不能经由人民解除这种法律对我们的约束……法律不可能在罗马是一套，而在雅典则是另一套，今天是这一种，明天又是那一种，而是这种永恒不变的法律，将适用于一切民族和一切时代，同样，将有一个超越一切的共同的导师和主宰：上帝……谁不服从这种法律，谁就是逃避自我，因为他违反了人的本性，为此要遭受最严厉的惩罚……”。[41]这不仅仅是漂亮的言辞，而且有很大的实际后果，例如，在奴隶问题上

〔40〕 克吕西波，载《斯多亚派早期残篇》（SVP）II，H. v. 阿尼姆主编，1964年，第913段。克吕西波（公元前280—前207年）是斯多亚派的第二创始人。

〔41〕 西塞罗，《论共和国》III，22（33）。

表现得淋漓尽致：奴隶制与自然法相悖，因为一切人依其本性是自由 36
的（克吕西波曾这样说过[42]）——它至少在理论部分明显地比中世纪进步，人们想起托马斯·阿奎那还从自然法上认可了农奴制。[43]

一如苏格拉底，西塞罗也主张：之于人，自然律法是唯一的“非人定法”（lex indita）。塞涅卡（约公元1—65年）强调，基于共同的本性，一切人都互为亲戚，邻人之爱的信条由此产生。与之相似，爱比克泰德（公元50—138年）宣扬基于理性之上的人爱和世界公民学说，他也将宗教固置于理性之中。人不再仅仅作为组成国家的生物（ζῶον πολιτικόν），且还是社会的“乐善好施的”生物（ζῶον κοινωνικόν）。斯多亚派的和经典的希腊哲学的精神同时也清楚地体现在东罗马皇帝优士丁尼的法律汇编《民法大全》中，参见《学说汇纂》1. 3：“法律的命令是：为人诚实，不损害他人，各得其所”（Juris praecepta sunt haec: honeste vivere, alterum non laedere, suum cuique tribuere. ——乌尔比安）。

在斯多亚派的影响下，在罗马还产生了万民法（Jus Gentium），它不是今天所指的国际法，而是自然法，它适于每一个人，而不论他是市民还是外来民，是自由民还是奴隶。对于时为世界强国的罗马，这样一个包罗万象的法发挥着极大的作用，因为它是最重要的圆箍之一，将帝国箍在一起。著名的罗马后期经典法学家乌尔比安，甚至将斯多亚派的自然法概念延及动物世界：“自然的权利，是一切动物的权利，无论它是天上的、地上的、海里的动物”（Ius naturale

[42] 注10，韦尔策尔，《自然法》，第40页。

[43] 但不是像经常误解的（如注10，韦尔策尔，《自然法》，第66页），指主要的，即绝对的自然法，而仅指次要的，即有时间条件的自然法。参见阿图尔·考夫曼，《转折中的法哲学》，第2版，1984年，第7页（有进一步的论述）。

est, quod natura omnia animalia docuit, nam ius istud non humani generis proprium est, sed omnium animalium, quae in caelo, quae in terra, quae in mari nascuntur）。[44] 也许，今天在生态运动中，我们对这种观点甚至重有一番理解。

总之，“正当法”这一问题，在斯多亚派那里获得了鲜明的主观特征。不应在宇宙自然的外部世界中，也不应在超验的理念中，而当在自己的内心世界里，当然，所有人在这一点上是相同的，去寻找答案。这一转变，对实证法的客观标准问题向纵深发展极其重要。然而，“正当法”不是客观地存在于“自然”之中，而是某种过程性事件，对这一判断方法上的反省却延续了数百年。

37 ## 2.2.2 中世纪法哲学

2.2.2.1 从古代向中世纪的转变已逐渐完成。古代和中世纪这两个概念肯定不指代一个明确的历史转折的界限，而仅是在近代由历史学家所创立，以标称这一逐步的转变。基督教哲学和基督教自然法学不是一种创新，相反，没有古代的遗产，它们则不可思议。唯理智论与唯意志论间的古老纷争占去了几百年的时间，奥古斯丁更多地是柏拉图主义者，托马斯·阿奎那则归属于亚里士多德阵营。保罗（约公元10—64年）起初所涉及的，有着至为明显的斯多亚派哲学之痕迹。基督赐给我们“新的律法”，没有这种律法的异教徒也能遵循它，因为这种律法之书写在他们心里。[45] 每一个人都能认识到西塞罗传授的自

〔44〕 乌尔比安，《学说汇纂》1，1，3。

〔45〕《圣经·罗马书》2，14及下页。见潘伦伯格/考夫曼，《律法与四福音书》，1986年；阿图尔·考夫曼，《律法与新约四福音书》，载《纪念彼得·诺尔文集》，1984年，第61页及以下诸页。

然法，无人能借口疏忽而为自己开脱。〔46〕

2.2.2.2　有意识地将希腊遗产与新四福音书连接起来的真正的基督教哲学，从古代向中世纪过渡的哲学家、神学家奥古斯丁（354—430年，人称为“第一位基督教存在主义哲学家”）那里才开始。他接受了柏拉图的理念学说，但将理念移入上帝的精神之中，而在柏拉图那里，理念有自己的“上帝”（“理念上帝”）。奥古斯丁的“永恒法”（lex aeterna），“是与上帝的理性或上帝的意志一致的”（“lex vero aeterna est ratio divina vel voluntas Dei”〔47〕）。它像上帝本身一样是永恒不变的。〔48〕

奥古斯丁从斯多亚派那里接过“永恒法”这个概念。不同于将“永恒法”与“自然法”（lex naturalis）等同视之的斯多亚派，他赋予“自然法”以新的含义：自然法是永恒的上帝律法在人的意识中的复现，有别于“永恒法”，而像蜡印图案对印章的复现。〔49〕然而，这个图案可能为狂热所模糊。众所周知，奥古斯丁有过这种切身的体验，其唯意志论和人的自由之心理说，可能深深地植根于自己的经历中（在其著名的和今天仍有阅读价值的《忏悔录》里记载了他的忏悔，第一本作者传记）。依他之见，唯有意志才可作道德评价，因为意志是人的根本之力量，而理解则不是。罪恶根源于意志，人不能以自身的力量而只有通过上帝的恩惠才能摆脱罪恶。在与贝拉基*的争论中，奥古斯丁阐发了这个观点，据此，为实现宗教信条的自由是上帝完美无缺

---

〔46〕关于这个问题和西塞罗的归属学说，见阿图尔·考夫曼，《外行范围中的平行价值——对一般犯罪学说的语言哲学考查》，1982年，好几处论及，如第4页及以下诸页。

〔47〕奥古斯丁，《反摩尼教的幸福》XXII，C 27。

〔48〕奥古斯丁，《论自由意志》1，c 6，No. 14及下页；也见《论真正的宗教》81。

〔49〕奥古斯丁，《论三位一体》14，No. 21。

* 贝拉基（约354—418年），罗马时期的基督教隐修士、神学家，著有《论自由意志》（416年），驳斥奥古斯丁。——译者

38 的恩赐品，贝拉基则主张自由属于人的自然本性，因此，自由只需要有益的贵人之帮助，以便促进因罪孽而受阻的自由之运用。随后数百年，这一争论在关于“律法与四福音书”的教派论辩中起着不小的作用。[50]

“自然法”是“永恒法”在人的意识或人的灵魂中的写照，也如奥古斯丁所说的，永恒法是“自然之光”（lumen naturale）。第三种，即最下位的是“世俗法”（lex temporalis），立法者借此确定在特定时间内，什么是必为的，什么是禁止的。但这种实证法只有以“永恒法”为支撑才有约束力。[51]不公正的“法律”不是法律，一如不具正义的政治共同体不啻是一个大强盗团伙而已。[52]

然而，这一法的等级规则在此提出了最重要的“永恒法”的内容问题。奥古斯丁阐明的创世秩序为人长时间所接受，也就是基督教信仰最终决定了法的内容。在中世纪末托马斯·阿奎那那里，这种基督教自然法达到其顶峰。我们今天专致于跨越了八百余年的自然法，十分明显，在这八百年间，其他教父哲学，尤其前经院哲学和早期经院哲学中的许多重要的学者（如坎特伯雷的安瑟伦、伯恩哈特·冯·克莱尔沃克斯、阿威罗伊、阿尔伯特·格罗斯和罗吉尔·培根），不仅对神学和一般哲学，还对法哲学也有所促进（当时和以后很长时期内，法哲学与自然法学几乎相同）。

2.2.2.3 **正统经院哲学**又是客观主义和实体本体论的时代。因而，哲学不外乎重转向了亚里士多德。托马斯·阿奎那（1225—1274年）

〔50〕 详见注45，阿图尔·考夫曼，《律法与四福音书》，载《纪念彼得·诺尔文集》，第61页及以下诸页。

〔51〕 奥古斯丁，《独语录》，81，No. 2。

〔52〕 奥古斯丁，《上帝之城》第IV卷，第IV章：“Remota itaque iustitia quid sunt nisi magana latrocinia?”

同样是一位杰出的基督教亚里士多德主义者。他从传统中继承了法律的四层次说："永恒法"、"自然法"、"上帝法"（lex divina）和"人定法"（lex humana）或"实证法"（vel positiva）。[53]但"自然法"在他那里有别于奥古斯丁的，它不是灵魂的主观律法，而是一种客观的戒律。托马斯接过亚里士多德的唯实论，据此，价值与现实不分，应然与实然相连——那个著名的经院哲学公理为：善与存在同在（bonum et ens convertuntur）。[54]人们本必须表示出：善与存在、真理同在，因为人是借助理性才有能力在理智上认识实在的重大价值，虽然这种认识经常不充分不全面，但特别明智和真实。所以，"自然法"也是理性生物之理智的（不是意志的）那一部分，理性生物依傍着世俗法，一方面，自然法为"永恒法"的一部分，另一方面，它又是人的理性自然判断力的结果。[55]但像上面提到的，由于人的理智不能总是全面合适地把 39
握真理，因而，必须借助实证法，即"人定法"，在特定的时间和情势两方面，来确定什么当是有效的。

与自然法不一致的人定法是否有效，对此问题，托马斯以奥古斯丁的观点："一个不公正的法律想绝不是法律"作出了回答，并补充道："一个与自然法相悖的法律，是对法律的摧毁"，是一种"恶法"（legis corruptio）。[56]但人们如何确认这种不一致，或换句话说，人的理性如何分辨自然法与人定法呢？他站在与奥古斯丁相同的立场上作出了回答，也即，他列出了两类推导：简单推理，指依据前提推

〔53〕托马斯·阿奎那，《神学大全》I，II，90—105。

〔54〕托马斯·阿奎那，《神学大全》I，II，18，1。

〔55〕托马斯·阿奎那，《神学大全》I，II，91，a.2 c。

〔56〕托马斯·阿奎那，《神学大全》I，II，95，2。基于法的安定性和法的和平，即为了避免不满和混乱，尽管"腐败之法"无效，但他还是允许遵守它，这是一个非常现实的见解。虽然一个法与"永恒法"相悖，但不允许人们不服从它。

导（如从“勿损害”[neminem laede]原理中获知那些主要通过刑法加以禁止的行为）；具体决定，指依据规定推导（如那个自然法规范“犯罪应受惩罚”，将借助规定了威胁性刑罚种类的实证法而被具体化）。[57]这种“经院哲学方法”，通过思维次序的理性化给人留下深刻的印象，但它也是建之于一种高超的骗局之上：人们同样能从高高在上的、总是高高在上的，并同时总是抽象的、形式的应然中，不考虑经验之实际，纯推理性地决定具象的法，这是一种人们至今不断地为其新花样所诱惑的骗局（这种想从纯形式[思维]的过程中获得内容的企图，被用于一些程序正义论的游戏中）。无疑，实际上还是有经验渗入，只是由于价值与实际情况搅在一起仍未被觉察罢了（在我们这个时代，是实然与应然的完全分离导致了这种骗局）。经院哲学根本未着手去发现真理即启示的内容，这个内容被预设在具体的、有着固定形式的、有着教义学和权威约束力的规定中（就此而言，经院哲学是思辨的，其本身不是什么“非理性的”）。它关注的是，从方法上，借助理性，通过权衡正面和反面的根据，在论证中去巩固真理的基础，并对之作出详尽的阐释：信仰致知（credo ut intellegam，我信，为我知），但托马斯常说：理智致信仰（intellego ut credam，我知，为我信）。逻辑思维与对流传的信仰之敬畏相连，科学的严谨方法与神秘主义的流动之生活结盟。

40 如果人们愿意正确地评价阿奎那的自然法学说，必须知道，托马斯非常清晰地区分了抽象的一般的法律与具体的个别的法，前者为权威创制（“安排”），后者寓于“行动”和“言说”之中（他称之为

〔57〕托马斯·阿奎那,《神学大全》I，II，95，2。在另一处（I，II，95，5）托马斯列出了第三类：自然律法的补充（依据补充标准）。

“公正地行动”[actio iustitiae][58])。法律以一般规范表现，最高的自然律法甚至只包含最一般的基本规范：行善避恶，合乎理性行为，还有一些自然律法的命令，它们出自人的自然情感的秩序[59]：依自我保存之本能，戒杀；依繁衍之本能，结婚和生育；依理性天赋和社会性情感，要讲真话，不伤害他人。[60]这就是自然律法的范围，原则上，它适于一切人，永远有效。[61]相反，自然法只是出自此时此地具体表现的法律，这意味着自然法是一种历史法。因为人之本性（这里必须补充一点：具体的本性）是变动不居的，托马斯说道。[62]只是在这一含义上，即在“次级自然法”含义上（托马斯本人未使用这个术语，它是新托马斯主义者的发明），而不是在永恒不变的法律上，在阿奎那的自然法中，农奴制仍被认可，才是正确的。[63]无疑，托马斯只是非常粗浅地理解法的历史性这种现象，[64]但人们不应误以为，在他那里，具体的自然法就毫无绝对性可言，一如后来的启蒙时代理性主义自然权利。

---

〔58〕 托马斯·阿奎那,《神学大全》II,II,57,1。——托马斯的法与正义学说反映在《神学大全》第二卷第二篇问题57—59中。关于此专题的特辑，见A. F. 乌茨主编,《托马斯·阿奎那，法与正义》，1987年。——关于制定法与法的区别（参见基本法第20条第3款）见A. F. 乌茨,《〈神学大全〉德语－拉丁语版第18卷评注》，1953年，第425页及以下诸页，及注38，阿图尔·考夫曼,《法哲学》，第131页及以下诸页。

〔59〕 托马斯·阿奎那,《神学大全》I，II，94，2：“Secundum igitur ordinem inclinationum naturalium, est ordo praeceptorum legis naturae”。

〔60〕 参见托马斯·阿奎那,《神学大全》II，II，109，3：真理与正义之关系。

〔61〕 托马斯·阿奎那,《神学大全》I，II，94，4和5。

〔62〕 托马斯·阿奎那,《神学大全》I，II，52，2：“Natura autem hominis est mutabilis”。

〔63〕 托马斯把社会中人分为上等和下等这一原则（黑格尔，马克思：“主人与奴仆”），应用到他那个时代既存的关系中。当然，斯多亚哲学当传教他更好的东西。详见H. 克伦纳,《A. 考夫曼纪念文集》，1993年。

〔64〕 关于法的历史性，详见注38，阿图尔·考夫曼,《法哲学》。尤为详细的有：J. 洛姆帕特,《当代德国法的历史性根基》，1968年；J. 洛姆帕特,《法的原则的历史性》，1976年。

如前所述，托马斯·阿奎那是一位亚里士多德主义者。在奥古斯丁那里，“永恒法”是来自理性还是上帝尚不明确（见注47中引书）。但托马斯清楚地赋予它理智主义之含义（因此，就像人们对他非议的，他的上帝完全没有意志）。与唯理智论相应，恶不能被归罪于意志，而在于理解，这就是说，意志的欠缺植根于理解的不足。人的行为的最高层次是双重形式化的良知：分辨能力，即被给予理性的、认识自然律法最高命令的能力，它不可能错；感知能力，即把那个最高命令传介到个别情况中的能力，在此可能有误。这个思想具有一种非常重大
41 的后果，托马斯对此的看法与保罗和西塞罗相左，即，在（源于沟通原则）行为的命令与禁止方面，会发生可以原谅的错误（我们今天的《刑法典》第17条体现了托马斯思想！）。托马斯甚至将约束力赋予无辜的存有缺陷的良知，且他自己对那种后果在所不惜：未做他认为在良知上有义务去做的为恶之人，是为罪人。[65]这里便出现了在今天仍有很大现实性的不同层面之问题，如因信仰违法者，谋杀暴君，普遍的抵抗权。托马斯·阿奎那以其短暂的一生，在其令人惊讶的渊博的著作中，完成了对这些问题的探讨。[66]这里只需提示一下，应该进一步研究。

2.2.2.4 **经院哲学的终结**始于奥卡姆的威廉（约1300—1350年），[67]但在他之前，约翰内斯·邓·司各特（1266—1308年）就曾尖锐地批评过托马斯主义。[68]奥卡姆首先是通过重构唯名论而载入史册

〔65〕参见托马斯·阿奎那，《神学大全》I，II，19，5。此问题详见韦尔策尔，《有缺陷的良知》，1949年，及注46，阿图尔·考夫曼，《平行价值》，尤其是第4及下页。

〔66〕如抵抗权，见《逐句评注》II和《神学大全》II，II，69，4；II，II，42，2；II，II，64，2。

〔67〕对此见A. S. 麦克古拉德，《奥卡姆的威廉：暴君统治简论》，1992年。

〔68〕关于邓·司各特，详见注10，韦尔策尔，《自然法》，第66页及以下，及G. 施特拉腾韦特，《约翰内斯·邓·司各特的自然法学说》，1951年。关于约翰内斯·邓·司各特的新研究资料，见W. 克卢克森主编，《第一原则论文集》，第2版，1987年。

的，据他的学说，只存在个别、特殊，但不存在一般。依此观点，“普遍”不是“先在”（先于物，如作为自在的理念，像柏拉图假设的），而只是“后在”（后于物，作为由思考的人即精神建构的概念，也就是后于我们思维的基本的即最简单的工具，概念，因此人们也称“概念论”）。这就是那个所谓“普遍性问题”，它植根于古代，后期经院哲学对之曾有过激烈的争论，今天仍不乏意义（凡用心读过安伯托·艾柯的小说《玫瑰之名》之人，常为此问题所纠缠）。

依唯名论，不可能存在什么真正的、存在性的、一般的自然律法（在自然科学中也是如此，人们在此称作“自然律法”的，纯粹是科学的普遍化）。它只是为唯心主义的自然法学说留下空间，这种学说认为自然法未设定或完全未预设什么，而只是一种“理论产品”。[69] 显而易见，这样一种“自然法”完全被置于实证的、制定的法之下，且不可能与制定法，如恶法相抗而得以实现。唯名论是主张由实证法律一统天下的实证主义之清道夫和伙伴。托马斯·霍布斯后来在17世纪表现得比这种温和的唯名论或思维的概念论更为激进：根据其超唯名 42
论或语言论，一般应当不再作为我们的基本思维工具存在于思维或我们的概念中，而只能存在于单个语言的词语中。[70] 然而，这些当然是文化相对论的，因此是非常任意的，而作为我们思维的共同工具的概念一直——至少在最普遍的情况下——可以被假定为，它们不是任意形成的，因为它们关联着不变或很少改变的事物，现实的结构和规律。以这种超唯名论或语言论，霍布斯预料到20世纪的现代语言哲学或语言批评的激进怀疑论，如维特根斯坦、卡尔纳普和奎因的理论。作为

〔69〕 K. 恩吉施如是说，《当代法和法学中具象化观念》，第2版，1968年，第231页。

〔70〕 霍布斯，《论腐败》I，II，9。

我们思维工具的概念与作为单个语言要素的词语之间的区别不仅对法律哲学，而且对每个实践的法律人和每个思考的人都是至关重要的。[71]人们可以通过一个简单的例子来说明这个差异：当德国说“Baum”，英国人说“tree”，法国人说“arbre”和意大利人说“albero”时，他们用不同的词语或句子关联着相同或至少相似的树的概念。因此，尽管语言符号不同，但它们形成和使用相同或至少相似的思维工具、相同或至少相似的概念。只有在这种前提下，从一种语言到另一种语言的翻译才在根本上是可能的。

奥卡姆的学说也为路德（1483—1546年）的宗教改革扫清了道路，虽然路德的自然权利观在本质上仍是经院哲学的。[72]在旧约诗篇评注中，路德谈及写在人们心中的“自然律法”，即“自然的律法”，他认为，摩西的戒律在与自然的律法相一致时，仅涉及基督徒。在评注《致德意志贵族书》中他说道，自然律法为我们的本性烙下善与恶的不可磨灭的标志。虽然他（在《旧约诗篇评注》中）一如托马斯·阿奎那，言及人区分（分辨）善与恶的能力，却也认为“即使上帝的命令写在人们心中，但由于恶魔撒旦，人心变得如此混浊，以致人既不能看到，也不能辨别善恶”，毋宁说，上帝的命令“暗淡，全无光泽”。由于在路德看来，因原罪人之本性完全堕落，所以，人靠自身无力识得正确的东西，基于此理由，他不可能接受法律四层次学说。在“永恒法”与“人定法”，在上帝世界与人的世界之间，不存在公正或规范－伦理之桥，只有上帝通过怜悯的馈赠施舍。“自然之光”熄灭了，除了接受上帝的馈赠外，人全然无能为力。“基督徒的自

〔71〕 对此参见冯·普福尔滕，《寻找立场：论哲学的使命和价值》，2010年，第267页及以下诸页。

〔72〕 参见，F. X. 阿诺德，《论马丁·路德的自然权利问题》，1936年。

由”不是建立在法律之上，而是仅基于四福音书，自由是“摆脱一切原罪、法律和命令”。[73]

在路德及其精神追随者那里，世俗法失去了它在教父学和经院哲学中作为“永恒法”的组成部分的那种神圣尊严，而成为真正的“世俗”法。路德以其两个世界论将法，包括教会法，也完全托付给世俗政权。虽然他把世俗的法律秩序视为一个临时的和可疑的统治，当人未生活在那里时，应处于其中，真正的统治是四福音书的统治，是爱之王国（令人不禁想到托尔斯泰）。但随着法被托付给世俗政权，即国家，在根本上就获得了批评这种法的可能性。路德对“人在何种程度上有服从世俗政权的义务”这一难题思考颇多，并在抵抗权问题上耗尽毕生精力。从其基本观点看，对人有义务服从一个哪怕是恶法，他应是持赞同态度的，并否认人有抵抗的权利，但他没有将这一立场贯彻到底，这表明其不凡。[74]当人们想正确地评价一下我们最近的历史时，应永远铭记这一新教法律传统。古斯塔夫·拉德布鲁赫在1947年评说道：“强调法的终极尊严的丧失，强调法对宗教行为空洞无用与无关紧要，一方面对绝对的封建制发展起了决定性作用，另一方面极大地助长了德国人对政治漠不关心的情绪，由于政治空虚无用，它未被授权去调整最高价值。不具神圣尊严的法向何处去，我们最终经历过了。新教教会现忙于赋予法以宗教根据，就像天主教（在新教教义中为加尔文教）从未拒绝这么做一样”。[75] 43

---

〔73〕引文出自K. G. 施特克和H. 戈尔维策的选节，1961年，第94页。另见注40。

〔74〕见阿图尔·考夫曼，《论对世俗政权的不服从》，1991年，尤其是第19页及以下诸页。

〔75〕拉德布鲁赫，《法哲学初探》，第43页，《拉德布鲁赫全集》，第3卷，1990年，第160页。借此机会提及一下马克斯·韦伯的指南性著作《新教伦理与资本主义精神》。（载《新教伦理I，论文全集》，第7版，1984年，第27页及以下诸页）

2.2.3 近代法哲学

2.2.3.1 带着冷落了某些人的心情我们走进近代，因为在向近代过渡时期，还有许多上面未述及的有影响的思想家和思潮：西班牙后期经院哲学家，例如，弗朗西斯科·苏亚雷斯，[76]形而上学思潮，突出的人物是库萨的尼古拉（《论有学识的无知》），马基雅维利和托马斯·莫尔的国家哲学——《君主论》《乌托邦》，等等。脚踏实地地站在近代的是“近代哲学之父”勒内·笛卡尔（1596—1650年）。

近代之初——如在上意大利诸城市，如佛罗伦萨、米兰和锡耶纳——自然科学的繁荣和早期资本主义的兴起，意味着精神状态的彻底改观。虽然近代早期所有的伟大哲学家，如笛卡尔、霍布斯、格老秀斯、普芬道夫、斯宾诺莎，还有洛克和莱布尼茨，均受经院哲学之熏陶，但在已变更的社会情势下，思维的内容也发生了改变（当然不是像后来马克思认为的那样，自动地改变）。所以，韦尔策尔是正确
44 的，不是奥卡姆，而唯有霍布斯才是一个真正的“唯名论者”，[77]一如我们上文所说，是一个把一般限制在语言的词语上的超唯名论者。奥卡姆的唯名论仍然限于作为我们思维工具的概念上，在当时的影响远不及托马斯·霍布斯的。

笛卡尔理顺了科学，其至今仍受宠爱的最高准则是：清楚明白的认识（clare et distincta perceptio）。[78]他要求用新的“实践哲学”代替旧的“理论哲学”，即形而上学哲学，以便我们能成为“自然的

[76] F. 苏亚雷斯，《论个性和个性形成原理》，R. 施佩希特编辑，1976年。

[77] 注10，韦尔策尔，《自然法》，第109页。

[78]《第一哲学沉思集》，1641年，沉思四。

统治者和占有人”(domini et possessores naturae)。[79]科学，还有哲学，不再应由获知意愿（托马斯·阿奎那：学问之需求 [desiderium sciendi]）这种好奇心驱动，而应受动于驾驭意愿之力量（弗朗西斯·培根：知识就是力量）。这种科学理想要求严格限制在，之于概括的、具体的、分析的理解，之于理解（διάνοια，Ratio）能力是可能的事物上，这不同于作为至高无上的理性，它局限在针对知识的联系与统一之人的精神实现方式，目的是形成观念（νοῦς，Intellctus）能力。“理性”时代是一个理解即唯理论时代，因为只有在“理性”基础上的认知活动的还原，才能驾驭自然（我们在多大程度上驾驭自然，现在才知道）。唯有与感性的可观察物、经验的既存相连，理解才能进行，超越经验的、形而上学的，还有观念，法观念，则处在理解的范围之外。说到底，人们认为这类东西概不存在。所以，在这样一个启蒙时代，人的意志、感受、经历遭到冷落，甚至被当作思辨性的东西被彻底逐出科学和哲学。英国的经验主义（约翰·洛克、大卫·休谟）的影响显而易见。

上述所言十分切合唯理论法哲学。[80]近代自然法完全沉浸于唯理论的科学概念之中。在此，理性（Ratio）不仅是正当的法之认识工具，也是其源泉。理性——人的理性！——赋予人以自然律法。不存在所谓逻各斯、自在存在的观念、永恒法，没有经院哲学中的所谓预设真理（但人们不仅仅针对经院哲学），人完全是受自身的认识能力引导。不再是权威和传统决定什么当是“正当法”，相反，仅应

〔79〕 笛卡尔,《谈方法》VI，62。

〔80〕 详见阿图尔·考夫曼,《法与唯理性（解）》，载《法治国与人的尊严——W. 迈霍菲尔纪念文集》，1988 年，第 11 页及以下诸页。——有益于进一步理解的为：J. 克佩尔,《启蒙哲学导论》，第 2 版，1990 年；同作者,《启蒙伦理学》，1983 年。

涉及什么在理性上是理智的，“合乎理性的”（所谓“理性法”）。法
哲学挣脱了宗教和神学，自然法世俗化了。1625年，胡果·格老秀
45 斯在他主要作品《论战争与和平法》导言的显著地方写道：“etiamsi
daremus... non esse Deum”[81]：“即使上帝不存在”，自然的义务仍然
适用。

在发现“正当法”时，人们在方法上完全是严格按规定先去探寻人的“本性”，旨在去按逻辑推导出人的“自然的”权利和义务。人们以为，按此方式就能奠定法律秩序之基础，这种法律秩序像人固有的理性一样，本有普适性，也即，它必定适于一切人和所有时代。不足为奇，种种建构这样一种绝对自然法的尝试，仅仅能够确信非常少且非常抽象的法的基本原则。我想来简要介绍一下其中最重要的几种。

2.2.3.2　胡果·格老秀斯（1583—1645年）被视作近代自然法的创始人及“国际法之父”。他认为，人的基本特性有：“社会性”（appetitus societatis），追求宁静有序的共同生活，向往互爱。[82]此外，认识和遵循对己有利的东西为人之天性及本能。人的共同体就是这样以理性，以“正确的理性启示”（dictamen rectae rationis）[83]为基础，而不是基于直觉，建立起来。由此，他推导出自然法的最高信条：遵守契约，以及不侵占他人财物，赔偿造成的损害，不对他人施暴，犯罪要承受刑罚的报复。[84]

〔81〕 胡果·格老秀斯，《论战争与和平法》，前言，I，11。

〔82〕 胡果·格老秀斯，《论战争与和平法》，前言，16。参见M. 迪塞尔霍斯特，《胡果·格老秀斯的允诺学说》，1959年。

〔83〕 胡果·格老秀斯，《论战争与和平法》，自由I，第I章，10。

〔84〕 胡果·格老秀斯，《论战争与和平法》，前言，8。

托马斯·霍布斯（1588—1679年）则反其道而行之，[85] 特别是在他关于政治哲学的主要著作中，其标题用了最强大的、旧圣经中海怪的名字：“利维坦或教会的和资产阶级的国家的物质，形式和暴力”。[86] 霍布斯的形而上学或本体论起点是一种自然主义和物质主义，因此是极端简化的和怀疑的世界和人类形象。对他来说，世界只是由自然的、物质的物体构成，它们自身只是交互因果地发生影响。生命和人只是没有独立灵魂的自然的即物质的物体。尤其是，他们力求自我保护。思维和语言只是实现自我保护这一根本目的之手段。所有外部对象也只是实现此目的之手段。因此，对于霍 46
布斯而言，自然状态是几乎无限制的自然的自由；他得出结论：“在这样的状态下，每个人具有对一切的权利，甚至具有对另一个人身体的权利。”[87] 当然没有真正的规范性权利，尤其是没有义务从中可以推断出来。霍布斯自己指出，在这种自然状态下，“公正”和“非

〔85〕 当代论述他的著作有：R. 施努尔，《个人主义与绝对主义——托马斯·霍布斯的政治理论（1600—1640）》，1963年；E. 拉格尔佩茨，《霍布斯的主权逻辑》，载《法的理论》19（1980），第191页及以下诸页；G. 齐默尔曼，《托马斯·霍布斯的国家和主权》，载《法的理论》22（1991），第489页及以下诸页；H. 克伦纳，《托马斯·霍布斯的人反对人的战争》，载《德意志民主共和国科学院会议简报》，社会科学版，1989年，第3页及以下诸页；P. C. 迈尔－塔施，《霍布斯与卢梭》，1976年；M. 迪塞尔霍斯特，《霍布斯与康德的自然状态和社会契约——现代系统思想根源之比较》，1988年；G. 瓦格纳，《霍布斯与社会秩序问题》，载《社会秩序杂志》20（1991），第115页及以下诸页；R. 图克，《霍布斯：利维坦》，无出版年代；S. A. 罗伊德，《霍布斯利维坦中作为利益的理想》，1992年；J. 汉普顿，《霍布斯与社会契约传统》，1988年。

〔86〕 参见下列：冯·普福尔滕、迪特马尔（编），《法律伦理学》，2011年，第320页及以下诸页。

〔87〕 霍布斯，《利维坦或教会和市民国家的实质、形式和权力》，第14章，德语，伊尼希·费切尔编，1984年，第99页。

公正”的名字没有地位。[88]但此刻开始了他的理性主义论证。因为所有的人都拥有相同的无限的自由即利益，那么，在自然状态下，就存在对稀缺货物的竞争，存在超出公平份额的对这种货物的占有和某些人的权力追逐，所以，人人必需武装，最后，是为了预防一切人反对一切人的战争（bellum omnium contra omnes）。[89]结果是，在这种自然状态下，每个人是对方的敌人。因此，每个人都害怕对方。基于这个理由和因为他意识到无限制地运用人的原始自由，必定导致自我毁灭，尽可能寻求和平似乎是合乎理性的。因此，这是第一个目的－理性手段即自然法则：“只要有希望，每个人不得不为和平而努力；假如人不能求得和平，他就可以设法获得并利用战争的一切辅助手段和好处。”[90]从第一个中导出第二个目的－理性手段即“自然法则”：“在他人也准备这样做时，每个人应自愿放弃对一切事物的权利，只要他认为，为了和平与自卫之目的，放弃权利实属必要，他应对他人同样多的自由感到满意，就像他被他人承认拥有相同的自由一样。”[91]因此，法律基本上是一种竞争性的、武装的和害怕的产品。基于这一发现国家建立。由于个人在自然状态下不能保障自我保护，所以，他们通过一个现实的或假定的政治协议建立一个保护共同利益的政治共同体，即“邦联”。根据霍布斯的看法，政治共同体建立后，他们完全和无条件地将国家权力交给一个主权者，或者是君主或者是议会。这种创设的和合法化了的国家对公民具有几乎无限的权力，以

〔88〕 霍布斯，《利维坦》，第13章，第98页。

〔89〕 霍布斯，《利维坦》，第13章，第95—98页。

〔90〕 霍布斯，《利维坦》，第14章：“Prima et fundamentalis lex naturae est, quaerendam esse pacem, ubi haberi potest; ubi non potest, quaerenda esse belli auxilia.”第99及下页。

〔91〕 霍布斯，《利维坦》，第14章，第100页。

压制其破坏力（因此堪比圣经的海怪利维坦）。国家的合法性仅在于它能这样做，用现代的语言是说：在于确保法律的安定性[92]（auctoritas, non veritas facit legem）。但霍布斯本人并不排除暴政和独裁。对他来说，国家最重要的目标是防止内战，霍布斯自己不得不从 1640 年至 1651 年间逃亡法国十二年。霍布斯不知道民主、自由选举、政党、人权和公民权利、抵制权。国家是绝对的权力之国和无限的统治，只有
一个限制：如果国家不能保护其公民的自我保护，那么，其服从的请 47
求权就消亡了，如对处以死刑者的判决。[93]被处以死刑者能够并可以在逃亡中或在与利维坦的斗争中寻求自我保护。

霍布斯的超自然主义的结论是，人类个体作为一个追求自我保护的本体是政治契约和建立绝对国家的起点。因此，霍布斯在起点上代表了规范的个人主义。不过，他的极端简化的、怀疑的世界形象，也导向一个极端简化的人的形象。身体的自我保护是国家建立的基本目标，因此也是重要的目的。自由、幸福、社会共处、正义、文化、教育等，作为人的更广泛的目标，在他那里至多扮演次要角色。因此，霍布斯认为绝对权力的和强制性国家是合理的，因为它最有效地阻止了内战。虽然人们今天不再接受没有自由、人权和公民权利、正义、民主及选举和政党的独裁国家的合法性，人们会理解霍布斯的何种个人经验带来的这种还原主义国家观。他经历了英国内战和流亡。而且他还不知道我们今天拥有的自由同时又稳定的法治国家及民主。

斯宾诺莎（1632—1677 年）试图在某种程度上实现格老秀斯和霍布斯两人的学说之结合。他把霍布斯运用的自然科学中数学的因果方

---

〔92〕霍布斯，《利维坦》，第 26 章，第 209 页。

〔93〕霍布斯，《利维坦》，第 21 章，第 168 页，第 170 页。

法推到极致。他将一切目的意图从哲学中排斥掉，仅承认严格适用的因果关系，其哲学是实体哲学。据此，法和国家是（经验的）自然的一部分。像所有的理性法学者一样，斯宾诺莎也关注人的“自然状态”（status naturalis），他发现，人既不是一个纯社会生物，也不是一个极端的利己者，原本上，人具有善与恶两面性。作为自然的一分子，人拥有的权利既很多，也非常少，一如他具有这样的权力：“游泳是鱼的自然权利，吃小鱼是大鱼的自然权利。”〔94〕权利与权力是一致的，只有权力才产生权利。斯宾诺莎呈“几何学”的伦理不是人的行为之规范大纲，毋宁是，它是人的激情的分析和解释。不存在应然，唯有自然的原因，也即实然。假如权利与权力是一致的话，那么，每个人被认为具有与他人相同的权利，每个人拥有如他能宣称的那样多的财产，一如他人所处的境地，人只是在这方面受允诺约束，去实现此允诺。〔95〕但斯宾诺莎说，根据人的理性之法律去生活，对人有利。然而，人们只有在协商一致并组成集体即国家时，才可能如此，前提是，每个人放弃一有权力就
48 违反契约的自然权利，无条件地服从国家。因而，国家权力立于公民的那种理性的认识——即唯有国家方能保障幸福——之上，不能凭借强制力量。比起无政府，国家是一个小灾难。在“文明状态”（status civilis）中，是国家而不是公民享有主要的权利，只有通过国家才可能决定何谓好坏。〔96〕这听起来非常像霍布斯的观点和实证主义。然而，斯宾诺莎力图例如以这种论断来逃脱它们：“一如自然状态中遵守理性者是最有权势者，国家也将是那个立于理性之上、受理性引导的最有权势者”。〔97〕

〔94〕 斯宾诺莎，《神学政治论》，CXI。

〔95〕 斯宾诺莎，同上。另见，斯宾诺莎，《政治论》，H. 克伦纳编辑，1988 年。

〔96〕 参见斯宾诺莎，《伦理学》IV，原理 57。

〔97〕 注 81，斯宾诺莎，《神学政治论》，第 3 章。

因而，国家必须制定合乎理性的、而非任意的法律。

萨穆埃尔·普芬道夫（1632—1694年），第一个德国自然法和国际法讲座（在海德堡）的主持人，古典自然法之父，特别是由于他的八卷本主要作品1772年的“De jure naturae et gentium libri octo”（《自然法和国际法八书》）。[98]他仍然被低估。普芬道夫在他的诸多成熟作品中修正了从霍布斯和笛卡尔以来被视为前卫的数学因果思维。他在继承他的老师、耶拿数学家和哲学家埃哈德·魏格尔（1625—1699年）中区分了“物质实体”（entia physica）与“道德实体”（entia moralia）。物理学描述和解释现象，道德科学评价其善恶，公正与否。以这种方式，普芬道夫重新为真正的应然，为自由和共同义务争得地位。在自然法学说方面，普芬道夫连结着格老秀斯和霍布斯。但他认为他们二者的观点过于片面。在他看来，人一方面是自私的，特别自爱，为了自身的利益总想损害他人，另一方面，人又是软弱无助的（imbecillitas），因而，在自然状态中，基于自我保护（se ipsum conservare），人需要共同体。在这个基础上——这里的复述大大简化了，普芬道夫创立了自然的义务体系。旧有的永恒法、自然法、上帝法和人定法四种划分深得其喜爱。但他最重要的贡献是，他虽然与霍布斯不同，一直富有创见地将自然法看作是规范－伦理的，但与格老秀斯一样，将自然法与上帝法彻底分离。对上帝的义务仅与宗教有关，对人自身的义务只属于道德。法律义务是唯一的对共同体的义务，这种义务完全独立于宗教和道德，且仅源于理

〔98〕 也参见短论：De officio hominis et civis prout ipsi praescribuntur lege naturali libri duo，1673，德语，论依据自然律法的人和公民的义务，1994年。关于普芬道夫：H. 韦尔策尔，《萨穆埃尔·普芬道夫的自然法学说》，1958年；H. 登策尔，《萨穆埃尔·普芬道夫的道德哲学和自然法》，1972年；A. 兰德尔茨霍菲尔，《萨穆埃尔·普芬道夫的义务学说》，1983年；J. 图莱（编），《论依据自然法的人和公民的义务》，1991年；D. 许宁（编），《萨穆埃尔·普芬道夫的自然法和国家理论》，2009年。

性。普芬道夫将法律义务划分为三种基本类型：a）勿损害他人（还包括尊重财产权和履行契约）；b）平等地对待他人（各得其所；尊重人
49 的尊严）；c）尽可能帮助他人（关怀）。

克里斯蒂安·托马修斯（1655—1728年）在法与宗教和道德分离的道路上走得更远，[99]他将自然法与上帝法（ius divinum）完全剥离开。其突出的思想是严格区分伦理、政治和法，与此相应，划出三类理性命令。伦理，即荣耀，与对人自身的义务有关，它关注的是人内心的荣誉和安宁（quod vis ut alii sibi faciant，tu et facias）。政治就是公道，即适宜，其标准为“积极的黄金规则”：己所欲，施于人（quod vis ut alii tibi faciant，tu et ipsis facias[100]）。最后是法，即正义，其最高原则是人不应伤害他人，也就是“消极的黄金规则”：己所不欲，勿施于人（quod tibi non vis fieri，alteri ne feceris）。

在18世纪和19世纪的盎格鲁撒克逊人世界中，居统治的伦理也是政治立场是功利主义，在杰里米·边沁（1748—1832年）那里达到巅峰[继他之后首推约翰·斯图亚特·密尔（1806—1873年）重要]。所有人都受制于快乐和痛苦的感觉（享乐主义）为主，想要尽可能长和幸福地生活，所有人都憎恶死亡。因此，国家的重要目标是，但在密尔那里也是个人伦理的：共同利益的最大化。[101]或者用纯粹的政治口号是，

---

〔99〕关于托马修斯详见：H. 吕平，《克里斯蒂安·托马修斯的自然法学说和该学说在托马修斯学派中的深化》，1968。另见 Ch. 比勒，《克里斯蒂安·托马修斯的自然法学说》，1991年。

〔100〕卢卡斯 6,31；马托伊斯 7,12。在普芬道夫那里，这一规则尚被视为一种法义务。参见今天的《刑法典》第323条c。

〔101〕杰里米·边沁，《道德和立法的原理》，1988年，I，IV，第3页。也见 J. H. 布伦斯 / H. L. A. 哈特（编），《杰里米·边沁：政府片论》，无出版年份；S. 柯利尼（编），《J. S. 密尔：论自由，附有女性主题和社会主义章节》，无出版年份。

因为你不能在数学上最大化两个独立的变量：最大多数的最大的幸福！

趁此机会须稍扯远一点。功利主义也在现代法哲学，尤在美国法哲学中有重大影响，如对小奥利弗·温德尔·霍姆斯（1841—1935年），罗斯科·庞德（1870—1964年）和朗·富勒（1902—1978年）。当然，此一划分并不总是无可置疑的：一些人喜称之为“实用现实主义”或“实用工具主义”。[102]就此而言，常常也超出了纯功利主义。查尔斯·S. 皮尔士（1839—1914年；其突出的作用在于阐发了逻辑学与本体论的关系[103]）的实用主义绝少被当作功利主义。近来，尤其是约翰·罗尔斯（1921—2002年）以其备受瞩目的著作《正义论》（1971 50
年）也超越了功利主义并批评了它。[104]之于边沁，还有一点要说明：在他那里，我们发现了科学的立法学之开端，在今天，它只是被继续发展了。[105]英美法圈的最新发展还将在后面有所述及。

回到理性法时代。戈特弗里德·威廉·莱布尼茨（1646—1716年）当时曾试图克服霍布斯和斯宾诺莎的数学-几何倾向的法哲学。值得注意的是，作为一个在今天这个计算时代几乎是唯一受人尊敬的

---

〔102〕参见罗伯特·S. 萨默斯，《实用工具主义与美国法律理论（源于美国的）》，1983年。

〔103〕对此，见阿图尔·考夫曼，《法律逻辑学与本体论的关系初探——个人的法律理论基础》，载《法哲学和社会哲学文汇》17（1986），第257页及以下诸页。内容全面的论著，见洛伦茨·舒尔茨，《C. S. 皮尔士的实用主义哲学的法因素》，1988年。

〔104〕德译本：《正义论》，1975年（德文第5版，1990年）。关于此书，参见霍斯特·艾登米勒，《约翰·罗尔斯克服功利主义的尝试》，载《法哲学和社会哲学文汇》73（1987），第235页及以下诸页。——有关功利主义伦理学的资料：奥特弗里德·赫费（编），《功利主义伦理学导论——经典的和当代的著述》，1975年，和诺贝特·赫斯特，《功利主义伦理学与普适化》，第2版，1977年。法哲学视角的尤见：朱利叶斯·斯通，《人之法与人之正义》，1965年，第105页及以下诸页。

〔105〕基础性著作：彼得·诺尔，《立法学》，1973年。最新的为D. 格林和W. 迈霍菲尔主编，《立法理论和法政策——法社会学与法律理论年鉴第13卷》，1988年；G. 温克勒/B. 席尔歇主编，《立法》，1981年。

历史上的著名数学家，他反对自然科学方法的垄断地位（与其同时代的法国人布莱塞·帕斯卡尔极为相似）。他主张，力学须由目的论加以补充。[106] 在物理世界旁还存在着一个道德灵魂即精神个体的（“单子”[107]）世界。人的目的不是最大可能的幸福，而是自身的完善，这必须也被作为自然法的主导原则。[108]

莱布尼茨未建立起自己的自然法体系，但其学生克里斯蒂安·沃尔夫（1679—1754 年）却做到了，他捡起伦理至善论学说并加以深化。他简述道：道德负有使人完善之义务。可是他认为，人只能有限地达到这一目标。因此，国家和法秩序必须通过提供必需品（sufficientia vitae）、消除对不公正的恐惧（tranquilitate civitatis），和保护不受外在暴力之侵害（securitate），以促进人的完善。法使道德义务的履行成为
51 可能。[109] 于是，我们处在开明的专制主义时代。

现在，将启蒙的自然法转化成立法的时机成熟了。尤其是克里斯蒂安·沃尔夫付出很大心血的体系（唯理论的特征是一切知识为封闭的体

〔106〕 首先在1724年1月10日致尼古拉斯·雷蒙的信中提出。见注6，费尔德罗斯，《法哲学》，第136页。

〔107〕《哲学或单子论原理》(《哲学文集》第1卷，汉斯·海因茨·霍尔茨编辑，1985年，第439页及以下诸页)。

〔108〕 莱布尼茨在其著作中多次谈及完善这个伦理原则，如《形而上学论》和《新体系》(注93，《哲学文集》第1卷，第56页及以下诸页，第200页及以下诸页)。详见注10，韦尔策尔，《自然法》，第145页及以下诸页；同作者，《评莱布尼茨的法哲学》，载《G. 胡塞尔纪念文集》，1969年，第201页及以下诸页；以及H.-P. 施奈德，《莱布尼茨的“唯理法学”提纲》，载《法哲学和社会哲学文汇》LII（1996），第553页及以下诸页。

〔109〕 克里斯蒂安·沃尔夫的自然法学说体现在其八卷本著作中：《自然法方法探索》（1740—1748）。参见H.-M. 巴赫曼，《克里斯蒂安·沃尔夫的自然法国家学说》1977年；E. 施蒂佩格尔，《克里斯蒂安·沃尔夫的自由和公共机构（1679—1754）——德国启蒙高潮期的基本法律思想》，1984年；B. 维尼格尔，《克里斯蒂安·沃尔夫的唯理义务法》，1992年；Ch. 施勒埃尔，《自然的概念和道德的依据——克里斯蒂安·沃尔夫的伦理学基础和伊曼纽尔·康德对之的批评》，1988年。

系），为18和19世纪的自然法性质的法典扫清了道路。这里只能列出四个最重要的：马克西米利安的巴伐利亚民法典（Codex Maximilianeus Bavaricus Civilis，1756年），普鲁士一般邦法（Preuβisches Allgemeines Landrecht，1794年），民法典（Code Civil，"拿破仑法典"，1804年），奥地利一般民法典（Österreichisches Bürgerliches Gesetzbuch，1811年）。

然而，法典编纂并不意味着近代自然法的高潮，而是其终结。其实，在卢梭那里，尤其在他的国家学说（"社会契约"）中，一个新时代早就被宣告即将来临。甚至还须继续往上溯，如溯至让·博丹（约1529—1596年），他创设了主权的概念和思想。[110] 在接近18世纪末时，立法权还似乎不属国家的职能，而是诸侯为其具体化身的主权的事务。博丹率先提出绝对主义：君主作为绝对的和连续性的力量，位居一切团体和公民之上，他们被降为臣民（作为制服的代价，君主保障臣民享有宗教自由[111]和安全）。[112] 有权发布法律是其作为君主的特征，他自身不服从法律，但法律无条件适用于臣民，即便它们违背了自然法规范（最后一点抵抗权只存在于君主命令与上帝法相悖的情况中）。[113]

重又来看一下理性法时代。从胡果·格老秀斯到克里斯蒂安·沃尔夫的唯理论时代的自然法学者，都是虔诚的基督徒，如已指出的，并

---

〔110〕见J. H. 富兰克林，《布丹：主权论》，1992年。

〔111〕宽容的观念随宗教自由被激发出来，许多著名人士为之奔走呼号，如约翰·洛克，《论宽容的一封书信》，1689；皮埃尔·拜勒，《宽容理论的视角》1682—1686；伏尔泰，《论宽容（为让·卡拉斯之死而作）》？1763年。对此，另参见F. 莱齐乌斯，《洛克和普芬道夫的宽容概念》，1987年；M. 施托尔佩/F. 温特主编，《宽容的道路与边界——波茨坦诏书1685—1985》（其中有H. 克伦纳，《17世纪宽容的理念》，第80页及以下诸页）；H. 卢茨主编，《论宽容和宗教自由的历史》，1977年；阿图尔·考夫曼，《法哲学视野中的宽容观念》，载《U. 克卢格纪念文集》，第1卷，1983年，第97页及以下诸页。

〔112〕博丹，《国家论六卷》，1576，I，7。

〔113〕详见弗兰茨·L. 诺伊曼，《法律之治》，1980年，第107页及以下诸页。

受经院哲学之熏陶。只是他们再未将自然法建立在信仰之上。上述格老秀斯的观点的特征为：人们必须以似乎造物主不存在（etiamsi daremus non esse Deum）的态度去论证自然法。这是一个方法性原则。但渐渐地人们相信不存在什么上帝，因而，法失去了一直是前提的宗教之基点。

52 至少，理性法学者是在这一意义上完全是经院哲学式的：确信能从一些先验的上位律令，如“约定必须遵守”（pacta sunt servanda）中，纯演绎地推导出一切具体的法的律令，而不考虑经验实际和时空情况（因为只有这样，人们方能坚信自然法在一切时代对所有的人普遍有效）。事实上，人们仍是经验地行事，方式是借用其唯理性受人称道的罗马法（此为接受罗马法时代）。只有如此，才产生了那些伟大的“自然法的”法典。

2.2.3.3 理性主义已是强弩之末。通过经验，后是通过历史和非理性的限制和补充的必要性这种感觉越来越觉醒。理性主义时代被批判主义，然后被浪漫主义所取代。因此，在19世纪，古典的、理性主义的自然法首先被改变，除了国际法以外，最后都被压制。

2.2.3.3.1 *伊曼纽尔·康德*（1724—1804年）[114]在他的三个批判

---

〔114〕 提供关于康德哲学导论性理解的有：K. *雅斯贝尔斯*,《康德：生平，著述和影响》，1975；O. *赫费*,《伊曼纽尔·康德》，第8版，2014年。关于法哲学：R. *德赖尔*,《法－道德－意识形态》，1981年，第286页及以下诸页:《论康德实践哲学的整体性：在道德哲学语境中的康德法哲学》；同作者,《法的概念和法的理念：康德法的概念和其对当代讨论的意义》1986年；G.-W. *屈斯特斯*,《康德的法哲学》，1988年；W. *布鲁格*,《康德法哲学原理》，载《法律人报》，1991年，第893页及以下诸页；G. *伦普*,《超越自然状态的自由意志的存在：康德的自然法概念和私法与公法的关系》，载《法哲学和社会哲学文汇》74（1988），第461页及以下诸页；W. *克斯廷*,《井然有序的自由》，第2版，1993年；同作者,《康德论法》，2004年；O. *赫费*,《绝对的法原理：一种现代的相反立场》，1990年；A. D. *柔森*,《康德的正义论》，1993年；P. *居耶尔*,《康德论自由，法和幸福》，2000年；D. *冯·普福尔滕*,《康德的人的尊严，法和国家》，2009年；Ch. *霍恩*,《非理想的规范性：对康德政治哲学的新视点》，2014年。

中，特别是第一个，1781 年的“纯粹理性批判”（1787 年第 2 版）中，改变和限制了莱布尼茨－沃尔夫学派的唯理论。康德想知道：“形而上学作为科学是如何可能的？”[115]对于他来说，这意味着：在形而上学中是否有先天综合判断，即确定的普遍有效的、拓展我们的认识（即不仅仅是分析）的知识是否来自“纯粹理性”？要理解这一点，必须提出那个根本的问题：“先天综合判断是如何可能的？”[116]康德不怀疑这种判断存在；他认为数学和精确的自然科学是对它的证明。

康德在《纯粹理性批判》中回答了有关描述－理论的判断。[117]所有我们经验的，即感性的知识，因此，意味着，含有两种成分：直观和概念。直观给予我们对象，概念使对象被思考，“思维无内容是空洞的，直观无概念是盲目的”。此时，直观和概念既是“纯粹的”，也是“经验的”，据此，它们既“先天”有效，也“后天”适用。当观念没 53
有掺进感觉时，是指前者。但“这是我们的本性造成的：直观从不可能是非感觉的”，知性对直观（精神－智识意义上的直观）无能为力，它仅具有“思考感觉直观的对象的能力”。所以，知性的特点不是创造的－主动的认识能力，而只是“认识的自发过程”，即将感觉直观给予的各种知识综合成概念。“知性不能直观，感觉不能思维”。因而，在此具有决定意义的是，“在根本上，纯粹的直观只包括通过它一些东西能被观察到的形式（**空间和时间**的纯粹的观察**形式**），纯粹的概念仅含有对对象进行思维的**形式**”。康德在此详释了他著名的十二范畴表，即最一般的概念，如因果关系的概念。因此，“纯粹理性批判”成为一种

〔115〕 康德，《纯粹理性批判》，B 版，第 22 页。

〔116〕 康德，《纯粹理性批判》，B 版，第 19 页。关于综合与分析判断的区别见 A 版，第 6 页及以下诸页；B 版，第 10 页及以下诸页。

〔117〕 康德，《纯粹理性批判》，A 版，第 50 页及以下诸页；B 版，第 74 页及以下诸页。

超验的形式学说，[118]它一方面完全是“感性规则的科学”（康德称之为“美学”），另一方面完全是“理解规则的科学”（康德称之为“逻辑”）。

康德在这里考究的不是“理性”而是“知性”。他认为知性是合理的认识，但是在理论－描述上，把它限定在可以经验的各种对象领域和各种精确的自然科学上。知性不能认识像“自在的”“实际存在的”之类的事物，只能认识诸如借助感觉“显现”出来的事物。我们获得的只是各种对象的“现象”，即各种感觉和经验的对象。我们不能深入到“自在物”和“物自体”，除非知性能直观，能把握处于自在中的各种对象。但这同样不可能。知性没有自己的客体，没有知性世界或“自在物”，因而，知性只能加工经由感觉传来的东西即现象，并使之定形。或者这样说：知性概念的认识用途不指向现实性本身，而只对现象，即各种可以经验的对象。康德明确地对理论知识指出：“因此，对于我们而言，除了关于可能经验的对象的知识之外，不可能有任何先天的认识。”[119]在另一处他又说：“先验的分析论因之有以下重要结论：先天知性，从未比从根本上预知可能的经验之形式能耐更大，且因为非现象的东西，不可能是经验之对象，知性从未超越感性的界限，对象唯在感性中才能赋予我们。知性之原理是说明现象的原则，自以为以系统学说，提供事物的先天综合知识的本体论之夸耀名称，须代
54 以纯知性分析论之质朴名称”。[120]

人们必须明白，康德证明了以及驳倒了什么，其辩驳达到了何种

---

〔118〕 康德称“超验的”是“一切在根本上处理的不是对象，而是我们对对象的认知的知识，只要它们应当可能是先验的”。那么，超验－哲学只是这种概念体系，且不是关于超验的学说。见《纯粹理性批判》，B版，第25页。

〔119〕 康德，《纯粹理性批判》，B版，第166页。

〔120〕 康德，《纯粹理性批判》，A版，第246及下页；B版，第303页。

程度。他业已证明，抛开经验，仅单从形式的先天原理中，不可能推导出描述－理论的形而上学，如上帝之存在，人的自由的全部内容。虽然康德极大地限制了描述－理论的形而上学的可合理性判断，并大大扩展了考虑感官知觉的必要性，他在实践哲学中走着相反的路。他要求严格限制先天的综合－实践判断，也就是纯粹的实践理性："一切……经验性的东西，作为对道德原则的补充，不仅仅是完全不适用的，而是完全不利于道德本身的纯洁性……"〔121〕康德所做的是新的。他离开了那时整个自然法学说讨论的客观物质伦理问题的立场，站在主观道德性问题上。人的道德自治被提升为道德原则。道德的人是目的本身，而不是其他目的之手段。康德用他著名的"绝对命令"回答了"如何"道德行为："只按照你能同时希望它成为一个普遍的法律的戒律行事。"〔122〕当然这个绝对的命令也只是一个形式的和在其范围上有疑的原则，因为它只排除了也许会与一般做法相矛盾的社会实践。所以，撒谎的戒律肯定在社会上是自相矛盾的，因为在它的一般化中，没有人会相信，所有人不可能撒谎。但杀死别人的戒律作为一般做法不会那么自相矛盾。一个这样的社会也许是非常残酷和危险的，但在思想或意愿中不是矛盾的。〔123〕

在这个时刻人们应该明确说，康德用个人的道德自主原则，为人权的哲学基础作出了重大贡献。如果我们今天在宪法的基本权利目录

---

〔121〕 康德，《道德的形而上学基础》，学院版，第426页。

〔122〕 康德，《道德的形而上学基础》，学院版，第421页。存在三种这种基本形式的具体化："如此行为，好像他的行为准则应当通过他的意志成为一般自然律法"（出处同上）。"如此行为，你需要将人，既是他自己，也是他人，任何时候同时作为目的，从不纯作为手段"（第429页）和"一切源于自身的立法应当与作为自然王国的目的之可能王国相协调"（第436页）。

〔123〕 对此参见D. 冯·普福尔滕，《规范性伦理》，2010年，第175页及以下诸页。

中瞥见不可或缺的和可支配的法治的最低要求，那么，这也是康德的遗产。《基本法》第19条第2款，据此，一个基本权利不可能在其“本质内容”上被触动，也可能让人联想到康德的思想：就基本权利关切到“经验”的人而言，法律的限制是允许的，如果这个限制关系到他
55 的“人性”，则不可。[124]

对于法律领域，康德限于他的法哲学主要著作——1797年的《法律学说的形而上学初始基础》中分两部分的“道德的形而上学”的第一部分，对人的自由的外部关系及行为的先天义务。他的著名的、形式的同时是自由的关于自然的先实证法律的定义表述为，它应当为实证法律提高先验的标准：“法律的概念，就它关涉一个与之相对应的约束力（即它的道德概念），首先，只是涉及一个人与另一个人的外在的，即实践的关系，只要他们的作为事实的行为可以互相影响（直接地或间接地）。但是，其次，这并不意味着意志与其他人的愿望（并因此与纯粹的需要），如在慈善或冷漠的行为中，而只是与别人的意志有关系。第三，在这种意志的相互关系中，根本就没有意志的质料，亦即每个人用他想要的客体当作意图的目的，例如，不问某人在为了他自己的生意从我这里购买商品中是否也能获到好处，而是仅仅是自由地考虑，通过双方中一方的行为，是否与另一方的自由，能够依据普遍的自由法则达成一致。因此，法律就是那些条件的总和，据此，一个人的意志与另一个人的意志，能够依据普遍的自由法则达成一致。”[125]

因此，纯粹理性的自然法的先验综合标准，对于待制定及待发现

〔124〕 对此详细参见A. 考夫曼，《论基本权和人权的“本质内容”》，载《法哲学和社会哲学文汇》70（1984），第384页及以下诸页。

〔125〕 康德，《道德的形而上学》，学院版，第230页。参见D. 冯·普福尔滕，《康德的人的尊严、法和国家：五种考察》，2009年。

的实证法，是有限的，以至于细节内容的推导，如普芬道夫或沃尔夫所发现的，不再在纯粹理性上是合理的。自然法的先验标准不能用于来使法律的完善、人的幸福、实质的正义甚至最大化利益正当化。只有权利个别运用于特定的经验情况才有可能。[126]因此，康德形式化从而限制了自然的先实证的法律范围，但借此增强了抵御怀疑性批评的能力。所以，他绝对没有告别甚至毁灭自然法，就像有的人断言的。这就证明了他对自然法的定义是“非制定的……，先天地经由每个人的理性可认识的法律”，而不是“由立法者的意愿所产生的实证的（制定的）法律”（应该指出的是，康德在这里讲的是“理性”而不是“知性”）。[127]如果一些后来者以为，可以抛弃柯尼斯堡哲学家的整个自
然法学说，那么必须说，康德在这方面仍胜过他的追随者。因为康德 56
已意识到，不可能存在一种法和国家的纯实证的根据：“可以设想一种包含着纯实证法律的外在立法，但是一个自然法则必在先，它为立法者的权威（就是权限，通过立法者赤裸裸的恣意约束他人）提供了依据”。[128]但是，但这个为立法者的权威提供依据的“自然法则”是什么呢？这个设问，涉及国家和法的合法性必不可少的最低要求。

不难记起，亚里士多德已将平等（分配的正义）分为比例的、几何的平等与类比的平等，他非常清楚地把类比的平等看作是类比的问题。相反，只承认先验的、纯粹的、单一的知识的康德，显得对类比有怀疑，因为类比的知识不是单一的，而同样是类似的（对类比的怀

〔126〕 康德，《道德的形而上学》，学院版，第205页。

〔127〕 康德，《道德的形而上学》，学院版，第296及下页，第237页。

〔128〕 康德，《道德的形而上学》，学院版，第224页。

疑一直保持至今）。[129] 据此，康德认为平等是数量上的。其惩罚理论听起来完全是摩西式的：“唯有报复权（以牙还牙权 [ius talionis]），方能确切指明惩罚的质量和数量；一切其他的摇摆不定，且由于他人干预之理由，不能遵守纯粹的和严格的正义之箴言”。这就是，谁侮辱了他人，谁就必须遭受名誉上的痛苦，谁偷盗了财物，谁当在财产权上受损，并暂时或永远受奴役。“但假如他行谋杀之事，就必死。在此没有满足正义的代偿物。在一个即便充满苦恼的生与死之间，不存在相似性。”那个著名的岛的例子揭示了，在康德的刑法目的学说中，何种伦理严肃主义在起作用，“虽然某个市民社会，经其成员同意自行解散（如居住在一个岛上的民众，决定各奔前程，分散到世界各地），监狱里最后一个谋杀犯必先被处决，以让每个人得到自己行为应有的回报……也就是，有多少实行、或命令或参与谋杀的杀人犯，就有多少必须遭受死刑；所以，正义被作为依普遍和先验地形成的法律之司法权观念……”。“假如正义毁灭，人们生活在地球上的价值将不复存在。”[130] 即便世界消亡，正义当在（Fiat justitia，pereat mundus）！

除了这种很少进步的刑罚理论之外，在康德那里还有许多非常现代的和作用巨大的见解，出于篇幅的原因，只能在这里关键词式地提及：自由的人权、国家组成的道德义务、将法律理解成国家的基本要素、与之相连的法治的假设、如所有国家行动的合法律性，最后特别
57 具有前瞻性的是：康德第一个要求通过一个世界公民法和一个永久的国家大会（像联合国）和平决定世界法律秩序。虽然康德的《道德的

〔129〕 详细的论述（附有大量具体的证明），见注 33，阿图尔·考夫曼，《类比》，好几处提到。

〔130〕 康德，《道德的形而上学》，学院版，第 332 页及以下诸页。

形而上学》曾经被称为一个老人的著作，且有些被忽略，但在近几十年对它的评估已从根本上改变了。人们业已认识到，它是法哲学史中最深思熟虑和最重要的作品之一，特别值得仔细地阅读。

2.2.3.3.2 对理性主义的批评随后显著地强化了下一个思潮，浪漫主义。它在哲学和科学领域体现为历史主义，在法学中具体表现为历史法学派。〔131〕历史法学派的创始人是古斯塔夫·胡果（1764—1844年），而集大成者则为弗里德里希·卡尔·冯·萨维尼（1779—1861年）。萨维尼，下文还将详介他（3.2），如果不是德国最著名的民法学者，也是最著名的之一，德国法学获得世界意义自他始。他尤其也是现代法律方法论的奠基人。在此，我们的兴趣，主要仅在他针对海德堡法学教授蒂堡的论战性文章《当代立法和法学之使命》(1814)。时沉浸于唯理论自然法精神中的蒂堡（1772—1840年），在同年发表的《一般民法之于德国的必要性》中，试图说明这种必要性。对此，萨维尼反驳道：法不是理性的产物，而是在历史中起支配作用的“民族精神”之化身。〔132〕自然法是凭推测臆想出来的，是“一种哲学的胡乱傲慢”。萨维尼否认存在有一种不变的、适于所有民族的共同之法，因为每一民族有自己独特的个性，自己独特的“民族之魂”。法也随之变迁，处在持续演进之中（显而易见，这与19世纪的进化论相关）。由于萨维尼把法视为“民族精神的发散”，视为立于特定历史文化巅峰之上的特定民族精神之表现，所以，他认为，“受民族精神的浸染力影响”之习惯法，是法的特有的和本来的形式。立法者不必去创制新法，他必须做的仅仅是将既存的法予以表达和整理。因而，萨维尼表示厌

〔131〕 弗兰茨·维亚克尔,《近代私法史》，第2版，1967年，第348页及以下诸页。

〔132〕 关于此争论和下文的问题，见蒂堡/萨维尼,《蒂堡－萨维尼著述中的纲领性法律论战（附有那两篇论战文章）》，1959年，第72页及以下诸页。

恶法典。他斥近代自然法中的唯理论为是非感的本能性无知。但不是萨维尼，而是他的学生和历史法学派的继任领袖格尔奥格·弗里德里希·普赫塔（1798—1846年），创立了与严格的概念形式论（“倒装法”）相连的真正的**学说汇纂法学**。[133]

2.2.3.3.3 康德业已将一个适于所有时代所有人的、在理性上可认
58 识的先验自然法的范围限制在相对抽象的诸原则上。因此，具体的实证法的内容，至少有很多来自被康德归于具体的实体伦理内容的经验，但他在经验领域未作探究。他尤其未对之于19和20世纪具有决定性意义的一个因素，人的**历史性**因素，作学术考察，对法的历史性也是如此。

当历史法学派注视着法的形成、消逝过程时，它的确实际上填补了这一漏洞。但历史法学派终究只是深谙历史，对作为人的（合法的）存在的结构形式的历史性不熟悉。它没有提出，由于时空条件法的内容是不是偶然的产物，或者是否不存在合法律性这种法哲学疑问，更谈不上回答。人们也可以这样来表述那个疑问：**当一种法秩序并不总是和处处有约束力，但至少在此时此地有效时，它可能是这个时代、这个文化圈的应然之秩序吗？**

这样的提问已清楚表明，康德只是转变和限制了一种自然法的特定视角，即唯理论－绝对主义自然法，他没有告别这样的自然法观念。这种自然法观念认可其内容不许任意确定的“正当法”，但它不必然意味着，这样一种“正当法”必定在一切时代和在一切情况中具有实证－法的效力。

第一位最深刻地认识到自然法的历史哲学问题的，是格尔奥

〔133〕 对此，见注100，维亚克尔，《近代私法史》，第399页及以下。

格·弗里德里希·威廉·黑格尔（1770—1831年）。[134]在他那里，德国唯心主义和与之相连的唯心主义自然法达到顶峰。不同于康德的二元哲学（“两个世界理论”），在这种二元哲学中，存在与意识，自然（本性）与精神，客体与主体，现实与理想，实然与应然是严格相区别和分离的，之于黑格尔的同一性哲学，只有**一个**世界，即精神世界。以此满足思维与生活形塑走向统一的巨大需求。

众所周知，柏拉图业已阐发过唯心主义哲学和唯心主义自然法学说，但之于他，形式及理念是超历史形态的，因此，像黑格尔觉察到的，柏拉图可能没有正确地评价历史的时代特性。[135]柏拉图未试图解释，为何在占有一份形式及理念的经验现实中，存在形成，变化和消逝。黑格尔设想的独创之处在于，他从理念自身来看待发展的规律，59
把此规律理解为源于精神。所有的精神是依据一个确定的、不断演进的图式，依据正题、反题和合题的演进公式，质言之，依据那个著名的黑格尔式辩证法发生的。要害是，这一辩证的发展不是在不同历史诸民族中民族精神神秘的统治，而必须依照理性之法则逻辑必然地进行。所以，黑格尔的历史也是理性的展示，而不是非理性的事件。他写道：“哲学带来的唯一思维，是理性的朴素思维：理性统治世界，事

〔134〕关于其哲学和法哲学的引导性著作有：D. 亨里希 /R. 霍斯特曼主编，《黑格尔的法哲学——法的形式理论与法的形式的逻辑》，1982年；M. 里德尔，《黑格尔法哲学研究》，1969年；R. 马西斯，《黑格尔和法思维》，1970年；V. 赫斯勒主编，《德国唯心主义法哲学》，1989年（内有若干文章论及黑格尔）；注114，R. 德赖尔，《法》，第316页及以下：《黑格尔哲学解说》；E. 托皮奇，《作为救世说和统治意识形态的黑格尔社会哲学》，第2版，1981年；A. W. 伍德（编），《黑格尔：法权哲学的要义》，1991年；R. 皮平，《黑格尔实践哲学：作为伦理生活的理性能力》，2008年；K. 菲韦格，《自由的思想：黑格尔法哲学原理》，2012年；L. 西佩，《G. W. F 黑格尔——法哲学原理》，2014年。

〔135〕黑格尔，《法哲学原理——或自然法和国家科学大纲》，第185节（苏尔卡姆彭出版社编辑，第7卷，第341及下页）。

情也同样在世界的历史中理性地发生。"[136]不同于历史学派把民族视为最高的价值，在后期黑格尔那里，在其法哲学主要著作1821年的《法哲学原理——或自然法和国家科学大纲》中，以某种绝对的理性，即国家取而代之。国家对于黑格尔是最崇高的概念，是最完美的现实，即"伦理理念的现实"，因而也是最高的法的价值。[137]

国家与伦理理性，国家与法是一回事。因此，在黑格尔那里，只存在一个国家，一种法，在现实的国家旁没有理想的国家，在实证法以外无所谓自然法，二者为同一个东西。那句名言："理性的就是现实的，现实的就是理性的"恰好出现在黑格尔的法哲学中，决非偶然。[138]当然，黑格尔不愿简单地将一切既存的东西看作是理性的，但他努力去促成一般与特殊、客观道德与主观思想间的统一。一般利益与整体利益被融合，自由与服从应当称作处于非紧张状态。国家即"是具体的自由之现实性……近代国家的本质在于，一般与特殊的全部自由，与个人的幸福连在一起，因而家庭和市民社会的利益必须集中于国家，然而，如果没有特殊性自身的知识和意志，而特殊性必须保持其权利，目的之一般性便不能进步"。[139]不言而喻，从经验和历史性出发的这种理论倾向，不意味着损害自然法。

但如何看待现实性呢？特殊（的个人）为自己保留着对抗道德

〔136〕 黑格尔,《历史哲学讲义》(苏尔卡姆彭出版社编辑，第12卷，第20页)。

〔137〕 参见黑格尔,《法哲学原理》，第257节（第398页）。

〔138〕 黑格尔,《法哲学原理》，导论（第24页）。黑格尔除了实证法外，并不了解自然法，这种说法无疑只有几分道理。他在耶拿初期，曾在一篇发表于《哲学批判杂志》（1802/1803）上有关康德和费希特，及柏拉图和亚里士多德的自然法学说的长文中分析了："自然法的科学行为方式，它在实践哲学中的地位和与实证科学的关系"（苏尔卡姆彭出版社编辑，第2卷，第434页及以下诸页）；在其中黑格尔明显形成自己的自然法观。

〔139〕 黑格尔,《法哲学原理》，第260节及补充（第406页及下页诸页）。

理念，即国家的权利吗？韦尔策尔对此发表了很有价值的看法。黑格尔意欲在国家形态中，建立客观约束与主观自由，一般与特殊的综合 60
统一，其中易出问题之处是个人良心的作用。黑格尔虽在字面上承认这种良心，但是否“一个特定个人遵从良心的理念，是否良心认为是善，或冒充为善的东西，实际上也是善的，这只能从应存之善的内容上去断定……所以，国家不承认这种特有形式的，这就是，作为主观知识的良心……”〔140〕。在此，韦尔策尔开始批评了，他宣称，“与特定个人的主观良心相对的这样‘客观’良心之理念，事实上是良心的毁灭”。他进一步说：“不是主观的个人的，而是客观的一般的良心，自身是一个矛盾……所以，毫不奇怪，在黑格尔转向具体的道德性之时，那种任性和个体的自我良心，……消失在道德的实体性中。尽管黑格尔大谈良心和主观的特殊性，但他却让它们沉没于实体的一般性之海中……”〔141〕。韦尔策尔的批评，在多大程度上是合理的且具现实意义，人们仅想到今天以良心为由而拒服兵役问题（《基本法》第12a条第2款），还要通过转引黑格尔的几句话来强调：“国家是好像存在于人世间的上帝之理念，因此，国家在根本上是世界历史的更为特定之对象，在那里，自由保持并享受着其客观性。因为法律是精神的客观反映，并在事实上是意志，只有服从法律的意志才是自由的，因为意志自己服从法律，自身存在于法律中，并且是自由的。当国家、祖国，定在的集合产生时，当人的主观意志服从法律时，自由与必然的对立消失。作为实体的理性是必要的，我们是自由的，因为我们承认法律，并把它作为我们自身本性的实体来遵循：然后，客观的和主观的意志和解

〔140〕 黑格尔,《法哲学原理》，第137节（第254页及下页诸页）。

〔141〕 韦尔策尔,《自然法》，第179页。也见A. 考夫曼,《法的有效性的良知和疑问》（卡尔斯鲁厄法学研究会190号）1990年。

了，且是一个和同一的纯洁之整体”。[142]

这一系列想法，确实有些令人难忘：必然的是理性的东西——理性的东西是现实的必然——国家是自在自为的理性的东西。[143]自然法与国家法的统一因此产生，国家的意志是法的最高源泉，没有更高的意志凌驾于国家的意志之上。之于借此超越了让·博丹的主权学说的黑格尔，国家拥有绝对的主权。以这种方式，黑格尔将洛克和康德的近代规范的个人主义，也就是法律最终的合理性与个人相连，推向作为集体的国家的绝对正确和合理的这种危险的集体主义。

61 至少，在当代，由于许多独裁的非道德的国家，我们非常痛苦地感受到，黑格尔的前提不正确，实存的国家一点也不是先验的“道德理念之现实”，其法律完全不是具有强制必然性的理性的正当法，不是应遵从的自由和自在自为之存在的标志。即使人们不把现实这一概念，等同于纯事实这个概念，实际也不是理性的东西与现实的东西总归一致。当黑格尔意欲把一切归于一个原则，归于客观精神那种理念时，他与现实性已是南辕北辙。

2.2.3.3.4 卡尔·马克思（1818—1883 年）和弗里德里希·恩格斯（1820—1895 年）的唯物主义历史观这一逆向思潮，接踵而至。它以路德维希·费尔巴哈（1804—1872 年）[144]的唯物主义－无神论哲学为先导，马克思也对费尔巴哈颇有研究（其《十一论费尔巴哈》尤为著名）。但他是以黑格尔为其哲学出发点，他发现黑格尔把事情弄得乱

〔142〕 黑格尔,《历史哲学》，导论（第 57 页）。

〔143〕 黑格尔,《法哲学原理》，第 257 节（第 399 页）。

〔144〕 遗憾的是，在此没有篇幅来详解他。有兴趣者可参阅 W. 迈霍菲尔,《具体的存在——试论路德维希·费尔巴哈的哲学人类学》，载《存在与秩序——埃里克·沃尔夫六十华诞纪念文集》，1962 年，第 246 页及以下诸页。

七八糟，必须恢复并重新安排。不是存在依赖于意识（理念），而是相反，意识依赖于存在，具体而言，依赖于实际的生产关系。[145]马克思说，社会的经济结构构成了“真正的基础，法律的和政治的上层建筑耸立其上，特定的社会意识形式与之适应。物质生活的生产方式在根本上制约着社会的、政治的和精神的生活过程”。随着经济基础的改变，“整个庞大的上层建筑缓慢地或剧烈地彻底改观”。[146]因此，观念不外是移植和迻译入人的头脑的物体。受社会制约的行为导向和行为指南，是纯“意识形态”，这些东西是作为斗争手段服务于各自的阶级的。法（同样道德和宗教）也属于这种观念的上层建筑，它毫无独立性，不啻是表现为法律的统治阶级的意志，法律的内容仍为这个阶级的“物质生活条件”所给定。[147]并且马克思和恩格斯甚至仅将流传下来的“永恒的真理，如自由、正义等”，视为“全部岁月的社会意识”，社会的一部分剥削另一部分这一往昔共同的事实，在这种社会意识中表现出来。[148]

根据唯物历史观的基本论点，“一切至今的社会史……是阶级斗争
史”。[149]这种阶级斗争的次序，以黑格尔式的辩证法方式发生，只是 62
这种辩证法被“倒置了”：其本源是物质，是人的集体生活条件，而非观念。在封建社会与资产阶级的斗争中，后者取得了胜利。然而，资产阶级现在剥削无产阶级，导致了一场新的阶级斗争。据马克思，“无产阶级专政”作为一切阶级斗争的集大成者和终结，从这场斗争中产生。随着阶级斗争的终结，随着“无阶级社会”的开始，国家和法也变成多

---

〔145〕 马克思，《马克思恩格斯全集》第13卷，第8及下页。

〔146〕 马克思，同注145。

〔147〕 参见《马克思恩格斯全集》第3卷，第46页，第4卷，第477、480页。对此，还可参见A. 门格尔，《市民权与无产大众》，第5版，1927年。

〔148〕 马克思/恩格斯，《共产党宣言》，《马克思恩格斯全集》第4卷，第480页。

〔149〕 注148，马克思/恩格斯，《共产党宣言》，《马克思恩格斯全集》第4卷，第462页。

余的，以至于它们自身将“消亡”。[150] 在某种程度上，我们返回到黑格尔的唯心主义。在那里，国家是最完美的现实，相对国家，人的共同体没有多大的价值。相反，在辩证唯物主义中，人的共同体，具体就是：共产主义社会取代了国家的地位。在共产主义社会，“流氓无产阶级”不再被当作必须“一件一件出卖的商品”，[151] 人不再单纯是工人、医生、法律工作者、诗人……，而是能在任何一个部门中受教育，因为在共产主义中，社会规定了一般生产，并由此使我可能，“今天干这，明天做那，早上打猎，下午钓鱼，晚上放牧，当我正好有兴趣时，吃完饭后再讨论，不是有朝一日成为猎人、渔民、牧人或批评家”。[152]

在此，不可不理会马克思主义的人道主义基调。这是一个完全和平与公平社会的“具体乌托邦”。马克思为这个“真正的人道主义”给出的公式是，“彻底改变一切关系的绝对命令，在这些关系中，人是一个被侮辱的、被奴役的、被遗忘的、被轻蔑的生物”。[153] 他本应从一个“人的社会”走向“自由王国”。[154]

尤值得关注的是，曾意欲最纯洁地维护早期马克思的“具体乌托邦”，早年曾非常激烈地为“自然权利与人的尊严”（1961）而争辩的恩斯特·布洛赫（1885—1977 年），[155] 在“自由王国”里，在社会主

---

〔150〕 注 148，马克思 / 恩格斯，《共产党宣言》，《马克思恩格斯全集》第 4 卷，第 463 页及以下诸页和其他处。人们是否还能遵循克伦纳对“卡尔·马克思的法哲学思想的运用”的评价，显得非常可疑；H. 克伦纳，《19 世纪的德国法哲学》，第 155 页及以下诸页。全面的论述，见安德烈亚·迈霍菲尔，《马克思的法——论正义，人权和法的辨证结构》，1992 年。

〔151〕 马克思 / 恩格斯，《共产党宣言》，《马克思恩格斯全集》第 4 卷，第 469、472 页和其他处。

〔152〕 马克思，《马克思恩格斯全集》第 3 卷，第 33 页。

〔153〕 马克思，《黑格尔法哲学批判》，导论，《马克思恩格斯全集》第 1 卷，第 385 页。

〔154〕 马克思，《资本论》，《马克思恩格斯全集》第 25 卷，第 828 页。

〔155〕 对此参见 Ch. 格拉姆，《论恩斯特·布洛赫的法哲学》，1987 年。

义的德意志民主共和国中，没有找到一块落脚之地。这一算计落空了。一如黑格尔的唯心主义哲学未切中现实，马克思的唯物主义哲学与观念，也与人性错位。同样不正确的是，当社会关系改变时，[156]在理念上去探讨完全依赖于“基础”并因此“消亡”的纯“意识形态”。这也许也是非人性的。因此，人们必定也站在唯物主义立场上，或早或迟 63
地认可这一点，在所难免。

恩格斯在其晚年曾表明，马克思和他忽视了形式有别于内容。列宁后来解释道，法和国家必定在一定时期内继续存在于马克思主义－共产主义中。斯大林最明确地拒绝了法和国家“消亡”的末世论教条。在其最后一本著作《马克思主义与语言学问题》中，他修正了马克思关于经济－社会的基础与意识形态的上层建筑之观点，他坚称，国家形式这种上层建筑不是一个消极的、仅适应基础变化的存在，而是积极地作用于它希望的基础之改变，并同时利用法。因此，法的积极改造社会之作用被承认。当欧根·帕舒卡尼斯在20世纪20年代末还在鼓吹消亡论时，[157]总检察长和首席法学家安德烈·维辛斯基已把他称

〔156〕拉德布鲁赫（在注9《法哲学初探》，第14页，《拉德布鲁赫全集》，第3卷，1990年，第133页中）引用结盟自由的发展，作为经济原因与法权本身固有的规律性共同作用的例子：“新兴的资产阶级为了他们自身的经济利益获得了结社自由。但他们所要求并实现的结社自由，是表现为法的形式，即普遍的形式，它是一种之于一切人为平等的自由。这种以法为形式就造成了，除了资产阶级的经济利益外，结社自由也有利于无产阶级，并且工会结盟自由的形式，甚至成为反对曾经为了自身的利益实施结社自由的资产阶级的一个斗争手段。因而，法的形式本身固有的规律性，对受其服务的经济产生了反作用。”——马克斯·韦伯举出了另一个著名的观念独立于经济的例子：假如马克思主义有道理，那么，十分令人费解的是，资本主义实质上是以同样的方式在英格兰和大陆各国兴起，相反，它们两者的法律体系却完全不一样（注75，《新教伦理与资本主义精神》，尤其是64页及以下诸页）。

〔157〕E. 帕舒卡尼斯，《一般法律学说与马克思主义》，（德语）第3版，1970年，尤其是第33及下页。

为“人民的敌人”并让他销声匿迹。[158]

因此，法又被派上用场，也即法从未被抛弃过。但现在，社会主义法决不是无产阶级社会的法。[159]待被大谈特写的“社会主义法治”，终不过为党和国家的专政式领导作用的表现，因为党和国家是一回事。黑格尔从片面倾心于观念走向对国家绝对化，马克思主义从片面倾心于物质中获得了同样的结果。但这只是在20世纪才被付诸实践的检验。然而，行将逝去的20世纪也带来了谁也没有预料到的斯大林哲学近乎完全的崩溃，以致人们对克伦纳提出了“马克思主义法律理论留
64 下了什么？”之问。[160]黑格尔和马克思在集体主义中有一个核心的共同点，它并不真正把人作为个体认真对待，并承认他们为法律的最高层次。这种集体主义被人权宣言和以人的尊严为优先地位的现代宪法以及人权和基本权利所超越。人们不能更好地在《基本法》草案第一条的规定中表达这种向规范的个人主义的转变，后来才出于文体上的原因而重新表述：“第一条（1）国家是为了人而存在的，不是人为了国家。（2）人的人格尊严是不可侵犯的。公权力在其一切表现形式上都有义务尊重和保护人的尊严。”[161]

2.2.3.3.5　黑格尔主义和马克思主义是19世纪的两个插曲。各种“右的”和“左的”黑格尔学派，处在时代的精神思潮之外，因而影响甚微，对法哲学和法学则近乎无。总体上，这一评价也适合约

〔158〕有关这段历史发展详见，E. 布洛赫，《自然权利和人的尊严》，1961年，第253页及以下诸页。

〔159〕泽勒克托，《哲学与社会》，第355页及下页；引自注10，韦尔策尔，《自然法》，第200页。还可参见，H. 克伦纳，《马克思主义－列宁主义论法的本质》，1954年。

〔160〕克伦纳，《马克思主义法律理论留下了什么？》，载《新司法》，1991年，第442页及以下诸页。

〔161〕《当代公法年鉴》新序列1（1951年），第42—48页。

翰·戈特利布·费希特（1762—1814年），[162]并有限地适于弗里德里希·威廉·谢林（1775—1854年）[163]，他与历史法学派（冯·萨维尼和普赫塔）过从甚密。[164]在现代法哲学中，不仅在德国，情况却有了惊人的改变，德国唯心主义哲学家，包括费希特和谢林，获得日益增长的关注。人们又想起卡尔·克里斯蒂安·弗里德里希·克劳泽（1781—1832年），其法哲学在西班牙曾发生过并还有巨大影响（“克劳泽主义”）。他的学生海因里希·阿伦斯（1808—1874年）撰写了两卷本的《自然法》，此书同样还有读头。[165]他的另一位学生卡尔·勒德尔（1806—1879年），因早在“现代刑法学派”（弗兰茨·冯·李斯特）建立之前，就提出了刑法中的教育思想（我们今天称“再社会化”），而再度走红。

19世纪黑格尔主义法哲学家反而在今天仍无声无息，这大概也与
黑格尔主义在独裁时代的不光彩作用有关。撷其精英，这一倾向的法 65
哲学家，除了费迪南德·拉萨尔（1825—1864年）[166]和阿道夫·拉松（1832—1917年）外，明显地，著名的原本只有弗里德里希·尤利乌

〔162〕《根据知识论原则的自然法的基础》，1795年开始；《法律学说》，1812年。对此参见M. 卡洛/E. A. 沃尔夫/R. 察齐克（编），《费希特的法律关系学说——〈自然法的基础〉1—4章的演绎和它在法哲学中的地位》，1992年。

〔163〕尤其是其大量的有关自然哲学的论文令人感兴趣。在法哲学方面有价值的可能还是一些至今未发表的遗文。

〔164〕关于此见亚历山大·霍勒巴赫，《谢林的法律思想——其法哲学和国家哲学考证》，1957年，第275页及以下；另，注150，H. 克伦纳，《德国法哲学》，第70页及以下；M. 布尔，《谢林的自然哲学中历史问题》，载K. H. 舍恩堡（编），《法哲学中的真理和真理性》（赫尔曼·克伦纳六十华诞纪念），1987年，第52页及以下。

〔165〕《自然法或法哲学和国家哲学》，第2卷，第6版，1870/1871年（1968年重印）。埃威·赫策，《海因里希·阿伦斯的自然法哲学（1808—1874）》，1993年。

〔166〕见拜尔，《费迪南德·拉萨尔的法学天赋》，载《新法学周刊》，1990年，第1959页。

斯·施塔尔（1802—1862年），然而，他只能有条件地算作黑格尔主义者。但他终究也代表着一种唯心主义国家观，据此，国家的权威既不以人民主权，也不以自然法为基础，而直接基于上帝的指定，它授予国家独立的创制法的权力（“权威，非多数”），并同时使有机生长的制度，尤其是“君主制原则”，及等级划分合法化。施塔尔以这种首先反映在其三卷本著作《历史视野中的法哲学》（1830年及以后年代）中的学说，对保守主义产生影响，并为在20世纪创立的“制度法学”（创立者为毛里斯·奥里乌）作了准备。与此相关值得一提的还有路德维希·克纳普，他在其1857年《法哲学的体系》（1963年重印）中，秉承了黑格尔和费希特的传统。

编年史作者此时还应想到19世纪一系列其他的思潮，虽只是间接地，它们对终结唯理论自然法出过一把力。我们曾谈到与历史法学派相关的非理性时代精神，这种非理性主义尤表现在生命哲学中，弗里德里希·尼采（1844—1900年）[167]和索伦·克尔凯郭尔（1813—1855年）当被视为代表，后者还是存在哲学的开路人，亨利·柏格森（1859—1941年）在法国内外影响深远。这种生命哲学是针对理性主义、机械论文化的严重滥用而引人注目地登台的，然而，它本身也因滥用严重声名狼藉，如卡尔·施米特（1888—1985年）和奥托·克尔罗伊特（1883—1972年）的“民族的国家哲学”，或休斯敦·斯图尔特·张伯伦（1855—1927年）和阿尔弗雷德·罗森贝格（1893—1946年）的“种族哲学”。非理性主义的另一根基是阿图尔·叔本华（1788—1860年）的唯意志论人类学，它对法哲学和法思想影响极小，

〔167〕 参见克格，《尼采思想中的权威与权利》，1988年。还有K. 安塞尔－皮尔逊，《尼采反对卢梭——尼采道德和政治思想研究》，1991年。

这不意味着该理论对个别问题的讨论没有益处。〔168〕

但现在我们不再继续探讨这类思潮。法哲学变得多元了并相应地失去了对实践的影响，如同哲学完全一样。19 世纪的时代精神居主导的是另一类，人们想到（仅列关键词）：发端于法国革命的自由运动，关于社会经济生活的流行的英国自由主义；日益增长的德意 66
志民族观念，德国大学生统一、自由运动组织的建立，瓦尔特堡节，科策比谋杀，汉巴赫节，卡尔斯巴德决议，保罗教堂议会和基本权利的起草，以及 19 世纪伟大的立法成果。那不是一个先验的自然法和独裁国家（“右的”或“左的”特征）的时代，那是实证主义和法治国时代。

2.2.3.4　弗兰茨·维亚克尔的所谓“*法学实证主义*”，〔169〕是对理性法思维导致的审判中的任意，和由此带来的史无前例的法之不确定性的必然反映。这一弊端在刑法中尤为明显，当法官不能依照法律（时为 1532 年《加洛林那刑法典》[Constitutio Criminalis Carolina]，简称“加洛林那”）的行为构成对一个案件进行推理时，他就根据其“理性

---

〔168〕 近期有一些相关著作：K. 布林克曼，《叔本华的法律和国家学说》，1985 年；P. R. 格劳泽，《阿图尔·叔本华的法律学说——一种道德法的学说》，1967 年；R. 奈德特，《叔本华的法哲学和它对抵抗权的沉默》，1966 年。另参见 N. 赫斯特，《叔本华的刑法哲学的现实性》，载《法哲学和社会哲学文汇》第 58 卷（1972），第 555 页及以下诸页。但 H. 奥斯特迈尔对其现实性有异议，见《法哲学和社会哲学文汇》第 59 卷（1973），第 237 页及以下诸页；赫斯特的反驳见同卷第 242 页。H. 明克勒，《德国市民阶级的困境：阿图尔·叔本华哲学中的法律、国家和财产》，载《法哲学和社会哲学文汇》第 67 卷（1981），第 379 页及以下诸页；马里奥·A. 卡塔尼奥，《叔本华思想中的刑法问题》，载《叔本华年鉴》第 67 卷（1986），第 95 页及以下诸页；同作者，《叔本华的康德法律学说批判》，同上书第 69 卷（1988），第 399 页及以下诸页；维克纳，《阿图尔·叔本华的法律和国家》，载《新法学周刊》，1988 年，第 2213 页及以下诸页。

〔169〕 注 100，维亚克尔，《近代私法史》，第 430 页及以下诸页。

的裁量”来判决并实以“特殊的惩罚”。此外，不存在法律效力，那种任意的判决，反正只是一个“没有效力的判决”，随时可被再提交法院复决。质言之，法律效力甚微。

19 世纪带来了业已通过让·博丹新的国家学说准备好并由康德推进的**制定法观念的胜利进军**（见上文）。这个胜利进军建立在多种因素之上。〔170〕因为除了更好地掌握了各种抽象方法外，还应提到诸如早期资本主义、处于上升期的工业化和社会国的形成。在一个经济发达的复杂社会，需要高度的法的确定性，但那种流传下来的自然法体系不能为之提供保障，为此，产生了对唯理的、在抽象－普遍上形式化的法律之渴求。

接下来的是，一如上述，博丹新的国家学说意味着，国家的意志体现者，作为君主来发布法律。这种因之具有合法性的法律，那么也像君主本身一样不可侵犯，从君主的权力中获得有效性。因此导致了法律概念极具价值的裂变，如果说，直至当时，法律概念还是一个统一的，形式特征与实质特征为一致的概念，〔171〕那么此时，人们区分了法律内容——实质意义上的法律，与法律命令——形式意义上的法律。〔172〕这一区分的关键在于，一个法律的**有效性**仅取决于遵守的**形**
67 **式上的立法程序**，君主有效的意志行为体现在其中（ita ius esto 此为公正），而不取决于法律内容。实证性成为法之“本质”。

---

〔170〕 进一步的论述见注 45，阿图尔·考夫曼，《律法与新约四福音书》，载《纪念彼得·诺尔文集》，1984 年，尤见第 38 页及以下诸页。

〔171〕 例如，据托马斯·阿奎那，“法律”的概念和有效性有四个因素：1. 法是“理性的规定”；2. 法指向“共同的善”；3. 法必须由“照看共同体的权威”制定；4. 法要求“公开”（《神学大全》I，II，90，4）。

〔172〕 关于“双重法律概念学说”详见 E.-W. 伯肯弗尔德，《法律与立法权——从德国国家法学说的发端到国家法实证主义的高潮》，第 2 版，1981 年，第 226 页及以下诸页。

法学家保罗·约翰·安瑟姆·冯·费尔巴哈（1775—1833年），哲学知识渊博，思维缜密，另还在与理性法思维引起的弊端作斗争中不断获得成功。[173]作为受教于康德哲学的批判主义者，他关注的问题为：是否存在可能来自理性的自然的主观的法（“历史的自然法”的问题之于他尚未解决）。[174]其探究的成果可简要概括为：1. 存在着人的主观法，它们是不可把握的，因为它们来自人的道德自主，因此，正如我们今天形容人权的，是不确定的；2. 一切客观法之本质的不可转让的特征是其实证性。

特别是这后一认识，对费尔巴哈的刑法学说（他撰有当时成就最大的刑法教科书），同时对他的立法活动（第一部现代刑法典，即1813年巴伐利亚刑法典出自他之手）产生影响。他要求司法严格受法律约束，即“无法不罚”（nulla poena sine lege），这主要源于自由主义思想：刑法不仅仅建构刑罚权力，而且首先也要限制刑罚权力，所以，刑法，一如其精神继承者弗兰茨·冯·李斯特后来宣称的，完全是“犯罪者的大宪章”。另外，孟德斯鸠（1689—1755年）在其《论法的精神》（1748年）中创立的分权学说，在这方面也发挥出功用：法官只应适用法，却不应创造性地填补法之漏洞，补充法之不足，法官不外是“宣告及说出法律的嘴巴”（la bouch qui prononce les paroles de

---

〔173〕关于费尔巴哈尤见注2拉德布鲁赫书。费尔巴哈是哲学家路德维希·费尔巴哈之父和画家安塞姆·费尔巴哈之祖父。还见E. 基佩尔，《保罗·约翰·安瑟姆·费尔巴哈》，第2版，1989年，以及G. 哈奈伊等，载B. 威廉密（编），《法学家P. J. A. 费尔巴哈纪念会文集》，1984年。

〔174〕费尔巴哈，《自然法批判：自然法学说入门》，1796年。对此（进一步的论述）见阿图尔·考夫曼，《保罗·约翰·安瑟姆·费尔巴哈——批判主义法学家》，载《州与王国——部族与民族——拜因历史的疑问和展望》，《M. 施宾德勒九十华诞纪念文集》，第3卷《从三月革命前到当代》，1984年，第181页及以下诸页。

la loi）。[175]费尔巴哈表明了极为相似的立场，他说，法官应受“法律严格的赤裸裸的条文”约束，“其行为不应外乎将提交的案件与条文比
68 照，且不考虑法律的意义和精神，在词语的声调为谴责时表示谴责，在条文没有规定时，沉默无语”。[176]

然而，人们必须补充的是，费尔巴哈没有要求法官（他自己曾担任高级法官职务）不惜一切代价去遵守法律，相反，当“服从可能有悖于正义，且服从只是职务之规定时”，“法官的不服从”，之于法官是“一个神圣的义务”，[177]也即，不受“法律的不法”约束（古斯塔夫·拉德布鲁赫）。

因此，费尔巴哈的遵从法律的“实证主义”是一种带有救世主式的附加条款的实证主义。它是一种“有合法性的实证主义”，以正义、道德、合目的性等价值为指导，但它又主张，至少在一般意义上，法律的有效性，不依赖于其内容在多大程度上符合这些价值。这种实证主义认为，原则上，每一种法律都是有效的，法律是在为其颁布而预设的形式中得以实现的。唯有形式，而不是内容之于作为法律的资格是必

〔175〕 孟德斯鸠,《论法的精神》，第9卷，第6章。——这可能仅暗指孟德斯鸠国家哲学的意义。它最显明地与卢梭的观点成对照。卢梭的被广泛引用的“公意”（volonté générale，当然在卢梭那里不纯是数量多少），意指多数原则的绝对化；在他看来，自由权不是天赋的，而是政治的同意（绝对民主）。相反，孟德斯鸠以其分权学说鼓吹限制国家绝对主义，同时限制民主绝对主义，鼓吹自由思想，即非国家赐予的自由权天然应受国家之保护。对此参见《基本法》第1条第2款：“因此，德意志人民承认不可侵犯与不可让与的人权，作为世界上一切人的共同体、和平和正义的基础。”

〔176〕 费尔巴哈,《库尔－法耳次－巴伐利亚公国刑法典克莱施罗德草案批判》,1804年，II，第20页。

〔177〕 费尔巴哈,《法官职务的崇高尊严》，1872年。有关详述见阿图尔·考夫曼,《保罗·约翰·安瑟姆·费尔巴哈:〈法官职务的崇高尊严〉》，载《K. 拉伦茨八十华诞纪念文集》，1983年，第319页及以下诸页。

要的。“正当法”只能仍作为我们知性的绝对命令存在，作为我们运用到经验给予的法之质料上的空洞思维形式存在，借助这一思维形式，我们把实证规范当成法，正当法来思考。正是在此一含义上，新康德主义者鲁道夫·施塔姆勒（1856—1938 年，他属于新康德主义的马堡学派）说：“没有一种法的定律，在其内容特征上可能绝对正确”，[178] 理由在于，因为在他看来，“正当法”，不外乎是一个“纯思维形式”，一个“形式的方法”，一个关于“预设的法律内容的基本特征”之“设问”。[179] 在他那里，只存在一个“具有可变内容”的“自然法”。[180]

但是，19 世纪的实证主义还汲取了其他养分：**经验主义**（与之相应有后发展起来的规范逻辑法实证主义和社会学法实证主义）。在唯理主义以其片面的演绎方法忽视了感觉现实世界之后，事实感觉复苏了。康德曾提出了认识的两个根源：感性和知性，他把感性与英国经验主义者连在一起。他们指责各种形而上学，并要求科学的真理只允许以观察、实验和因果联系为基础。为什么的问题被作为形而上学的思辨弃之一旁，它探究的是“可以做的东西”。这一思维肇始于弗朗西斯·培根（1561—1626 年），其兴趣在于只是作为力量因素的知识，然后，它俘虏了激进的唯名主义者托马斯·霍布斯和温和的唯名主义者及观念论者约翰·洛克（1632—1704 年）[181]（唯名主义与实证主义的关联前已显 69
出），说到这里，不能不提大卫·休谟（1711—1776 年），尽管确切地说，他是一个批判经验论者，对实体和因果联系概念提出了质疑。[182]

〔178〕 施塔姆勒，《正当法的学说》，第 94 页。

〔179〕 施塔姆勒，《正当法的学说》，第 51 页；《法学的理论》，第 2 版，1923 年，第 77 页。

〔180〕 施塔姆勒，《唯物历史观的经济与法律》，1896 年，第 185 页。

〔181〕 关于洛克，参见 W. 奥伊希勒，《约翰·洛克的自然法和政治》，1979 年。

〔182〕 对此参见休谟，《人性论》（1—3 卷）和《道德原则探究》，1991 年。

至少还有两位法国人不应被忘记：勒内·笛卡尔，前已述及，和奥古斯特·孔德（1798—1857年）。孔德更多地是被当作实证主义的鼻祖，但这种说法的正确性，仅在于是他给了这个思潮以实证主义的名称，实证主义指将科学限定在可经验的东西，即“实证的”预设上。然而，是孔德以其三阶段规律（从神学经由形而上学至实证科学），使实证主义获得了理论上的可靠性，一点也不错。[183]毫无疑问，一定的实用的可靠性带来了由数字推动的自然科学的伟大成就。

不难看出，全部科学，以及法学，受惠于自然科学的方法：不是演绎，而是归纳，即不是从普遍的自然法规范中推导出法，相反，是从共同结构中观察生活事实，获取一般规则。然而，这种“自然主义的”法哲学，当与方法问题联系起来阐述才有意义，因此，这将在后面详述（2.3.4）。

实证主义辉煌的进展，致使实体法哲学在黑格尔死后完全停顿下来（在2.2.3.3.5中提到的法哲学是表面现象）。取而代之的是所谓的一般法的学说，它限于强调先在的基本概念（法律关系，法律主体，法律规范……）和基本结构（因果性，有效性，体系……），将一切法的内容上的哲学依据视作空想的而加以拒绝。法的确定性，不是正义，遂上升为法的最高价值。

一般法的学说，“法哲学的安乐死”（拉德布鲁赫语[184]），其创始人为阿道夫·默克尔（1836—1896年）。他首先是通过把发展的概念运

[183] 见A. 孔德,《论实证主义精神》，1844年；伊林·费切尔翻译、作序并编辑，第3版，1979年。

[184] 拉德布鲁赫,《法哲学》殁后第9版，1983年，第110页。古斯塔夫·拉德布鲁赫全集版（GRGA），第2卷，1993年（第3版，1932年），第247页;《法哲学》(学生版)，R. 德赖尔和St. L. 鲍尔森编，第2版,2003年，第27页。以下将按最易获得的学生版来标注页码。

用到法学上而闻名的，他强调，在经验可确定的意义上，法是从低级向高级形式发展的，从这种有规律的进化中，可以推导出关于未来法的知识（进化思想！）。稍后，弗兰茨·冯·李斯特（1851—1919年）曾力图把这一发展思想大量运用于由他创建、以鲁道夫·冯·耶林的目的论为基础的“现代的”（社会学的）刑法学派（“目的是整个法的 70
创造者”）。他以为，“因为我们把存在视为历史的产物，然后规定之，所以，我们识得应然存在”[185]（这个应然存在具体在此是指改造刑，它将取代存在，即报复刑）。有趣的是，存在与应然二元方法论的统一，如何至少部分地被背弃。但这种观点也存在缺陷：发展只能解释变成另一种，不能解释变成一个更好的，也可能成为一个坏的，默克尔和李斯特之后的法的历史，十分清楚地证明了这一点。

在此，我们无法逐一评说这一时期“科学的法实证主义”的其他代表人物，只能列出几个最重要者的名字：卡尔·宾丁（1841—1920年），他作为“古典”刑法学派的领袖，是弗兰茨·冯·李斯特的主要论敌，恩斯特·鲁道夫·比尔林（1843—1919年）、卡尔·贝格博姆（1849—1927年）和费利克斯·佐姆洛（1873—1920年）。还有一些人将在下面，尤其是在方法论部分（2.3）被谈到。

特别是，在此也不可能详评在20世纪上半叶占主导地位的、尤以法理论－方法逻辑观见长的那种法实证主义。根据应然与实然分离的二元方法论，人们可将之分为两大阵营：一是兴趣在应然，即规范上的**规范逻辑实证主义**，它关注的是规范的形式结构，对规范的内容不闻不问，此一实证主义的最重要的形式是汉斯·凯尔森的“纯粹法

---

〔185〕 见冯·李斯特，《刑法典中的“公正法”》，载《刑法杂志》第26卷（1906年），第553页及以下诸页；第27卷（1907年），第91页及以下诸页。

学"。二是经验实证主义，它致力于实然，法之事实，其中，法心理学（比尔林等）研究的是主观事实，法社会学探求的是客观事实（源于鲁道夫·冯·耶林，马克斯·韦伯为集大成者）。

至少在此还应简单提一下存在主义哲学，它是（除康德主义和经验主义外）的一种在实证主义后期起着支持作用的更为广泛的哲学思潮，它至少表现为这几种形式（不包括加布里尔·马塞尔，也很少包括卡尔·雅斯贝尔斯）：最有影响的是让－保罗·萨特（1905—1980年）的存在论构想，据此，存在先于本质，结果是，我们没有先被给予什么，如道德、价值、不可把握的法的内容，一切完全是自为的人的杰作。[186]但马丁·海德格尔（1889—1976年）也未找到通往法的理解之门，法的理解为自由划定界限，因为依海德格尔，法完全不具备"本真的"存在形式，即"自己的存在"，相反，法指明的是"非本真性"的形式：委身于"群体此在"。[187]

71 2.2.3.5 在法实证主义看上去取得了最杰出的成果：19世纪末一系列伟大的德国法典、如刑法典、民事诉讼法典、刑事诉讼法典、民法典、商法典……时，就已显出颓势。对法实证主义的批评，首先针对的是其理论本身，其两个信条，一是法官不许造法，二是法官也不许拒绝法，即禁止造法和禁止拒法，在逻辑上必以第三种信条为前提，即制定的法律秩序是一个封闭的无漏洞之整体。然而，法律的完美无缺这一前提已证实无法维持，因为人们在不能放弃禁止拒法时，禁止造法必然落空。而这就意味着，在法律存有漏洞的情况下，法官被迫必须依据超出该法律的标准作出判决，因此，严格的法律实证主义被彻底改变了。但在此我们不对之作进一步的分析，在下文中再行考察。

〔186〕 详述见注38，阿图尔·考夫曼，《转折中的法哲学》，第102页及以下诸页。
〔187〕 对此见维尔纳·迈霍菲尔，《法与存在——法本体论引论》，1954年。

还要补充一个长期潜存的重要事实：由于不公正或不道德的法律，实证主义苍白无力。在费尔巴哈那里我们就已看到，有鉴于此，他曾安列了一个附加条款：不服从恶法（就此而言，他不是真正的实证主义者）。但在19世纪行将结束之际，人们便冲破了这种限制。人们要求实证主义履行法律与法一致的诺言，因此，只要是法律，不管任何法律，都是法。这就从“科学实证主义”走向了“法律实证主义”。[188]所以，贝格博姆不幸地解释道：我们也必须“承认最卑鄙的制定法具有约束力，只要它创立的形式是正确”，虽然这种“错误之法”有极大的可能马上应被废除，但“由于它现在是法，所以现在必须被尊重”。[189]或引用佐姆洛的说法：“相反这仍是颠扑不破的真理：法之权力（或用其他的术语：立法者、国家、君主权力）能确立任何法的内容”。[190]还可加上如保罗·古根海姆、汉斯·凯尔森的类似言论。

但尽管如此，必须考虑到，19世纪末20世纪初的实证主义者们，是从这样一个之于他们是顺理成章的假定出发的，即立法者不颁布“卑鄙的”法律。当时的立法者的确也没有这样做。在立法者身上，道德的意识尚存，以致他们全未生念，为自己而滥用实证主义所制造的万能效应，并制定非公正的，至少不能说是公正的法律。同样，“科学的”实证主义基于这样一些保证：“那种以事情的本性为基础的秩序，将被呈现在法律中，在各种将要调整的领域内，追求正义的意图，起着决定性的作用并明晰可见，在所有为社会生活要求的合目的性方面，法之思维未被过激的功利所压倒”。[191] 72

〔188〕参见维亚克尔，《近代私法史》，第458页及以下诸页；他称为“司法战胜了法学，政治民族战胜了文化民族”。

〔189〕K. 贝格博姆，《法学与法哲学》，第1卷，1892年（1973年重印）第144及下页。

〔190〕F. 佐姆洛，《法学基本学说》，第2版，1927年（1973年重印），第308页。

〔191〕Eb. 施米特，《法律与法官——实证主义的价值和缺陷》，1952年，第7及下页。

但在考验来临时，上述保证就像肥皂泡一样，一一破灭。

2.2.3.6 无疑，“法哲学与民族社会主义”是德国法哲学史上最黑暗的一章。[192] 在民族社会主义时期，人们真的颁布了“卑鄙的”“不道德的”“罪恶的”法律以及其他法律规范和判决。然而，尤其是那些仍被托付着“正当法”和与此相关的对抗非公正的抵抗权之法哲学家们做了些什么呢？没做什么，几乎什么也没做。只有少数人移居他乡和四处流亡（或被迫这样）：汉斯·凯尔森（下文 2.3.5）、埃里希·考夫曼（1880—1972 年）、赫尔曼·坎托罗维奇（下文 2.3.4.4）、阿图尔·鲍姆加滕（1884—1966 年）、古斯塔夫·拉德布鲁赫（下文 2.2.5.1）。另一些总还算忍气吞声地留了下来：卡尔·恩吉施（下文 2.2.4.5）、汉斯·韦尔策尔（下文 2.2.4.4.2）。大多数断然并常常以令人难堪的热情支持独裁政府：卡尔·施米特、恩斯特·福斯特霍夫、奥托·克尔罗伊特、汉斯－赫尔穆特·迪策、赫尔穆特·尼古拉、赖因哈特·赫恩、恩斯特－鲁道夫·胡贝尔、乔治·达姆、卡尔·拉伦茨（他们全都生于 19、20 世纪之交，少数人，如卡尔·施米特年长于希特勒，大部分比之年轻）。还有其他许多可以忘记其名字，但决不应忘记其所作所为的人。

此类行为肇始于人们对民族社会主义者一上台就侵犯基本权利的行径报以赞许。人们将基本权利解释成一种自由主义和个人主义的思想财富，自由主义和个人主义在“民族共同体”的集体中，充其量只能具有下位的价值。在根本上，自由主义和个人主义，当然也包括犹太教、和平主义、社会主义和共济会教，是民族社会主义法哲学家们的死敌。人们也在反自由主义和反个人主义的名义下，拼死反对主体

〔192〕 具有大量原始材料的研究见阿图尔·考夫曼，《法哲学与民族社会主义》，载《法哲学和社会哲学文汇》增刊第 18 卷，1983 年，第 1 页及以下诸页；也见 J. 瓦尔德，《哲学与民族社会主义》；《海德格尔、施米特与拉德布鲁赫的关系》，1992 年。

权利，尤其是主体公权利，甚至提出终结主体公权利。这种总体主义法律观，也导致了人们限制了法律能力和法的主观性，唯有“民族同胞”有法律能力，而“异种人”，如犹太人和吉卜赛人不具备。因此，植根于魏玛“自由的”和“平等的”民主的平等原则被背弃，自然，也被人们所诋毁。当时的法哲学家们和国家法学者，特别厌恶这种“自由的民主”。人们意欲建立并帮助建立了“独裁国家”“总体国家”，以及“元首国家”。在这样的国家中，没有分权，分权自然也被作为根除任何领袖崇拜制的典型的自由架构，受到责难。“元首”不仅拥有至高无上的统治权，他还是最高立法者和最高法官，民族社会主义法哲学甚至将他理解成宪法卫士。 73

自然，对“异种人”，尤其是犹太人的迫害最令人发指，伴随着这种行径的，还有那个时代许多法哲学家的首肯，及至鼓动性言论。

在**法律方法论**中，也能明显地感觉到民族社会主义意识形态的影响。法必须，意指在各个方面，总是在民族社会主义含义上被解释。据此，法官不受前革命的法之严格约束。因此，人们完全不是绝对地自满于实证主义，为了实现民族社会主义的目标，人们也认为超越法律，甚至与法律相对立的判决是必要的。因此，卡尔·拉伦茨早就言明了“超越自然法和实证主义”的立场。[193] 实际上，这也是我们今天的立场，然而，却有着不同于当时人们所赋予的意义。

2.2.4 第二次世界大战后的新开端

历史经验昭示，不仅古典的自然法学说，而且传统的法实证主义都不灵了。具有一成不变的、变成细化的规范秩序的具体自然法，可能

〔193〕 K. 拉伦茨，《当代法哲学和国家哲学》，第 2 版，1935 年，第 150 页及以下诸页。

在一个结构非常简单的社会还转得开，之于一个现代高度复杂社会，则可能显得不够用。另一方面，法实证主义虽在19世纪末取得了很大的立法成就，因为当时的立法者仍受浓烈的道德意识所引导，然而，在20和21世纪的各种专制中，此一前提已不复存在，恶法不仅仅是课堂上的例子，而变成为现实，那种纯形式的法律概念已不听使唤了。[194]

2.2.4.1 在历经民族社会主义惊人的恣意统治之后，在这种统治中，法反常得认不出来，[195]并且因为在苏占区和1949年起在德意志民主共和国的新形成的社会主义－集体主义专制，许多人在第二次世界大战一结束时就当然地以为，应重归自然法。让·保罗曾嘲讽道，每一次弥撒，每一场战争都提供出新的自然法。但处在当时的法律困境中的法院，除了借助“自然法的”思考对民族社会主义非公正国家作出反应，除了将那些确实是非公正的，或至少显得非公正的法律和其他规范置之一旁，以及除了诉诸“超实证的本质法”去决断案件外，
74 还应做些什么呢？此一“**自然法的复兴**”[196]受到诸多指责，当时，它事实上也的确不是唯理性和理性的畸形产物。这个责难实当落在科学，尤其是完全未使司法对“法律的不法”现象有所准备的法哲学头上。

---

〔194〕 基本的为G. 拉德布鲁赫，《法律的不公正与超法律的公正》，载《南德法律人报》，1946年，第105页及以下。（收入拉德布鲁赫，《法哲学》，殁后第4—9版的附录中，《拉德布鲁赫全集》，第2卷，1993年。以及《法哲学》（学生版），R. 德赖尔和St. L. 鲍尔森编，第2版，2003年，第211—219页）。

〔195〕 一直还有阅读价值的：F. v. 希佩尔，《法律秩序的反常性》，1955年。

〔196〕 详见A. 考夫曼，《第一次世界大战后自然法的复兴——从中得出了什么》，载《S. 加格内尔纪念文集》，1991年，第105页及以下诸页。也见K. 屈尔，《第二次世界大战后自然法复兴之回顾》，载G. 克伯勒/M. 海因策尔/J. 沙普（编），《历史的法学》，1990年，第331页及以下诸页。——对今天的自然法不同的看法：R. P. 乔治，《自然法理论——当代文集》，1992年。也见J. 赫鲁斯卡，《作为法学的对象和任务的前实证法》，载《法律人报》，1992年，第429页及以下诸页。

因此，人们必须对法院确如上述的某些“自然法的”失足，予以原谅。

如此这般的“自然法的复兴”虽是一个插曲，但仍有所残留。当然，今天人们至少再也找不到用那种语言作出的、像1954年2月17日联邦最高法院将订婚者的性行为定为淫乱这种可怕的法院判决。[197]在此案中，大审判庭援引的是“道德律法的规范”，并定性道：“它的（强烈的）约束力（不同于‘单纯道德’‘单纯习惯’的‘弱约束力’），是基于先予的和后添加的价值秩序之上，基于统制人的共同生活的应然准则，它发生效力，不取决于人们是因为遵守的要求而赞成它，还是实际遵循和承认它，它的内容，不能因为人们有关它对什么有效的观念之改变而更改。”

今天，人们可能不会再批评这个联邦最高法院得出的判决结果（订婚者的性行为有悖于客观道德律法，因而为淫乱），但有两点必须把握：1. 这里被诉求的“伦理法则”，用另外的术语，即“自然法”，或干脆一点，“法”（有别于“实证的法律”），是一些实体的、永恒的、超实证的东西，是那些完结的存在，状态。2. 从这种“伦理法则”或“超实证的法”中，人们能或多或少演绎地推导出具体的结论，法律判决，人们能依据“伦理法则”来“涵摄”事实。

2.2.4.2　发端于50年代末60年代初的新实证主义，虽非难每一种超实证法的思想，但其思维结构过去和现在与自然法学者的一样，故可以统而述之。自然法学说（指“古典的”：绝对主义的和唯理论的自然法学说）与法律实证主义，虽对法存在的根据，即法的有效性，在法哲学－本体论上观点不同：之于前者为预设的、不变的“世界及人之本性”，之于后者则为与既存的自然秩序无涉的变动不居的“立法者

〔197〕《联邦最高法院刑事裁判集》6，46；6，147。

75 之意志”，但两者对法律发现过程，在法理论－方法论上理解一致：依（唯理论的）自然法学说，实证的法律规范来自绝对的法伦理原则，又从实证的法律规范中推出具体的法律判决，据（规范主义的）法律实证主义，具体的法律判决，同样是**不考虑经验纯演绎地**、“严守逻辑”地出自凭借立法者命令的法律（法律材料）。经验的渗入当然一直是十分必要的，但却未必会反映出来。所以，依据这两种思维模式，**那种具体的**、**实证的法是一些固定不变的**、**事先一般规范上确定的东西**。这两种如此解释的冤家对头所具有的亲属相似性，可能显得奇怪，但完全能从各自那里找到内在根据。二者都倾向公理化，都基于法典化的思维，尤其是都对系统哲学和无漏洞的教义负有义务，去建造一个具有合适的、精确的知识及义务之**封闭体系**。

细辨起来，新实证主义在根本上也只有一个论据：自然法学说的不可把握性。如果只能在自然法和实证主义中选取一个，这被假定为自人类有思维以来，全无异议顺理成章之事，因此，选实证主义必定是合理的，这也许有说服力。今天，人们很少在德语区找到一如汉斯·凯尔森在其“纯粹法学”中为实证主义所提供的那种理论基础。人是怀疑天命的实证主义者。其时代精神的特点，一如重新拾起世纪之交实证主义者那种令人忧虑观点的汉斯－乌尔里希·埃维斯所言：“最卑鄙的法律秩序仍就有一种服从的价值，因为它也提供了保护”。〔198〕

〔198〕 H.-U. 埃弗斯,《法官与不道德的法律》，1956 年，第 141 页。——今天，法律实证主义的少数追随者之一是 N. 赫斯特:《为法律实证主义辩护》，1989 年。另见 E.-J. 兰珀,《法律实证主义的界限》，1988 年；R. 德赖尔（编）,《法律实证主义与法的价值关系》,《法哲学和社会哲学文汇》增刊第 37 卷，1990 年；同作者,《新自然法还是法律实证主义？》，载《法律理论》第 18 卷（1987），第 368 页及以下；W. 克拉维茨,《新自然法还是法律实证主义？》，载《法律理论》第 18 卷（1987），第 209 页及以下；W. 迈霍菲尔（编）,《自然法还是法律实证主义？》第 3 版,1981 年；N. 麦克密克 /O. 魏因伯格,《制度法律实证主义基础》,1985 年；G. 马里诺,《法律实证主义》1986 年；G. 察卡里亚,《实证法和法律实证主义》，1989 年。

如果这一观点用某种方式尚可理解的话，但它也决不能回答今天我们面临的问题。回到康德的具体内容的自然法之复兴是不合适的，但返至纳粹独裁的违法是错误的。我们今天面临的是，限制立法和法律适用中的任意，这关涉发现法中的“不可把握性”及超时代和超文化的必要性。只要人们坚持要么选择自然法，要么选择实证主义，不考虑第三者，就不可能有一个令人满意的答案。战后的讨论，恰好明确地显示这一非此即彼的思维走入死胡同，每个人都知道数不胜数的正反论点，但无人能改变对方的信念，因为他不能令人信服地为自己的立场说明理由。

2.2.4.3 但如果人们相对于实体本体论的自然法，提出一种如尼 76
克拉斯·卢曼〔199〕为代表的功能主义的法律观，也会走入死胡同。在这种社会学功能主义看来，问题不是法是公正的（因而，诸如“正义”，“不可把握性”完全不存在，相反，法仅是一个人们用来保证善良意图的符号），〔200〕在一个高度复杂的社会中，重要的仅仅是法发挥功效，借此“减少复杂性”。法变得完全是替代性的。正确的当是，在实体本体论看来是一成不变的、像物一样的、呆滞的“自然”之中，不可能存在“不可把握性”，它也不一定是例如：逻各斯、上帝法，或旧自然法意义上的唯理论人之本性这类“预先给定之物”。〔201〕但无疑，在法中完全不存在不可把握性及超时代和超文化的必要性。在一定程度上，

〔199〕 其最著名的著作是《通过程序的合法性》，1969年。后尤见《社会的法》，1995年。

〔200〕 对此详见A. 考夫曼 / W. 哈斯默尔，《当代法哲学和法律理论基本问题》，1971年，第27页及以下诸页；R. 德赖尔，《法—道德—意识形态》，1981年，第270页及以下诸页：论卢曼对正义问题的系统论新表述。也见L. 菲利普斯 / H. 朔勒（编），《超越功能主义——阿图尔·考夫曼六十五华诞纪念》，1989年。

〔201〕 注80，阿图尔·考夫曼，《法与唯理性》，第1页及以下诸页，尤是第24页及以下诸页。

康德和其他人超越了实体本体论，但查尔斯·R. 皮尔士迈出了从实体向**关系和关联**的一大步，借此，他从只了解特性谓词的亚里士多德式的和康德主义的逻辑学，走向了关系谓词的逻辑学。[202]这个进步必须被贯彻到法哲学和法理论中，当然，我们已大大抢先了（参见 2. 5）。

我们必须找到一条**超越实体本体论的自然法和功能论的法律实证主义**之路，古斯塔夫·拉德布鲁赫已经开始去克服这两个阵营之间有害的立场之争，如果人们是从整体上去看他的工作，那么，很明显，其立场已超越了自然法和法律实证主义。紧接着我们对此要作详论。

2.2.4.4　但我们还要先来评说一下几种理论尝试，它们的目标是指向克服战后初期民族社会主义遗留下来的法律困境这一任务，即以法中存在的不可把握性的思想去对付法思维中的任意。在这一点上，又总关涉到，如果不是去克服至少应去限制价值理论的相对主义，马克斯·韦伯（1864—1920 年）和古斯塔夫·拉德布鲁赫（1878—1949 年）为其主要代表。

2.2.4.4.1　法哲学革新的实质性冲动源自埃德蒙德·胡塞尔（1859—1938 年）的**现象学**（胡塞尔的得意女门生，改信天主教的犹太人埃迪特·施泰因，1942 年在奥斯威辛被害）。根据现象学理论，处在意识活动中的自身存在着的本质，应依据“本质还原”和“现象学
77 还原”，或“包括”一切“偶然的此在因素”的方法，严格地、易于理解地、无误及恰当地呈现在纯粹自身被给予性中。谁愿意把这个最复杂的认识方法弄明白，就请读一读格哈德·胡塞尔（1894—1973 年）的鞋的现象学，[203]这个例子表明，现象学方法明显地终究只对结构简

〔202〕 对此见 W. 施特格米勒，《当代哲学诸主要思潮》，第 1 卷，第 6 版，1978 年，第 429 页及以下诸页，尤是第 431 页。

〔203〕 G. 胡塞尔，《法与时间》，1955 年，第 14 页及以下诸页。

单的对象有用，不适于一些复合事物，也不适于规范性事物，如法这一现象。格哈德·胡塞尔和阿道夫·赖纳赫（1883—1917年）[204]强调，当立法者意欲颁布一个实体公正的规则时，必须尊重法的先验要素（先验的法律学说），这一努力收效甚微。

2.2.4.4.2 这一学说基于现象学中逻辑认识理论一支。现象学中价值理论一支则影响深远，其第一个权威是马克斯·舍勒（1874—1928年）。尤其是汉斯·韦尔策尔（1904—1977年）和他的学生京特·施特拉腾韦特（1924—2015年），从舍勒那里受到启迪。据他们的学说，整个法被贯穿着“事情逻辑的结构”，例如人之行为的结构、故意的结构、主犯－共犯关系的结构，当行为等应该被规范时，这些结构约束着法律规定。[205]

2.2.4.4.3 第三个方向论证的是“事情的本性”。这一理论对新的法哲学产生了无可争议的最为深远的影响，浩繁的文献便是明证。古斯塔夫·拉德布鲁赫曾试图以“事情的本性”来更新法律，但他从新康德主义角度把它仅理解成“思维的形式”，借此，能缓和他早期主张的“实然与应然的二元方法论”[206]。尽管如此，拉德布鲁赫没有赋予“事情的本性”以法之渊源这一特性。[207]出自马丁·海德格尔（1889—1976年）的存在哲学阵营的维尔纳·迈霍菲尔（1918—2009

---

〔204〕 赖纳赫最重要的著作是《法的现象学——市民法的先验基础》，1953年。但还应提到其在今天仍有阅读价值的现象学导论：A. 赖纳赫，《什么是现象学？》，1951年。

〔205〕 G. 施特拉腾韦特在《“事情的本性”的法律理论问题》（1957）中非常明显地反映出这一立场。

〔206〕 注9，G. 拉德布鲁赫，《法哲学入门》第1章：“现实与价值”，《拉德布鲁赫全集》，第3卷，1990年。

〔207〕 G. 拉德布鲁赫，《作为法律思维形式的事情的本性》，载《R. 劳恩纪念文集》，1948年，第157页及以下诸页；《拉德布鲁赫全集》，第3卷，1990年，第229页及以下诸页。

年）却这样做了，他将“事情的本性”视作“具体的自然法”意义上真正的法之渊源。[208]

78 2.2.4.4.4 还有一些学说本应提及。但我们在扫一眼**新黑格尔主义**之后就结束这段漫游。新黑格尔主义的代表有尤利乌斯·宾德尔（1870—1939年）、[209]瓦尔特·舍恩菲尔德（1888—1958年）和卡尔·拉伦茨（1903—1993年）。[210]由于新黑格尔主义从不曾实证主义化，因而，在纳粹垮台后，它毫无困难地为法律之新生作出贡献。但另一方面，由于可想而知的原因（权威的国家理论），新黑格尔主义陷入民族社会主义的灾难之中，以致“具体的秩序思维”（卡尔·施米特，1888—1985年）之诉求，尽管其中包含着一些智慧，在今天显得不再可信。

2.2.4.5 一切探求法中“不可把握性”的努力，最终归于冷静甚至失望，其主要的原因为，大多数人始终仍固守着一种客观主义的认识概念。[211]部分人重新转向形式法理论，主要是分析法律理论，它以伯特兰·罗素（1872—1970年）和艾尔弗雷德·怀特海（1861—1947

---

〔208〕 W. 迈霍菲尔，《事情的本性》，载《法哲学和社会哲学文汇》第44卷（1958），第145页及以下诸页。我自己的观点见注33，A. 考夫曼，《类比与“事情的本质”——兼论类型学说》：“事情的本性”是实然与应然，事实与规范之间的联结环节（“接触剂”）（更多的有关著述参见P. 内尔霍特（编），《法律知识与类比——法律认识论，法律诠释学和法律语言学片论》，1991年）。最新的首推F. 罗密欧，《类比——论法律中相对性真理概念》，1991年，和A. W. H. 朗海因，《作为法律方法的类比原则》，1992年。批评意见尤要提及R. 德赖尔，《“事情的本性”之疑问》，1965年。其他关于“事情的本性”的文献见A. 考夫曼（编），《法的本体论原理》，1965年，第4—243页。

〔209〕 关于他参见R. 德赖尔，《法—国家—理性》，1991年，第142页及以下诸页：《尤利乌斯·宾德尔：帝国与民族社会主义之间的法哲学家》。

〔210〕 见今天仍有阅读价值的著作：K. 拉伦茨，《黑格尔的归责学说和客观归责概念》，1927年。

〔211〕 其他的，即G. 施特拉腾韦特相对地理解“事情的本性”。在这一点上与本章第一作者的观点极相似。

年）的十分精确方向的哲学，及路德维希·维特根斯坦（1889—1951年）的语言哲学为基础。分析法律理论的领军人物是代表作为《法律的概念》（1960年）的哈特（1907—1992年），此外还有阿尔夫·罗斯（1899—1979年）、卡茨米尔察·奥帕雷克（1918—1995年）、亚历克山大·佩克策尼克（1937—2005年）、奥里斯·阿尔尼奥（1937年生），它意欲通过严格区分法与道德以及经验命题与规范命题的逻辑分析，获得关于法的非常清晰的“不证自明”之命题。[212]现在，这种纯粹法律分析学不再主要满足于将自己限定在“规则”上，而相反，尤其像是罗纳德·德沃金（1931—2013年），拓展出一个“法的一般原则”体系，但法的一般原则与“规则”的关系颇有争议（下文有详述）。无论如何，通过纯粹法律分析学，汉斯·凯尔森为其留下了最重要的著作的规范理论，[213]得到了极大丰富，K.奥帕雷克在这方面也堪称领路人。[214]形式法理论中重要的自然还有法律逻辑学，卡尔·恩 79
吉施（1899—1990年）、乌尔里希·克卢格（1913—1993年）、伊尔马·塔梅洛（1917—1982年）和奥塔·魏因伯格（1919—2009年）

〔212〕文献有：H. L. A. 哈特，《法律的概念》（英文），2011年；同作者，《法律与道德》（英文），1971年；E. 巴罗斯，《法的有效性与法的秩序——分析法的概念批判》，1984年；G. 罗布勒斯，《法律规则与游戏规则——论分析法律理论》，1987年；J.-M. 普里斯特，《作为分析科学理论的法律理论》，载G. 雅尔/W. 迈霍菲尔（编），《法律理论》，1971年，第13页及以下诸页；E. 图根德哈特，《语言分析哲学导论讲义》，1976年；H.-J. 科赫，《法律方法论与分析哲学》，1976年；K. L. 孔茨，《分析法律理论——没有法律的“法律”理论》，1977年；H. 埃克曼，《法律实证主义与语言分析哲学——H. L. A. 哈特分析法律理论中的法律的概念》，1969年；V. 施泰纳，《法律和法律解释的分析观》，载《法哲学和社会哲学文汇》第69卷（1983），第299页及以下诸页。——联系到实践的分析考察见：E. v. 萨维尼，《刑法公理的可审查性》，1967年。

〔213〕H. 凯尔森，《规范的一般理论》，殁后1979年。

〔214〕见K. 奥帕雷克，《凯尔森的“规范的一般理论”思考》，1980年；同作者，《指示理论与规范理论》，1986年。还有O. 魏因伯格，《规范与制度》，1988年。

可为代表。[215]乔治·亨里克·冯·赖特（1916—2003年）试图建立法律逻辑学的一种特殊形式：道义逻辑学（价值和规范逻辑学）。[216]

即便这些思潮是多么的不可忽视，这些思潮的代表有多么大的功劳，它们也不能替代实体法哲学。另外，纯粹形式法律理论陷入将法封闭在一种“公理的体系”中（克卢格），使法无法进入流动的生活之危险。最近，一种论题学及修辞学法学试图触及活生生的生活，这种法学在古老传统（亚里士多德、西塞罗）复苏的情况下，建立了一个“诘难的”程序，以使人们能在“敞开的体系”[217]中找到方向（特奥多尔·菲韦格，1907—1988年；蔡姆·佩雷尔曼，1912—1984年）。[218]其口号是：在敞开的体系中论证！论证理论，同样一如诠释学，以这

〔215〕见K. 恩吉施，《法律适用的逻辑研究》，第3版，1963年；U. 克卢格，《法律逻辑》，第4版，1982年；I. 塔姆洛/H. 施赖纳，《法律逻辑的原理和基本过程》，第2卷，1974/1977年；O. 魏因伯格，《法律逻辑——现代逻辑应用于法律思维探索》，1970年。

〔216〕G. H. 冯·赖特，《道义逻辑和行为的一般理论文集》，1968年；同作者，《再论道义逻辑》，载《法律理论》，第4卷（1973），第37页及以下诸页。还见G. 卡林诺夫斯基，《道义逻辑中的规范性和描述性语言》，载《法律理论》，第9卷（1978），第411页及以下诸页；A. G. 孔特，《建构规则与逻辑》，载《伦理学——根据，疑问和适用》，1981年，第82页及以下诸页。

〔217〕在“开放社会”意义上还有C.-W. 卡纳里斯，《法学中的系统思维和系统概念》，第2版，1983年，第61页及以下；W. 菲肯切尔，《法律方法的比较阐释》，第2卷，1975年，第64页及以下诸页。对所谓“开放社会”的全面论述：K. R. 波普尔，《开放社会及其敌人》，第2卷，第6版，1980年（第1卷是论柏拉图）。一反波普尔的为：A. F. 乌茨（编），《开放社会及其意识形态》，1986年。参见R. 齐佩利乌斯，《法哲学》，第6版，2011年，第61页及以下诸页。

〔218〕T. 费维格，《论题学与法学》，第5版，1954年；Ch. 佩雷尔曼，《修辞学王国——修辞学与论证》，1980年。也见W. 施雷肯贝格尔，《修辞符号学》，1978年；F. 哈夫特，《法律修辞学》，第3版，1985年；O. 巴尔韦格等（编），《修辞法律理论》，1982年；K. 吕德森，《法律论题学与合意性的法的有效性》，载《H. 科英纪念文集》第1卷，1982年，第549页及以下诸页；G. 施特鲁克，《论题学法学》，1971年；O. 魏因伯格，载《法哲学和社会哲学文汇》第65卷（1973），第17页及以下诸页；W. 加斯特，《法律修辞学》，第2版，1992年。

个口号为自己的纲领。通过打开体系本质上它既将自然法，又把法律实证主义抛在身后[219]（下文有详述）。

2.2.4.6　还要简单说说**分析学**－**诠释学讨论**。[220]法哲学的更新须从康德的洞见出发：概念无内容是空洞的，直观无概念是盲目的。在现在理论讨论的基础上，人们不妨提出这个公式：没有诠释学的分析学是空洞的，没有分析学的诠释学是盲目的。然而在以往，这两种思潮是争斗多于相互补充，分析思潮指责诠释学是非理性的（此一说法的不确之处为：诠释学本身不是非理性的，它仅试图澄清事情的过程不是或不纯是理性的，法之发现程序就是这样的）。诠释学则责备分析学未给出法哲学现实问题，且在根本上是人的现实问题之答案（分析学也完全没有力求获得这样的答案，为什么只有它受到质疑，原因是 80
它提出了唯有它代表着法哲学这种主张）。

在一些人那里出现了明显的消除对立走向和解之倾向，乔治·亨里克·冯·赖特以其《解释与理解》（1974年）朝此方向迈出了重要一步。与此相关，还应提到将艺术、逻辑思维和诠释学思维连结起来的卡尔·恩吉施，这是其一贯的独特之处，一如其著作《对法律适用的逻辑研究》（1943年）所证明的。

还应述及的是罗纳德·德沃金等。德沃金在其1986年出版的《法律的帝国》一书中研究了伽达默尔的诠释学。[221]布里托（1939年生）在其1987的《法和国家哲学》中也清楚地描述了分析学与诠释学的

---

〔219〕关于公理系统、论题学与和（结构主义理解的）开放系统的疑问见H. 奥托，《法学中的方法和系统》，载《法哲学和社会哲学文汇》第55卷（1969），第493页及以下诸页。

〔220〕J. 施特尔马赫清晰和令人信服的著作《法哲学中的诠释学观》，1991年，第44页及以下诸页，第135页及以下诸页。

〔221〕R. 德沃金，《法律的帝国》，1968年，第55页及以下诸页。

协调；还可加上其他人，如安德里斯·奥勒罗·塔萨拉（《法学与哲学》，1978年）。还是在几年前，大多数分析学家简单地略过诠释学，这已有了改变，研究法律诠释学的文献像雪崩一样奔来，这绝不仅在德语区。人们的确也既不能绝对地研究分析学，也不能纯关注诠释学，彼此需要关照。然而，采取多元化和全球视角的盎格鲁撒克逊的法律理论的问题特征再次偏向有利于分析论和法实证主义。

2.2.5 超越自然法和法实证主义

在自然法与法实证主义之间寻求“第三条道路”，或超越二者，是当今世界范围内法哲学的主题（这里不包括纯形式主义的和功能主义的思潮）。

2.2.5.1 一如前文指出的，第一个克服了自然法与实证主义之间毫无希望的立场之争的是古斯塔夫·拉德布鲁赫（1878—1949年）。如果愿用今天的行话来说，拉德布鲁赫实现了其法哲学的“范式转换”：抛弃了黑格尔以后几乎无一例外的形式上的法哲学，通称“一般法的学说”，并新建起实体法哲学，它研究的是内容，不单单是形式和结构。但是，他认为，先验的、明晰的、有说服力的命题，只可能源于形式而不是内容，就此而言，他一如凯尔森，也是康德主义者。然而，与凯尔森据此理由限定在形式方面不同，拉德布鲁赫同时还探讨内容，尤其是价值。为此，从其康德主义立场上看，他必定要付出一种代价，一种高昂的代价：价值理论的相对主义。

81 在拉德布鲁赫研究中正爆发着一场激烈的论战：是在其生活中的，特别是其法哲学中存在着一种“转型”，即一种“大马士革经历”*，

* 意指骤转。——译者

还是那种在他那里无疑有待验证的、他也从未否认的转变，只是一种毫无破绽进展顺利的发展之表现。集中一点，即拉德布鲁赫是由于对民族社会主义非公正国家的印象，才从当时的“实证主义者”变成一个“自然法学家”的吗？[222]

在拉德布鲁赫的著作中，有多处人们能以此来证明这种转型的文字，但也不难列出更为重要的具有相反意义的章节。早在1919年拉德布鲁赫就把实证主义称作“权力的盲目崇拜”[223]，并在1914年的《法哲学原理》中曾写下这样的句子：“不要为明显不公正之法的有效性杜撰任何理由”。[224]另一方面，拉德布鲁赫在民族社会主义非公正国家的印象下，也未彻底摆脱某种程度的法实证主义，他从未为了一个含糊的自然法思维，而牺牲作为法观念的组成部分的法之确定性。没有丝毫的证据表明，拉德布鲁赫曾有那么一次想过“古典的”自然法观念的更新，据此种自然法观念，一个客观永真的法律规定之完整体系，能从一个实体上及至少先验地理解的自然概念中被推导出来。他视作和承认为自然法的东西，像在费尔巴哈那里一样，[225]是人的某些主观权利，之于国家的立法，它们是预设的、不可把握的，但仍是历史的，因此，在实质上就是我们称作基本权利和人权的东西。[226]

---

〔222〕见A.考夫曼，《古斯塔夫·拉德布鲁赫——法学家、哲学家、社会民主主义者》，1987年，尤是第20页及以下诸页。

〔223〕G.拉德布鲁赫，《你们年轻的法律人》，1919年，第13页。

〔224〕G.拉德布鲁赫，《法哲学原理》，1914年，第171页；也参见，《拉德布鲁赫全集》，第2卷，1993年，第161页。

〔225〕见上文2.3.4。

〔226〕尤见注9，G.拉德布鲁赫，《法哲学入门》，第94页及以下诸页，《拉德布鲁赫全集》，第3卷，1990年，第211页及以下诸页。关于法律中的“先予性”也参见注217，R.齐佩利乌斯，《法哲学》，第42页及以下诸页。

拉德布鲁赫是一座跨越昔日那种对立局面的渡桥，如果从整体上看而不是任意选取个别论断，他的法哲学具有超越自然法和实证主义的特点。拉德布鲁赫把这座桥首先建立在他的**法律概念**之上。在古典自然法中，“法”等同于绝对的法价值、正义。对于实证主义的法概念，内容完全不起作用，不公正的“法”，只要产生的形式正确，也符合这一法概念。拉德布鲁赫毕生信守且无改其法律概念，没有因循这两种思路，实际上，他拓展出“第三条道路”。

82 实然与应然的关系
(三种基本观点)

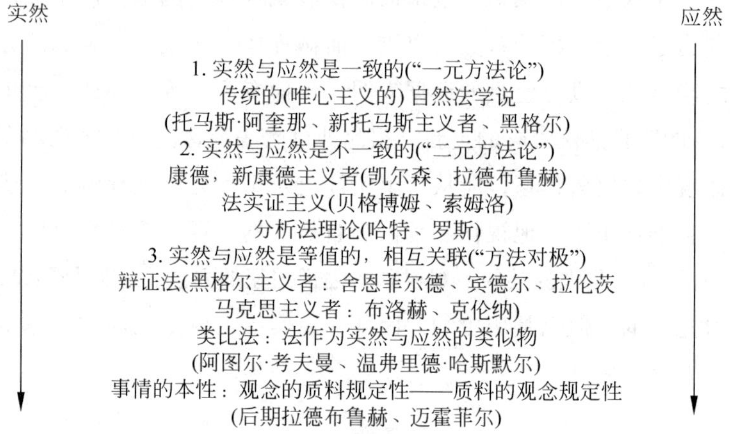

实然 应然

1. 实然与应然是一致的(“一元方法论”)
传统的(唯心主义的) 自然法学说
(托马斯·阿奎那、新托马斯主义者、黑格尔)
2. 实然与应然是不一致的(“二元方法论”)
康德，新康德主义者(凯尔森、拉德布鲁赫)
法实证主义(贝格博姆、索姆洛)
分析法理论(哈特、罗斯)
3. 实然与应然是等值的，相互关联(“方法对极”)
辩证法(黑格尔主义者：舍恩菲尔德、宾德尔、拉伦茨
马克思主义者：布洛赫、克伦纳)
类比法：法作为实然与应然的类似物
(阿图尔·考夫曼、温弗里德·哈斯默尔)
事情的本性：观念的质料规定性——质料的观念规定性
(后期拉德布鲁赫、迈霍菲尔)

图式 3

为了理解拉德布鲁赫的法律概念，须简述一下其哲学的形成过程。他的哲学出发点，一是西南德意志新康德主义，在这方面，尤受埃米尔·拉斯克的**价值理论倾向**的影响，二是**实然和应然的二元方法论**（实然与应然，现实与价值的关系是法哲学最基本的问题，在图式

3 中，对这一理论的主要思路及其结论有介绍）。从这里出发，他区别了自然科学中**价值无涉立场**，伦理中**价值判断立场**，介乎这两者之间的文化科学中的**价值关联立场**，居它们之上宗教的**价值压抑立场**。[227]属于文化的法是“价值关联”：它是“**具有服于正义这一意义的现实**”。[228]这个广义的法律理念应该包含三个要素：形式平等意义上的狭义的正义，合目的性和法律的安定性。这种法概念有两个思想值得注意：第一，它是观念的，不是实证主义的，实证主义的法概念只是说，法是一个以正确的形式制定出来的、不管内容如何的规范之总和（根本不存在“自在之法”，法只是法律规范之总符号）。拉德布鲁赫反其道强调，唯有那些与正义相连，并朝向法律理念，即正义的法律理念，方具有法的品质。古典的正义理念（柏拉图、亚里士多德、托马斯·冯·阿奎那等）在现代消失之后，尤其是在19世纪，这个理念在拉德布鲁赫那里回归了——另外，在将近50年前，它被约翰·罗尔 83
斯重新发现：“法律概念不能不同于具有实现法律理念的意义的给定来定义。法律可能是不公平的（summum ius-summary iniuria），但是，只是因为它具有成为公正的意义才是正确的。”[229]法律理念是价值，而法律则是与价值相关的现实，文化的表象。第二，拉德布鲁赫的法概念不是自然法的，因为“正当法”不等同于绝对的法价值、正义，根据拉德布鲁赫的价值理论观，自在之价值只属于精神世界，不归现实世界（见图式4）。在他那里，只存在“近似意义上的”正当法，但他从

〔227〕 注184，拉德布鲁赫，《法哲学》，第87页及以下诸页。

〔228〕 注184，拉德布鲁赫，《法哲学》，第119页；也见早期著作《法哲学原理》，1914年，第29页及以下诸页；《拉德布鲁赫全集》，第2卷，1993年，第46页及以下诸页；和注9晚年的《法哲学初探》，第32页及以下诸页，《拉德布鲁赫全集》，第3卷，1990年，第150页及以下诸页。

〔229〕 注184，拉德布鲁赫，《法哲学》，第12页。

未接受“恶法”，即使在早年也没有。拉德布鲁赫在1946年引起巨大轰动的“法律的不法”无效之学说（马上论及），在根本上，只是他早年（在1914年的《法哲学原理》中）构想的法律概念之结果，他仅仅在两个应用问题上改变了重点：在早期这个学说侧重法的安定性，在晚期则强调实体正义。

古斯塔夫·拉德布鲁赫的法概念

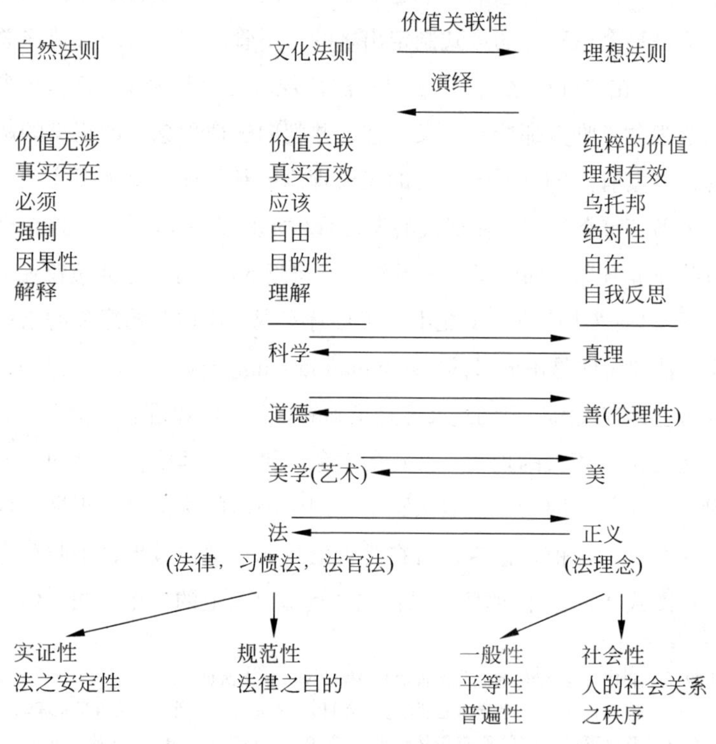

定义：“法是具有服务于正义这一意义的现实”（拉德布鲁赫，《法哲学》）

图式4

84

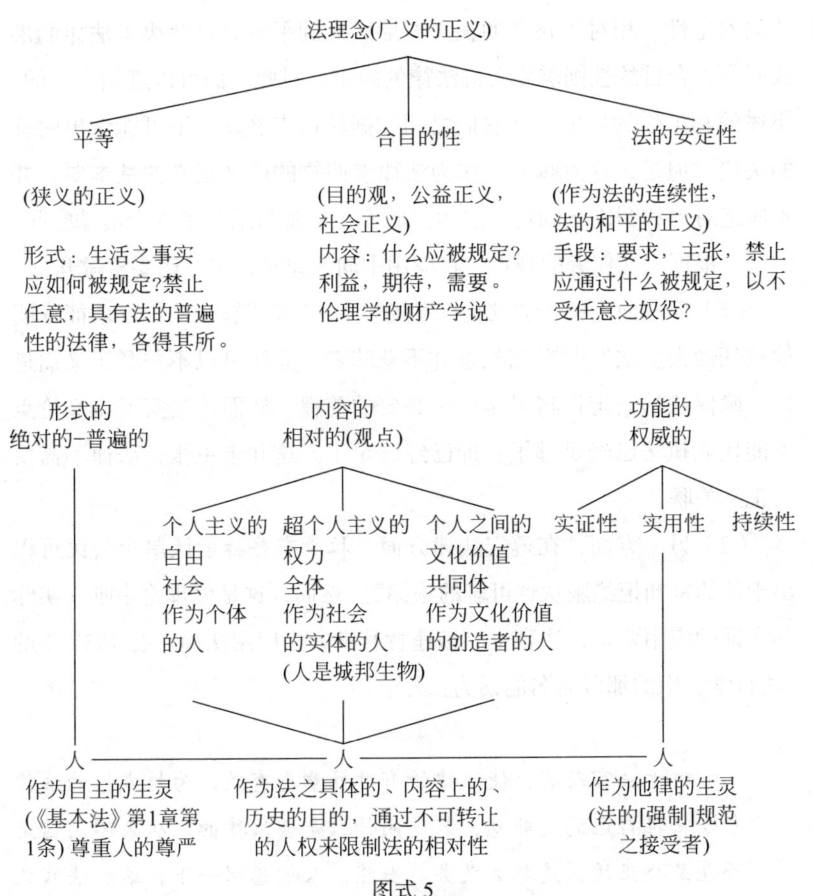

图式 5

在他的法哲学的各个阶段，拉德布鲁赫的法律理念都不过是正义。 85
大体上，拉德布鲁赫的学说明显是弱意义上的非实证主义，即实证法需要正义。然而，便提出了如何确定正义的问题。此时拉德布鲁赫代表的是弱非实证主义的立场。据他的观点，正如所提到的那样，正义可以分为三种选择：狭义的正义（首先是形式上的平等）、合目的性和法的安定性。相对于狭义的正义即形式上的平等只是解决了法律的形式问题，合目的性则需要考虑法律的内容。对此人们可以遵循个人的、集体的和工作的价值，在它们之间，据拉德布鲁赫，不可能做出明确的决定。但是，这意味着，作为法律参照物的广义正义的基本要素并不应绝对地和明确地确定。这为法的安定性视角敞开了两个活动空间，因此，根据一些作者的观点，在应用中向法律实证主义诸要素敞开：

（1）一方面，关于立法的一般合法性："谁能够执法，谁就能证明他被任命去立法"，〔230〕当然这并不意味着，立法可以不关联正义而进行。确保法的安定性将只是一个必要的前提。然而，法实证主义论点不能代表执法已经足够了，即已经满足了。这并未主张，法律不需要与正义关联。

（2）另一方面，在遵守法律方面，拉德布鲁赫承认单个公民可以出于他的良知拒绝服从"可耻的法律"。然而，这是他理论中唯一实际的实证的应用要素，法官也应该违背其良心去应用法律。在1932年的《法哲学》中的那段著名的话为：

> 对于法官而言，使法律的有效性意愿有效，为权威性的法律命令牺牲自己的是非感，只是问什么是合法律的，从来不问这是否也是公正的，是职务义务。当然，人们想问一下，这种法官义务本身，这种智识的牺牲，这种自身人格倾情委身于一个人们甚至不可能预测其未来变化的法律秩序，是否在道德上是可能的。但是，尽管法律的内容可能是如何地不公正，业已表明，它始终业已通过它的存在，满足一个目的，法的安定性目的。法官在不

〔230〕注184，拉德布鲁赫，《法哲学》，第82页。

> 考虑其正义的情况下使自己服务于法律，尽管如此，却不会服从于任意的纯偶然的目的。尽管他因法律意欲如此而不再是正义的仆人，但他仍然是法的安定性的仆人。我们鄙视那些宣扬反对其信仰的牧师，但是我们敬拜那些法官，他们不受其抗拒的是非感
> 的迷惑而动摇对法律的忠诚，因为教义的价值只是作为信仰的表 86
> 达，但是法律不仅有其作为正义尺度的价值，而且作为法的安定性的保证，而且主要是授予法官的。[231]

鉴于在魏玛共和国中不忠于法律的法官面临的危险，这种立场是可以理解的。但是，这可能会导致盲目的法律服从，导致无正义的法律应用。此外，在法律服从的法律与道德义务之间缺乏区别。

相对于在 1945 年前，之于法官，在法律应用中，只要他严格遵守法律，至少服务于作为广义正义的法律理念三要素之一的法的安定性，这应足够了，在 1945 年以后，拉德布鲁赫通过其著名的所谓拉德布鲁赫公式认为这不再足够了：[232]

> 正义与法的安定性之间的冲突可以这样来解决，实证的、经由制定和权力所保障的法律，即使在内容上不公平和不合目的，也具有优先性，除非实证的制定法与正义之间的矛盾达到了一种如此难以忍受的程度，作为“不公正的法”的制定法必须让位于正义。不可能在制定法的不公与尽管有不公正的内容但仍有效的制定法之间画出一条清晰的界限。但是，可以尽力采取一个另外

〔231〕 注 184，拉德布鲁赫，《法哲学》，第 84 及下页。

〔232〕 注 194，拉德布鲁赫，《法律的不公正与超法律的公正》，载《法哲学》（学生版），第 216 页。

> 的标准：在正义将不能实现时，在构成正义核心的平等，在实证法制定中被有意识地否定时，那么，制定法不仅是“不公正的法”，甚至它完全失去法律的性质。

在拉德布鲁赫公式中，人们可以把不公正的实证法评价分为三个等级：

1. 内容不公正和不合目的性的法律。这种法律理应尤其优先于法律伦理性批评。它在任何情况下都是有效的法律。

2. 从客观化的角度看，与正义的矛盾达到了“难以忍受的程度”的法律，使得作为“不公正的法”的法律失去了有效性。所以，它仍然被视作法律，但是，它不再是有效的法律，不可再被适用和服从。

3. 甚至在主观上不去追求正义的法律，因而，立法者甚至无意制定公正的法律。这种法律完全失去法律的性质。这种法律不仅缺乏有效性，如尚未生效或已失效的制定法。它根本不是“法律”，而是“非法律”“权力”“暴力”“统治”等。

司法和一些理论家也没有区分第二种和第三种选择，尽管拉德布
87 鲁赫清楚地说明了这种区别。鉴于拉德布鲁赫的法哲学，这种区别也是显而易见的。如果法律只是立法者通过其来追求正义的东西，那么很显然，如果立法者没有这样的意图，就不存在法律，只有“权力”或“暴力”。

在哪些案件中业已适用拉德布鲁赫公式作出判决？一个著名的案例是，犹太公民被纳粹主义者强制开除国籍在 1945 年后被联邦宪法法院宣布无效。[233] 背景是，应适用何种与国籍相应的继承权的问题。开

---

〔233〕《联邦宪法法院裁判集》23，98（106）。

23 指卷号，98 指案例开始页码，106 指文字所在页码。下文同。——译者

除国籍是基于1941年11月25日的《帝国公民法》第11修正案 §2:“一个犹太人失去了德国国籍，a）如果他在此修正案生效时经常地居住在外国，b）如果他在外国有经常的居住地，由于经常的居住地迁移到外国。”联邦宪法法院借助拉德布鲁赫公式将这个规范解释为无效（第106页）:“依据‘种族’的标准在身体上和物质上消灭本民族中包括妇女和儿童的某些人群，这一企图与法律和正义毫无共同之处。法律和正义不由立法者摆布……因此，联邦宪法法院赞同否认民族社会主义‘法律’规则为有效的法律的可能性，因为它们与正义的基本原则如此明显相悖，以致愿意应用它或承认其法律后果的法官，会被说成以不公正代替公正。”[234] 在转折和德国重新统一之后，对向逃亡者射击的边界墙警卫和他们在德意志民主共和国国务委员会的后台（凯斯勒、米尔克）的判决，也借助了拉德布鲁赫公式。[235] 根据《德意志民主共和国刑法典施行法》第315条第1款结合《德国刑法典》第2条第1款，杀害逃亡者只有在行为是依据行为时在德意志民主共和国有效的法律应受刑罚时，才能被刑罚。根据《德意志民主共和国刑法典》第114条，谋杀是可罚的，根据第115条故意伤害是可罚的。因此，关键的问题是，是否存在合法理由。根据1968年6月11日《德国人民警察任务和职权法》(VoPoG）第20条第3款，国家人民军队的成员有权“依据国防部的有关规定，在执行军事的守卫、治安和安全任务中，行使在本法中规定的职权”。根据《德国人民警察任务和职权法》

〔234〕 其他的旧判决:《联邦宪法法院裁判集》3，58（116）；3，225（223）；6，132（198）；6，398（414及以下诸页）；23，98（106）；54，53（67及以下诸页）；《联邦最高法院民事裁判集》3，94（107）；54，53（67及以下诸页）；《联邦最高法院刑事裁判集》2，173（177）；2，234（238）；3，357（362及以下诸页）。

〔235〕《联邦宪法法院裁判集》95，96（135）。

第 17 条第 2 款第 a 项同样根据后来的《德意志民主共和国边界法》第 27 条第 2 款第一句，为了阻止犯罪行为的即将发生或持续进行，据这些状况这被作为一种犯罪，允许开枪。根据《德意志民主共和国刑法典》第 213 条，非法越境就是这样一种罪行。然而，这一合法理由的
88 适用被联邦最高法院和联邦宪法法院拒绝：“据此，如果合法理由涵盖故意杀害那些只不过想穿越中部德国边界、手无寸铁并且不损害公认的法益的人，就必须在法律适用中不考虑一个合法理由。因为一种这样的合法理由将跨越边界禁令的执行完全置于优先于人的生命权的地位，因对正义的基本诫命和国际法所保护的人权的显而易见的和难以忍受的侵犯，是无效的（第 135 页）。”

拉德布鲁赫从其法定义出发，有分寸地阐发了正义理论，即正义的内容理论。他很早就着手并由他构建的模式，在今天仍是法哲学中正义问题讨论的基础，尽管自他去世后对它的发展没有间断。图式 5 不是由拉德布鲁赫制订的，一如从许多谈话中得出的，但符合其晚年的法哲学观，这个图式无需从“上”往“下”这么来读，好像人是法观念的结果，相反，情况却是这样的，法观念是以不同形式存在的、有个性的人之观念。

拉德布鲁赫的哲学及正义理念的出发点为：平等原则（相同的东西相同地对待，不同的东西不同地对待）虽是绝对的，但仅具形式特点。因此，必须加上内容性原则，即**目的观**，它是实体的，但仅为相对的，因为有三种在理性上不能分出等级的法之最高价值听命于目的观：**个人主义的**、**超个人主义的和个人之间**的价值。为了**法的安定性**，因而，通过权威来确定法的内容是必要的。再者，拉德布鲁赫的学说不是某种程度的有限的实证主义的，因为价值被包含在其中，虽然付出了相对主义的代价；也不是自然法的，因为从法的观念中没有导引

出“绝对正当的法”。

但在此有一点必须强调，就拉德布鲁赫以“客观的解释理论”著称而言，他也就从一开始超越了正统的法实证主义。[236]坚定不移的法实证主义者必定偏爱“主观的解释理论”，据此，法官（和其他的公正评判者）必须遵守体现在法律中的当下立法者的意志（严格来说，这以所制定的法律秩序的完整无缺为先决条件）。相反，根据客观的解释理论，这不，至少不，仅仅取决于过去的立法者事实上是如何想的，而有赖于法律，也即一个设想中的今天的立法者，以合理的方式，在特定的情势中，此时此刻必须达到的何种目的。

一些批评者怀疑，拉德布鲁赫的法哲学究竟是否有一个“体系”，这种怀疑并非全无道理，因为按自然法和法实证主义的方式，拉德布鲁赫的确没有端出一个“封闭的体系”，但在他的法哲学中明显地存在着一个“开放的体系”。这有一系列的依据，诸如刚刚提到的客
观的解释理论，“次序概念群”（“类型概念群”[237]）学说，特别重要的 89
是，还有一种虽经拉德布鲁赫用斜体字强调但常常被忽视的：向法律诠释学的转变，即与对法实证主义的反驳相连。[238]然而，人们不能将拉德布鲁赫列为施莱尔马赫、狄尔泰、伽达默尔意义上的诠释论者，但他对诠释学思维是如何地娴熟，拉德布鲁赫在其《法哲学原理》（现收于全集第2卷，1994年，第58及下页）中有一段十分清楚的话可资说明：“法概念的演绎在一个明显的循环圈内打转：它意欲绕

〔236〕 注184，拉德布鲁赫，《法哲学》，第106页及以下诸页。

〔237〕 拉德布鲁赫，《法律思想中的位阶概念和秩序概念》，载《法的理论国际杂志》第12卷（1938），第46页及以下；《拉德布鲁赫全集》，第3卷，1990年，第60页及以下。

〔238〕 注9，拉德布鲁赫，《法哲学入门》，第64页，《拉德布鲁赫全集》，第3卷，1990年，第194页。

过法的价值去发现法，对此法的价值提出了有效性的要求，但这现在只有通过考虑到共同体（关系）来定义法的价值，关系的决定性部分是法。假如未成功地获得一种共同生活的法律无涉的概念，那么，我们的演绎不是由于循环论证失去价值：接着演绎也将证明，法的现实性遂分成两部分，一为先天的，一为后天的，每一部分唯有通过考虑到另一部分方能被定义。一切批判哲学围绕着这个永不可知的奥秘同样在循环论证中打转。但这样一种循环哲学的过程为，力图从两边打通隧道，从两方面论述法概念——就这样相互冲突了。在哲学中，除了包罗万象的思维内在合乎逻辑外，不存在其他的真理的证明，合乎逻辑至少也是超验的真理的标志。”人们可能在诠释学文献中长时间寻找什么是诠释学，直到人们撞到一个大体上切实的对诠释学特点的描述。

2.2.5.2 在**基督教法哲学**中，也不乏从传统自然法的死胡同中走出的尝试，但没有落脚于实证主义。就**天主教自然法学说**而言，它从未附在实证主义上，在人们以为自然法观念死亡之时，它仍坚守着自然法观念并在学术上取得进展，仅提一下维克多·凯瑟琳（1845—1931 年）和约瑟夫·毛斯巴赫（1861—1931 年）。20 世纪的状况为，人们仍只愿把一些最普遍的原则看作自然法，而其余的，如当代影响最大的自然法学者约翰内斯·梅斯纳（1891—1984 年）所说的，应被“留给共同体成员的意志”。[239] 海因里希·罗门（1897—1967 年）更为严格，他仅承认两个规范为自然法：“当为公正，不做不公正的事，
90 和自古为人尊重的规则：各得其所”。[240] 虽然应承认天主教自然法学

〔239〕 J. 梅斯纳，《自然法》，1950 年，第 345 页。

〔240〕 H. 罗门，《自然法的永久复归》，第 2 版，1947 年，第 225 页。

者已放弃了包罗万象的、普遍有效的自然法秩序的思想，但它通过减少基于极少最普遍原则之上的法律中的不可把握性，是否夸大了另一面，存有疑问。

新教法的学说在本性上有更大的困难去应对法实证主义的弱点，因为在那里不存在自然法传统。瑞士神学家埃米尔·布伦纳（1889—1966年）在1943年的《正义》一书中就已表明，人们也开始处在超越自然法和实证主义，走向新岸的情形中。稍后（1948年），法国福音新教法哲学家雅各斯·埃鲁尔（1912—1994年）的《法的神学根基》一书问世，在此书中同样也有促进法的变革的尝试，其基础为卡尔·巴尔特（1886—1968年）创立的“基督学”思潮。就这方面而言，在德国，首推恩斯特·沃尔夫（1914—2008年），还有埃里克·沃尔夫（1902—1977年）和联邦最高法院首任院长赫尔曼·魏因考夫（1894—1981年）值得一提。虽然，这里完全是从新教方面“自然法式”的讨论，但没有重新激活对古典自然法观念的探究。哪一种思潮为人们所瞄准，清楚地反映在克劳斯·里特尔（1918—2015年）的大纲式的书名《在自然法与法实证主义之间》（1956年）上。但在根本上，人们对自然法保持着克制，人们并不完全认为各种自然法规范是这样的“制度”，即作为“上帝的恩赐”它们是被预设给一切国家权力。这些制度包括家庭、教会、国家、财产权等。这就是那种所谓的“制度性法律观”，其真正的创始人是法国国家法学者毛里斯·奥里乌（1856—1929年），[241]在德语区的主要代表为汉斯·东博伊斯（1907—1997年）。[242]

---

〔241〕 M. 奥里乌，《制度的理论》，1965年。

〔242〕 H. 东博伊斯（编），《法与制度》，1956年。参见K. E. 海因茨，《法的制度的理论》，载《法律理论》第23卷（1992），第106页及以下诸页。

2.2.5.3 一个在近代非常流行并为法的变革作出贡献（也经常是在克服自然法与实证主义的对立意义上的学科），是**法人类学**。

拉德布鲁赫的正义学说始终不渝地指向作为一切法的根据和目标的人类，因而，同时指向法人类学（再参见图式5）。但他自己对法人类学没有研究，这非因时代之故。究其根本，人类学长期以来不为科学所重视。对此有许多解释。[243]

当然，哲学一直在以某种方式探讨人类这个问题，但这个主题未占据哲学的核心地位。在古代，人们围绕着人被视作其一部分的宇宙和自然打转。与之相似，在中世纪，人是源于上帝的创造物的一分子。因而，柏拉图、亚里士多德、奥古斯丁、托马斯·阿奎
91 那、库萨的尼古拉不可能谈人类学。顶多在斯多亚派那里可发现一些自然法的人类学的早期征兆。一些人意欲把西塞罗的名言“……必须阐明法的本质，而这必须通过人的本质来推导”，[244]当作今天还适用的法人类学研究的纲领性定理。[245]这样看来，那么人们还能在霍布斯、斯宾诺莎、洛克、托马修斯、边沁、卢梭，以及胡果、阿伦斯和勒德尔的近代自然法中，找到法人类学的问题。但真正的人类学并不全指这些思潮，因为他们绝大多数没有认识到，人类可以摆脱预设的世界秩序。近代只是在把人类视作理性的“主体”，认识的主体，最终视为超验的主体，或在泛神论意义上当作包罗万象的理性之时，才将人类从这种支撑依据中解放出来，并使之自立。康德在其《实用人类学》(1798年第1版，1800年第2版)

---

〔243〕 对现代人类学作出概括的有K. 洛伦茨,《哲学人类学导论》，第2版,1992年，和G. 海夫纳,《哲学人类学》，1982年。

〔244〕《法律篇》I，17。

〔245〕 例如，E.-J. 兰珀,《法人类学》，载《活页法律百科辞典》，18，1986年3月7日。

中，其实也只对作为道德个体的人类感兴趣，对人的创造性则不闻不问。

虽有诸多“人的形象”，[246]但却无人类学。突破发端于弗里德里希·威廉·谢林，然后，生命哲学接过了这个论题，阿图尔·叔本华也当在此提到（两人见前文2.2.3.3.5），但只是由于埃德蒙德·胡塞尔（前文2.2.4.4.1）的现象学方法，才可能使人类学成为一个独立的科学的学科。马克斯·舍勒（前文2.2.4.4.2）从现象学方法出发，第一次明确地形成了人类学的主题，因而，开创了现代哲学人类学。[247]一些后学，如路德维希·克拉格斯（1872—1956年）、赫尔穆特·普勒斯纳（1892—1985）、埃里希·罗特哈克（1888—1965年）、阿道夫·波特曼（1897年生）、阿诺尔德·格伦（1904—1976年）都或多或少地受现象学影响。在存在哲学中，首先是让-保罗·萨特（前文2.2.3.4）致力于人类学研究。[248]人类学终归是在亨利·柏格森为之作了铺垫的法国发展最猛，仅指出加斯东·巴什拉（1894—1962年）和毛里

［246］也有不少法律中的人的“形象”。如参见R. 拉德布鲁赫,《法律中的人》,1927年；K. 恩吉施,《法律中的人》，载《法学家的世界图景》，第2版，1965年，第26页及以下诸页；H. 辛茨海默,《法律中的人的疑问》，1933年；U. 克卢格,《法律中的人的形象》，载W. 西尔伯（编）,《当代人的形象》，1955年，第35页及以下诸页；注34，J. J. 范德芬,《人法——人性与法性》，第18页及以下诸页；注43，阿图尔·考夫曼,《转折中的法哲学》，第23页及以下；F. 科普,《法律和法学中的人的形象》，载《法治国、教会和意识责任——K. 奥伯迈尔纪念文集》，1986年，第53页及以下诸页；H.-O. 米莱森,《人的形象与政治秩序的关联之思考》，载《人的尊严-社会正义-欧洲 ——F. 皮尔克六十华诞纪念文集》，1985年，第103页及以下诸页。

［247］M. 舍勒,《人在宇宙中的地位》，1928年（1962年第6版）。

［248］萨特,《辨证理性批判》，1960年。它探讨了受马克思主义影响的人类学。C. 列维-斯特劳斯提供了结构主义视角的人类学:《结构人类学》，1966年。基督学方向的有：沃尔夫哈特·潘伦伯格,《神学视野中的人类学》，1983年。

斯·梅洛－庞蒂（1908—1961年）就足矣。最近，行为研究构成了人类学工作的重点，康拉德·洛伦茨（1903—1989年）为开路先锋。近几年及几十年来的现代大脑研究对人的认知作出了一种当然是生物学
92 上的有限贡献。[249]

上述所言明白地告诉我们，法人类学没有自己的历史，在当代以此为名的学科本身尚未完全建立。沃尔夫冈·菲肯切尔一语中的，法人类学的方法意识尚在阐发之中。[250]人们未曾一次在一个具体的法人类学的设问上取得一致。以简·M. 布勒克曼（1931年生）和恩斯特－约阿希姆·兰珀（1933年生）[251]为主要代表的一种思路，突出法人类学的法哲学倾向，它试图从上帝给人规定的目的出发，使法律合法化（呈现在大家面前的“法哲学的问题史”也归于此类）。而另一支，最重要的领军人物是莱奥波德·波斯皮斯尔（1923—1993）[252]把法人类学视为一门纯经验的学科，其研究领域不妨简略地以一些关键词来罗列其名称，如内心体验、文化内化和文化接受，然后是民俗学的、心理学的、人种学的和其他不同的法人类学，还有异常行为的观察和描述，以及文化的和亚文化的行为方式。

约瑟夫·J. M. 范德芬（1907—1988年）为之付出了大半生精力的

---

〔249〕 参见例如格尔哈特·罗特，《大脑和它的现状：认知的新生物学和其哲学后果》，1996年。

〔250〕 注208，W. 菲肯切尔，《法律方法的比较阐释》，第1卷，1975年，第60页。

〔251〕 M. 布勒克曼，《法与人类学》，1979年；E.-J. 兰珀，《法人类学——法律中的人的结构分析》，1970年；同作者（编），《法人类学》，《法哲学与法社会学文汇》增刊第22卷，1985年；同作者，《实证主义的界限—— 一个法人类学的考察》，1988年。

〔252〕 波斯皮斯尔，《法人类学——远古和近代文化中的法与社会》，1982年。关于波斯皮斯尔见彼得·兰道，《法人类学——论莱奥波德·波斯皮斯尔的法人类学》，载《家庭法杂志》，1986年，第126页及以下诸页。

真正的哲学法人类学，〔253〕在今天这个生态技术学，特别是遗传技术学及数字化时代，地位明显上升。这些通过影响子孙后代可能改变世界历史的技艺，在多大程度上可与“公众利益”，与人类的福祉协调一致呢？与此相关，为《基本法》第1章第1条所确认的“尊重人的尊严”这一公式意味着什么呢？〔254〕

假如在今天的法哲学中，我们本不知何为法律这种意识占上风， 93
那么，它只反映了人对仍深藏着的究竟何为人的问题一筹莫展。陀思妥耶夫斯基曾言：“蚂蚁知晓蚁窝的规矩，蜜蜂了解蜂箱的习惯，它们虽非以人类而以自己的方式知道这些的，但它们无需更多。唯有人不知自己的行事方式。”〔255〕

2.2.5.4 前文（2.2.4.5）已述，对自然法和实证主义的超越，它们均与理性主义的封闭体系观念相关主要是通过**敞开体系**得以实现，那

〔253〕 概述见其《人权——人性与合法性》，1981年。也见同作者，《法，人，社会人——法人类学比较研究》，载W. 哈斯默尔（编），《诠释学之维——阿图尔·考夫曼六十华诞纪念》，1984，第15页及以下诸页。还可列出的有关文献为：汉斯·里费尔，《法哲学和国家哲学基本问题——政治哲学人类学》，1969年；H. 策门，《法的进化——基于人类学的法的进化原则初探》，1983年。重要的短论有：托马斯·维腾贝格尔，《论法人类学》，载《人与法——埃瑞克·沃尔夫七十华诞纪念文集》，1972，第1页及以下诸页；W. 迈霍菲尔，《共存的人类学》，同上，第163页及以下诸页；P. 诺尔，《作为法人类学基本现象的规范性》，载《卡尔·恩吉施纪念文集》，1969年，第125页及以下诸页；埃里克·沃尔夫，《法人类学问题》，载《问询人类：哲学人类学概论——马克斯·米勒纪念文集》，1966年，第130页及以下诸页；R. 齐佩利乌斯，《社会生物学对法学的贡献》，载《法哲学与法社会学文汇》第73卷（1987），第386页及以下；H. 米勒－迪茨，《存在性的自然法与法人类学》，同上，第391页及以下诸页；N. 布里斯科恩，《法哲学》，1990年，第23页及以下；注217，R. 齐佩利乌斯，《法哲学》，第42页及以下诸页。

〔254〕 参见A. 考夫曼：《对迈向第三个千年的生态技术学和生态伦理学的法哲学反思》，《法律人报》（1987年，第837页及以下诸页）；D. 冯·普福尔滕，《人的尊严》，2016年。

〔255〕 引自Th. 维腾贝格尔，《法学与哲学人类学》，载《多声部的科学——弗莱堡大学论坛》，第7卷，1957/1959，第100页。

个口号：在敞开的体系中论证！不仅法律诠释学而且法律论证理论，都以此为自己的纲领。对此，须在下面再说一说。

2.2.5.4.1 自然法和实证主义均致力于客观主义的认识概念、实体本体论的法律概念和上述的封闭体系的观念。诠释学——其杰出学者是弗里德里希·恩斯特·丹尼尔·施莱尔马赫（1786—1843年）、威廉·狄尔泰（1833—1911年）、马丁·海德格尔（1889—1976年）和汉斯-格奥尔格·伽达默尔（1900—2002年）[256]——向所有的这类教条宣战。

套用施莱尔马赫的说法，人们通常将诠释学看作“理解的艺术学”。然而，对那个反复要涉及的判断：诠释学是众多方法中的一种，认同愈

〔256〕 关于他们见H. 比鲁斯（编），《诠释学的立场——施莱尔马赫，狄尔泰，海德格尔，伽达默尔》，1982年（伽达默尔的著作：《真理与方法——哲学诠释学原理》是整个学界的扛鼎之作）；U. 纳森，《诠释学的大师们》，1982年；综合文献还见J. 格龙丁，《哲学诠释学导论》，1991年；F. 罗迪，《对已知的认识——19和20世纪的诠释学》，1990年；H. 伊奈兴，《哲学诠释学》，1991年；B. 勒斯勒尔，《语言分析和诠释学中的理解理论》，1990年；J. 齐默尔曼，《维特根斯坦的语言哲学诠释学》，1977年。——在大量的法学文献中首推J. 施特尔马赫信息丰富的文章《法哲学的诠释学理解》，1991年。然后为J. 布里托，《诠释学与法》，载《萨维尼基金会法律史、罗马法学杂志》，1987年，第596页及以下诸页；J. 埃塞尔，《法律发现中的前理解和方法选择》，第2版，1972年；M. 弗罗梅尔，《卡尔·拉伦茨和约瑟夫·埃塞尔对诠释学的接受》，1981年；H. 哈斯默尔，《事实与类型——刑法诠释学探索》，1968年；同作者，《法律诠释学》，载《法哲学和社会哲学文汇》第72卷（1986），第195页及以下诸页；同作者（编），《诠释学之维——阿图尔·考夫曼六十华诞纪念》，1984年；A. 考夫曼，《法律诠释学论文集》，第2版，1993年；注33，同作者，《类比与“事情的本性”——兼论类型学说》；J. 赫鲁斯卡，《法律文本的理解——实证法的诠释学超实证性》，1972年；S. 约根森，《诠释学与解释》，载《法律理论》第9卷（1978），第63页及以下诸页；J. 拉梅格，《法律诠释学》，1990年；P. 利科，《解释》，1969年；T. 施图德尼基，《法律诠释学概念的前理解》，载《法哲学和社会哲学文汇》第73卷（1987），第467页及以下诸页；同作者，《法律工作者的诠释学意识》，载《法律理论》第18卷（1987），第344页及以下诸页；J. 乌西塔洛，《法律教义学，认识论和激进诠释学》，载《法哲学和社会哲学文汇》增刊第40卷（1991），第116页及以下诸页；G. 察卡里亚，《法律诠释学》，第2卷，1984年；同作者，《解释的艺术：关于当代法律诠释学的论文》，1990年；Ch. 魏因伯格/O. 魏因伯格，《逻辑，语义学，诠释学》，1979年；F. 维亚克尔，《法律史诠释学简记》，1963年。

小，则诠释学是“理解的艺术学”的认识愈正确。在一定程度上，诠释学也具有方法的功能，尤在各种理解科学中。但依其本性，诠释学**不是方法**，而是**先验哲学**，在施莱尔马赫那里是这样，在后来的真正的诠释 94
学者，如狄尔泰、伽达默尔、利科处也是如此。[257]诠释学为先验哲学是在这种含义上的：它在根本上是指**可能进行意义理解的各种条件**，就这样它确定了自己不是方法。它仅说，在哪些前提下，人们能按自己的意义去理解什么东西。由于概不存在难以达及理解之精神的东西，诠释学遂具有普适的特征。[258]一如对“法律”的理解，对“自然”或“宗教”抑或“经济”的**意义理解**（**不是方法**），在各自的先验条件下发生。但人们绝不应把诠释学的普适性，误解为一个绝对性崇拜，它只是思考世界、看待法律的诸多可能性之一种。它不应对其他理论，如分析理论或论证理论不加理睬，它甚至直截了当地指明了这些理论的必要性。

哪些是可能进行意义理解的先验条件，在此只能简明扼要地讲一下（详见施罗特，下文第6章）。

诠释学反对**客观主义的认识论**，之于所理解的现象，它摒弃了主体－客体图式，即认知者不掺杂主观成分地去认识处在自己的纯客观性中的对象——认识是对象在意识中的“图像”。今天，这种图式本身在自然科学中也不再毫无争议。毋宁是，理解一直同时是**客观与主观的**，理解者带着客观与主观进入“理解视界”，他不是纯消极地反映要被理解的现象，而是构建被理解的现象。易言之：他不是简单地按照法律对案件进行“概括”，自己完全置身于这个进程之外，而是在那个

〔257〕 对此有非常明确论述的见J.施特尔马赫，同注569，第11页及以下诸页和他处。

〔258〕 参见，J.哈贝马斯，《诠释学的普适性要求》，载《诠释学与辩证法——H.-G.伽达默尔纪念文集》，1970年，第73页及以下。也见M.弗兰克，《个体的一般》，1977年，第147页及以下诸页：“诠释学的普适性要求的根据”。

所谓的“法律适用”中，发挥着积极的创建作用。一如在诠释性理解过程之外，去寻找法的“客观正确性”是徒劳的，每一种在理解科学中，将理性与理解的个人性的条件相分离的企图，注定要失败。〔259〕

摒弃认识中的主体－客体图式，却不意味着走向如在情势伦理学，或在萨特的存在主义中的主观主义。诠释性思维与瞬间的偶然性无关，而生存在传统的“遗产”之中，如“我们屹立其上的公共世界之共同基础”，“我们赖以存在的公共判断之确定部分”。〔260〕诠释学源于：“谁意欲理解某种与习俗相关，受习俗约束，与传统具有或获得联系之事，他就在言说习俗”。〔261〕不同于一切形式主义的理性主义者，诠释学则
95 强调，在所理解的传统与理性之间，不存在矛盾〔262〕。

法之发现不仅仅是一种被动的演绎推导行为，而是一种建构行为，法之发现者一同进入行为过程，这意味着，法不是实体的事物，它不是如在施蒂夫特的小说《威梯科》（*Witiko*）中所称的，“处在物的范围之内”，毋宁是，一切法具有关系特征，法是某种联系的事物，它存在于人的相互关系之中，并面对物而存在。之于这种法思维，只能存在一种“敞开的体系”，在敞开的体系中，只能存在“主体间性”，此乃不言而喻的。

假如对有意义之物的理解，不是一个纯接受的过程，那么，它一直并首先是理解主体的自我理解（认为“仅依法律”而不同时依以特定方式塑造的他这个人那里做出决定的法官，犯了一个错误，即一个

---

〔259〕见 R. 维特曼，《理解的存在本体论概念和诠释学疑问》，载注 253，哈斯默尔（编），《诠释学之维——阿图尔·考夫曼六十华诞纪念》，第 41 页及以下诸页，第 48 页。

〔260〕W. 迈霍菲尔，《作为存在法的自然法》，1963 年，第 44 页。

〔261〕注 256，伽达默尔，《真理与方法——哲学诠释学原理》，第 279 页。

〔262〕注 256，伽达默尔，《真理与方法——哲学诠释学原理》，第 265 页。整体论述也见注 80，A. 考夫曼，《法与唯理性》，多处。

致命错误，因为他仍旧无意识地依赖着自己[263]。）唯有理解者带着一个“先在理解”（约瑟夫·埃塞尔）或“先见”（汉斯－格奥尔格·伽达默尔）去着手对待文本时，“这可能是缔约时疏忽的情况”，他才将可能谈论文本，唯有理解者带着他承载的传统进入理解之视界时，他才将可能论证性地说明，他已预知了“目前的”结果是什么——“诠释学循环”或“诠释学螺旋”[264]。诠释学虽不是论证理论，但它促进了后者。

2.2.5.4.2 依前所述，人们应当以为，诠释学与论证理论亲如姊妹，然而却不是这么回事。论证理论[265]主要源于分析学，这仍为今天 96

〔263〕 详见A. 考夫曼，《法官个性与法官的独立性》，载《K. 彼得斯纪念文集》，1974年，第295页及以下诸页。

〔264〕 关于“诠释学循环”详见A. 考夫曼，《法律发现中的循环推理》，载《W. 加拉斯纪念文集》，1973年，第7页及以下；最近的见注246 J. 施特尔马赫，第54页及以下诸页。富有批判精神的为W. 施特格米勒，《所谓的理解循环》，载《自然与历史——第十届德国哲学大会》，1973年，第21页及以下诸页；再又就是注256，F. 弗罗梅尔，《卡尔·拉伦茨和约瑟夫·埃塞尔对诠释学的接受》，第17页及以下诸页；——哈斯默尔引入了“诠释学螺旋”这一确切的表达，注256，《事实与类型——刑法诠释学探索》，多处。

〔265〕 关于论证理论的文献早也不再是可梗概的了。主要的有：S. 图尔敏，《论证的应用》（译自英文），1975年；R. 阿列克西，《法律论证理论》，第2版，1991年；U. 诺伊曼，《法律本体论与法律论证》，1978年；同作者，《法律论证学说》，1986年；A. 阿尔尼奥，《论法律推理》，1977年；同作者等（编），《法律论证的方法论和认识论》，载《法律理论》增刊第2卷，1981年；M. 阿廷察，《法律论证理论》，载《法律理论》增刊第21卷（1990），第393页及以下诸页；N. 麦考密克，《法律推理与法律理论》，1978年；A. 佩克策尼克，《法律论证的基础》，1983年；同作者等（编），《法律推理的推理》，1979年；Ch. 佩雷尔曼，《作为论证学说的法律逻辑》，1979年；M. 帕夫科尼克，《法律理解与判决》，1993年；W. 哈斯默尔/A. 考夫曼/U. 诺伊曼，《论证与法律》，载《法哲学和社会哲学文汇》新编增刊第14卷（1980）；H. 罗丁根，《法律论证的用途》，1977年；R. 格勒施内尔，《法律论证的理论和实践》，载《法律人报》，1985年，第170页及以下诸页；O. 魏因伯格，《法律论证的逻辑和客观性》，载《I. 塔梅洛纪念文集》，1984年，第557页及以下诸页；N. 霍恩，《法律论证的中的唯理性和权威性》，载《法律理论》第6卷（1975），第145页及以下诸页；G. 施特鲁克，《论法律论证理论》，1977年；H. 吉野，《法律判决中论证的逻辑结构》，载《法律理论》增刊第2卷（1981），第235页及以下诸页；E. 希尔根多夫，《司法中的论证——司法基础研究中对分析哲学和批判理论的接受》，1991年。

几乎所有的论证理论家们所确认。在此不可能也无必要对整个论证理论的学说陈述一遍，尤其是，一如乌尔弗里德·诺伊曼所发现的，这种法律论证理论纯属子虚乌有。[266]但能否将“论题学”和“修辞学”视作论证理论的特殊类型，还有疑问。就连对那个还能将之与论证理论相连的“敞开的体系”的观念本身，论证理论家们也未达成一致，有种观点具有代表性（如施雷肯贝格尔的），“敞开的”体系根本不是“体系”，因此，体系思维必须让位于难题思维（疑难思维）。至少，没有一个论证理论家支持自然法和实证主义的封闭体系，演绎推导思维也与论证理论格格不入。论证理论的最重要的认识之一，恰恰是源于萨维尼且在一直仍存在[267]的解释学，据此，只存在一成不变的四种“要素”（论证方法）：语法的、逻辑的、历史的和体系的（实证主义需要这种限定），这业已被证明有疑。[268]还有许多这四种之外的能说明法律判断的辩因：如法之确定性或正义的保障、结果评价、是非感、实践能力、法之统一性等，可能的辩因数量在根本上是无限的。

论证理论中（然而也在其它理论中，如契约理论、商谈理论，尤其是伦理学）一个核心的，也是极为困难的问题是论证的等级。因为存在着强论证和弱论证，即“胜者论证和败者论证”，存在着不同层次的优先规则，但是否有一个纯以理性标准支撑着的、具有逻辑强制的等级次序呢？或者是否一如卡尔·恩吉施所言，论证是法院的实践，

〔266〕 注265，U. 诺伊曼，《法律本体论与法律论证》，第1及下页。

〔267〕 首先是K. 拉伦茨，他在其《法学方法论》第6版（1991）中，尽管多处对“传统的”解释标准持有批评，却也坚守之（第320页及以下诸页），并因此未给真正的法律论证理论留下地盘。最新的也见D. 布赫瓦尔德，《解释的方法与唯理的法律证明》，载《法哲学和社会哲学文汇》第79卷（1993），第16页及以下诸页。

〔268〕 弗里德里希·米勒为此作出了主要贡献，见其已出至第11版的《法律方法》（2013）。当然还应列出其他人的名字：约瑟夫·埃塞尔和马丁·克里勒。

是“视不同的案件，选择相应的导致满意结果的解释方法”呢？[269]

不过，我们现已讨论到留待 2.3 部分探研的方法问题，因此，仅会涉及很少几个标明论证理论特点的观点。前已提到“敞开的体系”——或除了难题思维外，根本不存在体系。然后是不存在解释规则一成不变的目录。如前述，存在着无数的辩因，在没有什么占主导的理性论辩中，一切应是允许的。

就此而言，论证理论与诠释学携手共进。然而，论证理论是反诠 97
释学的，因为它把诠释学视作一种非理性的形而上学。因此，如上面指明的，这是一个错误。诠释学是理性的，一如法律发现之情形，它只是依据“尽可能理性地去考虑非理性”这一格言，（完全或部分）关心非理性之事。

进而，论证理论是反本体论的，在此，“本体论的”一词被简约得与“实体本体论的”一词无关（诠释学也反对实体本体论）。另外，无疑，论证理论也以“本体论的”意蕴为依据[270]。

最后，论证理论并不赞同诠释学对主体－客体图式的摒弃，而是坚持客观性，[271]甚至强调论证的完整性和排除偶然性。[272]但这种客观性是假定的，在这一点上，论证理论仍未走出自然法和实证主义，一

---

〔269〕 K. 恩吉施，《法律思维导论》，第 10 版，1983 年（2005 年），第 82 页。

〔270〕 U. 诺伊曼也认可这一点，注 265，《法律本体论与法律论证》。当然这与纯指明这一含义无关。

〔271〕 注 265，O. 魏因伯格。但魏因伯格没有夸大：“不存在一个关于绝对正当法举足轻重的客观性，谁把这作为可能的前提，在我看来，谁就误解了人的在认识领域，同样在实践领域永恒探求的情形”。——也参见 U. 诺伊曼，在他那里，明显流露出一种客观的基本倾向，但他也（正确地）拒绝了“法律决定论”（法律发现是形式逻辑的三段论，纯演绎），注 265，《法律本体论与法律论证》，如第 17 页及以下诸页。

〔272〕 见 J. 施奈德 /U. 施罗特，本书第 6 版第 14 章，他们补充了在书中述及的尤其是罗伯特·阿列克西的见解。

如分析法理论至今未能做到的。这种假定的客观性不也意味着以一种“论证权威”代替“论证理性”吗？[273]

这种“客观主义”的特点是，绝大多数论证理论家也对**相对主义问题**不关心或兴趣不大。论证理论的多数代表人物，即便是未完全拒绝科学和哲学中的**多元主义**，也差不多是对它持较为消极态度，其真正的原因在于客观主义主张，人们甚至早就发现一种为绝大多数论证理论家和绝大多数商谈理论家共同认为是过时的观点，即多元主义不是发现真理的障碍，而是获得真理的最重要前提，当然，不是获得一个“客观的”真理，我们达不到这种真理——只有教会能按自己的方式要求这样做，因为也只有教会在内在根据上是反多元主义的，而是
98 获得一个“主体间的”真理，也即在弱意义上的客观真理。[274]

也许乌尔弗里德·诺伊曼站在论证理论立场上，对诠释学所作评说是正确的：“当然，合意与主体间性，论证与反思并非诠释学思维的专利，但不同于分析法理论，法律诠释学想把这些要素与文本协调起来。相反，分析理论须将文本意义与主体间的理解割裂开来，因为它

---

〔273〕 参见霍恩，注 265，《法律论证的中的唯理性和权威性》。也许霍恩夸张了，但他并非全无理。各种“客观主义”立场本身毫无合理之处。

〔274〕 参见 A. 考夫曼，《法律诠释学论文集》（注 256），第 209 页及以下诸页，尤其是第219页及以下（“宽容”一章）。也见 H. F. 察歇尔，《常新的必要性，常新的多元主义重负》，载《S. 加格内尔纪念文集》，1991 年，第 579 页及以下诸页；另 H. 克林斯，《什么是真理——论真理概念的多元主义》，载《哲学年鉴 90》（1983），第 20 页及以下诸页。还有 F. 伯克勒，《世界观多元主义条件下责任的神学之维》，载《法社会学和法律理论年鉴》第 14 卷（1989），第 61 页及以下诸页；G. 布里夫斯（编），《放任的多元主义——当代的民主与经济》，1966 年；W. 扎杜尔斯基，《道德多元与法律中立》，1990 年；M. 米哈伊利纳，《多元主义与法律本质的统一》，载《法哲学和社会哲学文汇》第78卷（1992），第22页及以下诸页；Th. 迈尔－马利，《多元主义中的价值》，载《法律公报》，1991 年，第 681 页及以下诸页；J. 布劳恩，《多元主义与基本合意》，载《法律理论》第 23 卷（1992），第 97 页及以下诸页；M. 瓦尔策，《正义的界限——为多元性和平等申辩》（译自英文），1992 年。

想只依据一般的语义学规则，去决定文本的意义，诠释学思维则可能使文本纳入到一个主体间建构‘正确的’判断的过程之中。”[275]

2.2.5.5 逃出自然法－实证主义争论的窘境之努力，尚未取得一致。最后，我们来看看一个特别有意义的、目前正如火如荼进行的这类努力之一，即首先是在英美（还有斯堪的纳维亚）法律圈讨论的“**法的一般原则**”理论。“一般法的原则”与“法律规则”（“法律规范”）之区别在德国，况且甚至在欧陆法理论中，很长时间以来就得到确认。[276]但在英美地区，“一般原则”与“规则”的区别却有着特殊的意义，因为那里的法在原则上是判例法，不是制定法。但此外，英美理论给这一讨论带来了新的且有意思的特点。

如果要言说或论著一般原则，通常首先要提到罗纳德·德沃金的名字。言德沃金至少是在英美（还有斯堪的纳维亚）法律圈里，第一个在理论上阐述了“一般原则”与“规则”的关系，是对的。但这样说好像是他率先思考这个问题，却并非如此，在此只举出阿尔夫·罗 99
斯，他在1968年就曾著有《命令与规范》。[277]

为了解德沃金的立场，须简述一下他的老师H. L. A. 哈特的法律理

〔275〕 U. 诺伊曼,《论哲学诠释学与法律诠释学之关系》，载哈斯默尔（编）,《诠释学之维——阿图尔·考夫曼六十华诞纪念》(注256），第56页。

〔276〕 主要的见J. 埃塞尔,《私法上法官造法的原则和规范》，第4版，1990年。本章第一作者很早以前就提出了一般原则，法律规则（法律规范）和法律判决的体系：A. 考夫曼,《法律与法》，载《存在与秩序——埃里克·沃尔夫纪念文集》，1962年，第357页及以下诸页（有大量文献提示）；另注43，A. 考夫曼,《转折中的法哲学》，第131页及以下诸页。也参见A. 特罗勒,《法学的普遍有效原则》，1965年。

〔277〕 值得关注的还有维尔纳·洛伦茨的早期著作,《法的一般原则——其在欧共体司法法院中的精确化》，载《美国比较法杂志》第13卷（1964），第1页及以下。进一步的有W. 菲肯切尔，他早于德沃金探讨并澄清了“规则”与“原则”的关系:《法律方法的比较阐释》，第2卷：英美法律圈，1975年，第82页，第133页及以下诸页，第251页及以下诸页。

论。[278]哈特从其实证主义分析学出发,（除了习惯，但人们不仅仅以它来支撑法）只看到有规范约束力的“规则”（首要规则与次要规则的区别在此没有意义）。可是,“规则”并非总是精确的，留下“隐晦地带”和“模糊空间”。如果一个难案（“hard case”）不能为一个法律规则明确覆盖，那么，法官就进行自由裁量，在自由裁量之空间里，法官的判决仍属正当。

这就到了哈特停下而德沃金开始的地方。[279]他问道，尽管法官处在一个存在着不同法律观的难案中，他如何作出一个确定的判决。据他的见解，这是一个解释问题。他把法之发现理解成一个解释过程，[280]但相对哈特的立场，仅此一点似乎并非为全新之说。

新颖之处在于，德沃金不仅看到了“规则”，还发现了“一般法的原则”（他主要列举了三种基本价值：正义、公平和法治），不同于实证主义的观点，一般法的原则有法的约束力，即适于一切国家权力：立法、司法、行政。在此一意义上，他把自己的理论直截了当地看作是“对实证主义的总攻”。[281]德沃金认为“规则”与“原则”的区别在于，前者具有

〔278〕 H. L. A. 哈特,《法律的概念》（译自英文），2011 年。

〔279〕 德沃金主要是在下列书中建立起自己的理论:《认真对待权利》，1978 年（德文 1990 年）;《原则之理由》，1985 年;《法律的帝国》，1986 年,《刺猬的正义》，2013 年。参见 C. 比特纳,《作为解释实践的法——论罗纳德 · 德沃金的法的一般理论》，1988 年。再即 P. 马楚雷克,《罗纳德 · 德沃金在反身平衡试验中的建构方法》，载《法律理论》增刊第 2 卷（1981），第 213 页及以下诸页；J. 洪德,《德沃金法理学新解》，载《法哲学和社会哲学文汇》第 75 卷（1989），第 468 页及以下诸页；J. 乌西塔洛,《法律的帝国的合法性——伯克与潘恩的调和？》，载《法哲学和社会哲学文汇》第 75 卷（1989），第 484 页及以下诸页；A. 里普斯坦,《罗纳德 · 德沃金》，2007 年；St. 古斯特,《罗纳德 · 德沃金》，第 3 版，2012 年。

〔280〕 见注 279，德沃金,《法律的帝国》，第 45 页及以下诸页和其他处。

〔281〕 见德赖尔，载《法哲学和社会哲学文汇》增刊第 25 卷（1985），第 6 页。有意思的是，Ch. 科费尔在其《自然法的答辩》（1992）中，把罗纳德 · 德沃金明确视为其权威人士。

一种全有或全无的功能，因而未留下自由裁量，相反，后者则占据着分量和重要性之维度（在我们的刑法中，与此相应，存在着自由裁量刑罚理论与严格刑罚理论之争）[282]。借此，至少实证主义的法概念被突破了。

据德沃金，法官在解释"难案"时须首先考虑"一般原则"，他 100
相信，一个案件只能有一个正确答案。当然，他明白，为了发现一个正确答案，法律者须以超人的能力为前提（德沃金称之为"赫拉克勒斯"[283]），之于他，从不存在选择和裁量。这个"赫拉克勒斯"当然是一种假设，但至少德沃金要求，法官在运用其裁量去澄清"隐晦地带"时考虑到"一般原则"。

德沃金的理论现为许多人接受和修正，在此不可能对之详述。[284]

---

〔282〕最近的见 W. 格拉斯尼克,《论责任与语言——精确刑罚理论和自由裁量理论的基础之语义学考究》，1987 年。

〔283〕关于"赫拉克勒斯方法"见注 279，德沃金,《法律的帝国》，第 239 页及以下诸页，第 380 页及以下诸页和其他处；同作者，注 279,《认真对待权利》，多处；注 279，C. 比特纳有较好的介绍，尤其是第 165 及下页诸页，第 185 页及以下诸页。

〔284〕（英文中）当提到的为 N. 麦考密克,《法的原则》，载《法律评论》第 19 卷（1974），第 217 页及以下诸页；A. 佩克策尼克,《法的原则》，载《法律理论》第 2 卷（1971），第 17 页及以下诸页；同作者,《法律规则与道德原则》，载《法律理论》增刊第 11 卷（1991），第 151 页及以下诸页；本迪特,《作为规则与原则的法》，1978 年；F. 绍尔,《凭规则行事》，1991 年。然后是 R. 阿列克西、J. 洛姆帕特、J. W. 墨菲、T. 施拉姆、R. A. 希纳、C. 韦尔曼的文章，载《法哲学和社会哲学文汇》增刊第 25 卷（1985）。——德语的有 R. 阿列克西,《论法的原则的概念》，载《法律理论》增刊第 1 卷（1979），第 59 页及以下诸页；U. 彭斯基,《法的原则与法律规则》，载《法律人报》，1989 年，第 105 页及以下；J. R. 西克曼,《法律制度中的规则模式与原则模式》，1989 年；同作者,《法律制度与实践理性》，载《法哲学和社会哲学文汇》第 78 卷（1992），第 145 页及以下诸页；D. 霍斯特尔,《当前关于法的原则的功用的讨论》，载《法哲学和社会哲学文汇》第 77 卷（1991），第 257 页及以下诸页；F. 比德林斯基,《雄狮洞中的基本法律原则》，载《法律理论》第 22 卷（1991），第 199 页及以下诸页；J. 洛姆帕特,《法律原则的历史性》，1976 年；——关于这一主题有特别意义的是 W. 菲肯切尔,《类比和一般法的原则在司法中的应用》，载《欧洲中判决——方法，技术和风格》，1988 年，第 83 页及以下诸页。

一如所言，“一般法的原则”这个主题在我们这里存续已久，新近也有许多人试图寻找有关这类法的原则的“第三条道路”，如卡尔·拉伦茨意欲仅通过遵守契约、诚实信用、责任原则、平等对待原则、比例性原则及其他的法的原则，来获得“正当法”。这里引出的诸多问题之一是，一般法的原则，是否过于抽象和内容贫乏，似乎人们单凭它就能得到正确的具体的法律判决（不同于德沃金，与其说规则不如说原则未留下自由裁量空间）？[285]并且一如德沃金主张的，是总存在一个且是唯一正确的答案，即便是有“赫拉克勒斯”？还是相反，在规范性中，也不具有在描述性中的“不可能的”“必然的”“强制的”相关模式，而首先是“可信的”“确切的”“有说服力的”以至于对相同问题的多种法律陈述，同是“可信的”（法律者喜称“合理的”），并在此含义上完全可能是“正确的”？这一问题也许此时尚不肯定。

101 在英美地区还有少量超出传统的实用主义和实证主义的尝试。20世纪下半叶“批判法律研究”引人注目。[286]其原则是“法律是政治”。所谓的法律的客观性因此受到批判，且获得到对法律的意

〔285〕 K. 拉伦茨，《公正的法——法伦理学原理》，1979年。——关于原则理论也参见，注144，R. 德赖尔，《法－国家－理性》，第83页及以下诸页，第113页及以下。倘若人们正确地理解了德赖尔的话，那么，在他那里，“法的原则”等同于《基本法》第20条第3款所称的“法”（Recht——译者）；行政权和司法据此“受法律和法约束”的这一规定，也意味一个新的途径，因为至今这是指（甚至在基本法的其他地方，第7条，一直仍是）严格的实证主义，即法官“只对法律”负有义务，甚至当“臣服”于它（不单单是“受其约束”）。《基本法》第20条第3款是一个值得欢迎的创见（当然，法律和法不是一回事这一见解由来已久，只是消失在实证主义中）。但我觉得疑惑的是，这里使用的法的概念导致了一般法的原则；对此参见注276，A. 考夫曼，《法律与法》，多处。

〔286〕 有兴趣者的可见S. P. 马丁，《法多于一个纯社会事实吗？——英美法律理论的新动向》，载《法律理论》第22卷（1991），第525页及以下诸页。

识形态的批判。由于篇幅缘故，我们不可能详说这种崭露头角的理论。

在根本上，人们必须反对那种甚嚣尘上的印象，好像现代法哲学的故乡只是在英美地区。为了展现当代法哲学一个相当实在的图景，人们必须也要评价其他国家法哲学家的努力，但愿人们想想罗马法国家或波兰。可是，要对所有诸多已出现的关于“正当法”，甚至还有关于更好的法之努力进行介绍，也许超出了本书的范围。

在这最后几节中，对“如何”认识法律谈了许多，这是不可避免的，一如本书开头所强调的，因为不考虑“如何”发现法律，完全不能讨论“什么”是法。人们只能总是要么更多地强调“什么”，要么更多地强调“如何”。下面我们将重点放在“如何”认识法律上，并首先来探讨法律方法论。

2.3 近代法律方法论之历史发展

我们必须并可能在此把我们限定在法律方法论的近代史上，〔287〕因为考虑到我们的视角是当代问题，这一限定是合适的。但应毫不迟疑地强调指出，沃尔夫冈·菲肯切尔已对更早期和外国（罗马法国家和英美）法的方法作了详尽的介绍，有兴趣者从中可受到大量的教益。〔288〕

---

〔287〕 对此见卡尔·拉伦茨简洁却又优雅的梗概，《法学方法论》，第 6 版，1991 年，第 11 页及以下。

〔288〕 W. 菲肯切尔，《法律方法的比较阐释》，第 5 卷，1975—1977 年。在第 3 卷中探讨了令我们感兴趣的中欧法律圈新的方法史，第 4 卷为教义学部分。关于法律方法论的一般文献我在第 1 章的文献目录已列出。

2.3.1 立法理论

在本节之开篇，对**立法理论**至少应有一个简短的说明，尽管这并非是在法律方法学中讨论的。至今的传统的方法学说，一直仅研究从法律中获得具体法律判决的过程，关于人们用来得到正当法律的方法，
102 过去和现在只字未提。

为何如此，不妨作这样的解释：不仅是自然法学，而且法实证主义不需要立法理论。据自然法学说，实证的法律（人法）是通过纯逻辑推理从预设的自然法（自然的法）中推导出来的（人们至少以为将这样来对待实证的法律）。在法实证主义统治下，立法不是科学而是政治的任务。

自然法和法实证主义的时代已结束，立法也受科学方法支配的观点日渐发展。〔289〕在这个过程中，已证明，立法程序显示出与法律适用程序可以比较的结构。这就是维尔纳·迈霍菲尔所说的，几乎全部立法的问题和程序，“考虑”的是一种“反向概括”。〔290〕这时，“概括”在哪里均非决定性的方法论工具，但正确的是，在法律创制与法律适用之间存在着一种显著的“互补性”。〔291〕我们在下面将对此作一简介——仅仅是简介，因为很遗憾，这种发展已导致，在法律方法学说之外，已建立起现代立法理论。在此可不予以修正。

---

〔289〕 彼得·诺尔的《立法学说》(1973 年）已被证明是开创性的著作。

〔290〕 W. 迈霍菲尔，《立法学》，载 G. 温克勒/B. 席尔歇（编），《立法》，1981 年，第 25 及下页。

〔291〕 见 K. A. 莫尔瑙，《法律制定与法律适用之间的互补性》，载 K.-H. 舍恩伯格（编），《法哲学中的真理和言论与思想的一致——赫尔曼·克伦纳六十华诞纪念》，1987 年，第 286 页及以下诸页。也见 H. 克伦纳，《法律适用与立法之间的交互作用分析》，载 K. A. 莫尔瑙（编），《法的作用及其社会实效对社会法律建构程序的影响》，1982 年，第 77 页及以下诸页。

2.3.2 弗里德里希·卡尔·冯·萨维尼

近代法律方法学说，至少在德语区，发端于弗里德里希·卡尔·冯·萨维尼（参见前文2.2.3.3.2）。[292]为了更好地理解他的方法学说，及以其为基础的传统的方法学说，先设置了两个图式，它们展示了传统的方法学说的最重要论点（其中，图式7只是在技术方面自成一体，它原本属于图式6，即左边的“解释”）。这导源于近代方法学说必须建立在传统的之上这种认识。所以，与有些方法论学者（约瑟夫·埃塞尔、马丁·克里勒）的观点不同，传统的解释规则没有因此失去价值，因为至今还未找到锐利的优先规则，因为一如读者熟知的，除了这四种规则外，还存在许多其他的论证类型。法律适用者今 103
天仍首先是在坚持传统的论证中操作顺利。[293]

这两个图式应伴随着整个后面对法律方法学说的详尽阐述。

假如先审视图式6，那么，我们便发觉，法律适用与法律发现是法律判决过程的两种不同形式，这是传统的方法学说的出发点。法律适用是标准的情况，在这里，涉及且仅涉及的是，依据一个可能需要解释的，但自身是完整的（“合适的”）规范（也许依据数个规范），对一个案件进行“涵摄”。人们将之描述为一个依据“演绎”方式的纯逻辑的三段论（参下文第7章7.2），即如：

---

〔292〕在数不胜数的有关萨维尼的文献中，这里仅提及两篇新作：H. 克伦纳，《萨维尼的历史法学派研究大纲》，载其注103，《19世纪德国法哲学》，第92页及以下诸页；D. 内尔，《萨维尼的直觉与康德的判断力》，载《H. 科英纪念文集》，第1卷，1982年，第615页及以下诸页；J. 吕克特，《弗里德里希·卡尔·冯·萨维尼：生平和影响（1779—1861）》，2016年。

〔293〕见P. 赖施，《传统解释方法对实际法律适用的功用》，1988年。也见R. 齐佩利乌斯，《法律方法论》，第11版，2012年，第39页及以下诸页。

一切杀人者应被处以无期徒刑
M是一个杀人者

M将被处以无期徒刑
法律适用者在这一过程中是被动的，他只是把两个客观的已知项，即法律和案件，前后排列一下。

然而，在法律例外地存在漏洞时，[294]在没有为正待判决的事实准备好“完善的”法律规范时，法官应积极地创造性，如常说的作为代理立法者，从事“法律发现活动”，对此见瑞士民法典著名的第1条第1款（图式6）。

是否和在多大程度上法官可以或必须积极地造法，一代又一代的法律学者研究了这个问题（详见第5章）。在上文（2.2.3.4）中我们已看到，考虑到法治和分权，法官应尽可能受法律条文约束。（费尔巴哈和其他人甚至认为禁止解释是必要的。）萨维尼的思考也属此列。

在其早期“法律方法学说”（1802/1803）[295]中，他所持的立场，虽不是完全法律实证主义的，但却包含着一些法律实证主义的成分。[296]萨维尼把解释理解成“存在于法律中的思想之重构”。为此目的，他阐发了至今被标为“经典解释学说”的法律解释的四规则（它是图式7的基础）。[297]首先是语法解释，其对象是词语，“它是从立法者思维走向我们的思维的通道”。然后是逻辑要素，它的对象是思想的结构，即

---

〔294〕关于“漏洞问题”有众多文献。这里仅列出C.-W.卡纳里斯，《法律中漏洞的确定》，第2版，1983年。

〔295〕F. C. v. 萨维尼，《法律方法学说》（雅各布·格林讲课笔记），G. 韦森伯格编辑，1951年。

〔296〕注267，拉伦茨，《法学方法论》，第12页，J. 吕克特的说法饶有兴趣，见其新作，《弗里德里希·卡尔·冯·萨维尼的唯心主义，法学和政治》，1984年。

〔297〕完整的排列当见萨维尼的晚年作品：《当代罗马法体系》，8卷本，1840/1849；此处，第1卷，第4章，第296页及以下诸页。

图式 6 法律方法（以建诸萨维尼方法学说之上传统的方法学说为基础） 104

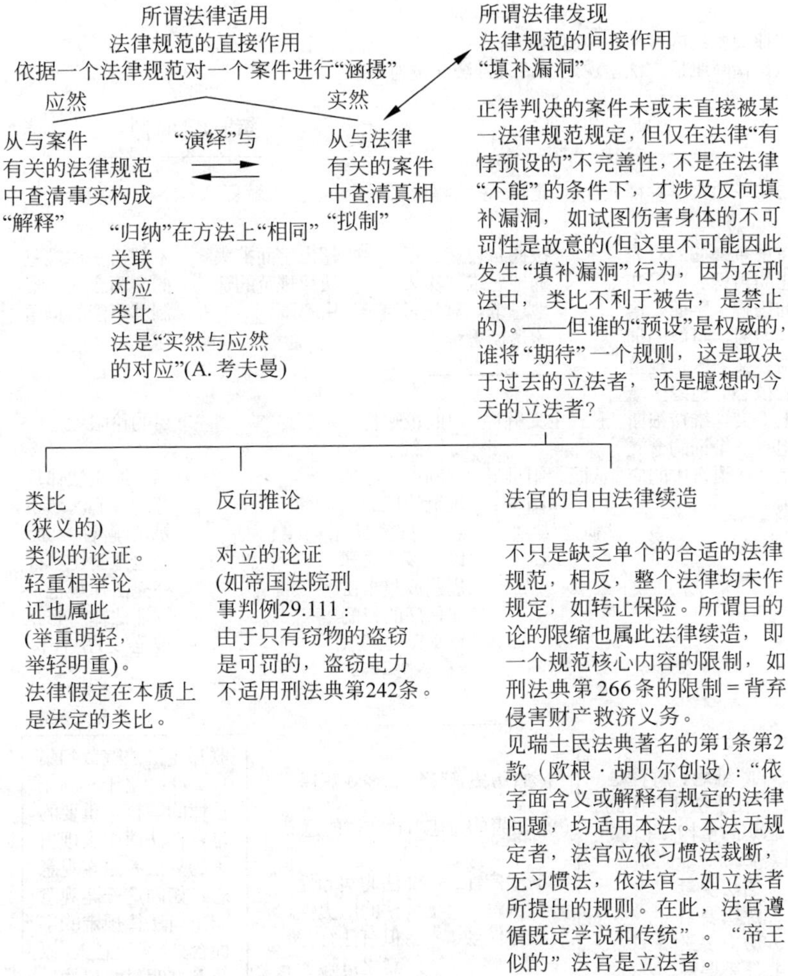

所谓法律适用
法律规范的直接作用
依据一个法律规范对一个案件进行“涵摄”

应然 实然

从与案件有关的法律规范中查清事实构成
“解释”

“演绎”与

从与法律有关的案件中查清真相
“拟制”

“归纳”在方法上“相同”
关联
对应
类比
法是“实然与应然的对应”(A. 考夫曼)

所谓法律发现
法律规范的间接作用
“填补漏洞”

正待判决的案件未或未直接被某一法律规范规定，但仅在法律“有悖预设的”不完善性，不是在法律“不能”的条件下，才涉及反向填补漏洞，如试图伤害身体的不可罚性是故意的(但这里不可能因此发生“填补漏洞”行为，因为在刑法中，类比不利于被告，是禁止的)。——但谁的“预设”是权威的，谁将“期待”一个规则，这是取决于过去的立法者，还是臆想的今天的立法者？

类比
(狭义的)
类似的论证。轻重相举论证也属此(举重明轻，举轻明重)。法律假定在本质上是法定的类比。

反向推论
对立的论证(如帝国法院刑事判例29.111：由于只有窃物的盗窃是可罚的，盗窃电力不适用刑法典第242条。

法官的自由法律续造
不只是缺乏单个的合适的法律规范，相反，整个法律均未作规定，如转让保险。所谓目的论的限缩也属此法律续造，即一个规范核心内容的限制，如刑法典第266条的限制＝背弃侵害财产救济义务。
见瑞士民法典著名的第1条第2款（欧根·胡贝尔创设）：“依字面含义或解释有规定的法律问题，均适用本法。本法无规定者，法官应依习惯法裁断，无习惯法，依法官一如立法者所提出的规则。在此，法官遵循既定学说和传统”。“帝王似的”法官是立法者。

在方法选择，优先规则的决定上，涉及价值决断。
其最重要的方法是反思、论证、讨论。

105 图式 7 法律解释

法律规范的内容和有效范围的考查
以建诸萨维尼方法学说之上传统方法学说为基础

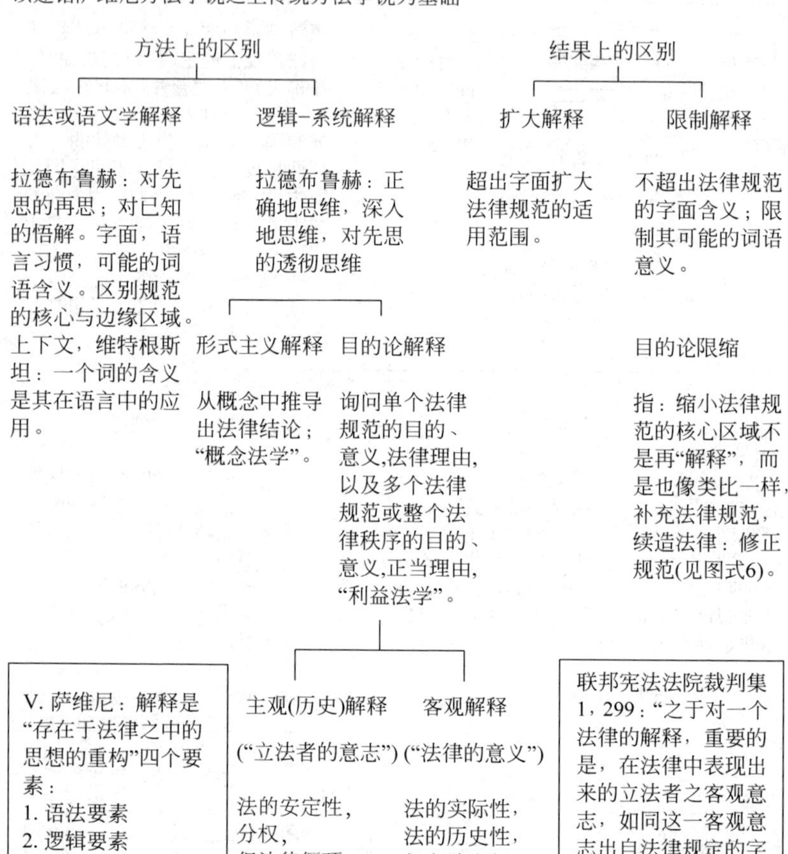

逻辑关系，在这种关系中，每一部分相依而存。第三是历史要素，它 106
关涉“法律制定时通过法律规则规定的情况适合现有法律关系”。最后是体系要素，它涉及“重要的内在关联，这种关联将一切法律制度和法律规则连成一个大的整体”。

在这四种解释图式中，不存在“扩大的”和“限制的”解释。萨维尼认为它们是不被允许的，因为它们超出了立法者的立场，权威的解释标准必须是立法者的意志。因此，萨维尼拥护“主观的解释理论”，而拒绝“客观的目的解释理论”，它依据的是法律之意义和目的（“法律理由”及“正义理由”），其理由为，法律之目的未变成法律的内容。这被看作是彻头彻尾实证主义的，因为法律实证主义学说同样认为，走向法律的意义去超越法律是不允许的。因此，主观的理论在一切时代都是法律实证主义者们的乐园，他们最重要的王牌是法的安定性。相反，客观主义者有理由指出，如果人们不考虑生活关系在不停地变化（法的历史性），那么，法律必定变得僵化，并因而必定招致不公正的结果，但须思索的是，极端的客观理论可能使法官不受法律约束（legibus solutus），并违背分权原则。因此，摆锤一会儿偏向客观理论，一会儿偏向主观理论，是可以理解的。[298]

在萨维尼那里，在这方面（不仅于此）存在一个转变，他本来在早期就不是纯主观主义者，因为他令人惊讶地容忍以类比去填补漏洞。当然，他认为，类比仅是实证法律心甘情愿的补充。但在他中晚期的作品中（《当代立法和法学的任务》[上文 2.2.3.3.1] 和《当代罗马法体系》），萨维尼终究在很大程度上离开了他的“方法学说”的立场。这

〔298〕 详见乌尔里希·施罗特,《刑法中主观解释的理论和实践》，1983 年。他正确地指出，不存在一个真正的对主观解释和客观解释的选择。

意味着法律不再优先，相反，“民族精神”是原本的法律渊源，法律规则必须通过对各种法律制度和典型的生活关系的体验与抽象被获得。扩大的和限制的解释被允许，目的解释不再遭到严厉的指责，尽管萨维尼对此保持克制态度，基于法律和“一般法律思想”“根据”的解释，也许不再是解释，而是法官对之无权的造法。

107 对于方法选择这个根本问题，在萨维尼看来，不需要那四个规则的等级顺序，因为那四个规则“不是人们能依意愿在其中选择的四个解释种类，而是必须联合作用的不同活动，假如解释应该达到目的的话”。[299] 似乎联邦宪法法院也是这么看（图式 7），即据经典的解释辩因，存在着完全和谐的状态。但卡尔·恩吉施在指责萨维尼时无疑是对的，“他以机智的措辞掩盖了问题”，实际上，各种方法可能导致矛盾的结果，应该经常观察事实上的法院实践中的程序，“视不同的案件，选择相应导致令人满意的结果的解释方法”。[300]

2.3.3 所谓的“概念法学”

法官造法的禁令很快被证明没有可行性，这不仅由于法律的不完善性，还因为每一种解释意味着对法律的支配，在此，解释者作为主体一起参与到解释游戏中。可是，公开地承认这种情况的时机长期不成熟，毋宁是，人们通过不同形式的论证来维护主体－客体图式。这种努力之一是**概念法学**，它在 19 世纪有许多拥趸，在今天仍有许多法学家有意无意地利用其方法。

所谓“概念法学”并非无条件地必定与实证主义相连，其特点为，

〔299〕 注 297，冯·萨维尼，《当代罗马法体系》，第 215 页。

〔300〕 注 269，K. 恩吉施，《法律思维导论》，第 82 页。

从纯概念中演绎出法律规定，比如，从“法人”这一概念中推导出以下结论：因为法人是“人”，所以，它是有伤害能力的，并是可接受刑罚的。概念起着认识的渊源作用。人们能借助类比那个著名的本体论的上帝证明来明白这个方法：从“最圆满的本质”的概念中必然地产生其存在（否则，它是不圆满的）。

这种强烈偏向概念的法学的方法，有助于其代表人物去指明，即便不从本质上回归到生活关系，法律本身也可应用于具体案例。格奥尔格·弗里德里希·普赫塔（上文2.2.3.3.1）在其《法学阶梯教程》（1841年）第1卷中，建立了一个完整的“概念金字塔”，在其顶端屹立着一个最高概念，从中首先推导出一些非常抽象的和一般的概念，从这些概念又得出许多具体的和有内容的概念。拉伦茨对此作了这样的描述：“那个金字塔丧失了每一层的宽度，赢得了高度。宽度愈大，即材料愈充足，高度愈低，即远眺的可能性愈小——反之亦然。宽度与一个“抽象的”概念的内容相应，高度则对应其范围（适用领域）。这一逻辑体系的境界是完美的，条件是，在其顶端屹立着一个最一般的概念，其余一切概念位于其下，也即能推出这些不同种类和不同下 108
位种类的概念，人们也能从那个基础的每一要点出发，通过一系列的中间环节，采取放弃特殊性的方法，上升到最一般的概念。”〔301〕普赫塔直截了当地称之为“概念的谱系学”，其与唯理论的自然法方法的亲缘关系，跃入眼帘，但这毫不奇怪，因为自然法与实证主义在方法上血缘相近：二者均认为，能从较高的，最终从最高的应然中，演绎地推导出法律。其中的问题一直“仅仅”是：最高概念的内容从何而来？

〔301〕 注267，拉伦茨，《法学方法论》，第20页。也见J. 博纳尔，《论格奥尔格·弗里德里希·普赫塔的法律学说（1798—1864）》，1975年；H.-P·哈费尔坎普，《格奥尔格·弗里德里希·普赫塔和“概念法学”》，2004年。

最高概念参与决定着一切被推导出的概念的内容，人们如何从这种循环中逃脱出来？

普赫塔还接受最高概念的法伦理学内容。在自己早期将这种演绎方法推向极致后，鲁道夫·v. 耶林（1818—1892年）不支持这一前提，而是纯归纳式地行事。因此，他从萨鲁斯转向保鲁斯。他在其早期著作中支持“自然历史方法”，后来他对此予以辛辣的嘲讽。[302]时值自然主义时代，法学倾向于自然科学的思维方式，这带来了引人注目的成果。早期极端演绎行事的耶林的名言到处为人引用：“概念具有创造力，它们交配并繁殖新概念”。[303]他还这样描述这个建构法学的特征：它导致发现已存在的新法律规定，因为它们“不可能不存在”。[304]

然而，我们在此不愿继续论述他，只还想提一下强烈演绎的偏向概念的法学时代的伯恩哈德·温德沙伊德（1817—1892年）[305]，他代表着上文（2.2.3.4）曾描述过的“合法的”实证主义，据此，立法者以伦理性实体为前提，立法者不是单单发布权力要求，而是在法律中捕捉到“民众的理性”。拉伦茨称此为“一个通过笃信立法者的理性的、性情温敦的、理性主义的实证主义”。[306]将其实证主义另还转向心理学的温德沙伊德，也在方法问题上采取了温和的立场。他虽然赞同主观解释方法，但他美化了立法者的“意志”：重要的是这种意志的“客观理性”。因此，他在实践上持接近客观理论的态度，没有为主观解释

[302] v. 耶林，《法学中的亦庄亦谐》，1884年（1924，1964年重印第13版）。

[303] v. 耶林，《罗马法在其不同实现阶段中的精神》，第1卷，第2版，1866年，第40页。

[304] 注303，v. 耶林，《罗马法在其不同实现阶段中的精神》，第2卷，第2篇，第2版，1869年，第392页。

[305] 代表作：《学说汇纂法教科书》，3卷本，第7版，1891年。

[306] 注267，拉伦茨，《法学方法论》，第28页。

方法的危害所压倒。

然而，在随后的岁月中，也即在 19 世纪下半叶和 20 世纪上半叶，客观解释理论一直占上风：卡尔·宾丁、阿道夫·瓦赫、约瑟夫·科勒、古斯塔夫·拉德布鲁赫、威廉·绍尔。引起这一转向的主要原因 109
是，形式主义者的概念法学导致了一直在扩大的法的意义空洞化。人们想借助客观解释方法，重新给意义空洞、抽象的法律概念添加意义。相应地，拉德布鲁赫认为，法律解释不是“对已知的认识”，不是“对先思的再思”，“解释者可能比制定者更好地理解法律，法律可能比其制定者更机智，甚至必定更机智”。[307]重要的是法律，而不是立法者。

2.3.4 经验的法实证主义

客观解释理论欲以意义来丰富法律概念，但意义从何而来呢？概念法学家在法律中寻找它，人们称为“内在的目的论”。但这表明，假定法律概念的“交配”这种近亲繁殖——如早期的冯·耶林过分渲染的那样——只会导致法律的意义空洞。因此，人们必须采取一些法律以外的合适手段，由于复归自然法不值一提，即，走向法律现实。经验的法实证主义发端于此，它把法不是理解成内心世界的事实，即心理学的事实，就是看成外部世界的事实，即社会学的事实。因此，一个一直被忽视的领域进入了法学的视野，它对后世产生了非常有益的影响。另一方面，由于片面地关注法律现实，法的规范性特点在视野中消失了，这也是其后果。[308]

---

〔307〕 注 184，拉德布鲁赫，《法哲学》，第 107 页。

〔308〕 拉伦茨也如是评价，注 267，《法学方法论》，第 38 页。

2.3.4.1 真正的**心理学的法律理论**始于恩斯特·鲁道夫·比尔林（1841—1919 年）。[309]经验实证主义的头面人物，在证明法的有效性方面，自然存有一些困难，因为他们不能在价值（唯心论的理解：“法的理念”）中建立有效性的基础，而仅依赖事实。在此，有两种事实在考虑之列：**承认与权力**，**合意与命令**。比尔林走上了前一条路，在他看来，法是在共同体被认可的那种东西，可是，疑问很快产生，这就是拒绝承认法。比尔林认为，承认是一种持续的习惯性行为，因而，间接地认可就够了。但与此同时没有回答，法是否对那些完全知道自己违背了法的人有效，如为信仰而犯罪者。黑格尔则想到，每个违法者逻辑上必然地承认法，譬如，窃贼欲谋得财物，因而赞同对他进行必要的法律保护。相反的回答是，承认是心理学而非逻辑现象。最近，
110 尼克拉斯·卢曼试图从功能主义上解说承认：承认不意味信仰上的赞同。如果服从法律者也起作用，如果他尽可能地学会不干扰并适应系统，那么，系统才能在一个复杂社会发挥功能，因为他也是整个系统的一部分，所以，最终系统自身制造承认。[310]但是这种功能－集体主义理论不能解释个人，如在暴力地抵抗或革命中，对承认的拒绝——回到比尔林，对他还有一些要说的是，他曾是客观解释理论的死敌，他认为，根据（“法律素材”）产生的历史，法律解释不得不探究立法者真实的意志，而不是法律的精神，倘若法律的精神不必查清，那么，法律必须“按诚实信用”原则被解释。

2.3.4.2 前面（2.3.3）已述，鲁道夫·v. 耶林（其著作《为权利而斗争》1872 年，在世界范围内引起轰动），晚年脱离了他早年代表的

〔309〕其主要作品为《法律原则学说》，5 卷本，1894—1917 年。

〔310〕尤参见 N. 卢曼，《法社会学》，2 卷本，第 3 版，1987 年。

拟制法学，这主要体现在1877/1883年的两卷本著作《法之目的》中。这部著作的题词“全部法的缔造者是目的”清楚地标明了其新思路，耶林转而坚决反对“逻辑崇拜”，因为法学不是数学。目的思考是决定性的，这提出了目的的主体的问题，因为法权的目的不会自动产生。耶林把社会视作真正的立法者，他认为社会是一个“为了共同目的的合作，在合作中，每一个人是这样行为的，在他服务于他人时，也在服务于自己，在他服务于自己时，也在服务于他人”〔311〕。与此呈明显矛盾，他坚持国家垄断立法这种法律实证主义观：“法是在一个国家正在生效的强制规范的总和……；国家（是）唯一的法的渊源”。〔312〕然而，毕竟法与社会目的相连，从社会目的中法获得其内容；这意指，所有法的规定具有“维护社会的生活条件之目的”。〔313〕耶林的论证不再是逻辑的和心理学的，而是社会学–后果主义的（显然，这被认为是目的理性与价值理性的关系问题，稍后，主要是马克斯·韦伯对此进行了研究〔314〕）。但从哪里获得对目的的评价？这是其法的理论唯一致命的弱点，至少，以耶林为其精神倡导者的利益法学也是如此。

2.3.4.3　伴随**利益法学**的出现，〔315〕法学脱离了一种过分的概念法 111
学，但这也是在那个口号下发生的：不是逻辑优先，而是时常充满疑虑地拒绝法律概念的生活价值优先。然而，不能怀疑，利益法学——

〔311〕 v. 耶林，《法之目的》，第6—8版，1923年，第1卷，第87页。

〔312〕 注311，v. 耶林，《法之目的》，第320页。——菲肯切尔对v. 耶林的法律学说作为非常深入的介绍和评价，注217，《法律方法的比较阐释》，第3卷，第101—282页。对详情有兴趣者当注意马里奥·G. 洛扎诺的《耶林与格贝尔信札》，1984年；同作者，《耶林与格贝尔研究》，1984年。

〔313〕 注311，v. 耶林，《法之目的》，第462页。

〔314〕 关于马克斯·韦伯的目的理性主义和价值理性主义见A. 考夫曼，《后现代法哲学》，1998年，第18页及以下诸页。

〔315〕 对此见埃尔沙伊德/哈斯默尔（编）的资料，《利益法学》，1974年。

其领袖为菲利普·黑克（1858—1943年），其他的代表人物是海因里希·施托尔（1891—1937年）和鲁道夫·米勒-埃茨巴赫（1874—1959年）——因其面向生活被证明成就非凡。拉伦茨写道，然而，这种剧烈的转变有些夸张："当它以法律秩序自身的评价标准，根据这个标准，复杂的事实被仔细斟酌地加以判断，现实的利益在评价中被考虑到，越来越多地替代仅仅以形式的-逻辑的推理为基础的方法时，它逐渐地在事实上彻底改变了法的适用。因此，它使法官获得了善意的良知，并使虚假的说明经常成为多余的"。[316]但事情有另一面，在法的理论上疑窦重重的是，经常完全没有考虑到法实现程序的理由。利益——生活需要、要求、期待、地位，一方面被视作法的原因要素（发生学的利益法学），另一方面，这与经验的-社会学的实证主义是完全矛盾的，利益也被当成价值、应然来理解，利益也是利益评价的标准。但如何产生这种神秘的辩证的跳跃，即从量到质，从实然到应然的过渡呢？在法的理论上，利益法学不能令人满意，但在方法上，一如拉伦茨正确强调的，它取得了影响深远的成果。虽然它拒绝了客观解释理论，但在指点法律解释者们，注意作为法律的基础的利益情况和对之评价时，它在实践上使法律面向生活。此外，在法律出现漏洞时，法官应有权根据目的观，"通过自己的命令去补充"法（"创造性的利益法学"）。[317]

2.3.4.4 赫尔曼·坎托罗维奇（1877—1940年），自由法运动的最杰出领袖，曾于1910年在一篇《法学与社会学》的文章中，一针见血地揭示了利益法学的明显不足："正确地对待'利益情况'以认识法律

〔316〕注267，拉伦茨，《法学方法论》，第58页。

〔317〕黑克，《法律获得之问题》，第2版，1932年，尤其是第5页，同作者，《概念形成与利益法学》，1932年，第30及下页。

的目的为前提，因为不顾及法律的目的，也许能决定实际上涉及何种利益，但其实不能决定何种利益应被优先照顾。"[318] 由此可见，又回到目的与意义的问题上。从何处获得目的与意义呢？自由法运动[319]，这个名称出自欧根·埃尔利希（1862—1922），含意为对“自由信仰”的一种有意识的类比，试图给出自己的答案。如果人们想理解这个答案，就须明了，在自由法运动中，它关涉一个非理性主义的逆向思潮，这 112
一思潮不是十分趋向唯理论的自然法，人们认为它早已死亡，而是倾心于逻辑的－形式的概念法学，以及所有类型的“学说汇纂主义”和“经院哲学”。自由法运动接过了生命哲学（参见上文 2.2.3.3.5）的遗产，其精神先祖是叔本华、尼采、柏格森——但主要就自由法运动口若悬河的代言人恩斯特·富克斯（1859—1929 年）[320] 来看，自由法运动终究不是一种十足的非哲学思潮。

“自由法”在根本上指不受法律约束。尽管自由法学者们一向不赞同“反对法律的虚妄之语”，反对假定他们想允许法官越过（生效的）法律，甚至违反法律去作出判决，事实上，自由法的法官们没有学会这一点，他们只愿意说，当法律被证明有漏洞时，法官应如何断案。但是，关键之处在于，依据自由法学者的看法，只有在法律根本不包含有关规则时，法律才不仅是有漏洞的，而且已经出现法律不能明确清晰地决断案件的情况。当然，这至少在有争议的案件中是如此。对此，坎托罗维奇认为，人们可以放心地强调，“因为漏洞并不比规定

---

〔318〕 H. 坎托罗维奇，《法学与社会学——科学学说文选》，Th. 符腾贝格尔编辑，1962 年，第 130 页。

〔319〕 对此详见注 43，A. 考夫曼，《转折中的法哲学》，第 231 页及以下诸页。

〔320〕 见恩斯特·富克斯，《正义科学——自由法学说文选》，阿尔伯特·S. 福尔克斯和阿图尔·考夫曼编辑，1965 年。

少”，只可能“难以想象地”碰巧，不深入总体地考虑正待适用的法律规定，使法律适用于案件。[321]然而，法官到哪里去找“自由法”呢？那种法又从何而来呢？坎托罗维奇作了实证主义－唯意志论的回答：一切应然的是实然的，因为应然是意愿。[322]赫尔曼·伊塞（1873—1938年）也有类似的说法。[323]他认为法官的判决不是对法律的演绎，而是一个意志活动，一个决定。是非感总是在判决之前，逻辑的、表面是逻辑的说明只是随后发生。在说明中存在着一个将去如何证明的有权衡价值的思维。事实上，那个“诠释学的先见”是意思关联性理解的前提，但这个先见只是一个非理性的是非感的东西吗？随后发生的说明是表面逻辑的吗？

为此稍扯远一点。是非感在近代重又为人瞩目，[324]对此，一方面有人谈“是非感的唯理性”，[325]另一方面有人说要“告别是非
113 感”，[326]两者均夸大了。其一，是非感不是唯理的；其二，人们应当

〔321〕 这见诸那本著名的，以笔名格勒乌斯·弗拉威尤斯（Gnaeus Flavius）发表的小册子，《为法学而斗争》，1906年，第15页（载注302，《法学与社会学——科学学说文选》，第18页）。格勒乌斯·弗拉威尤斯应当在公元305年前首次公布了“岁时记”（Fasti），即罗马法院日程的秘密目录，以前只有贵族才能得到。

〔322〕 坎托罗维奇，《为法学而斗争》，第34页（注318，《法学与社会学——科学学说文选》，第30页）。Ch. v. 梅滕海姆在《法与唯理性》（1984）中作出了新的努力，要基于（法官的）意志，纯归纳地构建法。

〔323〕 在这一关联中最重要的著作为：《法律规范与判决》，1929年。

〔324〕 见E.-J. 兰珀（编），《所谓的是非感》，载《法社会学和法律理论年鉴》，第10卷，1985年；E. 里茨勒，《是非感》，第3版，1969年；G. 吕梅林，《是非感》，第2版，1948年；M. 比齐勒尔，《是非感，体系和评价》，1979年；G. 厄斯特赖希，《在条款的热带丛林中——铅版与信息间的是非感》，1984年；注217，R. 齐佩利乌斯，《法哲学》，第100页及以下诸页；K. 奥伯迈尔，《论是非感》，载《法律人报》，1986年，第1页及以下诸页。

〔325〕 K. 察普卡，《是非感的唯理性》，载《法与政治》，1987年，第19号。

〔326〕 W. 迈尔－黑泽曼，《告别所谓的是非感》，载《法哲学和社会哲学文汇》第73卷（1987），第405页及以下诸页。

承认，是非感不是纯唯理的行为，而类似医学，是（不仅是）一门技艺，即“善和公正的技艺”（ars boni et aequi）。[327]与这种技艺相关甚密的是非感，用拉德布鲁赫之言：“结论先得，法律应当事后提出结论的根据和界限”，[328]这是一种十足的诠释学思想，拉德布鲁赫后又对这一思想补充道：“是非感要求一种灵活的精神，它能从特殊到一般，又从一般到特殊来回转换”。[329]所以，人们可以将是非感作这样的概括，它是一门具有正确的先见之技艺。法官没有是非感，不具先见，在任何情况下不应把是非感带到判决中，仍然“只服从法律”，非常罕见。实际上，法官只服从法律这一假定，可能导致法官判决的虚假论证。

2.3.4.5　意愿不是应然。从立法者或法官意欲的东西中仅可能产生一种必然，但永远不再产生一种义务。至于正确的应然如何能被说明的问题，自由法运动没有予以回答，但纯经验运作的法社会学也不可能给出一个答案。其缺陷不是它关心对社会事实的探究，这过去和现在是正确的，而在于它意欲入主教义学法学的位置。当前述欧根·埃尔利希要求人们必须“永远摆脱抽象的概念建构和虚构之可笑的假面舞会衣装时”，[330]这样一种基于时代精神的挖苦讽刺，可能应予理解，但是，挖苦讽刺是危险的，我们已体验到，对法的曲解，可能招致对法律的概念性和形式的不尊重。

社会学及法社会学的“伟大老人”过去和现在是马克斯·韦伯

---

〔327〕乌尔比安，《学说汇纂》，1，1，2pr援引自塞尔苏斯。

〔328〕G. 拉德布鲁赫，《助产与刑法》，1907年，第3页；《拉德布鲁赫全集》，第7卷，1995年。

〔329〕G. 拉德布鲁赫，《论是非感》（1914/1915），《拉德布鲁赫全集》，第1卷，1987年，第1429页。

〔330〕E. 埃尔利希，《法社会学基础》，1913年，第274页。

（1864—1920年）。其法社会学[331]是严格经验式的，也应实不相瞒的是，他偶尔称之为“理解的社会学”。也恰恰在我们尤为感兴趣的有效性问题上，他代表着经验式的立场。他精确地区分了“规范意义”与“事实意义”，前者“在逻辑正确方式上”，应属于一个法律规范所具有的，后者指在一个共同体中，“在事实上所发生的，因为存在着这样的机会，即在共同行为时，参与者把各种具体的秩序在主观上看作是有效的，并实际按它们去做，也就是，他们自己的行为受它们导
114 引”。[332]据此，“经验的有效”指，具体的个人有“可计算的机会去维护他使用的经济财物，或将来去获得它们”，但其前提是，有“一个为此已存在的‘强制机构’的帮助”。[333]因此，说到底，法建立在权力之上：帝国理论。可是，从能在紧急情况下贯彻法律规范的国家权力中，充其量只产生了各种期待、机会、渴求，但没有应然，马克斯·韦伯自然已看到这一点。

那个时代及至20世纪中叶的法社会学，易被理解成真正的关于法的“科学”，所以如此，是因为它经验式地，即按自然科学的方式处理问题。它可能产生的结果是，如弗兰茨·v. 李斯特把关于侮辱的“科学的”定义，指为一系列的喉头运动，声波刺激，听觉刺激。[334]当然，李斯特意识到，侮辱的“本质”在于对名誉的伤害，但“科学”的认识同样不可能达及这一规范性内容。这个稀奇古怪的例子证明，人们

〔331〕参见约翰内斯·维克尔曼编辑的马克斯·韦伯的《法社会学》，1960年；对此还可参见F. 洛斯，《马克斯·韦伯的价值学说和法律学说》，1970年；K. 恩吉施，《作为法哲学家和法社会学家的马克斯·韦伯》，载《马克斯·韦伯纪念文集》，1966年，第67页及以下诸页。

〔332〕注331，M. 韦伯，《法社会学》，第53页。

〔333〕注331，M. 韦伯，《法社会学》，第57及下页。

〔334〕对此参见，G. 拉德布鲁赫，《犯罪学说的系统论》，载《赖因哈德·v. 弗兰克纪念文集》，第1卷，1930年，第161页及以下诸页。

是如何彻底地误解了法教义学。弗兰茨·耶若萨莱蒙（1883—1970年）[335]认为，在教义学法学中，完全不涉及真理，而只关心政治目标的确立。因此，法学不得不完全不再关注“正当法”——事实上，它的确也不再这样做了（参见上文 2.2.3.6）。

2.3.5 逻辑的法实证主义，尤其是汉斯·凯尔森的“纯粹法学”

“纯粹法学”[336]的创始人汉斯·凯尔森（1881—1973年），同样从完全对立的立场得出结论：规范的法律教义学不是科学，而是法政策学。[337]汉斯·凯尔森来自鲁道夫·卡尔纳普（1881—1970年）的新实证主义，或逻辑实证主义的维也纳圈子。据这一怀疑的思潮，有意义的和可理解的要么是从逻辑－分析上可被推出的，要么是在经验上可被“确证的”东西。综合－先天判断，如康德假设的，据此派的立场，并不存在。因此，形而上学类型的命题，如价值和规范的合理性，是没有意义的。人们只能描述评价和规范化。 115

---

〔335〕 耶若萨莱蒙，《法学批判》，1948年。

〔336〕 但人们绝不可忽视凯尔森作为规范论者的意义，见殁后（1979年）出版的《规范的一般理论》。对此有K. 奥帕雷克，《凯尔森的〈规范的一般理论〉之思考》，1980年；M. 拉特，《假定与他律——在实然与应然间的汉斯·凯尔森的规范理论》，载《法哲学和社会哲学文汇》第74卷（1988年），第207页及以下诸页。

〔337〕 在浩繁的文献中，当提及较近的：W. 克拉维茨/H. 舍尔斯基（编），《汉斯·凯尔森的法律体系和社会基础》，载《法律理论》增刊第5卷，1984年；注114，R. 德赖尔，《法－道德－意识形态》，第217页及以下诸页；C. 瓦尔加，《汉斯·凯尔森的法律适用学说》，载《法哲学和社会哲学文汇》第76卷（1990），第348页及以下诸页；L. 詹福尔马焦，《汉斯·凯尔森论效力的演绎》，载《法律理论》第21卷（1990），第181页及以下诸页；H. 德赖尔，《汉斯·凯尔森的法律学说，国家社会学和民主理论》，1990年；St. L. 鲍尔森/B. 利切维斯基－鲍尔森（编），《规范性与规范：对凯尔森式论点的批评展望》，1999年；St. L. 鲍尔森/M. 施托莱斯（编），《汉斯·凯尔森：20世纪国家法学家和法律理论家》，2005年。

“纯粹法学”是规范主义的或规范逻辑的法实证主义的最重要表现。凯尔森自己将它称作“法实证主义的理论”，[338]说到了点子上。凯尔森认为心理学的和社会学的法实证主义完全不是法学，因为它只研究事实。法学关心的是应然、规范，它是一门规范科学。作为新康德主义者，凯尔森严格区分了实然与应然，并据此将描述的（说明的）表达，与规章的（规范的）表达区分开来。[339]在“纯粹法学”中只涉及后者。但作为实证主义的理论，纯粹法学仅能以法律规范形式的（逻辑的）结构为对象，而不是其正义的一般内容，因为科学认识不能获得内容。对于凯尔森，正义只是一个“人类的美梦”，我们不知道并将永不知道它是什么。[340]（后来，系统理论家尼克拉斯·卢曼得出了那个简洁的结论，即真理和正义完全不是价值，而仅仅具有“象征功能”：它们的作用是，保证善良的意图，呼吁善良的愿望，表达假设的含意和假定理解的可能性。[341]）

“纯粹法学”探究的是应然，即“纯粹的”法律之应然，这种应然不是伦理学的价值，而仅是一个逻辑结构。因此，最高的要求是“方法的纯粹性”。所以，《纯粹法学》开始就写道：“当它自称为法的‘纯粹’学说时，那是因为它仅想确证一个专注于法的认识，因为基于这一认识，它不想考虑所有不属于精确的、具体的对象，而法属于精确的、具体的对象。这意指：它意欲使法学摆脱一切与其无关的因素”。

---

〔338〕 凯尔森，《何谓纯粹法学？》，载《Z. 贾科梅蒂纪念文集》，1953 年，第 153 页。

〔339〕 已在《国家法学说的主要问题》中提及，1911 年。

〔340〕 凯尔森，《何谓正义？》，1953 年，尤其是第 43 页。

〔341〕 卢曼，《实证法与意识形态》，载《法哲学和社会哲学文汇》第 53 卷（1967），第 567 及下页。详见考夫曼/哈斯默尔，《当代法哲学和法律理论基本问题》，1971 年，第 27 页及以下诸页。

凯尔森特别列举了心理学、社会学、伦理学和政治理论。[342]为了正确评价凯尔森，人们必须考虑到科学的道德，它处在其一如表现出来的令人不感兴趣的法哲学背后。他意欲使法学免作为“绝对价值的宣传”（马克斯·韦伯），免作为政治的和意识形态的思想之幌子被滥用。然而，“纯粹哲学”自身以这种方式被极不公正地滥用了。

凯尔森曾多次和不同地对他的应然理论进行了说明，在此不可能详细论述，仅转介一下其最重要的观点。引自第一版中下面的几句话，表明了其原初观点的特征：“据说，当出现了所谓不公正时，不公
正的结果‘应该’发生，所以，这个作为法的范畴的‘应然’，仅意 116
味着特殊的含义，在这个含义中，法律规定中的法律条件和法律后果休戚相关。这一法的范畴具有一种纯粹的形式特征，并由于这一点，在原则上区别于超验的法理念。不论那些如此被连接的事实构成，可能具有哪些内容，也不论那个视作法律的行为，可能是什么样的类型，应然仍然是可适用的……纯粹法学……使那种在法律规定中与具体条件相连的结果，成为国家的强制行为，它是刑罚和民事的或行政的强制执行，经此，仅仅是假定的事实构成被当作不公正，视条件发生的行为被认定为不公正的结果。不是任何一个内在的品质，也不是任何一个与超法律的规范，即与道德规范相连之关系（但它意味着使实证法具有超验的价值），把一个具体的人之行为看作是违法、犯罪，而仅仅是作为在法律中规定的条件，以强制方式对这种行为作出的反映。”[343]不应忽视，在此，应然有悖于方法地依赖于一些假说和国家强制。另外，明显地这种“纯粹的”应然完全没有内容，因此它能接

---

〔342〕 凯尔森,《纯粹法学》，1934年，第1页（此处仍称生物学），第2版，1960年（1976年重印），第1页。

〔343〕 注342，凯尔森,《纯粹法学》，第1版，1934年，第24页及以下诸页。

受任何愿意接收的内容。凯尔森也意识到这一结果："规范可能也具有无意义的内容"。[344]同样，在第二版中还写到："任何随意的内容可能成为法"。[345]赫尔曼·克伦纳把凯尔森的理论讥讽为"空乏之法"[346]并非全无道理。*

后来，凯尔森修正了他的规范有效性的学说，[347]他在法律规定中看到了假定的判断，即一个根据－结论的关联，他把这种关联称为"归属"，据此，法律规定是一种关于国家组织的未来行为之陈述，其内容为：当某人的行为符合规范的行为构成时，一个具体的国家组织将执行规范并对他进行制裁。但是，在何种程度上，一个这样的陈述不只是一个纯期待，也就是，能创设一个真正的应然呢？这唯有经此才有可能，即国家组织自身将由于第二个法律规定负有义务，当它应执行制裁而未做时，将受到法律的制裁。但显而易见，法律义务应以这种方式，变成这种假定的强制行为的无穷反推。因为当一系列的控制组织不能继续进入无限之中时，凯尔森感到，不得不假设一个"基本规范"，作为一个无矛盾的假定和有意义的秩序，他说，这个基本规
117 范"像一个自然法的规范"那样有效。[348]最终，凯尔森的应然也是一

〔344〕 注342，凯尔森，《纯粹法学》，第104页。

〔345〕 注342，凯尔森，《纯粹法学》，第2版，第201页。

〔346〕 H. 克伦纳，《空乏之法——讨伐纯粹法学》，1972年。参见相反的意见，W. 席尔德，《纯粹法学种种——纪念汉斯·凯尔森和罗伯特·瓦尔特》，1975年。

* 德文"空乏之法"（Rechtsleere），与"法律学说"（Rechtslehre）发音、拼法极为相似，故赫尔曼·克伦纳如此讥讽之。——译者

〔347〕 注342，凯尔森，《纯粹法学》，第2版，第9页和其他处。

〔348〕 凯尔森，《自然法学说和法实证主义之哲学基础》，1928年，第20页。也见该书第66页："由于极具意义的，即无矛盾的秩序这一假设，法学已逾越了纯实证主义的界限。但放弃这一假设可能同时是其自我消解"。这涉及"最低的形而上学"，没有"对法的认识是不可能的"。

个伦理学的范畴。

凯尔森的方法学说是有意义的，因为他认识到一个“法律秩序的类似的等级结构”，[349]一如这个结构从古代，但首先是从经院法学中被说明的，只是在最高处屹立着的，它当然不是逻各斯，即一个客观法或永恒法，而是前述的“基本规范”。但凯尔森把法的实现也完全理解成一个程序，这一程序从宪法经由法律（“基本规范”保障着其有效性），发展到法官的司法行为。当然，从其倾向出发，他可能不把法律制度和法律规定的意义阐释，理解为科学，这一意义阐明是法政策。[350]如果人们不考虑这一点，那么，他的认识似乎是正确的，即，法不是完整地存在于法律之中，以至于能简单地借助形式逻辑的程序就可以被解释出来。法律给了绝大多数寻找法律者一个自由裁量，它必须通过一个基本的造法行为来完成。这个行为如凯尔森所说，为法政治。科学只能确定判决的不同可能性，判决的框架，凯尔森仅将科学称作解释（参见德沃金：法是解释性实践）。

“纯粹法学”对法律理论有强大的影响，但从实践上看，它很少被考虑到，这是可以理解的，因为实践不可能单单大量地从形式和范畴开始。[351]

就像经验实证主义看不到规范一样，规范逻辑的实证主义对实际生活视而不见。怎样对待形式与质料，怎样对待如何与什么的相互关联，一如既往，是法哲学最迫切的难题。

---

〔349〕注342，凯尔森，《纯粹法学》，第2版，第228页及以下诸页。

〔350〕参见凯尔森，《法学中的存在主义》，载《法哲学和社会哲学文汇》第43卷（1957年），第161页及从下诸页，第166页。

〔351〕见G. 温克勒中肯的评价，《纯粹法学的夺目之处与贫困——对汉斯·凯尔森法律理论中实然与应然窘境之理论和精神史沉思》，1988年。

2.3.6 小结

2.3.6.1 如果人们思考一下前面提到的，那么，首先就会提出，存不存在理性的价值判断？[352]一如我们所看到的，总是反复出现两类法律理论：一是演绎方式的，如规范逻辑的实证主义，概念法学和纯粹法学，一是归纳方式的，如鲁道夫·耶林的法学、经验法实证主义、
118 利益法学、自由法运动、经验的法社会学。这两类方向的每一种都声称是真正的法学。严格地说，既不是这种思潮，也不是那种流派是法学。它们充其量是法学的一种视觉。演绎方式的法律理论适合强调法的应然特点，但忽视法的实然因素，即法的事实。在归纳方式的法律理论那里，恰恰相反：它看见实然、实际，但不想说明人们如何能不从价值观念出发达到应然。法律理论与纯演绎无关，一如还要讨论的。但也同样与纯归纳关系不大，因为这甚至与价值观不无关涉。所以，提出了这样的问题：在价值领域，是否存在科学的认识。[353]

2.3.6.2 在大多数情况下，这个问题涉及法学究竟是不是一种科学，我们在此不再继续讨论，而留待第 11 章。[354]只应列出某些观点，其中一种反对法学的科学特点，即，一如首先是卡尔·R. 波普尔（“研究的逻辑学”），该观点为：只有演绎的方法是科学的方法，但法学是规范地处理问题，因此，不是纯演绎的。[355]在此，其前提显得有问题，这一前提为，在真正的科学中，只有演绎可能发生。另一个如理查

〔352〕 详见 A. 考夫曼,《后现代法哲学》，第 2 版，1992 年，第 20 页及以下诸页。

〔353〕 参见一种详细的另类描述：A. 考夫曼,《论法学的认识问题》，载《阿明·考夫曼纪念文集》，1989 年，第 1 页及从下。

〔354〕 也见 A. 考夫曼,《共思法哲学》，载《法学》，1992 年，第 297 页及以下诸页。

〔355〕 将法律理论建立在纯演绎的基础上的企图就失败了（如科赫 / 吕斯曼）。

德·M. 黑尔（1919—2002年），他认为，具体存在着一个“不证自明的价值”，就像有一个“不证自明的观察”。规范性的陈述，如“甲是好的”的普适化是可能的，描述性的陈述，如“甲是红的”的普遍化同理。[356]但这同样没使人明白。尽管人们不接受波普尔的观点：演绎是唯一被允许的时，人们仍将必须承认，在规范性领域中的合意和主体间性，部分取决于其他的因素，这像在描述性领域中一样。另一方面，在法的领域中，主要是在规范性领域中，存在着不证自明的和证伪的标准；体验的和观察之标准（虽然只是在一个借用的意义上）；达到理解的理性论证的标准；主体间性和普适性的标准，这些标准当然很少允许一个唯一的、只有它是真实之答案，在此是指真实的（正确的）认识，因为我们不拥有德沃金的赫拉克勒斯之能力，而允许一个“代表一种声音的”“有说服力的”“可替代的”答案，它与其他同样“合理的”各种回答并存。

2.3.6.3 如果人们从方法论上去观察今日法院的实践，就会得到时间在此停滞了这样一个印象。如同19世纪，同样的推理方法仍占主导，法官“只服从法律”的原则还一直有效，可能仍一直有这样的法官：他们在事实上，相信纯客观的判决仅仅得自法律，与个人的价值判断毫不相干。仅举一例，联邦最高法院在其封锁驻地[357]的判决中强调，必须仅依据刑法典第240条进行涵摄，这本身考虑到可责条款。但人们如何能根据一个像“卑鄙的”这样十分空洞的概念来纯推导式地“涵摄”呢？也即，如何借助一个纯逻辑的三段论，纯演绎地发现一个和唯一的正确答案，而不考虑法官方面的任何评价？抑或人们想 119

〔356〕 R. M. 黑尔，《道德的语言》，1983年，第139页及以下诸页，第144页及以下诸页。

〔357〕《联邦最高法院刑事裁判集》35，270。对此判决的批评见 A. 考夫曼，载《新法学周刊》，1988年，第2581页及以下诸页。

到"涵摄"是由于"客观的习惯法""良俗""所有公道和公正的常情"等因素。如果在此不是处处包含着法官自己的价值观，那么，他们在判决这种（和非常相似的）案件时，完全没有前理解和是非感吗？他们当然有，在这点上的确不应指责他们。应受指责的是，他们对自己的前理解、价值判断、是非感不感兴趣，并因而在判决中写下表面理由；应受指责的是，他们不是干净利落地进行论证，而是最终诉诸权力要求。为不致误解，须指明，无权力、无决定的判决是不可能的，只是务必论证权力的合理性〔358〕。

2.3.6.4 至此，我们仅碰到两种推理：演绎和归纳。

2.3.6.4.1 演绎之于科学是不可或缺的，但不是充分的。它是一种从一般到特殊的推理，是依据演绎方法（参见上文边码第103页的例子）的演绎推理。此一推理是强制性的，但是否导出真实的结论，则取决于前提的真实性。人们观察到下列演绎：1. 前提：一切由立法者在形式上正确颁布的规范均是法；2. 前提：纳粹的种族法律是立法者在形式上正确颁布的；3. 结论：纳粹的种族法律是法。

对纯演绎方式法学的最流行之说明，是尤以拉德布鲁赫和凯尔森所代表的应然和实然的二元方法论，据此，应然仅能被追溯到一个别的（高一级的）应然，而从未诉求于存在。〔359〕假如能纯演绎地发现法，那么，在事实上，每一个法律问题总只存在一个正确的回答。但这只有德沃金的"赫拉克勒斯"能做到，除此，二元方法论不起作用。人

---

〔358〕 参见D. 格林，《作为权力要素的方法》，载《H. 科英纪念文集》，第1卷，1982年，第469页。

〔359〕 见注9，G. 拉德布鲁赫，《法哲学入门》，第19页，《拉德布鲁赫全集》，第3卷，1990年，第137及下页。注342，H. 凯尔森，《纯粹法学》，多处。G. 埃尔沙伊德的论述颇有启发，《伊曼纽尔·康德法哲学中的实然和应然问题》，1968年。

们如何在法之发现中架起从应然通向实然的桥梁呢？拉德布鲁赫后来作出了回答：借助“事情的本性”。

2.3.6.4.2 归纳同样是一个不可缺少的工具，至少对于探究现实的 120
包括法学在内的科学是如此。不同于演绎是一种纯分析，因此它不导致新知识，归纳具有创新性，它引出新的认识，但却不是强制产生的。从特殊到一般的推理，只是在完全归纳中可能是强制的，也即在一切例子可被观察到时，这只存在于数学上，在不可见的许多因素中，而不是在实践中。

在法学中，主要是经验论认为，仅从具体情况出发，无需借助于规范，作出法律判决（这有点是“反向的二元方法论”）。但人们很少能通过纯归纳作出具体的法律判决，一如纯演绎是不可能的。

2.3.6.4.3 我们既不是纯演绎地也不是纯归纳地获得法，这是一个重要的结论。我们需要一种由演绎和归纳组合而成的“推理形式”。这种“推理形式”有二：类比和设证。类比是从一个已知的特殊推断一个未知的特殊，但这只有超越一般才有可能：1. 地球是一个具有 a b c d 特征＋有机生命的行星；2. 火星是一个具有 a b c d ？特征的行星；3. 火星上存在有机生命。这一推断只有通过一般，即依据行为的规律性这一前提，才是可能的。显然，类比提供了新知识（因此，在实践上，类比隐于一切科学之中），但基于假定之上。推断总是处在冒险之中，反推即反向推论也常常可能（例如，人们认为火星与众不同的立论基础是，火星有比地球薄的大气层，因而，在火星上不存在有机生命）。在类比中，待认识的对象不是在其内部及从其本身（在其本质上），而是在关系中被获知的，对象与其他已知的东西具有一种关系。这是一种从在一些特征上一致向在未知的其他特征上一致的推断（“推理”）。但因为在现实中，从未存在完全的相同和完全的不相同，这种推断总是有疑问的。

比类比（它在演绎与归纳之间更接近前者）还要不确定的，是主要由皮尔士创立的设证，〔360〕。此处是从一个已知的一般规律加上各种已知的特殊中，推断出未知的特殊。皮尔士的例子：1. 所有从这个口袋拿出的菜豆是白色的；2. 这些菜豆是白色的（此为已知的，但它们是否来自这个口袋是未知的）；3. 这些菜豆是从这个口袋拿出的。据皮尔士，设证首先有助于假定的发现。类比运用假定，而设证发现假定。

121 2.3.7 法实现过程中的等级结构

我们从法实现过程中的等级结构出发，一如它为许多人所阐释的，其中有许多气质如此不同的大家，如托马斯·阿奎那和汉斯·凯尔森（在此问题上，“等级”这个词应当作形象的理解）。〔361〕在这里，我们区别三个等级：抽象的－普遍的、超实证的和超历史的法律原则，构成第一个等级；〔362〕具体的－普遍的、形式的－实证的、非超历史的但仍在一个或长或短的时期内（“制定法时期”）有效的法律规则，处在第二个等级上；第三等级为具体的、实体的－实证的、历史的法律。或简化为：法律原则—法律规则—法律判决。但在此，人们仅可以对这一次序作逻辑的理解，在本体论上，它们的关系是相反的，因为具体的法律比法律原则（法律理念）更接近实然，更具实然性。

---

〔360〕 Ch. S. 皮尔士，《全集》(许多处)；同作者，《实用主义和效用主义》，K.-O. 阿佩尔编辑，第 2 版，1976 年。全面的评价见 L. 舒尔茨，《查尔斯·桑德斯·皮尔士实用主义哲学的合理特征》，1988 年。

〔361〕 此处及以下详见注 33，A. 考夫曼，《类比与“事情的本性”——兼论类型学说》，第 10 页及以下诸页。

〔362〕 一如处在不同的情况下的法的原则要以内容来充实，它们也不是超历史的。参见，J. 洛姆帕特，《法的原则的历史性》，1976 年。

之于进一步理解，那么有两个同等重要的观点是基本的。第一个观点认为，在法律实现的过程中，上述等级结构不可缺少。因而，这意指：没有法律原则就不存在法律规则，不存在法律规则就没有法律判决。第二个观点是，没有一个等级能从上一个等级中简单地被演绎出来，这就意指：仅仅从法律原则中不能推导出法律规则，仅仅从法律规则中不能推导出法律判决。

凭借第一个观点，我们不敢苟同这样的看法：它们以为，人们能舍弃价值观，从权力（霍布斯），从意志（自由法运动的唯意志论），从利益、期待、他人的角色（利益法学、法社会学）中获得法。“事实的规范性效力”（格尔奥格·耶利内克）不存在，人们总是只有从与价值有关的法定事实：“道德的”权力、“理性的”意志、“有价值的”利益中得出公正的结论。

依第二个在这里引起我们极大兴趣的观点，我们对一切片面的“规范主义的”思潮，同样明确地表示拒绝，这些思潮反过来，只看见价值观、原则、规范、应然，并认为人们能从这里出发，不考虑更多的东西，去获得现实的法。有为数不少的此类尝试（古典自然法、概念法学、规范逻辑实证主义），然而，“规范性的事实效力”显得是一个同样有用的咒语，以架起从观念到现实、从应然到实然的桥梁。但是，这种从其他应然中为实然进行应然的演绎的规范主义基于一个假象，而事情不是纯规范性的，总是渗入经验及实然。

在此我们要再次确认，法之发现是对演绎－归纳进行类比发生的。人们需要应然和实然要素，法原本是类比的。没有实然要素，不考虑法律应对之有效的预知的可能情况，立法也是不可能的。

如果人们意欲图解式地介绍法律实现的过程，在这一过程中，演 122
绎－归纳一直是同时发生的，而不是先后或并列的，那么，这个过程必定有点像一个反向的螺旋梯。可能拉德布鲁赫隧道的例子更形象一些（上文边码第 89 页）。

2.3.8 法律方法的诠释学理解

诠释学在前面（2.2.5.4.1）被作为在根本上被称作语言和意义理解的可能之条件的先验哲学而不是方法来介绍的。它不涉及有血有肉的法官事实上的前理解，而超越主体－客体图式的法官之思维形式，关注实际的、内容上的意义理解。[363]现在，人们也经常称此事实上的方法过程为“诠释学”。但这仅在人们必须知道，此种“诠释学”不是先验哲学而是方法，才在一定程度上是允许的。反对诠释学的异议：认为它是非理性的、主观主义的、非科学的，几乎总是针对这第二种诠释学，在根本上也是针对法律方法的。

下面，我们欲阐发的不是诠释学方法，而是据诠释学观点来观察在法律发现时，在方法上所做（及应做）的。这便探讨的是对法律方法的诠释学理解（这种观点包含着，也可能存在着对法律方法的其他理解，只是这些理解不应绝对化）。

请读者就下面的内容时常参看图式 6 和 7。

2.3.8.1 我们从下面那个联邦最高法院曾不得不作出判决的刑事案件开始。[364]案情听上去十分简单。一个男人将盐酸泼在一位女收款员的脸上，然后抢走了其钱盒。关键的法律问题是，盐酸是否为严重抢劫含义上的“武器”（刑法典第 250 条：或“用其他的工具或手段”这个特征，只是根据联邦最高法院一些判决的情况被吸纳进法律，明

〔363〕 对此还见 J. 施特尔马赫，《法哲学的诠释学观》，1991 年。

〔364〕《联邦最高法院刑事裁判集》1，1。

显地，立法者认为联邦最高法院的这个判决是非常站不住脚的）。* 如果人们根据原初的实证主义观，将法律解释与行为事实之确定视作分离的行为，人们便毫无进展。据字面含义及可能的词语意义（非常类似[365]），盐酸不是武器。另一方面，撇开规范去确定行为事实，不产生盐酸是否为武器的问题。只是把这个行为“先理解”为可能是一个严重抢劫案，才会遭遇这个问题。假如人们是另外地看待此案，如，将之“先理解”为企图谋杀她，那么，盐酸是不是武器的问题，完全 123
无甚意义。人们看到，缺乏有意义的前理解，从未获得相关的法律问题。在此，也应充分地认识理解过程的“循环”：只有当我知晓什么是严重抢劫时，我才能将一个具体的案件理解成严重抢劫案；而何谓严重抢劫，不正确地去分析具体的案件，便无从得知。法律规范对“**事实构成**”（**解释**）的建构发生在案件中，案件对“**个案事实**”（**拟制**）的建构发生在法律规范中——并且这种建构总是创造性、独创性行为，它发生在涵摄之前（虽然在“清楚的”案件中，建构与涵摄似乎是合二为一的）。

案件与规范是方法过程的“原材料”，未经加工，它们根本不可以相互归类，因为它们处在不同层面的范畴中。规范属于抽象性 - 普遍性上定义之应然，具有未终了的诸多事实的案件，则属于杂乱无章的

---

* 据考夫曼另外的介绍，联邦最高法院在此案中认定盐酸为武器，但遭多数人反对。于是，立法者将该条“行为人……携带武器进行抢劫……”，修改成“……携带武器或别的危险工具，用其他的工具或手段……”，争议遂告平息。此案在方法论上很有意义。详见 A. 考夫曼，《法哲学》，1997 年，第 2 版，第 77 页，第 86 页及以下诸页。——译者

〔365〕 参见 U. 诺伊曼，《联邦最高法院刑事庭判决中作为解释界限的“可能的词语意义”》，载 U. 诺伊曼 /J. 拉尔夫 /E. v. 萨维尼，《法律教义学与科学理论》，1976 年，第 42 页及以下诸页；G. 贝曼，《刑法中作为解释界限的自然的词语含意》，载《德国法月刊》，1958 年，第 394 页及以下诸页。

无定形之实然。只有在用经验来丰富规范，用规范性来丰富案件之后，其方式为它们相互“适应”，并应对这种适应通过论证加以说明，归类方为可能。

2.3.8.2 在法律判决中，行为事实与规范必须“适应”（在此涉及类比）。另种表述为：由于案件与规范处在范畴的不同层面，因而它们本来就不是一回事，行为事实与规范必须通过一个积极的建构性行为被等置（“等置理论”，卡尔·恩吉施、阿图尔·考夫曼）。这种等置从未仅是决定和推理，也不仅是解释（而也是拟制），它只有在这种前提下方为可能，即案件与规范虽不相同，然而却相似，即在法之意旨（ratio iuris）这个具体点上是相似的。为了能等置规范与案件，必须存在意义关系中的同一性。

那么，联邦最高法院如何使“盐酸”与“武器”等量齐观呢？据字面含义及可能的词语意义这是有疑问的。系统的要素也不必定实现这一点，因为在法律规定（武器法）中，没有一处将化学物品当作武器。主观（历史）解释[366]同样无能为力去说历史上的立法者曾有这样的理解。联邦最高法院得出自己的结论，只是基于一个极端的客观目的论[367]的扩大解释，这个解释推进到类比之中。[368]客观目的论解释本身是可疑的，因为它使法官极大地超乎法律之上。当所有的其他解释准则禁止如此等量齐观时，那么至少有一种不允许的类比。因此，联邦最高法院本来需运用反向推论，并否定此为严重抢劫。

---

〔366〕 见U. 施罗特,《刑法中主观解释的理论和实践》，1983年；W. 瑙克,《刑法中主观解释的功效》，载《K. 恩吉施纪念文集》，1969年，第274页及以下诸页。

〔367〕 对此参见R. D. 赫茨贝格,《目的论解释批判》，载《新法学周刊》，1990年，第2525页及以下诸页；J. 米腾茨韦,《目的论法律解释》，1989年。

〔368〕 关于过度扩大解释之危害见P. 费尔腾/O. 默滕斯,《无限法律解释批判》，载《法哲学和社会哲学文汇》第76卷（1990），第516页及以下诸页。

2.3.8.3 在此要将所有介绍过的图式之含义作一详解是不可能的。124
但仍须指出：传统的实证主义方法论，把“法律适用”视为常态，而将“法律发现”看作在质上与“法律适用”相异的例外。这一来，“法官的自由法律续造”在事实上非常成问题，因为法官在这里蔑视分权原则，篡居立法者之地位。[369]当然这不是什么新论。托马斯·霍布斯说：立法者不是因其权威首先使法律被制定出来的人，而是因其权威使法律继续成为法律的人。[370]同样，通过“纯”法律适用就使法律继续成为法律。所以，不同的法律发现形式事实上的区别，也不在于质上，而在于法律扩大的程度：数字概念—明确的字面含义—可能的词语含义—法律目的—类比/反向推论—法官自由造法。

与实证主义观点相反，法律的未完成性不是什么缺陷，相反，它是先天的和必然的特点。法律不能被定义精确地表达，因为法律是为案件制定的，而案件的多样性是无限的。一个自成一体的、完备的、无懈可击的、清楚明了的法律（如果可能的话），也许会导致法律停滞不前。这对法律的概念适用同样重要。[371]除了少许数量概念外，各种法律概念和法的概念是不清晰的，它们不是抽象-普遍的和纯描述的概念，而是类型概念、次序概念，在那里，它们不是非此即彼，而是或多或少。[372]在严重抢劫含义上的“武器”，不是一个“概念”，而

---

〔369〕关于法的发现之文献浩如烟海，当提及的为：F. 维亚克尔，《法律与法官技艺——论超法律的法秩序问题》，1958年；R. 劳特曼，《自由的法律发现与法律适用的方法》，1967年；R. 奥戈雷克，《法官国王还是推理自主？》，1986年；F. 米勒，《法官之法》，1986年。

〔370〕F. 佐姆洛的英文著作《法律基本学说》，第2版，1927年（1973年重版），第96页。

〔371〕对此参见一般性的著述：哈格，雅普/冯·普福尔滕，迪特马尔（编），《法律中的概念》，2012年。

〔372〕详见注28，A. 考夫曼，《类比与“事情的本性”——兼论类型学说》，第44页及以下诸页。

是一个规范性“类型概念”。自然，在此，也恰好在此提出了那个问题：在多大程度上，这种类型概念是可开放的，在多大范围内，必须确定抽象－普遍的概念之边界。详细的分析可能超出可供使用的篇幅。

2.3.8.4 一如上述，**立法的方法**类似于法律适用的方法。法律适用（法律发现）是一个类比的过程，在这一过程中，法律（应然）和案件（实然）彼此相互关联地被加工：通过对案件的解释，一个具体化了的“事实构成”从法律中产生，通过对法律的拟制，一个类型化了的“行为事实”从单个（无定形）的案件中形成；比较的对象是“意旨”（法之意旨），在此意旨中，事实构成与行为事实相互“适应”，如果它们不适应，法律规范就不能被适用。同样，抑或人们愿意把这个过程“掉过个”，立法也可以这样理解。法律观念及一般法律原则，
125 如各得其所、遵守契约、黄金规则、绝对命令、公平原则、责任、宽容及其他（应然规则），与待规定的、可能为立法者考虑到的、预设的生活行为事实，必须在一个相互关联的（类比的）过程中彼此被加工，以使它们相互“**适应**”“**等置**”也在此发生。立法者将一组生活行为事实，它们据一个被视为“本质的”观点（如行为能力），证明是“相同”的，概括成一个用概念表达的法律规范，并规定其法律后果。为了实现平等的命令，在法律规范中被平等地“规定”的东西，在实际中却从未真正是“平等的”：七岁的孩子与十七岁的人是不同的，但降低了行为能力的某种等置却必须发生。这同时还表明：这种等置也总是不等置：未到七岁的孩子和已经十八岁的人，被排斥在这一规范之外。

2.3.8.5 主要的问题依然是**方法选择**。法院在这一点上仍一直是任意行事。在这方面，现代论证理论此时取得了众人瞩目的进步。尤其是罗伯特·阿列克西创制了令人印象非常深刻的规章性论证规则和

优先规则。[373] 其缺陷仅仅是，这些规则虽然适合乎理性的商谈，但不适合法院的程序。不错，阿列克西把这解释成为合乎理性的商谈的“特例”，[374] 但却走向了不法。法院的程序不是无控制的，参与人受法律，也受有缺陷的法律约束，程序不可能被推至无限延续，或也不可能只至“论证的满足”(何时存在一个统一的满足呢？)就打住，相反，未取得合意也要终结，程序不仅必须服务于真理和正义，还要和优先效力于法律和平，因此，法院的判决，也包括不公正的判决，产生法律约束力，这在合乎理性的商谈中完全不可能。[375] 是否所有参与法院程序的人，实际上“要求唯理地论证”，阿列克西称之为其特例理论的本质，[376] 允许每个或曾为（刑事）法官的人表现出最大的怀疑，但尽管如此，只要人们没有将“唯性的”这个词，淡化为一个完全的形式范畴，而是将它首先理解成**内容上的**理性（**理智**），单从法院的程序中，尚不可能形成合乎理性的商谈。

另外，关于优先规则这一问题，在下一部分还将有所涉及。

2.4 正义的程序理论 126

一如我们所知，康德在其“先验哲学”中总结道：“纯粹的直观仅包括**形式**，根据形式某些东西被直观到”，“纯粹的概念，在根本上只

〔373〕 R. 阿列克西,《法律论证理论》，第 2 版，1991 年。

〔374〕 注 373，R. 阿列克西,《法律论证理论》，第 261 页及以下诸页，第 426 页及以下诸页。

〔375〕 对此见（附有大量的资料）A. 考夫曼,《刑事案件中主审程序可以看作是唯理的争辩吗？》，载 H. 容 /H. 米勒－迪茨（编）,《刑事程序的教义学和实践——格哈德 · 基尔魏因六十五华诞纪念》，1989 年，第 15 页及以下诸页。

〔376〕 注 373，R. 阿列克西,《法律论证理论》，第 428 页及以下诸页。

是思考对象的形式”（见上文2.2.3.3.2）。源于经验的内容仅适合于后天的事物。但如果是这样，那么，人们应不再去探求，坚实的内容是否可以从形式中获得？事实上，“纯形式”能产生摆脱了现象的欺骗之内容这种想法，吸引了许多思想家。一如在第3章（3.2.7）中要展示的，康德的绝对命令源于这类观念。今天，种种类似的尝试不少被称为“程序理论”。[377]由于在下一章中对此将有详述，这里的叙说限定在必须适合我们的意图上。

2.4.1　系统理论

源于塔尔科特·帕森斯（1902—1979年），之于我们主要由尼克拉斯·卢曼（1927—1998年）所代表的系统理论，只能在有限的意义上被视为一种程序正义论。因为依此完全不存在诸如“正确性”“正义”“真理”。毋宁说，它们只是一种人们用来控制善良的意图、表达假定的合意之象征。由于根据这种理论，系统的功能是无所不包的。因而，从特殊的系统主义立场出发，对他进行批评是不可能的。系统制造自我，并（经由学习过程）自我承认：“通过程序具有合法性”[378]，重要的不是“正义”将实现（甚至根本不存在正义），而是系统发挥功效，借此来降低社会的复杂性。

卢曼的这套主张内部非常坚实。但他同时指出：一个完全一致地被贯彻的纯程序理论，丝毫不再容忍内容。完全不存在源于“如何”

---

〔377〕对此见A. 考夫曼，《法与唯理性》，载《法治国与人之尊严——W. 迈霍菲尔七十华诞纪念文集》，1988年，第11页及以下诸页；同作者，《程序正义论》，1989年；同作者，《后现代法哲学》，第2版，1992年。其它观点的有：R. 阿列克西，《法律论证的程序理论之观念》，载《法律理论》增刊第2卷（1981年），第177页及以下诸页。

〔378〕N. 卢曼，《通过程序的合法性》，1969年。注200，阿图尔·考夫曼/温弗里德·哈斯默尔，《当代法哲学和法律理论基本问题》，第27页及以下诸页（有进一步的论述）。

的“什么”，只存在“如何”。因而，法绝对是可替换的。尽管这个功能主义在内部是无矛盾的，但基于理论及实践的理由必须对它进行辩驳。在理论上，这种关于法的主张其基础的目标–手段结构不合理。[379]在实践上，这种极端的简化论在整体上既不可能被理解为伦理的合理性，也不可能被理解为法律教义的合理性。

2.4.2 契约模式 127

现在来考察一下其他力图获得内容的非功能主义程序理论。那首先须提到**契约模式**，它是“政治契约”及社会契约观（霍布斯、洛克、普芬道夫、卢梭、康德及其他人）的某种复兴。[380]最著名的是约翰·罗尔斯（1921—2002年）的正义论。[381]那里所探讨的是，获得可普适化规范之途径为：判断者置身在假设的原初状态（“original position”）中，排除权力差别，保证每个人有平等的自由，以及——这是吸引人之处——每一个人被置于对地位的无知之中，人自身在一个未来的秩序中，将处在这个位置上（无知之幕）。罗尔斯认为，在这种假设的原初状态中，契约伙伴将在下列两个正义原则上达到一致：1. 人人享有基本自由的最全面制度的平等权利，这种制度对所有人是可能的；2. 社会和经济的不平等必须是如下安排的：（a）在公平的储存原则的限制下，它们必须给最不利的人带来最大的好处（所谓的最大化

〔379〕 D. 冯·普福尔滕，《什么是法律？目标与手段》，载《法律人报》，2008年，第641—652页；同作者，《法哲学：一个导论》，2013年，第22页及以下诸页。

〔380〕 有许多相关文献。最新的为：I. 克恩/H. P. 米勒（编），《正义、论辩还是交易？——契约论新观》，1986年；O. 赫费，《政治正义——法和国家批判哲学基础》，1987年，第441页及以下诸页；W. 本德尔，《伦理性判断形成》，1988年，第92页及以下诸页。

〔381〕 J. 罗尔斯，《正义论》，1975年（1991年德文第5版）；同作者，《作为公平的正义》，1977年。详见 O. 赫费（编），《论约翰·罗尔斯的正义论》，1977年。

或差异原则）（b）它们必须与职务和地位相联系，这些职务和地位根据平等的机会向所有人开放。[382]这在很大程度上可能是合理的。但是，为什么虚构的契约伙伴恰好达成这些规则呢？是因为罗尔斯已经假定了一定内容的正义观——因此，这些规则，当然是他自己的即他那个社会的，确切地说是20世纪五六十年代美国社会的规则，在罗尔斯的原初状态中达成一致的东西，与我们今天对道德和法的理解一致，一旦停止作这种理解，罗尔斯论证的说服力也就终结了。

因此，内容不是，至少不仅是从形式、程序中获得的。不应忽视证明运用中的循环。这不是指责，而是一种强调。应完全予以积极地评判：罗尔斯走向了正义的内容。他也重新找到抵抗权的位置，而根据实证主义的看法，不可能存在抵抗权（因为不存在反对法的权利，之于实证主义，每一个法律，哪怕是最卑鄙的，都是法）。对不公正的法律之服从义务问题将被详细探讨。[383]但罗尔斯对“传统的抵抗权”无甚大的兴趣，传统的抵抗权被用于反对非公正的、专制的国家和法秩序（如对第三帝国的抵抗）。[384]相反，他感兴趣的是在一个“大体公正的”社
128 会中的抵抗权，他全不将之称为“抵抗”，而说成“**公民不服从**”。[385]这里不可能得知，在什么前提下，罗尔斯认为在法治国（因为这毕竟涉及法治国）中抵抗是合法的。这个主题极大的现实性众所周知，[386]它是一个重要的主题，这从“公民不服从”之目的，或依据自己的语言习

[382] 注381，罗尔斯，《正义论》，第336页。

[383] 注381，罗尔斯，《正义论》，第386页及以下诸页。

[384] 见文件集，阿图尔·考夫曼（编），《抵抗权》，1972年。

[385] 注381，罗尔斯，《正义论》，第399页及以下诸页。关于抵抗权中多数规则的问题见上书第392页及以下诸页。

[386] 有许多相关文献。如彼得·格洛茨（编），《法治国中的公民不服从》，1983年；W. 哈斯默尔，《公民不服从——一个正当的理由？》，载《鲁道夫·瓦塞尔曼纪念文集》，1985年，第325页及以下诸页；注114，R. 德赖尔，《法－道德－意识形态》，第39页及以下诸页。

惯说成“小规模抵抗权”之目的中可以看出：在一个“大体公正的”社会中，应作出“小的”抵抗，以便不变为完全非公正的国家，而必须进行“大的”抵抗。[387]

2.4.3 商谈模式

回到程序的正义理论。于尔根·哈贝马斯（1929年生）反罗尔斯之道行之：应该在道德论证中被解决的任务，不可能独断地完成，而要求合作。道德论证旨在恢复被破坏的合意。因为在规范引导的相互作用领域中的冲突，直接源于一个被破坏的规范性同意。[388]哈贝马斯提出商谈模式来应对契约模式，这个模式在法哲学中，至少也与罗尔斯的方案一样，业已引起了反响。

哈贝马斯提出了，从唯理的沟通程序中，获得真实的及正确的内容这一任务，在此，理论商谈关涉经验性事实的真实性，实践商谈关涉规范性论述的正确性。[389]其存在的问题是，是否允许像真实的事实一样，去类似地说明公正的规范，换句话，是否存在一个与观察的不证自明性相适应的价值的不证自明性。进一步的特殊问题是，法律论证究竟是否适于唯理商谈模式。对这两个问题上文已表明了立场。

哈贝马斯并非不知，唯有一个合理说明的合意，才能是真理及正确性的标准。但什么赋予合意以合法性呢？哈贝马斯以颇引人注目的方式作答道：“更好地论证的效力”，仅能通过论辩的形式特征来解释，而不是，如，要么通过陈述的逻辑一致性——它是论证关联的基

〔387〕 参见阿图尔·考夫曼，《不服从统治当局》，1991年。

〔388〕 J.哈贝马斯，《道德意识与沟通行为》，1983年，第76及下页。

〔389〕 哈贝马斯，《沟通行为理论的探讨和补充》，1984年，第127页及以下诸页，第179页。

础——要么通过经验的不证自明性，它从外部同样侵入论证之中。那么，将合理说明的合意，证为真理及正确性标准的论辩之形式特征是什么呢？继斯特芬·图尔敏[390]之后，哈贝马斯将这个标准视为“理想
129 对话情景”的条件：所有对话的参加者机会平等，言谈自由，没有特权，诚实，免于强制。[391]

事实上，在此，本质上可以存在着唯理的和理想的商谈的各种条件。但为何商谈使一些东西（经验事实、法律规范）生成真实性和正确性，而在那里本来没有什么东西以商谈为基础？我们在此是否重新拥有了这个来自形式的、充满神秘的质料的自然发生？我们曾在康德那里观察到了它，即“自然法的循环”，它为我们在所有内容性地说明正义的场合所碰到。[392]哈贝马斯的模式也行不通，虽然“更好地论证的原则”可能成为一个解决办法，但由于在哈贝马斯处概不存在优先规则，一切保持着不确定，所以，“更好地论证的原则”最终是一个“空洞的原则”。[393]

在这点上，罗尔斯式的模式占优，因为可以从这个模式的差别化原则中，推导出具体论证的伦理优先性，尤其可从这一原则中导出，即应给予处境不利的人优先决定的论证。[394]这与人们称作“消极功能

---

〔390〕 St. 图尔敏，《论证的应用》，1978年。

〔391〕 注389，哈贝马斯，《沟通行为理论的探讨和补充》，第160页，第179页及以下诸页。——类似的看法在Ch. 佩雷尔曼处可见，《论正义》，1967年，第149页及以下诸页：“广大的听众”。

〔392〕 “结构论者”P. 洛伦岑、O. 施韦默尔、J. 米特尔施特拉斯、F. 坎巴特尔等人，已作出了一个有意义的，但最终也未具说服力的尝试，去说明科学知识与理性言谈及理性行为的实践“无循环”。

〔393〕 参见I. 克恩，《从哈贝马斯到罗尔斯——实践论辩与契约模式的决定逻辑比较》，载注380，克恩/米勒（编），《正义，论辩还是交易？——契约论新观》，第93页及以下诸页。

〔394〕 注381，J. 罗尔斯，《正义论》，第291页及以下等处。

主义”的东西有一定的相似性：代替“积极功能主义”，放弃最大多数人的最大幸福（如何使“幸福”普遍化呢？什么东西伴随着不幸者们呢？），罗尔斯满足于要求最大可能地减少不幸，即应力求达到很小程度的不幸，只是不管如何实现，并且因此负担应以最好的方法产生。[395]也当提到宽容原则，据此是指，罗尔斯的论证，或那个具有较大宽容度的善所拥有的优先地位，成为疑问，在此，这个原则须被视为总是与责任原则（汉斯·约纳斯）相连。这可能导致一个棘手的问题，如，宽容是否应仅运用于孕妇而不同时适用于未出生的孩子，在不同的情况中，应不同地回答冲突，何处存在着较大的宽容度，视情况而定。

商谈理论或合意理论详尽地显示出，无论如何，内容主要源于经验。谁认为它只是从形式、从纯程序中获得内容，谁就落败于自我欺骗。如果内容至少也源于经验，那么，它不是绝对有效的。因此，合意原则不仅也没有保证真理的“终极理由”[396]，而且从未保证说服力、
可能性、有风险的决定。不应指责程序理论出现在其论证循环和未经 130
证实的假设中，相反，应予指责的是，这没有被公开。每个对真理或正义提出内容性陈述的人，必定迫不得已地在未经证明的假设之上进行构建，并循环地进行，一如逻辑学也必须运用所包含的各种定义。但这不是反对内容性说明本身，而只是反对强调内容性说明的绝对性。

上述所言也适合于尤其是由卡尔－奥托·阿佩尔创立的商谈伦理学。[397]在这种商谈伦理学中，不关涉“善和恶”“善良的生活”“生活

〔395〕见注314，A. 考夫曼，《后现代法哲学》，尤为第51页。（有文献索引）

〔396〕注389，哈贝马斯，《沟通行为理论的探讨和补充》，第179页，及尤其是K.-O. 阿佩尔，《论辩与责任——向后惯例性道德过渡之问题》，1988年，第8，117及下页，143页及以下诸页，198页及以下诸页，347页及以下诸页，406页及以下诸页等处。

〔397〕注396，K.-O. 阿佩尔，《论辩与责任——向后惯例性道德过渡之问题》，多处。最新的为K.-O. 阿佩尔/M. 克特纳（编），《论辩伦理在政治、法和科学中的运用》，1992年。

世界”等，仅涉及“正确的－不正确的”问题。在此，什么是正确的或不正确的，仅指向论辩的形式规则。什么是“正确的”，由形式规则的合意决定，形式规则发生在一个“理想的沟通共同体”中，不考虑合意的内容，即使这种合意在绝对的恶（一个合宪产生的卑鄙的法律）上达成一致。除了合意这个可疑的作用外，[398]还应驳斥道，这种合意总仅仅是一个虚构，它不能在经验上确定。应这样来看待所强调的作用：好像唯有合意能证实所有这种断言。但在事实上（De facto），这种合意不能被获得，因为理想的商谈仅仅是一个思维程序，它只是反映在商谈伦理学家的大脑中，原则上没有内容。商谈伦理仅有一个唯一的道德原则，即普适性原理。查尔斯·泰勒[399]正确地说道，这个纯程序伦理是不可把握的，因此它必须被追溯到智慧（φρόνησις）伦理那里，这种智慧伦理对善的概念负有义务。[400]

我们不认为商谈模式有错，但的确需要补充。真理合意论必须被拓展至真理趋同论。

从理性原则（理性“在其所有的活动中必须服从于批判”[401]）中产生了商谈的三个支柱：论证原则、合意及一致原则和缺陷原则。[402]

据论证原则、唯理的商谈产生于一个自由的论证共同体，在这一共同体中，所有的论证是允许的。其目标是通过合意建立主体间性。

〔398〕 见 O. 魏因伯格精到的批评，《论辩伦理在科学、法和政治中的作用》，载《法律理论》增刊第 2 卷（1981 年），第 147 页及以下诸页。

〔399〕 Ch. 泰勒，《程序伦理的动机》，载 W. 屈尔曼（编），《道德性与习惯性——黑格尔和论辩伦理问题》，1986 年，第 110 页及以下诸页。

〔400〕 详见注 314，A. 考夫曼，《后现代法哲学》，第 45 页及以下诸页。

〔401〕 康德，《纯粹理性批判》，B 版第 766 及下页。它与今天关联着卡尔·波普尔的被称为“批判审视的理念”没有大的差别。

〔402〕 详见阿图尔·考夫曼，《论法学的科学性——真理一致论综观》，载《法哲学和社会哲学文汇》第 72 卷（1986），第 425 页及以下诸页。

认识和承认处在彼此的交互作用中（皮尔士反对康德）。

论证原则需要通过合意及趋同原则和缺陷原则来补充。这是说，没有一个合意是终极有效的，相反，每一个陈述，每一种推理，每一个论证基本上都是有缺陷的，因而原则上是可修正的。一个例外是：合意原则本身，即“未达成合意是定论”这句话，没有缺陷，但除此之外，可能存在一个最终有效的合意，不能成立，这也许是合意原则的反面。 131

因而，人们肯定不能固守缺陷主义，必须同时进行论证。但问题是，什么使唯理的论证成为可能。根据卡尔·R. 波普尔（1902—1994年）[403]的“批判理性主义”，一个实证的说明和验证，在下列意义上是不可能的，即封闭地和强迫地证明一个陈述。可能的只是，通过让它们在事实面前失败去证伪陈述，反驳理论。其背后存在着皮尔士曾要去发现的思想，即如果长期不能去证伪一个陈述，一种假定及此类东西，那么，其真理的假设也许是合理的，因为我们的错误可能长期保留着。[404]

证伪在科学中发挥着突出的作用，这无可怀疑。这尤适用于法，然而，我们在大多数情况下不能说，什么是绝对“正当法”，或何谓“善良风俗”，只能说，绝对不公正的和绝对非道德的为何者。[405]但不可能只要去证伪就行了。实践科学有一个任务：不仅仅去证伪，还必须去证立。为此，归纳是必不可少的，尽管波普尔不愿承认它为科学

〔403〕 尤见K. R. 波普尔，《研究的逻辑》，第7版，1982年。详尽的提示（也包括对波普尔的学生伊姆瑞·拉卡托斯和汉斯·阿尔伯特）见注402，阿图尔·考夫曼，《论法学的科学性——真理一致论综观》，第438及下页。

〔404〕 参见克劳斯·厄席勒尔，载查尔斯·S. 皮尔士，《论我们思想的明晰性》，克劳斯·厄勒作序、翻译并评注，1986年，第97页及以下诸页，第112页。

〔405〕 拉德布鲁赫的“法律的不法”公式（上文2.2.5.1）在根本上不外乎一个证伪。

的方法。[406]换句话，我们必须以经验为支撑。

合意论的缺点主要在于，它认为，没有经验和诸如含有实体之内容的东西也能过得去。这与这样一种基本的真理观相连，即真理仅仅关系到对实际的陈述（真理合意论），而与实际本身无关（真理符合论）。[407]但因其片面性它不可能是正确的。所以，真理的发现变成一个自在的行为，这个行为对结果是必要的，同时将达成合意的恶承认为合法的——因为据说是，人们是够放肆地信奉这样一个原理，诸如形式正确的达成合意可能（per se）不为错和恶（那个不现实的解决办法，即唯有全体人的合意才具有产生真理的能力，没有实践意义，因为不存在这样一个各方面的同意，且将永不存在）。

132 一个已达成的合意，也包括已具有的合意能力，是真实，即“正当法”存在着的十分重要之标志。但合意不可能是一个终极理由。根本上看，合意理论所追求的纯形式是不可能的。

2.4.4 趋同模式

陈述的真实性和正确性的固有标准，也不是合意的存在，而是这样的状况：多个论及同一对象的相互独立的主体，达成实质性的趋同认识。“真理趋同论”[408]（重新接受真理关联论这个旧思想）[409]的

〔406〕见 R. 维特曼，《归纳逻辑与法学》，载《法律理论》第 9 卷（1978 年），第 43 页及以下诸页。

〔407〕注 389，哈贝马斯，《沟通行为理论的探讨和补充》，第 149 页及以下诸页。

〔408〕萌芽见阿图尔·考夫曼，《克服法哲学相对主义的思考》，载《法哲学和社会哲学文汇》第 46 卷（1986 年），第 553 页及以下诸页，（有详尽论证）。注 402，同作者，《论法学的科学性——真理一致论综观》，第 441 及下页；同作者，《以哲学真理论为检测标准的刑法陈述理论》，载《J. 鲍曼纪念文集》，1992 年，第 119 页及以下诸页。

〔409〕参见 L. 布鲁诺·蓬特尔，《近代哲学中的真理论》，1983 年，第 172 页及以下诸页。第 205 页及以下诸页。

基础，存在于下列思考中：每个认识中的主观因素，出自其他的源泉，相反，每个客观的因素，源于自身的存在。因此，相互对立的主观因素相互削弱或完全抵消，反之，客观因素全部指向存在的统一点，并证明是合理的。

因此，我们不再讨论纯符合论和实体本体论思维，而坚持程序立场：有关规范性的知识，是认知者的产品——然而，也不仅仅是认知者的产品，求真程序不应像明希豪森所做的，用自己的辫子将自己拔出泥潭。实践的、规范的商谈也必须有自己的“对象”，但在哈贝马斯的模式中（据称）却没有。

但现在重要的是，要确定在规范性论辩中不存在实体的对象。然而，假如人们从中得出结论，这种商谈根本就缺乏在商谈之外的东西，尽管这些东西仍处在未完成的状态之中，却是错误的。每个法律人知道，不存在一个缺乏程序对象的程序，程序对象赋予了程序以身份类型。他也知晓，一方面，这种程序对象，在程序开始之前作为程序对象未完全确定的，相反，而是作为具有法律关系特征的历史事件预先摆在那里的。另一方面，这种程序对象仅仅是在程序中获得其详细的和具体的轮廓。规范科学——伦理学、规范理论、法学——的“对象”绝非实体，而是关系、关联。皮尔士所取得的巨大进步，即从仅了解特征评价的亚里士多德和康德的逻辑学，到关联评价的逻辑学，必须首先还要在法哲学和法理论中被理解。[410]

如果论证理论只称为形式规则，一如必须理性地论证，这是一个 133
“理想对话情景”的条件，它可能仅有权确定，合意是形式上正确地被

〔410〕 详见注 103，阿图尔·考夫曼，《法律逻辑学与本体论的关系初探——个人的法律理论基础》，第 260 页及以下诸页。

作出，但它不能声称达到内容性的东西，如规范的真实性及正确性。这种唯理的、旨在合意的商谈，不言说什么是真实的或正确的，不言说我们应做什么。它没有替代商谈伙伴的知识和经验，而以完善这些知识和经验为前提。唯有当论证伙伴赋予商谈以不是商谈本身的内容，即“主题”时，在此，主题的具体固定，在大多数情况下，只是发生在商谈的进程中，他才能获得真实的及正确的结论。

2.5 以个人为基础的程序正义论提纲

我们的思考已集中到这样一个关键问题：究竟何谓正义商谈的“对象”“主题”？据至此所说到的，这个（完全不是在实体意义上理解的）“对象”，既不可能完全处在法之发现过程之外，也非完全处在之中——否则，我们又陷入实体本体论和功能主义。我们需要一个兼具实然性和程序性的现象。这个被寻找的东西可能只是人，但不是经验的人，而是作为个人的人，但此人不是在伦理学或人类学意义上，而是在地道的逻辑本体论含义上，作为“角色”，作为关系的总体，存在于此人与他人，或与物的关系之中。[411]一切秩序具有一个这样的关系特征。[412]人类的个人关系是，确定与法律论辩同一的东西，因为在根本上，权利获得合法性，总是仅由于同意一切作为个人的人，具有各得其所之权利（这首先通过基本权利及人权的承认和保障）。对此，黑

〔411〕 对此 W. 迈霍菲尔的《法与存在——法本体论引论》，1954 年，和 L. 菲利普斯的《社会角色的本体论》，1963 年，作了重要的铺垫。

〔412〕 托马斯·阿奎那曾言：“秩序非实体而是关系”，《神学大全》I，116，2。W. 迈霍菲尔也将秩序称为一个“类似物的构造”，《人类秩序之意义》，1956 年，尤其是第 64 页及以下诸页。

格尔曾说过，法的命令是："成为一个人，并尊重他人为人"。[413]

但应强调：个人不是实体，而是关系，具体说：个人是关系和关联的结构统一体。[414]在此意义上，个人是规范性论辩的"如何"与"什么"，"主体"与"客体"的统一体，他是这个论辩过程之中和超乎之外的预设物与创造者，他不是静止的和永恒的，但在其动力学－历史的形态上，不是随便可把握的。因此本身也展示出，一切理解的（诠释学的）循环由于人的个人性引起，因而是不可废除的。同样显而
易见，真理趋同论不是相对于真理符合论和真理合意论的第三者，相 134
反，它们是有意义地结合在一起的。

当然，认识论的客观性对于真理趋同论也是必需的。它在根本上只表明，在认识过程中客观性如何脱离主观性。但它本身不是一个将主观性与客观性相互分离的工具。主体－客体图式意义上一般的、抽象的分离，在同为主体－客体的关联和个人那里，本来就不可能存在。它本来就与这两个因素的分离完全无涉，相反，只涉及证明客观性与主观性的不同，证明行为与思想的不同。这种证明仅发生在具体的法律认识过程中，法律发现过程本来的程序特点恰在于此。

但人们将如何遵从这个证明呢？确定客观性之证明的最重要方法是合意。但合意的真实性及正确性的根据不是（用理想方式获得的）合意本身，而是在真实性（正确性）本来的标准上的趋同。

这个视角也显示出，这样理解的以个人为基础的程序正义论的具体解释，不可能只是法哲学的任务，而也是所有研究法的学科的任务。对论辩的需要，不仅是在假定的思维模式（理想对话情景）的形式中，

---

〔413〕注 135，黑格尔，《法哲学原理——或自然法和国家科学大纲》，第 36 节。

〔414〕详见注 103，阿图尔·考夫曼，《法律逻辑学与本体论的关系初探——个人的法律理论基础》（有详细文献），多处。

而首先是在实际存在的论证共同体（通过整个历史）的形式中，在这个共同体中，实际的经验与对“事物”的信念被交换。一个这样的论辩需要经验的根基，[415]这当再次被强调。假如人们能简单地通过思维形式，从形式中，获得真实的内容，那该多好啊。但是，自这个世界存在以来，还从未发生过这类事情。

倘若要对这一问题史的论述作一总结，那就是：法的理念是个人性人类之理念，除此，它什么都不是。

2.6 规范的个人主义

（迪特马尔·冯·普福尔滕）

如果个人在法律中处于关联和关系的结构状态中，那么就会产生两个基本问题：关系中的关联具体是什么？它如何可能成为批评法律和使法律正当化的规范性伦理之一部分？答案来自基于个人的他的规范性维度：人是一个具有各种欲求、需要、愿望和目标的个人（这有限制地也适用于其他生物）。处在其关系中的个人从世俗的视角看是规范性伦理的最终理由。这种规范性个人主义伦理的第一个要素包含三个子原则，它们存在于现代伦理传统的许多理论中，如在康德那里，
135 在功利主义和契约理论中，因此可以被广泛接受：[416]

（1）只有个人可以成为主要义务的最终来源，因此，是作为影响他人和行为者最后的正当性的锚点，而不是集体或整体的实体，如民

〔415〕对此见 K. 吕德森，《作为法之渊源的经验》，1972 年。

〔416〕D. 冯·普福尔滕，《规范的个人主义与法》，载《法律人报》（2005），第 1069—1080 页；《规范伦理学》，2010 年；《规范的个人主义》，载《哲学信息》3/2014，第 5—15 页；冯·普福尔滕/克勒（编），《伦理、政治和法中的规范的个人主义》，2014 年。

族、人民、社会、国家、种族、家庭、宗族、交流共同体或生态系统。义务人，因此也是伦理上考虑到其他人的人，必须像在最后层面上有道德责任的行为者，始终是一个个人（在社会意义上，而不是在物理意义上理解）。换句话说，伦理的基本关系最终只能存在于个人之间。人们可以把这称为规范个人主义的“个人原则”。

（2）在行为或决定的最后正当化中，所有受到行为或决定影响的个人都必须考虑在内。人们可以将之称为规范的个人主义的“全体原则”。

（3）所有受到行动影响的个人必须在根本上以同样的方式被考虑。人们可以将之称为规范的个人主义的“平等原则”。

规范的个人主义基本思想表现为许多不同的名称：“人本主义”“合法的个人主义”“人的主体地位”“主体论”“自治”“个人性”“个体的价值”“自由”“个人”“自由主义”“民主”。名字当然是无所谓的。关键的是一致的解释。

规范的个人主义可以通过消极的界限来进一步描绘：规范的个人主义的原则可与那个事实相一致：个人实际上经常生活在共同体、婚姻、家庭、邻里关系、社区、国家中，也即实际上是社会地或集体地生活。没有现实的伦理可以对此提出异议。规范的个人主义并不意味着任何心理的或其他的利己主义。个人经常有无私的愿望和理想的目标。但是，这些并不是作为客观真理而是作为个人的利益来权衡的。规范的个人主义也不促进利己主义，因为不清楚的是，为什么这应该存在于对个人利益长期和全面的理解中。规范的个人主义不会导致伦理正当性的相对主义。构成其基础的个人利益诚然依赖于相关的个人，因此部分是任意的。但是，一方面存在着基本的需求，没有人能完全放弃它，比如空气和食物。另一方面，一些个人的利益份额并不排除不同人之间平衡的客观性。

136 重要的是，正如罗伯特·诺齐克和戴维·高西尔所建议的那样，规范的个人主义不应与自由主义理论或极小国家的观念相混淆。利用看不见的手的方法，限制共同体对实际合作过程结果的胁迫，不能立足于规范的个人主义，因为个人被阻碍了去避免未充分考虑到他们利益的这一过程的有限结果，比如缺乏文化支撑。

规范的个人主义和自由主义是非常接近的。然而，规范的个人主义是更为基础的，因为它明确了与产生合法化但也有合法化要求的实体之间的直接关系。它是一种正当化的原则及一种正当化理论，而相反，自由主义是一种社会的、政治的、合法的纲领，表现为规范的个人主义的具体化。但是不存在严格的合法性的相关性。自由主义作为纲领，在原理上也必须在宗教上及自然法上正当化。

规范的个人主义也不能与契约理论等同。契约理论历史上虽是规范的个人主义的一个重要特征。然而，功利主义和一些自然法理论是以个人为基础的，因此，至少在一定程度上，它们是规范的个人主义的观念。契约理论是规范个人主义的模式及具体化。伦理正当性的规范的个人主义出发点并不排除在相关人的利益中促进共同的行动，并且追求如公共利益或平等这样的集体目标，因此，与适度实用的社群主义相适应。

作为规范的个人主义对立立场，规范的集体主义原则可以表述为："行动和决定可以在一个集体中找到最后的伦理的正当理由，如在团体、家庭、宗族、民族、人民、种族、人种、社会-、经济-、语言-、法律-或文化共同体，邻里关系，功能性联系等中。"因此，规范的集体主义的信念是，至少，个人决定的正当理由最终不是源于相关的个人，而是源于自我目的的集体。规范的集体主义的加强版甚至认为，所有的或至少是重要的决定，其正当性必须最终关联着集体。规范的个人主义和规范的集体主义的二选一不是矛盾的而是相反的。它意味着，二选一并不排除规范－伦理正当理由的其他可能性。也可以想象超越宗教的、自然法的或价值客观主义的正当理由。但是这种正当理由基于现代它们的形而上学主张，至少已失去了作为普遍说服力的内在根据。它们可能再难以借助普遍接受的期望去鼓舞不同宗教共同体或形而上学信念的追随者。

正如规范的个人主义和规范的集体主义的论点所表达的，它们不 137
允许混合这两种选择。在规范上，这对于伦理的正当性目的是有意义的。但是，从描述的角度来看，只有伦理的正当理由或规范性命令只包含一个句子或几个严格的逻辑演绎连接的句子存在时才是现实的。当然，在更复杂的伦理理论那里并非如此。因此，对它们来说，个别部分可能是规范的－个人主义的，其他的则不是规范的－个人主义的。霍布斯的政治理论就是一个例子（见上文），这个理论借助一个规范的－个人主义的契约来建构政治统治，然后在国家的设计中遗弃了规范的个人主义。

为什么按照规范的个人主义的**个人原则**，最终只有个人可以使道德上的义务或评价正当化？某个理由必须在道德、法律等基本规范命令的意义和目的上选择出发点，并选择与此相连的伦理。由于至少存在潜在冲突的观点、价值和利益，道德、法律等服务于去确定我们的品格以及我们的行为和决定，也即，不仅通过建议和推荐，而且通过真正的绝对的义务。因此，作为人类文化的一部分，伦理具有的意义和目的，能够公正和合理地解决可能对立的品格、行为和决定的选择，这种解决进而导向指导行为的和绝对的义务。这就要求行为者和利益相关者不是唯一的全面的、规范性最终决定的集体之一部分。因为如果他们是唯一的全面的、规范性最终决定的集体之一部分，那将意味着，他们相互只是处在内在的规范关系中，而不是处在外在的规范关系中。然而，如果他们作为唯一的全面的、规范性最终决定的集体之一部分相互存在内部的规范关系中，就不能解释为什么在他们之间应当存在绝对的行为界限的义务，因为这种义务是道德、法律等的概念性前提。在唯一的全面的、规范性最终决定的集体中，可能有种种明智理由，优待或歧视个别引发争议的行为观点。绝对义务必须有其最终渊源，但不在这个集体之内，因为只有这样他们才不依赖于对其部分有直接作用的全面的集体的武断决定。如果冲突的解决方案取决于集体对其各个部分的武断决定，那么，就不存在绝对的外在的道德或法律的义务，而只存在内在的，直接有效的明智决定。集体为了规范性决定不需要绝对义务。在一个最终与规范相关的集体中，占主导地位的不是其义务建立在外在关系之上的道德，也不是秩序，而只是集体的事实性，关于内部关系或多或少的明智决定。

从伦理角度考虑，个人与集体之间存在着不容置疑的伦理的，因此也是规范的不对称。虽然我们谈到集体的关切及利益，并接受这种
138 集体的关切及利益的存在。但这总是可以与那个问题相连：这些集体的关切及利益是否真的符合集体成员的从伦理角度考虑的关切或利益呢？例如公司的某个具体行为真正符合员工、股东和客户的道德利益吗？一个家庭的女代表或男代表真正以所有家庭成员的利益行事？但反之不然：如果个人在道德上被涉及，且不充当特殊角色作为集体的代表，这样，人们就可以——至少我们的表面是确定的一般看法——不在规范及道德上，而且在事实及因果关系上有意义地提出问题：有关个人的立场是否真的符合背后存在的独立于个人的集体的立场？

从伦理角度考虑的个人与集体的基本不对称，在集体的可解决性问题中表现得最明显。如果人们撇开宗教或其他超然的正当理由，我们没有看到集体违背明确意志的伦理原因，也即，应该使所有相关方

的目标和意愿保持存在。如果所有考虑到的相关方来决策，集体的解散是不应受谴责的。人们不是普遍将其视为道德上应受谴责的，苏联或捷克斯洛伐克的解体——充其量可能会被认为是不明智的。同样地，如果友谊出现分歧或者社团决定自我解散，人们并不认为这是可谴责的。只是失望的预期，没有履行的义务或其他情况，即针对集体继续存在的个人的关切和利益，可能在这种情况中导致负面的评价和相应延迟和补偿的义务，而不是共同体的终结这样的情况。原则上讲，这在道德上是无所谓的，因为共同体本身并不因个人赞同这个具体共同体而没有自己的内在价值。

为何所有受到行为影响的人都应被考虑在内，而不仅仅是一些人，比如精英，正如尼采一些言论所建议的？那么，为何除了个人原则之外规范的个人主义的整体原则也有效呢？换句话说，为何对道德考虑这样来理解的基本普遍主义是正当合理的呢？行为者与在伦理相关性上受行为影响的人之间在规范－伦理上的分离，与此相连的规范的个人主义的个人原则预设了，相关的人发展出自己的伦理相关性的特征。如果这种情况没有发生，那么，他就不可能是自主的在伦理上值得考虑的。但是，这种自我的伦理相关性的自主发展的要求对所有需要考虑的个人同样地有效。但是，如果这对于伦理的考虑是必要的前提条件，则是没有理由是清晰的，为何不是所有具备前提条件的人，即至少具有这种相关特性的人，在原则上应在伦理上被考虑到。这也为那个问题准备了答案，在 139
伦理上被考虑的个人的界限应划多宽。答案是：在道德上应该被考虑的是，可以认知到这种关切（目标、愿望、需求、追求）的所有个人。

最后，个人平等原则在原则上也适用于考虑个人，因为不清楚为何在存在与伦理相关的特征时，个人在原则上应该具有优先地位。但是，对于规范的个人主义平等原则的肯定并不排除，在具体的权衡情况下，出于某种原因，比如他们的兴趣得到更高的发展，或者与行为者有特殊的亲密接触，个人对他们的利益享有优先地位。

当然，作为多态结构的法律制度从来未成为一个抽象的整体，因此，必然可以归于与规范的个人主义一样的简化分析。然而，通过这个限制可以说：德意志联邦共和国的基本法及其普通法律，相对而言，是德国历史上最强的规范的个人主义法律秩序。绝对而言，它们在很大程度上由规范的个人主义塑造。

关于《基本法》的“赫伦基姆湖草案”，* 如所提及的，始于一篇明确的规范的个人主义文章：“第 1 条第 1 款国家是为人而存在的，不是人为了国家。”虽然这一表述未被基本法的最终版本所采用。但是，这仅是出于风格的原因。在开头不应该存在这样“消极的宣示”。规范的实质理由是没有问题。因此，不考虑表述，人们必须假定，规范的个人主义在基本法中得以体现。许多具体规则显示了这一点：在序言中的与人的关联一开始就明确了规范的个人主义的特点：“意识到对上帝和人类所负之责任……德国人民凭借其制宪权制定这一基本法。”虽然在那里也有提到上帝。但在内核上，是“人”在个人意义上的“人”，而不是一个集体，是责任的最终落脚点。此外，《基本法》的制定者在体系上将基本权利置于最高位置，即与魏玛帝国宪法相反的方向，组织规范居前，顺序颠倒了。由于《基本法》的第 1 条第 1 款，作为个体的人的基本特征的人的尊严，依据《基本法》第 79 条第 3 款，已经成为独立提出的最高规范的对象。[417]《基本法》第 1 条第 1 款中

---

〔417〕 详见 D. 冯·普福尔滕，《人的尊严》，2016 年。

* 1948 年 8 月 10 日至 23 日受由三个西方占领区的 11 个州州长组成的宪法委员会委托，来自各州的 11 位代表在巴伐利亚州赫伦基姆湖中小岛的旧宫召开了宪法会议，会议形成了一个宪法草案，史称“赫伦基姆湖草案”（Herrenchiemseentwurf）。——译者

“人”的表述清楚地表明，这里意指每一个体的人，而不是一个人的集体。联邦宪法法院业已确认，在自由的民主中，人的尊严是最高的价值，是所有基本权利的基础。[418] 除人的尊严之外，人们可以视之为规范的个人主义的最重要体现，规范的个人主义的具体化分为两大支：人权及基本权利与政治统治的民主合法性。两种具体化都具有双重性： 140
它们既是优先的又是合法的。

规范的个人主义在民法中体现为私人自治的原则。私人自治原则受基本法保护。私人自治自身具体化为合同自由，遗嘱自由以及其他自由处置权，例如授权和委托他人的权力，交付财产或放弃权利。任何合同约束力，根据契约自由的原则，以缔约方达成一致为前提。他们可以选择，是否、与谁、就什么，自愿签订合同。他们自己决定，是否及为谁而工作，租哪种房屋，买什么东西。因此，个人不仅被视为有能力通过私人自主安排实现自己的利益。相反，只要不符合他们的意愿，他们也可以免于遵从他人的利益。因此，只存在像德国《民法典》第 328 条这样仅能使第三人受益但不能损害其利益的规定。合同自由适用于其他个人和集体。除合同法之外，私法也受规范的个人主义影响。例如，这适用于侵权法。许多侵权请求权基础，如德国《民法典》第 823 条第 1 款和第 824、825 条以及严格的法律责任规范，如德国《民法典》第 833 条，《道路交通法》第 7、18 条只保护个人法益：一个人的健康和生命，他的自由或财产，而或共同体的环境和声誉等集体法益至少在这方面不受保护。同时，在德国《民法典》第 823 条第 2 款那里，它没有提及个人法益，而是与侵犯未详细具体

〔418〕《联邦宪法法院裁判集》5，85（204 页及以下诸页）；6，32（36 和 41）；45，187（227）；50，166（175）；87，209（228）；96，375（398）；102，370（389）；107，275（284）。

化的保护规范相连，规范的个人主义的影响也可觉见。因为，有趣的是，不是任一受侵犯的规范，而只是服务于保护特定和有限的相关人圈子的规范，被视为保护法。作为侵权保护的标准，最终，是个人如何严格受到规范保护的问题。如果对个人利益触动不大，侵权保护将被取消。

在刑法中，规范的个人主义首先在这种必要性中具体化：刑罚作为违背人的意志的影响施加于人是具有正当性的，即刑罚目的理论的必要性。这样做，人们既可以把刑罚的相对正当性，也可以把刑罚的绝对正当性视为规范的个人主义的表现，因为个人作为潜在的受害者，既具有被有效地免受刑事犯罪侵害的利益，也具有得到满足的利益。一方面，罪犯被考虑，他作为刑事犯罪潜在的受害者，也具有在制裁刑事犯罪上的利益。另一方面，违背其意志而对罪犯产生影响可以受到具体的保障，如合法听审的权利，无法不罚和一事不再理原则，《基本法》第 103 条，在被羁押中的权利保障，《基本法》第 104 条，以及刑法实施法的各种规定。

141 在刑法体系中，规范的个人主义具体化为保护法益的要求。可以确定，德国的刑法基本上满足了规范－个人主义的诸原则，当它：（1）保护个人法益免受侵害性攻击，其保护因实际或潜在受威胁的个人的受攻击的利益而发生；（2）一般上，普遍的法益只有在至少可以间接溯及个人利益时才受保护；（3）几乎不包含仅仅作用于抽象的集体道德或一般秩序的侵害，在其后面至少不存在间接的个人保护。

在行政法中，规范的个人主义乍看很不清晰，因为行政法的一个目的在于共同体的而非具体安排的利益，尽管公民间接的规范性个人主义的关切对个人的直接的和具体的利益有效力。但是，行政法的第二个重要的目的是直接地具体保护单个公民个人相对政府和第三人的权利。它以各种方式保障直接的个人保护，例如在建筑法的相邻关系和公务员法竞争关系的框架内。因此，行政法总体是以个人权利导向为特征，它体现为双重委托。行政法贯彻的直接或间接的规范个人主义单独的结果是，它应受制于打上规范个人主义印记的宪法和民主立法的实体性和程序性法律规定:《基本法》第 1 条第 3 款，第 20 条第 2 款、第 3 款，第 19 条第 4 款。行政的合法律性原则与这个原则的法律优先和法律保留的子项确保了这种约束。行政法其他的规范个人主义的表现是公民主观公共权利的出现，诉前程序的启动和向行政法院提起诉讼，各种参与和听证的权利，例如，根据《行政程序法》第 28 条和《建筑法》第 3 条，可以签订行政合同,《行政程序法》第 54 条，等等。在特别行政法中应当提到的是：个人的建筑自由、交易自由、需要警察措施的必要、地方自治的民主章程等。

如果人们想要得出进一步的结论，那么这就是：法律最终的规范－伦理的正当性在于相关的个人和他们的相互关系。

文献辑选

伯肯弗尔德，恩斯特・沃尔夫冈,《法哲学和国家哲学史：古代和中世纪》，第 2 版，2006 年。

Böckenförde, Ernst Wolfgang, Geschichte der Recht-und Staatsphilosophie, Antike und Mittelalter, 2. Aufl. 2006.

布劳恩，约翰,《法哲学导论》，第 2 版，蒂宾根，2011 年。

Braun, Johann, Einführung in die Rechtsphilisophie, 2. Augl. Tübingen 2011.

布鲁格，温弗里德 / 基斯特，斯特凡 / 诺伊曼，乌尔弗里德（编),《21 世纪法哲学》，2008 年。

Brugger, Winfried/Kirste, Stephan/Neumann, Ulfrid (Hrsg.), Rechtsphilosophie im 21. Jahrhundert, 2008.

科尔曼，朱利斯 / 夏皮罗，斯科特（编），《牛津法学和法哲学手册》，第 2 版，2004 年。

Coleman, Jules/Shapiro, Scott (Hrsg.), The Oxford Handbook of Jurisprudence and Philosophy of Law, 2. Aufl. 2004.

142 埃姆盖，卡尔·奥古斯特，《法哲学史》，1931 年（1967 年重印）。

Emge, Carl August, Geschichte der Rechtsphilosophie, 1931 (Nachdruck 1976).

菲肯齐尔，沃尔夫冈，《法律方法比较》，5 卷本，1957—1977。

Fikentscher, Wolfgang, Methoden des Rechts in vergleichender Darstellung, 5 Bde., 1975-1977.

弗吕基格尔，弗利克斯，《自然法史》，第 1 卷，《古代与中世纪》，1954 年。

Flückiger, Felix, Geschichte des Naturrechts, 1. Bd. Altertum und Frühmittelalter, 1954.

弗里德里希，卡尔·J.，《法哲学之历史透视》，1955 年。

Frierdich, Carl J., Die Philosophie des Rechts in historischer Perspektiv, 1955.

哈格，雅普 / 冯·普福尔滕，迪特马尔（编），《法律中的概念》，2012 年。

Hage, Jaap/von der Pfordten, Ditmar (Hrsg.), Concepts in Law, 2012.

赫斯勒，维托里奥（编），《德国唯心主义法哲学》，1989 年。

Hösle, Vittorio (Hrsg.), Die Rechtsphilosophie des Deutschen Idealismus, 1989.

考夫曼，阿图尔，《正义理论——问题史之维》，1984 年。

Kaufmann, Arthur, Theorie der Gerechtigkeit; Problemgeschichtliche Betrachtungen, 1984.

同作者，《转折中的法哲学：各阶段的方向》，第 2 版，1984 年。

ders., Rechtsphilosophie in Wandel: Stationen eines Weges, 2. Aufl. 1984.

同作者，《法律诠释学论文集》，第 2 版，1993 年。

ders., Beiträge zur juristischen Hermeneutik, 2. Aufl. 1993.

同作者，《法哲学：法哲学思想导论》，1997 年。

ders., Rechtsphilosophie: Eine Einführung in das rechtsphilisophische Denken, 1997.

同作者，《后现代法哲学》，1998 年。

ders., Rechtsphilosophie in der Nach-Neuzeit, 1998.

基斯特，斯特凡，《法哲学导论》，2009 年。

Kirste, Stephan, Einführung in die Rechtsphilisophie, 2009.
科勒，彼得,《法的理论：导论》，第 2 版，2001 年。
Koller, Peter, Theorie des Rechts. Eine Einführung, 2. Aufl. 2001.
拉伦茨，卡尔,《法学方法论》，第 6 版，1991 年。
Larenz, Karl, Methodenlehre der Rechtswissenschaft, 6. Aufl. 1991.
马尔曼，马蒂亚斯,《法哲学和法律理论》，第 3 版，2014 年。
Mahlmann, Matthias, Rechtsphilisophie und Rechtstheorie, 3. Aufl. 2014.
马西斯，勒内,《法哲学史——精要－争论点》，1971 年。
Marcic, René, Geschichte der Rechtsphilosophie; Schwerpunkte-Kontrapunkte, 1971.
奥特曼，亨宁,《政治思想史》，四卷，2001 年及以后各卷。
Ottmann, Henning, Geschichte des politischen Denkens, vier Bände, 2001ff.
冯·普福尔滕，迪特马尔（编）,《法哲学》,《阿尔伯哲学文献》，第 2 版，2002 年。
von der Pfordten, Dietmar (Hrsg.), Rechtsphilosophie; Alber Texte Philosophie, 2. Aufl. 2002.
同作者,《人的尊严，康德的法和国家，五个考察》，2009 年。
ders., Menschenwürde, Recht und Staat bei Kant. Fünf Untersuchungen, 2009.
同作者,《规范伦理学》，2010 年。
ders., Normative Ethik, 2010.
同作者,《法伦理学》，第 2 版，2011 年。
ders., Rechtsethik, 2. Aufl. 2011.
同作者,《法哲学：导论》，2013 年。
ders., Rechtsphilosophie. Einführung, 2013.
同作者,《人的尊严》，2016 年。
ders., Menschenwürde, 2016.
勒尔，克劳斯 F. 勒尔，汉斯·克里斯蒂安,《一般法的学说》，第 3 版，2008 年。
Röhl, Klaus F., Röhl, Hans Christian, Allgemeine Rechtslehre, 3. Aufl. 2008.
泽尔曼，库尔特 / 德姆科，丹尼娜,《法哲学》，第 6 版，2014 年。
Seelmann, Kurt/Demko, Daniela, Rechtsphilosophie, 6. Aufl. 2014.

施托莱斯，米夏埃尔（编），《17 和 18 世纪国家思想家》，第 2 版，1987 年。
Stolleis, Michael (Hrsg.), Staatsdenker im 17. und 18. Jahrhundert, 2. Aufl. 1987.
同作者，《公法史》，四卷，1988 年及以后各卷。
ders., Geschichte des Öffentlichen Rechts, vier Bände, 1988ff.
施特伦霍尔姆，施蒂格，《西方法哲学简史》（译自英文），1992 年。
Strömholm, Stig, Kurze Geschichte der abendländischen Rechtsphilosophie (aus dem Englischen), 1992.
费尔德罗斯，阿尔弗雷德，《西方法哲学——基础和主要问题之历史纵观》，第 2 版，1963 年。
Verdross, Alfred, Abendländische Rechtsphilosophie；Ihre Grundlagen und Hauptprobleme in geschichtlicher Schau, 2. Aufl. 1963.
韦尔策尔，汉斯，《自然法与实体正义》，第 4 版，1962 年（1980 年重印）。
Welzel, Hans, Naturrecht und materiale Gerechtigkeit 4. Aufl. 1962 (Nachdruck 1980).
韦泽尔，乌韦，《前国家共同体中法的早期样式》，1985 年。
Wesel, Uwe, Frühformen des Rechts in vorstaatlichen Gesellschaften, 1985.
维亚克尔，弗兰茨，《近代私法史——以德国的发展为主要考察对象》，第 2 版，1967 年（1996 年重印）。
Wieacker, Franz, Privatrechtsgeschichte der Neuzeit—unter besonderer Berücksichtigung der deutschen Entwicklung, 2. Aufl. 1967 (Nachdruck 1996).
沃尔夫，埃里克，《自然法学问题——发展路径探讨》，第 3 版，1964 年。
Wolf, Erik, Das Problem der Naturrechtslehre; Versuch einer Orientierung, 3. Aufl. 1964.
同作者，《德国思想史中的法学巨匠》，第 4 版，1963 年。
ders., Grosse Rechtsgedenker der deutschen Geistesgeschichte, 4. Aufl. 1963.
齐佩利乌斯，赖因霍尔德，《国家思想史》，第 6 版，1989 年。
Zippelius, Reinhold, Geschichte der Staatsideen, 6. Aufl. 1989.
同作者，《法哲学》，第 6 版，2011 年。
ders., Rechtsphilosophie, 6. Aufl. 2011.

C. 重点问题

3. 自然法思想的结构

京特·埃尔沙伊德　萨尔布吕肯

3.1 自然法还是法律实证主义？

3.1.1 法律实证主义的概念——双层模式

人们将法律实证主义理解成这样一种观念：每一合秩序产生的法律，不考虑其内容，均具有约束力。“法律”在此种关联上，意指有权威的权力之文件，通过这个权力，赋予一个具体的规范性内容外表可辨认的法的品质。因此，在一切其余的法律渊源供立法者支配时，在规范层面上，法律几乎就是法律渊源。习惯法和法官法，以及一直要论证的自然法，只有在立法者不考虑这些调整事项的情况下，才可能长久地有效。在万不得已之情况下，它们由于立法者的恩赐而获得有效性。另外，甚至还存在着一种趋势：全面地使法与法律重叠，并因此完全否定源于**事情的本性**等诸如此类说法的法官法，习惯法，法律判决。

法律实证主义不是一个终了的理论，相反，它通过系统论的法社会学而获得支持。之于卢曼，法被“转换成社会政治系统的决定”，且因此被看作是“完全实证性的”。[1]另外，法律实证主义理论具有一个悠久的值得注意的传统。在康德那里，人们读到：“因为这些人（指法律人，作者注）的工作不是去使立法本身理性化，而是去执行国家法当前的命令，所以，对他们来说，每一现存的制定宪法，以及上级机关使之改变的下位的法，必定总是最好的，在那里，一切处在它所属的自发的秩序之中。”[2]一如该书后记所说，康德探讨了一个系统的功用能力的条件。人们认为，整体的功用能力取决于它是在两个层面上被决定：一为在“较高地位”的立法层面上，它同时是政治层面，其规定的是普遍的规则；然后据此进入第二个层面，即法律－技术层面，
144 其处理的是个案。在此，第二层面不允许插手第一层面的事务。假如第二层面的决定者试图染指第一层面之事务，即当他对第一层面的有关决定提出质疑时，那么，他违背了“自发的秩序”。

至少，从第二层面上看，法律的内容因此是任意的。[3]卢曼写道：“法的实证化意味着，任意的内容，可能获得合法律的法之有效性，即通过使法有效且也能让法重获有效性的判决。”[4]由于在系统理论上转向实证，法的内容是任意性的思想意味着，在功能上促使免除法律专家对任意的内容负责，免除对从任意的内容中推导出的第二层面的判决负责。[5]

---

〔1〕 卢曼，《实证法与意识形态》，载《社会学解释》，科隆/奥普拉登，第2版，1971年，第180页。——根据哲学行为理论，假定需要制定行为的规范，这个“建构性的意志行为意指历史限定这一不可放弃的因素”（吕迪格·布勃纳，《规范与历史》，载《新哲学》，第79辑，第118页，亦见第123页）。

〔2〕 康德，《论永久和平》，载12卷本著作，W. 魏舍德尔（编），第6卷，第235页。

〔3〕 如凯尔森，《纯粹法学》，第2版，1960年，第201页。

〔4〕 注1，卢曼，第180页。

〔5〕 卢曼，《法律社会学》，第2卷，1972年，第230页及以下诸页。

3.1.2 双层模式的法律理论之拷问

问题是，双层模式是对任何一个实存的法律体系，还是仅对可能的法律体系之正确描述。一系列的异议可以描述。至少，它们引起了对模式的修正。

就大陆法律体系而言，系统理论家也看到了法律实证主义模式的突破。政治决策层面的多元目的导致了，“相当多的未决问题，由于不确定的或矛盾的纲领化立法方式，被推至法律适用的层次上”。[6] 在法律理论中，长期以来，这个现象以立法者的措辞妥协的概念著称：冲突的政治见解为一种法律表述所遮盖，而这种法律措辞听任实践中争端悬而未决；但是，由于那个措词被作为立法者的决定而发布，即被作为法律显现出来，司法或行政被迫赋予那个措词以决定的含义，并且在第二层面上去追补那个在第一层面被拒绝的决定。[7] 除了这种有意的漏洞之外，还存在着立法者或意识到，或没意识到的漏洞。但在内容上，我们在此仅把某种有意的漏洞看作是不可避免的。明确的规定诸如有：根据公平的裁量去决定，考虑到可期待性，阻止权利滥用，注意诚信，防止不合理的不公正，根据合理性观念去权衡债权人 145
的合理利益对债务人造成的不公——它们实质上较大程度地分散在民

〔6〕 注1，卢曼,《实证法与意识形态》，第195页。——在他的书《社会的法》(第1版，1995年，第2版，1997年）中，实证性的概念，实证主义的法律理论将它关联着语言的产物（规则、规范、文本），法律实证主义同样将它关联着制定法，被放弃，经由道德或自然法的子系统，法的不可退避性被“法律系统的运作的封闭性”所替代。法律是“其运作和结构的总体”(第74页)，这是无法回溯到其背后的。法律的运作处理“合法”-“不法”的价值。那么，每个价值的分配都是偶然的运作的偶然结果，因此必须表现为一个决策，它在原则上可能会与其他有决策所不同，并权衡之。(第183页)

〔7〕 参见诺尔,《立法学》，1973年，第185页。

法的不同制度之中，似乎是让大家料到警惕一般条款的警告——它们不是能据此被涵摄出来的判决规则。毋宁说，这种转变形成对社会的多元结构的价值意识的干预，并因此导致在第一决定层面上（常称“政治层面”）成为必要的，所以，人们正确地说道，此外，一般条款具有这样一个功能，即给司法委以创立判决规则的任务。[8]在违悖体系的情况中，法官对判决的质量和其一致性负有责任。当然，法律方法论试图拯救双层模式，且视其使命为，借助思维工具如类比和反向推论或从实证法中的整合原则中推导出法律规则，去控制“思考服从”（菲利普·黑克）意义上的法律漏洞。尽管如此，有关基本评价问题的严重的不确定性仍然存在，仅借助法律逻辑或论证理论不能消除。

然而，对法律实证主义模式在某种方式上最激进的法律理论的攻击，可以从法律诠释学推导出来。法律诠释学以某些自己的作用方式，从解释者的前理解方面，说明了文本意义的不可解答性。如果文本的意义既不能通过文本，也不能通过历史的或系统的场境可以完全决定的话，那么，在解释程序中建构含义的责任便落在解释者身上。换句话，一个法律具有何样的内容，也仅取决于其解释者。

3.1.3 “自然法还是法律实证主义”问题的法律理论之前提

如果基于这种法律理论的质疑，法律实证主义的双层模式当属非现实的话，那么，也许勉强能理解，法律实证主义已变成了自然法问题。一如人们可能基于诠释学思考（草率地）认为的，假如法律对第

---

〔8〕 托伊布纳，《一般条款中的标准和指示》，1971 年，第 106 页及以下诸页。

二决定层面没有或只有很小的决定作用，那么，它可能在任何时候由于“无限制的解释”[9]被掩盖，所以，这必定显得缺乏法的理论的理解，即，自然法讨论在1945年后迅速恢复的主要原因是“不公正的法律”。[10]法律能变成正义问题的条件是：根据其内容，法律适合用一个相对具体的方式，给第二决定层面指明大体方向，法律自身也具有 146
决定的内容：任何案件预先作出的判决，具有具体的特征分类或类型。谁不能理解这个假定的人，在其为正当法而进行的自然法的斗争中，可能使立法最终作为可忽略不计的东西受到漠视。合适的似乎是，在诠释学上摧毁法律约束能力的幻想，以便随后去寻求在行政和司法层面上的责任。

因此，法律实证主义的法哲学问题被置于法律理论的框架中，我们不愿在此先处理这个框架。法律理论的提示仅仅有助于，把那个由于双层模式被放弃的价值问题，而价值问题被提炼成不公正的法律的有效性问题，与所产生的法律理论的前问题分割开来。

3.1.4 作为自然法反思诱因的法在不公正国家中的历史作用?

因此，不应同时接受这样的说法：自然法讨论的复活恰好是由于纳粹专制的不公正法律引发的。纳粹主义中呈现的政治上的错误发展，是以法律实证主义学说为条件，或仅由它促成，或它使之成为可能，这必定招致怀疑，虽然这一点为许多有关自然法讨论的论文所主

---

〔9〕 参见吕特尔标题颇具特点的《无限制的解释——论私法秩序在民族社会主义中的变迁》，第2版，1971年。

〔10〕 有关这一问题史的观点参见韦尔策尔，《自然法与法实证主义》，载迈霍菲尔（编），《自然法还是法律实证主义？》，第3版，1981年，第323页。

张。[11]第三帝国不是法律国，其行径大部分还是违反法律的。当然，法律这个工具也被用来迫害某些群体，[12]但是这一切在后期被一个非法的灭绝计划所赶超。形式法治国的法律的实施不是大规模屠杀的真正工具。认为违反法律秩序的原因是法律实证主义，历史地看，显得非常夸张，它可能诱致这种假想：以期盼的自然法对法律实证主义的胜利，可以持续地预防这种违反。违反也来自并恰恰来自超实证的法律思维，来自本身部分是作为自然法宣称的意识形态，[13]因为渐变的流传下来的法律之约
147 束力受阻，意识形态想用意识形态的约束力取代法律的约束力。[14]

3.1.5 法的不可把握性观念：现代自然法思维的共同标准

假如纳粹暴政没有足够的历史时机，拿着自然法武器朝法律实证主义开火，反对第三帝国[15]“错误”法律的“真正”自然法本该是符

〔11〕 在此意义上例如有拉德布鲁赫，《法律的不法与超法律的法》，载拉德布鲁赫，《法哲学》，埃里克·沃尔夫编，第6版，1963年，第347页及以下诸页。对之的批评有：巴拉塔，《法实证主义与法律实证主义——对法实证主义的“自然法”辩护的思考》，载《法哲学和社会哲学文汇》，第54卷（1968），第325、327页。还可参见（同样持批评态度的）罗森鲍姆，《自然法与实证法——对19世纪初以来自然法学对德国法律实践的影响之法律社会学考察》，1972年，第143—146页，附有说明，H. 罗特洛伊特纳，《实体的决定主义——论法哲学在国家社会主义中的功能》，载《法哲学和社会哲学文汇》专刊：《法，法哲学和国家社会主义》，1982年，第20页及以下诸页。

〔12〕 参见如魏因考夫，《新教视野中的自然法》，载注10，迈霍菲尔（编），《自然法还是法律实证主义？》，第217页。

〔13〕 关于总体国家的“自然法”参见如汉斯·费尔，《启蒙的自然法在近代和晚近代的影响》，1938年，第24页及以下诸页。亦参见福斯特霍夫对民族社会主义的种族法法律学说的评价，《论法律革新的问题》，载迈霍菲尔（编），《自然法还是法律实证主义？》，第2版，1966年，第78、79页。

〔14〕 注1，卢曼，《实证法与意识形态》，第199页，注9。

〔15〕 一如迪策在《当代自然法》（1936年）中所描述的。

合逻辑的，那么，这个过程仍然具有内在的，同时也是历史的逻辑，这个逻辑精确地表达出至少是现代自然法追求的认识论兴趣。[16] 那么，对于复兴后的自然法而言，这当然更多地是关涉强调和肯定法的不可把握性。[17] 与法律实证主义的理论形成鲜明对照的是，根据这一理论，国家有权处分法律，[18] 自然法则被理解为通过立法挫败法律的可操纵性，无论它是作为批判实证法的标准，如果进一步说，还是作为对实证法律规范有效性的否定。[19] 然而，法的不可把握性的观念，总是在自然法观念中一并被思考的，因为自然始终被理解成“不为人的实践所构建的存在者”。[20] 然而，往常形成的自然概念正面临着失去约束力的威胁，这个约束正越来越被那个简单地固守不可把握性的判断完全取代，这一判断是针对关于控制不可把握性的实证性立法的。那个概念史的结果是，“自然法学”概念的无限扩张。假如

---

〔16〕 有关自然法思维的认识论兴趣参见埃尔沙伊德，“自然法”条目，载赫尔曼·克林斯等（编），《哲学基本概念手册》，第 4 卷，1973 年，第 969 页及以下诸页。

〔17〕 这一立场可称为客观主义的。它不仅在法律思想，还在伦理学中有强劲论敌。参见如 J. L. 马奇，《伦理学——论寻求正确和谬误》，1981 年。之于自然法问题，第 296—298 页尤值一读。

〔18〕 注 13，福斯特霍夫，《论法律革新的问题》，第 74 页。

〔19〕 法律是否违背自然法的问题，应该与违反自然法的法律是否应该被剥夺有效性的问题区分开来。这需要一个特殊的评价，例如，权衡法律规范在其功能上的不正确性，确保法律的安定性。无论如何，自然法思考并不限于制定规范的无效问题，也许如在战后时期，当时法律不公正的问题突出。在中世纪，各自然法学说与伦理学和道德神学是系统地联系在一起的（参见施佩希特，《哲学史词典》，关键词自然法则，第三节，第 572 页）。从这一点必然可以得出结论，自然法思想并不关注实证法的有效性问题。然而，对于托马斯·霍布斯（1588—1679 年）而言，存在自然律法的学说，它先于制定法和那些善和恶的学说，即道德哲学的对象（参见霍布斯，利维坦 I 和 II，多罗特·梯多译，1965 年，第十四和十五章，第 102—127 页）。

〔20〕 施佩曼，“自然”条目，载注 16，赫尔曼·克林斯等（编），《哲学基本概念手册》，第 957 页。

以自然法学来理解每一种否认国家有支配法的（普遍的）权力的理论，那么，认为自己是反自然法的各种理论本身，可能被视同为自然法。看来，这又与萨维尼执掌的历史法学派相遇了。因为历史法学派告诫，不是国家而是民族精神造就了法，国家在历史中发现了法，并
148 且在法的形成中不是任意妄为的，因而历史法学派被归为自然法思潮。“假如应四处去发现自然法的踪迹，以自然法限制国家任意造法的自由裁量权，那么，萨维尼及其第一批追随者事实上是自然法学者”。[21] 福斯特霍夫徒劳地抱怨“把陋俗……，一切超实证的法律陈述称作是自然法的”，[22] 他努力将自然法思想重又归于是预设的生物本质和本性在起决定作用的观点，同样也是徒劳的。[23] 尽管存有种种非议，自然法讨论在 20 世纪拓展到包罗万象的建构出的意图上，以证明一切预设物，显得是权威的实证化代表的立法者受之约束，它们是价值、规范、生物本质、人共有的结构、历史情势、制度、角色和处境，等等。[24]

3.1.6 作为法的认识过程政治结构问题的自然法观念

历史地看，法律实证主义与当时对国家的本质和结构的看法相关。法律被视作实现当时立法者意志的工具，并分担着立法者历史的合法性和不法性。如在代议的、分权的民主中，法律无限的权威性意指从

---

〔21〕 法伊特，《自然法的精神史方向》，载注 13，迈霍菲尔（编），《自然法还是法律实证主义？》，第 46、47 页。

〔22〕 注 13，福斯特霍夫，《论法律革新的问题》，第 17 页。

〔23〕 注 13，福斯特霍夫，《论法律革新的问题》，第 78 页。

〔24〕 当然，有人可能会争辩说，保留“自然法”一词不适合于这种分立的问题背景。因此，在下文中，商谈理论也被包含在自然法思想的问题视野中（例如，参见 3.2 至 3.2.1），这当然不能取代商谈理论的法律论证的特别介绍，这也就不足为奇了。

根本上保障着民主。因而，反实证主义的自然法被归为政治反应。[25]但无论如何，自然法陷入对最好的政治结构的争端之中，并且因此必须对更高等级的自然法作出解答，这个更高等级的自然法涉及确定法律的程序结构。因而，自然法观念显得是政治结构问题：

法的不可把握性的观念，仍然全然不顾自然法在内容上道明了什么，去述说政治结构问题，只不过这个问题在自然法的有效性上表现得不清楚。即使假定存在有效的自然法，但仍未解决在权威上，谁有责任去认识和解释自然法的问题。当争议自然法的内容是不可想象的，并且自然法肯定被自动遵守时，这个认识过程的结构问题便成为多余的。因为这不可能成为前提，所以，权限从自然法转移到实证法中且
实证化的程序的结构政治问题无法回避。 149

3.1.7 法的认识权限的实证化问题

共同体各种书面确认的或实存的结构，也总是试图去解决权限问题。这些结构包含着各种法律的产生和实现的“理论”，这些理论总是从自然法的视角去分派法律认识（包括规范的表述）之权限。一如所有的实证法，实证的权限规定的正确性可能受到质疑，并且可能被用法律认识权限的不可把握的预设的、“正确的”规定，或至少以这种规定的原理，来衡量。当自然法学意欲一起来言说共同体的组织这个基本问题时，它撇开法律认识过程的正确的结构理论也能奏效。依据对不同的结构形式，包括对民主进行批判性详考，问题的答案不在于，

〔25〕 注 11，罗森鲍姆，《自然法与实证法——对 19 世纪初以来自然法学对德国法律实践的影响之法律社会学考察》，第 143 页及以下诸页。亦参见注 16a，马奇，《伦理学——论寻求正确和谬误》，第 297、298 页，当立法权处于令人怀疑之境地时，他才认为自然法的“虚构”有用。

“要求承认法律主权先于人民主权，即人的一切躲避法律的行为绝对有效，而法律证明了人的本性”[26]不具体表明，如果不归作为法律共同体的有组织的民众，在自然法意义上，那个自然法的有约束力的认识之权限归谁。天主教自然法学，一如它表现出来的，不仅注意到对于不同国家形式存在的严格的中立性，[27]而且对于法的认识权限规定的问题，这个问题或多或少与国家的形式紧密相关，还揭示了一个引人注目的禁戒。

3.1.8 自然法与抵抗

这种禁戒的积极意义无疑在于，自然法观念与法律实现权限的绝对化规定不一致，因为一个封闭的职权规定可能在根本上意味着，法律的实证化途径的绝对化，并且因此在模棱两可的情况中，实证法的绝对化。不同于把自己封闭起来的实证性领域的倾向，法的不可把握性观念指出，因为每个法之发现或立法的职权可能被滥用，发现“正确的”法的程序之组织保障不成功。当马西斯说“最终，抵抗是对现存法的制裁”[28]时，他言中了这种关联。一如知道承担着抵抗的人所认为的，在此意义上，抵抗是在实证的职权规定之外，以强制方式贯彻自然法。因此，自然法与一切法律实现程序的结构相反。在规避一切
150 职权规定的极端情形下，自然法求助于每个人和每种政治力量。如果人们将此描述为与道德规范不同的、制度性防止不法的功能，这还不是真正的法。

---

〔26〕 梅斯纳，《自然法》，第4版，1960年，第726页。

〔27〕 注23，梅斯纳，《自然法》，第700页。

〔28〕 马西斯，《法哲学》，1969年，第276页。——关于抵抗权问题尤参见阿图尔·考夫曼（编），《抵抗权》，1972年。

3.1.9 对作为“更高”秩序的自然法的最好的宪章问题之探讨

尽管如此，仍能提出国家应如何被规定，而国家想尽善尽美地依据“正确的”法之认识来组织。对国家的自然法反思，不允许仅限于抵抗这个最终理由的逻辑，而必须努力揭示那些依据它们最大可能地使自然法在国家内部实现之诸条件。

在这一关联中，重要的是，那个不可把握的预设的法是“正确的”法，这意味着，可能并仅仅在认识过程中揭示法。

当代关于法律认识过程的本质之理解，和从中推导出的正确的、适合（有助于）这个过程的制度化，构成了在元层面上表现为国家哲学和政治理论的自然法基础。这种理解与当代占统治地位的真理论和认识论，与认识的条件紧密相关。现代国家哲学，尤其是里费尔的国家哲学，[29]已表现出这一关联。在那里揭示了：

3.1.9.1 自治原则

现代真理观注意到唯理性，而与“真理信仰”有别，真理信仰可以宗教式地形成，并由一个精神教父机关掌管——解释和运用。然而，人的理性，在理性本身之外，认识不到可以决定陈述是否为真理的主管机关。这被拓展到实践－正确性层面。[30]真理或正确性只是采纳了康德称之为“自我思考”的东西。[31]因此，一旦在现代真理观领域里

---

〔29〕 里费尔，《法哲学和国家哲学的基本问题——政治哲学人类学》，1969年。

〔30〕 关于规范的有效性要求的可批评性之历史形成，参见哈贝马斯，《沟通行为理论》，两卷，1981年，第2卷，第97页及以下诸页，尤其是第111、112页。

〔31〕 康德，《实用主义人类学》，第6卷（注2），第511页。“规定含有三个准则：1. 自我思考，2. 处在他人位置上思考他人，3. 总是与自身一致地思考”。

谈及真实的或正当法，这就包含着理性生物即人的自治要求，以及自我检验、自我理解的诉求，人们认为这是正确的。宗教的特定年代中的“原则上由他人来引导”，为同样是“在原则上要求自我负责的实践”所取代。一如“科学”所要求，愈是自我负责地检验，“正确的实践”愈说明了行为者对其正确性观念的自我负责性。因而，在里费尔那里，“自治”是“承认在理论和实践观察中的正确性”。他接着写道：
151 “当提醒一下，现代科学和民主思想不是偶然地同时产生的，而是由于它们源于一个和相同的原因，科学……基本是民主的，因为科学在原则上是每个人可以企及的……”。[32] 在此存在着一个重要的思辨地说明民主的倾向：只要国家决定着人的实践之可能性和边界，作为努力自我负责地进行正确实践的生物，个人必定能对国家产生影响（民主原则）。[33]

3.1.9.2 不存在教条化

“自我思维”指向的是物：客体，在对真理的唯理的理解中，客体的特征是，它可以普遍地获得。不存在“令人恍然大悟”的知识，不存在秘密的知识，相反，真正的认识必须是可以告知，是“可以传授的”，[34] 尽管只是传授给那些付出甚多，在自己方法的和实体的前提中去领会（所强调的）知识的人。“真正的”知识的可传授性不意味着可轻易获得，然而，根据前提和方法对认识过程进行整理，以便所设想的能通过一个“根本的意识”[35] 被理解。但如果真实或正确的认

〔32〕 注 29，里费尔，《法哲学和国家哲学的基本问题——政治哲学人类学》，第 447 页。

〔33〕 注 29，里费尔，《法哲学和国家哲学的基本问题——政治哲学人类学》，第 441 页。

〔34〕 此一概念见注 29，里费尔，《法哲学和国家哲学的基本问题——政治哲学人类学》，第 275 页。

〔35〕 雅斯贝尔斯，《论真理》，1947 年，第 225 页及以下诸页。

识在根本上是可传授的，那么，总是存在着批评。因此，在唯理的真理概念的历史领域，正当法的观念要求能不受限制地对所有层面的法律实践进行批评。考虑到错误的可能性，这种批评是必需的。一切认识，包括法的认识，在这一意义上，均具有临时的特点。[36]同样，不存在一个能不通过贡献新的论证，且新的论证是可以检验的，去影响有关“真理”争论的主管机关。其结果为，实证法在原则上是可以更改的，[37]大范围的“法政治的”讨论是必要的，以了解对某事的各种观点，还包括使讨论成为可能的程序和媒体（听证、出版自由等）。

但对批评进行基本的制度化也包含维护一切人的批评权。因为区分批评者与不批评者在原则上是不可行的，区分标准不应成为消除令人不快意见和利益的手段。哲学的表述为：公正之规则和判决之客体同时被称作法律思想的主体，从中产生思考法律的基本权利。

3.1.9.3 相对主义的界限

证明讨论和批评为必要的一切自然法认识所具有的临时性，可能通过两个方式而丧失：不是通过对正确性理解的教义学化，就尤是通过真理和正确性的相对化。法哲学的相对主义，一如拉德布鲁赫[38]和 152
凯尔森[39]曾代表的，可能与教义学主义一样，同样很少去说明对话、讨论和批评的必要性。如果不是有关正确性的认识，而是正确性本身走向相对，那么，这对认识的沟通努力什么也没有说。至多只剩下对偶然的共同性和不可克服的不同的自我试探。作为相对主义者，人们

〔36〕注 29，里费尔，《法哲学和国家哲学的基本问题——政治哲学人类学》，第 444 页。

〔37〕埃尔沙伊德，《作为实践哲学的问题的社会关系的法律化》，载《新哲学杂志》，第 17 期，第 37 及以下页诸页，此处，第 58 页。

〔38〕《法哲学》（埃里克·沃尔夫和汉斯－彼得斯·施奈德编），第 8 版，1973 年，第 102 页。

〔39〕《一般国家学说》，1925 年，第 368 页及以下诸页。

必须容忍其他人有权以一贯的不宽容去贯彻自己的观点，尽管他们已知该观点可能是不可证明的。以真理或正确性本身为前提的人，而不是相对主义者，才应负有对话的义务。[40]

因此，从相对主义的立场本身来推导容忍、自由、民主、政治参与权或其他基本权利和自由，这种企图必定是自相矛盾的。拉德布鲁赫于里昂所作的并于1934年在《法哲学文汇》上发表的报告中已经做出尝试，人们不得不认为那是失败的：[41]

从自然法的信念是不可证明的且不是可反驳的，相反它们的不可证明性和无可辩驳性可以在认识论上证明这个论点出发（第80—82页），拉德布鲁赫作出结论，虽然人们必须为自己的信念而战，以不做（无信仰的）怀疑论者，结果是，与世界观的对手的信念战斗，但是，由于它们的无可辩驳性，人们必须尊重对立的信仰。这也适用于立法者。他虽然可以通过其权威结束不同政党之间的权力斗争，但不能结束意见斗争，因为他自己不具有自然法知识。根据拉德布鲁赫，从中产生了自由主义的诸原则：思想、科学、新闻、信仰的自由（第82、83页），还有所有政治和社会信念的自由（第84页）。由于这两个信念是不可证明或证伪的，它们都是平等的，信念的所有承担者——人们必须补充，在作为信念的所有承担者的自己的能力上——应当被同等对待（第84页）。这种观念的结果本身当是一致性原则，因为只有这样，所有信念实际上的势均力敌才能被保障。由于一致性无法实现，拉德布鲁赫让民主多数原则轻易地占据了它们的位置。如果根据自由

〔40〕 注29，里费尔，《法哲学和国家哲学的基本问题——政治哲学人类学》，第273页及以下诸页，由他“具体加以强调”。

〔41〕 重印并此处引自：古斯塔夫·拉德布鲁赫，《法律中的人》，第3版，哥廷根，1957年，第80—87页。正文中括号标明引用出处。

的、立法者负有义务的原则（见上文），人的平等仍然是政治的，特别是法政治和（反）宗教的信念的承担者，那么，新的多数可以在宽松的自由的保护下形成，这也涉及那个问题：是否应该重新引入因多数决而废除的民主——我们说到了 1934 年。民主是“各种国家形式的共同基础”。（第 85 页）

拉德布鲁赫自己意识到，他将相对主义作为推导原则运用到自然 153
法规则。历史上所宣称的自由权利和民主原则属于启蒙的自然法。拉德布鲁赫在理性可观察的法律原则的意义上理解它们，并明确承认自己是自然法学者（第 87 页）。矛盾的是，然而，现在这种自然法的基础是相对主义，它适用“最后的应然规则是无法证明的、公理式的，它不是知识，而只是有自白的能力。”〔42〕这个没有可相对化的法律原则（“最高的应然规则”）的相对主义论证，逻辑有失，仅仅清楚的是，前提与结论是矛盾的。这个起始的前提说，不存在最高的可证明的应然规则，结论意味着，从最高的应然规则的不可证明性，不能证明下级的最高的应然规则，等等。〔43〕但是人们也可以证明，拉德

〔42〕 拉德布鲁赫，《法哲学》（注 38），第 100 页。

〔43〕 保罗·费耶阿本德没有逃脱这一结局。在他文章《认识自由的人类》中，他探讨了，从其“怎么都行”（anything goes）的认识论－相对主义原则中，去推导对一切“传统”（如团体中流传下来的思维和生活方式）的平等的国家保护。然而这一推导不灵。如果一种传统自身是不宽容的，那么，它尤要设法去压制其他的传统，假如这是其本质特征，因为它对于一种传统是决定性的，那么，这一传统可能不是基于认识论的相对主义，被迫放弃其不宽容。也即，一如它所表现的，它可能简单地把“怎么都行”与自身联在一起，并因此赞同其不宽容。如果有一天不再谈论真理和正确性，实际上一切都行，那可能也不再有意义地去思索正确的国家秩序。还应注意，费耶阿本德认为，从其倾向看，抛弃个人的自由，抛弃各自的传统，可以证明是合理的。这一原理道出了许多著名的传统之根本。维护传统与传统条件下的个人自由没有关联，因为这关涉的是根据自己的理解，建立在自愿的成员资格之上的各类传统。依照这种组织原则去合理地划分一切传统，不外意指去绝对地确立费耶阿本德设想的相对的西方个人主义观。

布鲁赫完全没有从所有最高应然规则的相对化中得出他对启蒙自然法的“推论”，而是从其他不重要的前提中得出。所以，他不怀疑社会中的和平诫命并在根本上证明了法律的必要性。同样也不能从不存在关于道德的、政治的宗教的信仰的合理理由中，最终推出对具有其他信仰的人的道德要求，因为人们同样可以，即使不容易，基于合理地无视这种信仰，包括个人的信念，从中得出这个结论。但这意味着，尊敬和尊重人必须在逻辑上独立于相对主义；一种在直觉上理解的判断。

3.1.9.4 正确性、合意、决断

相反，如何人们坚持法的不可把握性的自然法思想，也即，坚持客观的正确性是国家实践的标准，并且把这个思想与现代唯理性真理观结合起来，那么，由于正确性的自在之特点，虽然在法律问题中，合意不是对真理的证明，根本不存在最终的证明，但仍是真理的指示
154 器。然而，这只发生在一个结果丰富的前提下：合意的构成必定发生在不利于想掩盖真理的形式和情势中。结论具体为：[44]

只有一切参与者的利益至少被纳入讨论中，合意才具有意义。对法律的真理性负有义务，意味着不损害第三者的利益，因此，所有利益的接合必须是可能的。尤其是，必须在立法过程中考虑到利益，诸如通过各层次的代表或通过社会科学调查。形式民主的代议制思想目标在于代表每个利益。只要不代表利益，合意就是虚构的。

法官的法律认识必须瞄准合意能力：因此法官必须倾听、理解，必须表明他已经理解；同时也要——至少应要求——去论证。法官的

---

〔44〕 这涉及哈贝马斯意义上的理想对话情势的特征之一，《真理理论》，载《现实与反映（W. 舒尔茨六十华诞）》，1973 年。参见 R. 阿列克西，《法律论证理论》，1978 年，第 155 页及以下诸页。

判决，尽管是不容争辩的，还是允许公开地被批评。另外，具有合意能力的法律认识，根据利益可能混淆对正确性的认识之观念，以利益的地位为前提。差不多整个法院组织结构都是以这种思想为基础。这种思想的基本假定是法官不受当事人或第三者的影响，特别是不受其他国家机关，包括其他法官的影响。但显然这还不够。此外还存在有偏见的法官的问题。程序规则规定排除或拒绝可能有偏见的法官。[45]然而，这并没有理解所有可以想象的偏见，特别是那些基于法官的阶级归属和社会化可以猜想的偏见。如果只有这种从中引起的怀疑会导致由于偏见而拒绝，司法系统当然不堪重负。但是，关于可能影响判决行为的阶级特定态度和日常理论的法律现实研究并没有错。如果法官认识到这一点，可以有助于提高法官的客观性，为此他们受不被控制的和无意影响的中立性和独立性要求的约束。

每种认识过程原则上的开放性，要求去承认存在着从自然法上看不可解决的问题。在相应的限制下，不一致指明了问题的不可解决状态。在不可解决的领域，如果未决定的仍至少显得是合适的，决定的不确定性将是合法的（如果之于法律共同体，不确定性是整体的，那么，它也是决定者个人的）。对此，当然同样地可能保留着不一致，不一致能导致赞成或反对判决的“孤独的”决定是必要的。因此，一个正确的、原则上可认识的、但从未被完全认识的法的观念，证明了在存在不可排除的不一致领域，法具有判决特点是合理的。

如果在“真理”的部分领域，在合意的含义上，实证法失去了 155

〔45〕 在盎格鲁－撒克逊法律圈，法官的公正性被称为“自然正义的传统规则”。参见格里·马赫，《作为公平的自然正义》，载：尼尔·麦考密克和彼得·比尔克斯（编），《法律思想》，1986年，第103页及以下诸页，尤其是第112及下页，第154页。

合法性，那么，人们能在那里寻找其他的合法性标准；立法可能是合法的，因为它基于一个多数的决定，前提是，决定不是最初的，而是最后的行为，也即，最终存在着一个包括所有利益和立场的讨论。

现在，多数规则不能直接追溯到正当法律的观念，这样就好像多数本身更接近事实一样。当然，因此这同样适用于少数；不是因为人们属于少数，人们就成为在应当正确理解意义上的“精英”。放弃基于法律理性正确性的有组织商谈，共识的指标功能（见上文）不可能“丰富”多数规则或精英理论；相反，重要的是，通过有合意能力的规则去解决不一致的问题。如果共识不被“多数”或“精英”取代，而是作为需要规范的程序问题的（当前）不可逾越的不一致成为商谈的对象，那么，在正确性指示器意义上，目标是合意的理想商谈的结构仍然没有受到损害。鉴于平等原则，多数获得重要性。如果人们将公民的平等从他们作为能够自主地参与正当法的社会和国家商谈的理性存在这一地位中推导出来（见上文 3.1.9.2），那么，正当法的观念与多数规则之间的间接联系就变得明显了。

3.2 自然法论证的结构

法律是否有约束力的问题，根据第一层次的自然法学说，依赖于法律的内容，即它们与特定自然法的原初规范的一致性。与此相对，对于作为国家哲学表现出来的第二层次的自然法而言，由规范所确定的、得到遵守的程序之真理关联性，是决定性的。如果各层次上的程序被安排为，对正当法观念负有义务，对仔细的、旨在沟通的探究一切事实、利益、立场、观念是有利的，那么，从法律认识过程的真理联系性中，将暂时推断出结果的正确性，[46]并且因此，将接受制定性规范的有效性，当然，在时间上限制在被认为是较好的认识那一刻。

3.2.1 第一层次自然法的意义

这就提出了那个问题，在认识正当法的最佳结构和程序被发现和制度化时，不需要对第一层次的自然法的其他内容进行理论思考，自然法的认识目标是否尚未实现。人们可以辩道，除了在用最佳方式指 156
向规范的正确性的程序中发现法律规范之外，不可能存在其他的合法性。如果这个程序的基本原则似乎很明显如上述的，对每一个可及的民主商谈是开放的，那么，必须确定将之留给这种商谈和在此基础上建立的代表制的决策商谈，除了从真理关联中得出程序原则本身，否则它必须被认为是正确的。然后，第一（内容）层次的正当法的理论才可以被理解“为一种对由公民主导的商谈的贡献。”[47]这可能是正确

〔46〕例如诺尔在《立法学》，1973年，第126页中指出：极端不公正的法律只是在立法过程中的公开讨论被抛弃之后才被颁行的。在此意义上也见哈贝马斯，《事实性与有效性》，第2版，法兰克福1994年（后记），第662页。

〔47〕哈贝马斯论罗尔斯的正义理论，载《道德意识与沟通行动》，法兰克福1996年（1983年），第104页。与之相应，如果哈贝马斯将法的不可把握性的要素只称为“已经转入实证法的程序理性”；它可能是“（在理性法崩溃之后）唯一剩下的维度，在这个维度中，对实证法而言，不可把握性的要素和逃避结构的有限的行动可能被限制”。参见哈贝马斯，《法律与道德》（坦纳讲座1986年），载《事实性与有效性》第4版，附录，第541—599页，此处，第598页。在我看来，法的不可把握性的要素唯一的应用——我们已经将之强调为特定的自然法认识兴趣（见上文3.1.5）——基于法律产生的程序结构，仅是当将基本人权作为根本的东西分配给这个结构，以便基本人权共享法的不可把握性时，才是可以接受的。哈贝马斯在《事实性与有效性》中似乎作了这样的尝试，第三章，特别是第151—165页，在权利的体系标题下。尝试是否成功，尚不肯定。无论如何，作为第一层次自然法的命题，人权的直接显现经由包含在商谈理论中的真理概念，更是弱化而不是强化了。

的，但不反对去尝试，考察第一层次自然法的论证策略，是为了检验其在法律政治商谈中的说服力和范围。

3.2.2 依据常识

首先引人注目的是，自然法学者将自然法规范归因于普遍的常识。经院哲学家威廉·冯·欧塞尔将狭义上的自然法与“未经全部或多次慎思，理性本质强迫所为的东西”相提并论；托马斯·冯·阿奎那教导说，与共同体生活相关的自然法则将毫无困难地得到识别，阿伯图斯·马格努斯说，最普遍的法律原则是写在人的心中。[48]诸如正当理性或普遍原则的说法应该表达了相同的意思。

3.2.3 真理理论的题外话

以今天的观点来看，特别是从商谈理论来看，人们会倾向于强调，这种自然法思想是关于共同生活的无可争辩的正确规范之明确的有合意能力的陈述。但在这方面，没有将真理和正确性概念转换为合意理论。[49]自然法学者将自然法规范理解为客观的既存，它们能够独
157 立于他人的合意通过每个个体的理性而被认识。在这方面，自然法学说因此主张与客观世界中关于事实的陈述相同的本体论真理概念。之于这种认识论观点，真理是与对客观存在物的陈述一致。商谈理论的真理论以这样的断言与之相左：由于在关于事实和规范的陈述中所称的客体只能通过理想的——或足够接近的理想的——商谈来获取，我

〔48〕 参见施佩希特，载《哲学史词典》，关键词“自然法”，第III部分，第572—580页。我们在霍布斯那里找到类似的东西，参见上文注19。

〔49〕 参见下列文献：哈贝马斯，《正确性对真理：关于道德判断和规范的应然有效性的含义，载同作者，《真理与合法性》，第271—318页。

们所称为真理的东西，只能这样从中读出来：商谈是否是理想的，并已达成合意。因此，在理想的条件下的合意将成为真理的标准。提出了这种真理的合意理论[50]的哈贝马斯虽然对于描述性陈述领域放弃了合意理论，但是，在关于认识正确的道德规范和判断方面继续以强化的形式表现出来。描述性意义上的真理指的是关于客观世界的陈述。因此，这种陈述显然不是真实的，因为关于它们存在合意。更确切地说，"一个如此审慎达成的关于被充分论证的陈述的合意，在新证据的眼中都可能被证明是错误的。"[51]这种无疑是正确的且为避免商谈参与者的施为性矛盾，是必不可少的本体论的真理观，根据哈贝马斯，不能转移到应然有效性的领域。在那里应该适用："一个在理想的条件下在规范或行动上商谈式地达成一致，不仅仅是权威的效力，它保证了道德判断的正确性。理想的可证成的主张是我们所说的道德有效性；它不仅意味着，赞同和反对一个有争议的有效性主张已被详尽解释，而且它本身还具有值得承认的规范正确性的意义"。[52]它意味着，在理想的商谈中找到的合意对规范具有建构的意义。

因此，在理想的商谈中合意成的规范的正确性这个问题实际上应该毫无意义。然而，这种后果并没有吸引哈贝马斯。相反，他认为，在道德规范领域的认识是容易出错的。然而，它们的易错性不能被解释为可能瓦解"实际"应该是的或应该做的东西，并瓦解陈述所说的东西。相反，易错性的结果，要么因为待调整的行动情况在所有相关

〔50〕 哈贝马斯，《真理理论》，1973年，重印于：同作者，《对沟通行动理论的初步研究和补充》，法兰克福，1984年，第127—186页。

〔51〕 参见哈贝马斯，注49，第296页。

〔52〕 哈贝马斯，注49，第297页。

方面都没有得到正确的理解，要么因为商谈是不理想的——例如不是不受约束，企图欺骗、排斥。[53]本体论的真理理论将这两个方面结合为客观的规范性真理失败的主观原因。重要的是，不取决于所代表的
158 真理理论，出现的异议都需要论证来解决，论证的目的是通过“无可争议的”论辩来克服异议。在这里，无可争议性将作为实际对各种陈述的接纳来发挥作用。

在这个层面上，自然法获得了经验的特征。自然法的无可争辩性通过人们可能接受未被任何人拒绝的陈述来检验。在这个过程中，关于什么是不公正的陈述脱颖而出。所以，例如，阿图尔·考夫曼基于本体论真理理论，影射纳粹时期针对法律实证主义的国家谋杀（毒气室、杀害精神病人）论证道：“随着自然科学实验的精确性，最近的历史告诉了我们，这些价值是不会废止和不发挥作用的现实，因为它们被相对化甚至被否定。”[54]这种“经验的”自然法基于可以被描述为不公正的，也是合法律的经历。

十分明显和明确地一致认为作为不公正所经历的东西，将经验的立场当作实际的不公正。人们照常可能从认识论、本体论和人类学上解释那种（所谓的）合意的基础，无论如何，法律主张的合意能力都会获得自身重要性，这使得关于公正与不公正的论证相对独立于自然法的哲学基础，比起对（关于人的“本性”、法律秩序的人类学意义等）基础的争论不必妨碍某些规范观或目标观的融合，更是如此。[55]

---

〔53〕哈贝马斯，注49，第298页。

〔54〕阿图尔·考夫曼，《自然法与历史性》，1957年，第8、16、17页。重印于同作者，《变迁中的法哲学》，第1—21页，此处第3和10页。

〔55〕关于在原则争论中达到一致结果的可能性，参见诺尔，《立法学》，1973年，第126页。

3.2.4 自然法论证的检验图式

如果我们承认具体的“自然法原则和单个规范”[56]有合意能力是一个事实，那我们就有便利条件，无顾忌地从形而上学的前问中，去考虑抽象的自然法思维的论证结构。之于绝对的自然法怀疑论者而言，自然法思维的论证结构本身仍有意义，因此，我们把自然法思维分解成，在法的前实证领域中进行令人确信和富有成果的论证之技术。这显得有益于构造自然法的强和弱论证之概念，这就是说，用与经验的倾向相适应的方式去提出：在多大程度上，一个单个的论证或特定类型的论证，将根据至今为止的经验，形成合意地发挥作用，或获知推测的赞同。

论证的实际影响和结果，应与论证的强和弱区别开来。一个自然 159
法的陈述可能在规定含义上极强，但也许缺乏实践的影响。那么，这种自然法在法政策上是收效甚微的。[57]

相应地，自然法学可能由于两个理由遭到批评：这可能是，其一，自然法学运用非常强的论证，也即，运用可能肯定地获得普遍赞同的公理；其二，但这个论证没有触摸到当代社会生活的具象，因为它不能回答重大的法政治问题，或因为它与对一个问题不同的实证法的或政治的答案完全一致。[58]这种自然法，部分抽象部分具体地保留下来，且重要性降低不少。但也可能为了具体的和现实的问题，建立实践上

〔56〕在考察抽象自然法领域用这个独特的术语作标题，见汉斯·赖纳，《自然法的基础，原则和单个规范》，1964年。

〔57〕对此问题尤参见伯肯弗尔德（编），《自然法批判》，和弗朗茨·克萨韦尔·考夫曼，《对天主教自然法思想在19和20世纪的兴衰之知识社会学思考》，载伯克勒/伯肯弗尔德（编），《自然法批判》，1973年。

〔58〕注57，伯肯弗尔德（编），《自然法批判》。

关系重大的自然法公理，然而，这些自然法公理继续得不到赞同，并且因此被证明是弱论证。

这一批判纲要从自然法的认识兴趣中获得其标准，去形成强有力的、具体的关于法之不可把握性的陈述，以保护人类共同生活秩序在论证上不受任意性的侵害。在从中得出的矩阵中，自然法的认识兴趣目标对准右上方。鉴于这种认识兴趣，这是不可避免的：唯理论自然法曾努力去从自然法上说明全部即十分具体的法律秩序是合理的，以至于，一如韦尔策尔在论及普芬道夫时所强调的："给实证法留下的微乎其微了。"[59]

首先，应从自然法认识理想的背景上去探究抽象自然法的不足，并且，应清楚地指出在其不足中显示出对具体化的强制。然后，应该询问具体的自然法——或冒充的自然法——之具体性和其论证强度。

		自然法	
		抽象的（内容贫乏）	具体的（内容丰富）
论证	强	+	+
	弱	–	–

160

3.2.5 抽象的自然法

3.2.5.1 最高形式原则的含义

可能很少人否认下列类型的规定：

a）"当为公正，当弃不公"（Das Gerechte ist zu tun，das Ungerechte zu lassen）。[60]

---

〔59〕韦尔策尔，《萨穆埃尔·普芬道夫的自然法学》，1958年，第56页。

〔60〕据罗门，《自然法的永恒复归》，第2版，1947年，第225页。

b）“避恶行善”（Meide das Böse und tue das Gute）。

c）“存在着正确的和不正确的（实证的）法”（Es gibt richtiges und unrichtiges [positives] Recht）。[61]

d）“各得其所”（Jedem das seine）。[62]

这些规定似乎非常显而易见，但对此不应强调，它们完全是无可争辩的。

在那里，争辩的可能性取决于对规定的解释。如果人们认为，规定a包括一个不管用什么方式形成的顾及他人（“请关照”），那么，一个对立的哲学见解可能绝对认为，顾及——至少对于其他的领域——是对毫无顾忌，“权力意志”等的训诫。当然，规定a可以通过修正解释与反对者的意见取得协调：当为公正，对于反对者意味着，处处以一切合乎目的之手段贯彻之，等等。不是规定a被质疑，而是公正的概念将用一个特别方式来确定，那么，对于作为上位规定的规定a而言，公正的概念只是为一个有些独特的下位规定所确定。

此一对规定a的辩解，导致了具有全部实践信息内容的正义概念的空洞化。因此，辩解终止于固执地认为，对于每一个愿意讨论实践哲学问题的人来说，存在着一个人们应当做或不应当做的事情。在那里，作为唯一的对“正义”进行描述的因素，只剩下公正或不公正行为关联到他人（“jus est ad alterum”）。在这个“被纯化的”文本中，规定a指允许有一个“应然”观念的所有不可争辩的事情，并且我们可以这样猜测：实践一切。从自然法的认识兴趣出发，可以理解，有些自然法学致力于强调很强的“不证自明性”及有说服力的规定，然

[61] 可从施塔姆勒关于公正法的学说（第2版，1926年）中推导出来。

[62] 注60，罗门，《自然法的永恒复归》，第226页。

后尝试着从这个显得肯定的基础出发，去勾画人类共同生活或多或少完善的秩序。

然而，在此讨论的这类规定，就像已提到的那样，不得不为其很强的“不证自明性”，它建立在对用任一方式形成的、对正义、道德或习俗的普遍笃信之上，付出几乎绝对缺乏行为信息的代价。如有些事情是“应当的”“善的”“公正的”这些表述，没有给出一个支撑着评价
161 的实质标准。这也许是现代语言哲学的功劳。[63]因此，上述表述，从法律上说，不具有演绎推理能力。为了使用康德式的表述，它们缺乏一个**图式**：没有给出一个程序，人们如何能用与表达相称的一般特征描述现实的片段。虽然“善”“公正”等表述是以存在着描述方式的标准为前提，为了把某些东西称为“善”，或“公正”，必须存在标准，然而，这些表述没有解决，哪些东西为标准，甚至未解决，对于不同的社会领域，甚至对于每一种生活关系，是否存在着特殊的正义标准，以及如何能获得这些标准。**事情的本性**学说的不同作用方式循着这个方向，它们想从具体的，或从一直是典型化的实际情况中，获得正确的或公正的法的标准。如果这种目标在事情逻辑上是正确的，那么，难以了解，哪一种法律经验领域中的描述性特征，可能成为正义的经验标准。作为语言分析考察的结果，人们能确定，“善”这个词的使用

〔63〕 为获第一印象，参见考夫曼/哈斯默尔，《当代法哲学和法律理论基本问题》，1971年，第19页。另参见：哈特纳克，《维特根斯坦与现代哲学》，1962年，第121页及以下诸页；施佩希特、赖纳，《论经院主义自然法的哲学和神学前提》，载注57，伯克勒/伯肯弗尔德（编），《自然法批判》，第55及下页；H. J. 科赫，《国家法中的法律方法学术讨论课》，1977年，第149页及以下诸页；注17，马奇，《伦理学——论寻求正确和谬误》，第47页；罗尔斯，《正义论》，1975年，第437页及以下诸页，第463页；关于黑尔的观点，参见注44，阿列克西，《法律论证理论》，第85、86页。亦参见阿尔伯特，《社会研究中科学论之问题》，载勒内·柯尼希（编），《经验社会研究手册》，第65及下页。

存在着无数不同的标准，因为我们能够评价无数的事情，并因为事情的善或善性总是按特殊的特征被评判的。这同样适于“公正”或其他表达价值的词语。[64]人们能在如下程度上说明“评价词语”与被评价的行为事实间缺乏概念方式的过渡，即“评价词语”对于被评价的行为事实什么都未说，而只是表明积极或消极的态度。因此，价值词语意指一个（完全是真实的）客体与主体间的关系，也即指超越被评价的客体领域的东西，——这些东西处在客体之外——因此，它们对于客体的描述无能为力。[65]这种关系出现或应该出现在何种情况中，只是表达了积极或消极态度的价值词语，对此什么都没有说。因此，它在价值领域中重复了康德对经验真理的本质所说的，即真理的普遍标准的问题，属于那些引诱作出荒谬回答的问题，以致问者与答者“作出的样子令人嘲笑，这个人挤雄兽的奶，那个人用筛子接着”。这基于 162
下列理由：“这样，真理的普遍标准，可能是那种因为不考虑其对象的区别的一切知识而有效的东西。但清楚的是，由于人们同样不考虑知识的一切内容（关涉其客体），且真理恰好与此内容相关，去询问知识的内容的真理特征，完全不可能且是非理智的，因此，同样明显，不可能提出一个充分的且还是普遍的真理之标志”。[66]

在这种情势下，容忍前列种类的规定，或通过直觉地运用或演绎

〔64〕 但如果解释发生分歧，那就无济于事，就像正义一词的情况一样。

〔65〕 一如 G. E. 穆尔在《伦理原则》(1970 年）一书中所主张的，我也认为伦理直觉主义靠不住。穆尔相信，物、人类或行为的道德品性，可能由特殊的观察（直觉）方式被发现。人们拒绝伦理直觉主义，那么，对于一切类型的道德判断，便产生了一个直觉主义上的未认识到的解释需求。唯有一种解释是功利主义的，它假定，在道德判断中，自然的意愿表现出，道德判断也与人的需求结构有因果联系（参见注 17，马奇，《伦理学——论寻求正确和谬误》，第 43—49 页）。像前文（3.2.4）所介绍的，我们在此将此种论证问题排除在外。

〔66〕 注 2，康德，《纯粹理性批判》第 2 卷，第 102、103 页。

地利用这些规定去发现具体的自然法，毫无意义。讨论仅仅始于那些在评价具体生活的行为事实时，或在讨论规范规定时，具有描述性内容的规定。这从那些原则中无法推导出来。[67]

3.2.5.2 十诫公式和基本权利公式

因此，让我们转向另一组规定，在这组规定中，有许多具有很强不证自明性的十诫公式和基本权利公式。[68]

我们认为，十诫公式不仅仅是十个戒律，而是具有其含义结构的全部规定。当然可以提出（尚）不存在于宪法之中的基本权利公式。作为十诫公式例子的规定是：诫杀（诫伤、诫监禁）（模式 a）；基本权利的例子为：每个人有生命权（身体完好无损、自由、职业选择自由、财产权）（模式 b）。

3.2.5.2.1 十诫和基本权利公式的作用方式

这类规定具有描述性的“内容”，[69] 虽然如“杀”“伤害”“名誉”“生命”等表述的简洁程度不同，它们适合于概括，因为它们不仅于应然规定中，而且也在描述生活行为事实时被运用。在描述生活行为事实或概括这种描述中运用这些规定的规则，是在日常语言上被确定的，还是借助于（归根结底）对于一切技术性语言是元语言的日常语言，在专业术语上被确定的，无关紧要。因此，这些规则允许具体化。

这些规定的不证自明的基础，一如在前文中所探讨的规定，不在

〔67〕 至少罗门如此，注 60，《自然法的永恒复归》，第 226 页。

〔68〕 关于作为自然法的圣约十诫的分类参见如聚斯特亨，《自然法》，载注 10，迈霍菲尔（编），《自然法还是法律实证主义？》，第 20 页。

〔69〕 维特根斯坦关于描述性内容的概念之看法，参见施特格米勒，《当代哲学诸主要思潮——批判性导论》，第 1 卷，第 6 版，1976 年，第 574 页及以下诸页。分析法律理论的观点见注 63，科赫，《国家法中的法律方法学术讨论课》，第 47 页。

于确信在某种方式上，十分肯定存在着善与恶，公正或非公正等，而
在于对一种行为的典型化描述，这种行为有效地引发了积极的或（主
要是）消极的“道德的”看法，或在于一个在实际中可发现的善之标 163
志，善的保护价值确实值得赞同。

在**自然法传统**中，前述类型的规定（参见 3.2.5.2）有很大的作用。相对于经院主义自然法偏爱根据模式 a 的规定（就此而言，这种模式不探究“**事情的本性**”，但这一说法需继续探讨），也即经院主义自然法从客观法中进行思考，而启蒙主义有时更喜爱根据模式 b 来建构规定。规定顺序处在关系之中，人们能把比如十诫公式解释成基本权利的结论。

那么，这与这些规定的**论证强度**之关系如何呢？十诫规定是以绝对形式表现出来的命令和戒律，至少根据其含义，它们是绝对的，因为它们丝毫未给其有效性提供限制条件。许多十诫公式，如勿杀，勿虐待，勿诽谤等，可能（今天也是）依赖着很高程度的赞同。它们不在讨论之列。

在与实践相关的对话情势中，一般上，它是一个适当的程序，在必要时，动用这类不证自明的规定，以便有一个坚定的立场，或者设法为论证创造一个确定的无争议之出发点，也即提出一种“在原则”上是无可争议的陈述。当然，这种不证自明的规定之数量，原则上是无限制的。在圣经的十诫中，只开列了关于保护性戒律的几种基本之善。然而，其他的善或“益处”也能被发现，禁令的提出有利于这些善，显得是可信的。能被视作对许多十诫公式的总括的“不伤害任何人”，不限于在至今作为楷模被引用的规定中，而且还促使去理解细微的损害，这些损害可能仅仅通过具体地了解，常人所发现的东西和这些人如何被卷入社会关系中，变得可看得见。

在这里便产生了，绝对的自然法规定需要具体地确定，尤其需要与实证法模棱两可的名称划清界限，以便获得其不证自明性。所以，不能简单地从实证法的财产概念出发，在人必须（可能）有财产之自然法的假定上，得到证明。[70]

另外，也必须考察被建议的公式是否为合意的。即，如果戒律规定或命令规定是不证自明的这种断言，被论断者通过经验的严酷试验所收回，那么，人们就把它与教义学地中止自然法的讨论和沟通的（经常的）形式联系起来，这一中止使对话的可能性受到了质疑，并在
164 政治领域中造成立场倾向的分裂。[71]人们必须看到，使用十诫规定（或基本权利公式）的自然法，完全有别于存在于一般地强调所承认的各种原则之中的含义，可能应忍受在政治争论中毁灭式的派别化，也就是，假定自然法把有争议的十诫法，不仅解释成一个法秩序之价值不可放弃的，而且完全把它当作该价值的试金石。[72]

运用十诫公式的自然法的善之含义，幸好不与这种自然法的教条

〔70〕 注44，伯克勒/伯肯弗尔德（编），《自然法批判》，第117页。——在教父学中，财产之自然法品性是有争议的。一部分人（尼撒的格列高利、巴西利乌斯、克里索斯托莫斯、安布罗修斯）认为原本是财产共有，而另一些人（克莱门斯、拉克坦蒂乌斯）则持私有财产为本源之说（参见蒂乌约尔·y. 泽拉，载《国家百科词典》，“自然法”条目，第4章第1节）。

〔71〕 关于胚胎自然状态的争议可能就是这种情况。他们，即使在试管中，具有人的无可置疑的尊严（《基本法》第1条），也不是共识。值得注意的是，上述观点的代表没有得出这一结论。这应是一个以危及孕妇生命为界的堕胎禁令，一个在胚胎植入前遗传学诊断情况下绝对的选择禁令。莱因哈德·默克尔对联邦宪法法院处理堕胎权的诸多判决中的价值矛盾，在《对胚胎的基本权利？》中，载《穆勒-迪茨纪念文集》，第493—521页，此处第494页及以下诸页，作了令人信服的阐述。在欧盟不存在胚胎植入前遗传学诊断绝对的选择禁令。目前关于胚胎地位的无法解决的争议要求一个临时的有约束力的多数决定，而不是诉诸多数意见而使法院判决失效。

〔72〕 这里表现为哲学史之旨趣，注10，韦尔策尔，《自然法与法实证主义》，第323页。

主义相连。特别是，在允许进行经验的严酷试验时，如，尽管有长期的对立的传统，在考虑到缺乏合意，婚姻的非解除性在现代社会不继续作为自然法规定被强调时，自然法的**程序**，它探索具有提出有很强不证自明性的绝对规定的自然法，保持着善的含义，去开辟一条通向高度一致的道路，及维持与法律同人权利意识的联系。因为民众的权利意识最早循着那些简洁的绝对的公式，与此同时，一如人们能看到的，法律的门外汉在权衡的问题上很快陷入迷惘之中，因为他认为，一个无休止的“如果和但是”当被放弃。

相应的思考，即**基本权利公式**，适于启蒙主义的自然法的规定。虽然在宪法中的基本权利与对它们的限制同时出现，然而，说明的负担分摊给提出限制的人。基本权利公式不言自明，限制必须是合理的。

3.2.5.2.2 公式的效果

如果我们现要问十诫公式和基本权利公式的**实践效果**，那么，当人们在实践的－学术的或日常的－对话中观察其功用时，将只能发现一个斟酌过的判断。

3.2.5.2.2.1 公式的抽象特点

在此想指出，十诫公式和基本权利公式，在多个方面是抽象的，这里即指，它们是从有颇多联系的生活和价值关联中抽出的各种见解。从那些公式中感到的绝对性，似乎是基于隐失了这种社会关联，在隐失中，那些公式的有效性变得可疑。就连一个如此强的规定，如勿杀
任何人，甚至将根据有或多或少各种限制的伦理－政治的总体构想来 165
对待，这些限制可能看起来如下：

“勿杀任何人，除非

a）他是战争的对手，

b）他违反现行法律攻击生命（任何有价值的法益，任何值得保护的财产），这种攻击只能通过对他的处死被制止，

c）他犯下了严重的罪行（可以考虑具体是何种罪行吗？）

d）他要求处死自己，

e）他的生命不再是“真实的”生命，

f）公共利益（它是什么？）不可避免地要求处死他，

g）被处死者是一个反革命的代表，尽管他在主观上是“无罪者”。

可以想象的限制清单还可以延长，所提到的限制条件当被分类。特别是公共利益保留，在考虑到未来各种情况的分类中，当展示广泛运用的可能性。接受这种禁杀的限制条件的范围，历史上看摇摆不定。在历史上，可能出现新的产生禁杀限制问题之情势，并且这种情势可能历史地（似乎或真实地）再现。直至今天，至少每一种法秩序允许我们的典范规定有某种限制。在那里，我们面临着那个“不证自明地”也许超越所有其他十诫公式的规定。

3.2.5.2.2.2 公式的空想特点

因此，如果承认所有十诫规定和基本权利公式的限制条件，这之于在法律和道德判决实践中的论证意味着，虽然这些规定，在获得同意时，是趋向正确性的命题，[73]但尽管如此，根据具体的或可具体的先决条件，它们还是失去了其决定行为的实效。这一命题当在两个方面具体展开：

那些正在出现的具有绝对性的自然法规定，尽管它们只具备有限的有效性，仍趋向正确性，这说明，它们必须根据其意义，同时

〔73〕 根据布罗德，施特格米勒对其思想作了阐释，见注69，《当代哲学主要思潮——批判性导论》，第507页。

在“自在”之处是权威的，在那里，根据我们的理解，由于一些具体的原因，它们不可能是绝对的。一个这样的规范可能被抑制，并不意指，规范的适用情况不存在，而是说规范将实际被违反，尽管这有利于一个评价很高的规范。同样，在事实上会产生冲突性决定的规范世界中，人们不应取消和谐。出于某种理由，行为仍是违反价值
的，具有违反价值的局部结果。所以，例如自由刑在其品性上，因 166
而不是诸如在其实证性上，是施加痛苦，因为它被要求去保护法益。毋宁说，自由刑本身仍是恶的，一如在根本上，权力和暴力本身是恶。[74]因此，也就存在着一个更好的法的乌托邦，这个更好的法本不应去改善刑法，而当去替代刑法。[75]十诫规定“勿剥夺自由”的绝对性，将以这种反对对其实践有效性的条件进行限制的方式被坚持，尽管这只是在价值层面上。但这表现为空想的要求，是纯洁状态的自然法，或作为指向自由方向的指针，假如在那里不存在牺牲价值性。

重要的是，坚持十诫公式和基本权利公式的这个绝对意义，仅因为它可能随时对限制的条件进行批判性审查。那么，历史上这种空想的批判，可能在现实的批判中被掀翻，却不可能从绝对的自然法规定的武器库中推导出来。

3.2.6 公式与具体的总体

这样，原则上，绝对的自然法规定会被意欲成为规定本身的规则转化为纯粹的目标，这些目标仅在一个总框架的条仍然指导行

〔74〕 雅各布·布尔克哈特，《世界史研究》，第3章：研究之一的结尾部分。

〔75〕 注38，拉德布鲁赫，《法哲学》，第269页。

动[76]这引致了一个混乱的结果，即对立的问题答案可能与十诫规定和基本权利公式本身一致，要视情况，确立何种总框架的条件。

每个包罗万象的前后关系，在某个或其他含义上，是相对于十诫规定和基本权利的具体。相反，这些规定是论证，它们从实践论证的总体联系中被离析出来，并抗拒趋向同样是包罗万象的和具体的前后关系之约束。尽管如此，现实情势逼迫作出批判性权衡，并因之甚至逼迫不证自明的十诫规定，包捆在一个主要不是封闭的由许多不同观点组成的总体中，这些观点部分上可以互相补充，但部分上是对立的，
167 以至于（根据什么标准？）必须在内部被决定。

强迫将十诫规定和基本权利包捆在一个进一步紧张的论证框架中，并且因之强迫对它们进行限制的具体化，首先是社会生活本身的现实性。在这种现实性中，总是可能产生这里讨论的自然法规定相互冲突的各种情势。尽管不是根据方法上的自我理解，虚构地担负起启蒙主义自然法的难题，并推动启蒙主义自然法具体化的基本权利的教义学，恒常处理的是相互确立不同的基本权利的界限，并处理基本权利相互间的冲突。在刑法中，法益保护与无人应被剥夺

〔76〕“规则”的概念我以相同的含义用于上述文本——1976年构思，自第一版以来没有变化——如同后来的阿列克西，《基本权利理论》，第3版，1996年，第71—125页，与原则的概念形成鲜明对比（第75—77页）。（另参见下文3.5.1和3.5.2）这种严格的规范——理论上的区别，一方面是相对的，如果法律体系制度允许，规则的适用范围在某些情况下通过例外条款来确定（第88页）。然后规则——就像原则一样——只是表面上，不再是无例外的。另一方面，阿列克西将基本权利规定既分配给规则也分配给原则（第125页）。对于在此处理的自然法陈述，可以进行类似的规范——理论分析，其中十诫和基本权利公式在功能上既当是规则又当是原则。然而，这不是标准的理论分析，对我而言，在此重要的是，它是高度的共识，且是特别的道德重要性，这种重要性也使十诫和基本权利公式也与其他标准保持着紧张关系，如果它们对某些（典型的）的案件形态可能是不具有约束力的行为准则。这就是我在上一节中已经分析的，作为具有善的意义公式的乌托邦特征。

自由的规定相冲突。民法几乎仅思考也总是意味着价值冲突的利益抵触问题。

此外，绝对的自然法之实现，在具体的情况中，可能与一个法律体系[77]的功能能力完全冲突，或者又与虽是不那么重要的，但却是普遍的需要相冲突，也即，与情势相连，认真的论证反对一个本身是不证自明的十诫规定之履行。

因此，法的经验到处显示，十诫公式和基本权利公式的宝库，没有穷尽一个法律秩序的全部难题，因为这些规定——完全是预设的——决定着行为的内容，不考虑那些（大量的和重大的）情势，在这些情势中，自然法的规定在运用中相互冲突，或与普遍的需要，或与整体利益相冲突。原则上，这甚至显得是可能的，即把一切法的规范化问题，解释成寻找决定价值冲突情况的标准，就像利益法学（参见 2.3.4.3）告诫，几乎仅把利益冲突看作是规范化的目标一样。[78]

如果法仅具体地存在于裁判价值冲突之中，并且已经把裁判的标准——规范——经常地与价值冲突联系起来，那么，将清楚的是，在价值上，那些总是清楚表述的并因之是绝对地被理解的十诫公式和基本权利公式，离一个具体的法有多远。

作为这种自然法的法，必须是具体的，即复杂的。它必须包含着（或阐释）十诫规定和基本权利公式的可适用性或不可适用性视其而定的规则。例如，它必须发现自由的基本权利与社会的基本权利的“平

〔77〕 参见注 16，埃尔沙伊德，“自然法”条目，载赫尔曼·克林斯等（编），《哲学基本概念手册》，第 977 页。

〔78〕 埃尔沙伊德，“导论”，见埃尔沙伊德 / 哈斯默尔（编），《利益法学》，1974 年，第 4 及下页。——至少，这针对的是力图解决正义问题的那些法的规范。据罗尔斯（《正义论》，1975 年，第 150 页），这属于正义的可适用性的条件（正义的“适用关系”），内容为，“人提出在中度短缺时分配社会财富的竞争要求”。

衡”（或一个其他的合作），这两种只考虑到自己的基本权利，在不同社会结构上倾向不同，当然在一个社会中力求实现。在那里并非总是
168 可能创造“实践的一致”，[79]毋宁说，也应确立“优先权”，等等。自然法的具体化也必须根据规则来进行，这种规则将决定，何时并在什么情况下，绝对的自然法的不同目标观可能有机会。这些规则当在方法上处于绝对的自然法之上，它们当是“元规则”，因为它们包含着关于规范的（规范性的）陈述，所以，就像人们能仅在一个元语言中提出关于某个语言的陈述。

3.2.6.1 自然法的元规则？

与上面提到的论证策略的倾向相应，现在可以来探索，依据其在对话中论证的强度，去检验具体的元规则（在价值哲学上为“优先规则”），这个元规则，人们或可在一个法律秩序及在一个法政策的方案中去发现，或者半试验地去创造。所以，例如，关于证立根据的学说已阐释了这种规则的骨架。在参与决定问题中，如果人们旗帜鲜明的话，在那里可能涉及，在相关人对参与决定的“自然预设的”权利，与有关自由的企业家决策的经济效率这种一般利益之间的平衡——那个极富争议的参与决定模式提供了不同的元规则。无疑，大部分法的具体化，超越了对调整正在出现的冲突情况的规则之完善。另一个问题，即考虑到我们的检验图式（3.2.4），去研究被找到的元规则是强论证还是弱论证的问题，可以仅通过元规则的具体的现象学来回答，这是我们在这里不可能承担的任务，但这一任务对自然法的疑难问题可能有决定性的意义。

例如，J. 梅斯纳是以创立元规则而著称的。[80]因此，诸如此类的

[79] 黑塞，《德意志联邦共和国宪法原理》，第15版，第27页。

[80] 在“法的多样性与法的统一性”条目下，《自然法》，第4版，1960年，第244页及以下诸页。

尝试富有启发意义，因为它显示了，梅斯纳的表述是多么的小心谨慎，并且，从所提出的关于决定规则的原理（不再涉及），推进到制定针对特定情势的具体的优先规则，当是多么必要。但存在着一个十分肯定的提示，即（获得）元规则领域的不证自明性和合意的困难，甚于十诫公式和基本权利领域。[81]明显的是，当人们清楚，通过政治的－世界观的基本决定，元规则走向十诫公式和基本权利公式至少是有条件的。谁要是没有看到，“勿杀”“勿伤”“人被给予的共同决定的机会”，可能是最不同的政治体制和意识形态的组成部分，谁也就可能没有发现，这些体制间的不同仅仅是在元规则领域显示出来！所以，优先规则有些不同的结果，视情况，是更多地强调个人利益，还是更多地强调共同利益。当然，也存在着一些公式，它们诱发了诸矛盾及原因论可能通过一个（辩证上使人感觉到的）综合被阻止，如：“基督教关于
个人与社会之关系的观点，可能在**自由中的共同体**，**共同体中的自由** 169
这样的公式中被理解。”[82]

但是，在某个地方重新产生了在共同体与自由之间决断的强制，并且为此去寻求一个决断规则。如果人们认为，在十诫公式和基本权利公式中，明确道出了人的基本需求和目标，那么，我们能用伯肯弗尔德的话来说：“基本的，考虑到人的生物属性被提出的规范性陈述，不是被作为命令性规范，而是在原本的含义上，作为原则和指向标来理解的，这种规范性陈述，不是采取自称是严格的唯理的推理或（联系到情势的）适用的方式，自愿地去确定命令，而是去建构创造性的，视情势和关系而定，以不同方式去论证具体化的出发点和基础，几乎

〔81〕 在这一点上持完全怀疑态度的是卢曼，注4，《实证法与意识形态》，第190页。

〔82〕 布伦纳、埃米尔，《正义》，1943年，第99页。

可以说，自身包括了作为建议和结构要素的原则的具体化，却不是从这种原则中推导出来的。”[83] 必须首先探讨这种具体化的规则。

如果人们意欲找到元规则的源泉，那么，人们最容易在拉德布鲁赫所称的“法哲学派别说”中发现它，[84] 也即在一个部分地由强烈不一致决定的精神地带中发现它。从决策理论上看，这个发现并不令人惊异。假如更多的目的观掺和进来，这些目的观在实践上未协调一致，那么，目标观预设的愈多，决定的选择性就愈大。那种被选中的决定只是诸多可能性中的一个。被选择的可能性，同样因为它是诸多可能性中的一个，不属于不可把握的法这个范围。通过创立关于运用十诫公式和基本权利公式的元规则，很难接近自然法的认识目标，即去发现具有很强信仰力和有明晰决定内容的与决定有关的陈述。这一来源的自然法思维未阐明一个不可把握的具体之自然法，而是把对法进行具体化的任务，交给了某个决定机关。其结果是一种开明的实证主义，它知道，它抨击的地方不是十诫公式和基本权利公式，而是言说应如何对待那些原则的元规则层次。

3.2.6.2　功利主义原则是完美的（综合的）元规则吗？

根据这一原则，世界上促进功利的行动在道德上是正确的。立法需要制定这样的规则，其结果通常服务于这个目标。[85] 这取决于总收
170 益，而不是收益的分配；[86] 功利主义原则不是分配正义的原则。无论是平等分配还是不平等分配，最大可能的总收益如何产生是一个经验

---

〔83〕 注 44，伯克勒 / 伯肯弗尔德（编），《自然法批判》，第 123、124 页。

〔84〕《法哲学》第 8 章标题。

〔85〕 往往需要指出的是，曾首先对广泛应用功利原则作出解释的杰里米·边沁，从立法的角度这样做了，且这是实用的规则功利主义的视角。

〔86〕 简单的聚集这一原则，参见埃尔沙伊德，《论古典功利主义的平等原则》，《哲学年鉴》，2001 年，上半卷，第 63 及下页，附有说明。

问题，这个问题不关最大总收益的原则。

这种收益被认为是可以量化的，因此不同的个别收益既是相互可比较的，也是可平衡的。可比较性导致，如果无法实现所有个别利益，则采取优先规则，它规定选择较大的利益量并采取相应行动这样去做，在目前现有类型的情况下，通常这导致最大可能的收益量。

基本上，最大总收益的原则，假设它是可接受的和可行的，将能够更准确地调节所有规范冲突：它根本不会导致规范冲突。然而，对于所有可能的规范和价值冲突而言，作为一个普遍的元规则出现的功利主义原则，一方面是强有力的，另一方面，在我们的检测图式（3.2.4）意义上，是否是富有成效的论证，还有待观察。

让我们从后者开始吧。在形式上，如我们迄今已经阐述的功利原则，可归入最高的无内容的形式原则的类型（见上文 3.2.5.1），其论证范围接近于零。这是因为功利概念本身没有描述性内容。它只标明未填充任何内容的关系，它可以表示如下：某些东西对某些东西有好处。在这种理解中，第 3.2.5.1 节关于“善”的评价词的陈述适用于功利主义。

如果功利主义在内容上确定，作为关系表现的善应在某种可及和可描述的实体的经验中被发现，能在根本上逃脱其是不允许“涵摄”的内容空乏的形式原则的指责。边沁将这种善定义为幸福（“幸福”“幸运”“快乐”），由此可以看出一个可描述的心理状态指的是，对于那种处在可及的直接的（特惠的）方式这种状态下的主观感受，原则上也可以从“外部”被理解为外在的心理现象。如果人们承认，幸福感和痛苦（= 负幸福）具有不同的强度和能对强度的相对程度（“大于，小于，等于”）作出有说服力的陈述，似乎——结合持续时间的类别——从一开始就不排除，可能接近世界中对幸福的量化、平衡和总体平衡，并建立服务于相对善的总体平衡的规则。虽然规则的制定不能从将具体的幸福优化的社会结构作为应然价值这一观念出发，因为由于无边无际运行的通过行为或规则引起的因果链条，未来在功
171 利性上不是真正可预见的。相反，功利性计算必须坚持可一目了然的实效依赖性，并必须满足小部分的预测式平衡；这是一种不无理性的希望，即区域可预测的利益增加而不是相互抵消。凭借这种务实的限制，功利原则应允许设立适用于各类情况的行为指导规则，也有可能在规则冲突时通过重新诉诸利益和幸福最大化原则，修订冲突规则，以使功利原则得到更好的维护。[87]

就内容而言，不可否认功利主义原则论证富有成效。在事实合意能力的意义上，这与其论证力不同。在一些反思道德直觉的阻力上所涉及的是，功利主义原则必须拒绝不可剥夺的权利这一观念的事实：所有主观权利处在幸福（或偏好满足）的最佳总体平衡的限制条件下。甚至主观权利的设定也引发了一个平等的基本权利或主观权利体系究竟是否有利的问题。如果功利主义者的结论是，根据对所有个人平等的原则，分配主观自由对于效用最大化是有利的，[88]因此，被分配的权利始终受制于保留条件，能一般或在个别情况下

〔87〕 可以对另一种功利主义进行相应的思考，即所谓的偏好功利主义。（参见奈达－于梅林，《理论与应用伦理学：范式、论证、领域》，载同作者（编），《应用伦理学》，第10及下页）偏好不受幸福追求来确定。属于此的功利概念比边沁的更加开放，但不是空洞无物，因为不通过幸福追求的这种动机的偏好具有与另一种偏好相当的强度，以便在经验上是可把握的精神实体，它可以被“测量”，导致可比较对偏好的满足的分量。根据伦理的或自然法的认识兴趣，只有纯粹的结果主义才会变得空洞无物。相对于道义伦理学，虽然结果主义者正确地断言，一个行动的道德评价取决于其行为可归因于行为者的后果。但是，单独从这个原则中就不能获得任何行动和评估的标准。相反，它需要补充评估标准，以明确哪些在经验上可描述的后果在何种程度上应被评估为积极或消极的。这要求使用具有描述性内容的表达这样的标准（见3.2.5.1和3.2.5.2）。

〔88〕 这种理论上的假设导致功利主义与经济自由主义意识形态的强有效性连接。

公开或隐藏地进行；如在刑事诉讼中的无罪推定，如果追究刑罚的机关被说服，它们不应该要求基于“公共利益”而采纳有罪证据，因为否则有效打击某些特别危险形式的犯罪（例如恐怖主义）是不可能的。但现在无罪推定作为法律制度被确定在平等自由的基本权中，它不允许以效用理由受侵犯，只要行使刑事职权的国家权力愿在法律框架内行事。

在道德层面上，功利主义原则的不当性体现在，个人的幸福从属于待优化的整体幸福，因此似乎是可替代的。深化功利主义学说的人发现，他的个人幸福，同样每个人的幸福是毫无疑问的，而没有参与 172
者书面确认的主观权的抽象的幸福，幸福的整体平衡，甚至“追求幸福”的权利，是有问题的。通过准经济整体利益原则的义务，功利主义代替了人的互动——参与某些或可确定的其他人幸福和痛苦的关系。人们忘记了，幸福不是作为一个整体，而只是作为每个人的个人幸福存在。超出每个人幸福的边界，共同计算幸福量是没有意义的，因为它缺乏所属的整体主体。[89]

在方法上应该指出，我们对功利主义原则的分类必须在元规则下相对化。在上一节我们论述了冲突的、但必不可少的道德或法律原则之间的平衡规则。然而，这不是真正的功利主义的思维方式。它不知道至少在理想的层面上不可放弃的原则的多元性，这些原则可能陷入“悲剧性”冲突，其“解决方案”在道德上的意义仍然令人不安，即这种冲突可能发生于其中的社会条件表明在道德意义上是需要改变的。相反，功利主义者将所有道德和法律规则置于总效用的检验

〔89〕 参见埃尔沙伊德（注86），第73及下页，见马奇，《伦理学》，1991年，第178页及以下诸页。

之中，并且相信，在所有对相关事实的知识以及基于它们的所有可靠的预测中，总是可能得出一个正确的判断，在其中没有任何东西仍未解决。[90]

3.2.7 程序原则

至此，我们已把明智论证的自然法技术描述为规定的创立，这些规定合乎经验或合乎预期地获得同意。在那里，这些规定显出不同的结构，即：最高的形式原则，具有描述内容的十诫公式和基本权利公式，以及元规则或优先规则。所有这三类规定意欲依据其含义，提供道德问题，特别是正义问题内容上的答案，尽管这只是部分奏效。关于这些规定的获得程序，只是这样变得十分明显：它们被提出，因为无人当然地，即不尝试从其他立场中进行推导，认为它们是正确的，并在一个真正的讨论中被考查，因为这个讨论发生在自然法传统、伦理科学、政治公开性、立法委员会、法院程序之中或其他的什么地方。人们可以把这个程序称为直觉主义－经验的。[91]

173 我们通过对讨论的方式提出某些规范性要求，并从中推导出那种讨论制度框架的某些原理（3.1.9.4），对这种立场进行了补充。这是关于原则和规则的公平讨论。区别这些商谈规则的是思维程序，它们也可以在商谈情境之外使用，仅由人类使用。如果这样的程序可以得到证立，那么，就有可能从思维程序中推导出实质性的正义陈述，而这种推导关联可以作为对直觉的规范性陈述的强化或批评来运用。如果直觉变得不确定，或者讨论中的规范性陈述存在争议，那么，就有可

〔90〕 从大天使的角度来看，正如黑尔在《道德思维》中所说，1992 年，尤其是第 91—100 页。

〔91〕 这里所指的直觉当然与上文（注 65）提到的直觉主义毫无干系。

能获得额外的自身有影响力的论点。

因为在这些程序规则那里，可能不关涉正待处理的道德问题的直接陈述，但这种直接陈述可能是一个合乎规则的讨论程序或决定程序的结果，我们意欲将这类程序规则称作（实践哲学的）程序原则。这是说：要强调存在着一个论证和决定的理性程序，这种程序导致道德陈述的创立，而不是必须把其他的道德陈述作为前提。在根本上并不存在一个内容上的道德原则，而只有程序。程序原则仅仅告知，意欲把内容性陈述导向道德问题的人，应如何进行思维。程序原则不包括从具体的道德陈述出发那个指令，这些道德陈述指上文所提到的或试图成为的，毋宁说，一切内容上的道德陈述，包括最普遍的，无一例外应该仅在思维的程序中产生。

3.2.7.1　黄金规则

最流行的程序原则是在消极理解上的黄金规则：己所不欲，勿施于人。[92] 这个规则是有用的，尽管它具有程序性；它清楚地描述了，人们应该思考哪些因素来弄清人们要避免什么，这也会导致各种结果。人们应该从其自身的保护需求出发，将其投射到所有其他人身上，并根据这一投射的标准考虑到其他人。这导致了普遍接受的规则，只要人的保护需求在根本上是相同的，即在基本需求和利益领域（除原则和利益的冲突之外，参见上文 3.2.5.2.2.1 和 3.2.6）。然而，当保护需求出现分歧时，规则从一开始就失败了；例如，在实际上非常重要的经

〔92〕为了传播黄金法则，参见迈霍菲尔，《事情的本性》，载阿图尔·考夫曼（编），《法的本体论基础》，1965 年，第 78 页，注 75；亦参见赫鲁斯卡，《在以前和当代讨论中的康德对黄金规则的论述》，载《刑罚正义：阿图尔·考夫曼七十华诞纪念文集》（哈夫特等编），1993 年，第 129—140 页。在霍布斯那里也可发现有趣的评论，这条规则是普遍有效和已知的，它包含所有自然法则（《利维坦》，第 26 章）。

济竞争领域，在那里，对于理想的竞争形式，以及是否应该进行竞争
174 的观点，可能发生很大的差异。被视为对某人的经济活动免于某种竞争形式的必要的保护，可能对于其他人来说是对其经济行动自由的可耻限制。如果人们想在其积极的（新约的）建构意义上将黄金规则作为道德或法律原则来应用，这种差异可能产生更加清晰："所以无论何事，己所欲，施于人"（马特霍伊斯 7，12）。[93]

因为保护和帮助需求在个体上各不相同，从两种理解的黄金规则中不可能基于所有人都能接受的、可普遍化的行为规则或制度推导出任何可靠的结论。

这就是为什么康德必须反对将黄金规则等同于绝对命令。康德的目标是实践的（行动指向的）原则，"客观的，即指对每一个理性存在的意志是有效的"。[94] 行为准则的这种普适性不保证黄金规则。这来自康德对传统伦理学的批判，其中心概念是幸福感（Eudaimonia）。"即每个人的幸福取决于每个人的愉悦感和不快感。"[95] 从中直接导出，由黄金规则所推介的把自已幸福观投射于其他人，目的在于推导出行为准则，不能实现准则普适性的目标。[96]

3.2.7.2　绝对命令

程序原则在历史上最著名的例子是康德的绝对命令。[97] 它被当作

---

〔93〕 然而，这个公式在其积极的理解上可能只是一种超越法律和道德范围的"爱的诫命"。

〔94〕《实践理性批判》，第 7 卷（注 2），第 125 页。

〔95〕《实践理性批判》，上书第 133 页。

〔96〕 当康德仍然将"别人的幸福极乐作为目的，同时是指义务"[《道德形而上学》，第 8 卷（注 2），第 524 页；尤参见《实践理性批判》，第 7 卷（注 2），第 145 页。] 因此不存在矛盾，只要能定义什么是他人的幸福，在此仍然是，而不是排斥经由黄金规则将自身的愿望投射到他人。

〔97〕 下文对康德的引证，见《道德形而上学原理》，注 2，第 7 卷（页码在正文中给出）。

指令来理解，它指明，如何能够给具体思维程序中的道德问题，提供答案。存在着不同版本的绝对命令。一为“只根据那个准则行事，通过这个准则你可能同时愿意，它变成一个普遍的律法”（第 51 页）。这个规定在内容上完全未述及，哪些行为原则是有效的，为了考虑康德的例子，这个规定完全未直接谈及信守（还贷的）承诺之义务。但它指出了人们应如何行事之步骤，以便推导出行为原则，例如那种禁令：为了取得贷款，假装具有不存在的还款意图与能力，如何看待这一程序呢？康德的例子可以说明：

比方说，谁不得已违心地承诺还款，这将按下面的准则行事：“当我认为自己缺钱，因此想借款并许诺偿还之时，我是否同时知道，将不会履行承诺”（第 53 页）。因而，**程序的第一步**在于，表达出那个行 175
为原则（准则），这个行为原则可能被当作极富解释意义的企图行为之基础。这是指给一个具体主体的可能行为设置的原则，一个纯主体的原则。

程序的第二步是思维的实验。假设，那个规定将被提升到一个人人都遵循的、普遍有效的和有实效的律法，且然后考虑这个律法在（社会的）世界中有什么后果。在我们的案例中，康德认为，那个上升为律法的准则，将损害对承诺之效力的信任。

在**程序的第三步**中将检验，那个想依据被表达出的准则而行事的人，是否同时**可能意欲**那个结果：即它将除了有一个普遍有效的和有实效的律法外，同时还有相同的内容。一个这样的意愿，在康德的案例中是不可能的，因为那个申请贷款的人，需要有人相信他遵守承诺。但对承诺的信任，不是通过律法，而是在一般意义上被损害（第 53 页）。申请贷款者可能不愿意，把其行为准则当作律法来适用，因为否则他的准则注定要无效。与黄金规则的思维过程的不同之处变得清晰：据黄金规则，陷入困境者必须问自己，他是否希望自己受陷入困境者的欺骗。相反，通过绝对命令的推导，他会问，在允许存在欺骗的世界中，是否仍然可能采取故意的行动，即欺骗。由于这种允许规范，假设其普遍周知，会消除对欺诈者的信任，信任对任何欺诈都是必要的，这实际上是荒谬的。与黄金规则不同，这一结论与行为者或其潜在受害者的需要结构无关；如果它以一种普遍有效的规范的形式构思出来，就会上升至一个所考虑的行为准则陷入其中的实用性矛盾的层面。因此，法律的纯粹形式可能导致拒绝某些准则。

假定，康德的程序，以逻辑上无可争议的方式，获得关于规范性秩序，包括法秩序的大量的内容性陈述，并因而在我们的检验图式（参见上文 3.2.4）含义上，当视作“具体的”“内容丰富的”或“富有成果的”，那么，对于为什么康德的程序方式也应该在我们的检验图式含义上是**清楚的**（“强的”），还什么都没说。绝对命令公式包含道德判断的公正性观念，因此表达了正义的态度。这体现在法律概念中；对我而言，法律不适用于单个人，而是一般地适用于所有人。通过法律思想如此表达的公正可能就是事实的合意能力为绝对命令所确保的东西。

然而，公正性的强烈道德直觉是否表达了普遍的法律形式，似乎
176 值得怀疑，因为康德认为它是禁止某些准则的理由。如果我们沿着所讨论的贷款欺诈的思路，它似乎是康德的意图，通过道德法则必须适用于所有具有理性和意志能力的人这个思想，去建立一个社会，这个社会在（道德的）法律面前人人平等的意义上接纳了所有人。至少在现代，这意味着高度的合意能力。

从这个意义上说，康德对帮助命令的理由甚至也可以理解为：知

道他会在紧急状态下期待帮助的人，如果这关乎他自身，不仅应该尊重帮助的利益，而且要认识到帮助的利益于他人是合法的和义务性的；这也需要公正。然而，可以观察到，在康德道德理论中的法律概念变得独立了，且失去了与人的社会性联系。这就是，当他提出道德禁止自杀时，未考虑社会联系，而是来自与自然法则的类比。康德的问题是，是否存在一种普遍的自然法则，根据该法则，生物以幸福负债表的负面观点结束生命。康德认为，"一种自然的律法当是，通过同样的感觉，其目的是，促进生命，摧毁自己的生命，它们自身相矛盾，因此不会作为自然存在。"（第 52 及下页）

在这种反思中表达了两重意思：其一，它表明，这里与公正性的社会关联的观念不再存在任何联系。因此，康德自己阐述的绝对命令方法失败的证据为：推导的作用是建构的和"形而上学的"。其二，明确了什么是康德的纯粹实践理性所理解的：其纯粹性在于，考虑到决定一个自由意志这个目的，它仅限于确保意愿的逻辑－语用连贯的思维活动，在此，法律的形式，在根本上基于复杂的先验哲学范畴考虑，不仅被认为是经验世界的持续性条件，也被认为是道德世界（属于经验上无法察觉的自由范畴）的应然法则。法律观念既服务于自然世界的也服务于道德世界的存在能力。

可以假设，这个观点与正常思维相去甚远，因此不适合在我们的检验图式（3.2.4）意义上建立事实的合意。这证实了那个假设，从更加紧张的理论关联中的推导并没有强化自然法陈述的证明力和可接受性。

3.2.7.3 无知之幕（约翰·罗尔斯）

一如康德，罗尔斯在其庞博的著作中，也拟就了一个还将被论到

177 的程序原则。[98]暂时地说，这述及了理性法的社会契约论之变迁和精致化。社会的公正宪章的诸原则应当这样来被考察，似乎是它们由原始状态的人，即由它们产生社会约束力之前的人，一致同意地缔结。推导正义原则的程序在于，应当思考，在原始状态中的任何一个人，是否可以决定被提交给他的某个社会生活的原则。[99]

当然，一个原始状态中的人将决定哪些原则的问题，取决于被假定既存于原始状态之中的各具体条件，这个问题尤取决于，原始状态中的人表现为何种特性和目的观，且拥有何种知识。回到罗尔斯。不同于康德，因此，罗尔斯没有试图把原始状态中的决定者即人的程序原则，描述成“必然的真理”(第38/39页)。毋宁说，之于罗尔斯，这仅取决于“我们（指罗尔斯的读者，作者注）事实上接受了以对原始状态的描述为基础的那些条件。”(第39页)

除了事实上接受了对原始状态的描述之外，——至少罗尔斯是这么看的—— 出现了一个处在一方面来自原始状态，另一方面来自我们“深思熟虑的道德判断”的各种“结论”之间的持续反馈，也即，对原始状态的描述可能被改变，因此，原始状态中虚构的人的决定，接近我们在**直觉**上当作善来维护，当作普遍的来接受，或看作是整体的道德原则。(第37/38页)道德的直觉，它引起我们在上述经院的自然法

〔98〕下文对罗尔斯的引证（页码为原文的），见《正义论》，1975年。——作为导读式作品，当推荐奥特弗里德·赫费,《罗尔斯的正义论》，载同作者,《伦理与政治》，1979年；对罗尔斯派理论的续写尤参见威尔弗里德·欣施的导论《罗尔斯：政治自由主义的观念论文集1978—1989年》，法兰克福，1994年，第9—44页。

〔99〕由于“原始立场”是商谈情境的虚构，我们不处理真实的商谈（商谈伦理需要真正的商谈），而是处理一种从（与法律相关的）道德内容中推导的纯思维程序。当然，罗尔斯重视读者的认可。然而，某个真理理论的或合法性的含义在上述（3.2.3）意义上不正确。罗尔斯的方法仍然是“独断的”。

（参见 3.2.2）含义上赞同具体的道德陈述，一如在康德那里，将也不是完全地被消除，而是保留着那个基础，程序原则的建构和来自程序原则的推导必须在此基础上证明自己。但这不再指，道德的基础陈述不能从程序原则出发被批评（参见第 68 至 71 页）。程序原则和深思熟虑的道德判断的共同作用发生在来回审视中，在那里，有时程序原则专门捉摸深思熟虑的道德判断，但有时道德判断去适应程序原则，须推出新的道德判断，要么须去确定，要么须去收回被怀疑的判断。是不得不这样做，还是非得那样做，在罗尔斯那里，终是由直觉上明确的论证来决断。

这种关于道德理论，尤其是关于正义理论发展的诠释学循环的观点，可能被误解，因为人们可能假定，这个观点纯靠直觉行事，好像 178
它从直觉上明确的道德判断，上升到虚构一个认识程序和决定程序，这个程序可能在逻辑上解释那些判断。原始状态不纯粹是归纳理论的结果，相反，直觉的说服力，将不仅仅对相对具体的、直觉上明确的道德陈述是必需的，而且也是创立道德陈述的**程序**所需要的。因此，这关涉到程序的说服力，它仍是完全不顾程序的具体结果。**程序的说服力**和**直觉上被创立的道德陈述的说服力**，应这样相互补充，即在进行一定的直觉上可假设的校正这一条件下，它们将在这方面或那方面，在逻辑上相互无改变地被联结起来（参见例如第 367 页以下）。换句话说：关于正义问题的道德判断，寻找一种**理论**的，即一种道德陈述的逻辑系统联系的支撑。

因为我们欲考察罗尔斯程序原则的说服力，就须先介绍这种程序原则。我们将一步一步地展现其要素，并质疑它们各自的说服力。这种考虑，比罗尔斯自己所做的，更加孤立了原始状态这一要素的说服力问题。这显得是可行的，因为罗尔斯自己介绍道，他的理论在方法

上不完全在文本中得到保障。（第 13 页）

一如所说，当人们描述道，正义原则是由原始状态的人，即所谓的契约参加者，一致同意所缔结的，每个人类社会基本的正义原则应当被发现。之于罗尔斯，这首先关涉这样地叙述原始状态的人和他们的决定情势，即读者将判明，如果能一劳永逸地发现这种情势下这些人的正义原则，那该有多好。（第 142、143 页）

属于罗尔斯描述的决定情势的首先是，一个尽可能完整的关于不同正义观的清单，将被提交给原始状态的契约参加者，在他们之间不得不对这份清单做出决断（第 144 页及以下诸页）。罗尔斯基于哲学史的知识提出了这份清单，在那里，在一为两种功利主义，一为非功利主义的正义观（它告诉个人的自由优先于利益）之间进行选择，有着最要紧的作用。整个虚构的善取决于，被介绍的观点，是否在一定程度上覆盖了可能的原则领域。也即，谁不全面质疑，谁将得到错误答案。当人们假设，在实践哲学的历史中，问题领域已完全被测度出来，这个程序显得是可靠的。情况也许是这样。

另为重要的是，契约参加者必须在无知之幕下决定那些原则。因此，无知之幕没有遮蔽一切知识，而是遮蔽了特定种类的知识，即这类知识：对社会共同生活的原则进行不同的选择，可能影响到契约参加者的利益。罗尔斯是这样论述它的："首先，无人知晓他在社会中的
179 地位，他的等级或身份，也对其自然秉性、智识、体力，知之甚少。其次，无人知晓他对善的见解，其理性生活计划的详情，甚至不知其心理特征，如对冒险的态度，是倾向乐观主义还是悲观主义。再次，我还假定，各方均不知其自己社会的特殊关系，即它的经济和政治状况，文明和文化的发展水平。原始状态中的人也不知他们属于哪一辈"（第 160 页）。相反，契约缔结者具有关于普遍事实的知识，如自然律

法、社会共同生活的特点、社会阶层、冲突的形势，等等。(第 160 页及以下诸页，第 165 页)。[100]

依据罗尔斯的思想，那个特殊的无知之幕有多重后果。最重要的是：在这种知识状况中，无人能试图依其个性去设置社会共同生活的原则，因为个人不知其个性。反过来，积极的意义是，每个人必须根据普遍的观点去评判正待选择的原则。因为原始状态中的人，把曾经存在于他们之间的区别，只是普遍地，但非具体地，与己身个人联系起来，并这样去认识这个区别，去拥有有关这个区别的知识，所以，他们将选择所有这些同样的原则，假定他们理性地行为（第 162 页）（还假定，存在着关于被描述的原始状态这一唯理决定的客观规则）。因而，罗尔斯看来，处在无知之幕之下的原始状态的模式，是在避免自私的原则，在确立普遍原则和在一致同意某种正义观假定等意义上，起作用。

那么，这种程序建议的说服力又如何呢？在确立正义原则时，利己主义当被剔去，这满足了能想到的最小心的关于寻求正义的前理解，并且因此基本阐释清楚。仍值得注意的是，在此，道德的直觉不是与

[100] 沃尔夫冈·克斯廷，《社会正义理论》，2000 年，将无知之幕描述为“转移目光的方法”(第 357 页)。“正义通过掩饰所有与不正义相关的差异知识，这是罗尔斯的方案；不正义通过掩饰所有与正义相关的不平等知识，这是富人的方案。”(第 356 页，克斯廷自己的疏排)。对此人们必定反驳：所有与正义相关的差异不仅仅是与个人有关的事实，而且总是一般事实，从原始状态的角度看，这可以适用于任何人。这种认识在原始状态中绝不隐藏（罗尔斯 [注 98]，第 165 页），而只有对与个人相关的陈述的认识才是。为了理解罗尔斯语境中的这种区别，需要如此来理解个人事实，它适合个人的时空定位，因此自身在时空系统中可本土化（参见施特罗森，《个体与逻辑主体》，1972 年，第 47 及下页）。只有时空上的本土化知识会被排除在原始状态之外，相反，不存在没有使用时空坐标系统可以形成的知识，例如社会学知识（与历史描述相比）。因此，在我看来，克斯廷对罗尔斯的攻击是基于对所述普适性的误解。当然，这并不排除罗尔斯没有注意到他应该归类为“与正义相关”的社会事实。

内容性质的正义原则，而是与寻求这种原则的**程序**相关。关于正待选
180 择的正义原则，只应该根据普遍的、不应根据与处在具体情况中的具体个人有关之标准来被评判，这源于相似的直觉，即判断的公正性。最终，那个假定，即无知之幕导向了各方一致的判断，其说服力在两个方向上存在问题。这种一致性是否被提出，可能仅推测是在思索阶段，但不能肯定地期待。对此，罗尔斯指出，他不期待，每个把他的原始状态的具体化视为理性的人，也将接受他从原初契约情势中的推论（第 32 页）。如果是这样，那将不易设想，尽管如此，原始状态中的人，还将一致地评判具有确定性的正待选择的原则。如果人们撇开这种困难不计，那么，唯当人们知道，之于人，一致判断的东西是**什么**时，然后才可以判断，原始状态的一致性，是否是一个善的标志，一个正确性的标志。因此，我们对原始契约这一特点的说服力的观察，如果不考虑和不评判契约缔结者的特征，将不能进行到底。

因此，我们遇到了可能是最令人感兴趣的原始状态的具体化问题：即契约参加者的“理智性”。罗尔斯对此简洁地说明道：“像通常一样，一个受理性引导的人被设想成，对于听凭他决定的可能性，具有一个优先选择的一贯体系。他根据对其目的之益处来排列各种可能性，遵循那个尽可能满足其愿望，并尽可能提供成功实现的希望之计划”（第 166 页及以下诸页）。引人注目的是，这关涉理性，这种理性非由道德要求创造的，毋宁说，那个概念考虑的是旨在尽可能完美地去实现任何一个生活计划的智慧。

因此，罗尔斯认为，必须还要提出一个附加的假设：一个受理性引导的人不受妒忌之累（第 167 页）。然而，人们能在此看到这一类型理性的道德品性。但这是否关涉到一个真正的对智慧含义上理性的附加假设，显得有疑问。如果人们将嫉妒理解为伤害其他更幸福的人，

没有对最佳地实施自己的生活计划带来好处，那么，出于嫉妒而采取的行动就不处在力图最佳地行动的理性情景中。只有在这种情形下，即对于契约参加者而言，在原始状态中能确定，他们将在对幸福者的伤害中感到满足，因此变得嫉妒。但恰恰他们不知这一点，因为这个特点处在无知之幕之后。

这完全也适合给其他人带来善的想法。（第 168 页）终究，根据每个人的生活计划，这也不那么容易属于乐观的生活。换句话说，尚未认识到他们迟来的同情的、处在无知之幕后面的人，仍可能不识，他们是爱还是恨，他们只知道（因为根据罗尔斯的虚构，他们具有唯理的倾向），自己愿意明智地贯彻任何一个考虑到自己利益的生活计划。因此，他们只有为一个从所有具体生活目的中抽象出来的唯理模式所控制。如果生活目的处于无知之幕之下，那么，在原始状态契约缔结 181
者是唯理的情况下，这可能当然只关涉任何目的之手段和形式合作的唯理性，不关目的本身之理性。我们也可以这样来表述：由罗尔斯描述的理性因此显得是道德无涉，因为它没有揭示具体的生活目标，这个目标可能被问及其道德品性，而仅仅揭示最大可能地去实现任意的、尚未确定的生活目标的手段之优化。[101]

那么，那个建议的说服力如何呢？即可以判断人的纯手段唯理性和合作唯理性，这些人处在关于社会秩序原则的无知之幕后。

人们将以可能的方式把原始状态的具体化视作是为自己考虑的，尤其是根本没有说服力的。因此，不易看清，为什么在优长与劣势上

〔101〕 如果人们必须以通常意义上的自私态度来识别它，那么，这种理性概念就应不是道德中立的。然而，情况并非如此。甚至利他主义者也需要自由空间和可用的手段。将这种欲望描述为自私的等同于改变这个词的意思。在这种截然不同的“利己主义”中涉及对人类生存可能性的一个方面的辩护。

为自己考虑的生物，在无知之幕后，将对我们在直觉上能判为公正的各种原则达成一致。在此，可以说，道德无涉的唯理性机械地过渡到与道德相关的正义原则，显得不可能。当然，这首先必须显出，假定原始状态的人和他们关于正待缔结的社会契约的思考，已具有一定程度上内容的正义观，这一正义观保证，完全不可假设的东西，摆脱了原始状态人不是从深思熟虑的正义判断立场出发之建议和决断。

但人们可能有其他的评价，当人们发觉，每个存在于服务任意的个人生活计划中的道德无涉的唯理性，在将被嵌入原始契约的情势中之时，个人将被指定为契约参加者，并且因此成为每个个人权利的守护者；通过这个想象的程序规定，(普遍化被思考的）每个个体的利益，应变成法秩序的标准。人们可以这样来表述：对自身利益的思考将摆脱道德的原则，这显得没有说服力。但是，原始状态中的个人有权提出自己的利益，这在道德上显得是正确的。固定在个人上，即为了自身利益的合作唯理性和手段唯理性，在关系到对个人自由领域的契约限制的原始情势中，行使着个人利益保护者之职能。可能在非关个人利益的（利他主义的）契约参加者那里，个人利益更少得到良好的维护，因为他们可能更准备着放弃个人利益。原始状态中对自身利
182 益的计算，表现为个人对行为的可能性、生存机会和财富的需求，其说服力来自相似的渊源（用一个容易看到的说法：从计算用途的道德中立性，到原始契约情势中的道德中立性功能），一如基本权利公式所做的那样（参见上文 3.2.5.2.1），倘若这对于原始状态的每一个个人，应可能自己把它们作为价值来赞同，并且在原始状态中，去决定应如何赋予这一价值以制度上的有效性。原始状态的形象把人描述成自由的、自足的和理性的，并仅靠存留在我们哲学和政治传统中的对个人自由和理性的个人自决之积极评价维持着。原始状态的形象完成了

“不证自明”的转换，不取决于原始状态的人是否也将选择一个自由的宪章，是否把他们的自决意愿转化成基本自由的制度。甚至可以想象，尽管他们自身在原始状态是自主和自由的、但却没有将自由说成是自己的地位价值，相反，他们将准备以社会契约行动废除自由，因为在他们看来，这显得对自由是有利的。

如果人们假定，一如罗尔斯所具体说的，原始状态由于各具体要素的直接明了性，显得是一个善的程序原则，那么，此时要提出了这个原则的成果问题。这个问题分成两个子问题，首先当问，被描述的原始状态，是否在根本上容允契约缔约者在多个正义观中任择一个（在上述含义上）理性判断。而其次要问，可以从原始状态中唯理选择的正义观中，具体地获得多少有关社会秩序的规则内容。

罗尔斯认为，在原始状态中，下列原则将被优先于其他的来考虑（第336及下页）：

> 第一个原则：
>
> 每个人对所有人可能拥有的平等的基本自由这一最广泛之总体系，有平等的权利。
>
> 第二个原则：
>
> 社会和经济的不平等应当为如下安排：
>
> a）考虑到公正的节约原则，不平等必须带给最不利者以最大的利益；
>
> b）不平等必须与根据公平的机会均等向所有人开放的公职和位置相连。
>
> 第一个优先规则（自由优先）
>
> 正义原则处在词典式的次序中；据此，基本自由只能为了自

由之目的而被限制，即

这分两种情况：

1 a）一个不那么广泛的自由，必须巩固所有人拥有的自由之总体系；

183 1 b）一个不那么平等的自由，必须对遭受不平等的自由之人是可接受的。

第二个优先规则（正义优先于效率和生活标准）

第二个正义原则词典次序式地优先于效率和效用最大化；公平的机会均等优先于差别原则，即这分两种情况：

2 a）一个机会不平等必须改善受歧视者的机遇；

2 b）一种过高储蓄率必须总体上减轻承受过高储蓄率影响的人的负担。

全面地讨论至少在这里应被引证的原则和优先规则的一览表，在此当然不可能。我限定在去考察一下与优先规则 1 a 相连的第一个原则，它由于何种说服力可以从原始状态中被推导出来，它自身包括着何种要求**明确**具体化的潜能。

第一个原则的说服力推导可以（简要解释）揭示如下：原始状态中的人对平等的基本自由的兴趣，是无知之幕对被描述的效用唯理性的作用方式之明显后果。如果契约参加者不了解他们个人的幸福观和建诸之上的个人生活计划，那么，他们必须对引导**任何一个**（有良好节制的）人之生活的可能条件，进行优先性选择。行为的自由发挥空间属于此。因为个人的生活计划出于对幸福观的无知，在原始状态尚不能被确定，必须为决定自由和行为自由提前被考虑，以便为以后再提出个人生活计划并遵循之留下空间。在这种前提下，自由显得是一个基本的善。同样从无知的方式中还会带来许多可能性：不知道以后想要什么的人，必须努力保留许多选择的空间，这也由于一个人的幸福观可能改变的那种可能性。自由应该被**同等地**分配，这产生于无知之幕，但仅仅在契约缔结者不愿接受**风险**之时。他们甚至也可能孤注一掷并决定不平等地分配。不将共同财产划归原始状态的缔约方，这无法从效用理性意义上归结为理性，而是表示一个特征：愿意冒险的程度，这个问题大概就无法解决。否则，关于个人效用理性可能导致赞成或反对平等自由的决定的假设，将不成立。罗尔斯努力证明，原始状态具有一个情势的特征，从决策理论上看，那个通常之于不知情中的决定很少可利用的最大最小值规则，它表现为预见，显得格外的理性（第 177 至 181 页）。后者特别指那种情况，如果人们不遵守最大最小值规则，将受到**严重**危险的威胁。如果**是**如此，那么，人们最好 184
选择，其可能的最坏结果总是优于其他选择的最坏结果。（第 178 页）在适用到我们的决定问题上，这意指：虽然选择**平等的**自由的制度，封杀了希望牺牲他人“更大”自由的愿望，但却免于被认为是完全不能忍受的奴役。[102] 此外还有一个论点：如果维护不平等的自由，每个人意识到，人们这一有很少自由的选择后来不可能被坚守，因为不平等自由的制度，之于受歧视者是不能忍受的，由此，与原始状态中的意图相对的社会制度可能不稳定（第 201 页及以下诸页）。

如果人们考察一下第一个正义原则的**成果**，可发现，从原则中不

---

〔102〕 赫费，《绝对法律原则》，1994 年，第 316 页及以下诸页，怀疑这个论点证的正确性，但不进一步追随这个话题，因为他的问题（“罗尔斯的正义理论是康德式的？”）可能不去解决原始状态的决策理论问题就可以被回答。罗尔斯本人最近自我批判地认为……将正义理论作为理性决策理论的一部分，是错误的……参见《政治自由主义观念》，（注 98，1994 年），第 273、274 页，注 20。

易得出，哪些基本自由（良心自由、结社自由等）应当存在。创建了平等的基本自由的最广泛之总体系，这一总体系对所有人都是可能的指令，虽然指出了一个明确的方向：在人处在特别方式的限制中，这些限制阻碍了特定的行为方式（做或不做），一般上认为的基本自由，通过废除特殊的限制获得了特别的内容。（第 230 页）平等的基本自由的最广泛之总体系，可能是对所有那种特殊限制的废除。但这个首先明确显示出来的方向，将通过这一有限制的条件被搞乱，即这个基本自由的总体系，对所有人都必须是可能的。这里存在着一定的困难。因此，罗尔斯没有阐发基本自由的总体系，仅示范地讨论了良心自由及其界限（第 234 至 251 页），以及也被理解为自由的平等地参与政治意志形成的原则，和对之可以想象的限制（第 251 至 265 页）。因此，可以勉强评判，由于何种说服力，一个基本自由的总体系是可推导的。

转向注意平等的基本自由之想象的总体制度在内部表决上的困难，显得是更重要的。罗尔斯言及这个问题，但未给出答案。他简单地假定：“在一些有利的条件下，总是存在着这类自由的一致性，在最重要的问题中，一切可能同时被实现，并且最基本的利益可能被保护，或至少，这在不久的将来是可能的……”（第 231 页）因此，不是排除而是正好包含着相互的自由限制。一个立宪大会的成员，将必须“在许多问
185 题上权衡针对他人的基本自由，如针对正当法院程序权的言论自由。最好的自由制度取决于适用于基本自由的限制的总体性”（第 232 页）。

在基本自由之间的权衡，罗尔斯的理论倾向不应该省略这一权衡，他没有给予这一权衡以元规则，使我们在方法上回头注意到前面的部分（3.2.6）。当他一般地（第 229 页）或考虑到特殊的问题之提出（如第 232 页，第 260/261 页），认为可能有不同答案的时候，罗尔斯承认其正义概念本身的不精确。这个自身作为自然权利来理解的方案的能

力（第 549 页，注 30）即推导具体的权利，这种能力也在罗尔斯含义上存在，不应被高估。

3.3 通向具体的自然法之路

这里仍存在着对自然法思维的挑战。从这种思维的认识目标来看，那个观念必定显得是不能忍受的，因为当权利被具体化时，大多数选择性的决定规则参与其中，这些决定规则必须被决断性地或在“世界观”上被选择。[103] 使这种挑战变得公正些的自然权利的企图，目的在于以这种或那种方法，去说明预设的、不可把握的具体事情，这个具体事情甚至已经完成了在整体关系（组织、体制、制度）中来固定独立的价值观、需要和利益，以至于能从那种具体事情的含义中看出价值、需要和利益的具体影响。将不再在抽象的价值观，或假定，或程序方式中去寻找标准，而是在总体，在抽象的总体中，只存在业已在具体的关联中被说明并从具体的关联中获得了其含义的诸要素。

3.3.1 作为具体化努力集大成者的“事情的本性”

那种具体事物被称为宇宙，称为包括自然和社会在内的世界秩序之总体，对此，在理解方式上，不与教会相连的自然法运动缺乏勇气。但是，人们在听上去简洁的“事情的本性”这一标题下，努力去揭示与生活的复杂性相适应的预设的法。秩序的概念以这种或那种形式，在此变得重要起来：它力图去揭示各种存在的秩序，[104] 这些秩序

---

〔103〕 明显属于此方向的：注 54，阿图尔·考夫曼，《自然法与历史性》，第 24 页。

〔104〕 巴尔韦格，《论事情的本性的学说》，1960 年，第 64 页。

独立于一切规范创立而存在。**事情的本性**的学说利用了现实性，特别是社会的现实性，在社会过程的唯理的计划下，形成了对规范化的干预（相对上）有抵抗力的体系；但也利用了，存在着现实性的诸种因素，这些因素仅以特定的方式使自己适应整体，并由此在内容上共同建构整体。“**事情的本性**在客观上是可以确定的，是现实的事情逻辑上
186 的结构，其合乎存在的秩序特点，权威地建构了法。”〔105〕

具有秩序特点的结构可以〔106〕作如下分类：作为“自然物”，像日夜交替和季节更换一般，它要求社会生活适应“自然”；作为“生命物”，人们能将之解说成，人之生物存在可能发展的业经考验的秩序；作为技术的事情约束，它虽是理性的行为之结果，却不总是预期的，但现在，作为实质性要求的独立领域，之于法律领域，像一个在具有秩序特点的客观结构中显现的第二自然，它是预设的；作为经济秩序，它本土地建构了最优地满足需要的不同体系的事情逻辑；〔107〕作为事情逻辑的结构，〔108〕作为制度，它是人和物的手段与相互作用关联的有秩序之总体，以去实现一个具体的没有疑问的任务，或去实现一个不可放弃进行分类的社会功能（这一功能，如刑罚执行，完全不需要具有唯理性的可比较性，但尽管如此还是强调了这一点）；作为既存的相互作用的模型，它只是在它受到侵害的时候才完全被意识到，但后来被认作高级的超意识的秩序功能，被作为社会典型的存在形式（角色）的建构物，自发地捍卫和相互承认（可能类似生物自我维持的毫无疑

---

〔105〕 注 104，巴尔韦格，《论事情的本性的学说》，第 67 页。

〔106〕 部分根据巴尔韦格（注 104）。

〔107〕 黑格尔法哲学中论“需要的体系”这一著名部分（第 189 至 208 节），是从这类事情的本性来思考的。

〔108〕 注 11，韦尔策尔，《自然法与法实证主义》，第 334 页及以下诸页。

问的合法性)。[109]

在那里可能发现真实的秩序结构的具体的范围，在本体意义上，自身并不统一。它可能要求，并且被期待：当新的(特别是社会科学的)描述方式和现实性的结构之意义被发现和被试验时，“事情的本性”的新作用方式，尽管不以这个名称来表示，总能随之产生。一切对事情的本性学说的研究倾向之相互缠绕，将只有依赖自然法的认识兴趣，才可能理解处在不可把握性的方式中的法。

3.3.2 “事情的本性”与实践法学

如果人们现在期待着，事情的本性的学说，本当通过大量具体的分析显示其成就，那么，失望可能是不可避免的。最确切地说，事情的本性理论，可以理解为实践法学的一束方法论说明，这种说明导致不去侵害总是出现在现实中的秩序结构。

事情的本性理论，是否对法学的贡献比它的方法论意识更多，可 187
能有疑问。深入分析的例子非常不足。通过费希纳，那个在今天不那么非常有现实性的黑市秩序结构论，获得了某种程度的名气。[110]此外，人们常常被用列举未被分析的具体秩序的例子来打发。例如，由于保证在有关角色和地位转换，如买者－卖者、教师－学生、父－子等关系中，存在着(本体的？)非任意的期待和适应，[111]未达到对关于某具体事情本性的陈述进行符合程序的审查的界限。对个别分析明显存有节制的理由可能是，当法律制度通过传承、立法、解释和判例法被

〔109〕 参见加芬克尔,《关于社会结构和社会内部结构的日常知识》，载《日常知识，相互作用和社会现实》，比勒菲尔德社会学家工作组编，2卷，1973年，第189页及以下诸页。

〔110〕《法哲学，法社会学和法的形而上学》，第2版，1962年，第151—154页。

〔111〕 注92，迈霍菲尔,《事情的本性》。

证明和完全区别开来时，最终不可避免地必须与法律制度竞争，然后，存在于事情的本性观念中的允诺，很可能必须通过基本的教义学，通过源于社会生活的事情合法律性的制度重建来兑现。在那里将显示，良好的法律教义学一直试图这样做。那么，为何要证明“事情的本性”的观念依赖具体的分析？法律教义学早已展示出人们称作事情的本性思维的东西的意义。

3.3.2.1 对事情的本性之思考：一个例子

至少仍存有着其他的情况，在那里，新的社会现实需要法律的事后建构，或者一个有疑问的制度，需要从存在的现实的秩序事实中进行法律的重建。有些事情如何可能发生，可从下面对变得有疑问的“高校教师－学生”关系的结构要素之说明中获知。[112] 这些结构要素应当从教－学情势的事情合法律性中看出，这种情势本身以科学工作教育为目标。

对事情的本性可作如下理解：在教－学情势中权威的建立，一方面有悖于科学学习的含义，因为科学态度正好要求，没有什么东西是根据权威来接受的，即便根据一个更具实践性的观点，它可能是理性的；另一方面，在教－学情势中通常被提供的，同时也是所希望的教者的知识优先地位，说明了教者知识的权威。这特别碰到了一个恰当地材料选择的问题，材料选择以有关知识领域的概貌为前提，并断言，合理的学习结构问题为独立的因素是重要的。假如这一行为事实被轻视或不被接受，那么，不仅教者，学习者也会将之认为是阻碍了学习目标最佳地实现，教－学情势是通过学习目标被一并明确地阐明的。那么，基于教者知识优先地位之上的权威，需要凝固成法律上固定的

〔112〕 这论及七十年代初学术讨论课书面的成果。

组织权力，因为要不然，教者关于材料的确定——在此不考虑通过国 188
家考试规则外在确定教学内容——可能被部分学习者所轻视，这对于所有学习者具有消极的后果。因此，教－学情势中的科学权威，倾向转向法律上固定的组织权力，因为组织教学活动使有约束力的决定成为必要，教学活动在学习者无权力的情况下，自动地落在讲授者头上。这一趋势不可能通过形式的程序，而唯有在学习者建立起自己的实体职权这种方式中，才能被控制。

如果似乎从教－学情势的“本性”中，产生了在制度上保证讲授自由的必要性，那么，但这完全不包含，在制度化地依赖教－学情势含义上的学习的无自由。学习者可以试图在逃避教－学情势的条件下实现其学习目标。相反不是说，要在制度上顾惜这种学习自由。因为教－学情势的“事情逻辑的结构”远不及情势本身。另一方面，在教－学情势制度性安排上，也必须顾惜到批评性学习的需要。这包括可能批评讲授的制度化。教者必须根据一个相近的具体规定，安排对话情势，在那里，教者的权威——他在教授的微观结构创立上的特权（这里只谈及讲课）被中止。拒绝教学活动的“功能转换”的权利与下列义务相适应，即在另一处放弃形成权威，置权威的创立者于疑问之中，并仍不退出那种情势。此外，必须发现规则，据此，在权威地被确定的教－学情势内部，权威可能被一点一点地被废止，以便使批评性学习成为可能。

尽管人们倾向于依“事情的本性”接受详细的结论，那么，在此已是明显的，这是如何的难，从社会现实的秩序因素中拼合一个具体的秩序，这个具体的秩序满足了作为“现实的”秩序的要求。如果人们完全从初步分析的因素，即教－学情势中，瞥见“高校”制度之总体，那么，在编排总体的那个因素中，产生了大量的困难和选择。从教－学情势中推导出的秩序因素，如在高校总体秩序的设计中的建构性应用，并非清楚确定的，尽管人们当肯定地认为，那些秩序要素在某种程度上与公正的、符合现实的秩序相连。例如，简单的结论可能是，意欲从教者的知识优先地位中推断出他们专属的职权，其内容为：确定教学计划和考试规定，决定科学新秀和任命新的高校教师。

3.3.2.2　对该例子的批评

那个概述的例子表明，对事情的本性的思考，更多是在秩序因素
189 的整理加工中，且很少在巨大的社会背景下，在对那些要素无选择的拼合中，具有效率。所以，科英[113]也评判道："我们从"事情的本性"自身中所不能获得的东西，是在封闭的秩序中的认识……事情的本性提供给我们秩序的因素，但不是秩序本身……它未使立法的规定行为成为多余的。"

因此，用自然法的认识兴趣来打量，假如对事情的本性之思考范围受到很强的限制，那么，一旦人们根据公理性内容，问及被发现的秩序因素或秩序结构的权威性，并且根据价值立场提出疑问时，可能会产生对这种思维形态的基础性批评。在对事情的本性的思考中，多半很少碰到的，有时甚至未被意识到的问题，[114]是，究竟**应当**是这个还是那个"存在的秩序"。如果忽然提出这个问题，那么，这不再满足于提供关于前法律的或不合法的秩序关联的证据，这个证据本来缠绕在一起且是不确定的，相反，被证明的秩序，必须总是被问及其实然－应然，还有其可变性。在那里，在具体上必须被检验的是，在多大程度上，作为在存在上被主张的秩序关联，不基于事实，而基于具

〔113〕 科英，《法哲学原理》，第5版，1993年，第189及下页。

〔114〕 注104，巴尔韦格，《论事情的本性的学说》，第68及下页。

体的对应然的理解，因为对应然的理解是应然观，对应然的理解不是在普遍的含义上可作经验的检验，而是同时提出了其规范的正确性问题。如果我们在这个含义上，问及初步分析的教－学情势的公理性内容，那么，具有秩序倾向的重要的事实，是一般属于给定的教者的知识优先地位。相反，不仅仅被提出疑问的高校的任务，即根据一定的科学标准，传授给学习者以科学工作的能力，不是在事实层面上存在着。假如这个目的观，或直接或通过一个对科学标准的重新解析或修改被抨击，那么，高校教师－学生的关系结构，仍基本上处在一个不明的状态中，并且变得不确定。

尽管根据具体的公理立场，知识的优先地位是一个具有特定秩序倾向的事实，它失去了这个意义；也许，它甚至失去了每种秩序倾向。在这里显示出，那个经常要求的事情合法律性优于公理立场，或者甚至公理微不足道，当不是通过概括的社会情势分析被兑现的，毋宁说，这将通过主体间合意的公理性创立被建构。〔115〕如果这种创立改变了，那么，实质的预设物的秩序倾向也改变了，这些预设物是自然物、生命物、技术的事情关联，等等。

3.3.3 批评的方法论前提：实然与应然之问题 190

在我们介绍中，事情的本性的思维形态，在如下含义上去克服的实然与应然的二元主义显得不合适，这是指，从对是什么的和盘接受中，可以发觉应该是什么。这一现象有特定的方法上的前提，人们现在才意识到这个前提，并因此同时使之有局限性。在此显示出，我们

〔115〕关于（尽可能地）将事情的本性还原到“评价结果”上，参见京特·施特拉滕韦特，《事情的本性的法律理论问题》，1975年。

至今一直是在二元方法论上解释事情的本性。人们只是大体上将这种观点称为“二元方法论”：即从实然中不可能推出应然，相反，作为一元方法论的观念是指，实然包含着价值和应然层面。

理解这个观点的关键是，在这里把“实然”理解为何物的问题。尤其是通过新康德主义哲学加工了的二元方法论，是在事实性的含义上理解实然的，相反，由托马斯和黑格尔代表的一元方法论，把实然理解为本质的现实化。

一如在托马斯那里，如果实然与善被认为是不可分地关联在一起，那么，实然被认为不仅仅是事实。僻如，这明确地反映在托马斯所提供的关于“恶”的相应概念上：“没有生物被称为‘恶的’，只要它存在，甚至在它丧失其存在之时。”〔116〕非存在因此似乎能起作用。它起作用，使它不成为存在者。这种哲学意义上的存在者也不是指，是或不是，相反，它指或多或少。实然（存在）是一个具有扩张能力的概念。善的实然意味着本质的实现（完善），恶的实然意指自身本质的缺失，或落后于其合本质的可能性。在这个形而上学的基础上，“应然”可能被理解为本质与存在者间保留着的差异，但在此，本质未被存在者替代，而被认为是存在者的根据。〔117〕

与此相应，黑格尔把现实未当作纯事实来理解，因为他在法哲学的导言中说，合理的是现实的，现实的也是合理的。在此一含义上，现实的“仅仅是必然的实然，或是表现为本质之总体的和适当的宣示”。〔118〕

相反，新康德主义的二元方法论〔119〕的实然概念正好指事实，因

〔116〕 托马斯，《论能力》问题 3，第 16 节第 3 点。

〔117〕 克卢克森，《托马斯 · 阿奎那的哲学伦理学》，1964 年，第 171 页及以下诸页。

〔118〕 布洛赫，《主体－客体》，1962 年，第 253 页。

〔119〕 批判性的介绍见费尔德罗斯，《静力学的和教义学的自然法》，1971 年，第 95 及下页。

此，排除了存在者与一个共同建构的本质的任何实际联系，与此相关，也排除了那些之于实然是内在的应然，它立足于存在者与本质间的可能的区别。毋宁说，实然被视为现实，在原则上，是指可以用经验方法来探讨的东西。这类研究的基础最终在陈述中，在（空间－时间的）观察中呈现。一切理论需要在这个基础上进行确证或验证。仅靠观察不能达及的，而还要求附加意义理解的文化世界，仍将被移至 191
时空事实的层面，条件是，历史中出现的、被信奉为客观的意义内容，将与时间行为区别开来，前者不属于现实（实然），而属于有效性（应然）范畴，在后者中，前面提到的方法之内容——臆想地或合乎实际地——被把握。只要这些行为是可观察的，并因此在可观察现象的含义上是现实的，它们才在时间秩序中是可划分的。文化的历史将这样被提到事实层面上，即时代的价值观的**事实有效性**，将与绝对含义上的价值观的**正确性**区别开来。本身为观念形态的价值，不是处在事实层面上；相反，对价值思维的现实性、历史和社会条件的探求，原则上没有办法去有约束力看待有效性与应然之王国。[120]

因为二元方法论和本质哲学，明显地不使用实然和现实这些同一的概念，人们可以作出努力，相互拉近这两种显然是对立的基本立场。在此一含义上可以说：这两种理论是统一的，这在于，应然之存在不能从事实中（归纳地）推导出来。从本质哲学出发，事实不是顺畅地成为现实的（应然存在）。也就是，应然之存在将不是从本质的现实中

〔120〕 海因里希·里克特，最著名的新康德主义者之一，他在其著作《文化科学与自然科学》（1926年第6版和第7版）中阐述了这一点，在此引用1986年版，第112页：“关联价值的方法……是……，如果应将历史的本质表达为一门理论科学，将它与评价方法明确区分开来，也就是说，对于历史而言，只是在它们事实上由主体且在此事实上某些客体被称为善时，才考虑到价值。虽然历史与价值有关，但它不是一种评判科学。相反，它只是陈述了是什么。”（里克特自己这么强调）

被发现。虽然，本质将通过观察本质在其中已实现的事实而被认识到，但是，本质认识与现实认识在方法上有别，尽管本质经验没有逾越现实。另外，虽然二元方法论，现在否定固有现实性的本质之存在，或仍不承认本质的可认识性，并试图要么柏拉图式地、与此相关的本质哲学式地把与现实相分离的善，看作是价值的纯有效性的独立于现实的王国；要么康德式地，把应然解说成形式的、以某种方式从理性组织中推导出来的意志结构，意志能够和应当接受这个结构。尽管这样，如此构想出的应然，据其本身的含义，也重新去注意现实世界，缘是不存在适合理想的意义协调的自我满足，人们可能将理想的意义协调称为价值或应然。因为有些东西总应是现实的，或不是现实的，或是其他的东西。应然本身作为标准归入现实，并因此扮演着本质的角色。
192 与本质哲学所称的实然或现实的分离（抽象）；相反，应然和价值是本质哲学称作实然和现实的东西中分离出之物（抽象）。甚至价值可能变换地，或者被怀疑成从包罗万象的存在中分离出之物，或者由于道德意志的形式结构，被怀疑成一个想象的派生物的抽象具体化。[121]

3.3.4 对“事情的本性”的二元方法论之解释和应用

如果人们把这种解释套到我们至今对事情的本性理论之描述上，那么证实了，我们是在二元方法论上构想这种理论的，因为我们已努力地揭示，一方面，那个靠一定事实可发现的秩序倾向，总仅仅是依据某个具体的价值立场才得以显示；另一方面，可以和必须批判性地探问现实之秩序关联的应然之存在。两者以应然之超越为前提，应然

〔121〕 参见，一为海德格尔，《形而上学导论》，1953 年，第 152—155 页。一为注 81，克卢克森，《托马斯·阿奎那的哲学伦理学》，第 221 页。

之超越相对于含蓄地被定义为现实秩序的东西。因此，这种现实不是作为本质的现实，而是作为事实被构筑的，这个事实展示一个在唯科学主义上理解的经验，也包括日常经验。

同时也正好在二元方法论的视野中，事情的本性之思维形态，却能导向深思熟虑地、周到地重视一切存在的秩序、体系和秩序要素，那也就是，在看到这一点时才如此：应然之存在，只是在考虑到何为事实的时候，方能被实现。然后，作为实然与应然间的明确的关系，下面的东西产生了：

力求达到乌托邦（没有居中的、排除掉乌托邦情势的中间阶段），是不合理的或完全没有希望。所以，在可以证明暂不能废除资本主义经济的法律的情况下，废止预设的经济制度的尝试，由于在技术上不可行，或者至少暂时是不经济的，当不得不停止。

但是，同样可变的秩序关联，必须在原则上被评价为一种不断被带来的功绩，即社会财富，因为其更替，在大多数情况下，要求重新稳定那个制度的新秩序成就。评价当时业已安排好或成长起来的秩序，恰好是使对事情的本性的思考，之于日常实践中的法律人，显得是完全理所当然的。

一个在二元方法论上构想的事情的本性之学说，可能赞同这种系统理论的观点：在一个系统中，一切是可变的，但不是全变，确切地说，突然发生变化的只是少数。

3.3.5 事情的本性是从实然通向应然的桥梁吗？

虽然因此一个二元方法论式构想的事情的本性之理论，也可能应该强调实证法在存在上的不可把握的前提和限制条件，那么，如上文所示，这却涉及相对的不可把握性，但另外也指一个变异的不可把握

193 性：法律中（相对的）不可把握，一方面标明可以行为的界限，这个界限因其偶然性，至少需是无意义的，一如人的恣意本身，并且因此不值得赋予“永恒的自然法”以高贵的风格；另一方面，当未出现强迫的选择时，变化是无意义的。自然法的认识兴趣总是令人不满意。

3.3.6 通过事情的本性的基本本体理论克服实然与应然的二元主义？

正好因此事情的本性之学说未停留在这种二元方法论的观念中，而是试图揭示现实的结构，法的应然通过此结构一起被确定，并因此能从此结构中被推导出来。所以，迈霍菲尔把事情的本性，视同为“社会生活角色和生活状况的实质合法律的结构”，这是在本体论上——不是在社会学上——解释的。〔122〕事情的本性同时具有实然的、意义的、价值的和应然的结构，这体现在社会角色相互注意，〔123〕相互包含，〔124〕社会角色的承载者相互期待，学生依靠教师，患者依靠医生，反之亦然，期待是自然的或理性的，因为它源导于角色的相互关联性，〔125〕最后，根据角色关系的结构标准，这个期待是合理的，从中产生了权利与义务。〔126〕角色的结构在于，它可能既应给予康德的绝对命令，也给予黄金规则以内容，因为在这种形式中被思考的行为的普遍性和普适性，仅仅在作为一个合乎角色的行为的特殊普遍性时，才有具体的意义。角色，我们能这样解释迈霍菲尔，而不管角色的承载者，建构了一个合角色的应然：

〔122〕 注 92，迈霍菲尔，《事情的本性》，第 69 页。

〔123〕 同上书，第 73 页。

〔124〕 同上书，第 74 页。

〔125〕 同上书，第 75 页。

〔126〕 同上书，第 76 页及以下。

指明角色的应然结构，似乎属于其本体论的阐明。不对各个应然结构进行刻画，对各种角色的解释可能是不完整的，甚至是不可能的。

迈霍菲尔对应然的实然内在性始终不渝的坚持，基于上面解释的（新）康德主义的现实概念，也表现为，他将他说到的社会生活角色的结构，描绘成非本体的、非科学的比如社会学所能达到的经验。因此，这就足够了，原因是迈霍菲尔可能没有否定个人社会角色的结构发生历史的变迁。但是，当他把“这一角色、地位的特性和状况之社会学变迁的存在论史”，与它们之“本体论史”对照时，后者指“此在”（角色中的此在）的特性史，至少，在观念上，他成功地把角色中的此 194
在之本体论结构，与经验上可描述的，即经验－社会学的角色之本体论结构分割开来。

然而，这种分割在根本上仍是口头的，如同本质哲学中的存在与本质之差别。假如除了对社会角色的社会学理解的结构之外，还应该有本体论的结构，那么，必须存在一个区别的标准，这个标准不可能是，声称社会学的经验不管本体论结构。作为区别的特征，在迈霍菲尔那里，除了形式上不变的绝对命令和同样如此的黄金规则外，只发现了像“恰当的”“理性的”“合理的”等标准。虽然这包含着，也可能存在不恰当的、不合理的和非理性的典型期待和相应的东西，也即不好的角色结构，但是人们没有经历过如何不得不去具体区别恰当与不恰当等。指明有本体论结构并无用益，因为本体论结构必须仅通过那些没有发挥功能的标准，与社会学上可描述的结构相区别。

我们从迈霍菲尔那里未获得角色（父－子，教师－学生，医生－病人等）的本体论，这是偶然的吗？一个冒着具体化风险的社会角色的本体论，是否不同于角色行为描述的形式中的具有强烈个性之个人评价，即当不像角色行为是的那样，而是像它应该的那样？如果不同，那么，社会角色的本体论本当须依赖经验，依赖角色的社会学，以便建构一个通道，在经验上验证社会角色的秩序功绩和社会规范。但这样做的代价为，可能回避了角色的应然之存在问题，这些角色处在未绕本体论之弯的特定历史形成之中。当迈霍菲尔在具体分析其概念时，被指责的不是其“社会地位和团体属性的法律之确定”，这“不应再有什么疑问”，[127]以实践哲学之兴趣来衡量，而是其本体论标准的空洞无物。

当然，这种本体论敦促存在论中具体的实体化，然后，要么必须接受社会角色的结构，一如它们是经验的，要么必须被置于一个应然结构之下，虽然这个应然结构的来源不是经验，但却追溯到不可证明的思维者的前见那里。然而，在这个含义上，迈霍菲尔的法本体论假设，“以不断成长的具体的自然法，以生机勃勃发展的事情的本性为标
195 志，人的决定与当时预设的现实的结构和解了”。[128]在结果上，这种源于事情的本性的自然法，导致了在个性上或文化上有条件的实然－应然相互关系的循环阐释。[129]如果允许的话，对此无可非议。

3.4　抽象的－唯理的自然法与事情的本性之思维比较

迈霍菲尔的思想很好地适应了不停的变化，这里强调的他体现在事情的本性思想中的保守主义，当这种思维试图变得具体时，保持着

[127] 如毛斯，《作为上层建筑或“现实主义”法律理论的基础》，载罗特洛伊特纳（编），《法律理论》，第492页。

[128] 注127，毛斯，《作为上层建筑或“现实主义”法律理论的基础》，第491页。

[129] 自然法思维中的循环推理参见韦尔策尔，《自然法与实质正义》，第4版，1962年，第61页。

一切事情的本性之思维的普遍态度。

这诱使把事情的本性之思维，与提出具有很高合意能力的相对抽象的原则之程序进行比较。在那里显示出：之于一切决定事情的本性的理论具有重大意义的努力是，并非通过对具体的价值、目标和利益进行“唯理的”权衡，去建构作为秩序，也即作为理性法的法，而是在现实中去发现各种秩序，它们总是已经解决了影响力的问题，或者不让这种问题出现，因为参与到一个系统（子系统）中的因素，同样通过系统已被定位。在事情的本性之思维中，整体在逻辑上是秩序，无论多么细微，优于部分；相反，在唯理论自然法中，很高的合意能力来自具体的论证，以便通过推理，获得对一个具体问题的答案之整体。一如介绍的，唯理论自然法很少适于，去揭示或完全推导出具体的秩序（具体问题的答案），但它有能力批判地说明预设的秩序，因为根据其孤立强调的方法，在倾向上，它具有本性上的乌托邦特点，并趋于超越一切社会关联的具体化。相反，关于当时预设秩序的总体思维，倾向肯定这种秩序，这一总体思维由于历史上实现的意义内容而存在，但要对总体情势作出必要的新决定，却有许多困难。

历史性维度在根本上仍被排除在事情的本性学说之外，因为，一如回溯到形成，历史性同样包含着在未来中的开放性。尽管在历史哲学中，预设的秩序可能被解释成短暂的，虽然关于其形成状态的知识是肤浅的，预设的秩序被认为是完善的和权威的，并因此正好不被理解成在未来可能超越。它可能只是去保证日常生活中准确地避免问题或解决问题的必要稳定性，相对于在窘境中失去对抽象自然法的反省，这种稳定性是事情的本性之思维的优点。所以，事情的本性之思维，变成了法律日常经验和日常实践表现恰当的方法意识，这种日常经验与在一览无余的系统中的决策相关。

196 3.5 作为法哲学问题的法的历史性

鉴于这种两极化，将寻求对抽象－乌托邦的与具体－保守的法律思维进行综合。这种考虑必须能决定，具体在何时，可能、可以和必须对一个无疑的预设的具体秩序提出质疑，并且将之转换到一个新的体系中，以达到更好地接近各方面合意的公理性原则的实际整合。这将以一种历史理论为前提，在那里，历史当被理解成一切历史地产生的具体秩序的元系统，或者作为这样一个系统，它通过整个已实现的秩序，同时保持着未来和正确性之维的开放。

所以，法哲学必须把自身理解成历史哲学：作为哲学，它在未来中解释历史形成物的意义，并由此获得其关涉情势的假定。这种倾向业已存在。但是，对法律中的历史性的分析处在统治地位。首先对法哲学反思提出挑战的是：不可把握性的——真实的或正确的——法的观念，如何与历史的正确性的观念，同时如何与正当法的变化相适应。[130]

3.5.1 正当法处在变化之中？

如果人们愿意去理解这个问题，那么，对唯理之法的某些结构特征，作一简短的法律理论的了解，是完全必要的。如果人们是在这种程度上，随恩吉施[131]去判定法律规定的本质，即法律陈述表达了一个基于价值之上的、绝对有效的命令，这个命令具有条件性（如果－

〔130〕 基本论述见注 54，阿图尔·考夫曼，《自然法与历史性》，第 1 页及以下诸页。

〔131〕 恩吉施，《法律思维导论》，第 9 版，1997 年，第 32 及下页。

那么－）结构，那么，法律陈述（及其通过它的咬文嚼字的法律规范）因其条件性部分，达及变化的生活世界，只要这个部分针对着当时的生活世界，并试图从典型化情势中去预知某一典型事件。所以，如关于驾驶货车的规则以货车的发明为前提。被理解成条件性命令的组成部分之法，适应生活世界变化之法，在这个含义上是可变迁的，“历史的”。但是，从必须根据当时变化的实质情况来重新周密思考的无数条件性命令，例如公路交通法中，人们能抽去因生活世界和条件性命令的变迁所未触及的目的观和评价。永恒不变的目的观，在变化了的情况下，导致了在阐释含义上变化了的或新的法律规定，且甚至必须做到，在变化的关系的情况下，仍应实现未变化的目的。那个“勿伤害”的旧目的观，它根本未加改变地在公路交通条例第 1 条中被重申，在现代交通技术条件下，催生出一个历史上新的规则工具。在法的历史性上，可以表明那些目的观和价值——我们称之为原则，
至少是**相对**稳定的。问题是，思辨地看，这是否指**绝对**的稳定，哪些 197
原则适合绝对的稳定，并且，这些原则是否联系地存在于一个秩序中，这个秩序预知了这些原则在一切可想象的情势之相互关系中的作用。在此，首先仅应坚持，因为原则的不可变性与法律规定的可变性相一致，关于自然法的不可变性或可变性之问题，总是需要反问，原则或法律陈述（条件性的命令）层面，是否是共通的。一般地看，那个反问的内容为：“不可变的”和“可变的”的说法，涉及哪些建构正当法的要素。

3.5.2 “编纂”永恒的自然法？

构想出的法（立法、法官法，也包括“自然法”）以之为天职的条件性命令，是以情势为条件这一见解，如此广泛地散播开来，以至于

在今天，创造永恒有效的、包罗一切生活领域的各种法典的努力，[132]可能是不可想象的。代之将寻求合乎情势的，因此也是“合乎时代的法”。[133]超时代的法律规定的可能性，几乎成为次要的问题。考虑到规范与情势的相关性，这种可能性取决于，由于历史，在整体上，是否存在着人之此在的永恒情势，人之此在带有典型的、总是重复的因素，[134]这是一个人们能托付给法的经验的问题。这个情势为可以想象的超时代法律规定的存在，标出了最明显的界限，在此，将尝试性地假定原则是不可变的。对此业已达成一致。棘手的是：是否存在超时代的法的原则，它们具有何种内容，范围多大，如何去证明它们；或者，是否存在着一个从正确性思维出发可理喻的历史变迁：似乎历史上存在着正确性的必要形式；抑或，那些原则是否是，部分不可变，部分可变。

3.5.3 具有变化的内容的自然法（施塔姆勒）

在这个可以斟酌的问题上，我们要特别小心地对待鲁道夫·施塔姆勒（1856—1938 年）。[135]如果人们承认他在认识论上提出的观点：在包括法在内的目的王国中，统一和秩序的观念要求建立一个内在之基调，一个目的之和谐，那么，正当法之历史制约性可作如下理解：因为具体之目的，不是从自身，而是从它在目的王国内和谐相适中，感悟到目的之正确性，所以，这个被安排的目的之总体性支配着其正确性。然而，正确性本身受历史之制约，因为在目的之总体性中，不

〔132〕参见注 60，罗门，《自然法的永恒复归》，第 250/251 页。

〔133〕注 54，阿图尔·考夫曼，《自然法与历史性》，第 18 页及以下诸页。

〔134〕科英，《法哲学基础》，第 5 版，1993 年，第 201 页。

〔135〕尤参见鲁道夫·施塔姆勒，《正当法的学说》，第 2 版，1926 年。

存在绝对之目的。被置于目的世界之上的，不是终极目的，而是将目的带入和谐秩序之中的方法，一如这个秩序总是可能在内容上显示出 198
来。一个法律秩序是正确的，是指它成功地预先确定了单个目标所追求的和谐秩序。这具体是哪一种秩序，取决于在一个社会或一个历史阶段中，事实上追求哪一种目标。各单个目标不是从自身，而仅考虑其在社会背景中的和谐能力而被评价的。如果它们具有和谐能力，它就是允许的目标，并因此是同时受制于社会背景的目标。

3.5.3.1　批判的适应

在此不宜详说从施塔姆勒的形式性原则出发，去阐释正当法之具体学说的可能性。这一学说可以在3.2.5.1详解含义上加以否定，尽管施塔姆勒在他《正当法的学说》的第三卷（《正当法之实践》）中，并不缺乏全是法学机智的具体化努力。对于我们的上下行文有意义的是，在具有认为自然法有变化的内容的理论家那里，历史是如何被解说的。[136] 施塔姆勒在此也只停留在特征形式上。历史是一个表演场，在上面进行着各种追求正当法之尝试。在考察场面时，人们也许当看到沿着正当法方向行进的例子。因此，有一种书写正当法之进步史的使命。但这仿佛是正当法之理论家的鸟瞰，有关普遍适用的形式程序这一正当法的基础观念，总是超越了历史，并且因此也变质为纯实体的。为走好历史之下一步去分析当代法的历史情势，不是施塔姆勒的任务，他的职责更不是以未来眼光，去展望法之历史的全球意义，一如实际经历。这种节制在康德意义上不是绝对的。人们不妨想想康德的论著《论永久和平》，在那里，他曾努力通过解说至今的历史和在历史上已

〔136〕 注135，施塔姆勒，《正当法的学说》，第364—370页。亦参见其《法学理论》，第2版，1923年，1970年重印，第478—495页。

彰显出的人之本性，去获得未来的国际法，在那里，也存在去争取一个更好的法之历史必然。[137]

3.5.4 历史上正当法的存在哲学之说明

3.5.4.1 决定与发现的统一

为了发现虽是历史的但仍是不可把握的正当法，法的历史哲学本当承担的东西，也为存在哲学在其准备阶段所保留，一如费希纳所做的，[138]把决定的存在哲学理念，选作为一种自然法学说的基础，这个自然法具有未来的内容，人们对内容有决定的作用。[139]正像费希纳曾努力
199 的，可以把法的存在哲学之说明理解成自然法，这基于对术语“决断”与“决定”的论证。一方面，决定不仅仅创造了现实性，而且也创立未来时代的标准，它成为“建构我的历史性现实的一个新根据。现在，我受制于我在选择我自己之刹那，作为自我创造所采取的步骤。”[140]另一方面，此决断为必然的这一意识，出现在存在性决断中，它将经历自由与必然的统一。“一如我将存在的，由于他人，我却存在于我**自由存在的形式中**。”[141]决断与决定因此同时具有创造现实和清晰解说现实的特点。如果存在性决定仅是创造，那么，在法的领域中，存在哲学的超然立场可能仅把合法性交给实证主义，但因为这种创造同时自相矛盾地具有发现（清晰解说）的特点，这使得存在哲学的构想，对一个通过历史决定被创造的并仍是不可把握的法，是成立的。当存在哲学以决断之概念，

〔137〕尤参见注2，康德，《论永久和平》，第11卷，第226页。

〔138〕《法哲学，法社会学和法的形而上学》，第2版，1962年，第248—263页。

〔139〕注138，费希纳，《法哲学，法社会学和法的形而上学》，第261页。

〔140〕雅斯贝尔斯，《哲学》，第2版，1948年，第462页；费希纳的引文，注138，《法哲学，法社会学和法的形而上学》，第254页。

〔141〕注140，雅斯贝尔斯，《哲学》，第466页。

去理解那个不是通过预设的规范或价值被证明的但仍不是任意的意志表达之观念时，假设“决断”这个标记[142]可转用于法的领域，它展示了通过创制行为显出其必然性的法，(在形式上)是可能的。因为将在决断中被发现，这种适合自然法形式规定的存在之法，是不可把握的。

3.5.4.2 评论

有可能是，民族或法律共同体理解了法律问题中的“存在的决断”，或者更确切地说：他者的决断能在存在上获得。[143]但存在之法的理论在这种情况下，不允许仍然停留在形式地描述法的存在性。毋宁说，作为一个法律共同体的哲学，当它——每个思考者从其观点出发——清晰地表达了我们的法之存在性内容时，也即，既表达了有约束力的前决定，也表达了“存在性的法之不确定性”，[144]这种法之不确定性渴求决定，它必须在内容上进行沟通。对存在进行说明的方法，这个方法通过一般理解的语言媒介被用于未知的具象，[145]能够和必须允许，排除未知的具体存在，并且尝试地在其一般结构中去描述存在的过程，与之相反，存在性的法哲学，必须在我们已知的法之历史背景中，在事实上，与这种法秩序的内容，即与——包括过去的——存在性的法律决定之载体进行沟通，并在那里揭示出，存在哲学的理论，如何解释这种沟通，并如何可能使沟通有效。

3.5.5 历史哲学对法的说明 200

因而，对法的历史性之存在哲学反思，带有一定必然性地迫使超

〔142〕关于此标记，参见注140，雅斯贝尔斯，《哲学》，第307页。

〔143〕费希纳明显如此，注138，《法哲学，法社会学和法的形而上学》，第250及下页。

〔144〕注138，费希纳，《法哲学，法社会学和法的形而上学》，第251页。

〔145〕注140，雅斯贝尔斯，《哲学》，第274页。

越自己，走向思辨地获得我们具体的历史，以便从中推导出正当法之要求。一如迈霍菲尔，这免不了要接受历史哲学的理论陈述和假设，而历史哲学不是真正意义上的存在哲学。迈霍菲尔求助于马克思和布洛赫，〔146〕并因此依赖于对具体人类史的意义与目标的明确说明。

基于一个历史时代的"本质"对正当法进行这种说明，是否可以深信不疑，只有处在德国唯心主义和马克思主义哲学传统中的历史哲学的努力能够证明，在此，不可能描述这种努力。无论如何，唯有这种努力成功了，才能使得当代自然法思维——颇具特色的"追寻一个具体的历史的自然法"〔147〕，硕果累累。〔148〕

文献辑选

伯克勒/伯肯弗尔德（编），《自然法批判》，1973年。
Böckle/Böckkenförde (Hrsg.), Naturrecht in der Kritik, 1973.
科英，《法哲学原理》，第5版，1993年。
Coing, Grundzüge der Rechtsphilosophie, 5. Aufl. 1993.
考夫曼，阿图尔，《自然法与历史性》，1957年。亦载同作者，《变迁中的法哲学》，第2版，1984年，第1—23页。
Kaufmann, Arthur, Naturrecht und Geschichtlichkeit, 1957. Auch in: Ders., Rechtsphilosophie im Wandel, 2. Aufl. 1984, S. 1-23.
迈霍菲尔（编），《自然法还是法实证主义？》，第3版，1981年。
Maihofer (Hrsg.), Naturrecht oder Rechtspositivismus, 3. Aufl. 1981.

---

〔146〕曾反映在《自然法与法实证主义》中，第3版，1981年，第37及下页。

〔147〕注51，考夫曼/哈斯默尔，《当代法哲学和法律理论基本问题》，第18页。

〔148〕在此，特别重要的是借助康德的历史哲学，尤其是他的文章《论永久和平》，康德通过该文章作出了今天一直在成为现实的尝试，用未来国际法的理性法方案来回答他那个时代的境况和发展趋势。这里应该只提及哈贝马斯，《康德关于永久和平的观念：从200年的历史距离来观察》，（1995年），重印于：同作者，《包容他者》，1996年，第192—236页。

罗尔斯,《正义论》，1975 年。

Rawls, Eine Theorie der Gerechtigkeit, 1975.

里费尔,《法哲学和国家哲学的基本问题》，1969 年。

Ryffel, Grundprobleme der Rechts- und Staatsphilosophie, 1969.

施内德尔巴赫,《1831—1933 年的德国哲学》, 1983 年，第 5 版, 1994 年（其中价值问题，第 198—231 页）。

Schnädelbach, Philosophie in Deutschland 1831-1933, 1983 5. Aufl. 1994 (Darin zum Wertproblem: S. 198 bis 231).

201 4. 法与道德

京特·埃尔沙伊德 萨尔布吕肯

4.1 法与道德的多重关联：比较，概念，传统问题

4.1.1 法与道德作为相互依存着的规范性秩序

法和道德本身都体现在规范中。规范直接或间接地表明一种应当，一种应当的行为。此外，权利或权力的法律定义和分配最终指向行为规范；法和道德中价值和目标的确定，在形成行为规范意义上发挥着作用，这些行为规范应该促进价值或目标的实现。规范相应地约束规范义务人以某种方式行事。

法和道德之间的关系可能只是在这些社会里才是有问题的，在此两个规范领域不再形成不可区分的统一体。是否曾有过在纯粹形式上的统一，不必在此确定。如果我们把法律[1]理解成这样的“规范群”，“由社会来保障的规范有效性不是弃受害者于不顾，而是为了他们社会

---

〔1〕 如根特尔·杜克斯,《法社会学》，1978 年，第 131 页。

本身采取有组织性的预防措施”，在人类非常早期的阶段，这是有可能的。在任何情况下不能怀疑，法律曾经并仍处在日益分化和蔓延到生活领域的过程中，此前，生活领域要么仅通过在社会上有效的道德，要么根本没有规范来监管。

区别于一个社会的整体规范而存在的法律，一方面在形式上通过特殊的社会组织和程序，它们承担制定和执行特定规范的功能，另一方面通过预设或实施制裁，来贯彻。〔2〕此外，还存在着内容上的差异。虽然在现代社会，在法律秩序之外，继续存在普遍共同的道德原则和行为规则，通常，法律秩序不仅与其兼容，而且包含如道德一样的对行为方式的相同评价。〔3〕但通常这些规范与道德没有足够的区别，来 202
在根本上理解被反映在现代法律的复杂网络体系中的复杂行为，并使之能予评价。〔4〕

一个独立的、通过有意的规范创制活动建立的法律秩序，与道德的差别，部分上是因为：包含着道德的规则和原则的“应用”，为一个相互决定的行为提供的信息太少。道德足以保证决定相互行为的假设是不现实的。原因往往是由于团体的自身利益伦理判断被曲解。更重要的是，在更复杂的环境中，由于被认为是值得考虑的利益的对立，规范性判断的确定性日益减少，因此，在这样的背景下，特别难以证立对每个人都有说服力的行为规则，并难以使之与关联着的行为规范

---

〔2〕 在有专门立法的分权国家，规范制定也不限于立法者。关于法官立法参见，京特·埃尔沙伊德，《法官判决实践中的立法问题》，载《法哲学和社会哲学文汇》增刊第45期，1992年，第23—35页。

〔3〕 对此参见下文4.2.1。

〔4〕 法律规范增势如洪水这一点备受诟病，这被视为与“法律化”有关，因此部分是不可避免的。对此参见埃尔沙伊德，《法律化与疏离连带化》，载格斯勒尔/哈斯默尔（编），《反文化与法》，1985年，第51—71页。

的可能总体系形成连贯关系。[5]

法律规范制定、体系化和法典化的理由存在于此。在一个现代的瞬息万变的社会，对法律习惯的单纯记录越来越不够，因此，只有立法、经由先例的法官补充立法和合同形成的技艺可能覆盖待决行为的信息需求，方法是法律咨询或有特殊作用的法律知识。如果行动的关联经常仅仅总是通过制定法和合同形成（建立），这对现代社会来说是典型的，如果像这样，那么，合作会更少地借助普遍流行的道德规范来充分展开。

4.1.2 法的前理解

因此，尽管现代法比道德显得结构更为复杂，但言说什么是法，比表达某种道德的统一理解要容易些。即使从现实生活的角度看，存在一种对法律的浓重的前理解：因为经常有很难理解的条文，往往需要由主管部门或律师加以解释，以便使规范义务人明白，他应该如何行动，他有哪些权利，人们必须如何表达和签定协议，以便他们顺利地适应现行的法律，并且因为由主管部门垄断的能够发布和执行法律措施的强制权力，诸如特别是刑罚、征税以及私人对私人或对国家的请求权。尤其是，法是人的产品。法律规范可以由有关机关制定和修改。它们通过制定本身就产生效力，即使相关方认为它们是不公正的。因此，法律修改的动机来自“政治的”主张。通过法律规定列明，谁被委任制定法律和对法律进行权威的解释。有关程序规定占据重要地位，但它们仍然也是以最有序的方式可改

〔5〕 详细论述参见埃尔沙伊德，《法伦理学》，载 A. 皮珀 /U. 图恩赫尔（编），《应用伦理学》，1998 年，第 141/142 页。

变的。这所有的一切借助当代的术语如“法”“权利”“法律的”“职权”“权限”“立法者”“宪法”“国家”等，将重要的同时代人联结起来。 203

此外，如果坚守在正义或道德权利意义上的法律观念，就存在法律体系如它实际的功效，服务于这些目标的希望和要求，但不存在保障。尽管如此，现行的法律和应当的法律之间的区别仍然存在于公众意识之中。换句话说，公民清楚地意识到，不是他的是非感或健全的人的理智，而是从外部而来的、他律的力量决定着，什么是实证的法。这体现在对法律制度的“强制机关”[6]以及对法律职业的不信任。

4.1.3 道德概念

对什么是道德的问题，在现代社会中，人们必定有着对不同答案的期望。在这个问题上，不同表现为，是谁决定的，在道德上，什么是被命令或被禁止的。可能的三个答案是：社会、特定的权威或理性。

4.1.3.1 作为社会现象的道德

第一个答案指，道德是在一个社会普遍流行的并有社会效力的关于善和恶的行为的观念。然而，为了讨论道德，必须涉及社会行为的预期，对其偏离不被视作能容忍的，并被认为是一个特定的“道德”所不赞成的。这可以采取几种形式：它可以表现为谴责，社会交往的中止，贬损地评价一个破坏性行为的特点，如联合抵制。很难具体地确定所不赞成的行为何时是具有特殊道德性质的。所列出的种种社会制裁，从纯外部上看，没有确定的标准；没有事先的道德违反，中断

〔6〕 对强制机关概念参见，马克斯 · 韦伯,《经济与社会》，1964 年，第 24 及下页。

社会关系也会发生。被哲学家作为特殊的道德来区分的情感，如愤怒、怨恨、罪恶感和羞耻，表明了道德判断与良心评判、责任和处罚具有意义关联，也即具有一种反应形式，它在情感的层面，理性而不失控地发生。它情感式地以简单压制来处理违反规范。所以，关于什么行为应当受到制裁的普遍共享的观念，属于社会道德，而仅违反习惯（风俗）不引发制裁的想法。[7]

204 对这个道德概念重要的是，它涉及普遍共享的规范概念。不是对道德问题进行反思的个人，而是主流观念对何种道德规范有效是决定性的。对于个人而言，道德规范与“外部”的实证法律规范没有什么不同，尽管有服从良心的要求。如果这个要求由个人不加反思地接受，他就处在类似于法律的外部规定性，他律的统治之下。如果个人意识到这一点，那么，反思的决定可能导致，要么在根本上外在地看待道德的规范化，从而不受限制地生活在社会中，要么完全相反，去批判地敬而远之。

4.1.3.2 道德和（宗教）的权威

他律道德的另一种形式基于宗教信仰或精英管理的共同体意识。这两种形式，当它们塑造出正统学说的监护人：或是宗教权威，或是意识形态的先驱时，表现为权威结构。这两种形式倾向全面地影响控制着人类生活的制度和行为标准，并同时不容忍其他的生活形式。这种情况的发生基于微妙而深刻的神学或社会哲学。精神和思想灵魂的引导只是对杰出人士权威的追随的最显著表现。

〔7〕关于典型的道德情感，参见皮特·施特罗森，《自由和怨恨及其他》，1974年，第1—25页；德语本载波特哈斯特（编），《自由行为研讨》，第201—233页。亦见埃内斯特·图根德哈特，《伦理学讲义》，第三版，1995年，第20—22页。在书中讨论的不是社会学的普遍规范概念，而是作为道德被解释的规范的特点。

权威管理伦理的这些结构要素，历史地看，在教义化的年代表现得特别尖锐。宗教裁判所和伦理控制到私人生活最私密部分，典型上，既涉及16世纪的改革者也涉及立即开始的反宗教改革。[8]

在这两种形式的他律道德中要处理的是，将在现实中只是混合出现的类别类型化。经由宗教实施的道德，随着时间的流逝，只留下普遍道德观念的沉淀，其宗教渊源可能被遗忘。相反，宗教可以整合现有的道德，从动因上更加确定，例如通过关于奖惩的信念，因此，减轻外部控制的内部控制通过超社会化的良心而实现。

4.1.3.3 自主（批评的）道德

如果在一个社会如下观点占了上风，关于规范性的对错可以甚至是必须没有思考禁令，没有讨论禁忌，那么，他律形式的道德便陷入常常导向进步性的相对化，在极端情况下也导致自身瓦解的过程中。

4.1.3.3.1 植根于社会意识中的自主道德思想

自主道德思想的特征是能够质疑基于理性的各种传统。自主道德
在批判意义上是指英国法哲学家H. L. A. 哈特的学说。他区分了“批判 205
的道德性”和“实证的道德性”，在这里我们可以将后者等同于“社会
道德”。自主和批判道德是范围相同的概念；它们表示相同的对象，但
是，自主的特征是将独立的理性看作道德的源泉，批判道德指向这种
形式的道德的社会功能。之于哈特，批判道德作为判断工具，既能适
合社会道德和也能用于实证法律。在此，它依靠一般原则，既允许批
评实证法律也允许批评社会的实证道德，甚至可以提出这个问题：一
个社会是否具有道德的权利，通过法律制裁去强制执行其现实的社会

〔8〕 特别有说服力的是加尔文的例子。对此参见E. W. C. 策登，《霸权的战争和信仰的战斗，1556—1648年》，1982年，第33—52页。

道德，因为它是居主流地位的道德。[9]

由于这种把自己定位为社会的批判工具的道德哲学，传统规范的前提，无论是他律道德的还是法律的前提，原则上无限地被卷入批评的旋涡中。这种思想在社会上是有效的，几乎成功地被社会道德所确认。社会道德本身无疑是由那些作者培育的，他们授予自主道德以非统一的或对于社会是重要的功能。[10]导致关于规范的合理性商谈的道德权利，在现代社会是被认可的；这种自由以矛盾的方式属于社会道德的规范构成。社会规范可能会改变，且从根本上是合法的，传统的伦理律令，当它们显得是非理性时，由于适当的社会活动而变弱，这也被努力去废除或修正某些法律的政策所承认。人们只要想一想从起初在宪法上还未遭异议的对单纯的男同性恋的刑罚，到对同性同居[11]的法律承认的漫漫长路。原则上不可限制的批判的可能性并不当然意味着传统的道德应全盘取消。相反，传统道德证明了自身常常在一个相当重要的范围内有普遍共识。但它似乎不适当地表现出，将无可争议的道德规范的有效性仅仅建立在传统或宗教戒律或神圣的经文之上。[12]这也尤其适用于那些规范，它们是道德中不可体验的核心区域，如保护生命或迁徙自由的规范，这似乎是植根于人类学。在这里的前提是，它们在商谈中不取决于商谈参与者的传统而得到普遍接受，因

---

〔9〕 见 H. L. A. 哈特，《法律、自由和道德》，1984 年重印，第 19—20 页。实证的道德是“被一个既存的社会团体实际接受和共享的道德”，区别于“批判包括实证道德在内的实际社会制度的批判主义使用的一般道德原则，我们可以称这种一般原则为‘批判道德’……”

〔10〕 对此参见特奥多尔·盖格尔，《法律社会学初探》，第 4 版，1987 年，第 265 页及以下诸页。

〔11〕《联邦宪法法院－新法律周刊》57,865 =《联邦宪法法院裁判集》6,389。

〔12〕 显示批判道德独立于经文宗教是伊曼纽尔·康德论文《纯粹理性范围里的宗教》的主题，引自康德 12 卷著作，W. 威斯谢尔德（编），此处，第 8 卷，第 645—879 页。

为它们被认为是“合乎理性的”，例如，为了所有说谎者的利益。[13] 此 206
外，对它们的批判性反思显示出，对属于道德核心领域的规范，如禁止杀人，总是可以重新考虑，一如对死刑有争议的立场所展示的。

自主的道德统治着道德的他律形式这种观点很少能排除宗教的某些道德因其某些特殊的内容而长久存在，团体道德建立在意识形态-精英的基础上。然而，后者因此已放弃道德商谈，因为它们是基于所谓的理性或它们的社会哲学的“真理”。但各宗教不回避把它们的道德说成是对每个人可以理解的，它们抵御普遍接受的论点的攻击。

4.1.3.3.2 沟通道德思维

这些思考允许重新获得统一的道德概念。如果将他律的道德控制在其理性上的法律和理智义务得到社会的认可，将表现出，社会道德与特殊道德将与自主的道德思维，共享社会承认的公共平台，且因此指向持续的沟通。社会道德的传统构成将通过自主思维被尊为对正确性的尝试，所以被包含在商谈中，由于其优先性，这已得到普遍的确信。它们被视为人际交往的产品，并同时是人际交往的宪章，自主思维必须阐明其理性的内容，如果它不希望陷入唯理白板思维。自主道德的反思是批判性的，却是在许多不同的意义上：不仅是批判性地抛弃，同时也是批判性地保留或批判性地适应新的情况。他律道德与自主道德的严格界限，或用哈特的区分，实证的和批判的道德的严格界限，在有意的保持和变化的相互作用中消失，所有思考的人能参与其中。

在这里，如果人们反思地同意传统，便可能不再觉得是被他人所决定。他律与自主之间的对立溶解在沟通共同体的预期中，个人的理

---

〔13〕关于商谈理论与兴趣相关的普适原则，参见于尔根·哈贝马斯，《道德意识与沟通行动》，第6版，1996年，第75页。

性被包含其中，而不是被迫达成共识。

4.1.3.3.3 道德的动力

相反，道德判断的自主保持着不变。那么，道德反思的自主也意味着，它决定了道德反思的对象本身。诚然，以传统和宗教为基础的道德具有一套在根本上业已被理解为由规则和原则的体系，这套体系是可编纂的，并适合于封闭性的系统化，但是，没有预料批判性道德思想会产生何种问题。传统道德的“有限性”尤其表现在新出现的社
207 会重大事实上，例如，对于新出现的和不断出现的生物医学、优生或强化医学治疗的可能性，或产品和经济形式的生态后果，或者在有极端毁灭性潜在可能的征兆下对有攻击性的国家和恐怖组织先发制人的防御，它没有解决方案。尝试将新的事实“归入”已经熟悉的道德规则，通常以某种方式是可能的，但很少有说服力，因为提出了新的权衡问题，它不能在传统环境下通过适用撕裂的道德规范被解决。批判性道德思维的任务，它本身在上述热烈讨论的各类案件中现身，在于去寻找新的和具体的规则。

在这种情况下，道德反思获得关于正确制定法律的不受限制的作用范围。例如，人们提到对功利道德理论的基本原则的相对承认。[14]人的行为的功利性问题，也包括为何创立法律规范，在法律规范中有道德反思，人们会发现，只有很少的法律规范与道德的重要调整内容没有联系。连交通法中的右驾命令这个所谓道德中立的法律规定的通常例子，也不属于此，因为它具体化了在道德上绝非中立的防止损害的命令，并且绝不可以放弃对其具体化的立法工作。只有右驾或左驾的决断是“道德中立的”，但人们不是两选一。如果人们把个人自由

〔14〕 参见上文 3.2.6.2。

设置为道德价值，一个法律伦理反思的同样广泛的领域便出现。[15]那么，H. L. A. 哈特需要法律强制的理由的原则便可适用。“在问到，我们至少要考虑到那个一般的批判原则，即任何社会对合法的强制手段的使用，仅是为了一些补偿性利益的目的进行辩护，它们在表面上是不可容忍的”。[16]

4.1.4 法实证主义的道德与法的分离命题

如果对立法者以及法律系统的所有层次存在道德要求，这些层次可以通过解释或漏洞填补的方式形成法律规则，那么，法与道德是完全不同的规范领域这种断言，与这两个领域的规范内容无关联。在此存在相当广泛的重叠。法实证主义的分离命题也不意味着法与道德的规范内容本就彼此毫无关系。相反，这一命题指涉的是法的效力，法的约束力，它表明，法的约束力和由此产生的法的义务独立于法的规范是否符合道德的内容。[17]这一命题源于这样的假设：法的规范与道德标准可能在内容上会发生冲突，并声称，这种内容的矛盾不会改变 208
法律规范对规范义务人的约束力。因此，这一命题并不表明，根据道德标准对实证法进行内容上的批判是不可能的或者是不容许的，而是意指，废除法的规范约束力的这种批判是不恰当的。

存在两种途径来论证如此理解的分离命题。在这里我们想采纳的第一条路径是去论证一种道德哲学的假设。首先感到自相矛盾的是，道德的观点被引用来支持约束力尚未被废除的法律规范的不道

〔15〕 道德自主的概念导致同等自由空间的假设，在此不再继续讨论。

〔16〕 哈特（注9），第20页。

〔17〕 对这一问题域业已作出最基础探讨源于罗伯特·阿列克西，《法的概念和有效性》，弗莱堡/慕尼黑，第2版，1994年。

德内容。这种人们可以将之描述为狭义的法的实证主义的理论，是道德哲学的一部分；它把不道德的法的约束力问题看作内部道德问题。[18] 相比之下，例如在形式上由特奥多尔·盖格尔所代表的社会学法现实主义，强调批判性道德对实证法律的约束力无关紧要，理由是，人们以有意义的方式可以称之为法律的有效性或约束力的东西，就是一种社会事实，它通过反映这是否应该是事实，本身没有改变。[19]

从我们在此要继续追问的批判性道德思维的角度来看，相反，可能毫无疑问的是，必须提出对实证法律的约束力的疑问和其可能的限度的问题，因为没有人的行为，也没有规范制定者和司法领域规范解释者的行为，根据自主道德反思的认识，逃避道德判断，当然，随后，不道德的法是否具有约束力的问题，也必须由自主道德反思来回答。

4.1.4.1 是否存在一个统一的义务概念？

道德哲学思想可以尝试借助那个命题避免此问题，即“约束力”一词显然只在一方面说法律的另一方面说道德的约束力时有相同的含义。这种纯粹消极的术语定义的后果是，法不能在概念上论证道德义务，且不能排斥道德义务，是的，甚至不能触及它们的冲突。从这个角度来看，批判的道德至关重要，然而，对于实证法毫无作用。从道德的立场来看，道德义务并不与通过法律证立的义务发生冲突，因为在道德意义上完全不存在这种义务。换句话说，人们一直可能如何解
209 释法律义务一词这个论点意指，它在道德的语言中没有出现，并且如果存在什么法律义务，从道德观点上看，对法的规范的约束力的实际

〔18〕 这尤是古斯塔夫·拉德布鲁赫的视角，《法哲学》（学生版），1999年，第5和10章。
〔19〕 参见注10。

证立与否毫无贡献。法的义务在道德上充其量是相关的因素，它有利于或阻碍道德义务的履行，或两者都不是。作为一种在同一层面上满足道德义务并可能与之冲突的义务，它不存在。法律理论家和道德哲学家在谈论规范和义务时，说的是不同的事情。

法实证主义分离命题的代表或许满意道德思维的这种自我限制。同时，已有的术语定义，即两种不同的约束力概念或义务概念的说法，显得有疑。有两种不同的“义务”或“约束力”，它取决于这些词语是在道德上或法背景下使用的，持这种主张的人至少必须给定其含义的差异。这种差异不关乎义务的形成本身；相反，它必须关注义务本身的性质。

这种差别并不明显。虽然除合乎义务的行为外，根据康德，道德仍要求行为从尊重道德律，即道德令而发生，而对于行为的合法性而言，动机无关紧要。但是，义务的存在无关行为者的动机如何。“道德性”和“合法性”的特性不关义务，而关乎行动。[20] 那么，通过道德和通过法律所证立的义务或约束力，二者在概念上的差异何在？一种解决方案可能是，法的规范的约束力还原到它的可强制性上。因此这种转移便与社会学法律现实主义的阵营相连，“约束力”只意指，行为者面临着选择，要么符合规定在规范中的行为模式，要么遭受法律机构加予的负面惩罚的危险。因此，在这样思考中，法的义务的范围必

[20] 在康德那里（《道德的形而上学》第8卷，注12，第323—326页），义务的概念与道德的概念分离的前提是，在他说到一切义务时：“人们称一个行为与法律一致或不一致不考虑行为的动力的合法性（合法律性），然而，在道德的概念中，来自法律的义务的理念同时也是行动的动力，是道德性（伦理性）自身。”归功于“外部立法”的所有法律义务，之于康德，属于这个原因，“因为它们是义务，与道德相关……”（同上书，第325页），因此也应该满足道德的动机。拉德布鲁赫也是这样认为的，同上书，第47/48页。

须被限制，结果是，在人们可以肯定针对他们和此行为的制裁不会发生时，义务便结束。[21] 相反，如果人们固守把法的规范固定在由事实性来决定的可替代的规范因素上，那么，就看不出其与道德的义务概念在概念上的差异。

道德义务与法的义务之间的含义差别不能证明，把道德义务理解
210 为绝对的义务，相反，把法的义务只理解成假设的义务。凯尔森似乎是这么想，一如人们可以看到的阿列克西的解释。据此，凯尔森必须被理解为:“法的义务只针对于那些无论出于何种理由而参与法律游戏的人。对于那些不这样做的人，只存在通过强制行为而被涉及的危险。只要该法不要求什么。”[22] 如果这是正确的，那法的义务就完全不是义务，因为人们不能通过退出“游戏”而解除义务。根据法律秩序的意义内容，恰好不存在进入和退出的自由。对“法”一词的意义内容的解释权不存在于个人的恣意中；相反，法的义务的意义是限制个人的恣意。在法的义务不与道德义务相区别的范围里，顺便说一句，人们可以干脆地说对与错，道德义务仅适用于那些愿意一起玩道德游戏的人。[23]

因此，在义务概念的不可区分性上，义务概念是否会出现在道德或法的语境中，仍然是个问题。因此，也有可能在法与道德之间的紧张领域中存在义务冲突。现在，我们再一次把注意力集中于此。

4.1.4.2 法实证主义分离命题的道德论点

“这充分说明 [……] 某些法律秩序的存在被归于一定的道德价值，

---

〔21〕 在这种批评盖格尔的法律现实主义的意义上，也见尼克拉斯·卢曼,《法社会学》，1972 年，第 1 卷，第 43 页，注 32。

〔22〕 罗伯特·阿列克西，上书，第 181 页。

〔23〕 参见威廉·K. 弗兰克纳,《分析伦理学》，第 2 版，1975 年，第 139 及以下诸页。

并从一个原初既存的道德义务中推导出服从法律”,[24]如同在多元社会中常常发生的情况，交互行为的方向确定性，不再由一个统一的社会道德来实现，所以，这是一个想法，法律体系必须悬置个人或团体的可能有争议的道德观念，以在根本上可以过一种还过得去的共同生活，使出现的种种冲突，不是最终通过暴力，而是基于普遍适用的规则和原则，通过法律的和平程序加以解决。这种论点显然是一个道德的性质的，因为它声称是可从良善的共同生活的观念中推导出的。由于不公正的制定法而受损的价值在何种限度上超过一些特别的法律价值，如法的安定性、方向确定性和和平，在此又需要批判的－道德的判断，无论是从规范义务人的角度，还是从那些通过任命在实证法的执行机构中其素质不失为道德的人的角度。

针对出于良心的理由拒绝和违反有效法律的权力，可以从下列事实中推导出一个重要的论点，在一个社会的法律秩序中，如同它似的，
这涉及关联着所有参与人的共同善。只有社会总体才能支配这种善。 211
单独提出否定法律的效力个人或群体，违反了社会整体的法律，通过一个具体的规定使其法律价值以一定形式表现出来。人们颁布的这种规定，只能通过无论如何可归属于社会整体的法律议案归为无效。尊重整体的优先权而不是自己采取行动，是一种道德义务。

这也适用于“法律机构”的单个成员，如法院，出于良心理由不适用实证法。如果法官做到这一点，无论如何，不需要把这个决定英雄化，一如古斯塔夫·拉德布鲁赫所表达的：“（我们）尊敬那些通过其抵

---

〔24〕 详见诺伯特·赫斯特，《法律与道德之间的概念关系》，载《新哲学杂志》（布勃纳、克拉默、维尔编）1979年，第17期，第77页。因此，如诺伯特·赫斯特在上文所说：“在法律义务与必须道德义务冲突情况下的特殊问题在于，这种冲突最终必须在道德之内，也就是说，作为两种道德义务的冲突被解决。”

抗不义的是非感，不动摇对法律的忠诚的法官……”[25]然而，没有对法律忠诚的法官和官员，任何现代社会所依赖的特定的法律价值，就完全不能发展，这个事实应当促使每个执法者特别高地评价法律忠诚。

看起来是自主道德体现的这种论点，似乎显示出，基于对抵抗的不稳定作用的详细思考，可能加强了确定性规则，以绝对地贯彻实证法约束力，并使“违法者”出于信念，在任何情况下都不可免去遵循实证法律规范的道德义务。于是，让人联想起柏拉图笔下的苏格拉底，他拒绝逃走的建议，他本可以轻易逃走以逃脱他的祖国不公正的死刑判决。[26]

英国法哲学家哈特发现了一个法实证主义分离命题更细致的论点。他主张保障针对实证法的批判的道德思考的自由。因此，他认为，把法的效力只固定在法律体系的结构和功能特性上，而不是靠内容上它与道德原则的一致性来证明，是对的。相反，仍然应承认，实证法可能是不公正的，因为否则他律威胁到压制自主的批判道德思维。哈特放弃了法的道德负担，以保护自由的道德反思。尼尔·麦考密克刻画的哈特的立场如下：“哈特坚持法与道德在概念上分离的理由是道德的理由，人们会发现它是自相矛盾的。哈特是实证主义者，因为他是一个批判的道德主义者。他的目标不是提供有利于服从国家统治者的正当性。公民对国家权力的运用和滥用的不受减损的道德批判权利应得到加强”。[27]

212 哈特还用另一种方式来支持自主的道德反思的自由，他用下列疑问使刑法与他律道德之间的错误连接被否定：“某种行为依据一般标准

〔25〕 古斯塔夫·拉德布鲁赫，同上书，第85页。

〔26〕 柏拉图（施莱尔马赫翻译），1957年，第1卷，《克里同》，第33页及以下诸页，第42页。

〔27〕 尼尔·麦考密克，《H. L. A. 哈特》，1981年，第160页（本文作者翻译）。

是不道德的这个事实足以使这个行为受到所制定的刑罚吗?"[28]提出这样的问题意味着,(刑事)法不能通过扮演社会道德的助推器来保护批判的道德反思。

4.1.4.3 分离命题道德论证的界限

如果实证法的设计是这样的，当它维护国家恣意作出和维持逮捕或任意杀害的权力时，它就不服务于所规定的具体法律价值（法的安定性、和平），那么，实证法的道德正当性显然不可能存在。当批判通过实证法被封杀时，从哈特对国家权力的使用或滥用进行无情批判的正当性中能获得什么？然后，法律的约束力意味着什么，从这个论点中会得到什么：目前生效的实证法是所有法律同仁的共同善，以至于它不能由有个别规范义务人或团体，而只有由整个社会支配？这个论点假定实证法由国家行为产生，社会作为整体属于其成员。这些疑问和质疑引起那种推论，对法律实证主义分离命题的明确的道德哲学决定，只能在一个社会已达到的和遵守的文明水平条件下才具有说服力。显然，法律与道德的关系，当人们认为它是一个内心的道德问题时，不关每一个可规定为实证法的秩序，行为才是有意义。前提始终为，实证法服务于法的安定性和法律和平这些具体的法律价值，并且没有完全摧毁蕴含于一个社会中的规范性指导体系。

康德用一句话表达了这种关联:"不反抗的奴隶必须能够假设他的主子并不愿意不公正地对待他,"[29]康德进一步反驳了这个假设，主子不允许公民有这种权利:"将对有权者施于他的、显得有违共同本性的不公正的看法公之于众"。因为这意味着，之于公民,"所有的权利要

---

〔28〕《H. L. A. 哈特》，同上书，第4页（本文作者翻译）。

〔29〕伊曼纽尔·康德,《历史哲学，伦理和政治短论》，1959年。见《论共同语言》等。也见康德（注2），第11卷，第161页。

求都要顾及最高命令者”。康德将这些思考一般化为下列原则：“人民为自己做不了决定的，立法者也不能为人民决定。”[30]虽然康德尝试，将这一断言在推导中作先验的解释，显然下面的解释更容易理解：在一个民族的文化中存在着一些普遍认可的伦理原则，共同构建了民族
213 的生活形式，它也许也具有很高的灵活性，这样一来，对这些原则的大规模违反就使下列意识瓦解：人们仍然可通过立法者的努力去正确、公正和合目的地行动。对于在原则上否认抵抗权的康德本人而言，在这种情况下，实证法的效力可能被限制。将实证法建立“在仅通过审慎的规则形成的最高权力之上”的企图，康德称之为“一种绝望的跳跃……，一旦所说的不是法律，而仅仅是权力，人民也可以自己尝试，并且使所有的法律规定不可靠”。[31]虽然康德在此只是说明，依据纯明智的思考对制定法意义上有效的法律进行解释的法律理论，不能推导出法律秩序的哲学有效性；这只能是对实证法的解释，它**假定**，之于实证法，所涉及的是，保护公民不是可强制执行的，而是出于理性反对国家的权利。但是，问题仍然存在，即应如何评估这些情况，在那里，任何指责失去了所有合理性。

古斯塔夫·拉德布鲁赫对此给出了一个答案。只是在经历了纳粹野蛮政权在一个文明民族和国家的文化中的崩溃后，他才抛弃了法律实证主义分离命题，对他来说，现在才变得清晰的是，由所有的道德原则替代法律的效力，只能长久地发生在这样的时期，那时，实证法仍然活着并已经融入活生生的基本道德原则中。[32]因此，对于所有的

---

〔30〕伊曼纽尔·康德,《历史哲学，伦理和政治短论》，1959年。见《论共同语言》等。也见康德（注2），第103及162页。

〔31〕同上书，第105及164页。

〔32〕参见他首度在《南德法律人报》1946年第105—108页上发表的论文《法律的不法与超法律的法》，重载于拉德布鲁赫（注18），附录，第211—219页。

法律体系会提出这个问题，实证法基于什么样的道德原则，并且道德原则如何表现在实证法中。

4.2 在法与道德的紧张领域中的自主

因此，我们讨论的最后一个主要部分的主题预定为法律和道德之间的关系。

4.2.1 道德类型和宪法类型之间的意义关联

法和道德可以被理解为社会生活的两个确定本性的非独立要素。由于它们两者直接或间接地关乎人的行为，尤其关涉与他人或团体或机构的互动，它们表现得与社会的生活方式完全不同，是不可能的。相反，人们预期，一个社会基本认可的伦理规范体现在法律秩序中，并能在此察觉那个社会具有何种人类的道德观念。

这一方面可以通过那个事实来证实，在法和道德中存在很大程度 214
上是相同的无可争议的规范性内容。另一方面，一种法律秩序可以表现出它与哪种类型的道德相对应（参见上文第 4.1.3）。这个观点是指，核心的法的规范可以从那种观念中推导出来，即一个历史社会拥有何种道德的有效性理由。如果我们回首一下道德表现形式的类型，就会提出那个问题，已成为主流的自主的批判的道德，是否以及如何表现在一个法律秩序中。

可以肯定的是，一个另外的宪法制度框架，比自身主要不是通过理性，而是通过传统或权威（宗教）或其他方式的他律获得合法性的道德，更适合这种类型。

从这个角度来看，法律秩序在两个方面被质问：它保障由道德的自主思想所主张的生活方式和沟通的自由？它试图保证批判的道德冲动能达到政治层面（下文4.2.2）？从中反映出这个疑问，一个建立在个体自主之上的法律秩序要求何种特定的美德，以能维持自身（4.2.3）。最后，还提出了这个问题，是否存在一个道德的基本原则，它可决定法律秩序，也可通过法律秩序活在约束人类行为的公认道德要求中（下文4.2.4）。

4.2.2　法治民主制度作为批判道德思维的前提

显而易见，一个民主制度，它同时是形式的和实质的法治国，即承认基本权利的法治国，具有与道德哲学的观念紧密的关系，这种观念将道德的思维视作批判的、自主的和在发展的历史过程中的概念。

4.2.2.1　自主道德与自由权利的关系

这种特点的道德哲学建诸处在人的关系之中的个人的理性之上。自主道德信赖理性不仅是基于界限应是什么的认识，而且行为的原则以理性为支撑，并提供与之相应的制度。自主道德要求个人利用自己的理性，即使是在道德问题上。自由势必关联没有强迫地根据自己的见解去安排他的生活（他与他人的关系）。

法律秩序通过对自由空间的法律保护反映了这种道德假设。这通过具体自由的列举和规定，也通过一般自由原则发生，一般自由原则要求国家在要限制个人自由时进行论证。自由空间被分配到个人；但是，这并不意味着，将个人作为孤立的或同样作为无联系的原子来理
215 解。因此，这种权利也属于自由，即基于个人共识，不依赖预先形成的生活模式去形成个人关系，并且在具体意义上与结社权一道，在法律的限度内，自由地决定目标。与他人一道在重要领域使自己社会化的权利，与生活方式的多元化和宽容的需要相匹配。

自由空间的确定不是按照划定正好居主导的他律道德的边界而发生。相反，它产生于所有人平等的自由原则。这是康德法律概念的内涵。对他来说，法律是“据此一个人的意志能够根据普遍的自由法则与另一个人的意志相统一的条件的总和。”[33]自由只受别人的平等的自由的限制。“自由（独立于他人需要的意志），只要它根据普遍法则可以与任何他人的自由共存，便是一个唯一的、原始的、依据人性赋予每个人的权利。”[34]由于这样的普遍法则被理解为司法的法则，法律便是反对源于社会道德的社会压力的自由的守护者，社会压力对自由的限制作用超出法律本身禁止的范围。[35]那么，法律便规范了自由空间，保护自主的道德生活不受他律的社会道德的干扰。此外，以诉讼保护形式替代带有不可估量制裁式攻击的社会道德的无尽压力，在诉讼中，仅允许可预见和总是有限的制裁。[36]

4.2.2.2 沟通道德理性和沟通的基本权利

作为理性的存在，任何理智的人可以分享普遍理性，也包括道德思维。普遍理性的表现形式是理性人之间以语言和其他表达形式（艺术）为媒介的沟通。沟通包括信息或其他单方持有的看法，但它并不限于此：沟通是商谈、批判、谈判、影响、总结、共同（关联社会的）行动等。作为批判道德、伦理方案、情绪调整、决定、沟通能力，实

---

〔33〕 康德,《道德的形而上学》，第8卷（注12），第337页。

〔34〕 康德，同上书，第345页。

〔35〕 对于这种关系的系统理论解释参见尼克拉斯·卢曼，载卢曼和H.普尔特内尔（编）,《理论技术与道德》，1978年，第8—95页，这里见第68及下页。

〔36〕 对此详见埃尔沙伊德,《作为实践哲学问题的社会关系的法律化》，载《新哲学杂志》，1979年，第17期，第37—61页，第37页及以下诸页。关于刑事诉讼的保护形式参见温弗里德·哈斯默尔,《刑法基础导论》，第2版，1990年，第135页及以下诸页和《朗格寿诞文集》，1976年，第501页，第518及下页。

践理性在所有的沟通形式中展开。[37]

216 为人的自主而公开的法律秩序，通过基本权利这种公共的理性运用，来保护这一沟通过程的自由；所以，言论自由，康德曾以“笔的自由”的形式喻之，它也包括批评当局，要求自由地报道，包括信息收集、示威的权利，而且还有通过防止打探（数据保护）的私下沟通，和在根本上不沟通的权利，这是自由沟通即自愿沟通的条件。此外，还有艺术自由和在整个发展之初存在的宗教自由。法律还保障基本权利的种种现实条件，在此不能详细解释。

4.2.2.3 沟通的道德理性和政治基本权利

政治领域对冲动的批判道德思维的开放以政治关联着公众的道德判断为前提。这个前提是既存的假设，在一个民主组建的共同体中似乎是可信的，因为对问题内容的政治论辩在很大程度本身就是一个道德论辩。在此，应从广义的道德概念出发，我们在上文概述过（4.1.3.3.3）。道德思维非常有趣的主题可以用“正义”和“共同善”的术语来标称。它们是对权利形成至关重要的道德问题概念。政治方案总是共同善和正义的方案，也即，它涉及机会和负担分配、与歧视某些群体作斗争、社会基本权利、经济的生产秩序、教育体制、行政体制等。

即使正义和共同善的商谈可能延伸到关于可行和不可行的各专业商谈中，且可能在一定程度上表现出“价值中立”，那种与道德基本观念的关联不会削弱，而且前提总是：道德反思越过确立目标层面，直抵对在利益冲突领域中的处理手段和公正权衡进行道德评价。

---

〔37〕 于尔根·哈贝马斯分析了宪法保证的沟通权利应当允许和保障沟通的循环，《事实性与有效性》，第4版，1994年，在“公民社会和政治公众的作用”一章，特别是在该章第三节（435—467）。

道德说教的雄辩往往被用于实施群体的利益，这当然是对的。但是，强行的雄辩显示出，基于原则的公共道德反思有必要的界限。

此外，利益的表达是正义商谈的前提，且因此属于自主的和批判的道德的社会过程。在这种商谈中涉及的不是（团体的）利己主义或利他主义，而是区分合理的或不合理的利益。在一个民主国家，政治不能回避这个公共的、内容上的道德商谈。相反，政治必须以代表共同善，区分合法和非法利益，以及用适合共同善和正义的方式去规范利益冲突，作为自己的职责。

政治层面与公众的、与道德观念不可分的商谈的反馈联系，经由宪法确定的民主组织形式来保障，这种组织形式具有各种主观的人身
权利，基于在确定的时间内、相同的资格和平等选举权之上的选举， 217
组建政党的权利，依赖基层的党派结构、选举协会，等等。只有这种组织形式迫使政治实际上进入公开的正义商谈，并对商谈作出回应。唯有批判性道德的过程可以将其影响扩散到政治制度之中，合法的条件才能获得。

政治进程被带入批判的公共商谈虽然不能排除那个事实：从私人角度看，法律规范必定显得是来自外部的强制规律，但是，由于个人能通过他的沟通权利和（狭义的）各种政治权利，参与政治进程，它同时也是社会的自主的道德过程，那么，同时作为立法的参与者，作为公民，去观察政治进程和采取行动就成为可能。

4.2.3 摆脱道德挑战的自由民主法律秩序

自由民主原则与自主道德基本原则的相关性可能导致那个结论：法律与道德不是没有相互归入，而是道德的消解取而代之，即被自由和政治权利系统有计划地替代。应该讨论的不是各种义务而是种种自

由；社会的道德内容将在一个广博的法律框架内不去过问个人和团体的任性。通过这样的法律，社会生活的秩序限于对抗他人对私人领域的干预，通过允许从任性到死亡，告诉什么是道德，什么是社会的伦理生活形式。人们抱怨美德的丧失。[38]

4.2.3.1 诸种自由的矛盾心态

这类论证必须认真对待。如果法律保护的批判性道德关系到个人理性的自主，从而为了个人采取一个相对于社会道德是先验的观点，那么，外在自由的领域便由此拓展开，方式是承认在艺术、文学和哲学中的表达可能性，它们在根本上可解释为削弱了道德。如果道德功效应当在可能的范围内，无强迫地和确定地仅由道德洞察产生，那么，在更广的范围内，在他律道德框架中是允许的，这令一种不受道德规则约束的意志成为可能。经验上看，这可能会导致倾向去测试社会可容忍度的界限。

218 处在道德同时还有法律保护之下的自我负责的生活方式，这种生活方式必须为自主道德反思者坚守自由空间，不负责任可能产生并辐射到所有领域。具有责任意识的生活的法律条件同时也是拟制的不负责任的条件。对道德自主负有义务的法律从道德内容中（部分）撤出，面临成为社会道德和伦理解体的助推器之危险。

4.2.3.2 遏制自由的矛盾心态

自由的这种矛盾心态原则上必须从自主道德的角度来接受。但是，人们不能将自己局限在从观察者视角去记录可能解体的倾向。从参与基于自主理性的聚焦法律秩序的运作之角度，人们必须问，通过突破

---

〔38〕 这是阿拉斯德尔·麦金泰尔的著作《德性之后》（1981）一书的主题，德文题目：失德：当代道德危机（Der Verlust der Tugerd, zur moralischen Krise der Gegenwart），法兰克福，纽约，1987 年。

自主思想的能动的道德反思，是否能够和必须发展出新的、对于这种道德形式是特殊的美德，并且其本质存在何处。

提出这个问题的前提是，法律制度，它应当保障自我负责的生活方式和理性的政治商谈的可能性条件，不能从自身影响社会理性。所讨论的法律制度是必要的，但对实现具有自主思想特点的目标是不充分的条件。它需要在不断的坚持和实践中发展，这种发展把自主道德的生命注入业已存在的法律体系之中。

基于沟通公共理性的宪法制度即便不能长久生存下来，公民美德也是必需的。公民美德需要在教育系统中并通过榜样加以维护。因为公民美德不单单在人的近距离互动中形成，而且需要将视野拓宽到相应的社会和政治生活的整体性上，并形成与整体性相连的行为形式。公民美德不是借助法律可强制实施的。即便强制地行使赋予公民的政治权利，如选举权，是有意义的，因为出于参与共同体生活的自由，依据一个他律的模式，一种服从行为便被建立。再举一个例子：由于经济上不堪重负，媒体在放弃了对事实的兴趣和使政治和社会进程透明的目标之时，便失去了其道德作用。当然，这可能完全改变不了媒体中部分的自由，因为在这种情况下，它们的自由仍然是可能公开阐明批判性道德的不可缺少的条件。然而，通过更好的新闻工作伦理来支持社会的批判性道德，恰恰使道德要求持续存在。

4.2.4 作为道德和法的基本原则的人的平等 219

应该不在这里继续讨论直接关系到政治制度的各种美德。它们涉及公民权利的行使，并因此仅仅涉及公共领域中自主理性的程序可能性。它们可以意指，丝毫没有贬义，聚焦于道德自主的社会的次要美德。它们不关伦理本身，伦理直接和实质地决定了自主理性运用的主体之间的关系。私人自由与公共的和富有影响的理性运用以及政治权利的可能性，没有指明一个人如何和应当如何对待他人。

除了属于公民权利的美德外，一个共同体，它不应该仍然没有整合，还需要一个实质性的道德原则，这个道德原则超越了支撑着公民权利和民主制度的社会理性的程序。这一原则必须在基本方式上确立人的相互关系。那么，这种关系是否应该是不平等或平等的，就具有基本的道德的，同时是制度的，即主要表现为法律的意义。现代法律和现代道德出自人类平等的理念。如克里斯托夫·门克所述：〔39〕“平等的理念是联结现代法律和现代道德的共同纽带。它是现代法律的基本理念，因为它关涉所有人的平等权利的实现……在同一关系上平等是现代道德理解的中心思想。因为在现代理解中，每个人对他人的义务被视为道德性的中心。这意味着……道德义务的理由不是来源于一种超然的权威……而是仅仅承认了那种事实：每个人都有一个如我所具有的在根本上平等的地位。”

4.2.4.1 平等对待，“平等事实”和道德判断对它们的建构意义

在第一个解释性的路径中，显然，不仅平等对待的要求而且可描述的“平等事实”是指人的平等。克里斯托夫·门克〔40〕恰当地阐释道：“规范意义的平等，对所有人都一样地考虑，以描述性意义的平等为前提……平等地对待他人的前提是，规定他人在具体方面一样；平等对待等于平等规定。”这在规范逻辑上是绝对必要的，因为每类“规定行为”的规范必定涉及一个通过普遍特征表现出的事实，也即作为应用规范的条件。

---

〔39〕 见其深入探讨的著作：《反思平等》，2000 年，第 3—4 页。

〔40〕《反思平等》（注 39），第 17/18 页。

人这样的个人性不能导致在具体方面对所有人都平等对待的要求，220
因为相对于所有人或至少许多人的差异性意指“个人性”。

在此，虽然存在适用于所有的人的各种特征组合，但这绝不表明，这种平等在道德或者法律意义上是否重要。这只能从规范性立场的角度来显示。

然而，主流的道德哲学的出发点，根据普遍的看法，不能从概无争议的前提中被推导出来，特别是不能从人的“本性”中（以归纳的方式）被推导出来。道德哲学观点依托共识能力。由于康德的道德哲学仍然是有很大的影响，下面应尝试展示，康德的思想是否以及如何成功地使平等观念具体化，一个有道德重要性的人类学结构似乎是可见的。

4.2.4.2 作为平等事实的基础的自主道德

如果人们把理性不解释为“客观精神”（黑格尔），建立在理性之上的道德便指向活生生的个人的理性行为，他们自己处在有意识的行为的基本状况中。在这种基本状况中，对每一个有限的理性存在，提出了最终要由自己负责来解决的正确对待他人的道德问题，康德似乎由此看到人的基本平等：他们具有——或在其发展的过程中将获得——认识道德律令的能力。[41]

不过，这种解释并未穷尽康德的平等哲学。他将人描述为“以自身为目的”。他将这个概念置于其哲学的核心位置，即在他的“道德形而上学的基础”中绝对命令的第二种表达：“如此行为，始终把人当作目的，而绝不仅仅作为一种手段，无论是对你自己或对任何其他的人。”[42] 这个公式并不排除人们在目的－手段关系中利用他人，比如，

---

〔41〕 详见门克对康德主义的简短批评（《反思平等》，注 39，第 9 页）。

〔42〕 康德，第 7 卷（注 12），第 61 页。

一个人在合同上有义务服务于他人。但是，在任何情况下，人与人的关系必须表现为，一个人不只是作为一种手段被使用。相反，每个人按自己的意愿而生存。也即，他是一个绝对的、不可由其他目的推导出的目的自身。

有限的理性存在也不是旨在履行道德律令的手段。在此，上述门克对康德平等原则的所谓道德的狭义运用的批评并不成功。如果有限的理性存在在道德律令上涉及他律的立法，立法被赋予有超验权力的人，
221 那么，它与道德律令的关系只能解释为手段－目的关系。但是康德的想法相反，这是作为理性存在的他自己，他自主地给予自身一个应然律令。人类的道德宪章以自我关系为前提，在其中人对自身产生影响。

康德在一系列概念中描述自我关系，这些概念经由纯粹理性批判，即通过纯粹理性的物自体（“认识世界”）与表象（“意义世界”）之间的区别所预制，在此，道德律令属于理解世界，“理性的自然体”，它指的是人，不是分解成两个脱节的部分，而是成为表达自我关系的一种手段。这就是说：“在此，我们看到，当我们作为自由的人思考时，我们就把自己作为理解世界中的成员，并认识到意志自主及其后果即道德性；但是，当我们作为一个义务主体思考时，我们就把自己看作属于意义世界，当然同时属于理解世界。”[43]因此，目的本身概念联结着自然理性物即人的整体性，这个整体性跨越着理解世界和意义世界，由此也关联着人的自然赋予的对幸福的追求。在所引证的绝对命令的第二个表达中，这个整体性被作为道德律令的内容。因此，康德还从中得出结论，在作为目的本身意义上去对待他人，即一方面人们不要损害“所有的人都具有的自然的目的，也就是他们自己的幸福”；但

〔43〕 康德，第7卷（注12），第89页。

康德继续说道:“当任何人不致力像对自己一样多地促进其他人的目的时，这仅仅只是一个消极的和不是积极的与作为目的本身的人性相一致。如果这个想法应当发挥全部作用，那么，其目的是本身的主体必须甚至尽可能多地是我的目的。”[44]

康德的道德哲学展露出整个平等事实。尤其明显的是，道德支撑的义务不直接指向他人的幸福，这没有约束是不可能的，而是指向每个人依据自身幸福观的标准为自己设立的目的。这意味着，每个人愿为其生活做什么的主导权对任何其他人还保留着，他愿意和能够如何同时在与他人的关系中对待自己。

这个主体间的承认同时意味着，尊重作为不可互换的并因此不可替代的有能力自我反思的个人的内部视角。毕竟，反思性个体存在的意义的问题，是从他们的角度而不是从一个客观化的视角提出的。这种视角在存在意义上与某一个体的存在相连。因此，这个意义问题不能推至个体存在之外，否则，它被理解成一个超然的、逾越其目的之手段，从而在原则上被认为是可更替的。

每一人的个体存在的不可替代性包含着平等原则。因为不可替代不
是一个可比较的概念。尽管人都涉及其他人的利益，例如，作为功能承 222
担者，或多或少不可缺少地，但是，不是以他们本身的视角去对待自己。

在这种有能力自我反思的个人内部视角的结构中，康德的人的尊严的概念建立起来。如果对自己的关系，它是每一个理性生物，不可为任何东西替代，那么，它不能用相对的价值来交换。“在目的领域一切享有一种尊严。有价值的东西，能被其他等值的东西取代其地位；相反，超越价值之上的东西是崇高的，不允许被等值取代，它享有尊

---

〔44〕 康德，第7卷(注12)，第63页。

严”。[45]理性的个人不处在与有价值的东西的交换关系中，用更普遍的说法，不与任何人的目标、利益、需求相关联。因为有意识地对待自己的个人是“所有可能的目的之主体”，[46]没有主体，就完全不存在目标。任何理性的个人，如果人们愿意进一步思考“价值”一词的主导含义，具有一种绝对的、不可用任何东西来计算的价值。

这种不可计算性以同样的方式涉及每个人。因此，人享有平等的尊严。尊严是不可分层次的，甚至对于报复论者的康德而言，不因为有失身份的犯罪行为而失去。[47]

人的尊严是不可分层次的论点，因此需要单独来深究，因为尊严一词仍然赞同导向尊严分层的观念。平等的尊严这个概念假定，不存在处于个人自身之上或之外而行为的个人这样的“目的本身”。如果人们借助康德，将人视为一切可能的目的之主体，否则就不会存在目的之设定，那么，这一假定就得到满足。这并不必然与无神论立场相连；仍可能不确定的是，是否存在一个超越个人的智者，它应被理解成行为者，创造者并必须是目的设定者。因为在任何情况下，自主的和批判的道德的有效性，在康德意义上，并不取决于这个智者的存在。围绕着在目的本身意义上的人的道德反思，必须能够包括人自身，不是假设通过一个超然的实体来为人类设定目的。

当然，个人可以这样来寻求和发现他们的目的，他们可以投身于服务“大事业”，完全或部分地向别人让出自己的利益。他们还可以代替从绝对命令而从宗教启示中建立自己的行为准则。但是，在这两种情况下，存在一种自决和有意的自我行为的形式。基于人的尊严的自

〔45〕第7卷（注12），第67及下页。

〔46〕同上书，第71页。

〔47〕《道德的形而上学》，第8卷（注12），第602页。

我关系不能以这种方式被欺骗。

当某个与别人处在人的关系中的人，认为自己的存在有着不同的 223
重要性，也不会发生欺骗。因为这种归结不认为自己是可普遍化的，且因此不是人的价值的客观尺度的起点。

4.2.4.3 平等尊严与平均的平等之界限

我们当作平等尊严的基础的平等事实，导致了充分关注、充分尊重他人的行为的道德要求。应该具体理解的内容需要解释，在此，不可期待，处在不同文化和发展阶段中的尊重和蔑视的表达形式保持不变。但是，在任何情况下，平等尊严的原则必须是可与平均的平等原则相区分的。可以从不同的原则中推导出的各种道德要求不能相互覆盖，并不意味着它们不能共存。然而，在它们的基础中，这两个平等原则是不同的：

平等尊严的道德不指向消除与自然和功能相关的社会差异。如果机会平等被理解成按照自己的努力的标准参与物资分配的可能性的条件，当然，社会差异并不导向一个平均的政策方案，其理念是物资的平等分配，即使是间接的。理由在于，平均的政策方案是被动地依赖于在规范上固化不平等的时代的等级模式。该模式根据社会存在的条件的差异性标准来划分人类，并且给人类打上等级价值的印记。平均主义批判对分配的等级化状况的诡辩，这从尊严概念的视角看似乎是必要的，不是说，等级化基于其生活条件的差异错误地决定了人的价值；相反，平等主义政策接受了等级模式这个错误的前提，并因此要求废除所有的差异。因此，平等政策从人的尊严的理想退到对社会嫉妒保持沉默的方向，其中暗示了对社会嫉妒的道德认可，具有深远的社会心理后果。

平等尊严的政策，顺便指出，更现实点说作为预防嫉妒政策无法到达其目标，源于不同的生活条件的继续存在，并为这一基本情况寻找各种方法来维护人的平等尊严。它是一个“尽管存在差别，人的本性平等”的哲学。[48]对于这种哲学来说，平等尊严不等同于均匀的分配，相反，尊严的概念引导到“少注意那种结构，在结构中人享受尊
224 重，独立于那些物质去考虑人，将我们和他们的注意力转向物资分配的机会平等观念。”[49]这里同时存在转向上文（4.2.4.2）所讨论的自我关系，B. 威廉斯将之描述为“思考方式，它主要针对于，引导这种生活，并用这个特点去解释这些行为，对人意味着什么。”[50]坚持尊重每个个人的尊严是一种美德，它完全通过所有经验的差异特点适用于每个人自己，使自尊独立于命运的平均分配或不同功能的社会意义，对他而言成为可能；相应地，它是从“充满嫉妒的比较”（理查德·森内特）中解放出来的自尊的美德。

对每个人的平等尊严的尊重并不与对他人生活条件的冷漠相连。平等尊严的原则没有证明对自立的思想崇拜，这种崇拜对灾难性状况无动于衷，处在灾难性状况中人们必须与他们自己和他们的同胞和睦相处。对人类同胞的困难生活条件的冷漠蔑视了人的尊严，因为人的尊严属于“理性自然生物”的总体，也属于依赖适合生活的经验条件的情况。正如我们看到的，对于康德而言，个人主义意义上的义务已衰落，这种义务支持他人按照自己的目标观念自然地追求幸福，根据绝对命令，把人当作目的本身来对待。这些以康德哲学为基础的帮助义务必定仍然被放逐到私人领域并不清楚。[51]即使政治共同体也不能

---

〔48〕这个表述来源于伯纳德·威廉姆斯的《平等思想》，载其《自我的问题》，1978 年，第 366—397 页，这里第 395 页。

〔49〕威廉姆斯，同上书。

〔50〕同上书，第 376 页。

〔51〕在这个意义上，也见赫林德·保尔－施图德，《自治的生活》，2000 年，第 147 页，特别也见注 50。

依据虚假的自由主义口号：每个人对自己的处境负责，忽视苦难状况。如果考虑到现有的社会财富，生活条件的贫困，如同人们习惯说的，“不能再不管”，社会救助的集体制度本身不伤害需要帮助者的尊严，而且甚至被他们要求。如果相互理解，尊严不与其他人所评估的“自我实现”的水平相连，并且在提供帮助者与需要帮助者之间的差异属于不涉及尊严的偶然性的范围，尊严不仅通过独立性，而且在依赖别人的帮助下存在。

4.2.4.4　在不平等世界中的尊重

然而，对尊严的这种相互理解是不容易实现的，并且相互理解的确定要求某些实践的恒定性。这在社会工作领域尤其如此。理查德·森内特基于个人经历令人印象深刻地这么做了。[52]他用一般形式提出了那个问题：“人们怎样才能在相互尊重中超越不平等的界
限？”[53]从处在强者地位的社会工作者的角度来看，他这样来理解那个 225
难题：“我们在社会中，特别是在社会国中面临的难题的核心在于，强者如何能尊重受指责的甘居弱势的人”。[54]

困难的是，尽管他们的地位通常不是对称的，而是互补地相互联系的，人们平等相待，可以追溯到上文已经描述的等级机制。地位、权力和影响力或依赖和需要帮助象征化，随时可以转化成可能被描述为自负、傲慢、缺乏亲情、压迫及侮辱，反之是顺从、缺乏勇气、野心之类的态度。但是，这些态度作为恶习仅从平等尊严的道德角度看是可非难的。平等尊严就是赋予所概括出的态度以负面的预兆。平等尊严的基本美德似乎对抗着各种恶习，通过相应的行为随时使地位、

〔52〕见他的著作《在不平等世界中的尊重》，这里引用了德译本，柏林，2002年。

〔53〕同上书，第36页。

〔54〕同上书，第317及下页。

功能、占有和权力关系产生相对性和有限的意义。

实践的方式导向在社会合作中的客观态度。它阻止在功能上过于沉迷于自己的意义或自己的痛苦，这种痛苦直接在于，未在社会义务中“占上风”。这也适用于人们需要得到帮助的处境。如果这种帮助应根据上面所说的康德式的地位性质来提供，主题是所有目标的确定，那么，在需要帮助者自己尽可能地被鼓励积极参与社会问题的解决之时，这种帮助才是恰当的。在任何情况下，必须完好地保持“救济与监管之间的那道薄墙”。[55]

平等尊严原则的结果尤指容忍人的差异性。如果将它视为累赘的义务，或者取决于人的行为和观点有可能理解地实施，就不能理解宽容这个下位原则。“代之理解的平等，透明的平等，自主意味着，接受对方不理解的东西，一个不透明的平等。因此，人们将他人的自主等同于自己的。”[56]与宽容的美德相对的恶习是对臆想的或实际的差异性的排斥。这种恶习阻断了超越共同理解地平线的限制，明智地采取行动之可能。[57]

226 从平等尊严的观点看，通过纯竞争原则对心态经常是决定性的塑造可以被称为现代社会的主要恶习。它将人类降低到依据权力和金钱的标准来界定成功。更具疑问的是，一个这样来塑造灵魂的社会是否能够永久地整合，或者已经转换到自主道德类型上的社会，是否需要不仅仅在理论上保持对平等尊严原则的承认。

---

〔55〕 森内特，《在不平等世界中的尊重》，第160及下页。

〔56〕 森内特，同上书，第151页。

〔57〕 对这个问题参见维尔纳·科格，《理解的界限》，维拉尔维斯特，2002年，第352页及以下诸页。

5. 法律体系与法典：法律对法官的约束

温弗里德·哈斯默尔　美因河畔法兰克福

5.1　小引

差不多自19、20世纪之交以来，德国的法律理论和方法论，不言而喻，首先争论的是法律规范与法官判决之两极对立。以此为题的论著浩如烟海，然并非偶然，这正好是忙于讨论法学方法论问题的时代（大约自1900年至纳粹统治的开始及法学转向提出“内容性的”政治问题）。[1]

---

〔1〕 参见如比洛,《法律与法官职务》，1885年；格林胡特,《刑法中的概念形成与概念适用》，1926年；欧根·胡贝尔,《法与法的实现》，1925年；伊塞,《法律规范与判决》，1929年；瓦尔特·耶利内克,《法律，法律适用和合目的性权衡》，1913年；赖歇尔,《法律与法官判决——论当代法律渊源和法律适用学说的动向》，1915年；伦普夫,《法律与法官》，1906年；埃伯哈特·施密特,《法律与法官——实证主义的优劣》，1952年；卡尔·施米特,《法律与判决》，1912年；维亚克尔,《法律与法官职务》，1958年；概述见哈斯默尔,《实证法的概念》，载《比较法学杂志》，1978年，第101页及以下诸页。

5.2 法典在法律体系中的意义

至迟自19、20世纪之交，法官行为主要受法典约束。包罗万象的法律作品，或多或少精确明了地为法官确定了规范，法官不得不依据规范来决定案件，[2]这些法律作品还另有一作用："约束"法官。

法典的存在主要涉及法官行为，并且因此也关涉法官行为的理论，对之暂谈至此。然而，之于法官行为，法典具有哪些功能，以何种方式可以说法官理所当然受编纂的规范之约束，这取决于，人们认为基于法律规范的法律判决，具有多大的强制性。

5.2.1 法典与"涵摄思想"

对于遵循那个率真的[3]观念，即法官从法律中推导出其法律判决，根据编纂的规范"涵摄"案件的人来说，法典就起着每个法律判决的唯一渊源之作用。当把法典化的规范之内容，未有删加精确地置于待决案件上之时，法官行为就是"正确的"行为。这样一来，至少考虑到
228 法官，法律理论及法律方法论仅具有一个唯一的功能：表达精确传递的规则。如果人们另还愿相信规则是立法者的劝示，那么，这又重新涉及法典：法律理论能够作出这样的劝示，途径为，将"高高在上的"法律原则之内容，在"低的"法典层面上具体化，这些法律原则包括：自然法、宪法、事情的本性、事情逻辑的结构、"人的理性"及社会制度。

在任何情况下，唯有法典拥有判决的正确性，法官判决的任务，

〔2〕 亦参见诺尔，《立法学说》，1973年，尤为第79页及以下诸页；弗罗西尼，《立法与解释》，1995年。

〔3〕 详见第6章及第11章。

不外乎把法律的内容具体用到待决案件中。法律对法官的约束是强制性的。法之确定性的理想看上去实现了：普遍的规范要求平等和统一地对不同案件作出判决，具体的法律判决总是事先可预测的，因为它们源于事先表述的法律规范。

5.2.2 法典与司法

然而，认为法官判决明显产生于法典化的规范，这种观念在当时受到压制。它给法官以造法为业这种认识留下地盘，无论他是否看到和愿意与否。因而，法典对于法官行为的功能问题仍未了结，毋宁说，重新且更好复杂地被提出。恰好认为法官的任务不是绝对地服从法律的人，必须提出法典在法官的判决过程中（仍）有何意义。

一方面，希望法官认为，法律明确和完整地回答了具体案件中判决原则的问题，另一方面，法官被指示，法官应置法律于不顾，并根据自己的是非感，及他如何看待相关人的利益，来作出判决，在这两者之间存在的细微差别是多种多样的。本书将阐释和区分这些差别。但是，它们使法律与法官判决的关系成为主题却是共同的。它们对给定的法典之态度，可以粗线条地这样来概括：

法典化的法律，至少在事实上不能完全决定法官判决，这不是什么新的主张。此种认识，比如由于事后可验证的经验，可以有说服力地得出：如果当时有关的法律不曾被修正，法官判决可能在内容上根本性地改变它。有足够多的有关例子，它们甚至反映了法律体系与法院司法的正常关系。人们只要想想障碍驾驶，法院对之以德国《刑法典》第 184 条第 1 款中“淫秽文书”概念，[4] 及至最高法院范妮－希尔

〔4〕 德国《刑法典》第 184 条第 1 款现称“色情文书”。因而，规范内容与色情文书个案的法官判决之差异，可能减少，但未消除。

229 案判决进行司法，[5]或想想吕特尔斯的论著《民族社会主义中私法秩序的变迁》，[6]他以非常充足的材料为支撑，将“无限解释”，归罪于一个依其字面含义未有改变的有效的市民法律秩序。[7]

从这一认识中得出的小心的结论，使法典保持着对法官判决的决定性作用。要承认，法律语词不总是给出明确的指示，以致它是“需要补充价值的”“可渗透的”和“含糊的”。但是，在后退中又构筑起新的防线：“解释的界限”例如是法律概念的“字面含义”，抑或“自然的语词意义”，或者是，人们必须区别（坚硬的、明确的）“概念核”与（含糊的、需要解释的）“概念晕”，且可能至少在“概念核”处，信赖法典的决定性创造力。[8]

在此暂时不去确定对法典功能的这个期望是否被满足。[9]至少清楚的是，法典表达了这样一个对法官行为的理解。这在本质上丝毫没有改变法官判决的“从属”作用。法官判决产生于法律的字面含义值得怀疑。如果法律的字面含义例外地不够清楚，那么，法官判决不得不补充编纂的法律，即在立法者也许本当自己选取的方向上进行完善，

〔5〕《联邦最高法院刑事裁判集》23, 40；哈斯默尔，《刑法教义学与犯罪政策》，1974年，第179页及以下诸页。

〔6〕吕特尔斯，《没有限制的解释——民族社会主义中私法秩序的变迁》，第7版，2012年。

〔7〕这还将持续下去，古斯塔夫·拉德布鲁赫，在历经纳粹时代的立法之后，将法典置于“法律的不公”的怀疑之下，并质问道：法官何时基于正义之理由，不得不拒绝服从法律（参见《法律的不法与超法律的法》，载同作者，《法哲学》III,（哈斯默尔编），全集3，1990年，第83页及以下诸页；单独新印，2002年）。

〔8〕参见如鲍曼，《作为刑法解释界限的自然语词意思》，载《德国法月刊》，1958年，第394页及以下诸页；拉伦茨，《法学方法论》，第3版，1995年，第141页及以下诸页；旺克，《法律解释》，第6版，2015年，第47页及以下诸页。

〔9〕对此见下文5.3。

立法者本当考虑这个判决正待处理的问题。[10]法官行为的正确性之条件，保持着与法律的一致。法官行为理论，除了表示法官依赖于法律，可能仅仅提出这样的任务：制定尽可能精确的推导规则，并对于待决行为事实存有“概念晕”问题的案件，给予一些论证支持。

对法律理论问题域的这一限制，存在于仅以法律解释为支撑的教义学中，[11]在某种传统，如我们长久以来通过法典来组织的传统中，是不言自明和一贯的。从这个角度，可以发现法典对法院司法的某些一贯性。 230

5.2.2.1 法的安定性

大的法律领域——民法、商法、刑法以及各程序法的法典编纂，在长期的法律分散化之后，意指一贯性地保护国家公民之权利的“确定的”法院司法有可能。[12]编纂还意味着建立和确保反对国家的任意性和司法的别出心裁的法律地位，这是我们今天理解的法治国司法的头等条件。通过法典获得改善和巩固的法的确定性，不仅意味着法官的行为变得更好预知，相关人能更好地适应未来的法院司法，在一般

---

〔10〕 瑞士《民法典》(SZGB)第1条的经典表述为：

I. 本法适用于根据字面含义和解释本法业有规定的一切法律问题。

II. 不能从本法引用规定时，法官应据习惯法，如无习惯法，则依自己作为立法者创立的规则来判决。

III. 此外，法官还遵从公认的学理和习俗。

〔11〕 对此尤参见埃尔沙伊德，《论法律理论的研究理念》，载《法律理论》(阿图尔·考夫曼编)，1971年，第5页及以下诸页。

〔12〕 加格内尔对此有详论，《立法思想史研究》，1960年，尤是第341页及以下诸页；维亚克尔，《近代私法史——尤以德国的发展为考察对象》，第2版，1967年，尤是第468页及以下诸页；亦见上书第390页及以下诸页，萨维尼与蒂堡间“法典编纂之争，维亚克尔对法典编纂的价值的不同看法。关于立法理论的动向和现实问题，见注2，诺尔，《立法学说》。皮希勒，《编纂之争：一个法律历史的重大探索》，载比德林斯基/迈尔-马利/皮希勒(编)，《编纂思想的复兴》，1991年，第9页。霍夫迈斯特(编)，《编纂作为一种政治手段》，1986年。

可获得的法典中，可查阅哪些必须被考虑到的权利与义务；获得改善的法的确定性还意指，法官行为的正确性，根据上面介绍的前提：正确性存在于与法律的一致性之中，可被精确地审查。

由于可根据法典化的法律规定对法官行为进行审查，这就言及体现在法典上的一贯性，法典，除了保障国家公民的权利地位外，还直接规制了法官判决的形成和表达，以及法院司法的组织机构。

5.2.2.2 法律知识的系统化

一个看似微不足道但其影响深远的结果是，可能概览地安排和描述众多法律材料，它们是为法学和法律实践所加工的判决原则、区别标准、系统分类、案件区分和规范区别等，且可能把这些材料引向以这种方式来深入区别科学与实践的工作。各种事实构成中法律难题的次序安排，即把各种事实构成概括为“篇”“总则”和“分则”，最终为法典，是评注文献和判决文件汇编的先决条件，相比以前的文件汇编尝试所允许的，它能更快更有区别地获得法律知识。[13]

231 有关法典体系的法律知识之系统化，不仅能更好地理解这种知识，还使知识的进一步分化成为可能，这尤其是通过法官法，即指，通过一个口头流传的并且在法律判决中总是重现的对法律规范的解释和对法律问题的系统化，而发生。[14]唯有法官持续不断地交流法律问题，法官法方能形成。法官法愈是真正的个别化，交流伙伴愈是具体地了解到在谈论什么，能愈多地提出交谈对象的问题差别，就能更快和更方便地理解对方的交谈。可以容易地看到，对法律知识的系统化和口头流传恰有描述作用的法典编纂，是个别化的法官法之最重要条件。

---

〔13〕 当然，也须看到这种文件汇编的危险：文件必然被缩短，而选择的标准惯常不清楚。恰好评注文献能以此种方式接受隐蔽其中的司法政治之影响；也见第 15 章。

〔14〕 亦见卢曼，《法社会学》，第 4 版，2008 年，第 201 页及以下诸页。

5.2.2.3 法律判决的合法性

法典影响法官行为的第三个考虑还清楚表明，法律与法官判决的关系，过去和现在处在法律理论讨论的中心。[15]如果法律秩序的判决原则，存在于法典化的形式之中，那么，用特殊方式作出的法律判决之合法性要求就减少了。对于一般案件，法典化的规范有能力使法律判决在内容上合法化，而不是强迫判决依据追溯到判决原则，而判决原则又是法典化的规范之基础。

如果一个法律共同体是这样组织其判决实践：参与人之间有争议的法律问题，必须在每个个案中被重新回答，那么，也必须对答案内容上的正确性[16]作出新的说明。这个说明必须以典型方式，总是重新追溯到基本的法律原则之上，以便揭示，对有争议的法律问题的判决，可以从达成合意的原则中推出。关系到法律判决内容正确性的合法性要求，在一个这样组织的判决实践中，原则上是无限制的。也许从这种思考中可以理解，为何没有法典和个别化的法官法的法律秩序，倾向于宁愿通过考虑到注重严格程序，而不是注重诸如神判、决斗、品行证明书等判决的内容“正确性”之说明，去期待接受判决。

如果法官行为可能依据法典化的规范，那么，法律判决的合法性要求就是另外一回事了。法典化的规范本身在判决理由上不再要求是合法化的，它是“有效的”。判决的“正确性”之说明在此仅意味着，232
从规范中推出法律判决可能被证明，不必再依据基本的法律原则，且一般地看令人生疑。谁在一个法典化的体系中依据“诚实和信用”“善

〔15〕 哈斯默尔对此有详述，“法哲学”条目，载《简明法学词典》(阿克塞尔·格利茨编)，1972年，第333页及以下诸页。

〔16〕 这仅涉及内容上的正确性。因此，相关人接受与之法律主张不同的判决，当然有可能，因为判决在规定的程序中被作出，它的内容如何，无关紧要。

良风俗”或“卑鄙”，使其判决合法化，谁就使自己遭到怀疑：他规避法典化的规范或扭曲它们，他没有严肃地接受法典，法典已经强调，它已将基本的法律原则具体化了。从中可以理解，一个这样的判决实践体制认为，法典是基本的法律原则之代表，并不仅仅是立法者法令的汇编，法令是在尊重形式的职权规则下完成的。

在此，对法律判决的合法性要求的简化描述，可以提供出一个法典化的体系，只要法典化的规范被信任为它代表着已经合意的法律原则。因此，依据规范同时意味着依据法律原则，规范承载着法律原则。规范把法律原则的判决指示传送至法律判决。

能用这种方式描述法典编纂对法官行为的功能，这同时也正好揭示，如果这个功能停止时，即法典化的规范变得“过时了”（指尽管它没有为立法者抛弃或修改，但却长期不再被法院司法所适用），以及法官在个案中不适用法典化的规范，而依据基本的法律原则（如，规范的适用将在个案中侵害平等对待原则、社会国原则、人的尊严原则等）。在所有这类情况中，无论它宣布与否，法院司法否认法典化的规范的指代功能：法典化的判决指示可能不（再）依据一个基本的合意的法律原则，甚至它在某个或所有的由它处理的案件中，侵害了法律原则。那么，由法典化的规范努力简化的合法性程序将重新被废弃，法律判决的“正确性”，必须依据基本法律原则来说明——如果手头没有另一个可能充作判决结果依据的法典化规范。

5.2.2.4 法的实证化

由于法律原则被表述在法典中，最终，提出了一个卢曼[17]所称

〔17〕 尤参见《法社会学》，第4版，2008年，第190页及以下诸页；亦见《法律系统与法律教义学》，1974年，第24页及以下诸页。

的“法的实证化”现象的重要条件：法律制度从永恒的“自然之法”，向原则上可变的立法法之结构性转换。“旧的”和因此唯一“正确的”法的统治，将由数量有限的法律规则之经验所替代。作为“‘国家生 233
活’[18]的例行公事”之立法，要求法律规则去解决新产生的调控难题。随着个人与作为立法者的统治者角色的分离，随着立法制度的个别化，将可能松动立法者受由他支配的法的约束，并把这种对法的改变，不是理解成违法或不服从，而是理解为对变化的要求所作的法律制度的功能性回应。

随着法律制度在法的实证化上的结构转换，因此，“正确的”法的有效性基础，不再是规则的预设性，而是规则的建构。[19]由此，法律制度可能被假定去适应社会变迁，并且成为“社会改革的工具”。[20]变异的法和总是在法典中重新被改变的法，不再凝视着固定秩序的原则，且获得了“增强的选择性”。[21]昔日恒定的、之于法律判决为预设的（并衡量着法律判决合法性的）规则，变成了可支配的东西，变成了立法和判决的对象。因此，可明显看出，规则作为被挑选的选择生效，并且在改变的要求下，可由其他的规则替代。

5.3 法典在案件判决中的意义

唯有法律规则以某种方式在法律案件的具体判决中实施，法典中法律规则的表述才可能是成功的。唯有法官在其判决中重视它，它才

〔18〕 卢曼,《法社会学》，第4版，2008年，第196页。

〔19〕 同上书，第203页。

〔20〕 同上书，第294页。

〔21〕 同上书，第204页：“因此最终，法的实证性被理解成法的增强的选择性。”

实施下去。因而，法典化的法律预设法官受法典的“约束”。

5.3.1 法官的自由与受约束性

然而，“法官的自由和受约束性”是先于和外在于法典化的法律制度的法律理论之一般论题。一个国家的法律秩序，是否以法典化的形式规定其判决规则，平等审理法律案件的原则，是否通过法官法被制定，或者，法院司法是否遵循美学原则，这都无关紧要[22]——但这却关涉对法官行为自由的限制。人们可以从两方面来表述这一限制：判决选择和论证选择（或纯是论证形式选择），借助后者，当去证明被选中的判决选择。

234 针对着约束法官的目标，也可以从两个方面来理解：其一，约束法官，一方面允许详细预测判决结果，相关人能较早地对法官行为做好准备；另一方面，因此增强法律规范对社会可期待的作用：愈是可精确地预计行为结果，一般情况下，愈是可能持续地决定着行为人可能的选择。其二，法官受判决标准（法律规范）约束，是对这个判决进行事后审查的前提，这个标准将不仅仅通过判决本身而建立有效性。

只有可以算作先前的判决规则的法官行为，才能用这个规则的后果来衡量。当对法官的约束降低到一个最低标准时，如有义务去形成“正确的结果”，那么，这种降低了的目标自身，仍是事后审查这个判决的基础，也即，只要存在关于“正确的结果”的先前的见解。

这样来理解，对法官的约束也就是每个可靠的司法之必要因素。

---

〔22〕 例如西蒙，《拜占庭帝国法院的法之发现》，1973年，第13页及以下诸页；第22及下页。

法典化的法律体系将强化这种约束，并且使法律成为约束法官的因素。

5.3.2 约束法官的法律基础

“法官的权力将由独立的、仅服从法律的法院来行使”(《法院组织法》第1条)；“法官独立，并仅服从法律”(《基本法》第97条第1款)；“立法受合宪的秩序约束，行政权和司法受法律和法约束”(《基本法》第20条第3款)。同时，法官的自由在根本上受制于我们法律秩序的三个主要部门。对于刑法的判决,《基本法》第30条第2款（《刑法典》第1条规定相同）强调法官受法律约束，还由于所谓“禁止类比”和“禁止溯及既往”:“一个行为，只是在可罚性业由法律明文规定，且规定处在行为开始之前，才被处罚。”

在支撑着法官受法典约束的法律表述中，同时有现代司法的另一个因素：法官的独立性。[23] 这两个原则相互处在功能性的关联中，并代表了法治国的重要成就。当允许作为受托当局的法官具有个人的和实质的独立性时，对法律判决中法典化的法观念的接受，便无障碍且为可能的。[24]

5.3.3 对约束假设的批评 235

不仅是新的法律理论倾向落下一种名声：动摇了法院组织法的法治国基础，由于依据宪法制定者在《基本法》第20条第3款中的表述

〔23〕 对此西蒙有全面的论述,《法官的独立性》，1975年；阿图尔·考夫曼,《法官人格与法官的独立性》，载《刑法的统一与多样性——卡尔·彼得斯七十华诞纪念文集》(于尔根·鲍曼和克劳斯·蒂德曼编)，1974年，第295页及以下诸页。

〔24〕 关于法官独立原则的历史发展，见注23，西蒙,《法官的独立性》，第1页及以下诸页，第41页及以下诸页，关于这一原则的限制，同上书，第21页及以下诸页。

（“法律与法”），法官被严格约束在法律的字面含义上，受到怀疑。[25]禁止类推也证明为不是法官自由有效的边界，[26]因为，可罚性的界限不是越过法官的解释行为而源于刑事法律的字面含义。[27]法官自己建构这个界限，并且不存在能毫无疑问地标明法官判决职权为越权的合适标准。

为反对法律概念的含糊性和可渗透性的认识，或者针对不同的法官的前理解，而坚持法官必须严守法律，明显是荒谬的。法官不能这样。这种显得是基于法治国的后果，不是法院司法精确地遵循法律的规定，而毋宁是，它这样做，是因为它只服从法律。如果真是法官行为仅在有关案件的法律解释中，建构法律词语的指称范围，[28]那么，一个“严格的”约束法官的观念不能改变这个事实，而是至多掩盖了这个事实。反对这种行为条件，有义务盲目服从法律的法院司法，由于缺乏选择将继续遵循这个行为条件，但同时，为了满足上述义务，它将把其解释的情势因素的不确定性，隐藏在封闭性、确定性和不可变性的表现之后。因此便出现了约束法官的法治国要求恰要阻止的东西：法院司法不可避免的变化和变化的因素仍然捉摸不透。[29]

---

〔25〕 参见迈霍菲尔，《法律和法对法官的约束（〈基本法〉第20条第3款）》，1960年；亦见阿图尔·考夫曼，《法律与法》，载《转变中的法哲学——旅程的阶段》，第2版，1984年，第131页及以下诸页。

〔26〕 尤见阿图尔·考夫曼，《类比与事物的本质——兼论类型学说》，第2版，1982年；哈斯默尔，《事实构成与类型——对刑法诠释学的考察》，1968年，第160页及以下诸页；两书均有详尽证明。

〔27〕 哈斯默尔对此有详论，注5，《刑法教义学与犯罪政策》，第39页及以下诸页；亦见伊相敦，《字面含义的界限，主体间性和前后关系的嵌入》，1992年。

〔28〕 关于这个观点的发展，见注26，哈斯默尔，《事实构成与类型——对刑法诠释学的考察》，尤是第118页及以下诸页，第127页及以下诸页。

〔29〕 在注6，吕特尔斯，《没有限制的解释——国家社会主义中私法秩序的变迁》一书中有大量资料；亦参见兰西耶克，《法与生活事实——刑法的确定性原则》，1989年，第87页及以下诸页。

没有法律能决定法院司法的发展，一旦法律被颁布，法律的指令便受法官行为支配。[30] 这是法官独立的内容方面，好像它规定了引证的宪法命令。适于确定法律规定指称范围的东西，也适于法官本身的 236
自由和约束性现象：唯有法官的行为决定着法官在多大程度上受法律约束，当然不是提供必要的司法自由的种种因素，而是对法官的约束受制于法官对解释的控制。“约束本身也能仍被置于教义学的解释之下，以至于教义学能从法官的约束性中推导出法官的自由。”[31]

因此，一种对法官约束的理解被排除了，这种理解把案件判决看成是法律字面含义纯朴的涵盖。法官不是“法律的嘴巴”（孟德斯鸠），毋宁是，他创造性地对待法律。[32]

5.3.4 约束假设的机会

这个过渡性草案引起了一种猜测，虽然实际起作用的约束因素不在法律中，但它们包括在法官自己的行为中：法官受他们自己的判决行为的约束。支撑这个猜想的认识是，法律体系无需法典或仅通过不完善的法典，照样指导出“有约束力的”、一致的司法。虽然在大陆欧洲法律理论中，判例法的方法论至今几未形成，[33] 但至少可以理解的是，从案

〔30〕 详见哈斯默尔，《法律理论，方法论和法律改革》，载注 11，《法律理论》，第 27 页及以下诸页；拉伦茨，《作为诠释学问题的法官受法律约束》，载《恩斯特 · 鲁道夫 · 胡贝尔纪念文集》（福斯特霍夫、韦伯、维亚克尔编），1973 年，第 291 页及以下诸页；注 17，阿图尔 · 考夫曼，《法官人格与法官的独立性》，第 299 页及以下诸页。

〔31〕 注 17，卢曼，《法律系统与法律教义学》，第 16 页。亦参见基利安的概括性论述，《法律判决与电子数据处理——方法论方向的探索》，1974 年，第 55—82 页。

〔32〕 参见拉伦茨，《成功的法官造法的标志》，1965 年；朗根布赫尔，《法官法的发展和解释：德国民法中的法律续造的方法论考察》。

〔33〕 局限于编纂的法律秩序的法律理论之例子，是目前最缜密最全面的德国教科书，拉伦茨的《法学方法论》（注 8），该书对判例法未作考察（仅谈了“先例”对创立“法官法”的意义）；亦见勒尔，《一般法律学说》，第 3 版，2008 年，第 562 页及以下诸页。

件判决中提取并系统地流传的其判决规则的法律制度，对未来案件的判决产生约束力。[34] 依据我们对在法典化的法律秩序下法官造法行为的所知，甚至应估计到，在判例法体系中法官约束可能事实上没有更宽松。

5.3.4.1 通过解释规则的约束

为了把法官的判决行为约束于规则上，这些规则除了规定尊重法律字面含义外，还要求与法律本身打交道，法学方法论阐发了所谓解释
237 方法或解释准则：[35] 在法律规范的语词含义上的约束（语法解释），在相关法律条文的意义关联上的约束（系统解释），在调整的目的上，即具体的立法者在对有疑问的规范上所遵循目的的约束（历史解释），今天它在有疑问的规范中表现为客观的调整目的的约束（目的解释），和在宪法的原则性价值判断上的约束（合宪解释）。这类规则指引的法律范围，可能确保减少法官选择的可能性，因而增强法律对他的约束力。

对解释方法的第一印象业已表明，解释方法本身需要解释。在最有利的情况中，即在对法律动机有明确说明时，可能明确地确定历史上立法者的意志。但是，当人们问及基本法的“原则性价值判断”，或直接问及规范的“客观的调整目的”时，绝不可期待有一个明确的结论。[36]

甚至在某种判决情势中，当具体解释准则的指示明白无误之时，

---

〔34〕 德文著作尤见拉德布鲁赫，《英国法之精神》，第 4 版，1958 年；埃塞尔，《法官私法培训中的原则与规范》，第 3 版，1974 年，尤是第 10 章：“判例法中的原则与规则”；施特拉赫，《标准思维——兼论类型学》，1968 年。施吕赫特尔，《先例的中介功能》，1986 年，尤是第 83 页及以下诸页。埃塞尔的前理解论著包括大量判例法制度的方法论应用说明：《法律发现中的前理解与方法选择——法官判决实践的唯理性基础》，第 2 版，1972 年。

〔35〕 以缜密见长的，注 8，拉伦茨，《法学方法论》，第 133—186 页；吕特尔斯，载《法律理论》，第 8 版，2015 年，第 421—499 页；注 33，勒尔，《一般法律学说》，第 3 版，第 613 页及以下诸页；本书第 6 章。

〔36〕 见瑙克，《主观解释在刑法中的用处》，载《卡尔·恩吉施七十华诞纪念文集》（保罗·博克尔曼、阿图尔·考夫曼、乌尔里希·克卢格编），1969 年，尤是第 280 页及以下诸页。

法官因之仍未受某种确定的判决结果约束。也即，不存在着什么解释规则的元规则：[37] 规定法官根据具体情况运用具体方法的指令。法官在方法上可自由选择解释规则。因为不同的解释规则，通常会产生有关“正确的”规范理解的不同结果，因此，解释规则也不可能保证将法官令人信服地约束于法律上。

5.3.4.2　通过法官法的约束

然而，一个（至少在事实上的）约束作用可以来自法官法，即源于所谓“先例”。[38] 这些由法院司法在长期的传统中提出、改变、后又重新确认的判决原则，问题的区分，语词意义的确定和制度，甚至因此不要求被考虑，因为它们总是事实上被遵循和被确认，而且（也）因为它们强调自己是“正确的”，即代表了合意的法律原则，它们同时处在法典化的规范之外或完全不同于法典化的规范。

法官行为迎合法官法的功用。当个别化的法官法存在时，[39] 法官的 238
论证所争辩的不是通过法官法具体化的规范本身，而是法官对问题的区分。通过简单提及被承认的法官法规则（或“普遍的主流观点”）可

〔37〕 约瑟夫·埃塞尔首先注意到此问题（“方法多元主义”章节，注 34,《法律发现中的前理解与方法选择——法官判决实践的唯理性基础》，第 124 页及以下诸页）；另见克里勒，《法律获得理论，对宪法解释问题的阐释》，第 2 版，1976 年，第 85 页及以下诸页；还有注 30，拉伦茨,《作为诠释学问题的法官受法律约束》，第 294 页。以及有详尽注释的哈斯默尔 / 卡格尔,《Nomos 刑法典评注》，第 4 版，2013 年，第 1 条，第 119 边码及以下诸页；马斯托拉蒂,《法律思维导论》，第 2 版，2003 年，第 166 页及以下诸页。

〔38〕 对此见拉伦茨,《论“先例”的约束力》，载《汉斯·席马七十五华诞纪念文集》（法兴 / 克拉里克编），1969 年，第 247 页及以下诸页；格尔曼,《作为法律渊源的先例》，1960 年；注 37，克里勒,《法律获得理论，对宪法解释问题的阐释》，第 247 页及以下诸页；第 258 页及以下诸页；亦参见注 34，施吕赫特尔,《先例的中介功能》，尤是第 111 页及以下诸页，第 83 页及以下诸页。

〔39〕 例如：民法中的“诚实和信用”；刑法中疏忽大意的责任人之地位；行政法中的“行政行为”概念。

以使案件判决（简要地）合法化，为法官所论证的规则本身之合法性不再是必要的。

在此关涉到事实上的约束作用，这证实了那个对立的例子。虽然法官“可能”偏离法官法，也即他因在形式上严守法律的约束的假设而没有固守先例，但一旦偏离，那么，他在论证其判决时，不得不耗费九牛二虎之力。

5.3.4.3 通过法律教义学的约束

同样，这关涉到法律教义学，它在法学的支持下，将法官规则系统化，提出并修正了法官规则的概念，还在规则体系中学习这一概念。[40]在法律与案件判决之间中等抽象程度上，法律教义学阐释了判决规则，当法律教义学被贯彻之时，它同时事实上约束着法官。法律教义学也不仅作为法律的具体化来理解，而且从它这方面根据法律的含义和法律的内容，建构自己（变化）的标准。[41]它至少事实上实现了对法官的约束，这归功于它的稳定化和区别化功能：它使得案件变得可判决，途径为，它缩小了可能的判决选择的圈子，强调了问题的特征，并将之系统化，确定了相关性，提供了论证模式。只有利用法律教义学的帮助工具，法

〔40〕 对此尤参见埃塞尔，《理论与实践之间的教义学》，载《私法制度的功能变换——路德维希·赖泽尔纪念文集》（弗里茨·鲍尔等编），1974 年，第 517 页及以下诸页；克拉维茨，《法律教义学在法官判决实践中肩负着何种使命？》，载《奥地利公法和国际法杂志》第 23 卷（1972），第 47 页及以下诸页；注 17，卢曼，《法律系统与法律教义学》，尤是第 15 页及以下诸页，第 24 页及以下诸页；菲韦格，《两种法律教义学》，载《哲学与法——卡尔·奥古斯特·埃姆盖七十华诞纪念文集》（乌尔里希·克卢格编），1960 年，第 106 页及以下诸页；维亚克尔，《论法律教义学的实践功能》，载《诠释学与论证——汉斯·格奥尔格·伽达默尔纪念文集》（吕迪格·布勃纳、康拉德·克拉默、赖纳·维尔编），1970 年，第 311 页及以下诸页；注 5，哈斯默尔，《刑法教义学与犯罪政策》，尤是第 146 页及以下诸页，第 17 页及以下诸页，第 208 页及以下诸页。

〔41〕 注 5，哈斯默尔，《刑法教义学与犯罪政策》，第 211 页及他处。

官才能坚实地运用法律，才能察觉不同，并将案件分门别类。

5.3.4.4 通过非形式的程式的约束

此处被称作“法官法”和“法律教义学”的，同时在方法论视角下，不应该被视为太抽象的。它们不仅是判决指示，这个指示可以载于评注和教科书中并能被查阅，并且在大学教育的一般教学活动中报告和被笔录：它们不仅是“形式的程式”，也是并首先是“非形式的程 239
式”[42]——不明确的（法官）行为规则的体系。[43]

法官判决活动，如在一切类型程序中的证据评价，刑法中的量刑等重要领域，属于这个非形式的程式。无人能完全从法律、教义学和司法判例中获知成文的判决指示——某个证词，只是在某部分中是可信的，或者，对某个犯罪正好处以一年零三个月的自由刑是公正的。谁想学会这一点，谁必须询问别人，别人“可能”已这么做，别人不是通过查阅，而是通过观察和询问别的法律人而学会的。

形式的裁判程式这种非形式的具体化，尤其在程序法中发挥着重要的作用，[44]但它也在适用实体法中，对连结法律与行为事实有辅助功用。这表现在如所谓“结果考虑”中，最近一段时间，它作为法官解释活动的对象，被热烈讨论。[45]是何时何种程度上，法官不得不考虑

---

〔42〕哈斯默尔概括和说明了形式的和非形式的程式的概念和范例，《刑事程序中的非形式的程式——论刑事辩护的策略》，载《刑事辩护人》，1982年，第377页及以下诸页。

〔43〕注42，哈斯默尔，《刑事程序中的非形式的程式——论刑事辩护的策略》，第381页。

〔44〕参见论“场景理解”对诉讼中的法官提出的要求，哈斯默尔，《刑法基础导论》，第2版，1990年，第122页及以下诸页。

〔45〕有关研究和概述，见吕贝－沃尔夫，《法律结果与现实结果——结果考虑在法律的规则建构和概念建构中能有何作用？》，1981年，德克特，法律适用中的结果导向，1995年，哈斯默尔，《论刑法解释中的结果考虑》，载《欧洲法律思维今昔——赫尔穆特·科英纪念文集》，1982年，第1卷，第493页及以下诸页；在博雷特/康岑多夫的《法律结果评估手册》（2001年）中，对法律的评判作了结果评估的系统化和实施的尝试。亦参见本书第6、10、12章。

其判决的何种后果，只是例外地由法律规定下来（参见《刑法典》第46条第6款第2句），且在那里一般只是标语式的。但这将不妨碍法官，至少像在我们的从政治上寻找依据的法律文化中，[46]这样作出他的判决，即至少消极的后果被减弱了。

根据那种法官受预设的裁判程序约束的观点，“非形式的程式”极具意义。它们由规则组成，可以控制规则的遵从，制裁对规则的违反，尽管控制的可能性和制裁本身具有非形式的性质。[47]它们指导并事实上决定着法官的判决活动。

5.3.4.5 通过惯习的约束

面向实践的方法论的新方法带来了关于法律与判决关系的各种见
240 解，其要点在法律诠释学和非形式程式的学说中得到阐述。这些方法断然背离了法官首先是通过考虑法律和阅读文本来作出判断的思想。相反，它们探询法律获取的实践方面，并声称，“成功的专业化司法判决”不是基于“遵守规范的应用规则”，而是“基于法律人相应的惯习”。[48]

这可能听起来令人震惊，但只是合乎逻辑的。诠释学业已揭示，法官既没有完全发现法律，也没有完全发现其案件，相反，他是在逐步认识的过程中，将法律规范具体化到案件上的法律规范，并依据规范的评价性要求，一步一步地建构案件。非正式规则的学说曾指出，相关的判决程式未全部形式化，而是也被包括在专业程序中。那么，它不再是向将“隐性知识”或“操作知识”作为专业社会学视角的核

〔46〕 参见如瓦尔特·施密特，《行政法问题导论》，1982年，第109、112及下边码。

〔47〕 详见注42，哈斯默尔，《刑事程序中的非形式的程式——论刑事辩护的策略》，第379页，第381及下页。

〔48〕 莫洛克/克尔贝尔，《法律实践与惯习》，载《日常法律生活中法律方法的失败和复活：理论与实践之间的断裂？》，《法律理论》法律方法论特刊，2001年（克拉维茨/莫洛克编），第304页。这本特刊中另外还载有其他关于方法论新观点的论文。

心行动模式的概念迈出的一大步，专业社会学视角将规范程式与“个案事实”的成功调适视为经验丰富的从业者的习惯性行为。[49]这不是方法论的终结，而相反是法律实践条件的彻底转向。[50]

5.3.5 事实约束和约束原则

与此相关，自然提出了那个问题：这样来描述的法官受法官法和法律教义学的形式和非形式规则之约束，是否和在多大程度上能够满足受法律约束原则的要求，对这个设问的回答，以一些说明与区分为前提。[51]

其一，法律约束的假定，作为对法官行为的规范性要求，没有争议。尽管法官是在造法式地活动着，根据法律的制度从事法律创造的宪法命令，至少，当没有显出法律完全不包括判决规则时，是有效的。但却只表明了，法官在一般情况下，拥有裁判活动空间。激进的法官判决自由理论也不主张，在法律上可以不标出裁判活动空间之边界。[52]

其二，诠释学法律理论，这种理论作为司法演绎推理的对手，坚 241
持法官解释法律的造法特征，正好认为，不是法律的字面含义，而是

〔49〕 从心理学的角度对法官行为的思考已经发现了惯例和规则，它们远远超出形式的要求但仍然具有约束力：勒施佩，《构建法官判断心理学理论的基础》，1999 年，特别是第 62 页及以下诸页，第 277 页及以下诸页。

〔50〕 施特拉赫也持相似立场，《法律和法对法官的约束：通过融贯性的约束》，载《立法和法学批评学刊》2002 年，第 311 页及以下诸页，和库德里希 / 克里斯滕森，《关于刑事法院判决理由的重要视野》，载：《戈尔特达默刑法文汇》2002 年，第 337 页及以下诸页。

〔51〕 以下参见，哈斯默尔，《洛英斯刑法典评注》，1999 年第 1 版，第 1 边码，第 126 及以下诸页。

〔52〕 对此见上 2.3.4.4“自由法学说”。

依据行为事实来理解和具体化的法律，是法律规范。[53]这一见解也必定对法律约束问题产生影响。对法官的约束在规范具体化程序中的可能性愈小，规范就愈少地被区别开来。因此，考虑到不同来理解法律约束假设，这种不同存在于法官法和法律教义学中，颇有意义。[54]

其三，法律约束原则的目标——可靠的法院司法（平等性）和可预见的法律判决（法的确定性），[55]将通过法官法和法教义学对法官约束的理解得以实现。只在那里，判决规则才存在，它一方面可普适化（因此，可适用于许多案件中），另一方面被具体化（因此，有启发性，并作为约束假定的连结点颇有意义）。当然，这仅是有限适用于判决规范的非形式部分。

其四，如果人们接受了在新近法律理论中所讨论的法官判决的形成与法官判决的阐释之区别，以及法律发现与法律创造的不同，[56]并因此用对于判决结果的表达和合法性具有重要意义的条件，排斥掉作为判决结果条件的诸因素，约束疑问将表现得更明显。[57]那么，法官受法律约束的假定越发显得不同。

关涉到法律创造视角的东西，明显地是约束原则的功能。那么“受法律约束”是指，法官在论证其判决中，不得不遵守法律的用语，法律对问题的区分，和法律的判决规则（在已具体化的范围内），并

〔53〕 阿图尔·考夫曼终有详证，注23,《法官人格与法官的独立性》，第203及下页。他称尚未具体化的法律规范为“原材料”；第6章有详述。

〔54〕 当然，在那里未排除仍可对法官法的规则和法律教义学进行批评，因为它们依赖法律的字面含义（并因此依赖法律约束假设），例如：对《刑法典》第13条规定的疏忽大意犯罪的教义学进行抨击，因其诉诸缺乏法律确立的可罚性。

〔55〕 这一目标也存在于拉伦茨处，注39,《论“先例”的约束力》，第293页。

〔56〕 对此见下文6.4.3；另见J.施奈德，《法官的信息与判决——论法律中自动化信息系统的法律判决理论和法律沟通理论》，1980年，第77页及以下诸页。

〔57〕 存在于判决建立中的东西（阐释），不是产生判决的内容和结论的东西（形成）。

不得不遵守法官法和法律教义学，只要对约束假定的尊重也是可控的。另外，这一尊重，也是法官法和法律教义学能持续向前发展的前提。

关涉法律发现视角的东西，仍是约束原则这个假定，如要求一个透明的、着眼于合意的法院司法或一个“敞开的”教义学。[58]这个要求的兑现可能不被控制，这使得这个要求不过时。当法官明了形式的和非形式的过程和因素时，它们是法官活动的条件，[59]法律发现与法 242
律创造之间的相称是可以期待的。因此，法律人在大学和实践训练中，对法官行为方法论的法律和经验的法律进行解释是必要的，且在长时间内，可能也是以法律发现之视角去贯彻约束原则的充足条件。

文献辑选

哈斯默尔，温弗里德，《法律诠释学》，载同作者，《自由的刑法》，2001年，第15页及以下诸页（概述）。

Hassemer, Winfried, Juristische Hermeneutik, in: ders., Freiheitliches Strafrecht, 2001, S. 15 ff. (Überblick).

阿图尔·考夫曼，《法官人格与法官的独立性》，载《刑法的统一与多样性——卡尔·彼得七十华诞纪念文集》（于尔根·鲍曼和克劳斯·蒂德曼编），1974年，第295页及以下诸页（精论）。

Arthur Kaufmann, Richterpersönlichkeit und richterliche Unabhängigkeit, in: Einheit und Vielfalt des Strafrechts, Festschrift für Karl Peters zum 70. Geburtstag (Ed. Jürgen Baumann und Fritz Tiedemann), 1974, S. 295 ff. (Vertiefung).

《法律理论》法律方法论特刊32：《日常法律生活中法律方法的失败和复活：理论与实践之间的断裂？》，（克拉维茨 / 莫洛克编），2001年（对法律方法论近代思潮的概述）。

Sonderheft Juristische Methodenlehre der Zeitschrift Rechtstheorie 32: Vom

〔58〕尤见注40，埃塞尔，《理论与实践之间的教义学》，有详证。

〔59〕阿图尔·考夫曼持类似看法，注23，《法官人格与法官的独立性》，第305及下页。

Scheitern und der Wiederbelebung juristischer Methodik im Rechtsalltag-ein Bruch zwischen Theorie und Praxis? (Ed. Krawietz/Morlok), 2001 (Überblicke zu einer neueren Strömung der Methodenlehre).

马斯托拉蒂,《法律思维导论》，第 2 版，2003 年（对法学经典问题的易懂和独特的导论）。

Mastronardi, Philippe, Juristisches Denken; Eine Einführung, 2. Aufl. 2003 (gut verständliche und originelle Einführung in die klassischen Probleme der Jurisprudenz).

帕夫洛夫斯基,《法律者的方法论——规范理论与法律理论教科书》，第 3 版，1999 年，第 383 边码及以下诸页（特别重视对实证法的介绍）。

Pawlowski, Methodenlehre für Juristen; Theorie der Norm und des Gesetzes; Ein Lehrbuch, 3. Aufl. 1999, Rn. 383ff. (Einführung mit besonderer Betonung des positiven Rechts).

6. 哲学诠释学与法律诠释学

乌尔里希·施罗特 慕尼黑

6.1 近代的诠释哲学

对哲学诠释学的近代讨论，一般看来始于施莱尔马赫[1]。施莱尔马赫将一般诠释学理解成这样一门学科：它不同于研究解释技术，而关注理解，理解是解释技术的基础。文本造成误解这种观点，在斯宾诺莎那里还只是初露端倪，在施莱尔马赫那里成了诠释文本理论的核心问题。此时，诠释学被作为避免误解的技艺来理解。施莱尔马赫从文本理论中建立起自己的诠释理论。当去理解的文本是个别的文本，每一理解的任务是领会每个文本的个别性。理解在施莱尔马赫处包括两个方面：一方面，解释者必须深入到作者的内心；另一方面，对解释者提出了重新解释作为语言关联体的文本之任务。文本的总体及部分必须为解释者置于相应的位置（诠释循环）。施莱尔马赫不仅为把文本作为一个语言关联体来重构，而且也为根据作者的看法去考虑文本的

〔1〕 参见施内德尔巴赫的梗概，《1831—1933 年的德国哲学》，1983 年，第 139 页及以下诸页。

重构，提出了解释规则。[2]

由施莱尔马赫提出的文本解释规则的兴趣，明显在于尽可能回到作者的观点上去解释文本。仅表明自己对文本的看法的文本理解将被视为任意。同时，理解将被看作是一个有过程的、没有终结的任务。“理解和解释的行为是不间断的、渐次发展的整体，在这个广阔的过程中，我们自己一直相互支持着……这本身是一个渐进的精神发现。”[3]据施莱尔马赫，阐释者在独特的文本解释上，比作者本人更好地理解了文本。

如果理解在施莱尔马赫处还只被看作文本解释的基础的话，那么，据狄尔泰，理解被设想成精神科学的基石。[4]理解将不再被视为是主体个人的功能，而是主体作为社会的代表来实施理解，理解一直同时
244 是**社会的传承关联体的表征**。一方面，理解在狄尔泰那里是心理学的，理解被作为过程来定义，在这个过程中，我们从在感觉上给定的符号中，认识外显为符号的心理。[5]另一方面，主体不再是作为单个主体，而是作为生活关联体的代表来阐明的。在此，理解作为一个科学理论问题变得没有意义了。理解被认为一直是在社会中起作用的。狄尔泰提出的任务是，要回答为什么理解功用良好。由此导致这样一种看法：主体可能想相互理解其“亲属关系”。

海德格尔把理解从科学理论中永久地抽离出来，理解属于“此

〔2〕 施莱尔马赫，《诠释学与批评》，载弗兰克（编），第7版，1999年，《作者传记录》，第8页和第309页及以下；详细参见弗兰克，《个别的一般——施莱尔马赫方法的法律重要意义》，第1版，1977年，2001年殁后重印；科英，《法律解释方法与一般诠释学学说》，1959年；U. 施罗特，《刑法中主观解释的理论与实践》，1983年，第23页及以下。

〔3〕 注2，施莱尔马赫，《诠释学与批评》，第328页。

〔4〕 参见注1，施内德尔巴赫，《1831—1933年的德国哲学》，第199页及以下诸页。

〔5〕 狄尔泰，《狄尔泰全集》，第5卷，第1922页及以下诸页，第371页及以下诸页。

在”。“此在是一种不仅在其他的存在者之中出现的存在者，在存在者层次上，它更多的表征为，在自己的存在中与存在自身相涉。”〔6〕理解因此具有存在论性质。解释是一种过程，在这个过程中，理解侵吞了对存在的领会。在海德格尔诠释循环问题的新表达中，应当为理解作准备的解释，必须已经理解了将要解释的东西。〔7〕

从狄尔泰和海德格尔的理解理论出发，伽达默尔发展了他理解可能性的构想。他认为，只有理解者在根本上已着手对文本进行前理解时，理解才有可能。〔8〕这意味着：一方面解释者把文本对准了某些东西，即他的生活世界。由于这样一种对文本的理解，利益也同时与理解相连。当我们使用文本时，我们就打算用文本达到什么。另外，为了理解，我们一直在使用**自己的概念**。由于引导着文本理解的前理解，每一种文本解释同时是解释者当下意识的应用。因此，这就清楚了，为什么伽达默尔的**诠释循环**被作为**传承运动与解释者运动的交互作用**来对待。〔9〕通过解释者的前理解，文本在解释过程中变成了各人不同的东西。反过来，文本又改变了解释者的观点，在伽达默尔那里，理解从未是再现行为，而总是创造性行为。他认为，在理解过程中存在
着两种经验世界：一是文本在其中被描摹的，一是解释者所处的，理 245

〔6〕海德格尔，《存在与时间》，第18版，2001年，第12页。

〔7〕注6，海德格尔，《存在与时间》，第152页。

〔8〕伽达默尔，《真理与方法——哲学诠释学原理》，第4版，1975年，尤见第250页及以下诸页；第261页及以下诸页；第324页及以下诸页；其法哲学重要性见阿图尔·考夫曼，《诠释学视野中的法的历史性》，载同作者，《法律诠释学论文集》，1984年，第25页及以下诸页；其方法意义见埃塞尔，《法律发现中的前理解和方法选择——法官判决实践的唯理性基础》，第2版，1972年；欣德林，《法律规范与理解》，1971年；关于接受问题见弗罗梅尔，《卡尔·拉伦茨和约瑟夫·埃塞尔对诠释学的接受》，1981年。

〔9〕注8，伽达默尔，《真理与方法——哲学诠释学原理》，第250页及以下诸页。

解的目的是将这两者调和沟通。[10]

伽达默尔放弃了正确解释的标准。文本与解释者间的时代间隔，更多地使得诠释学原本的批评性问题可以消解，即，我们所理解的“真实的”前理解，与我们所误解的“真实的”前理解相区别。自己的前理解是通过对文本提出疑问的形式而悬而未决，自己的前理解是通过处在其中而发挥作用的。[11]伽达默尔的诠释学在规范性上要求解释者，在尝试理解中一并思考多种经验世界的差异，具有效果历史之意识。[12]另外，他还要求解释者有“应用意识”。解释者也必须认识到，文本的理解总也是在今天应用。[13]解释者须意识到，他自己的前理解只能被当作假说发挥作用，他应有能力修正自己的前理解。

6.2　诠释哲学的成就和对它的批评

哲学诠释学到底在多大程度上带给法律解释理论以新的认识，在多大程度上它是需要补充和批评的呢？

首先人们必须说，哲学诠释学确定了进行解释时方法规则的界限。它指明，理解的功能一直内在地同时也是一个创造性的要素，人们是据施莱尔马赫，将此视为作者的“更好的理解”，还是据伽达默尔，只

〔10〕注8，伽达默尔，《真理与方法——哲学诠释学原理》，第275页及以下诸页。

〔11〕同上书，第344页及以下诸页。

〔12〕同上书，第324页及以下诸页。

〔13〕同上书，第329页及以下诸页；关于法律问题见维亚克尔，《论法律教义学的实践性能》，载《诠释学与雄辩术——汉斯·伽达默尔纪念文集》，第2卷（吕迪格尔·布勃纳、康拉德·克拉默尔、赖纳·维尔编辑）；贝蒂，《法学中的解释问题——卡尔·恩吉施七十华诞纪念文集》，保罗·博克尔曼、阿图尔·考夫曼、乌尔里希·克卢格（主编），1969年，第205页及以下诸页。

作为“另类的理解”来看待，在这种关联中并无二致。[14]

另外，哲学诠释学明确了理解植根于生活实践。诠释学中共同的前理解之概念，应该证明理解在生活实践中获得承认。[15] 同时，哲学诠释学指明，表现为文本的解释假说，不是在规则引导的程序中发现，而是在生活实践中产生的，并表现为待理解的文本。正好对理解的前 246
理解条件的证明，也使得解释是检验假设的过程清楚无误。

在一些方面，作为方法论的哲学诠释学显得需要精确化。进一步弄清理解的前理解之条件似乎也是重要的。

被施特格米勒当作特殊语言之解释两难困境的方法问题，一方面隐藏在理解的前理解之条件背后，[16] 例如，为理解偷盗的事实构成，人们应知晓个案的事实构成特征，但为了更精确掌握个案事实构成特征，人们又必须在总体上理解偷盗的事实构成。[17] 在理解的前理解之条件背后，还有解释者的立场问题。[18] 每个对法律规范进行解释的任务也取决于，何种解释规则，解释思想和解释的规范性期待已内

〔14〕 详参见注 9，阿图尔·考夫曼，《诠释学视野中的法的历史性》，第 81 页及以下诸页；哈斯默尔，《事实构成与类型》，1968 年；注 9，埃塞尔，《法律发现中的前理解和方法选择——法官判决实践的唯理性基础》；对这类观点持批评的可比较齐默尔曼，《作为法律建构的法律适用》，载《欧洲高校文库·系列 2·法学》第 174 卷，1977 年；反批评见吕贝－沃尔夫，《法律结果与现实结果——结果权衡在法律规则和概念之形成中能发挥何作用？》，1981 年，第 113 页及以下诸页。

〔15〕 此一看法尚未被足够的重视，但参见佩克策尼克，《法律论证原理》，1972 年，第 197 页及以下诸页。

〔16〕 此问题参见施特格米勒，《科学及其变迁的理性重构》，1979 年，第 37 页及以下诸页。

〔17〕 对此问题的批评见阿图尔·考夫曼，《论法律发现中的循环推理》，载注 9，同作者，《法律诠释学论文集》，第 65 页及以下诸页；这一“循环”被施莱尔马赫称作整体和部分的循环，正由于这一“循环”希尔施意欲对作者的独特理解进行解释，希尔施，《解释的原则》，1972 年，第 215 页及以下诸页。

〔18〕 关于方法问题参见注 16，施特格米勒，《科学及其变迁的理性重构》，第 41 页。

化。[19] 理解的前理解之条件学说也应揭示施特格米勒所称的“证明困境”。[20] 这致使在法学中经常对不同的解释假设提出“同样好”的论证和反论证。[21] 然而，这仍听凭解释者前理解所控制的直觉，使他遵循哪一种解释假说。理解的前理解之条件理论也包括这种说法：文本在解释发展史的过程中改变了。由于面对新的经验，文本将变成另外的样子，比如，人们比较有关法典“相同的”规范的新旧评注。

哲学诠释学的哪些观点出了问题呢？

伽达默尔的诠释学倾向于应完全放弃文本解释的标准，假如人们遵循施莱尔马赫的观点：到处存在着对文本的误解，那么，应有必要建立解释的标准，这个标准使一个至少是符合时代的共同的文本理解成为可能。[22]

247 另外的问题是，伽达默尔不愿意回到作者那里去理解，正如在他处所介绍的，诠释学不排除一个文本作者的独特理解。人们是应把意义归于文本，还是归于别的，[23] 这更多的是一个规范问题。对伽达默尔观点：在赞同意义上的一致属于理解，也有质疑，人可以不赞同地去理解文本。[24]

---

〔19〕 关于法律问题参见 U. 施罗特，《刑法中法官在确定事实构成时的价值中立问题》，载《法律理论》，阿图尔·考夫曼（主编），1971 年，第 103 页及以下诸页。

〔20〕 施特格米勒有详论，注 16，《科学及其变迁的理性重构》，第 45 页及以下诸页。

〔21〕 如参见刑法教科书中关于所谓“窝赃替代钱”可罚性的讨论。

〔22〕 在法律方法论文献中，已无人争论，必须有文本解释的根本标准。但法官的标准应有何等强的约束力却有争议。一方面参见注 9，埃塞尔，《法律发现中的前理解和方法选择——法官判决实践的唯理性基础》，另一方面参见米勒/克里斯滕森，《法律方法论》第 1 卷：《法律实践工作方法的基础》，第 11 版，2013 年。

〔23〕 参见诺伊曼，《法哲学和法律理论新论》，载《哲学观察》，1981 年，第 197 页及以下诸页；注 3，U. 施罗特，《刑法中主观解释的理论与实践》，第 33 页及以下诸页。

〔24〕 哈贝马斯亦是，《沟通行为理论》，第 2 卷，1981 年，第 195 及下页。

6.3 对个案事实与规范之间平衡过程的理解

现在应探讨法律诠释学的核心问题，其中包括在哲学诠释学讨论中几乎没有讨论，但对于法律规范应用是中心的问题。经常与法律规范的应用相关的问题是，个案事实是否仍然可以被归于一个规范之下。也就是说，应用某个规范的可能性处于中心地位。[25] 这就提出了人们如何可能考虑到规范去理解个案事实，同时考虑到个案事实去解释规范的问题。诠释学传统给予下面描述的司法的法律应用以决定性的意义：在法律应用中，规范与个案事实必须作相应性处理，在具体应用规范中，目光在规范与个案事实之间往返流转。[26] 将个案事实分配给规范，这不适当地被称为“涵摄”，[27] 前提是，生活的个案事实在其结构中被理解。这一描述明确地指出，法律应用超出对权威文本的解释。规范应用总是通过理解和解释生活的个案事实实现。

这将通过一个例子来说明：某出版社为招徕客户使用其在互联网可访问的公司目录而使用了一个表格式书信，将它发送给各种商业客户。信件的正面醒目，并标有出版社的名称和“要约”。表格的中间部分包含“注册申请和为接受我们在互联网上的德国在线公司目录的更正样表”。其中有各种用于打勾的登记表格，里面提到突出项目和特殊服务的收费。在“基本项目”类别中，没有直接的价格要约。但是，

---

〔25〕 注 8，弗罗梅尔因此将法律诠释学描述为“行为科学”。

〔26〕 恩吉施，《法律应用的逻辑研究》，第 2 版，1960 年，第 35 及下页。

〔27〕 实际上，“涵摄”仅仅是说，一个概念从属于另一个概念，或相同从属于一致，参见恩吉施（注 26），第 22 页。

248 此部分标有星号，表示每年净价为 845.00 欧元。这明确地意指：“接受每年净价 845.00 欧元价格的公司目录这一基本项目，通过签名确认”。此文本位于签名上方三英寸处。那些收到这封信的人（显然）应该被误导，带着基本项目不需要任何费用的想法而签名的。文本是这样设计的，即在匆促阅读时能产生这种印象。事实上，这笔费用为 845.00 欧元，如果人们仔细阅读这个表格也是很清楚的。通过寄送此表格，出版社的所有人已骗取几十万欧元，因为许多公司的经理、律师、医生……没察觉基本项目是收费的。

如果一名刑事法律人考虑到欺诈是否满足刑法典第 263 条的含义来考察个案事实，那么，应用法律者必须表明态度，通过发送广告表格，公司和自由职业者是否被虚假的事实引诱，真实的事实被歪曲或被掩盖（《刑法典》第 263 条第 1 款）。描述欺诈行为的语言三结构通常被认为在语言上和逻辑上是不成功的。由立法者描述的行为选择一方面重叠，另一方面则相互矛盾。不存在虚假的事实，只存在错误的个案事实。因此，描述欺诈行为的三结构通常总结为，作为《刑法典》第 263 条的前提，“关于事实的欺诈”是必需的。这是第一个解释步骤。因此，从个案事实的角度来看，发送这样的广告表格，只有关于事实的欺诈存在于发送者具有签订表格的想法，才产生关于事实的欺诈。然后，欺诈教义学将显性和隐性的欺诈与由于疏忽的欺诈区分开来。只有存在澄清事实的保证义务，后者才是可能的。

明显的欺诈在于对不真实的个案事实的明确解释。如果解释的内容与实际不符，那么，解释就是不真实的。在解释如上所说的书面陈述时，首先不得不关注从阅读文本中产生的结果，是自然的。因此，在这方面，从广告信的文本中产生的解释性内容不必与实际相符。但是，有关将提供服务的所有信息都是正确的。该文本没有一处明确声称公司目录中的基本项目是免费的。相反，明确的是，虽然不引人注目，接受在公司目录中每年 845.00 欧元净价的基本项目通过签名被确认。在信件正面印刷的文字的明确字面含义中，不存在空间去假设关于要约的无偿性有明显的欺诈。人们不能切实地断言，信件的发件人明确地欺诈。

除了明显的欺诈之外，根据刑事科学和刑事司法还可考虑作为另一种犯罪形式的隐含的欺诈。这种形式以一种“旨在误导的整体行为”为前提，根据一般交易观念，它应被理解为对特定虚假的事实的默认
解释。当行为人虽然没有明确表达关于事实的不真实性，但根据一般 249
交易观念通过其行为来解释虚假的事实，这才能成立。租住酒店房间且从一开始就无法支付费用的人，隐瞒事实，因为他含蓄地表示他将能够并愿意付费。他隐瞒事实，即使他没有明确表示他不愿意付费。

在上述案件中的核心问题是，通过使用所描述的广告信基本项目的无偿性是否隐含着欺诈。只有存在旨在误导的整体行为，根据交易观念，使正常的收件人不得不将它理解成对无偿性的默认解释，才能说佯称无偿性。具有决定性的是，“一般交易观念如何在各自整体情况中客观地评价行为人的行为。”〔28〕从人们定位在客观的收件人群体这一事实中，关于通过隐含欺骗的欺诈，对欺诈事实构成的应用产生两个重要的限制。如果根据一般交易观念，不存在隐含的解释价值，那么，解释者欺骗的主观的欺诈倾向就不重要。“行为人对受害人产生导致财产者受损的错误的赤裸裸的希望可能确实在社会道德上是卑鄙的；尽管如此，这样的希望或期待还没有成为欺诈行为。”〔29〕也就是说，如果

---

〔28〕 LK- 拉克纳，第 263 条，边码 28。

〔29〕《联邦最高法院刑事裁判集》,《新刑法杂志》2001，430，431。

行为人欺诈，但没有采取任何行动，根据一般交易观念，这有解释的价值，那么，就不能考虑欺诈的事实构成以论证刑罚主张。

另一方面，如果且在某种程度上不能说，行为人作出了根据一般交易观念具有某种解释价值的陈述，单个收件人实际上犯错的事实并不会在适用欺诈的事实构成中起作用。对于欺诈的事实构成的适用，不仅需要收件人的错误，还需要欺诈行为。从收件人的错误中不能单独得出存在欺诈行为的结论。

因此，联邦最高法院的那个判决始终认为，刑法含义上的欺诈的特征并不容易由此满足，即“插入要约”的接受者可能误解它，且发件人是有意的。[30] 因此，不得不探究，根据其解释价值，广告信是否在客观上适合于，使广告信的收件人引起关于基本项目的报酬的误解。

250 明显的是，对于一个具有平均注意力的商人而言，信件被明确认定为商业要约（报价）。生活经验表明，以“报价”标明要约的要约者通过报价追求商业利益，因此也绝不是无偿提供。相对于在要勾选的“基本项目”目录中，缺少价格说明，在有关额外服务的目录中价格被指明为每年 150.00 至 199.00 欧元。这被明确称为附加费。根据一般的解释惯例，首先必须指出，在涉及报价缺少价格说明中，不能轻易得出结论，提供全面的免费服务。如果需要收附加费，通常也需要支付基本价格。

同样重要的是，广告信在几个地方明确地包含基本项目费用义务的具体说明。要勾选的“基本项目”部分标有星号，该星号指向也标有星号的文本，文本在此包含完整引用的句子：“上述数据的准确性以及接受公司目录中基本项目每年净价 845.00 欧元将通过签名确认”。

---

〔30〕 如此明显的见《联邦最高法院刑事裁判集》,《新刑法杂志》2001，430。

基于这个明确的、真实的价格说明，只是当说明如此隐藏在信中，以致根据一般交易观念，可能会被认为忽视了说明，一个隐含的欺诈才是可以想象的。然而情况并非如此。相应的文本直接位于包含着要打勾的部分的下方，且处在订购者要进行签名的正上方。

因此，必须作为结果确认的是，根据文本的外部设计和布局不能说隐藏了价格说明。

此外，由于在可能发生的商业关系中，潜在的商业伙伴不具有保障他们必须全面地向对方解释的地位，也不存在由于忽视的欺诈。每个人都必须参与进来，这样才不会被误解。这里必须放弃对案件的进一步解释，但应该讨论，如果人们以这种方式在刑法上评估个案事实，会发生什么。

首先，提出了这个问题，理解刑法的事实构成意味着什么。出自维特根斯坦〔31〕的那个命题是："理解一个句子意味着，当它是真的时，知道情况是什么。"〔32〕可以类比地表达为：理解刑法的事实构成意味着，当事实构成被正确地应用于个案事实时，知道情况是什么。

明显的是，刑事规范与个案事实被区别开来。该规范是有区别的，251
以便个案事实可以被恰当地评价。相反，个案事实的涵摄总是与对实际发生了什么的差异化理解连在一起。〔33〕实际发生的事情不仅必须区分，而且总是与生活实践和生活经验联系在一起。如果人们不理解如何不得不根据在社会实践中承认的交易观念去解释个案事实，那么，

---

〔31〕 对维特根斯坦亦参见福森库尔，《理解"理解"：论分析和诠释学》，载卡尼柴德/韦茨（编），《诠释学和自然主义》，1998年，第190页及以下诸页。

〔32〕 维特根斯坦，8卷本著作，第1卷，《逻辑哲学导论》，1984，第1页及以下诸页；对维特根斯坦亦参见福森库尔（注31），第168及下页。

〔33〕 对此参见考夫曼，《对诠释学法律本体论的"ipsa res iusta"的思考》，载同作者，《法律诠释学论文集》，1984年，第63页。"ipsa res iusta"指"公正事物本身"。——译者

人们就是不恰当地理解它，例如，在我们的案件中，人们必须理解，在其中使用了“报价”一词的信件必须如何理解。人们必须进一步理解其他地方所解释的内容，它以显著的方式要求附加费，但不以显著的而是易忽视的方式要求在签名上方的基本价格。

然而，在所述案件中，法律适用者还必须知道，如已经解释的那样，必须如何理解“刑法”第263条第1款中对犯罪行为的描述：演示虚假的事实，或者伪装或压制真实的事实。这种行为描述被正确地解释如下，要求演示不真实的个案事实。但是，对必须被视为错误的个案事实的演示，也可能隐含地发生。业已给出了一个例子。在所提及的案件中，在基本项目中没有要求费用的人，如果他以显著方式要求附加费并且在签名之上显示基本项目的价格，则没有假装这是免费的。

法律适用者必须进一步理解，可能被刑罚的人的行为意图。只有在可以正确断言行为人有欺诈意图的情况下，欺诈行为才能被接受。法律适用者还必须知道，欺诈意图是什么以及如何确定。

此外，解释者必须能够识别社会的归因。如果不能理解一般的既存的交易观念，就无法有意义地应用诸如“隐含的欺诈”之类的事实构成要素。法律适用者有义务理解社会标准并将考虑到演示虚假的事实来解释它。最后，在这个案件中，对欺诈的应用至关重要的是，解释者不得不识别，在商业交易中存在何种社会期待。例如，关于信件内容的可以通过粗略阅读来把握这种期待吗？ 如果存在这种期待，就必须进一步询问，是否应该通过刑法加以保护。

252 上面给出的例子表明，法律事实不仅仅存在，而且必须被建构。[34]

---

〔34〕 考夫曼，《法哲学的问题史》，载考夫曼/哈斯默尔/诺伊曼，《当代法哲学和法律理论导论》，第8版，2011年，第134页。

必须从规范的角度来理解它们。恩吉施在规范与个案事实之间来回审视的画面形象地表明，在调适规范与个案事实中涉及的东西是什么。[35]法律的应用以联系到个案事实来说明规范为前提，个案事实的确定以联系到规范来说明和解释个案事实为前提。法律的应用不仅仅是与理解一个或多个规范相关，而且关系到理解植根于生活实践的社会背景。法律的应用始终是理解和解释行为，这也是核心的；而且也是“对理解的理解”（根据一般交易观念理解）以及对行为的“理解的理解”（如果理解根据一般交易观念被理解，理解会发生什么）。在这个意义上，法律诠释学明确指出，法律的应用不仅仅是理解文本，而且理解生活实践和与之相连的理解社会也是核心。

法律诠释学是对个案事实和规范仅仅作为事实存在这一观念的回答。相反，它认为：在法律应用中，文本和社会事实必须是被前理解的，并通过在法律适用中来回审视来调试。[36]

这是对认为法律应用活动只是文本理解的观念的回答。与此相反，它声称，法律应用更是对社会行为的理解。对行为的理解与对文本的理解具有相似的意义。

核心是，法律诠释学是对法律应用仅由规范来决定这一观念的回答。相反，它认为，法律应用也是通过理解社会实践和“对社会实践的理解的理解”以及“对理解社会实践的理解的理解”来决定的。理解也取决于解释者的社会化过程。

最终，法律诠释学是对法律适用者与绝对的制定法相关这一观念

---

〔35〕 对此参见，恩吉施（注 26），第 14 及下页。

〔36〕 考夫曼，《对法律诠释学的本体论基础的思考》，载考夫曼，《法律诠释学论文集》，1984 年，第 93 页。

的回答，对制定法的解释必须导致一个明确的和正确的结果。[37]相反，它认为：制定法是相对的，即不可避免地依赖于对时代的理解和生活世界，而且解释总是具有相对的有效性，即或多或少是适当的，而不
253 是在绝对意义上是正确的。制定法解释必须导致明确结果的观念是一种方法上的拟制，它可能是非常有意义的，并应该鼓励解释者在解释制定法时尽可能有条不紊地且准确地进行。事实上，文本的解释必然是相对的，与时代和生活实践相关，并依赖于解释者的认识兴趣。[38]

在法律诠释学中尚不清楚的是文本理解应该如何发生的方法论问题（它必须在多大程度上是真实的，在理解时语义学和语用学的说明必须在多大程度上发挥作用，体系化解释必须发挥什么作用，法律解释的后果在说明规范中必须在何种程度上起作用等）。如果人们将法律诠释学视为超验反思性的，那么，它并不能免除制定一些应该指导法律应用的适当规则。

6.4 法律规范适用于个案的问题

6.4.1 法律命题的适用标准

法律命题由具有具体法律结果（例如，针对特定的刑罚）的体现在事实构成中的各种前提条件组成。事实构成抽象地规定了可能适用具体法律结果的标准。当它规定了为了适用具体法律后果必须满足的条件时，它在逻辑意义上是完整的，同时也规定了否定条件，尽管存

〔37〕注34，考夫曼，第133页。

〔38〕对此亦参见考夫曼，《从自然法和法律实证主义到法律诠释学》，载考夫曼，《法律诠释学论文集》，1984年，第87及下页。

在肯定的前提，但排除适用法律结果。

在法律规范中，人们区分行为规范和制裁规范。行为规范针对的是公民。它表达了立法者对公民的期望。制裁标准描述了法官为了能够适用法律结果而必须证实的条件。[39]

规范的事实构成特征确定了适用标准的大致结构，法律适用者必须对此作出保证。以《刑法典》第 259 条为例：一个行为人（T）的行为（H）能被视为窝赃，条件是，对那个与行为有关的物（X）可以断定：X 是一个物；他人将它偷走，或他人通过财产犯罪获得了它。另外，对行为人（T）的行为（H）必须可以断言，T 把 X 弄到手，或 T 把 X 给第三者，或 T 销售了 X，或 T 帮助销售 X。对行为人（T）必须可以判定，T 故意这样做，并且 T 自己意欲发横财或 T 意欲使第三 254
者发横财。但是，由立法者预设的法律适用的大致标准，据主流的观点，是不够用的：法律适用者也必须还保证，行为人（T）从前一个行为人那里间接地获得物（X）。[40]这个大致的结构仍然在许多方面需要补充。窝赃事实构成应用的大致标准，也经常在具体的法律适用中不清楚。有例为证：《刑法典》第 259 条要求那个意欲采纳窝赃之事实构成的人断定，窝赃物是偷来的或通过一个针对他人财产的非法行为而获得的。那么，如果窝赃物不再直接由于财产犯罪，而是间接地获得的，问题就产生了：那个物品是否还是通过针对他人财产的非法行为而获得的。为了能发现这个断定的行为具有意义，“通过”（durch）这

〔39〕 除法律规范外，法律体系还有许多其他类型的法律规定。例如，关于法律规范的可适用性的有效性规范；承认法律权力的授权规范；组织规范有约束力地确定州和地方当局的组织形式；地位规范规制一个人的地位；形式和程序规则一方面是组织规范，另一方面是法律行为有效性的条件；法律定义说明法律规范的语言使用；法律拟制将不同在具体的法律情况中确定为相同。

〔40〕 对此参见菲舍尔，《刑法典》，第 62 版，2014 年，第 259 条边码 3、4。

个词的适用标准必须被精确。刑法中主流的观点要求，窝赃物必须是“直接”从前一行为人那里获得。以这种“通过”一词的特征为适用标准，法律适用者能对一系列的案件明确决定，哪些条件必须被给予，以便事实构成能被适用。但在其他的事实中，又出现了困难。诸如钱何时是直接从前一行为人那里获得的，何时又不是？人们可能主张这个观点：如果钱的总数与从前一行为人那里的所得是一致的，那么钱也就是直接从前一行为人那里来的，但人们也可能论辩道，只有当具体的钞票是前一行为人的钞票时，钱才直接来自前一行为人。[41]事实构成的法律适用的全部标准只是适于部分法律适用情况，只有存在着关于适用标准的合意，也允许共同来评价行为事实，适用标准才合适。当以此对行为事实进行不同地“衡量”时，适用标准就是不充足的，那么，它也是不清楚的。“定义中的一致不仅仅属于语言中的一致，而且（这可能很少听说）也属于判决中的一致……一方面是描述裁量方法，另一方面是去发现和宣布裁量结果。但我们称作‘裁量’的东西，也是通过具有一定稳定性的裁量结果来决定的。”[42]

6.4.2 个案规范的理论－先例：法律适用实践的描述

菲肯齐尔用卓有成效的方式促使人们注意，法律适用实践的出发点经常是业已被判决的个案。为了具体的案件群（等于行为事实群），“判例规范”在法律实践中被建立。只有预见到具体的法律后果的行为事实群存在，判例规范才存在，根据判例规范，一个正待判决的行为

---

〔41〕尤见韦塞尔斯 / 希伦坎普，《刑法，分则 II》，第 38 版，2015 年，第 259 条，边码 830 及以下，第 838 边码。

〔42〕维特根斯坦，《哲学探究》，第 242 节，特版，1967 年。

事实在逻辑意义上能被推导出来。[43]判例规范不仅仅描述法律后果，255
而且也一直描述着行为事实，在行为事实的基础上，判例规范应被适用，因此也决定了，什么应当在法律上被视为平等。判例规范理论要求，根据判例规范决定未来一切相同的案件。[44]

菲肯切尔的理论非常清楚地指明，如何在实践中适用法律。规范经常仅是提供了模板，事实上，待决案件的判断标准，是从既有法律判决的实践中产生的。因此，先例被认作法律发现的关键要素。但有疑问的是，在多大程度上先例具有"约束力"。判例规范理论首先要求法院深入研讨判例规范。另外，它还要求"进一步建构"法律的判例规范有约束力。判例规范即是客观法。[45]这似乎不无疑问。立法者曾让州高等法院审判庭（《法院组织法》第121条第2款）和联邦最高法院审判庭（《法院组织法》第132条第2款）在一定形式上受判决约束。州高等法院和联邦最高法院的审判庭如果意欲作出不同的判决，必须（至少部分地）把待决的事务提交给另一个审判庭。当人们以法院组织法为出发点时，大范围的约束力似乎成问题，因为法院组织法与其他法律（《基本法》第95条，法律保证司法的统一性）一起规定，封闭了法院判决的约束力。

判例规范也可以经常是下级法院的判例规范。但高级法院受下级法院判决的约束几乎不可接受，并且也可以说明没有合意能力。

联邦最高法院此审判庭对彼审判庭一定实质上的约束力，已为高

〔43〕 菲肯切尔，《法律方法的比较阐释》，第4卷，1975—1977年，第202页。

〔44〕 注43，菲肯切尔，《法律方法的比较阐释》，第4卷，第204页。

〔45〕 对此疑问一则参见拉伦茨/卡纳里斯，《法学方法论》，第3版，1995年，第252页及以下诸页；另则参见注43，菲肯切尔，《法律方法的比较阐释》，第4卷，第289页；及比德林斯基，《法律方法学说与法律概念》，第2版，1991年，第515页及以下诸页。

等法院判决所承认。在有主要理由反对其判决时（同样，正当的理由不够！），联邦最高法院的这一审判庭可以有别于另一审判庭。

存在着明显的方法论问题，即虽然法律适用可能以法院的规则为依据，但在多大程度上它可以有悖于法律。这个问题肯定唯有联系到法律领域才可回答。在刑法中，不允许存在违背法律的不利于被告的法律适用。在民法中可以发现一些判例规范，它们一般地被认为是合法的，表现为违背法律规范的判例。（参见《联邦最高法院民事裁判集》26，359，骑士先生案判决，此判决违背德国《民法典》第 253 条，并超越了德国民法典的损害赔偿规范的界限，一个对一般人身权侵害
256 的精神赔偿被承认）。民法中存在合理的判例规范违背德国民法典，一般来说似乎当承认，但在多大程度判例规范可以“违背”法律，似乎需有一个标准。

6.4.3　如何发现和审查规范的适用标准？

6.4.3.1　认识论上的难题

对法律文本理解的类比学说，特别是阿图尔·考夫曼和温弗里德·哈斯默尔已作出了证明：每个有创见的解释是类比地进行的。[46] 有创见的解释指向比较。行为事实将通过“比较物”（tertium comparationis）与规范相适应。在那里，法律适用者摸索着从适合某个规范的确定的行为事实群，慢慢地走向“不确定的案件群”。规范适用的标准，在旨在利用恩吉施的图式（这个图式也被称为诠释学的循环），不停地来回审视实际的和可能的事实与规范中被塑造出来。应

〔46〕 详见阿图尔·考夫曼，《类比与事物的本质——兼论类型学说》，第 2 版，1982 年，特别是第 2 版后记；注 14，温弗里德·哈斯默尔，《事实构成与类型》。

适于某个规范的事实，将借助于这类行为事实的标准被确定，这类行为事实不再应适于原来那个标准。然后，每一个建议的确切标准，将在一个“法学与法律实践”的交流共同体中被进行有效性考查。通过“赞成”或“反对”解释标准的论证，不同的有关经验被告知。检测解释标准的论证涉及各种不同的经验类型，此外它还涉及：

- 语言规则，联系到在规范中使用的概念；
- 法律规范的一般目的观；
- 解释标准及其评价的教义学和社会的后果；
- 在恰当的情势中解释标准的实用能力；
- 与宪法规范及其教义学的调适性；
- 与其他解释规范的调适性；
- 历史上立法者的推测性调整观。

6.4.3.2 法律规范的解释难题

自冯·萨维尼始，经典的法律解释学说区分了四种解释要素。首先来看冯·萨维尼的解释论：他把对完善法律的解释与对有缺陷法律的解释区别开来。[47] 在对完善法律的解释框架中，解释者不得不考虑以下的解释要素：在语法解释中，解释者应重构由立法者使用的语言规则；在解释的逻辑要素中，应重构法律的思维（概念）；在解释的历史要素中，应由解释者介绍，法律规则如何介入预设的法律状态中；在解释的系统要素中，法律制度和法律规则的内在关联当发挥作用。 257

区别于上述解释的正常情况，冯·萨维尼还考察了对有缺陷法律的解释。这里当一并考虑的是成为法律的理由。[48] 萨维尼区分了两类

〔47〕 C. F. v. 萨维尼,《当代罗马法体系》，第1卷，1840年，第222页及以下诸页。

〔48〕 注47，C. F. v. 萨维尼,《当代罗马法体系》，第235页。

可能已成为具体法律草案的理由：关涉过去和未来的理由。当立法者创立一个具有完备的、既存规则的法律之时，存在一个关涉过去的理由。对未来的理由，萨维尼理解为法律想要达到社会效果之理由。〔49〕相对于在正常的法律中，独立的认识功能不可能属于立法过程这一理由，在有缺陷的法律中是另外一回事。可以和必须被考虑到业已成为具体法律的立法程序的理由，其条件是，这些理由是清晰可辨的，与法律内容存在相关性。〔50〕

当今典型的解释学说同样是四个解释要素。它区别了语法解释与系统解释。两者的内容在上面已说过。当今典型的解释学说把主观解释作为另一解释要素。在主观解释内，必须探究历史上的立法者的意志。还有一个解释要素是客观－目的论解释，据此，法律当今的目的应当被探究。〔51〕

对解释准则的一些评论：

关于语法解释：

语法解释理论侧重于确定规范应用标准的语言结构的含义。目前人们区分两种含义理论。意图主义的出发点是，语言符号的含义是由这些符号所指的东西而建构的。通过试图找出作者想要引起的何种效果来识别说话者的意思。这个观念的主要任务是解释表达所指的意思。相反，惯习主义认为，语言符号的含义是由对这些符号的使用来确定

〔49〕注 47，C. F. v. 萨维尼，《当代罗马法体系》，第 236 页。

〔50〕同上。

〔51〕关于经典的解释学说最好从恩吉施处去了解，《法律思维导论》，第 11 版，2010 年，第 115 页及以下诸页；注 45，拉伦茨 / 卡纳里斯，《法学方法论》，第 133 页及以下诸页；注 43，菲肯切尔，《法律方法的比较阐释》，第 3 卷，第 657 页及以下诸页；阿列克西突出了现代论证理论的意义，《法律论证理论》，第 4 版，2001 年（初版，1978 年），第 283 页及以下诸页。

的。符号的含义由适用于这些符号的规则构成。惯习主义方法的主要
问题是准确表达规则的概念。即使可以确定语言的合规则性，或者规
则必须满足某些要求，可以固守语言规则吗？只有当一个团体的成员 258
在特定情况下很少偏离它们时，艾克·冯·萨维尼才会认可规则。此
外，他要求，如果他们偏离，将受到制裁，这些制裁也被普遍接受。[52]

含义的使用理论显得更合适作为语法解释要素的观念。首先，它们表明，事实构成的语言表述本身也已具有了含义。事实构成特征是有意义的，因为清楚的是，人们应当如何遵循它们。当法律适用者知道，联系待评判的案件，哪些事实必须被确定，以便事实构成特征能被认为得到满足，就是指这种情况。相反，含义的意图主义模式导致法律规范纯粹是关乎立法者的。惯习主义模式更加开放。它们允许用今天使用的语言用法作为解释标准。惯习主义模式清楚地表明，语言规则也必须被重新确定。例如，实际的语言用法经常有波动。这种波动通过语言规则在正常条件下被学习而产生。人们无法列举出我们学习语言的正常条件，但如果某种情况使得特殊语言表达的使用令人怀疑，那么，可能表明，这种情况如何偏离通常的用法。[53]人们甚至可以主张这种立场，规范的语言使用总是与特定条件联系在一起，因为它们与法律结果有关。可以推测，借助"规范的目的"范畴的使用，语言使用的特殊条件应被引入"赞同"或"反对"的解释假设的实践论证活动中。是否以及在多大程度上，不同于可观察的自然语言用法，事实构成要素使用的特殊法律规则可以被确定，是一个必须在规范上

〔52〕 艾克·冯·萨维尼,《规范语言的哲学》，第2版，1974年，第280页；关于意图论者的规则概念，参见克默林,《意义与语言行为》，载《语言意义的问题》，艾克·冯·萨维尼（编），1976年，第73页及以下诸页。

〔53〕 维特根斯坦,《哲学语法》，第118节。

得到回答的问题。当基于生活实践中的经验方法查明习惯性规则时，规则便可以确立了。如果根据规范性考虑（例如，特定的法律规范遵循何种目的）声称某种使用规则独立于现有的规则是有意义的，那么，规则便确立了。

关于体系解释：

对法律规范的必要使用的见解也可能源于法律规范的体系地位。体系解释的前提是，单个的规范不被视为无关联的，而是应被解释为价值判决的体系。然后，解释者必须尝试建立融入价值判决体系的标
259 准。单个的法律规范就是整体关系的一部分。一句出自施塔姆勒的格言是，适用一个法律规范说到底是适用整个法律体系。特别是，必须通过体系解释来保证评价的无矛盾性。

自黑克以来，习惯上区分外部的与内部的法律体系。[54]卡纳里斯采纳并进一步发展这种区分。[55]外部体系涉及法律的外部结构。法律的外部结构构成了法律的实体。内部体系指法律的内部构造。在此，解释者必须尝试将法律体系重构为一致的价值判决体系，并从中建立他的解释标准。

关于历史解释：

历史解释（也称为发生学解释或主观解释）与确定历史的立法者的心理意志毫无关联。[56]不存在一个由许多个人意志组成的立法机构的心理意志。历史解释也与一个联邦议院和联邦参议院对此达成一致

〔54〕 参见黑克，《概念形成与利益法学》，蒂宾根，1914年，第139页。

〔55〕 卡纳里斯，《法学中的体系思考与体系概念：以德国私法为例的发展》，第2版，1983年，第19页及以下诸页。

〔56〕 参见施罗特，《事实构成要素的字面含义与表达的含义与刑法禁止类比的相关性》，载黑芬德尔/赫姆勒/格雷科（编），《贝恩德·许内曼七十华诞纪念文集》，2014年，第267页及以下诸页。

的法律规范的意义毫不相干。

历史解释关联着立法者想要规制的事实。在立法程序中出现了一些问题，对此立法者在寻求答案。新事实构成的理解解决了具体问题，且必须被作为立法者的答案来理解。[57]如果人们将事实构成的要素理解成立法者对具体问题的答案，这意味着立法者表达的含义将被确定。

当我们认识到，立法者在这个时刻处在具体的判决情势中，且他的行动是判决问题的解决方案，那么，我们就确切地理解了，他在一个特定时间，以对一个规范的具体含义，奉行一个特定的目的。当我们认识到，他选择具体的理解并将其与特定内容联系起来，我们就理解到，他愿给予规范一个特殊的内容。如果人们可以在具体追求的目标上或在各种法律内容上对法律材料作一致的解释，那么，就可以具体地谈论立法的“意志”。如果并且在某种程度上人们可以解释从一种法律含义到另一种含义的转变或仅以特定方式作特定表述，那么，人
们可以继续谈论历史立法者的意志。历史解释的可能性终结于，不存 260
在对材料的共识性解释，或不存在对法律状况转变或规范的具体文本的共识性解释。

在此应引用两个例子说明。器官交易禁令的立法者意欲将他的交易活动概念对接麻醉品法的交易活动概念。一方面，他意欲将它对接到法律语言已建立的概念上；另一方面，意欲使用一个非常广泛的交易活动概念，以便能够包括所有显得应受谴责的灰色地带。如果人们在解释器官交易禁令中联系这个概念，那么，它与立法者的表达含义相连，表达含义导致对器官交易禁令的扩大解释。毫无疑问，他意欲

〔57〕关于将法律概念理解为问题和答案的令人印象深刻的是 W. 布尔克哈特，《方法与法律体系》，1936 年，第 70 页及以下诸页。

根据在麻醉剂法中适用于该概念的规则来确定交易活动的概念。但是，这个扩大的理解提出了许多问题。它使器官交易禁令的犯罪也成为打击价格欺诈的犯罪。根据器官交易禁令的这一扩大理解，要求过高费用的医生也是器官交易者，因为他表现出的行为是自私的，且旨在更换器官。他也不属《移植法》第17条第2款的适当条款规制，合理的治疗费用免于器官交易禁令的约束。然而，问题在于，法律适用者是否受这种表达含义的约束，或者是否允许法律适用者创立一个完全不同的概念，或者至少在器官交易禁令中形成限制性的案件群。〔58〕必须指出的是，器官交易禁令的目的，即确保器官捐献者和器官接受者的自主，完全改变了对交易活动概念的这种理解。〔59〕该事实构成变成了针对价格欺诈的犯罪。然而，如果人们不考虑狭义的暴利事实构成，实际上它不是针对价格欺诈的犯罪，而是针对对紧急状况的剥削。刑法典“本身”也不知针对价格欺诈的犯罪，在我看来，这种后果导致，人们必须将此事实构成在其目的上进行目的论缩减。然而，立法者将其与交易活动关联的想法不应被完全被抛弃，否则就会发生法律不安定的并非微不足道的状态。然而，器官交易禁令的目的：确保器官捐献者和器官接受者的自主，允许从器官交易禁令排除某些情况。〔60〕

表达含义也可以来自法律的语言文本。例如，如果《刑法典》第250条第1段规定：“如果第1款行为人或参与抢劫者a）携带武器或其

---

〔58〕对此参见施罗特，《移植法中的刑罚防御的器官交易禁令》，载《公正的器官分配的基本原理》，2003年，第115页及以下诸页。

〔59〕关于这个目的的来源参见施罗特，《器官交易禁令》，载《2001年5月15日克劳斯·罗克辛七十岁华诞纪念文集》，许内曼等编，第871页及以下诸页。

〔60〕关于事实构成的目的论缩减参见施罗特，《移植法中的刑罚防御的器官交易禁令：一个国际问题及其德国解决方案》，载《移植》，奥登库、施罗特、福森库尔（编），2003年，第166页及以下诸页。

他危险工具，b）或者携带工具或药物，通过暴力或暴力威胁来阻止或 261
克服他人抵抗的，则应当处以不低于三年的自由刑”，这意味着，对于通过携带危险工具的其他抢劫，使用意图不能起作用。如果还要求使用意图，那么，人们将《刑法典》第250条第1款a）的其他便定义为无关紧要。属于《刑法典》第250条第1款a）的所有情况亦可同时被归入第250条第1款b）。《刑法典》第250条第1款a）似乎只是第250条第1款b）的一部分。使事实构成要素显得是多余的解释几乎不是对立法决定合适的解释。这里也提出了问题，立法者的意志是否可以是有约束力的，因为危险工具的概念，如果人们不能从使用意图来确定它，且也不能确定使用，变得极不确定。在我看来，它虽然不能从使用意图来确定，否则《刑法典》第250条第1款的第一个选择没有意义，且立法者的意志被歪曲。立法者意欲实现，携带盐酸、壁纸刀和手榴弹等危险犯罪物品的抢劫者，即使不能证明他的使用意图，也能受到特别的制裁。

关于客观－目的论解释：

客观－目的论解释从目的确立出发解释规范，这同样不是立法者的目的确立。在“法学”沟通共同体中形成的宪法原则，具有普适性的刑法事实构成的观念，是法律规范的解释标准。这里的核心问题是：法律适用者何时有权放弃立法者所追求的确立的目的？

部分方法论文献认为，有必要在解释理论观念中区分解释目标与解释手段。解释手段是语词含义、系统的关联和其他规范领域的元素。[61] 解释目标或是对历史立法者意志的阐明，或是法律的当前目的之确定。因此，必须在解释手段方面进行相应的区分。如果人们是历

〔61〕 对此详见恩吉施，注51，《法律思维导论》，第115页及以下诸页。

史解释的追随者，那么，必须要问，与语词含义相连的是立法者的何种思想；基于存在于立法者意图中的系统的关联，含义是什么；历史的立法者遵循何种目的。如果人们认为法律目前的目的是决定性的，那么，解释手段不可是主观的，而必须在客观上讨论。[62]

262 弗里德里希·米勒走的是另一条路。他争辩的有力理由是，存在着主观与客观解释之间的选择。[63]米勒把试图将规范应用到事实上的程序称为“规范具体化”。对他来说，规范具体化一方面由规范文本解释，另一方面由规范领域要素构成，这些要素指教义学的、理论的、答案技术的和法哲学的要素。

倘若规范框架由社会结构决定，各种规范利益要素为法律适用提供了标准。如果已存在法院和教学的评价，教义学的要素可能使规范具体化。法律教义学，据米勒，是法律世界中沟通技术的下位系统。[64]倘若为了具体的法律领域建构“理论”，那这同样是规范具体化的要素，只要可以从这些要素中为具体问题推导出决定性的意见来。米勒认为，当它为可接受的答案提供建议时，答案技术要素调控着规范具体化。在法哲学要素内部，判决结果被衡量与评价。[65]规范文本解释，米勒以为，由语法的、体系的和主观的解释组成。在文本解释中，主观要素分为两部分：即历史解释和发生学解释。历史解释处理的是规范文本及作为在手头案件中要具体化的其他规范文本，即历史解释处

---

〔62〕纯粹的客观解释理论存在于许多法律教科书中。尤参见：鲍曼/韦伯/米奇，《刑法，总则》，第11版，2003年，第13章；许多方法论通常对客观解释采取积极的立场，但施加了种种限制。尤参见：拉伦茨/卡纳里斯，注45，《法学方法论》，第153页及以下诸页。

〔63〕注22，米勒/克里斯滕森，《法律方法论》，第263页及以下诸页；克赖，《刑法中的法律保留研究》，1977年，第181页及以下诸页。

〔64〕注22，米勒/克里斯滕森，《法律方法论》，第423页及以下诸页。

〔65〕同上书，第440页及以下诸页。

理的是以前的规则文本。发生学解释研究的是产生史的文本。[66]米勒把有关具体化的要素表述为优先规则。解释要素的顺序将不试图通过解释的目标规定来推导，而是通过具体化要素的优先规则来推导。因此，直接与规范相关的要素优先于不直接与规范相关的具体化要素。在直接与规范相关的具体化要素中，语法的和系统的具体化要素，在有争议的情况下，具有优先地位。但历史的和发生学的解释在其重要性上紧随语法的和体系的要素。

这提出了如下问题：人们是该以经典的解释学说，把规范应用于具体案件仅理解成解释，还是用米勒的理论，把它理解成规范的具体化。这个问题必须明确地在米勒的意义上被回答。一个法律适用于一个具体案件不可能仅仅被认为是文本解释。对解释后果日增的思考业已指明，规范的具体化不仅仅是解释。[67]必须以此为出发点，即在日 263
常实践中，其他的经验也作为“相关规范”进入到具体化过程中。法官把他自己内化的社会规范带到了解释过程中。另外，日常实践中的具体化被追溯到法学的一般理论要素上。抽象和具体的危险犯罪的区别，在刑法的规范具体化中发挥着重要的作用。

那么，法律方法学说的解释要素实现了哪些功能呢？为回答这个问题，人们首先必须弄明白，法律适用者面临着哪些困难。

首先，法律适用者必须确定文本的**解释需要**。一方面，他能意识到，他不再能遵循文本，因为他不知道，他应如何遵循文本。但法律适用者也能通过浏览法律材料确定，法律文本一如表现出来的，至少

〔66〕 注22，米勒/克里斯滕森，《法律方法论》，第369页及以下诸页。

〔67〕 由阿图尔·考夫曼教授、乌尔弗里德·诺伊曼教授和约亨·施奈德博士主持的慕尼黑研究计划“最高法院法官改判的论证理论视角”，确认了结果评价论证最经常出现在高等法院的判决中。

是不完善的。当法律适用者在法律体系的背景下来看法律文本时，也能确定，规范文本，一如它是如此容易，无须去理解。因此，解释要素能帮助明确文本的解释需要。

规范具体化过程中的第二个阶段是**假设的建立**，假设表达了解释标准。在此，解释要素也能有所帮助。在各种法律资料中，法律适用者经常能发现对解释标准的前表达。在参阅法律文本的体系背景时，法律适用者可能想到解释标准。

在规范具体化过程中紧接着的一个阶段是**决定**解释标准。解释标准的决定是争辩地通过权衡“赞成”和“反对”解释假设的论证而实现的。在此，存在着与规范具体化要素原本相关的领域。它们表现为多个经验可能性的形式，依此，可能和应该对解释标准进行衡量。当所有的解释要素趋于一个解释标准时，对不同的解释标准作有效性审查是最简单的。当不同的解释要素赞成以及甚至可能反对两个对立的解释标准时，那当如何行为呢？这就出现了那种情况：法律字面含义而不是立法者的意志为解释标准 A1，历史上立法者的意志而不是法律字面含义为解释标准 A2。如果解释情势是这样，那么，就存在多种方法上的可能性。人们可能论辩道，现在必须说明旨在揭示每个解释要素是如何重要的相关性规则。但人们也能采取这种立场：每个法律适用者根据尽可能实现个案正义的理念，自主地不得不面临在 A1 和 A2
264 之间选择。[68] 赞同第一种立场指，唯有它保障了相同方法层面的平等的判决基础。它肯定不会有错，因为它强烈地约束着法官。在此也给法律适用者留下自主的空间。采取第二种立场提出的理由是，只有它

〔68〕 这一问题参见注 23，诺伊曼，《法哲学和法律理论新论》，第 200 页及以下诸页；注 45，拉伦茨 / 卡纳里斯，《法学方法论》，第 166 页及以下诸页。

最好地达到了法学的原本的目标：实现正义。但这个目标也须在第一种观点中被考虑。唯有在与其余的解释要素的关系中，具体的相关性价值才必须委托法律适用者去思量。

另外，在法律上仍为可能的决定规范具体化的界限中，解释要素起着重要的作用，至少这适于一些具体法律领域。例如在刑法中，刑法学者占主导的观点为，可能的语言使用习惯是解释的界限。[69]大部分历史解释的代表坚持，只有解释能够以立法者的意志为基础才是允许的。[70]后一个解释界限肯定太偏颇。这种严格地把法官约束在立法者的价值上，在实践上和理论上均不可行。

但是，可能的语言习惯只是一个非常弱的解释界限。[71]这更是一个语言宽容的能力问题，即一个解释标准是否在语言上可能被接受。[72]

汉斯－约阿希姆·科赫等人[73]曾尝试用语言分析的思考去明确阐明解释的界限。他们采纳了现实主义语义学的基本立场。据此，概念的“内涵”和“外延”必须被区别开来。概念的外延被理解为行为事实，概念代表着它，概念的内涵当被理解为概念的“应用规则”。外延将经由内涵来确定，内涵当通过描述事实上的语词习惯来考察。人们在一切使用或涉及或不涉及具体行为事实群的概念情况下可能牵扯到决定，此时，

---

〔69〕 尤见恩吉施，《刑法学的方法》，载《人文科学工作方法百科全书：法学方法 I》，1972 年，第 62 页及以下诸页。

〔70〕 参见注 2，U. 施罗特，《刑法中主观解释的理论与实践》，第 110 页及以下诸页，有详尽说明。

〔71〕 参见诺伊曼，《联邦最高法院刑庭判决中作为解释界限的“可能的语词含义”》，载诺伊曼、拉尔夫、E. v. 萨维尼，《法律教义学与科学理论》，1976 年，第 42 页及以下诸页；普里斯特，《论刑法中禁止类推》，载 H. J. 科赫（主编），《法律方法学说与分析哲学》，1974 年，第 153 页及以下诸页，但他不是如此怀疑作为解释界限的可能的语词含义。

〔72〕 参见注 2，U. 施罗特，《刑法中主观解释的理论与实践》，第 110 页及以下诸页。

〔73〕 科赫／吕斯曼，《法律论证学说》，1982 年，第 129 页。

内涵就变得具体。如果具体的行为事实群适于概念，那么，我们就与这
265 个概念的肯定对象相关，如具体的行为事实群无疑地不适用于这个概念，那这就是否定对象。如果不能决定一个行为事实群是否适合某个概念，那我们就与中立对象相关。[74]这一来，人们能断言，罪刑法定原则当这样去理解：在任何情况下，刑法概念的消极对象不可以适于这个概念。

法律适用的肯定的、否定的和中立的对象之区别以其简洁性令人印象深刻。但它只可能使刑法解释界限有一个表面精确的概念确定。实际上，这个概念确定，可能只是在有一个主体间接受的程序，去决定否定的、肯定的、中立的对象时，才是确切的。对此必须确定一个程序根据此程序意图能被客观化地确定。

另外一个功能归于在判决结果**描述**中的解释要素。倘若一个解释标准可以用一种解释工具来说明，至少它是一个有理由的解释标准。

一些作者强调，解释准则完全不可能具有认识价值。倘若人们赞同，这将证明，解释要素过于不精确，并且在法律适用实践中，解释要素随便被考虑或不被考虑。这两个论点再清楚不过。但它们更多地是显示了方法学说当前之状态，而不是解释要素“自身”。肯定对的是，解释要素必须被精确地说明。例如，在主观解释中必须精确说明的是，主观解释将被理解成什么，在多大范围上它是可能的，又在多大程度上它具有规范的约束力。关于客观－目的解释必须明确的是，“目的”从哪里获悉到其合法性，它可以如何抽象地被表达（它愈是抽象，有愈多的解释标准能适合它），解释标准必须在多大范围上服务于它。经常是不同的解释标准服务于一个目标。这同样适于语法解释和系统解释。必须明确，语法和系统解释被理解成什么，语言规则及体

---

〔74〕 注 73，科赫 / 吕斯曼，《法律论证学说》，第 195 页。

系应如何被探究；它们在多大程度上具有规范的约束力。[75] 在实践中，解释要素被不同地对待，这至少在这种程度上被证明，即人们的出发点是，在每一案件中，解释要素必须有同等的约束力。[76] 如果人们反 266
对权衡解释要素的准则必须在特定的情势下被理解这一主张，那可能不再有实践是否事实上任意行事这一说法。这可能存在着内容上的理由：解释要素有时被考虑，有时不被考虑。这更支持了在特定情势下去理解权衡解释要素的准则。一些与“历史上立法者的意志”这一解释要素有关的论证被提出。无疑，这产生了“历史上立法者的意志”清楚与否的区别。[77] 不清楚的“立法者的意志”在法律解释中不应起作用，因为可能有不同的如何看待具体的“意志”的观点。对于“历史上立法者的意志”的相关性可能起作用的是，意志是存在于法律之外，还是在法律规范中已有直接的表达。只是在意志已获得一个“可预测到的”对法律制定的影响时，意志当具有解释相关性。“立法者的意志”可能对新近的法律，比对价值评判系统中宣布的、与我们的时代不再一致的法律，有更多的作用。[78] 历史的立法者意志，在规范上可以被定位为，在那些没有共识的答案的问题上，比那些对如何当解决存在普遍一致意见的问题上，更为重要。[79] 如果立法者意欲借助事实构成的措词类型设定一个特定的限制，它也应该是具有约束力的。

---

〔75〕 有关主观解释问题详见注 2，U. 施罗特，《刑法中主观解释的理论与实践》，第 82 页及以下诸页。遵循黑克的主张，在此，“立法者的意志”这一概念，经由解释者被理解成对立法者领会行为的释义。此概念与“心理的”意志毫无干系。相反，导致规范具体含义的评价立场须被重新表述；有关语法解释见科赫，《刑法中法律方法学术讨论课导论》，1977 年，第 35 页及以下诸页；有关目的解释的最详论述见注 73，科赫 / 吕斯曼，《法律论证学说》。

〔76〕 见注 2，U. 施罗特，《刑法中主观解释的理论与实践》，第 101 页及以下诸页。

〔77〕 注 2，U. 施罗特，《刑法中主观解释的理论与实践》，第 101 页及以下诸页。

〔78〕 同上书，第 104 页及以下诸页。

〔79〕 同上书，第 105 页及以下诸页。

同样，立法者的意志也应是具有约束力的，例如，如果他意欲借助法律的措词拒绝某一特定理论，或甚至作用于改变司法，且这也反映在法律中。无论如何，只要立法者达到的预期作用不违反宪法，就有效。举一个简单的例子：如果立法者意欲拒绝错误理论中的故意理论，并且有限的罪责理论显然已经成为刑法典总则的基础，那么，如果法律适用者仍然遵循故意理论则是不合适的。

以类似的方式，人们也可以确定其他解释要素的相关性。

6.4.4 不确定的解释标准和判决结果

在实际的解释实践中，经常未成功地建立清楚的解释标准，而只是建立不确定的解释标准。例如，刑法教义学用“隔断他者并建立新
267 的支配”来详细说明“偷走”。[80]那么，支配在事实上就被理解为承担着控制关系的控制者的意志。[81]日常生活的直觉指明了这个概念的含义。

那么，如果现在有一个案件待决，比如说商店的小偷，在商场保安的注视下，把物品放在大衣口袋里偷走了，这就提出了一个问题：那个小偷是否已形成了支配。[82]无论人们如何判定这个问题，在这些情况中，“未遂”的或“既遂”的偷盗当被认定。

一如吕贝－沃尔夫已正确说明的，在这类案件中，应如何决定此案件的问题，可不再与应如何正确理解刑法中偷走概念的问题相分离。[83]

---

〔80〕 尤见注 41 韦塞尔斯/希伦坎普，《刑法分则 II》，第 2 章，边码 82。

〔81〕 同上。

〔82〕 同上书，边码 125。

〔83〕 注 14，吕贝－沃尔夫，《法律结果与现实结果——结果权衡在法律规则和概念之形成中能发挥何作用？》，第 135 页。

但因此法律适用者被直接要求去评价判决结果。那么，对法律规范进行正确理解的合法性，就受制于结果的合法性。解释标准只是在通过判例规范，即可与事实一致的规则，被可适用地制造出来。[84]这个判例规范的合法性则按后果合法性来衡量。如吕贝－沃尔夫指明的，这也是那个对一般条款的一般解释问题。一般条款正好是以解释问题与判决结果问题（不是人为的建构）不可分离而著称的。[85]

6.4.5 解释标准和刑罚范围

在刑法中提出的问题是，在解释中，刑罚框架在多大程度上必须被考虑。[86]举一个例子。在《刑法典》第 224 条中，法定最低刑被提高到六个月。提出的问题是，与之相关，满足身体伤害的事实构成要素是否不应该限制性地解释。例如，人们可以说，现在应该更加狭义地理解危险工具的概念，或者将身体伤害变成危险的身体伤害的共同犯罪模式也应该被为限制性地解释。我认为，提高最低刑范围的解释通常也应该导致限制性解释，也即仅仅是因为在刑法判定中的法律后果必须是合比例的。但是，必须指出的是，如果立法者故意提高刑罚范围，这条规则不再适用，因为立法者的看法是，司法实践必须严厉惩罚某些类型的侵害结果，且立法者的决定在宪法上是无可非议的。如果立法者终究只规定一个刑罚，即终身监禁，那总被要求一种限制性解释。这仅仅是因为除此之外不能保持比例原则。法律制度中最严 268

〔84〕 注 43，菲肯切尔，《法律方法的比较阐释》，第 4 卷，第 202 页及以下诸页。

〔85〕 注 14，吕贝－沃尔夫，《法律结果与现实结果——结果权衡在法律规则和概念之形成中能发挥何作用？》，第 136 页。

〔86〕 对此详见库德里希，《刑事法律发现体系中的刑事框架导向解释》，《整体刑法学杂志》，2003 年，第 1 页及以下诸页。

重的刑罚只能在最严重的不法的情况下实施。遗憾的是，联邦最高法院并不总是充分考虑这一思想。它不得不对一个案件作出判决，在这个案件中，被害者在被杀之前对行为人实施了非人性的行为。被害者强奸了行为人的妻子，致使迄今为止和谐的婚姻失败，被害者威胁要杀死行为人，并再次强奸行为人的妻子，从而激起了行为人的行为结果。联邦最高法院和事实审法院的出发点是，杀害方式是阴险的，其本身必须适用《刑法典》第211条。为了能够作出一个合比例的刑罚，就违背法律地判决，发生了对《刑法典》第49条第1款第1句的类比适用。[87] 这个判决是不能令人信服的，因为正如诺伊纳已经表明的，它没有导致一个考虑到平等原则的判决。根据解释，必须考虑到，当在一定程度上杀害行为虽然符合谋杀要素，但不符合被视为谋杀的普通杀害行为的平均严重程度，谋杀要素需要得到纠正。例如，如果一名妇女多年来遭受严重虐待，如果她射杀了在睡梦中的折磨她的人，即使她实施了阴险的行为，适用《刑法典》第211条（终身监禁的法律结果），也没有多大意义。[88]

6.4.6 解释标准和取向评价

像“无责任能力”或“无驾驶能力”等概念，是以它们不能被直接归于“可感知的”行动为特点的。更确切地说，它们被称为“取向”，不是直接通过感觉可把握的。当人们在具体的情势中观察人的行为，并知道用何种方法和方式，可以使这种情势中的具体行为方式的结论满足取向的存在时，这些概念是否存在，还必须考察。如果人

---

〔87〕 参见《联邦最高法院刑事裁判集》30，105，对此见*诺伊纳*，《违背法律的法律发现》，1992年，第166页及以下诸页。

〔88〕 对此参见“家庭暴君”案，《联邦最高法院刑事裁判集》2003，665。

们意欲澄清这类概念，人们就必须查明其在法律体系中的功能，并明了其关涉可确定的实际的归序规则。如果判决使“无驾驶能力”这一概念这样来精确化，即这至少是，卡车司机在血液中有1.1‰的酒精，为精确这个概念，判决就将证明规则运用到实际中。归序规则由此与“正常的”适用标准不同，即可以不再区分什么是正常的概念的精确化，什么是证据规则。[89]由于这些上诉法的规则至少非直接地约束着法院，在这种范围里，自由的法官的证据评价将受到限制，其事实问题将变成法律问题。[90]在规范性上有疑问的是，在多大范围 269
里，上诉法院可以在其证据评价权限中，用这种证明规则限制事实审法院。[91]

6.4.7 司法判决的适用标准和结果导向上的疑难

如果法律适用者自己决定法律规范的具体解释标准，那么，这有两种后果之分：其一，这种选择具有判决的结果。解释标准具体地引导了待决的个案，也在一系列其他的、同类的案件中导致了特殊的法律结果。其二，具体的解释标准之选择还经常导致其他的结果。联邦最高法院的法律意见：关于禁止的讯问方法（刑事诉讼法第136a条），一方面自由证明适用，而另一方面，遇有疑义时不应适用有利于被告原则，其结果是，《刑事诉讼法》第136a条在实践中可能未给予足够的重视，因为证明违反《刑事诉讼法》第136a条很难。人们

〔89〕此问题福尔克有详论，《刑法教义学、理论和实际》，载《保罗·博克尔曼七十华诞纪念文集》，考夫曼、贝曼、克劳斯、福尔克（主编），1979年，第75页及以下诸页。

〔90〕注89，福尔克，《刑法教义学，理论和实际》，第81页及以下诸页。

〔91〕关于此问题，对绝对不适于驾驶的讨论富有启发，参见《联邦最高法院刑事裁判集》21，评注157。哈夫克，《法律教育》，1971年，第448页；《联邦最高法院刑事裁判集》22，评注352。亨德尔，《新法学周刊》，1969年，第1578页。

称这种法律后果为调适性结果。在方法上很大程度上不清楚的是，判决性结果和调适性结果在规范具体化的过程中，在多大程度上必须被考虑到。

解释标准结果的不公正，被一些方法论文献视作反对解释标准正确性的证据。另一些方法论文献认为，不公正的结果是反对解释标准正确性的决定性论据。然而，对此问题的统一可能存在：通常，导致不公正结果的解释标准，在内容上不应被接受。[92]

在选择正确的解释标准时，判决的调适性结果在多大程度上必须发挥着作用，甚不清楚。在法律实践中，一部分与判决的调适性结果完全无涉，在另一些判决中，判决的调适性结果发挥着重大的作用，法学也赞同这一点。[93]在方法论上，判决关注容易理解的调适性结果，显得是必要的。只是在这个调适性结果可能被“其他的东西”阻碍时，
270 不考虑异常难以认识到的调适性结果显得是合理的。调适性结果可能也只由于或“多”或“少”的可能性被认识到。还须在方法上澄清，从具备何种程度的可能性起它应被考虑到。

---

〔92〕 有趣的是对此问题不同的态度，注 45，拉伦茨 / 卡纳里斯，《法学方法论》，第 168 页；注 9，埃塞尔，《法律发现中的前理解和方法选择——法官判决实践的唯理性基础》，第 8 页及以下诸页；克里勒，《法律获得理论——宪法解释问题的发展》，第 2 版，1976 年，第 312 及下页；总结见注 23，诺伊曼，《法哲学和法律理论新论》，第 199 页及以下诸页。

〔93〕 注 14，吕贝 - 沃尔夫，《法律结果与现实结果——结果权衡在法律规则和概念之形成中能发挥何作用？》，第 139 页及以下诸页。内尔，《法律决定中的可能性判决》，1983 年；关于结果考虑的一般问题存有不同意见，参见哈斯默尔，《论刑法解释中的结果考虑》，载《赫尔穆特 · 科英七十华诞纪念文集》，霍恩（主编），1982 年，第 493 页及以下诸页；桑布克，《法官法中的结果权衡》，1977 年；韦尔德，《法律的结果导向》，1979 年；卢曼，《法律系统与法律教义学》，1974 年，第 31 页及以下诸页；帕夫洛夫斯基，《法律人的方法学说》，第 3 版，1999 年，第 11 章；罗特洛伊特纳，《论结果导向的法律适用之方法》，载《作为法学基础的科学和哲学》，《法哲学和社会哲学文汇》增刊第 13 卷，1980 年，第 97 页及以下诸页。

6.5 法律发现和正当化

原则上，在考虑解释结果，也包括法官判决时，必须区分制作和描述。这两个复合体不能被认为是分开的，以致人们必须假设它们之间不存在关联。相反，作为通往决策的最后阶段的论证应该反映制作过程的结果。然而，通常发生的是，进入判决中的东西比判决论证显示的更多和不一样。它也可能出现在与制作阶段无关的论证方面。在任何情况下，论证义务会带来，描述后来的各种可能性影响、引导和激励着制作。因此，虽然将制作和描述视为连续的两个阶段是完全合理的，但同时判决与论证或推理的绝对分离与之并不相关。

选择各种可能的判决的法官的前理解总只能得出后来是可论证的结论。即使在判决过程的早期阶段，对至今解决方案假设的中间审查也会导致对合法性的预测。各种可能的解决方案的“贯彻到底”及其对结果的分析，导致某些解决方案的分离。因此，实际上，在制作中同时涉及关于实际判决的进展及其论证的部分决定。在非线性过程中，决定和论证的要素不断相互渗透。然而，它可能对区分判决要素与论证要素方面，从而引入两个层面的观察，它允许这种区分，同时分析两个方面之间的关系，是有意义的。

在对法律案件作出判决的层面上，必须审查那些在结果方面具有影响性质的要素。在论证层面上，要分析哪些规则适用和应适用于法律讨论和论证。

文献辑选

阿列克西，罗伯特,《法律论证理论》，第 4 版，2001 年,（初版 1978 年）。

Alexy, Robert, Theorie der juristischen Argumentation, 4. Aufl. 2001 (Originalausgabe 1978).

恩吉施，卡尔,《法律适用的逻辑研究》，第 2 版，1960 年。

Engisch, Karl, Logische Studien zur Gesetzesanwendung, 2. Aufl. 1960.

同作者,《法律思维导论》，第 11 版，2010 年。

ders., Einführung in das juristische Denken, 11. Aufl. 2010.

埃塞尔，约瑟夫,《前理解与方法选择》，第 2 版，1983 年。

Esser, Josef, Vorverständnis und Methodenwahl, 2. Aufl. 1983.

菲肯切尔，沃尔夫冈,《法律方法的比较阐释》，5 卷，1975—1977 年。

Fikentscher, Wolfgang, Methoden des Rechts, 5 Bde., 1975—1977.

271 伽达默尔，汉斯－格奥尔格,《真理与方法》，第 4 版，1975 年。

Gadamer, Hans-Georg, Wahrheit und Methode, 4. Aufl. 1975.

哈斯默尔，温弗里德,《事实构成与类型——刑法诠释学探索》，1968 年。

Hassemer, Winfried, Tatbestand und Typus；Untersuchungen zur strafrechtlichen Hermeneutik, 1968.

同作者（编）,《诠释学之维——阿图尔·考夫曼六十华诞》，1984 年。

ders., (Hrsg.), Dimensionen der Hermeneutik, Arthur Kaufmann zum 60. Geburtstag, 1984.

黑芬德尔，罗兰 / 赫姆勒，塔特雅娜 / 格雷科，路易丝（编）,《可争辩的刑事科学：贝恩德·许内曼七十华诞纪念文集》，2014 年。

Hefendehl, Roland/Hömle, Tatjana/Greco, Luis (Hrsg.), Streitbare Strafrechtswissenschaft. Festschrift für Bernd Schünemann zum 70. Geburtstag, 2014.

欣德林，汉斯－格奥尔格,《法律规范与理解》，1971 年。

Hinderling, Hans-Georg, Rechtsnorm und Verstehen, 1971.

卡尼柴德，贝姆尔夫 / 韦茨，弗朗茨·约瑟夫（编）,《诠释学与自然主义》，1998 年。

Kanitscheider, Bemulf/Wetz, Franz Josef (Hrsg.), Hermeneutik und Naturalismus, 1998.

考夫曼，阿图尔,《法律诠释学论文集》，第 2 版，1998 年。

Kaufmann, Arthur, Beiträge zur juristischen Hermeneutik, 2 Aufl, 1998.

同作者,《类比与事情的本性》，第 2 版，1982 年。

ders., Analogie und Natur der Sache, 2. Aufl. 1982.

库德里希，汉斯,《刑法发现体系中刑罚范围导向的解释》，载:《整体刑法学杂志》，2003 年，第 1 页及以下诸页。

Kudlich, Hans, Die strafrahmenorientierte Auslegung im System der strafrechtlichen Rechtsfindung, in: ZStW, 2003, S. 1ff.

克拉默，恩斯特 –A.,《法律方法论》，1998 年。

Kramer, Ernst-A., Juristische Methodenlehre, 1998.

克里勒，马丁,《法律获得理论》，第 2 版，1976 年。

Kriele, Martin, Theorie der Rechtsgewinnung, 2. Aufl. 1976.

拉伦茨，卡尔 / 卡纳里斯，克劳斯 – 威廉,《法学方法论》，第 3 版,1995 年。

Larenz, Karl/Claus-Wilhelm, Methodenlehre der Rechtawissenschaft, 3. Aufl. 1995.

吕贝 – 沃尔夫，格特鲁德,《法律结果与现实结果》，1981 年。

Lübbe-Wolff, Gertrud, Rechtafolgen und Realfolgen, 1981.

米勒，弗里德里希 / 克里斯滕森，拉尔夫,《法律方法论》，第 1 卷,《法律实践的工作方法基础》，第 11 版，2013 年。

Müller, Friedrich/ Christensen, Ralph, Juristische Methodik, Band I, Grundlegung für die Arbeitsmethoden der Rechtspraxis, 11. Aufl. 2013.

诺伊曼，乌尔弗里德,《法律论证学说》，1986 年。

Neumann, Ulfrid, Juristische Argumentationslehre, 1986.

诺伊纳，约尔格,《违背法律的法律发现》，1992 年。

Neuner, Jörg, Die Rechtsfindung contra legem, 1992.

普珀，英格博格,《法律思维初步》，第 3 版，2014 年。

Puppe, Ingeborg, Kleine Schule des juristischen Denkens, 3. Aufl. 2014.

施内德尔巴赫，赫尔伯特,《1831—1933 年的德国哲学》，1983 年（导言）。

Schnädelbach, Herbert, Philosophie in Deutschland 1831—1933, 1983 (Einführung).

施罗特，乌尔里希,《刑法中主观解释的理论和实践》，1983 年。

Schroth, Ulrich, Theorie und Praxis subjektiver Auslegung im Strafrecht, 1983.

韦尔德，托马斯 · W.,《法律的结果导向》，1979 年。

Wälde, Thomas, W., Juristische Folgenorientierung, 1979.

272

7. 法律逻辑学

乌尔弗里德·诺伊曼　美因河畔法兰克福

7.1　法律逻辑学的概念

法律逻辑学的概念有双重含义，因为逻辑学这个概念在广义和狭义上被使用。在**广义**上，“逻辑学”更指“**方法论**”，在这个含义中，例如被用于谈论“社会科学的逻辑学”或“文化科学的逻辑学”。在**狭义**上，逻辑学的概念仅涉及形式规则，即关涉其有效性不依赖于特殊适用范围之规则。在此狭义上，逻辑学是“以形式为基础才是真命题的理论”。[1]如果人们以狭义的概念为基础，那么，就能去否定一种特殊的“法律”逻辑学之存在，因为逻辑学仅以“形式”为基础研究命题的真，也即，各门科学的命题的内容毫无作用。因此，部分上可断言，谈论法律逻辑学，就像说医学或生物学逻辑学一样，显得意义甚微。[2]

在这种情况下，“法律逻辑学”的问题，在形式意义上可能只是把

---

〔1〕 帕齐希，《语言与逻辑》，第2版，1981年，第10页。

〔2〕 在此含义上有瓦格纳/哈格，《法学中的现代逻辑学》，1970年，第7页。亦参见佩雷尔曼，《作为论证学说的法律逻辑学》，1979年，第14页。

普通逻辑运用到法律和法学中去的问题。[3] 然而，这里存在的特殊问题证明了保留“法律逻辑学”的概念也对形式意义上逻辑学的应用范围的是合理的，这将在下面讨论。例如，这些特殊问题涉及涵摄的逻辑结构（7.2），规范的狭义逻辑的必要性（7.4.1.3）和逻辑与法律论证的关系（7.5.4）。

7.2 三段论和“司法三段论”

半是讽刺半是严肃地把法律涵摄称为“**司法三段论**”，指向传统逻辑学的推理形式，即三段论。这种源于亚里士多德的推理形式，[4] 最好以两个例子来说明。三段论

M a P
S a M
S a P

当被读作：所有 M 是 P，所有 S 是 M，结论为：所有 S 是 P。三段论 273

M e P
S i M
S o P

当读作：没有 M 是 P，一些 S 是 M，结论为：一些 S 不是 P。那些小写字母，a，i，e，o（从肯定到否定）在这种次序中表明了全称－肯定（“所有……是……”），特称－肯定（“一些……是……”），全

---

〔3〕 在此含义上有西蒙,《法律逻辑学与法官活动》，载《比较法学杂志》第 81 卷（1982 年），第 63 页；塔梅洛,《法律工作中的现代逻辑学》，1978 年，第 1 及下页；亦参见塔梅洛此书第 3 版，第 120 页。

〔4〕 亚里士多德的三段论与传统的（经院哲学的）三段论之区别，在此可以不去考虑；对此见帕齐希,《亚里士多德的三段论》，1969 年，第 11—24 页。

称－否定（“没有……是……”），特称－否定（“一些……不是……”）的关系。具体的推理方式将以三音节的名字来标明，它们的元音标出了 M 和 P 当时的关系为前提和结论。在第一个例子中关涉演绎方法（modus barbara），在第二个例子中关涉归纳方法（modus ferio）。[5] 如果人们不考虑在法律涵摄中小前提是单称句，[6] 那么，所谓的司法三段论可以作为演绎方法的运用情况来重建：

一切杀人者应受刑罚

T 是杀人者

T 应受刑罚。

7.3 逻辑演算

三段论的推理形式是形式逻辑发展道路上的一个重要步骤，因为它们描述了推理的一般结构，其约束力与各自的内容无关。它们对所有可以想象的命题同样有效。因此，且只因这点，它们可以用抽象符号（这里：大写字母 [M，P]）代替内容性概念（“凶手”，“应该受到惩罚”等）。但是，三段论的推理形式不允许运算程序，其可靠性没有直接的说服力，或在每种情况中内容是可检验的。现代的和传统的逻辑学的重要区别正在于此。现代逻辑学使形式中的形式运算程序成为可能。人们把这个形式理解成一个符号系统，这些符号根据一定的运算程序规

〔5〕 对有效的三段论之完整描述见塔梅洛／施赖纳，《法律逻辑学的基础和基本过程》，第 1 卷，1974 年，第 110 页及以下诸页，及赫贝格尔／西蒙，《法律者的科学理论》，1980 年，第 23 页及以下诸页。亦参见阿图尔·考夫曼，《法律获取的程序》，1999 年，第 43 页及以下诸页。

〔6〕 对此参见如克卢格，《法律逻辑学》，第 4 版，1982 年，第 49 页。

则可相互连在一起。[7] 借助形式对客观领域的描述，其前提是，对于形式的符号而言，客观领域的因素可以被排列，这也是指，单个符号的指称固定不变。人们把这种在内容上解释的形式称为**形式化的语言**。[8]“形式化”也意指不同于和更多于用符号（象征化）来替代语词。关键是运算程序规则的存在，这个规则使从形式的表达过渡到另一个不考虑表达 274
的“意义”，即纯“形式”的表达成为可能。在这个含义上，形式化的语言例如是指现代逻辑学中的命题公式和谓词公式，如果谈论法律语言的“形式化”，那么，意谓在一般意义上，把它翻译成（考虑到法律的规范性可能修正）命题形式和谓词形式（详见 7.3.1 和 7.3.2）。人们运用何种形式来表示逻辑关联，取决于要表达哪些结构。个别的形式表现出不同程度的分化，因此是不同的“解决可能”。因此，形式的选择取决于，人们想要在哪些结构上实现何种程度的扩大。

7.3.1 命题演算

命题演算反映了普遍命题（“下雨”，“道路是潮湿的”）与复合命题（“下雨和道路是潮湿的”）之间的逻辑关联。[9] 由于这些命题的各个结构在这里并不重要，因此，命题形式仅包含两种两类符号：小写字母 p、q、r（可能还有其他的），它把命题符号化（命题的变量）；运算程序，即否定和连接词，后者把基本命题联结成一个复合体。这些连接词大部分可以通过日常语言的措辞（“和”“或”“如果－那么”“仅

---

〔7〕 关于程式之概念，详见赖因辛格，《法律中的形式化之思索》，载《数据处理、税务、经济与法律》，1974 年，第 46 页及以下诸页，第 87 页及以下诸页，第 47 页。

〔8〕 注 7，赖因辛格，《法律中的形式化之思索》，第 47 页。

〔9〕 鲁彭的导论性介绍，《形式逻辑导论》，1997 年，第 17 页及以下诸页，以及布特，《形式逻辑导论》，1996 年，第 40 页及以下诸页。

当，如果”）来表达。对于可能把自然语言（也包括法律语言）的表述翻译成命题形式的理解至为重要的是，它们却不是从这种日常语言的连词中被定义的。命题逻辑的连接，是通过由连接而构建的复合命题的真值，依赖于基本命题的真值来定义的。[10]那个相应与日常语言的和－联结的合取“∧”将由此被定义：那个通过这种连接被构建的复合命题（p ∧ q）无可置疑是真实的，但只有（也仅仅只有）基本命题 p 和 q 同样是真实的时候。

如果人们把“1”记作“真实的”，“0”记作“虚假的”，那么可以按下面的方式来描述：

（∧指 p，q 二者的联结。——译者）

p	∧	q
1	1	1
1	0	0
0	0	1
0	0	0

275 在那里，中间的直行（1000）给出了总体表达（合取）的真值，依赖于 p（左列）和 q（右列）各自的真值。

这个真值的分配也适合于蕴涵（p → q）

p	→	q
1	1	1
1	0	0
0	1	1
0	1	0

〔10〕 否定也将通过真值分配来定义：

p	¬ p
1	0
0	1

这一关于真值的逻辑联结的定义，对于借助这个连接词建构的表达的翻译，意味着，翻译只是对于日常语言中的连词是无疑问的，那个连词建立了只是各种命题的真值（不是含义）之间的关系。日常语言的“和”当属于这个连词，“下雨了和巴黎是法国的首都”这一命题是真实的，唯有在不仅“下雨了”的命题，而且“巴黎是法国的首都”的命题也是真实的时候。[11] 其余的命题联结在日常语言上，并非强制可说明的，一如相反的许多日常语言命题联结（因为，虽然，在……之时等）在命题公式中是不可描述的。

充其量，命题逻辑的蕴涵在相似方式上是可说明的：在日常语言“如果–那么”的联结中，显露出不可能在程式中表达的因果联系。所以，例如那种命题，“如果伦敦是法国的首都，那么斯德哥尔摩位于尼罗河畔”，在命题逻辑的形式化中，作为蕴涵是真实的，因为蕴涵至少经由定义是真实的，但当前句是错误的时候（后句正确与否无关紧要）。[12] 然而，我们可能犹豫不决，认为日常语言表达的命题是真实的。因此，由于未觉察到，把伦敦“搬到”法国，应当“影响到”把斯德哥尔摩“搬到”尼罗河。但正好是这个因果性之因素不能在命题公式中表达。

所以，这个形式一方面虽比日常语言精确，但另一方面又比之
“贫乏”。这从命题逻辑的外延设想中得到解释。[13] 命题逻辑只是与命 276
题的外延（真值），不与命题的内涵（含义）相关。但是，各命题的内

〔11〕 我们也许对“下雨了和巴黎是法国的首都”这一表述作出惊讶的反应，这一惊讶当然就证明了，我们对一个带有“和”的联结句，一般也产生了关于存在着关联的预期。“反对党接管了统治权和失业急剧下降”这一表述，一般被理解成对因果关联的强调（另外，比如说，当此表述是对在一个特定时期内最重要的事件这一问题的回答之时）。由此产生的各种修辞学的可能性一清二楚。

〔12〕 参见以上真值表第3和4行。

〔13〕 对此参见克劳斯，《现代逻辑学》，第7版，1973年，第129页及以下诸页。

容联结是一个含义（意义）问题。因此，命题形式中的，一如在一切其他的外延程式中各命题的可形式化之严格界限被强调为：内容的关联不可能被描述。对于从中产生的关于法律规范的形式化尝试之困难，将在下文中探讨。

7.3.2 谓词演算

独立于内容联结的可表达性问题，因为其表达可能性受到限制，命题公式很少适合于法律规范和法律规定的形式化。一般的和单个的命题之间的差别，这个差别对于法律推理的结构是本质性的，不能在命题公式中被把握。因此，对于法律规范和法律规定的形式化，主要归到谓词公式[14]上，[15]在这个程式中，一般的、部分的和单个的原则，借助全称量词“∧”和存在量词“∨”可以被描述：

∧x（Px → Sx），读作：之于所有 X：如果 X 具有 P 谓词 / 性质，那么，X 具有 S 谓词 / 性质，或质言之：所有 P 是 S。

∨x（Px ∨ Sx），读作：至少存在一个 X，之于这个 X：X 具有 P 谓词 / 性质且 X 具有 S 谓词 / 性质；（Pa ∧ Sa）读作：a 具有 P 谓词 / 性质且具有 S 谓词 / 性质。

法律三段论的基本形式被描述为这样的推理形式：

$$\frac{\begin{array}{c}\wedge x\,(T1x \rightarrow R1x)\\ T1a\end{array}}{R1a}$$

〔14〕注 9，布特的导论性介绍，第 96 页及以下诸页以及鲁彭，第 155 页及以下诸页。

〔15〕参见勒迪希，《论特殊的规范逻辑的必要性》，载《法律社会学和法律理论年鉴》，第 2 卷，第 163 页及以下诸页，多处；吉野，《论作为法律逻辑方法的特殊规范逻辑的必要性》，载《勒迪希纪念文集》，1978 年，第 140 页及以下诸页，多处。

对于一切 x：如果 x 满足了事实构成 T1，那么，法律后果 R1 就适合于 x

a 满足了事实构成 T1

法律后果 R1 适合于 a

对演绎方法的法律三段论的这种描述具有结构的相似性，引人注目。在事实上，三段论至少可以在原则上解释成谓词逻辑（第一层次）的分支。[16]

7.4 逻辑在法律中的效用能力 277

逻辑的哪些作用，能出现在及理性地出现在法学的领域中，存在着激烈的争论。一方面，应明了存在着明显的怀疑，[17] 即它不仅对法律逻辑学的效用能力评价甚低，而且也指出法律和法学"逻辑化"之可能的危险。另一方面，在法律作者激烈抨击逻辑学者之余，[18] 在法律和法律论证的分析中，也出现卓有成效地运用现代逻辑的方法。[19] 如果人们愿意了解这种争论，那首先必须区别两种逻辑，一是作为在自然语言

〔16〕 对此见注 6，克卢格，《法律逻辑学》，第 48 页及以下诸页；注 5，赫贝格尔/西蒙，《法律人的科学理论》，第 114 页及以下诸页。

〔17〕 参见埃塞尔，《私法法官培训中的原则和规范》，第 4 版，1990 年，第 221 页；同作者，《法律发现中的前理解和方法选择——法官判决实践中的唯理性基础》，第 2 版，1972 年，第 106 页及以下诸页。

〔18〕 关于科赫/吕斯曼在《法律论证学说》（1982 年，第 59—63 页）中对图尔敏所作的批评，参见诺伊曼，《法律论证学说》，1986 年，第 25—28 页。

〔19〕 在德语文献中，这里当首先提到勒迪希的著述；关于法律判决的分析，见阿列克西，《法律判决的逻辑分析》，载哈斯默尔/考夫曼/诺伊曼（编），《论证与法律》，《法哲学和社会哲学文汇》增刊 14，1980 年，第 181 页及以下诸页。

中表述的规则系统之逻辑，一是作为形式化的系统（程式）的逻辑。

7.4.1 法律命题的形式化和公理化

7.4.1.1 形式化的目标

关于法律命题形式化的可能目标之问题，至少可以在否定意义上非常激进地作出回答。使不应在程式之外获得的判决成为可能，不可能是形式化的目标。在积极意义上，法律论证的透明性，将被称作为形式化的目标。在这个关联中，可发现弗雷格提示的比喻，[20]他比较了数理逻辑与显微镜，显微镜是在眼睛（比较自然语言）底下游动，但它远不止于锐利。[21]排除命题公式中日常语言连接词的多义性，提供了一个鲜活的例子。对命题公式中命题联结的描述，迫使清晰地解释联结的具体逻辑结构，这个结构经常为日常语言弄得模糊不清。例如，当《刑法典》第 303 条，对故意损害物品的行为威胁处以罚金或自由刑时，从这个表述中不能看清，是也可以同时判处罚金和自由刑（包括或在内），还是当断定要么为自由刑要么为罚金（不包括或在内）。

如果人们用命题公式来描述《刑法典》第 303 条第 1 款，须先确定，哪一种对“或”的解释是合适的。在第一种情况下，命题逻辑的选言命题（$p \vee q$）应适用于《刑法典》第 303 条第 1 款的刑罚后果
278（真值后果 1 1 1 0），在第二种情况下，为反对命题（$P >< q$，真值后果 0 1 1 0）。因此，单一法律规范及法律命题的形式化，迫使注重所运用的形式的精确标准。另外，在形式中论证的重构，也使论证的非精确性之确认成为可能，诸如确立有缺陷的或矛盾的前提。

---

〔20〕 注 19，阿列克西，《法律判决的逻辑分析》，第 181 页。

〔21〕 弗雷格，《概念文字—— 一种模仿算术语言的纯思维的形式语言》，1879 年，第 IV 页。

7.4.1.2 法律规范的形式化的难题

反对法律规范形式化的疑虑（据此，谓词公式中的描述，当在下面意义上被理解），可能一方面来自法律理论的蕴涵，另一方面来自形式化的各种技术困难。从法律理论视角出发，首先可以质疑，把包含用于描述法律规范有条件的结构是不适宜的，它忽视了在事实（事实构成）与结果（法律后果）之间存在的含义关联，并因此导致了不可接受的结论：因为那个蕴涵是真实的，只是在前句是虚假的时候。如果在运用蕴涵中，每个规范是真实的，即有效的，那么，其前句应是虚假的。在一个无人活过100岁的社会中，"每个长于100岁的人，将被处死"之规范，可能是真实的，即有效的。[22]逻辑蕴涵对描述"有目的"之关系的不适宜性，迫使为了法律规范[23]的形式化——一如自然律法[24]的形式化，去使用其他的联结词。

人们可以质疑此看法：把逻辑的联结视为日常语言连词的翻译是一种误解，在使用逻辑形式时，它不是翻译而是取代日常语言。[25]因此，不应期待在考虑到意义关联含义上的形式化的适宜性。在对内容关联本身的抽象化未提供反对使用形式的论证时，这个质疑是合适的。当不是借助形式去全面地展现日常语言上建立的关系，而是联系到具

---

〔22〕对此参见魏因伯格,《人能哲学式地建构规范逻辑的推断系统吗？》，载《法哲学和社会哲学文汇》，1979年，第178页；吉野对之提出批评,《法律规范的逻辑结构：关于法律规范的逻辑形式化方式：A（x）(Mö（x）→ St（x）)》，载《法哲学和社会哲学文汇》增刊1，第3部分，1983年，第235页，第236页及以下诸页。

〔23〕参见科赫/特拉普,《法官的创新——概念和可论证性》，载哈伦堡/波德勒希/施林克（编）,《通过法官判决的法律变迁》，1980年，第91页及以下诸页。

〔24〕参见波普尔,《研究的逻辑》，第11版，2005年，第445页及以下诸页，第459页及以下诸页。

〔25〕尤见注1，帕齐希,《语言与逻辑》，1970年，第16页，第37及下页；注19，阿列克西,《法律判决的逻辑分析》，第198及下页；注18，科赫/吕斯曼,《法律论证学说》，第33页。

体的结构对之进行分析。相比日常语言，比形式的“贫乏”更令人怀疑的是形式的创造性。上文（注释 22）所描述类型的规范的可推导性，显得可接受性很小。

但是，此种在法律理论结果领域的不受欢迎，并非必定反对形式的工具式运用——因此，针对使用放大镜，很少说，放大镜除了对某些文本的章节进行放大外，还可能歪曲它们。然而，在只有程序的技术式运用时似乎要谨慎。那个显得老套的《刑法典》第 211 条第 1 款之形式化（“杀人者将被处以无期徒刑”）：

279 $\bigwedge x\,(Mx \rightarrow Fx)$

可能非常快地导致矛盾，因为同时适用于

$\bigwedge X\,(\neg Sx \rightarrow \neg Fx)$

（“谁不具有责任能力，谁将不受无期徒刑的处罚”）。

在有责任能力的杀人者 a 的案件中，不仅从 Ma 而且从 ¬Sa 中，不仅产生了 Fa 而且产生了 ¬Fa。

这个在单一法律规定形式化时（在重建法律论证的框架里难以避免）出现矛盾的危险，已导致了，要求不是把单一法律规范，而只是把（十分清楚的）法律领域去形式化。[26] 一个应急的答案存在于，以“畏惧条款” * 理解每种形式化，因而描写为

$\bigwedge X\,(Mx \wedge \neg Ax \neg Fx)$

在那里，“¬Ax” 当读作 “有关 x，没有其他的规则干预”。[27]

---

〔26〕 勒迪希，《法律制度的可清晰性》，重刊于《勒迪希论法律逻辑》（邦德 / 施米德尔 / 蒂勒尔－梅菲森编），1980 年，第 81 页。

* Angstklausel，基于对错误的畏惧所补充的一般条款。——译者

〔27〕 关于这个技术参见注 19，阿列克西，《法律判决的逻辑分析》，第 202 及下页。关于批评，参见拉乔的评论，《法学与形式逻辑》，1998 年，第 75 页注 81。

7.4.1.3 真实功能逻辑或道义逻辑？

那种至此最详尽地讨论的针对在谓词公式（或在一个其他的非应然逻辑）中的法律规范形式化的异议基于，蕴涵如同其他的真实功能逻辑的联结词借助一个真值分配被定义（对此见上文页边码第 274 及下页）。考察真值之表达的本性前提是，能有意义地赋予考察以真值。但是，规范（并因此也包括法律规范），据非主流观点，不具有真实性的能力。如果这个观点无误，那么，借助于命题逻辑的蕴涵的法律规范的形式化，失败于它被作为真实性关系来定义。然而，在不同规范之间的可推导关系，同样很少能在形式中来描述。因此，这产生了下列情势：真值可能不被归于规范。可推导的关系被定义为真实性关系。另外，存在着推断关系，在其中，规范作为一个环节出现，且其不证自明性不亚于纯粹的命题推断（所谓的约根森困境）。[28] 如果不应放弃规范领域中形式逻辑的可推导性，那就必须或者另行理解可推导性关系，或者修正对规范的真值的否定。

第一条道路导致了独立的规范逻辑（道义的）[29] 体系的创立，这个系统可能或强或弱地依傍着直陈式逻辑系统，对于那个细节非常不同的构想，在此不能详述。[30] 第二个答案特别明显地由于尔根·勒迪希捍 280
卫着回到由塔尔斯基创立的“语义的”真实性概念。不同于传统的符合理论，塔尔斯基把“真实性”不是定义为规定与行为事实的一致，而作为不同等级的规定之间的关系，对象语言的与元语言的规定之间的关系

〔28〕 参见约根森,《规则与逻辑》，载《认识》第 7 卷（1937/1938），第 288 页及以下诸页。

〔29〕 “规范逻辑”与“道义逻辑”这两个概念常作同义词用；有时“道义逻辑”被理解成规范描述命题的逻辑（不同于规范逻辑）。如科伊特,《道义逻辑与规范逻辑》，载伦克（编）,《规范逻辑——道义逻辑之基本问题》，1974 年，第 65 页。

〔30〕 卡林诺夫斯基有较好的概述,《规范逻辑导论》，1973 年。

来定义：“‘雪是白的’这个命题是真实的，只有在雪是白的时候”。[31]那个雪是白的应意指什么的问题可以搁置起来，在对象语言的规定中强调的行为事实之存在是没有前提的。真实性的语义学构想可以与每个认识论的立场相统一。[32]

为了建立法律逻辑形式的语义学，勒迪希追溯到了塔尔斯基的真实性概念。如果人们把真实性理解成命题的（不是通过命题表达的内容的）特点，例如，人们可以这样来释道：“告诉当局一个有威胁性的犯罪行为正在发生，是必要的”这一命题是真实的，只有在有必要告诉当局存在一个威胁的犯罪时。[33]何时发生案件的问题可以搁置不顾。

勒迪希的设想显得无矛盾，可行。[34]批评的依据是对命题和对规范进行不同的证明，并因此涉及形式的真实性概念正好碰到的那个难题。[35]证明的问题应在“相对的”真实性概念基础上，与真值的问题严格分开。

然后，法律规范和法律命题的形式化，如在特别的道义体系中一样，同样可以在谓词公式中发生。但在这两种情况中，仍存在理论的和实践的保留。其一，几乎所有当今著名的尝试都有令人不愉快的副作用，[36]特别是道义逻辑在这期间，为自己的研究领域建立了许多悖论。其二，收益问题仍未解决，耗费巨大的行动明显地降低了收益。

---

〔31〕塔尔斯基，《真实性的语义学构想与语义学基础》，载辛赖希（编），《论理想语言之理论》，1972年，第53、88页。

〔32〕注31，塔尔斯基，《真实性的语义学构想与语义学基础》，第87页。

〔33〕注15，勒迪希，《论特殊的规范逻辑的必要性》，第170页。

〔34〕阿多迈特，《法学与真理概念》，载《法律教育》，1972年，第631页；魏因伯格，《评R. 勒迪希的“规范逻辑推理批判”》，载《理论与决断》第3卷（1973），第314页。

〔35〕对此亦见注27，拉乔，第97及下页。

〔36〕科尼德斯的《次序规范》（1974）是一个例外。

把“计算精确的”法律人，与那些习惯于用钳子来穿裤子的男人*相比，[37]显得并非全不适宜。

7.4.2 法律命题的公理化

在法律的形式化与公理化之间存在着一种关联，条件是，形式演算之运用，以其公理化为前提，当然相反，对于一个系统的公理化来说，丝毫不要求其形式化。[38]同样，日常语言的原则也可能被带入公 281
理化系统，这样一个系统由下列东西组成：

1. 所创立的命题（公理）；

2. 规则，据此，在系统内可能从公理或从由公理指导的命题中，推导出其他的命题；

3. 在系统中可推导的命题（定理）。

作为进一步的成功的公理化要求，系统的无矛盾性，属于建构公理系统的特征（指必须是预设的，以便人们能谈论公理化系统）。这些进一步的要求（体系的完善、公理的独立性）意义很小。[39]从上述中得出，法律规定（广义上，不仅是法律规则，还包括教义学的原则）的公理化，至少在原则上是可能的。[40]因此，流行的异议很少针对科学理论的法律规定的公理化之可能性，它只是怀疑法学的过程是适合

---

* 意为多此一举。——译者

〔37〕 此对比可在齐佩利乌斯处找到，《法律方法论》，第11版，2012年，第90页。

〔38〕 参见注26，勒迪希，《法律制度的可清晰性》，第52页；艾克·冯·萨维尼，《论演绎－公理方法在法学中的作用》，载雅尔/迈霍菲尔（编），《法律理论》，1971年，第339页；邦德，《法律逻辑与论证》，1983年，第100页。

〔39〕 参见博申斯基，《当代思维方法》，第10版，1993年，第78页及以下诸页。

〔40〕 法律小分支系统的公理化之例，见注37，艾克·冯·萨维尼，《论演绎－公理方法在法学中的作用》，第316—326页；勒迪希，《应用法学中选择的思维形式》，1969年，第140页及以下诸页。

的，特别是担心法律的教义学化和退回到概念法学中。

在那里，对教义学化异议的前提似乎是，一个法律命题的公理系统中的命题，可能被视为不可侵犯的基本命题。事实上，通过命题之清单的公理化，完全没有说明公理或命题的正确性。人们能够在萨维尼指明的地方，通过目标把法律体系公理化，以能够很容易地证明单个命题的谬误。公理是有着高度不证自明性的命题，此一与日常语言概念使用相适应的观念，不再适合今天科学理论中的语言使用。这个规定清单中的哪些规定能被选作公理，仅是一个合目的性问题，而不是其内容正确性问题。当然，在一个法律领域成功的公理化之后，会产生导入或删除某个法律命题的心理学抵抗，前提是，这个法律命题可能要求继续改造系统，即每个系统自己拥有的一些倾向可能通过公理化得以加强。应把这个危险评价得多大，当然取决于公理化的具体条件（法律领域的范围、公理的数量等）。

关于法律的公理化与概念法学的关联之争，深受含糊使用公理化概念之害。当以价值中立的法学之不可能，来说明公理化法学之不可
282 能时，[41]遂提出了需要公理系统的规定，至少，这个需要不是需要公理系统本身。人们没有看见，为什么含有评价的命题，不应是可以公理化的。所以，一些命题如：

1. 比起经济增长停滞宁可要 5% 的通货膨胀率
2. 比起消极的贸易平衡宁可要经济增长停滞
3. 比起消极的贸易平衡宁可要 5% 的通货膨胀率
4. 比起 5% 的失业率宁可要消极的贸易平衡

---

〔41〕 如西米蒂斯,《不存在价值中立，且因此概无公理化的法学》(《论法律逻辑问题》，载《意义》，第 3 卷，1960 年，第 77 页)。

5. 比起 5% 的失业率宁可要经济增长停滞

6. 比起 5% 的失业率宁可要 5% 的通货膨胀率

在以传递性规则（如果 X 比 Y 好，Y 又比 Z 好，那么，X 比 Z 好）为基础时，可以被化为这些公理：

比起经济增长停滞宁可要 5% 的通货膨胀率（命题 1）

比起消极的贸易平衡宁可要经济增长停滞（命题 2）

比起 5% 的失业率宁可要消极的贸易平衡（命题 4）

那种主张：在法律公理化的情况下，"概念法学的概念大厦……只是被一个封闭的、形式化的、逻辑的系统替代"，[42] 这起因于日常语言的但不是今天科学理论的公理化概念。人们也总是可能具体理解成"概念法学"的东西是：在下列事情上应存在一致，即对概念法学而言，至少有两个因素是重要的，一是假定一个预设的法律概念的秩序，二是这个逻辑秩序的设想，是至今未知的法律规定之认识源泉。在法律规定公理化时，这两个假设将不成为前提。公理化的对象可能是一个任意制订的法律规定清单：那些规定和应用于规定中的法律概念，并不存在预设的秩序中，毋宁说，它们将被带入一个更有可能公理化的秩序中。

哪些命题出现在正待公理化的命题清单中，也即，在法律的分支领域公理化情况下，哪些命题表达了这些领域的有效陈述，这根据那些与公理化毫无干系的标准来决定。因此，论题学和公理学并不互相排斥，[43] 论题学关注挑选命题，公理学研究的是命题的安排。

〔42〕 注 41，西米蒂斯，《不存在价值中立，且因此概无公理化的法学》，第 76 页。

〔43〕 如赛贝特持此见，《作为对命题句问题化的论题学》，载《法哲学和社会哲学文汇》，第 59 卷（1973 年），第 54 页；艾克·冯·萨维尼，《论题学与公理学——一个不合适的选择》，载《法哲学和社会哲学文汇》，第 59 卷（1973 年），第 250 页。

7.4.3 法学中“形式的”逻辑和“自然的”逻辑

7.4.3.1 “语言逻辑”的约束力

预示在法学中运用逻辑形式有何用处的问题，应当与自然逻辑在
283 法律论证中的意义之问题区别开来。这种逻辑的规则对法律和判例具有约束力，不需要强调。只需指明，违反思维法则证明了判决的可审查性[44]且不受逻辑规则约束地受法律约束是不可能的[45]。在此，具有决定性的是语言隐含的逻辑的标准，而不是某种逻辑演算的定理。因此，在语言的自然逻辑中不存在规则可以对应于从错误的假设中推导（ex falso quodlibet）出的定理（参见上文页边码第 275 页）[46]。关于逻辑与法律论证之间的关系详见 7.5.4。

7.4.3.2 假设－逻辑的论点

但是，应注意到，被明确标明为“逻辑的”许多论证，与流行理解的逻辑毫不相干，这种逻辑指“命题建立在其形式上才是真实的。”[47]所以，不同于法院司法和文献中的明确论断，不存在诸如此类的逻辑问题：没有被取消国籍的人是否能重新入籍，[48]过期的时效是否能被延长，[49]或无效法律行为能否被反驳。最后一个例子显得特别有启发意义。反驳无效法律行为“在逻辑上是不可能的”[50]这一观点，显然

〔44〕《联邦最高法院刑事裁判集》6，70，72。

〔45〕 R. 施赖伯，《法律逻辑》，1962 年，第 92 页及以下诸页。

〔46〕 对此详见诺伊曼，《法律论证学说》，1986 年，第 32 及下页。

〔47〕 注 1，帕齐希，《语言与逻辑》，第 10 页。

〔48〕 对此见诺伊曼，《法本体论与法律论证——论法律论证的本体论内涵》，1979 年，第 47 页及以下诸页。

〔49〕 对此见注 3，西蒙，《法律逻辑学与法官活动》，第 64 页及以下诸页。

〔50〕 注 41，西米蒂斯，《不存在价值中立，且因此概无公理化的法学》，第 74 页。与此见解相似：对劳资协定具有普遍约束力的解释有“双重性质”之假定，与逻辑相矛盾；参见注 34，阿多迈特，《法学与真理概念》，第 630 页。

源于“反驳无效法律行为是不可能的”命题是一个逻辑命题。但这个假定是错误的。那个引证的命题是一个**内容**的陈述，且因此不可能是逻辑命题，根据上面给的定义，逻辑与建立在**形式**之上的陈述的真实性相关。当然，不可争辩的是，首先，那个命题自身有一定的说服力，但这个说服力不是基于逻辑法则，而是立于语言的欺骗之上：所依据的观念是，不拥有不可能是任何行为的对象，这是一种可能与对象世界中的语言习惯相应的观念。但法学在其法的对象领域中与实存不相干。“法律行为 R1 在条件 x 下是无效的”这个命题，对于下列命题是一个缩写：

在条件 x 下，主管法院不应准予双方当事人出于法律行为 R1 的请求权。

对这个规范命题，基于纯工作－经济理由，人们使用一个相同的命题：R1 在条件 x 下是无效的。这意指，“无效的”是一个简略记号，它可以被每个其他的简略记号，如“可见的”来替代。说到偏爱“无
效的”，理由只是清楚易懂。但非常清楚易懂，也同时带来了概念法学 284
的误解之危险。从这个误解中引出的观点为，无效法律行为可能不是可反驳的。[51]

因而，那种认为反驳无效法律行为在逻辑上是不可能的观点，是双谬的：第一，因为这个观点仅能从实证法中提出它回答的问题，意欲在与“物理状态的行为之公理”的类比中解决问题；第二，因为它把一个内容问题误解为一个逻辑问题。[52]

---

〔51〕 对此参见维亚克尔，《法律瞬间——论拟制性司法的合法性》，载《存在与秩序——埃里克·沃尔夫六十华诞纪念文集》，1962 年，第 446 页及以下诸页。维亚克尔同时注意到其困难，“物理状态的行为之公理……有别于逻辑公理……”（第 447 页）；但是，这也许更多地涉及语言规则，而与逻辑公理甚少相干。

〔52〕 参见艾克·冯·萨维尼，《例外与规则，抑或，逻辑在法律中将无所作为吗？》，载《法律社会学和法律理论年鉴》，第 2 卷（1972），第 231 页。

对所谓法律三段论的批评相类似。随着作为三段论（演绎方法）的法律推理的重建，或在谓词逻辑形式中，将不强调推理仅限于运用逻辑推断，法律完全决定着判决。一如法律判决建立[53]的逻辑结构很少与法律约束的相关，事实显示，违反法律的判决，也能以一个法律三段论的形式被重建。根据逻辑的观点，前提的选择当然是任意的，概不要求把法律文本的条款写成上位规定。[54]

7.4.3.3 规制性判决的逻辑基本结构

仍然存在的疑问是，在谓词公式中，或作为法律三段论来重建法律判决理由是否合适。疑虑尤集中在两个观点上：第一，我们已经明确，在“应用”《刑法典》第 221 条第 1 款的逻辑重建中，用

$\wedge x (Mx \rightarrow Fx)$

的形式来对之进行描述太强了。完全不应对所有实行了刑法典第 211 条第 1 款规定的事实构成的人判处自由刑。“畏惧条款”的导入虽然挽救了重建的无矛盾性，把法律规则解释成逻辑的全称命题，同时通过导入例外条款，大大地减弱了这个强解释，这是否有意义，仍悬而未决。至少当问一问，为了建立法律判决，要求逻辑的全称命题的可推导性，之于我们，何为合理的。为什么那个意欲坚持说明某个谋杀者的可罚性规定，同时必须强调一切谋杀者的可罚性？

285 与形式正义原则相应的普适性原则，给出了这个问题的答案，这一原则，禁止不平等地对待那些据万物有决定关系的观点完全是平等的情况。[55]从逻辑的全称命题中导出的判决，满足了这个原则的要求：同时

〔53〕 一直具有阅读价值的还有：恩吉施，《法律适用的逻辑探讨》，第 3 版，1963 年。

〔54〕 参见如联邦宪法法院莱巴赫判决之重构（《联邦宪法法院裁判集》35，202），见注 19，阿列克西，《法律判决的逻辑分析》，第 194 页及以下诸页。

〔55〕 参见黑尔，《自由与理性》，1983 年，第 25 页及以下诸页，其他处；注 19，阿列克西，《法律判决的逻辑分析》，第 186 页。

准备强调一切谋杀者的可罚性之人，才可断言某个谋杀者的可罚性。对于普适性原则的要求，此推导是公正的，但这不意指，鉴于这个原则，此推导就是不可放弃的。如果人们把普适性原则理解成禁止恣意，[56]那么，如果存在一个据此谋杀者当被处罚的规则，而不必找一个每个谋杀者应当一无例外地被处罚的前提，此时，对这个原则而言，就足够了。法律规定也只表达了允许有例外的这样的规则，但没有表述（一无例外的）逻辑的万有命题，法律规定在与判决理由的逻辑重建的关联中，被证明有普适特点。[57]既不是普适性原则，也不是“普遍的”法律规范的约束，可能使从逻辑的万有命题中演绎出判决这一要求合理化。

再来看第二种观点。那个全称命题（同一律）

$\wedge$ X（Mx → Fx）

没有“证立”而是强调个别命题 Ma → Fa。就此而言，通过全称命题来“证立”个别命题是循环往复的。[58]人们能通过思考来使自己明白这种关联，这种思考是，只有在人们知道，谋杀者安东是否也应被处罚时，才知晓，事实上是否一切谋杀者应当被处罚。

至迟在这里将明确，在谓词公式中重构法律判决的理由结构是不合适的。谋杀者安东应被处罚，不是因为谋杀者安东——像其他谋杀者——应被处罚；安东应被处罚，而是因为他是一个谋杀者，因为存在着谋杀者应被处罚之规则。法官说明对安东的判决理由是，他犯了谋杀罪，法官在此基于谋杀者当被判处无期徒刑这一规则的存在。如果它的存在受到怀疑，他可以指向《刑法典》第 211 条第 1 款。这个

〔56〕 参见注 19，阿列克西，《法律判决的逻辑分析》，第 186 页，有对黑尔的提示。

〔57〕 注 19，阿列克西，《法律判决的逻辑分析》，第 186 页。

〔58〕 对此详见注 46，诺伊曼，《法律论证学说》，1986 年，第 19 页；诺伊曼，《法律理论与一般科学理论》，载《京特·雅尔七十华诞纪念文集》，1993 年，第 157 页及以下诸页。

法律论证的结构能用由图尔敏创建的论证图式来具体表示：[59]

286

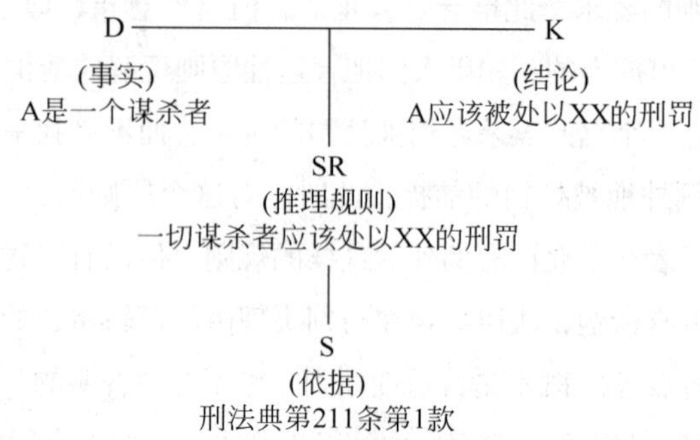

这种确认，即作为三段论的法律推理的重建，不适宜地复述了法律理由的结构，当然不意指，法律的论证可能不受逻辑规则的约束。矛盾律同时表达了一个法律论证的标准，至少具体的逻辑规则对于法律论辩有明显的约束力。应当问的是，这种约束力建立在什么之上，它适于所有的逻辑规则，还是只适于具体的逻辑规则。

7.5 效力理由的问题

7.5.1 逻辑证立的可能性

论证逻辑约束力的各种基本可能性，[60]可以通过下面的思考来阐明：谈论总是谈论某种东西，出于此考虑，人们可能有一天，把逻辑

〔59〕 图尔敏，《论证的运用》，第2版，1996年，第86页及以下诸页。对此详见注46，诺伊曼，《法律论证学说》，注27，第21页及以下诸页。关于图尔敏对三段论作为论证模型的批评的讨论，参见注27，拉乔，第63页及以下诸页。

〔60〕 对不同的可能性之不同的描述，参见埃斯勒，《分析哲学》，I，1972年，第191页及以下诸页。

规则理解成客体领域的抽象的、一般的法则（逻辑的本体论解释），那么，逻辑法则在客体领域中被“确定下来”。但人们也可能出于谈论总是相互谈论的考虑，把逻辑的命题看作是理性对话的标准，那么，逻辑的法则不是在客体领域，而是在主体间性的理解领域被确认的（逻辑的对话论解释）。对于法学而言，另外似乎还提供了一个可能：赋予作为“不成文法的规则”的逻辑规则，〔61〕以法的约束力。然而，可能表明，这个观点是靠不住的。〔62〕违背“思维法则”在法律上意义重大，这赋予了逻辑规则，以与自然科学规律同样脆弱的实证法规范地位，法官对自然科学规律的蔑视，同样导致上诉。

逻辑的本体论观，例如存在于伯特兰·罗素〔63〕和海因里希·肖尔 287
茨那里，这两位学者在现代逻辑的发展上，占有举足轻重的地位。在法哲学领域，阿图尔·考夫曼和加西亚·迈内茨代表着这个构想。据阿图尔·考夫曼，思维“仅受矛盾律约束，因为矛盾律建立在存在的真实性之中”。〔64〕同一律、充足理由律和排中律也是“本体论法则，并因此只能形而上学地被理解和证明”。〔65〕加西亚·迈内茨说：“一如

〔61〕《联邦最高法院刑事裁判集》6，70，72；例如，哈姆则持异议，《刑事案件中的上诉》，第7版，2010年，第962边码。

〔62〕对此详见注48，诺伊曼，《法本体论与法律论证——论法律论证的本体论内涵》，第7及下页。

〔63〕“对矛盾律的信赖关涉物，不单是思维。例如，我们不可能同时认为，一棵树是欧洲山毛榉又不是欧洲山毛榉。我们在想，倘若那棵树是欧洲山毛榉，它不可能同时不是欧洲山毛榉。因此，矛盾律是物之定律，不仅是思维之定律……”（罗素，《哲学问题》，第5版，1973年，第78及下页）。关于马克思主义哲学中的“唯物主义的”逻辑论证，见注13，克劳斯，《现代逻辑学》，第9及下页。

〔64〕阿图尔·考夫曼，《认识论视野中的法实证主义与自然法》，载同作者，《变迁中的法哲学——旅程的阶段》，第2版，1984年，第78页。

〔65〕注64，阿图尔·考夫曼，《认识论视野中的法实证主义与自然法》，第78页。

纯粹逻辑的最高原则是建立在与一般本体论相适应之上，法律逻辑的至高原则，在形式的法律-本体论的对应物中找到自己的基础。”[66]相反，这种系于本体中的逻辑模式的批评者认为，不是逻辑规则植根于存在的结构，而是它们塑造了这些存在结构（某种本体论）的某种形象。

7.5.2 法学中的直觉主义逻辑

所谓直觉主义逻辑的代表的工作始于此观点。[67]在直觉主义看来，经典（二值）逻辑是基于自在地存在的、完成的世界的本体论。真实性是不可抉择的主张或命题，“自在地”要么为真，要么为假排中律，唯有根据这种本体论的前提，方能被证明为合理。对于法律领域这意味着，只有在这种前提下，即

a）法不是实证地制定的，而是预设的，

b）法律秩序是封闭的，意指每个行为由法律来规定，

经典的逻辑才能应用到法律上。如果人们给出了这些前提，那么，人们可能不再是谈论法律规定“自在地”是正当的；那么，法律规定是正当的还可能仅指，法律规定是可从一个制定的法律规定中推出的。相反，当法律规定的否定（负判断）是可推导的，法律规定就不是正当的。

显而易见，排中律不是普适的，因为它能产生，既不是法律规定R1，也不是其否定，是可从一个制定的法律规定中推出的。

288 但问题是，放弃了排中律的逻辑如何能被说明。对“自在的”真

〔66〕 加西亚·迈内茨，《形式法本体论和法律逻辑的最高原则》，载阿图尔·考夫曼（编），《法的本体论之论证》，1965年，第429页。

〔67〕 对法律逻辑领域而言参见菲利普斯，《规范逻辑的含义和结构》，载《法哲学和社会哲学文汇》，第52卷（1966），第195及下页；菲利普斯，《法律规则与形式逻辑》，载《法哲学和社会哲学文汇》，第50卷（1964），第317及下页。

实规定之假定的简略抨击，和把真实性问题转移到可推导性问题上，指向了那个维度：主体间性互相理解，应当在这里寻找这样的证明。也许应尝试将逻辑论证为“理性对话的理论”。

7.5.3 逻辑的对话式证立

正好这发生在 P. 洛伦岑的“实践逻辑”中。“人的言谈，首先总是对可能作出应答的一个或数个谈话伙伴的招呼，所以一个对话，一场谈话，产生于一问和一答的交换中。因此，原则不是作为真的或假的，仿佛存在于空洞的空间，而是它们被强调或被争辩（当然这意指，原则被赋予或作出明确地或不明确地、‘真实的’或‘虚假的’评价）”。[68]

从这个立场出发，洛伦岑定义命题逻辑的联结，不是通过真值表（一如经典的命题逻辑），而是通过说明对话的过程来进行的。在这本导论的框架中不可能描述“实践逻辑”。[69] 在摆在大家面前的关联中，重要的是，排中律在洛伦岑[70]的对话逻辑中在逻辑上是不真实的。人们可以这样来释清：不同于矛盾律，排中律没有表达讨论的标准。这是说：人们虽然期待每个讨论伙伴，及有关的每个任意的命题 P，他不同时主张 P 和 $\neg$ P，例如因此不同时主张

（S1）上帝存在

---

〔68〕 卡姆拉 / 洛伦岑,《逻辑入门》，第 3 版，1996 年，第 158 页。

〔69〕 参见注 68，卡姆拉 / 洛伦岑,《逻辑入门》，第 150 页及以下诸页；第 196 页及以下诸页；洛伦岑,《语言中的逻辑结构》，载同作者,《方法思维》，第 3 版，1988 年，第 60 页及以下诸页，多处；亦参见 K. 洛伦茨，载洛伦岑 / 洛伦茨,《对话逻辑》，1978 年，第 17 页及以下诸页，第 96 页及以下诸页。

〔70〕 逻辑的对话论证当然不强迫导向排他律在其中无效的系统；对此参见注 60，埃斯勒,《分析哲学》，第 197 页及以下诸页。

和

（S2）上帝不存在

但相反，人们不期待他固定在 S1 或 S2 上。在期待着从规范上对某个原则或其否定作出决断之时，在有助于准备政治行为的讨论中所涉及的东西，经常是这种情况，这关涉专题的、非一般的讨论标准。不存在与排中律相适应的一般讨论标准。

7.5.4 法律逻辑与法律论证

通过溯及理性论证的标准建立起一个基础，从这个基础出发，可
289 能要建立对一切理性行为和理性言论的逻辑约束。逻辑与论证的关联，不仅在法律理论领域，[71]也在一般逻辑理论和科学理论[72]领域日益被强调。这一看法，可以合适地感到逻辑在法律和法学中的作用。它一方面指明，逻辑在作为论证科学的法学中，理所当然地必要，但另一方面也使人明确，不应期待从逻辑形式运用中获得知识。如果人们把逻辑理解成理性论证规则的重建，[73]那么，一个形式逻辑的转换规则，应与理性论证规则相洽，但它不能相反地被提升为理性论证的标准。[74]

---

〔71〕 参见注 38，邦德，《法律逻辑与论证》；注 2，佩雷尔曼，《作为论证学说的法律逻辑学》。对此作出基本论述的例如还有加迪斯，他把形式的法律逻辑与“事实的法律思维”逻辑作了对照，形式逻辑未描述思维本身，而是“逻辑客体的自身结构”（加迪斯，《法律者与逻辑学家——合作之困难》，载《法律理论》增刊第 1 卷，1979 年，第 225 页及以下诸页）此外，在道义逻辑领域：（法律的）规范，逻辑“对象”的理想存在被假定。

〔72〕 格特曼（编），《逻辑与实用》，1982 年，同作者（编），《科学论证理论》，1980 年。

〔73〕 这一倾向诺伊曼有详述，注 46，《法律论证学》，1986 年，第 30 页及以下诸页。

〔74〕 在此一关联中，关于指称的各种尝试是，建立自然语言与逻辑程式的句法：对此见施拉普，《逻辑与法律导论》，载《法律教育》，1984 年，第 505 页及以下诸页，第 509 页有对蒙塔古的提示，施特格米勒的介绍，《当代哲学诸主流思潮》，第 2 卷，第 8 版，1987 年，第 35 页及以下诸页。

7.5.5 “非单调”逻辑的诸方法

这种思想对所谓非单调逻辑的形成产生影响，如同在近几年，特别是由托马斯·F. 戈登〔75〕、亨利·普拉肯〔76〕和乔瓦尼·萨特〔77〕所发展的。〔78〕为简化起见，非单调逻辑系统的特征在于，与单调逻辑相反，通过扩展前提集合可以使逻辑上有效的结论变成无效。这些系统在论证理论方面很有意思，因为它们能够在法律（以及其他口语）论证中考虑规则－例外结构。因此，非单调逻辑与（法律）论证理论之间存在许多联系。如局部所预测的，非单调逻辑系统可以完全获得法律论证理论至今的地盘，鉴于其囿于结构性问题的视角，这不能指望。〔79〕

使所谓模糊逻辑模型有助于理解和重建法律推理的种种尝试之目
的也在于接近法律论证作用的结构。这里特别要提到洛塔尔·菲利普 290
斯撰写的明了易懂的（和令人阅读愉快的）作品。〔80〕

文献辑选

邦德，埃尔马，《法律逻辑学与论证》，1983 年。
Bund, Elmar, Juristische Logik und Argumentation, 1983.

---

〔75〕 托马斯·F. 戈登，《诉状游戏：程序正义的人工智能模型》，博士论文，达姆施塔特，1993 年。

〔76〕 亨利·普拉肯，《法律论证建模的逻辑工具》，博士论文，阿姆斯特丹，1993 年（多德雷赫特：威科学术出版社，1997 年）。

〔77〕 乔瓦尼·萨尔托尔，《人工智能与法律：法哲学和法律理论》，奥斯陆：塔洛出版社 1993 年。

〔78〕 简明梗概见注 27，拉乔，第 141 页及以下诸页。

〔79〕 对此详见注 27，拉乔，第 141 页及以下诸页。

〔80〕 菲利普斯，《法律人的简明模糊逻辑》，载廷纳菲尔德／菲利普斯／魏斯（编），《信息技术时代的机构和个人》，1994 年，第 219 页及以下诸页；亦参见克林弗维，《模糊逻辑在法学中的应用》，载《法律理论》1999 年第 30 卷，第 540 页及以下诸页。

布特，曼弗雷德，《形式逻辑导论——特殊问题：什么是完全基于形式的真理？》，1996 年。

Buth, Manfred, Einführung in die formale Logik—unter der besonderen Fragestellung: Was ist Wahrheit allein aufgrund der Form?, 1996.

约尔登，扬，《法律中的逻辑：基础和应用实例》，第 2 版，2010 年。

Joerden, Jan, Logik im Recht. Grundlagen und Anwendungsbeispiele, 2. Aufl. 2010.

诺伊曼，乌尔弗里德，《法律论证学说》，1986 年。

Neumann, Ulfrid, Juristische Argumentationslehre, 1986.

鲁彭，保罗，《形式逻辑导论：给非数学家的学习和训练之书》，1997 年。

Ruppen, Paul, Einstieg in die formale Logik: Ein Lern- und Übungsbuch für Nichtmathematiker, 1997.

魏因伯格，奥塔，《法律逻辑学》，第 2 版，1989 年。

Weinberger, Ota, Rechtslogik, 2. Aufl. 1989.

进阶文献

克林弗维，《逻辑的界限》，《法律理论》，2013 年第 44 卷，第 315 页。

Krimphove, Grenzen der Logik, Rechtstheorie 44 (2013), 315.

拉乔，埃卡特，《法学与形式逻辑》，1998 年。

Ratschow, Eckart, Rechtswissenschaft und Formale Logik, 1998.

8. 规范理论

洛塔尔·菲利普斯　慕尼黑

8.1　禁令与命令——结构的差别

“杀人者，将被处以不低于五年的自由刑。”刑法典（第212条）如是规定。在十诫戒律中这当然指：“不可杀人！”哪一种表达更接近法律规范的本性呢？这个问题自19世纪以来就有争议。一些人认为：重要的仅是如果－那么的命题，它如何典型地也存在法律之中。在法律上，我们拥有我们所需的一切：法律结果和事实构成，法律结果连着事实构成。另一些人主张：在法将由法院和行政机关所适用时，如果－那么的规定仅涉及法律秩序的表面。此一观点虽然够重要的，但另一看法却更占上风：公民可以在其日常行为中不由法律文本，而由当做什么或不当做什么的观念（由所谓确定规范）来决定，虽然法官持有疑虑，他照样如此所为。[1]

---

〔1〕卡尔·恩吉施对这样或那样的规范理论问题作了很好的概述，《法律思维导论》，第11版，2010年。关于“法律命题”与“规范”之间的区别，刑法学家卡尔·宾丁创建了颇具深度的体系：《规范与违规》，第2版，1890—1919年（4卷）。在该书中，人们也可看到当时的争执。

这个旧争不可能此时此地来裁断。但我总还是希望去揭示：规范的考虑，把实证法的一些概未直接地以法律的如果－那么规定来理解的核心问题，解释为禁令，命令和其他包括允许在内的东西。

当人们绘制出文恩图时，能很好地明白规范的结构和规范的相互关系：它们重叠的圈子，代表了哪些概念（另一可能的解释：等级）。[2] 这些概念将显示，是否存在适合概念的对象。这通过空白或一个阴影表示。A 的存在（一个具有特性 A 的对象），将由圆圈中的空白来表示。为了表示没有 B 就不存在 A（这也指，有 B 就有 A），圆圈 B 在 A（B 的“半月”）之外的被涂上阴影。

292

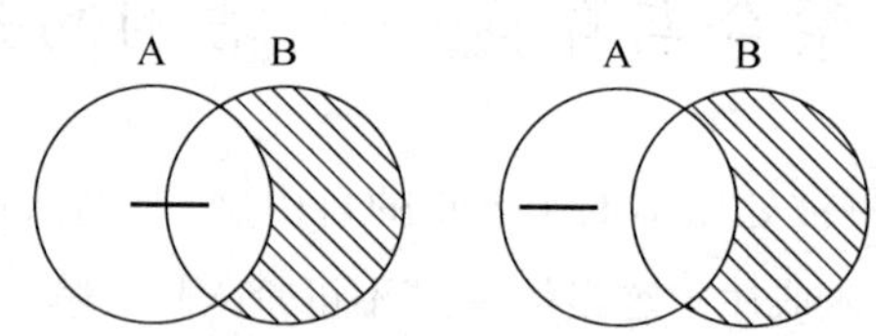

在左边的变体中显示，A 也存在，A 同时是 B；
在右边的变体中这个问题悬而未决。

“对象”也可能是行为。因此，这个思维可想而知，把示意图的描述延伸到规范。应读作：“应存在 A”而不是“存在 A”。A 是必要的。现在人们读作：“不应存在 A！”而不是“不存在 A”。A 是禁止的。

人们自认为，那个示意图象征着人的行为自由裁量。阴影部分意指：“禁区”。人们不允许进入此领域，这是戒律。相反，他应该进入

〔2〕 关于文恩图当荐阅威拉德·冯·奥曼·奎因的《逻辑原理》，德文版，1969 年，第 104 页及以下诸页，“论‘空白带’的运用”，第 117 页。赫尔伯特·菲德勒已阐明了法律的运用：《数学视野中的法律逻辑》，载《法哲学与社会哲学文汇》，1966 年，第 93 页及以下诸页。在文中，菲德勒也断言，人们能够把一切法律规章，变成带有事实构成和法律结果的法律原则的“标准形式”，这一流行见解不能兑现，或仅能用人为的方式实现。

空白部分:“目标域”! 这是命令。在其余的领域，人的行为未有规定，在此，人们可以自由地和无需引导地活动。

在这个考察方式中，戒律与命令的区别是根本性的。这关涉两种不同的，甚至是对立的规范类型。

但是，在规范理论中居绝对主导的观点对此有异议。据此，戒律与命令之间的区别，不是结构的，而仅是语言的。“××戒律”因此当只是“不做××的命令”的语言缩写。“不可杀人”当只是“不可杀人，这是命令！”这一命题的简化。代替“帮助遇困难者，这是命令”，人们可以烦冗地用双重否定来说:“禁止袖手旁观！”特别是凯尔森在早年曾强调过这种区别的纯语言性质，在今天的道义逻辑中这干脆是系统的前提。[3]当然，谁与现实的应用法学沾边，谁就知道，戒律与命令的区别有着极大的实践意义。当提及的有：履行请求权与停止侵害请求权的区别，它们在诉讼程序和执行程序中的不同处理，以及在一切法律领域中的故意违法与过失违法的区别。 293

我将回到这些现象上，但首先我还想指出戒律与命令之间的另一重要区别。它涉及这两类规范的时间性质。一般说，谁进入戒律的禁区，谁就触犯了规范；谁没有进入命令的目标域，谁就没有遵循这个

---

〔3〕 参见汉斯·凯尔森,《国家法学说的主要问题——从法律原则的学说引出》，第2版，1923年，第669页（此书还对特殊的、法律原则方向的凯尔森的规范理论作了精辟的描述，先于众所周知的《纯粹法理论》，第2版，1960年）。在有关道义的逻辑的文献中，例如可在弗兰茨·冯·库切恩那里发现相应的变化,《规范逻辑，价值和判断导论》，1973年，第1.2-7和1.2-8部分。另外，本书在此也推荐这本导论。法律的道义的逻辑之著述，多从戒律与命令的实质（不仅是语言）的区别出发，这尤反映在阿明·考夫曼处,《过失违法的教义学》，1959年。故意与过失或因果与非因果间相应的“本体论”区别，亦常被作为研究主题：参见阿图尔·考夫曼和温弗里德·哈斯默尔,《突然造访的散步者》，载《法律教育》,1964年，第151页及以下诸页。以及本人的著作,《行为自由裁量》，1974年，其立足于戒律与命令之基本区别，也附带谈到“本体论”区别，参见第125及下页。

规范。在此，区别具体地显示出来。一个被违背的戒律肯定和不可挽回地被触犯了，但一个未执行的命令人们总可以还是去执行——今天，明天或后天，可能在20年之后才被执行。

可以从中获得的理解是：命令必须是用某种方式给定期限的，带有期限去履行；否则，可以保持不去违反它，这个规范不比一个纯劝告更重要。相反，戒律可能不受时代限制地被表达、在刑法、民法和公法中的基本戒律也正是如此。[4]这对于立法者而言，的确是一个有思考价值的提示。

8.2　决定与评价——关于允许的问题

允许也可以一如戒律永恒地被表达，我们的基本法中的基本权利显示了这一点（另外，这是在此两类规范间许多相同结构中的一个）。人们应当如何理解允许呢？我们首先拥有法律未规定的领域——在示意图中那些既不是由阴影，也不是由空白表示的部分。未规定的也是允许吗？一些人认为是（“凡不禁止，便为允许”[5]）。在未规定的领域，人们可以自由地活动，不必对法律制裁有所戒备。另外，一个“原本的”允许还能同意人们做什么，不易设想。

然而，许多法律人像外行一样，有一个更肯定的印象，即允许必定是有些不同于，强于戒律未规定的东西。究竟人们当如何理解它？

---

〔4〕卡尔·波普尔强调了此区别：在自然科学中，规律被表示为“普遍的”，相反，存在的原则，为了成为可检测的，必须包括个人时空的决断：参见波普尔,《研究的逻辑》，第11版，2005年，第35页及以下诸页。这是一个基于非常相近的理由之非常相近的区别；对此亦见上文菲利普斯，第21页及以下诸页。

〔5〕所谓一般否定原则；对此参见克劳斯－威廉·卡纳里斯,《法律中漏洞的确定》，第2版，1983年，第49页及以下诸页。

让我们重新以直观为准！下面的示意图分别标指出两个戒律区 A 和 B，我们这次还是描述了两个规范接受者（规范义务人）Alpha 和 Beta。Beta 禁止进入 A，Alpha 禁止进入 B。

294

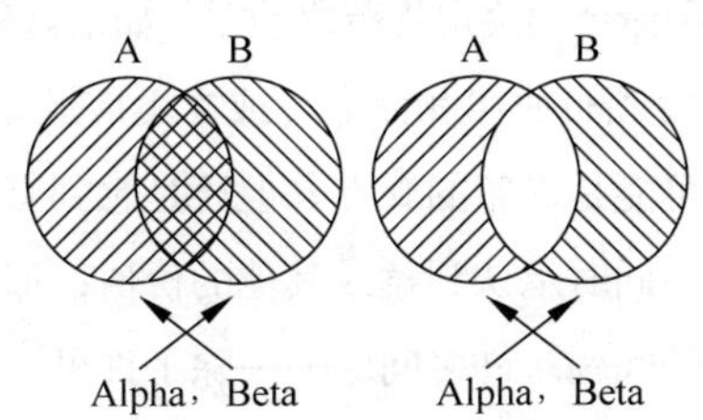

这两个变体在关于 A 和 B 的切面上有区别，在那里，关系到双方的利益，且可能存在着利益冲突。在左边的模式中，参与人将严格地被分开：禁止双方进入“冲突区”。在右边的模式中，这个部分未被规定：在实践中，参与人必须努力去取得一致，或者一方扩张有损于另一方。〔6〕

这种戒律典型地适合于考虑到他方的利益。由于考虑到 Alpha，Beta 禁止进入 A。禁止 Alpha 进入 B 则是考虑到 Beta。因此，戒律区是被承认的利益区的反面。一方面“你不应进入 ××！”另一方面，“你可以保留你的利益区”（在你的利益区中畅行）。

因此，一个原本的允许，除了消极面外，即指缺乏一种相对于戒律的允许行为，还有积极的一面，即指允许的行为体现出一种由法律秩序承认的价值。正当防卫的权利，在紧急情况下直至杀死袭击者的

〔6〕 两个人，不仅作为行为人，还作为相关人，与行为后果相连，且可能对行为后果负责，这一理解，开辟了通向如“共同责任”、“自我危害行为”（“自主的自我危害”）、“准许”等范畴之路。规范的两面保护性：既关照他人利益，也顾及自身利益，把实证法的戒律和命令，与法律共同生活的基本（“自然法的”）原则，如黄金规则（“己所不欲，勿施于人！”），连在一起。

权利，不是简单意味着杀戒的遗漏，而意指相对于袭击者的利益，有价值地优先考虑被袭击者的利益。

这个构想符合“评价规范”的观点，据许多作者的理解，这种规范被置于包括戒律和命令的决定规范之前。[7]如果这种观点不外意欲说，立法者不无善的理由颁布戒律和命令（或本不应颁布），那么，这可能是准法律人的，也可能是平庸的观点。但还是感到有些过分：如果人们只是考虑到命令，不同时承认利益或其他的价值，那么，可能没有正确地理解法律中本质的问题。许多问题——除了许可，我将讨论的非真正
295 的过失违法——比仅从一个感到非常人为的决定规范的形式中，可以较容易地和自然地从决定规范与评价规范的共同作用中得到解释。

还应提出这种方式正确争议的问题：评价规范引发出是否存在戒律的漏洞之问题，这个漏洞仅限于其没有禁止的事情中，因此也不是通过一个相应的“积极的”价值来填补。在此，人们谈及“法律不评价之领域”。[8]肯定这种可能性的作者们指向如下情况：一个医生陷入这种情势中：为了抢救两个遇难者中的一个，他必须听任另一个死去。一如他惯常决定的那样，法律规定不给予医生以制裁。不是因为较之逝去的生命法律规定更偏爱被拯救者的生命，而是因为法律规定也没有更好的主意。

如果在此“法律不评价之领域”仍在结构上是有条件的，那么，还存在着一个基于内容理由明确的放弃评价的可能性。有时这是指，自由决定中止妊娠的情况，在一个有着矛盾的价值观的多元社会，也不是

〔7〕评价规范学说在古斯塔夫·拉德布鲁赫的《法哲学》中，有简明的介绍，通俗易懂的是由 R. 德莱尔和 St. L. 鲍尔森编的学生版，海德堡，1999 年，第 45 页（第 2 版，2011 年）。

〔8〕在此尤参见阿图尔·考夫曼，《法律不评价之领域与自我负责的决断》，载《赖因哈德·毛拉赫纪念文集》，1972 年，第 327 页及以下诸页。

作为合理的优先权，而是作为放弃制裁来解释的。（阿图尔·考夫曼）

一个也是在本来意义上纯结构地去决定许可的值得注意的企图，摆脱了规范制定者的无声的前提：从现在开始，现实主义地看，由（至少）两个规范制定者组成的等级秩序将是前提。[9]在这种秩序中，下级机关能规定一切，但也只是那些上级机关未发布的东西。上级机关因此能为公民保留下级机关不得不尊重的行为自由裁量。所以，在我们这里，立宪者通过一般立法者不得不尊重的基本权做到了这一点。但纯粹从结构、从等级机制，一如既往，仅产生了对未禁止事务的保障，未同时导致这在此关涉到"权利"。

8.3 规范与分工行为——由于不作为的违反禁令

毕竟终于有证据表明，为了理解差异化的规范现象，它继续放弃了规范制定者首先看似不言而喻的前提。这同样适用于作出行为的单个规范义务人的也是首先感到是不言而喻的前提。人的行为现在广泛地根据分工进行的。虽然这对于非社会学来说也是不言而喻的；但奇怪地，对于法学理论来说完全不是不言而喻的，那么，多人的统一行 296
为则是，必须遵守法律秩序的戒律和命令，并被它们衡量。孤立考虑的个人行为可能偏离规范的戒律或命令的一般意义（规范要求不做或做某事），如果有必要，个人必须偏离规范的戒律或命令的一般意义（规范要求不做或做某事）；如果有必要，个人必须作为，以使多人的

〔9〕 尤金里奥·布林金，《许可规范与规范系统》，载《法律文本的自动化分析》，阿姆斯特丹，1986年，第211页及以下诸页。

统一行为不违反戒律，或者相反，为了贯彻命令，他必须不作为。[10]

举一个例子：如果我以这样的方式来描绘，即两个人不再在他们的行为活动空间内用步行的方式，而是用拉力赛车的方式移动，我希望对行为活动空间的概念不要被过度使用。当时，一个人控制并集中关注发动机、变速器和道路情况，他不假思索地信任另一个人，那人把城市地图摊在膝上，指示驾车人应向何方向行驶。

根据体育规范学等，但这首先意指：当该队进入封锁区域时，因为副驾驶员没有及时地警告正驾驶员，所以，这一队——正驾驶员及副驾驶员，被取消了资格。此时，原因在副驾驶员，他对本队的行为以及因此导致的违规，负有个人的责任，并请注意，尽管他本人并未操作，而是放任了。个人的行为将根据系统的行为来评价，个人是系统有责任的一部分。对于体育规范——取得资格和取消资格，成功和失败，这是自然的，但对于法律规范也不例外。在这一含义上，因此那个副驾驶员可能也对行人的死负有责任。违反戒律与故意违法的概念没有重合，一如法律人知道（非真正的不作为违法），并在此也明白，为什么不重合。

但是，不仅在语词含义上尊重戒律，而且维护一个合法承认的利益，可能被分摊给各种分工行为。拉力赛车手不仅把第三者的生命，也把自己的生命托付给副驾驶员，以致副驾驶员又可能对正驾驶员——由于不作为并尽管根据戒杀——的事故之死负有责任。完全是在这个含义上自阿明·考夫曼（1959）以来的法律教义学，区分了两种“保证义务”，一是监视危险源，一是守卫被保护客体（在这里，一如在我们的例子中，这两者经常同时发生）。[11]在论述的最后部分

〔10〕对此参见上文菲利普斯，第132页及以下诸页。京特·雅各布斯通常代表着一种相应的“功能主义”立场：《刑法总则》，1983年，第2版，1991年。

〔11〕注3，阿明·考夫曼，《过失违法的教义学》。

经常出现的各种概念，相比在法律理论论文中，它们更易在教义学理论中出现。现已到了法律理论家应该把接力棒交给实证法的教义学者的关头。

8.4 对文恩图在规范性解释中的说明 297

在上面的文本中总是出现文恩图；通过“限制区域”和“目标区域”被区分的“行为裁量空间”已经隐含的主导动机，通过这个图获得形象的图像。

文恩图是所谓的欧拉圆的进一步发展，它更容易理解和更广泛使用，并且人们还在逻辑文献之外遇到它，例如在许多日报的经济部分。要理解文恩图，从解释欧拉圆开始是很有用的。

在欧拉方法（以及后来的文恩方法）中，概念用圆圈表示。通过两个圆圈可以相互插入的不同位置，表达了概念之间的逻辑关系。存在三个位置：

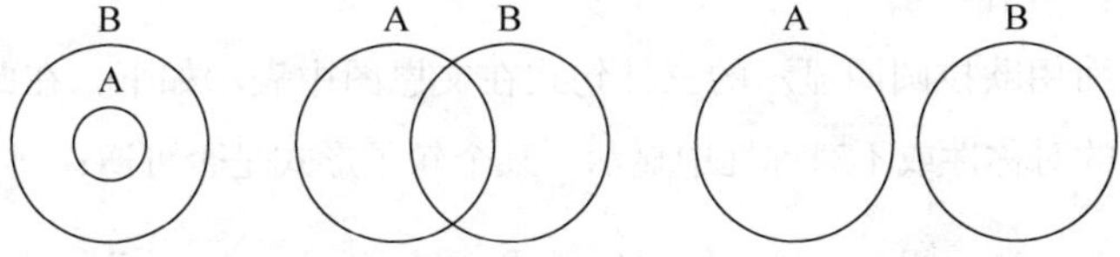

1. 一个概念圆圈，我们称之为A，被另一个概念圆圈，例如B，完全包括。转译成句子，就可表达为：A是的所有东西（也）是B。所有A都是B。

2. 圆圈A和B彼此重叠，每个圆圈的内容部分被包含在另一个中。这意味着一些A是的东西（也）是B。一些A是B。人们注意到，两个圆圈的比例是对称的，因此，人们也可以“从后”读取那个图：一些B是A。在不对称情况1中，除了在有限的情况下，即两个概念圆圈是相等的（所有A都是B），这种颠倒是不可能的。

3. 圆圈A和B分开相邻。这意味着：没有东西是A（也）是B。没有A是B。此图也是对称的，且这个句子也可以颠倒：没有B是A。

通过这种方法，人们可以论证和检验逻辑的基本部分，尤其是三段论学说。然而，人们为了掌握三段论需要三个圆圈，因为三段论包含三个概念。

至于文恩图，不同之处在于：欧拉的圆圈可以互相移动；方法的奇妙在于圆圈的不同位置。文恩的圆圈紧密相连；它们被封冻在三个“欧
298 拉”位置中的一个里，也即，它们彼此部分重叠（见上面的位置2）。为了表达概念之间的关系，文恩使用两个额外的符号来表示，概念（或概念的一部分，或多个概念的集合）是“空的”或“是充实的”。

1. 在两个概念圆圈的图中，属于没有元素的空的区域，以阴影来表示。“不存在……”

2. 相反，通过图中绘制的横线（通常也用星图）表示概念区域是充实的：“存在……”

上面用欧拉圆圈显示的三种句式在文恩图中表示如下，在此它再次在图的对称性或不对称性中显示，某个句子形式是否可逆：

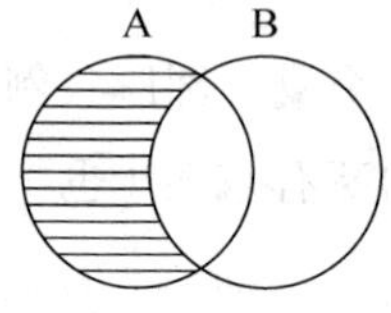

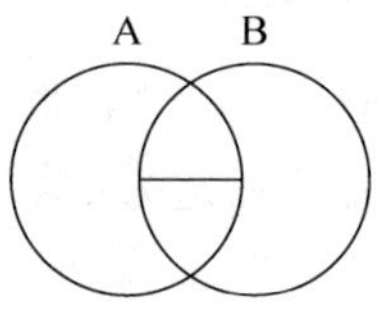

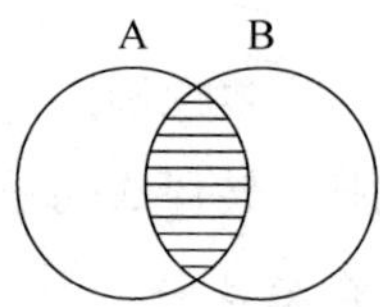

1. 没有什么是A不是B。或者说：所有A是B。或者说：如果有什么是A，那么它也是B。

2. 有些A是B。有些东西既是A也是B。

3. 没有 A 是 B。不存在既是 A 也是 B。

然而，欧拉圆和文恩图之间的真正区别不是在图形表面上，而是更深层次，这个区别与哲学而不仅仅是逻辑学发展中一个重要进步相连（欧拉生活在 18 世纪，文恩在 19 世纪）。概念由文恩及欧拉通过圆圈来表达；但是，一个概念是否充实的问题，是否存在相应的对象，这意指，文恩将存在或不存在的图形表示与概念内容的表示分开，并以其他方式来表达。人们可能会推测，这是康德的在他对上帝证明的本体论批判中提出的著名论点的影响，即一个对象的“存在”不是它可能的谓词，且必须与存在问题的概念内容严格区分。[12]

通过这种区分，文恩开辟了逻辑的各种可能性，即使在今天，在他的时代之后的许多年，它们仍然在很大程度上未被利用。虽然由文恩为了图形直观所使用的“存在句”与“全称句”（“非存在句”）的区别，长期以来一直是现代逻辑和科学理论的基础。但在其他方面，已经失去与康德的联系。众所周知，康德（继休谟之后）强调了另一部分，即存在与应该的区别；尤其是新康德主义哲学便围绕这一鸿沟展开。但是，由于二分法为可比较性所反对，现在这个想法应该是显而易见的：即便“应该”也不是谓词，如同“存在”一样。[13] 299

根据这个假设，应该句也可以在文氏图中随意表示。应该不存在的东西——对象、状态、事件、行为，可以在图中以与其不存在的对

〔12〕谓词与存在之间的区别以惊人的方式在那个笑话中变得清晰：理想的丈夫不喝酒，不抽烟，不诅咒，且不存在。

〔13〕例如，乌尔里希·克卢格明确地将“应该”视为谓词；他用“S”来表征它。然而，如果“存在”不是一个谓词——根据今天几乎是普遍的观点，当然还有克卢格的观点，应该可能也不是谓词——出于美学原因几乎已经不是。参见 U. 克卢格，《汉斯·凯尔森的“纯粹法律理论”与对存在与应该的假设的批评的形式逻辑论证》，载《法律、国家和合法的国际秩序，汉斯·凯尔森纪念文集》，扎洛·恩格尔（编），《诺克斯维尔》，1964 年，第 153 页及以下诸页。

象、……，不存在的行为相同的方式来表示。人们又将用阴影来表示相应的概念区域。（通常将根据目的，略有不同地，例如，用波浪形或其他颜色，制作“规范性”阴影与条形图。在此我放弃这一点，因为从上下文中可以看出，符号是描述性的还是规范性的。）

一个象征着“谋杀”概念的圆圈，由在规范性上解释的阴影所填充，在此意味着：“不应该有谋杀”，“人们不应该谋杀”。这涉及戒律。相对地，命令由一个横线所代表：“应该存在……”而不是“存在……”。一个象征着“帮助一个处在困境中的人”概念的圆圈，由在规范性上解释的横线所代表，在此意味着：“对于一个处在困境中的人应该给予帮助。”“人们应该帮助一个处在困境中的人”。

上面插入的三个文恩图将在规范性解释中这样来读取：

1. 不实施与之相连的 B 行为，就不应该实施任何 A 行为。人们不应该在没有做 B 的情况下而做 A，做 A 的人应该（也）做 B。

2. A 和 B 应该一起进行。应该实现一个 A 关联着 B 的双重行为。

3. A 和 B 行为不应一起进行。例如：人们在驾驶汽车时不应打手机。

读者不应该只将文恩图看作向他展示本文想法的图像。他应该首先将它理解成一个为他自己的规范逻辑考查而提供给他的工具。他当被建议自己用图像去实验：他可以图形化地再现和分析规范上有趣的情况，例如规范的竞合和矛盾，规范与科学技术规则的联系，以及其他事项；相反，他也可能将图形上有趣的情况转换成规范性的。

然而，对于一些读者来说，这样的图形可能显得像一个微不足道
300 的辅助工具，借助它来表现实际上是不言而喻的结果。没有什么比这
更糟糕的了：因为其中的许多结果与半个世纪以来所阐述的“道义逻辑”的既定定理相悖，它们声称掌握了规范的逻辑结构；规范性的文恩图的简单证明将很难占上风。

因此，这里有一些适用于道义逻辑的评论。它们回到莱布尼茨。莱布尼茨是模态逻辑的创始人之一，它意指这种逻辑，它讨论的是这些句子，如“A是这种情况是必然的”，“A是这种情况是可能的”。模态逻辑的明确的定理是：“如果A是必然的，A就是可能的。”“如果A是必然的，那么非A就不可能是这种情况。”莱布尼茨也有一种巧妙的想法，即规范地解释模态逻辑。他将必然性模式解释为“命令”（在康德的后期表达中为：“实践必然性”），将可能性模式解释为“允许”（“实践可能性”）。结果是产生了如下句子：“如果A是必须的，则A是被允许的。”

大约五十年前，芬兰人格里克·亨利克·冯·赖特和德国人奥斯卡·贝克尔用现代逻辑的工具相互独立地实现了这个观念，这就产生了自冯·赖特以来所称的“道义逻辑”。[14]道义逻辑从一开始就是成功的典范，但仅限于在哲学家和数学家中，而不是在法律人中。虽然文献已不再一目了然，但对法律问题的重要适用性可能会在半个世纪后在法律人中传播开来。然而，事实上，在模态逻辑的规范性解释上，很快就形成许多定理，它们与法律人对规范、命令、戒律和许可所理解的东西关联甚少。对此最后添加了一个例子。

保罗·魏因加特纳在一篇关于法律体系恒定的规范的颇有见地的论文中写道，存在着一个“基本的”法则，它在全部且非常不同的道义逻辑体系中被承认。作为逻辑的推理形式可以这样来表述：[15]

---

〔14〕 G. H. 冯·赖特，《道义逻辑》，载：《思想》，1951年，重印于：赖特，《逻辑研究》，伦敦，1957年，第58页及以下诸页；O. 贝克尔，《对模态算式的探讨》，迈森海姆/格兰，1952年。遗憾的是，与冯·赖特相比，贝克尔仍然被遗忘了。

〔15〕 对此参见上文菲利普斯，第17页及以下诸页。

如果人们为A行为，则应为B行为

人们应为A行为

人们应为B行为

因此，在这一点上，所有的道义逻辑学者似乎是一致的。少见的是，当我向法官们指明这种推理时，他们习惯于惊讶地说：不对！实践者也知道马上提供有分量的反例：一个外交官得到了官方的命令，进入某个国家。据规定，在该国家旅行者，必须接受某个接种。那个
301 外交官是否也有义务接种呢？根据那个据说在所有法律制度中有效的“基本的”道义逻辑法则，他有义务这样做。但事实上他不是。如果他拒绝遵守旅行命令，他也不需接种。接种的义务，仅在他事实上想去旅行，即完全取决于他是否对接种负有义务之时，才是现实的。如果人们说什么事“是必要”或谁谁“应做”什么事，道义逻辑因此也是错误的，它将人们，无论是外行还是法律人，在日常生活中理解的东西，理解为：行为指南或至少是关于有效行为指南的陈述。

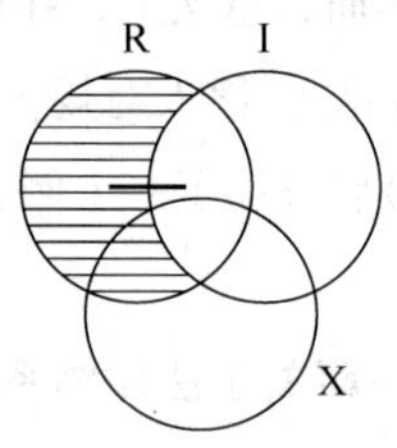

R代表在上述国家中旅行，I意指接种，X为一个任意的其他行为。唯有当人们意欲进入R领域时，由于禁区（阴影）的存在，才也在I领域是“被迫的”。而当人们待在下面的R以外的X领域中时，不存在这种情况。到目前为止，人们不受制接种的指令。然而，人们用另一种行为方式就违反了规范：人们现在逃避命令（见横线），进入区

域 R。同样，如果人们让接种疫苗，那么，在I的含义上，没有进入旅程。

虽然如此，规范性的虚假结论在两个方面可能是有意义的，即作为批评相关规范总体的起点和作为后来规范的方案。再次举旅行命令的例子：首先，人们虽然不是绝对有义务让接种；但严格合法地行为并遵守这里要求的所有（两个）规范的人，就不接种（在图中：在I区域）。在没有出现的一般的合义务的行为这方面，接种实际上是“应该”。这个结论不仅在形式意义上是“正确的”，而且作为批判正在发挥作用的规范性前提的起点，也是有意义的。如果该官员因健康原因抵制接种疫苗的后果并因此获得成功，则根据否定后件模式，至少两个规范性前提中之一必须让步：有条件的接种义务或无条件的旅行命令。其次：假设公共当局颁发行政命令，将接种疫苗的义务与旅行命令，而不是与事实上执行该旅行联系起来，这是合目的的。这将有助于接种命令的可执行性，其在规范事件过程中的现实化当被预期。人们可以将这种可能性普适化为：它是一种合理的启发式技术，用来测试，人们是否应该将通过道义逻辑所暗示的准规范上升到真正规范的等级。〔16〕但在这两点上，我们再次进入超越狭义上的规范理论的领域。302

文献辑选

阿列克西，罗伯特,《基本权利之理论》，第 5 版，2006 年。
Alexy, Robert, Theorie der Grundrechte, 5. Aufl. 2006.

〔16〕 还有一个例子，但仅作为注释和建议，因为它对于分析必要的工具超出了这里提出的范围：A 对 B 提出一个主张；B 又对 C 提出相应主张。如果人们给予 A 可能性，直接找 C，那么，它是不是“合乎逻辑的”和实际的？ 的确如此，人们可以列出“指令”或“变化”的整体，但仍然需要引入一些辅助标准。

哈特，赫尔伯特，《法律的概念》，德文版，2011 年。

Hart, Herbert, Der Begriff des Rechts, dtsch. StW 2011.

霍菲尔德，韦斯利·纽科姆，《基本的法律概念》，1919 年。

Hohfeld, Wesley, Newcomb, Fundamental Legal Conceptions, 1919.

凯尔森，汉斯，《规范的理论》，1979 年。

Kelsen, Hans, Theorie der Normen, 1979.

拉赫迈尔，弗里德里希，《规范理论原理》，1977 年。

Lachmayer, Friedrich, Grundzüge einer Normentheorie, 1977.

奥帕雷克，卡茨米尔茨，《指示理论和规范理论》，1986 年。

Opatek, Kazimierz, Theorie der Direktiven und der Normen, 1986.

菲利普斯，洛塔尔，《行为活动空间》，1974 年。

Philipps, Lothar, Der Handelungsspielraum, 1974.

罗布勒斯，格雷戈里，《法律规则与游戏规则》，1987 年。

Robles, Gregorio, Rechtsregel und Spielregel, 1987.

勒迪希，于尔根，《应用法学中的选择的思维方式》，1969 年。

Rödig, Jürgen, Die Denkformen der Alternative in der Jurisprudenz, 1969.

冯·萨维尼，艾克，《刑法原则的可检验性》，1967 年。

von Savigny, Eike, Die Überprüfbarkeit der Strafrechtssätze, 1967.

魏因伯格，奥塔，《作为应用法学和伦理学基础的理论原理》，1981 年。

Weinberger, Ota, Normentheorie als Grundlage der Jurisprudenz und Ethik, 1981.

冯·赖特，乔治·亨利克，《规范与行为》，1963 年。

von Wright, Georg Henrik, Norm and Action, 1963.

9. 法律论证理论 303

乌尔弗里德·诺伊曼 美因河畔法兰克福

9.1 法律论证的目标和功能

法律人当论证。作为法官，根据各程序法的明确规定，他们负有义务论证他们的裁判（例如《刑事诉讼法》第267条、《民事诉讼法》第313条）。只有当裁判依据合理的论证（《联邦宪法法院裁判集》34，269，287），他们才满足了这项证立义务。为了在法院为其委托人获得有利的判决，作为刑事辩护人或民事诉讼当事方代理人的法律人必须进行论证。而在与委托人没有能力付款的合同相对方的律师谈判时，他们必须设法向对方证明其所主张的要求的合理性。

进行论证的人，想要使人信服。只要涉及获得什么东西，也就是在上面的例子中，从合同相对方获得某种有争议的给付，或者从法院获得某种确定的判决，可以考虑的还有其他的、也许甚至是有效的手段——威胁、承诺、贿赂。这些手段也间或被法律人使用，但它们不是法律手段。法律人的武器是论证，作为法律人，他必须设法使其他人信服。

与这种信念直接相关的问题是：法律人想要使他的论证对手信服什么？很明显，这不（仅）是出于自身的利益所请求的“给付”（宣判被告无罪、判决对方当事人败诉、清偿债务）。法律论证并不是指向、无论如何不是直接指向当事人的利益，而是指向权利和义务。这就使答案清楚了：法律人想要使他的对话方确信，某种法律评价或者某一案件的裁判是正确的。以法院裁判为例：法院应该被说服请求它做出的判决是正确的判决。

这个答案是合适的，但并不充分。因为立刻就产生了新的疑问，人们当如何理解某种法律评价或某一案件的裁判的“正确性”呢？当一个裁判，如同在布莱希特的《高加索灰阑记》剧中阿兹达克法官对抚养权所作的判决一样，对当事人和/或社会有最好的结果，它就是正确的吗？[1]当它与超实证的正义一致时，它是正确的吗？或者当它符合此时此地有效的实证法，它就是正确的吗？

对这个问题不能笼统地作答。因为决定裁判正确性的尺度，由当时的法观念所确定。如果从以天主教神学为导向的自然法体系
304 出发，法的正确性要求之关键基点在上帝的意志。在世俗的自然法体系中，引导裁判的规则的正当性或合理性标准承担着这一功能，而在判例法中，决定性的是裁判与由判决所建立的规则相一致。毕竟在下面将作为讨论基础的法典化体系中，正如它今天在欧陆法秩序中占主导地位而且也在英美地区法秩序中逐渐起着决定作用，“正确的”法律裁判的标准是与制定的（实证的）法律规则相一致的。

〔1〕对此总是具有阅读价值的是，维特赫尔特，《法学》，1968年，第12页以下。

9.2 法律论证的结构

9.2.1 法律适用与事实确定

通常，制定法有一个条件性结构：当事实构成得以满足时，则一个确定的法律结果应被确认或认定。因此，某一具体案件法律裁判的正确性，不仅以有关规范的具体应用为前提，而且并首先与合适地查明和确定相关事实为前提。与此相应，裁判的论证也包括去阐明法官如何获得确信，去阐明关键的事实恰恰是这样而不是那样发生的。[2]尽管法律规则也特别适用于判决证立这一部分（所以法院对事实确定的确信不能依据证据使用禁止的情况），但它并不算法律论证理论的核心领域。[3]处在中心地位的是证明对案件所进行的法律评价。

9.2.2 规则取向

这一证立的基本结构第一步始于合理证立的诸条件，它们作为一定（自然法或实证法，先例或制定法导向的）法系统中裁判的前提。只有当一个裁判能够回溯到一条规则，据此，所有这类案件都应以同样的方式被裁断，一个裁判才被合理论证了。一般化的重要条件来自理性证立概念本身。因为规范领域的理由，正如经验领域的原因，不能局限于个案。只有当一个确定的活性物在其他情况下也能导致相应的疾病，它才是一

〔2〕 只要程序法（如《刑事诉讼法》第 267 条第 1 款第 2 句）这里仅仅包含了应该－规定，这就会被法律实践和法学在当下解释为必须－规定。

〔3〕 探讨事实确定的论证问题的文献，参见科赫 / 吕斯曼，《法律论证理论》，1982 年，第 271 页及以下诸页。

305 种疾病的原因。同样，只有当所有其他的凶手在杀害熟睡的被害人的情况下因为谋杀而被判刑时，杀害某个熟睡的被害人才是因为恶意实施谋杀而对某个被告判刑的理由。反过来说：在自然科学领域里有多少的个别事件逃避了自然法则（奇迹），在法的领域内就有多少规范奇迹，也就是那些正确的解决办法与一般规则和正确性标准相抵触的情况少之又少。仅仅在一般化的形式中，也就是例外规则形态中，才存在着例外。

对理由（证明）进行一般化这个重要特点，并不局限于法律领域。它以相同的方式适合于合理的道德论证，〔4〕并且如同在其他模式，例如图尔敏图式〔5〕中，同样能在法律三段论〔6〕的论证模式中找到。

9.2.3 制定法和教义学的规则

与此相反，追问规则的起源构成了一个不仅在总体上对法（与道德相比），而且以特别的方式对每一单个的法律体系提出的问题。在法典化法秩序中，以制定法形式确定的法律规范有优先的意义。然而，为正确地证立法律裁判而必需的法律规则，并不等同于制定法规范。因为一方面制定法不仅规定了法律规则，而且还有法律原则，后者才必须被浓缩为可适用的规则。〔7〕另一方面，以规则形式颁布的制定法，以便仅仅靠它们使具体裁判的实质证立成为可能，在大多数情况中，非常不确定。例如当《刑法典》第 211 条将“恶意的”杀人作为谋杀

---

〔4〕 基础性的文献见黑尔，《道德思想》，1992 年（英文原著：Moral Thinking：Its Levels，Methods and Point，1981），166 及以下诸页。

〔5〕 见上文边码第 272 及下页。

〔6〕 见上文边码第 286 页。

〔7〕 关于法律规则和法律原则的区别，见德沃金，《认真对待权利》，1984（英文原著：Taking Rights Seriously），第 42 页以下；阿列克西，“论法律原则的概念”，载同作者，《法，理性，商谈》，1995 年，第 177 页及以下诸页；西克曼，《法体系的规则模式和原则模式》，1990 年。

来制裁时，那么，在制定法中没有回答的例如是，杀害熟睡或无意识的人——总是或在一定条件下——是否应该评价为恶意杀害。因此必须建构另外的不同规则，提供这些规则是（由法学和法律实践所追求的）法律教义学的任务。另外，确定这个规则必须理所当然地被论证。所以，人们可以将判决的证立（证成）区分为两层结构：一方面是通过（制定法和教义学）规则的裁判的证立（内部证成），另一方面是这个规则的证立（外部证成）。[8]

9.2.4 裁判的规则导向之界限 306

借助制定法或教义学的规则进行裁判证立（内部论证）很多情况下是不难的。如果人们接受“恶意”是指杀死熟睡的被害人的规则，那么对砸死熟睡中妻子的被告 A 判以谋杀是理所当然的。除了合理重构这种推论关系[9]的任务外，产生困难的疑问是，是否可在所有的案件中建构一个规则，从中合乎逻辑地得出对事实的裁决。这个疑问有着显著的实践意义，因为它决定着统一裁判可能性的界限。立法者试图通过使上诉法院，当它想要偏离另一个上诉法院作为裁判基础的教义学规则时，负有查阅联邦最高法院及其大审判庭的裁判的义务，以确保裁判的一致性（德国《法院组织法》第 121 条第 2 款、第 132 条第 2 款）。只要裁判能够回溯到普遍的规则上，它所追求的裁判统一性的目标才能得到保障。但这也不一直能实现。[10]所以，格罗兹的画“戴

〔8〕 阿列克西，《法律论证理论》，第 7 版，2012 年，第 273 页及以下诸页。

〔9〕 见上文边码第 284 页及以下诸页。

〔10〕 进一步参见库伦，“法律方法论中的规则和案件”，载赫贝格尔／诺伊曼／吕斯曼主编，《法律思维中的一般化与个别化》，见《法哲学和社会哲学文汇》增刊第 45 期（1992 年），第 101 页及以下诸页。

防毒面具的十字架上的耶稣”，是否为《刑法典》第166条事实构成意义上的宗教表白式的侮辱，这个问题不能通过回溯到一个普遍的判决规则来做出回答。这种情况下，即用上诉法院的说明，它涉及“个案问题”，“个案问题”不能根据一般规则来审查。但这是例外情况。在一般情况中，判决能够借助一个规则而做出，这一规则当然不能常常单从制定法中推出，而必须由法院考虑到教义学规则而建构出来，教义学规则由法律实践与法学所拟定。

9.3　法律论证的标准

9.3.1　权威论点和实质论点

外部论证，对作为基础的法律规则的证立，明显地遇到了较大的问题。为了证成教义学规则，人们能诉诸什么样的论点的问题，与法律渊源理论有紧密的关联。如果人们只把制定法视为法律渊源，那么，所有的法律裁判规则（也包括教义学规则）必须能够追溯到制定法上。法律裁判规则只能经由对制定法的“解释”之路获得。相反，如果人
307 们接受法官可能续造法，并因此承认法官法至少为次要法律渊源，[11]那么这就为论证开辟了相当大的自由空间。在这种情况下，一个规则能

〔11〕 确立的判决是否具有独立法源特征的问题，是有争议的。观点纷繁多样，有认为法官法的意义为纯法律认识渊源的（拉伦茨，《法学方法论》，第6版，1991年，第432页），有承认它有“拘束力假设”的（克里勒，《法律获取理论》，第2版，1976年，第243页及以下诸页），有将其归入独立但较弱法源的（彼得林斯基，《法律人报》1985年，第153及下页），还有认为法官法是与制定法不分轩轾的个案规范的（菲肯切尔，《法方法论》，卷4，1977年，第143及下页）联邦宪法法院没有承认法官法具有与制定法相似的约束力（《联邦宪法法院裁判集》84，212，227），但却承认法官有“创造性地发现法律”的权力（《联邦宪法法院裁判集》34，269，287）。

够仅仅以其实质正确性的论点而被证成；并不是立法者的权限，而是法官的权限提供了它的制度合法性。

这一考虑使人们注意到了法律论证理论中的核心区别：一边是权威论点，一边是实质论点。[12]一个法律规则由有关权威机构制定，或者它是公正、合理（或在其应用中形成有利的结果），可能支持对一个法律规则和其支撑的裁判承认。典型的权威论点是诉诸立法者的意志、参考主流观点还有制定法字面含义的论证；典型的实质论点是诉诸规则的公正性、它的合理性、适用它的积极效果。

尽管只有权威导向的论证在理论上才符合法典化法律体系，这一体系具有理想型的创制规范的立法和应用规范的司法之间的分工，但在对法律实践的分析中，实质导向的论证显示出重要的作用。[13]然而，这一对立有时在论证实践中含糊不清，因为实质论点关联着权威论点。所以，经常要论证的是，某个制定法解释可能因为其结果不公正或不合理而不符合立法者意志。但是对法律论证实践而言，权威论点和实质论点的二元论，原则上标志着二择一的选择，但选择的运作空间在细节上没有得到澄清。特别有争议的是，法官在多大程度上可以实际结果为导向进行裁判。[14]

9.3.2 法律论证与一般－实践论证的关系 308

正如所阐明的，法律论证的功能在于，证立被作出或应被作出的

---

〔12〕 H. 霍恩,《法律论证中的理性和权威》，载《法律理论》第6期（1975年），第145页以下诸页。

〔13〕 对于联邦宪法法院刑事庭判决中裁判的公正论证的意义，大体总是要参见艾克·冯·萨维尼,《刑法规范的可审查性》，1967年。

〔14〕 全面的文献参见德克特,《法律适用中的结果取向》，1995年；另参见托依布纳主编的论文集《作为法律理由的裁判结果》，1995年。

法律裁判的正确性。在“正确性”方面，它不能区别于其他的服务于行为证成的论证。特别是对于行为与行为规范的道德证立，在此存在着明显的类似。这就提出了那个疑问：如何界定法律论证与一般－实践论证的关系。法律论证仅仅是一般－实践论证的特例，还是与后者相比，它是一个论证和论证结构的独立系统？

很难对此疑问作出一个清楚的回答，因为它与其说涉及对不同论证系统中关于区别和相同之处的分析，不如说与对它们的权衡有关。不存在争议的是，二者既有重叠（例如在考虑裁判的公正性和合理性的标准上），又有不同（在法律思维中依规制而产生的规则的约束力）。

鉴于由此带来的对于相同和不同之处的必要权衡，人们可能应该区分论证的结构、允许的论证和论证的目标。从结构上看，在道德和法律论证中表述一个规则是必需的，据此，有疑问的情况可以在法律上或道德上被决定（见上文），它们便在结构上存在着很大的一致。与允许的论证之类型学相关的是，某些特殊的法律论证在理性道德辩论中找不到对应。诉诸制定规则机构的意志或者“主流观点”在理性道德商谈中是不可接受的。相反，正如在法学中，在道德神学中大体可以依据权威（上帝、教皇和神甫）行事。

关键的区别出现在法律论证与道德论证的目标上。法律论证之目标不在于去证明裁判或法律观点在“绝对”的意义上正确。“正确性”的尺度更多的是与当下有效的法律相一致，而它却可能不言而喻地与道德规范相矛盾。即便在法律裁决躬身求助道德标准的地方，法律裁判也必须把道德标准转化为法律清单。所以，对于德意志民主共和国边防军成员的可罚性（根据德意志民主共和国成文法，他们的行为在当时是合法的），不能仅仅以射杀手无寸铁的逃亡者这种道德上的可谴责性来证成。道德上可谴责性的视点必须为此而被嵌入到法律的坐标系统中。在那个范例中这通过诉诸自然法的论证结构而发生。这里可作为典范的是由拉德布鲁赫提出、而由联邦最高法院（《联邦最高法院刑事裁判集》39，1，15）和联邦宪法法院（《联邦宪法法院裁判集》95,96,134）所引用的标准：不可忍受地违反正义。据此标准，当“实 309
证的制定法对正义的违反达到不可忍受的程度，以至于作为‘不正当法’的制定法应该向正义让步时，”应剥夺制定法的约束性。[15]

即使在这里，求助于道德标准（非公正），这也只能借助于转换规则而行，转换规则承认了道德标准对法律规则系统的维系存在着影响。换句话说：什么样的标准对于法律论证的阐述所指向的法律裁判的“正确性”是至关重要的，唯有某个法律体系方可决定。这是指不可把法律论证解释成一般实践商谈的特例，而是将它视为独立的商谈（“特例观点”参见下文 9.5.4）。

9.4 唯一正确裁判之问题

9.4.1 法律裁判的“正确性”抑或“合理性”

如果法律论证的任务在于，论证某一裁判的法律正确性，那么，疑问就在于，是否在任何案件中事实上只存在一个唯一正确的裁判。这个问题不仅在学术讨论中特别有争议，而且在法律实践的不同领域中也以极其不同的方式被处理。因此，上诉法院实践的理所当然的出发点是，作为初审法院判决基础的法律观点不是对就是错：无第三种

〔15〕 拉德布鲁赫，《制定法的不法和超制定法的法》，1946 年，《拉德布鲁赫全集》第 3 卷（1990 年），第 83、89 页。

答案。同样也会指望一份法律意见认为一种法律观点是正确的，而其他的是错的，对于法律考试和家庭作业也是如此期待。

相反，在法律意见评定中，会放弃唯一正确裁判的模式。代替“正确”与“错误”的严格对立，出现了非常宽容的“有一定的合理性”或“无一定的合理性”的法律观点。在前一天还在决断性的判决中认为，和故意杀人（《刑法典》第212条）相比，谋杀的事实构成（《刑法典》第211条）是独立的不法行为，并且明确表示刑法学中的不同观点完全错误的上诉法院，必须在第二天的国家考试把这种观点看成至少有一定的合理性。当涉及公民的基本权是否受到专门法院的错误判决所侵害时，联邦宪法法院也借助于“有一定的合理性”或“无一定的合理性”的类型。只有当有疑问的判决是依据无一定合理性
310 的法律观时，才应认定为对基本权利构成侵害。[16]联邦宪法法院所采纳的更多的是温和的考官而不是上诉法院的观点。

法律实践的不统一对应着法哲学中的讨论状况。立场极端的观点有，对任何案件只有一个唯一正确的裁判，[17]还有对法律裁判正确性要求的激进怀疑论，以及代之以事实的、仅考虑实际主张的“个别价值”[18]。

9.4.2 “唯一正确裁判”理论（德沃金）

认为任何案件和任何法律问题都只有一个唯一正确的裁判的观点，在当今的讨论中主要为罗纳德·德沃金所主张。德沃金通过一幅极具

〔16〕《联邦宪法法院裁判集》96，375，395；《联邦宪法法院裁判集》85，248，257及下；《联邦宪法法院裁判集》82，6，13。

〔17〕 基础性文献参见注7，德沃金，《认真对待权利》，第144页及以下诸页，第448页及以下诸页，第529页以下诸页。进一步参见拉伦茨/卡纳里斯，《法学方法论》，第3版，1995年，第60页，注131。

〔18〕 阿多迈特/黑恩欣，《大学生法律理论》，第6版，2012年，边码29。

启发力的图景说明了他的观点。一个具有超人能力的法官，德沃金称他为“赫拉克勒斯”，决不应屈从于平庸的法官——“赫伯特”——的怀疑。但这幅图景的启示力远远胜于它的证明价值。这幅图景假设，对立的法律观点这一事实多样性，并不是归结于法的不确定性，而仅仅因为法官缺乏能力去认识“真正的”法。然而，恰恰是这种主张：法律人之间的观点之争并不是由于法秩序的规整欠缺，而是源于用法者的认识欠缺，缺乏说服力。因为不同于数学定律，法律规则并不是理想的而是社会的存在。这意味着：“正确”的是那个能够借助得到承认的论证规则证立为“正确”的裁判（正如支撑着它的法律规则）。但是，因为得到承认的论证（制定法的字面含义、立法者的意志、制定法体系、产生史、实用性、公正性、“主流观点”等）常常指向不同，且并不存在权衡这些论证的精确衡量规则，所以，多数法律观点经常能合乎方法地证立。

9.4.3 正确性对论证的依赖

法律观点的正确性与它所提出的论证之间的关联，标识了法律论证不同于其他学科的论证的特点。自然科学假说的正确性并非是它所提出的论证的结果。所以，当人们可以相信科学史家时，在哥白尼时代，根据当时知识状况，地心说的世界观比起日心说能更好地证立（在很大程度上通过观察数据而确定）。这一科学史的观点事实上是否正确，无关紧要：它澄清了自然科学领域中，观点的正确性依赖于它
所提出（并可以提出！）的论证。一个由很好论证所支持的自然科学 311
假设可能被证明为错误。相反，一个其论证糟得不合情理的假说也可能会是正确的。

相反，法律论证的质量决定着其所支持的法律观点的质量。某个

法律观点可能通过某种论证具有一定的合理性，而用另一种论证则不具有一定的合理性。这意味着，论证的可接受性决定了法律观点的可接受性。这和法学的区别于其他学科的特点有关：法学研究改变着其科学活动的对象。一本禽鸟学的教科书并不触动鸟类的世界；而一本刑法教科书改变着刑法。〔19〕

9.4.4 作为规制理念的唯一正确的裁判

当不仅是某个法律观点，而是多数法律观点经常能合乎方法被证立并在这个意义上是“正确的”，这并不意味着，法律人，作为要回答法律问题的法官或鉴定人，可以满足于确定不同的答案同样是正确的或至少有一定的合理性。作为法官或鉴定人，他必须支持一种观点，他必须在此追求可以最好地证立的（在这个意义上是唯一正确的）裁判。这就是说，唯一正确的裁判这一模式作为必不可少的*规制理念*，在法律实践的广大领域发挥着作用。从法官的内在视角出发，只可能存在一个正确的裁判；而从法哲学的外在视角出发，它涉及的却是一个与实际对立的假设。

9.5 各种法律论证理论

9.5.1 划分标准

在“法律论证”的对象域敞开着不同的科学处理的视角。有一个雄心勃勃的法律论证理论的设想，试图去建立理性法律论证的规则和

〔19〕 参见注18，阿多迈特/黑恩欣，《大学生法律理论》，边码15；佩克策尼克，《法律论证的基础》，1983年，第142页。

标准：为论证实践预定有约束的方针这一目标，标明了它是一种规范性（规定性）法律论证理论的模式。其他的研究则局限于，通过对法律文本的系统分析来重构在法律实践中实际遵循的规则；人们可以将此称为法律论证理论领域中的分析－重构立场。最后，人们还能考虑到合理性缺陷、理想化和修辞学因素来对之探究；这属于法律论证的 312
分析－批判理论。这一划分当然有理想型的特点；因此，一个法律论证的规范性理论既不能放弃对实际遵循的论证标准的认知，也不能放弃对论证标准的批判分析。相应地，有关法律论证理论的各种进路只可根据重点归到这一模式中。

除了以上各自视角外，对于有关法律论证理论的各种进路的归类，另外一个视角起着重要作用。一方面，人们可以把论证理解为一个纯语言的过程；那么，论证的分析就限于文本分析，而论证的规范性规则就应还原为文本结构化的规则，这种方式尤其支配着法律论证的逻辑－分析模式。但人们也可以把论证看作是在两个或更多人之间进行的交往过程。从这个视角出发，一种分析－重构的论证理论的对象就不仅仅是文本，而且也是参与者之间的交往关系；对于规范论证理论而言，这一视角涉及的就不仅仅是文本塑造的标准，而且还有参与论证的诸种规则，例如，任何论证参与者（商谈参与者）能够不受阻碍地表达其观点、愿望和需要之规则。[20]

9.5.2 法律论证的逻辑－分析进路

有很多理由使逻辑推理模式适合作为法律论证的理性重构的模式。一方面没有争议的是，诸如矛盾律（不是：a与非a）那样的逻辑法则，

〔20〕 注8，阿列克西，《法律论证理论》，第245、362页。

对于任何理性论证以及法律论证都是有约束力的。违反“思维法则”与可能为上诉审所指责违反制定法正好一样。另一方面，法律论证的核心——判决证立，在其结构上显得对应了古典的逻辑推理图式。[21]因此，这并不令人奇怪，有时法律论证在很大程度上被等同于逻辑推理，[22]而且至少对“内部”论证领域而言，法律三段论被提升到有约束力的论证模式。[23]

用逻辑推理形式来描述把事实置于制定法（或教义学规则）之下
313 的推论，[24]原则上是可能的。然而，在这种描述中，推论的完整结构就比其他论证模式更不精确。[25]虽然在谓词逻辑模式中，所有法律裁判的规则取向变得清楚了（作为前提的逻辑全称命题）。但逻辑模式对法律论证的复杂性并不太合适。关键性的问题不在于内部证成，而在于塑造和证立教义学的规则，具体案件应据此被裁断。但对这种规则的证立是一种交织着不同论证和对立论证的论证结构，权衡在其中起着显著作用，而逻辑演绎只有次要地位。

但这并不排除，在某些案件中，逻辑分析对澄清一定法律论证的结构，可能有所裨益。这便可以指明，在什么样的前提下，类比推论、反向推论和轻重相举能够被转换为形式上有效的推论图式。[26]特别是为了在类比和反向推论之间进行选择，如果应该借助一个或另一个论证形式，逻辑分析能够澄清必须成为前提的各种前提。但是，逻辑并

〔21〕 详见诺伊曼，“法律逻辑”，载本书第 272 页及以下诸页。

〔22〕 勒迪希，《法院认识方法的理论》，1973 年，第 3 页。

〔23〕 注 8，阿列克西，《法律论证理论》，第 273 页及以下诸页；科赫 / 吕斯曼，《法律论证理论》，1982 年，第 48 页及以下诸页。

〔24〕 见上文边码第 272、276、284 页。

〔25〕 见上文边码第 284 页及以下诸页。

〔26〕 详见诺伊曼，《法律论证学说》，1986 年，第 34 及下页。

不能使法律者减少实践中在两种选择之间做出经常有问题的决定。而且求诸逻辑，只能有助于澄清而不能解决法律论证的问题。

9.5.3 论题－修辞学立场

在多样性的另一端存在着论题－修辞学的各种模式，它们突出了法律论证的修辞特征和策略安排。人们把“修辞学法律理论”（“分析修辞学”）的任务视作修辞结构的重构，修辞结构与正式的法律方法论规则的对立。[27]这一设想是分析－批判的；它首先处理的是澄清法律论证的实际结构及法律论证的各种条件。特别是法律语言中的种种本体化倾向遭到批判，它们建构了一个虚幻的客观性，在这种客观性背隐藏着种种的判断。规范性的结论仅仅被略微提及。在英美国家，这一思路与“批判法律运动”有某种相似之处。[28]

9.5.4 理性法律商谈理论（阿列克西） 314

基于商谈理论（哈贝马斯），罗伯特·阿列克西提出了一个具有高度合理性要求的法律论证详尽的规范性模式。[29]其出发点是确信，与关联着事实主张一样，正确性的要求也关联着规范性陈述以及法律主张。因此，作为前提的是，可能在规范领域中，在真（正确的）和假的陈述之间，在好和坏的理由之间，在有效和无效的论据之间，进行

〔27〕 总结性文献见，卡塔琳娜·格雷芬·v. 施利芬，“修辞学和法学的阐述”，载《法律理论》第32期（2001年），第175页及以下诸页；另参见注26，诺伊曼的阐述，《法律论证学说》，1986年，第54页及以下诸页。

〔28〕 关于导向：S. P. 马丁，“法不仅仅是纯粹的社会事实？英美法律理论的新趋势”，载《法律理论》第22期（1991年）；关于“批判法律运动”，第527页及以下诸页。

〔29〕 注8，阿列克西，《法律论证理论》，第3版，1996年；《基本权理论》，第3版，1996年；《法，理性，商谈》，1995年。

区别。[30]

这里所引出的关键问题涉及标准的可支配性，据此标准，能从错误的法律主张中区别出正确的主张、从无效的法律论证中区别出有效的论证。正如在哈贝马斯的商谈理论中一样，在阿列克西的理论中承担这一选择任务的不是内容和实质的，而是程序的视角。关键是，有疑问的陈述是否被看作一个理想程序的结果，这个程序旨在获取和检验规范。[31]陈述的正确性关联着其得以获取的程序，标志着阿列克西的理论是一种程序理论。

这样一个程序理论的核心问题是选择和证立规则，对它们的遵守保障着结果的正确性。在此，一般实践商谈规则，根据“特殊情形命题”，[32]对法律商谈也有约束力，与法律商谈的特殊规则当被区别开来。

属于自身又被划分为不同规则群的一般实践商谈规则的，例如有，禁止自相矛盾（1.1），要求证立所发表的主张（2）和允许在商谈中引入任何主张（2.2.a）。而属于法律商谈的规则有，至少借助一个普遍性规范来证立法律判决之要求（J.2.1），法律论证形式的“饱和”（证实）之要求（J.6），以及只要没有提出支持不同顺序的例外理由，制定法的字面含义和立法者意志的论证优先于其他论证（J.7）。对阿列克西创立的法律论证模式的详释和评价，须参见别处的具体论述。[33]

315 9.5.5 论证标准的历史和文化的相对性

然而，对任何法律论证的规范性理论提出的疑问是，在多大程

〔30〕进一步的说明参见注 26，诺伊曼，《法律论证学说》，1986 年，第 78 页及以下诸页。

〔31〕同注 30。

〔32〕注 8，阿列克西，《法律论证理论》，第 273 页及以下诸页。

〔33〕注 26，诺伊曼，《法律论证学说》，第 78 页及以下诸页。

度上可以抽象出具有普遍约束力的、不受时间和法律文化相对性限制的法律论证标准。这个疑问超出了本文一开始作为主题处理的与法律模式（天主教神学或理性自然法、判例法和法典化的法秩序）的关联。因为它不仅与法秩序的结构有关，而且涉及法秩序的意识形态背景——意识形态的概念在此是在价值中立意义上使用的。无可争议的是，在一个法律文化中，事实上得到承认的论证标准深深地受制于先前的政治－社会共识的影响，这一共识用“政治正确性”的规则同样界定了可允许的法律论证标准。这样一来，与以前的法秩序不同，今天在法律论证中，主张某一人群以民族为条件的、较小或较大的智识能力（或者：特别的品格倾向），是不可想象的。原因在于背景共识的功能逻辑，即由于这种共识的基本内容是不言而喻地作为前提的，论证者通常意识不到这种共识。因此常常是，外来的特别是以往的法秩序成为意识形态批判分析的对象。[34]以正在共同成长的欧洲和在推进的全球化为标志，对当代不同法秩序中的法律论证文化进行比较分析，之于法律的相互作用，将成为法律基础研究的重要任务之一。

其他参考文献

阿列克西，罗伯特，《法律论证理论》，第7版，2012年。

Alexy, Robert, Theorie der juristischen Argumentation, 7. Aufl. 2012.

格拉博夫斯基，安德鲁塞耶，《法律论证和实用学》，克拉考，1999年。

Grabowski, Andrzej, Judicial Argumentation and Pracmatics, Krakau 1999.

麦考密克，尼尔，《法律推论和法律理论》，1978年。

MacCormick, Neil, Legal Reasoning and Legal Theory, 1978.

〔34〕 基本性文献见吕特尔斯，《无限的解释——论国家社会主义时期私法秩序的变迁》，第5版，1997年。

诺伊曼，乌尔弗里德,《法律论证学说》，1986 年。

Neumann, Ulfrid, Juristische Argumentationslehre, 1986.

佩克策尼克，亚历山大,《法律论证的基础》，1983 年。

Peczenik, Aleksander, Grundlagen der juristischen Argumentation, 1983.

拉兹，约瑟夫《实践推理和规范》，第 3 版，1999 年。

Raz, Joseph, Practical Reason and Norms, 3. Aufl. 1999.

萨默斯，罗伯特,《法律形式和法律实质的司法》，2000 年。

Summers, Robert, The Jurisprudence of Law’s Form and Substance, 2000.

10. 法律裁判理论 316

约亨·施奈德 慕尼黑*

10.1 法律发现和理由

基于各自程序规则的“判决”处在教义学思考的中心地位。这可以被视为“裁判”。事实上，判决由“事实构成”（个案事实）和“理由”构成。因此，“理由”属于判决，但可能并不表示为裁判的真正决定性因素。[1]“公正的”判决旨在结果的质量，它不直接包括理由。裁判理论必须处理如何作出判决的决定因素。事实上，裁判理论及其各个思潮和司法接受几乎不涉及这些决定因素，为此必须参考相关领域，例如社会学。首要的是，关注的重点不在于公正的判决，而在于正确的判决。

法官的判决必须是所罗门式的吗？在理想的情况下，它不仅要在法律上是正确的，而且还要是公平的和诚恳的吗？当代的法官的标准，至少乍一看非常简单：他们必须会“涵摄”。诚然，没有人（更）真正

---

* 感谢I. 康拉德和T. 福尔默在前版手稿的修订中的支持；我想特别强调，本章收录了前版（第14章）与U. 施罗特合作的成果的一部分，但作了重要的修订。

〔1〕 关于理由的阶段，见9.2.3。

代表科学中的法律判决的涵摄模式。〔2〕然而，这种实践坚持建构；尤其是在教育中。例如，在考试中写作、推理和论证不“干净”的考生，总是被要求正确地进行涵摄。这可能给人的印象是，法官实际上不做选择，实际上不做判断。事实上，法官的判决也意味着总是必须在两种选择之间做出决定。在此，在正式的“程序”的框架下，一个重要的限制经由制定法发生，这个限制将工作转移到对制定法的解释上。〔3〕在与法律信息系统的关联中又威胁到解释的现在活动空间，经由极端地建立在概念性上的安排，事实上导致以概念法学为非正式程式，〔4〕与此同时，对裁判发挥空间看法的进一步限制由此发生，这些系统此时（例如，在 juris 系统中）提供了大量的先例的理由，但它们只是间接地用于发现裁判的。由此，一个重要的区别被模糊了。

317 原则上，必须区分判决的**形成**与**阐释**。在严格意义上的形成或决策层面，具有影响到**结果**的特点之因素将被考察。在阐释层面，将论证分析哪些规则适用且应适用于法律**商讨**和**论证**。

这两个复合体不是如此分开以至于似乎它们之间不存在关联。相反，论证作为最后阶段连接着决策过程，并应反映形成过程的结果。尽管如此，在决策中通常涉及的不仅仅是判决的论证。另一方面，在形成阶段不相关的方面可能在论证中出现。与形成和阐释层面可能相关的决策控制方面的一个例子是司法认知，它本身又受到众多因素的影响。这种认知同时也是形成过程，特别是个案事实形成过程的重要组成部分，例如，属于“不重要”的信息被隐藏，其他信息，如前知

〔2〕 详情见第 6 和 7 章。

〔3〕 关于备选方案和元规则，见 3.2.6.1，在罗尔斯理论的语境中 3.2.7.3 和 5.3.1 和 5.3.4.3 最后部分；关于解释等，第 6 章。

〔4〕 参见 5.3.4，尤其是 5.3.4.3 和 5.3.4.4 以及 5.3.5。

识或“经验”[5]被显示。

论证义务[6]意味着，阐释的后生可能性影响、引导和激励判决的形成及其结果。因此，虽然将形成和阐释视为两个连续阶段是有意义的，但决策与说明及论证的绝对分离并不同时与此相关。选择决策可能性的法官的前见[7]总是只能获得后来可证立的结果。

在决策过程开始时，法官有意或无意地拥有自由，拥有选择的自由，他被迫在决策过程中借助个人能力和品质来利用和运用这种自由。即使在决策过程的早期阶段，对先前解决方案假设的中间审查也会导致对合法性的预测。解决方案可能性的“通盘考量”及其后果的分析导致放弃某些解决方案。因此，实际上，形成已经包含了对实际决策进展及其论证的部分决策。在非线性过程中，决策和论证的要素不断相互渗透。

以下论述旨在给出法律决策理论的基本原理概要。除了基本概念和差异之外，还简要解释了不同的科学方法，并且展示在法律领域的决策理论可能发展的方向。正是在法律决策活动中，知识的传授、信息的需 318
要和尤其是信息的加工及其获取起着重要作用，这紧接着“信息人”[8]（此处为“信息法官”），与信息系统相关，考虑到更多的信息是更好的信息和更好的信息影响更好的决策这个论点，被解释为一个决策问题。

---

〔5〕 参见例如克拉茨，《经验对司法认定事实的影响》，2011 年。

〔6〕 各个法律领域以不同的清晰度对此进行规定，例如《刑事诉讼法》第 34 条；《民事诉讼法》第 281 条；见吕克，《论证义务与宪法》，1987 年；基尔施，《论证》，2003 年，第 22 及下页。

〔7〕 详见上文第 6 章。

〔8〕 亦见 10.3.4；亦见特里梅，《信息人：人作为计算机的子系统？》，载：A. 科尔布、R. 埃斯特尔鲍尔和 H.-W. 吕肯鲍尔（编），《数字互联世界中的网络伦理责任》，斯图加特，1998 年，第 96 页及以下诸页；关于法律中的控制论，见 10.3.2。

本文并不主张完整性。它希望给出一个法律决策过程的结构问题的印象，这使得法律人能够在选择意义上做出更有意识的决定。也许，走向所罗门式最好意义上的判决的第一步，是判断者的认识：他有选择。

选择的存在及其因此对它的认识对于决策理论[9]含义上的“决策”是建构性的。但是，很多情况说明，决策者的实际行为很少受导于理性要求，或充分利用选择和信息的潜力，更多是涉及直觉、比例、经验、机会考虑和经济限制的混合，这种混合产生出被形象化地评价为“操纵”决策的过程。[10]因此要考虑到，充分利用解决复杂问题[11]的复合性几乎是不可能的，如建立层级系列及其作用方式所显示的。对于合理的而不是唯一正确结果的法律理解而言，这将会减弱主张彻底公正。但是，它并不符合决策理论的核心。这绝对意味着那个假设：存在“正确的”并且在法律领域也是“唯一正确”的决定。这对于将综合信息处理作为戒律而言也许是合法的。[12]另一方面，对人类感知和决策中神经元过程和控制的研究，使得理性决策研究制度作为一个理性过程出现了越来越多的疑虑。这也导致更加关注决策中的信息处理过程。

10.2 概述

“决策”是一种建构。决策虽然非常具体地表现出来，例如在判决中，但是，实际的决策“给予”的不过是“信息”。信息和决策两者都

---

〔9〕 见劳克斯/吉伦基尔希/申克－马特斯，《决策理论》，第8版，2012年，第38页及以下诸页（关于决策理论的基本模式）。

〔10〕 见维尔纳·基尔施，《决策程序的操作》，第5版，1998年。

〔11〕 如果它们不复杂，它们就不再是问题。

〔12〕 关于唯一正确判决的理论（德沃金），见9.4.2。

只是由决策者在具体情况下产生的。强烈的商业导向的决策理论涉及该过程的分析和优化以及合理设计，然而，忽略了根据不同的特征个人和社会对该过程的影响。 319

对于决策理论，典型的是在各种行动选择之间进行挑选。越强调法律决策的涵摄性质，[13]进入视野的选择越少：唯一的选择似乎是，是否存在事实构成的特征。

在若干事实构成要素和适当权衡过程的情况下——“如果没有占上风的 X 的福利或 Y 的利益”[14]——在穷尽这些步骤中出现一个交互的过程。但即使只存在于两种可能的变体中选择，也会产生一个准备过程，在其中，这些变体，依据其优点和缺点以及信息的采集逐步来准备和加工。信息的采集 / 非采集，尽管部分是无意识的，也基于决策。

对于爱比克泰德来说，[15]人类生活本来就是选择（prohaíresis）。换句话说，人类就意味着决定。然而，这种事实并不等同于理性的决策，这也可能适用于法律人。

在普通语言习惯中“决策”的一般概念要求两点：

1. 个人或团体的选择问题，以及

2. 其结果对于决策者或其他人并不是完全无关的。[16]

因此，决策理论的应用领域是明显地专业化的。由于它对例如工商管理、社会科学或者法学的重要性，决策理论研究也构成了一个跨

---

〔13〕 将涵摄模式嵌入法律获取中，见阿图尔·考夫曼,《法律获取的程序》，1999 年，第 68 页及以下诸页，带有图式，上文第 3 章；亦见第 6 章。

〔14〕 数据保护法，尤其是联邦数据保护法包含大量此类权衡要求，即需要预测相关人员的态度和心态，即与处理机构的利益相对的高度个性化的特征，例如《联邦数据保护法》第 28 条第 1 款第 1 句 2 和 3。

〔15〕 爱比克泰德,《讽刺》；证明见 W. 施密德,《生活艺术的哲学》，1998 年，第 479 页。

〔16〕 类似的劳克斯,《决策理论》（注 2），第 1 页。

学科的重点，它系统地寻求把握个人和群体的决策行为。因此，没有一个决策理论是卓越的。相反，存在广泛专业的多种多样的理论和方法，它们可以被理解为决策理论或可以被认为是这样的理论。这些不同的理论和方法不是基于统一的决策概念。

科学的决策概念甚至比一般的概念更广泛，并包括在多种可能的行为选择中“（或多或少有意识地）挑选某一个”。[17]

320 一个在决策理论方法中正好对法律领域有意义的区别是基于亚里士多德的科学（επιστημη，scientia）与道德明智（φρουησις，prudentia）的对立。相对于科学在这个意义上被定义为“从其原则中对存在的（抽象的）方法论知识”，道德明智“描述了在具体情况中对善的权衡性选择”。[18]类似地，决策理论首先大致被区分为规定性的（出自 praescribere，德语：标志、预定、规定）与描述性的立场（describere，德语：抄写、描述）。

在法律领域，规定性的（也称规范性的）决策理论应被理解为这样的，它告诉决策者，他如何以及根据哪些规则客观上“正确”或“公正”地决定。事实上，规范性的决策理论并没有回答这个问题，而是提供了一个图式，尤其是决策过程的流程图。这些建立了一个导向“正确”决策的结构，并且是针对理性的、合理的决策者的方法是众多的。在这种关联中还包括经济人的关键词和法律的经济分析的实用方法。

相对于亚里士多德认为立法、司法和法律建议不是归于科学而是归于道德明智，[19]实际上，在法律领域中描述性的决策理论工作几乎不

〔17〕劳克斯，《决策理论》（注 9），第 1 页。

〔18〕拉尔夫·德莱尔，《作为科学的法学的自我理解》，1971 年，第 2 卷，第 1 页及以下诸页。

〔19〕《尼各马可伦理学》IV 第 3 页及以下（1139 b 第 14 页及以下），德语由迪尔迈尔翻译，1959 年，第 125 页及以下诸页；亦见 2.2.1.4。

显眼，只在关联着法官社会学和法律现实研究时才为人所知。

在规范性和描述性方法之间似乎存在着作为媒介类别的理解。只要它们预设了正确决策行为的理想，或指定了理想，据此实际可以评判决策过程，它们就具有规范性特点。另一方面，只要它们分析实际的决策实践，它们就是描述性的。

10.3 法律决策过程分析

10.3.1 规定性理论

10.3.1.1 以经济行为模式为出发点

规定性决策理论假设理性原则——独立于具体的决策过程。一个理性行为人据此这样来决定，他的决定的结果最大可能有利。效用最大化原则在企业管理中是“最有利的结果”。效用最大化基于收益－成本比较。成本是未经选择的备选方案（机会成本）的损失。效用最大化决策是指这样的决策，所选择的行动备选方案的效用大于未经选择 321
的备选方案中最佳的效用。

为了指导和支持这种理性的决策过程，规定性理论通过基本模式描述选择过程，并将其分解为一系列阶段。基本模式的要素和阶段图式都由各个作者改变和修正，在许多情况下，只有概念不同。基本要素例如是：

- 目标，
- 行为备选方案（同义词：备选方案、措施、选项），[20]

〔20〕 备选方案（形成）的观念尤其对规范性决策理论是必不可少的，亦见 5.3.4.3。

- 环境影响（同义词：环境状况、状况），
- 决策标准（同义词：目标标准、特征、属性），
- 结果（同义词：成果、后果、目标实现程度）和
- 决策规则。[21]

在选择行为备选方案时，人们通常会区分确定性决策、风险决策和不确定性决策。确定性决策的特点是，正出现的环境影响是已知的。[22] 在风险决策中，应评估决策者对预期环境影响的可能性分布，因为他事前不可能确切预测某些环境因素的实际发生。相反，不确定性决策者不知道客观上发生的概率，因为他在主观上具有一个明确的（可能是错的）发生的想法。

在确定性决策中：

选择在效用矩阵中具有安全性的环境列中最大效用的行为。后果评估通过价值函数（多属性价值理论）发生。

在风险决策中：

选择具有最高期望值的，期望值是由此而确定，将效用矩阵的值乘以对相关值是重要的环境的概率，然后形成每个行为的目标总和。后果评估通过效用函数（多属性效用理论）发生。

322 在不确定性决策中：

在此存在数个决策规则，它们适用于典型的人格特质（乐观主义者、悲观主义者）：

---

〔21〕 劳克斯/吉伦基尔希/申克-马特斯，《决策理论》，第8版，第81页及以下诸页；格雷戈尔·波施曼，《规定性决策理论的基本概念》，1999年，第6及下页（原文见 tu-berlin.de）；关于导论，迈耶，《决策理论》，1999年。

〔22〕 格哈特·格夫根，《经济决策理论》，第2版，1968年，尤见第240页及以下诸页；亦见科赫/吕斯曼，《法律论证学说》，1982年；注9，劳克斯，《决策理论》。

最小化规则：在这种情况下，考虑最坏的情况并使你的利益最大化（悲观主义者规则）。

最大化规则：在效用矩阵中选择具有最大效用值的行为（乐观主义者规则）。

在这些决策规则中，一方面出现了如何可能衡量效用的问题。另一方面，提出了这个难题，在选择行为备选方案时，哪种规则保证效用最大化。[23] 如果个人的每个行为决策在每个个人效用最大化的意义上发生，便也提出了哪些决策具有普适能力的问题。每个人都会将他的效用最大化视为具有普适能力。

10.3.1.2　经济分析可转移到法律上

企业管理和法律两者都是行为科学。[24] 经济学家询问行为的效用和成本，法律人探问其合法性或不法性。经济理论从经济人的理想形象出发，他可以严格理性化地将其行为备选方案列出等级，并且其偏好是完全和无矛盾的（传递性的）。这套行为备选方案受制于所谓的行为限制，即收入、价格或法律和宗教规定等环境条件。关于偏好，例如利他主义的动机，嫉妒，是经济人的自主，即他自己承担。

甚至法律也主要转向“具有理性的众生”。民法中的私人自治原则，刑法中的罪责原则或公法中的公民责任以及民主原则的前提是，人可以事前权衡其行为的利弊，并根据这种明智理性地行动。

相对于社会学行为模式使服从法律成为合法行为的根本动机，对

〔23〕 赫费，《人性的策略》，1975 年，第 42 及下页。

〔24〕 D. 施米特兴，《法律的经济分析》，载：施米特兴 / 韦特（编），《法律的经济分析视野下的司法的功用能力》，巴登－巴登，1999 年，第 9 页及以下诸页。米勒，《法的经济理论》，载：布克尔 / 克里斯滕森 / 菲舍尔－莱施坎诺，《新的法律理论》，2006 年，第 323 页及以下诸页。

于经济的行为模式而言，服从法律仅仅是效用－成本计算的结果。[25]在这个意义上的客观成本的例子是，民法中关于法律地位的丧失或损
323 害赔偿的金额，刑法中例如罚金的日罚数额和惩罚的或然性，或在公法中许可被拒或丧失。对违法行为的社会谴责也是一个成本因素。此外，一个行为的主观成本，如悔恨，也是可以想象的。国家可能直接影响不同的成本因素。

法律的经济分析假设，随着不法行为成本的增加，在具有相同的效用时，往往较少选择这些行为。相反，如果成本下降，平均而言，则会更频繁地做出某种行为的决策。因此，对规范的经济影响分析事前了解法律结果，并假设，事后发生的事情，事前具有对规范义务人产生行为控制的效应。[26]为此，法律的经济分析假定一个规定性（规范性）决策运行图式。刑法的经济分析的共同创始人和诺贝尔奖获得者加里·贝克尔用以下语言理解这种方法：有些人成为罪犯不是因为他们的基本动机不同于其他人，而是他们的收益和成本不同。[27]

各种规范决策理论似乎适合法律决策者和他的任务，[28]因为它们给决策者以规则供使用，决策者应该在不同的典型情况下使用之。然后，决策理论可能想说，根据何种规则决策者必须在备选方案中“正确地”选择。[29]在司法判决的情况下，经济的效用最大化取代公正当成为理性原则。然而，典型的决策情况对于法律决策者来说并不典型。

---

〔25〕 D. 施米特兴，《经济人与法律人》，CSLE 讨论论文，2000—2003 年，第 5 页。

〔26〕 结果与决策效果的区分见 10. 3.1.4 中韦尔德和吕贝－沃尔夫的方法：带有反馈的运行图式。

〔27〕 G. 贝克尔，《犯罪与刑罚：一种经济的方法》，《政治经济杂志》，第 76 期（1968 年），第 176 页。

〔28〕 注 13，科赫／吕斯曼，《论证学说》，第 347 页。

〔29〕 注 22，格夫根，《经济决策理论》。

可以肯定的是，经济分析也涉及有限的理性行为。这意味着这种情况，决策错误因此发生，因为决策者的能力，即充分地认识到在具体情况下他的决策的结构——也即，例如，行为备选方案的数量，他的行为与环境之间的关系，对他的实际效用——是到受限制的（不确定性决策）。[30]严格的理性的经济行为人从来没有犯错，也没有什么后悔的。相反，有限理性的决策者被迫通过限制他们的行为种类来弥补他们的能力不确定性。以这种方式他就不会强制获得最佳解决方案。另一方面，其自身不完美的意识强化了一种规则约束的、图式的方法。因此，规则约束的行为的理性就在于对行为不确定性的控制。[31]

因此，组织决策理论[32]区分了以下三种决策情境或行动模式： 324

1. 通过行为的例行程序和编程避免决策。该行动模式被用于标准情境，其特点是适当性和规则导向。

2. 有限理性解决问题的行为。通过这种行为克服了新情境或问题，其中行为目标无可争议且成功易于理解，但仍然没有常规答案。

3. 政治行动。在政治决策情境中，对于所有参与者而言，存在很大的不确定性，因为目标无法操作或参与者追求不同的目标。尽管如此，在这种情境中为了允许相对有序的运行过程，决策被推迟，或者做出决定但不执行，也即所为不同于所说。

不同的作者在此基础上考查了司法决策行为和程序法，例如，莱

---

〔30〕 H. 西蒙,《人的模式》，纽约，1957 年，第 198 页；同作者,《行政行为》，纽约，1961 年，第 25 页；R. 海纳,《可预测行为的起源》,《美国经济评论》，第 73 期（1983），第 564 页；R. 泽尔滕,《经验观察到的有限理性的特征》,《欧洲经济评论》，第 42 期（1998 年），第 413 页及以下诸页。

〔31〕 施米特兴,《经济人与法律人》，CSLE 讨论论文，2000—2003 年，第 24 页。

〔32〕 组织决策理论属于组织行为科学理论。组织是所有现代文化的典型；多罗特娅·扬森,《新制度主义》，施佩耶尔德国行政学院的就职演讲，2000 年 6 月 27 日，第 10 页。

德[33]关于“照章办事”学说的合理性，基尔施泰因[34]关于在法官不完美时各方当事人的契约忠诚和诉讼行为以及施密特兴/基尔施泰因[35]关于过程成本与争议价值的耦合的经济分析。

但是，仍必须考虑，作为风险、不确定性或确定性决策这种情境的定义，是一个经验问题或信息获取和信息加工的能力问题。通过这种方式，越来越多主观的、无法估量的情境干预了规定性决策图式。规范的决策理论，只是当它可以为决策者对客观情境评估提供标准时，才合适作为合适的理论。[36]

10.3.1.3 线性阶段图式

所有规定性及规范性方法以两个特征为核心：一方面，正确地说，决策过程必须分阶段进行，即以线性阶段图式[37]中理论的最纯粹形式进行。另一方面，通过减少在备选方案之间的选择，在核心上大大简化了决策。

325 纯线性阶段图式包括以下步骤：

1. 确定问题，

2. 信息检索，

---

〔33〕 M. 莱德，《法律演进中的有形与无形之手》，柏林，1998年。

〔34〕 R. 基尔施泰因，《不完美的法院和忠于合同：司法判决的经济理论》，威斯巴登，1999年。

〔35〕 施米特兴/基尔施泰因，《将诉讼成本与争议价值脱钩？对改革建议的经济分析》，载：普廷/吕斯曼（编），《20世纪末的程序法：格尔哈特·吕克七十华诞纪念文集》，慕尼黑，1997年，第741页及以下诸页。施米特兴/基尔施泰因，《诉讼成本改革和司法发现能力》，载：施米特兴/维特（编），《法律的经济分析视野下的司法的功用能力》，巴登-巴登，1999年，第207页及以下诸页。

〔36〕 亦见格夫根，《经济决策理论》（注22）。

〔37〕 参见埃伯哈特·维特对图式的理解和批评，《复杂判决过程的阶段定理和组织》，载：《企业经济研究杂志》，第20期（1968年），新版，第256页及以下诸页。

3. 备选方案检索，

4. 评估备选方案（可能的解决方案），

5. 选择实施战略，

6. 执行。

克吕格尔推崇的图式更紧凑同时更平庸：

1. 准备，

2. 定位，

3. 备选方案考察，

4. 备选方案评估，

5. 决策结果，

6. 结论。[38]

在这个以及其他流程图式中，值得注意的是，法律决策，尤其是信息采集过程被视为有很少的特殊性，法律和判例的作用显得与“主流观点”的关联很小。更可能出现某个次序，在这个次序中，在关联着暂时包括的可能的相关规范去确定事实之后，决策者在“帕兰特民法典评注”或类似标准作品中寻找相关参考文献，以继续检索在那里发现的对决策的提示，甚至文献位置，视时间压力、可实现性和问题意识而定。然而，到目前为止，在人们开始信息检索之前，严格的次序图式主要是首选方案优先。

基利安[39]把判决过程拆分为以下阶段：

1. 问题的提出，

2. 目标，

---

〔38〕 F. 克吕格尔，《法律信息检索中的非线性信息查寻》，1997 年。

〔39〕 沃尔夫冈 · 基利安，《法律裁判与电子数据处理》，1974 年，第 151 页。

3. 备选方案收集，

4. 信息收集，

5. 备选方案的挑选，

6. 备选方案的详细解释，

7. 学习过程。

基利安在纯阶段图式中导入了一个关键的补充步骤，即目标的确定及目标的寻找。因此同时强调，决策者力图去“想象可能的行为备选方案之后果，以便挑选具有最有利结果的备选方案”。[40]

326 决策理论的最终目标是获得关于集体、个人或机构效用的客观正确的判断。在如何可能获得效用或使效用最大化的问题上，概率论会处理。[41]

内尔[42]在他的概率论方案中指出，为了应用，许多法律概念需要概率判断。法学的任务是确定具体法律决定所需的概率的程度。如果人们分出概率的不同程度，[43]存在一个从0到1的刻度，1在此意指“完全的确信”（同样在《民事诉讼法》第286条之含义上）。然而，确信只是概率的极限值。

内尔是在规范性－主观性上理解概率的。概率是主观性的，是指它被判断者感觉到（是对“客观的”预设的个人描摹），概率是规范性

〔40〕 基利安，《裁判》（注30），第151页，参考格夫根，《经济决策理论》（注22）。

〔41〕 参见奥特弗里德·赫费，《人性的策略》，1975年；波普／施林克，《社会价值秩序之优先理论条件》，载阿达尔贝特·波德莱希（编），《计算与判决》，1977年，第61页及以下诸页；同作者，《社会优先理论中法和国家理论的内涵》，载阿达尔贝特·波德莱希（编），《计算与判决》，1977年，第87页及以下诸页；注13，科赫／吕斯曼，《法律论证学说》，第348页及以下诸页，有详尽索引。

〔42〕 恩斯特－路德维希·内尔，《法律判决中的概率判断》，1983年，第54页及以下诸页。

〔43〕 内尔，《法律判决中的概率判断》，（注42）第56页。

的，是因为它从主观的先验的概率，变成主体间性的后天的概率。[44]

10.3.1.4 带有反馈的序列图式

朝着“判断”“经验”和“主流观点”的现实方向取得进展是那些方法，它们虽然假定或运用各阶段，然而要求重复通过各阶段，例如，在检查第一个结果后的控制。“较少的”或“不合理的”的变体将被抛弃，新的传递可以产生更好的结果。

在备选方案中的选择（也）是一个正义问题，在其解决方案中必须考虑与每个备选方案相连的结果。[45]在阶段图式的意义上，结果考量属于评估阶段。然而，结果考量[46]导致，阶段的线性序列——正如规范性决策理论所宣称的那样——作为一个想法必须被放弃：如果决策者遇到一个根据自己至今的前提不可接受的结果，那么，他必须重新进入“图式”。它创建了具有反馈效果的循环。虽然这样的图式允许决策者“学习”，它们在倾向上也符合在方法论和法哲学中，首先由恩吉施、克里勒、埃塞尔、阿图尔·考夫曼建立起来的螺旋形模式，[47]然而，这类图式只在其结构上，是对“正确的”判决的规范性预设。它们没有提供判
决何时在结果上是正确的**规则**。充其量，**规则形成**可以详细分析和证 327
明。为此埃尔沙伊德区分了在决策规则与相关规则[48]之间不可避免的司法权衡过程的结构。决策规则作为涵摄过程的前提来效力，且有助于个

〔44〕 内尔，《法律判决中的概率判断》，（注 42）第 56 页及以下诸页。

〔45〕 见上文 3.1.2。

〔46〕 决策理论含义上的行为结果，参见格夫根，《经济决策理论》（注 22），第 126 页及以下诸页。

〔47〕 详见第 5 章和尤其是第 6 章。

〔48〕 京特·埃尔沙伊德，《司法裁判实践中的规则形成问题》，载《法哲学和社会哲学文汇》，增刊 45，1992 年，第 23 页及以下诸页（第 33 页及以下诸页），附有参考 U. 诺伊曼的论文，GA 1988 年，第 387 页及以下诸页（第 398 及下页）。

案决策的整体案件效果。相关规则存在于在许多规范中，例如借助命令考虑某些或所有情况。它们有助于获得不同特征影响之间的界限。

阿多迈特和韦尔德[49]介绍过这种带有反馈的次序图式。尤其是韦尔德把判决理论的使用，浓缩（由他描述的）在一个“论证－次序图式”中，它包括从判决问题的验明到判决自身的十三个解决阶段：

1. 验明判决的问题
2. 考查与设计合乎法律教义学的判决选择权
3. 考查结果：挑选相关的结果期待
4. 决定问题领域标准的目标结构
5. 目标结构程序化：等级 / 评价尺度
6. 评估相关的结果期待的概率
7. 根据程序化的目标结构，评价一个可能的判决策略的结果
8. 根据未知要素评价结果
9. 根据判决程序作出选择
10. 检测敏感性
11. 检测合法性标准：判决系统对于判决建议是合法的吗？
12. 检测功能性标准，特别是：

a）充足的信息被处理过吗？

b）其他的判决系统是否具有更好的信息能力？

c）判决是可执行的吗？

13. 说明理由

此图式可以分别从第 10、11、12 和 13 回到 2。另外，在不同层次

〔49〕克劳斯·阿多迈特，《方法论与法律者培训》，载《法律政策杂志》，1970 年，第 176 页及以下诸页；托马斯·W. 韦尔德，《法律的结果导向》，1979 年。

之间发生着反馈与耦合，其执行必须同等地对待来回跳跃。这种图式可能影响到在以下意义上获得理性：判决者明确，他曾经和应该以哪些要素及何种期待为准。相反，这个图式不是在具体的过程中也保证了“正确的判决”这种意义上的规则清单。

一如许多作者，韦尔德[50]没有进一步区分不同类的结果。相反，328
吕贝－沃尔夫[51]详分了法律结果与现实结果。法律结果是那种通过法律规定，与或多或少具体前提之存在相连的结果，反之，现实结果是法律规定的有效性和适用之事实性结果。[52]在现实结果内，吕贝－沃尔夫又区别了裁判性结果与调适性结果。[53]裁判性结果是通过基于法律规范的权威性决策安排和现实化的结果。从现实化中间接产生的结果也属于裁判性结果。调适性结果指法律规则对影响行为的作用：只是在法律主体为趋利避害可能采取的行动与根据另一条其他内容的规则的行动不同时，法律规则才具有有效性和起作用。[54]例如，据《刑法典》第242条，对偷盗的具体判决和可能处以拘留的刑罚，是一个判决性结果，相反，所希望的一般预防则是调适性结果。虽然调适性结果经常是目标范围的共同内容（例如，一般预防），但它不是具体的事实构成特征。因此，关于调适性结果出现的可能性之判断，在本质上，影响到根据一般标准（刑罚的意义与目的、保护的利益等），对法律规范的解释，倘若法律本身不包括这种目标或没有含蓄地表达这种目标。

这涉及关于判决与程式化，即最后的和有条件的判决程式的一般

〔50〕 韦尔德，《法律的结果导向》（注40）。

〔51〕 吕贝－沃尔夫，《法律结果与现实结果》，1981年，第25页。

〔52〕 同上书，第25页。

〔53〕 同上书，第139页。

〔54〕 同上书，第139及下页。

区别。规范性判决理论在原则上是从“如果－那么图式”出发，也即从有条件的判决程式出发。卢曼认为这个程式对于法律系统是功能性的和决定性的，因为只有这种程式类型提供了必需的缩减的功能，以使判决的复合性特征，符合法律系统较低的复合性程度。[55]然而，总的说来，在创制判决时，最后的因素[56]也发挥着作用，特别是在创新的情况下，即在与至今的教义学相左时，起着决定性的作用，这无可争议。立法明确地将法律的对象或目的和任务的定义，纳入一些法律之中（参见《联邦防止有害物质侵害法》[BimSchG],《联邦数据保护法》[BDSG]）。因而，法官对结果考量的实践将补充立法的目标计划，并因此重新在可客观化的目标上是可反馈的。

329 规范性判决理论中的主要矛盾之一是：一方面，判决被要求合规则，并同时最终坚持如果－那么图式，另一方面承认，判决发生了变化，存在着创新的判决，也即离经叛道。那么，关于概率判断及结果评估的主观性和客观性之问题，只是用不同于产生离经叛道的及创新的判决之问题的表达方式被提出。规范性倾向的共同点是，它们把选择方案的形成和对“正确的”选择方案的挑选，视作最重要的判决步骤及重要的判决阶段之一，在那里，可能还出现对选择方案的评估。这样，这一阶段，既对于创新，特别是也对于结果评估，是一个“突破口”。对选择方案的评估将同样不仅由其结果来控制。[57]

---

〔55〕 尼克拉斯·卢曼,《公共行政中的法律与自动化》，1966年；同作者,《法律系统与法律教义学》，1974年。

〔56〕 尤参见克劳斯·霍普特,《法律和立法中的最后调整、实验和数据处理》，载《法律人报》，1972年，第65页及以下诸页；基利安,《法律判决与电子数据处理》(注39)。

〔57〕 关于概述：托马斯·桑布克,《法官法中的结果权衡》，1977年；马丁娜·R.德克特,《法律适用中的结果导向》1995年；与目的论解释相连的，见曼弗雷德·雷宾德,《法律社会学》，第8版，2014年，第20及下边码，带有进一步的介绍。

10.3.2 描述性理论

10.3.2.1 司法决策行为的社会学实证分析

亚里士多德业已将法学不归为科学，即原理的方法论知识，而是智慧，即在具体情况下的道德明智。[58]根据西塞罗，从正当理性（recta ratio）中流淌出的法律的永恒有效原则是法学的对象，依该原则的标准，不断变化的经验的法律能够被合法化并且能够依据它进行批判。[59]随着现代自然科学的出现，强制的普适性成为科学知识的构成性要素。从那时起，法学分身于自然科学方法论的普遍性主张与人文科学知识的自主性之间，后者如诠释学所代表的（希腊语：Hermeneuein，诠释）。[60]法律的理解和决策过程的诠释学分析探问决策的条件，在此表现出，理解取决依赖于先前的知识，或对规范和事实的相互解释。[61]然而，哪些具体经验进入法律决策过程，如果是这样，诠释学反思什么也没说。在这种情况下，一些法律社会学方法应被简要地纳入寻找决策的决定因素的关联中。

法官社会学将通过归纳，即通过社会学的经验分析方法获得经验
规则，来在方法上预测法官行为视为它的任务。它假定，那些在社会 330
化过程中获得的经验是判断的入门。

---

〔58〕见上文 10.2。

〔59〕H. E. 特罗耶，《16 世纪法学中的科学性和体系》，载：布吕多姆 / 里特尔（编），《哲学与法学》，1969 年，第 108 及下页。

〔60〕拉尔夫·德莱尔，《作为科学的法学的自我理解》，1971 年，第 2 卷，第 1 页及以下诸页。

〔61〕参见阿图尔·考夫曼，《类比与事物的本质：关于类型的学说》，第 2 版，1982 年；哈斯默尔，《事实构成与类型：关于刑事诠释学的探究》，1968 年；埃塞尔，《法律发现中的前理解和方法选择：法官判决实践的理性基础》，第 2 版，1972 年；详见第 6 章。

考彭和拉塞霍恩等人[62]研究了法律人的出身和社会化背景。他们的结论是，各种司法人员出于中上层。许多人来自官员家庭。根据这种理论，由于他们的出身，一定程度上，司法人员的行为相对上随大流，相对于法官，检察官更倾向顺从传统规范，等等。

海德里希和施米特兴提交了一项关于青年法律人和青年法官社会背景的调查报告。[63]从中发现，在社会出身方面，如前一样，青年法官有47%来自中上层,48%来自中下层，相对上，他们广泛地赞同（既存的）“政治秩序”。但2/5的青年法官支持引入进一步的公决式的参与意见权，3/4的支持扩大参与决定，1/3的认为收入与占有的分配不公，1/6的青年法官在争论尖锐对立的重大问题时，表现出准备对轻微违法持宽容态度。[64]然而，出身于官员家庭的青年法官的数量在下降。

此类分析显出一种倾向，其中，考察可能针对具体的法官行为，但至今的研究对具体的青年法官的判决活动所说甚少。迄今为止对法官的价值观和态度所获得的见解仍然过于笼统，人们本可以为具体的司法决策从中获得足够的信息。这些见解在这项研究中尚未涉及与法律应用的关联，这种关联允许在法官的社会化与决策之间建立精确的联系。

顺便说一句，社会学方法的目标只是在法律评价中而不是取代评价来考虑这些事实。社会科学不是判断法律评价是对还是错的合适的科学工具。价值决策主要是政治决策。然而，社会学通过允许尽可能

---

〔62〕 参见考彭等,《法律与秩序的守卫者》，1969年；考彭/拉泽霍恩,《专制国家与民主之间的司法》，1971年；瓦尔特·里希特,《联邦德国州高等法院的法官》，载《汉堡经济和社会政策年鉴》，第5辑（1960），第241页及以下诸页。

〔63〕 海德里希和G.施米特兴,《作为职业的正义》，1982年，第196页。

〔64〕 海德里希和G.施米特兴,《作为职业的正义》，第205页及以下诸页。

精确地分析行为备选方案及其作用来缩小真正的价值决策的范围。[65]因此，对于规定性与描述性的决策理论产生了一种关系，正如康德就理解能力与感官印象的关系已经说过的："没有内容的思想是空洞的，没有概念的直觉是盲目的……理解无法直觉，感官无需思考。"[66]

因此，描述性决策理论主要不涉及如何合理地制定决策的问题，而 331
是试图描述决策并解释个人和团体在现实中如何实际作出决定。[67]通过经验创建的关于决策行为的假设，描述性方法尝试在初始情况知识中来预测决策的结果。因此，描述性决策理论也可以让决策者通过反思他们的假设和行动，以得到"更好的"（理性的）决策。另外，它们的结果对规定性决策理论具有重要意义，只要它们使决策者在决策中意识到能力的不确定性，即决策错误的出发点。[68]决策者的认知，例如，由于感知或信息问题，哪些备选方案对他是封闭的，那么，对他而言，在效用最大化意义上，原则上，比不知这种不确定性是更好的备选方案。

描述性理论尝试回答以下问题：[69]

- 个人/团体用什么方式设定目标，以及它们在决策过程中如何改变？
- 个人如何形成关于不确定事件发生的概率判断？
- 决策者的风险准备影响团体形成和团体讨论吗？
- 小组成员的问题解决方案或共同决策贡献取决于什么？
- 信息收集和处理如何影响决策过程和决策结果？

---

〔65〕 M. 雷宾德，《法律社会学》，第5版，2003年，第29页。

〔66〕 I. 康德，《纯粹理性批判》，费利克斯·迈纳出版社，第95页。

〔67〕 见劳克斯/吉伦基尔希/申克－马特斯，《决策理论》（注9），第148页及以下诸页，关于风险的个人决策的经验结果。

〔68〕 见上文10.3.1.2。

〔69〕 见劳克斯/吉伦基尔希/申克－马特斯，《决策理论》（注9），第145页及以下诸页。

尽管可能有自己的重点，但法律社会学之外的经验法律决策研究几乎没有发展。然而，作为描述性法律决策理论的方法，必须看到劳特曼和罗特洛伊特纳的工作，这些工作将在下面概述。[70]

10.3.2.2 作为决策决定因素的态度

很明显，即决策者的个人特征也会影响他的行为。规范性理论方法试图尽可能地消除这种主观成分。然而，这丝毫没有改变它的作用方式。但是，它们的确切性质尚不清楚。

法官的个人价值立场或见解与他的判断之间可能的关联，可以通
332 过引入态度概念来解释。态度研究探讨的是，在刺激/回应图式中，把判决理解成对案件（刺激）的反应（回答）。在理论上，相同的案件必须作出相同的判决。在经验研究中，必须考察，是否也在事实上确实是这样。如果不是，这中间必定存在着法官的见解（态度），这种见解使对同样的案件作出不同的反应。[71]因此，那个经典的刺激－反应－模式将被拓展。

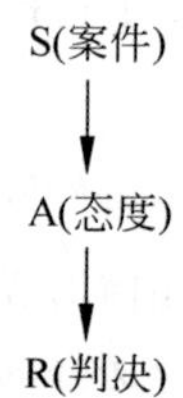

这个模式的问题是，案件只是根据法官的态度来建构。罗特洛伊特纳曾建议，区分 S（实际的案件）与 S’。S’ 被看作与法官掌握的相

〔70〕吕迪格·劳特曼，《司法——寂静的权力》，1972 年；罗特洛伊特纳，《法官行为——法律教义学批判》，1973 年，详见第 6 章。

〔71〕对此详参见罗特洛伊特纳，《作为社会科学的法学》，1973 年，尤是第 114 页及以下诸页；奥普/波伊克特，《法律判决中的意识形态与事实——对刑法判决的社会学考察》，1971 年。

关个案事实相连。个案事实将受到态度影响，它是后来引起判决的东西。[72]因此，态度研究模式如下示：

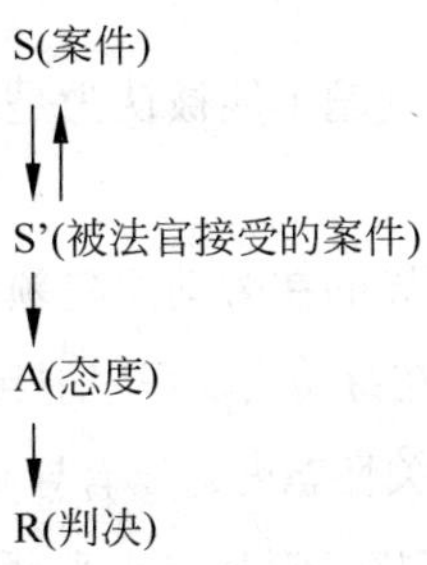

态度必定扭曲判决，其如何具体发生不清楚。多罗特·彼得斯曾试图展示在刑法程序中对实际的生活事实行为之扭曲。[73]在那里，她得出下面的结论：[74]生活方式的规定性之假设，导致了法庭上的罪犯将被视为机会犯。于是，行为更倾向被定义为没有计划的，并且无特殊的不公正成分。生活方式的未规定性之假设，导致对未来行为的预测更加不利的失灵。制裁的强度在未规定的生活方式中更大一些。[75]这些结论是基于对 51 例法官的法庭判决之观察而得出。这些结论有失客观，因为没有给出依此对判决进行比较的标准。这个考察的另一个结论是，法官有关小偷的含义与关于下层人的日常看法一致。例如，典型的小偷被看作懒惰的、不愿有固定工作的人，未受过专业训练而对 333
挣快钱有兴趣的人。对于这类法官而言，下层人意指"那些懒惰的、

〔72〕 对此详参见注 70，罗特洛伊特纳，《法官行为——法律教义学批判》，第 82 页及以下诸页，特别是第 88 及下页。

〔73〕 关于民法，见本德尔 / 舒马赫，《在法庭上取得成功的障碍：关于民事诉讼中机会平等的探究》，1980 年。

〔74〕 多罗特·彼得斯，《当权的法官》，1973 年。

〔75〕 注 74，多罗特·彼得斯，《当权的法官》，第 40 及下页。

没有职业的、向往舒适生活的、羡慕待遇高者的人”。基于对下层人和小偷层次同类的定义，虽然不是必然地，但也不是没有说服力的，发生了对事实行为的扭曲。[76]

在民法中，阶层属性问题不能被认为是一个重要的影响因素，重要的是法庭上的经验。[77]

但由罗特洛伊特纳领导的在劳动法院领域的大规模调查，未能确定法院的社会见解与雇员在劳动法院程序中起诉的结果之间的关联。[78]法官对雇员的友好或社会关怀态度，没有导致雇员阶层较大的胜诉面，德国工会联合会的会员资格，对雇员的胜诉面所起的作用更加消极。另外，这项调查明确了，既不存在调解导向型的法官，也不存在判决导向型的法官。充其量只可以说，当法官出身于上中层时，法官的调解导向更强一些。[79]

从这一切来看，虽然清楚地表明了某些社会因素的结果相关性，但是，也许起决定作用的个别因素对具体决策的影响尚不能确定。

10.3.2.3 角色理论与判决行为

在目前探究判决原因的尝试中，忽视了对法律发现过程的描述。如果人们从程序的类型和方式受判决的影响这一观点出发，那么，按照阶段和影响大小，这取决于实现的类型和方式。法律发现的过程，必须被包括在对判决正确性和合法性的评价中。分析法律发现过程的方法具有相互作用的结构。在此，一方面，某些结构与结构要素之间

---

〔76〕 注 74，多罗特 · 彼得斯,《当权的法官》，第 96、99 页。

〔77〕 本德尔 / 舒马赫,《在法庭上取得成功的障碍：关于民事诉讼中机会平等的探究》，1980 年；雷宾德,《法律社会学》，第 5 版，2003 年，第 135 边码及以下诸页。

〔78〕 参见罗特洛伊特纳,《告别司法研究？》，载《法律社会学杂志》，1982 年，第 106 页及以下诸页。

〔79〕 参见注 78，罗特洛伊特纳,《告别司法研究？》，第 110 页。

的因果关系，另一方面，法律发现的过程与结果之间的关系，被假定关联着法律发现的过程。两者都是有说服力的。然而，态度和偏见的作用与在（预）决策中检索和谐信息的倾向一道，根据相应的理论，影响到这个过程。角色理论可以在框架的方向上提出这些不同的因素。角色的现实化在传播过程中很常见，在法庭上的正式审判中也非常普遍。在这方面，角色理论方法的应用意味着，这种沟通的“审判”对 334
于决策发现在事实上是相关的。对此也许存在相当大的疑问。更重要的是考虑合议机构或协商中的相互作用，这是被决策理论家所淡化的一个阶段。[80]

关于相互作用的结构，舒曼和温特的研究之基础是审判方式的两个类型：权威型的和自由型的。这两种审判方式表现了一个具体的统治机制，参与者的参与机会依赖于这个机制。“权威的”审判方式在舒曼和温特考查中的特征为：被告、检察官和辩护人很少提出新见解，经常存在误解，诉讼参与人常被打断。在自由的审判方式中，辩护人、检察官、被告在诉讼中经常提出新看法，很少有误解，等等。两种审判方式均是独白式的，未出现真正的论证。在自由的审判方式中，人们常发现在权威的审判方式中的事实上的合意形成。被舒曼和温特视作为合意指示器的是，认为法官见多识广的被告对这种审判风格满意，早已预料到一个同样严厉或更严厉的判决。刑法的合意形成与法庭中争论范围间不存在关联。权威的风格，通过独任法官，由于被告的被动性以及较低的辩论技巧等受到偏爱。

自由的风格存在于合议庭审判、证人少、被告准备合作和有善于辩论的情况中。法院程序中的对话因素，究其根本，存在于上诉

［80］对此尤见注70，劳特曼，《司法——寂静的权力》。

审之中。[81]

各种审判风格与决策的“质量”（而不是对它的接受）的重要关系可能并不明显。

在关于劳动法院管辖权的柏林研究计划中，也考察了口头审判对劳动法院程序中雇员的影响。其中一方面分析了雇员的特点（主动性、见识、至今与劳动法院打交道的经验），另一方面是法官的特点（平衡性行为），在多大程度上对程序的结果有影响。在那里被确认的有：

- 雇员及其代理人愈是主动，他就愈少对结果有什么预测。[82]但雇员完全被代理这一事实发挥着积极的作用。法官平衡性行为的作用既不是积极的，也不是消极的。
335 - 雇员见识不广及缺乏表达能力的作用既不是积极的，也不是消极的。
- 法官以规定的义务之形式表现出来的主动性，对雇员有着更加消极的作用。
- 证人平等地被各方询问对雇员有消极作用。
- 雇员与劳动法院打交道的经验对他有积极意义。
- 在劳动法院，妇女比男人的诉讼成果更丰。

即使在这种范围里，也很难证明所提到的因素对单个判决的直接影响。

这一**密集分析**提出了去考察法官在集体程序中依赖权力因素的任

〔81〕 与这些研究结果相比，温特 / 舒曼，《刑事诉讼中法律的社会化和合法律化》，载《法社会学和法律理论年鉴》3，1972 年，第 529 页及以下诸页。

〔82〕 罗特洛伊特纳，《告别司法研究？》，第 113 页。

务。[83]乌尔默[84]举例分析了法官在何等程度上附和多数派联盟。他的出发点是，附和多数派联盟说明了判决审级中的权力。但在至今仅考察过美国法院权力结构的调查中，人们错过了去分析在相互作用程序中“权力”依赖的那些原因，诸如修辞学、宗教归属或法官的社会地位，是否也起着作用。人们也错过了去分析少数派同盟在发现判决中，是否可能影响多数派同盟。[85]

在狭义的**角色理论**中，人们试图去发现在结构上制约着法官判决的决定因素。与决定的作用关联似乎更清楚，因为“角色”此外影响到信息行为。如果人们假设信息行为影响决策这种进一步的联系，那么，作用关联的因素链将是显而易见的。然而，这也可能是一个消极的关联，因为决策者根据是否符合他的“偏见”来整体寻找他的信息。

在司法日常活动中，期待被表现在法官角色载体上。法官内化了角色期待，在接受“法官角色”时，影响到事实行为及对事实行为进行法律评估的非形式规则被采纳了。非形式规则在那里影响到信息的解释和信息的选择。例如劳特曼发现，在法官的判决程序中，判决的后果经常被淡化。[86]角色行为也经常导致进行和谐一致的信息选择（也 336
即与意见的同一性或一致性）。因此，在具体的判决中，法官释去良心

〔83〕对此详见艾肯贝格,《法官裁判基础的经验研究的前提和困难》，载《法社会学和法律理论年鉴》1，1970年，第361页及以下诸页。魏斯,《美利坚合众国法官裁判活动的理论》，1971年。

〔84〕乌尔默,《美国最高法院行为模式分析》，载《政治学杂志》，第22卷（1960年），第629页及以下诸页；分析事实权力结构的其他方法参见夏普莱－舒比克，载《美国政治评论》，第48卷，第787页及以下诸页。

〔85〕参见艾肯贝格,《法官裁判基础的经验研究的前提和困难》(注83)，第376页。

〔86〕注70，劳特曼,《司法——寂静的权力》，第76页。

重负。如果各种信息更好地协调，那就较易作出判决。[87]综合信息系统为获取和谐信息提供了充分的机会，决策者需要减少“认知失调”，相反，他很少努力去减少“认知不和谐”。[88]

劳特曼[89]提出了一个赋予法官以角色行为特点的判决导向的构想。[90]在那里，他首先明确指出法官受社会环境（同僚、社会）的影响。这个方案比态度研究成就更丰，因为后者忽视了，在法官的社会环境中，交往对具体判决施加的影响。但在劳特曼那里，有两个理论要素仍成问题：第一，判决发现过程这一阶段（提出任务，收集备选方案，收集信息，评价，挑选，详细解释，体会），可能不是先后和单独地在现实中再现。第二，他忽视了决定者处在其中的组织，组织同样对判决有影响。[91]

劳特曼尤其表明，[92]即使在决策过程的早期阶段，也要做出决定，存在保持更强的趋势，而不是再次改变它。这种趋势也影响了对和谐信息的检索，这比检索对立信息更强。如果人们假设这个决定类似与偏见或偏见可能存在，那么，如果“和谐”信息行为不是先作为事后决策行为来观察，而是这种行为已在最终的和具有约束力的决定之前发生（也就是在展示含义上），就不足为奇了。

然而，以这种方式，作为理性决策含义上的“正确的”决策的结

〔87〕 劳特曼,《司法——寂静的权力》,（注 70），第 55 页及以下诸页，第 157 页及以下诸页，第 162 页及以下诸页。

〔88〕 关于认知失调和检索行为（在费斯廷格含义上），见维尔纳·基尔施,《决策问题的操作》，1998 年，第 34 页及以下诸页，附有进一步的说明。

〔89〕 劳特曼,《法官的角色和裁判——社会学问题分类》，载《法社会学和法律理论年鉴》1，1970 年，第 381 页及以下诸页。

〔90〕 注 89，劳特曼,《法官的角色和裁判——社会学问题分类》，第 396 页及以下诸页。

〔91〕 劳特曼,《法官的角色和裁判——社会学问题分类》，第 396 页。

〔92〕 劳特曼,《司法——寂静的权力》,（注 70）；罗特洛伊特纳,《法官行为——法律教义学批判》(注 70)。

构的阶段图式最终变得无法应用。实际的决策当是问题定义的第一阶段，在这个阶段，实质上已经包含了未来的最终决策。这样的前决策例如存在于，法官将呈现给他的案件视为相同的，可比较的或类似的，或最终在重要要点上相差很大的。根据这一点，他将控制他的整个进一步的信息行为。[93] 通过劳特曼的经验，额外信息会产生“更好”的 337
结果这一假设似乎是可以改变的。另一方面，不可否认的是，在法律发展中，甚至是在决策次序领域的法律创新中，存在着“持续的司法判决”或“主流观点”[94] 的改变，联邦最高法院，在它证实了这种变化时，有些轻描淡写地称为“被……放弃”[95] 更为常见的是“被……延续”，其中很可能关涉重大的变化。目前，欧洲法院或联邦宪法法院也无法避免这种变化。[96]

10.3.2.4　决策的问题结构和组织结构

哈伦堡开发了一个专门用于分析创新的框架概念，[97] 其中他重新定

---

〔93〕 亦见马丁 · 克里勒,《法律获取理论》，第 2 版，1977 年。

〔94〕 关于作为论证模型的缺乏能力，见皮尔尼沃克,《“主流观点”不是一个论据——对低年级法律学生的法学论证的思考》,《法律训练》，2009 年，第 394 页。

〔95〕 例如关于来源代码模板（Quellcodevorlage），例如见，2002 年 5 月 2 日联邦最高法院裁判 1ZR 45/01（《新法律周报》-RR 2002，1617），相对于在在专利纠纷中明确表明的 1985 年 1 月 8 日联邦最高法院裁判，X ZR18/84- 印刷杆 -（《新法律周报》-RR1986，480）没有降低版权领域的要求；关于合同处罚条款，见 2003 年 1 月 23 日联邦最高法院裁判，VII ZR 210/01（=《新法律周报》2003，1805），放弃了 1986 年 9 月 25 日联邦最高法院裁判，VII ZR 276/84（《新法律周报》1987，380）；2015 年 11 月 5 日联邦最高法院裁判，VII ZR 43/15，“在一定范围内放弃了” 1982 年 11 月 4 日联邦最高法院裁判 VII ZR 11/82,《联邦最高法院民事裁判集》85，240。

〔96〕 在此类案件中对参考决定（特别是所谓的在线耗尽）的比较，例如见，继 2012 年 7 月 3 日欧洲法院裁判 C-128/09 之后，2012 年 7 月 17 日联邦最高法院裁判，ZR 129/08，与 2011 年 2 月 3 日联邦最高法院裁判，I ZR 129/08。

〔97〕 杨 · 哈伦贝格,《前理解与创新——经验创新分析的基本观念》，载哈伦贝格 / 波德勒希 / 施林克（编),《通过法官裁判的法律变迁》，1980，第 265 页及以下诸页。

义了前见，并将其与“创新”论题联系起来，从而可以解释法律的变迁。根据哈伦堡，法官设计了两个案件认知模式－在一种心理图像的含义上－并产生两个相互独立的解决方案。

第一个模式（I）是程序导向的（条件性程序含义上的程序）。这种模式是合法/教义学导向的。事实是已经通过法律观念有选择地被构建。

第二个模型（II）是问题导向的。它基于将案件作为社会事件或难题。

I 是法官对教义的个别处理。II 可以说，法官对社会世界的内在化。对于 I 和 II 法官分别提出了解决方案的假设。两个假设都由他进行相互比较（解决方案测试）。如果两者是不可调和的，法官必须继续提出他的解决方案。另一个模式分别充当要修改的模式的测试层面。然后，哈伦堡提出解决方案变体的步骤。[98]

1. 待测试的解决方案在测试层面的区域中重新被制定，并在假设上作为结果引入。

2. 为此结果，寻求其生产方式——使用一般启发式程序和特殊的法律操作程序（例如问题和概念的区分、概括、类比）。

338 3. 已找到的某种手段和现在可能的解决方案将受到模式区域的控制，特别是 I 教义的控制，并在与之前的解决方案进行比较中被评估。

因此，这种经验导向的决策理论接近规范的、与阶段图式相连的理论。这种相似关系在于，一方面，总是存在对备选方案的主观的或主体间的评价，但另一方面，理性应该与这些阶段图式相关联。这总

---

〔98〕 哈伦堡，《前理解与创新——经验创新分析的基本观念》（注 97），第 293 页及以下诸页。

是回溯到原初的“阶段”，即问题定义以及源自此问题定义的步骤的质量。

借助企业领域的决策理论，将决策作为处理难题的开始是很自然的，决策同时涉及两个层面，即内容层面和元层面及组织层面或操作层面。元层面通常是隐藏的，但是，正如在互动中一样，重要的是：视决策者如何定义问题而定，特别是他如何评价其难度和复杂程度，他将付出其多大的努力。决策者将他的主张级别与他认为必要的处理复杂性的操作级别相适应。同时他确定了行动和解决方案的范围，在此范围内，他将通过承受和维持紧张等方式寻找信息和备选方案。这种在元决策（以及元目标维度）决策内容之间的相互依赖性是众所周知的，特别是在司法社会学的背景下。例如，劳特曼〔99〕和西蒙〔100〕突显了判断的层级-确定性。

但在终极意义上，这种相互依赖也表明，决策者也本未努力去解决抽象地给他提出的问题，而是去以符合他的要求水平，符合他对情势的评估的方式去处理这个问题。因此，代替去区分判决行为的阶段，重点关心的应是影响判决处理的情势之特点。然而，不是情势而是问题的结构，被认为是决策意义上确定性、风险或不确定性的标准，如果这种划分也可能是结果的话。

H. A. 西蒙决意将问题的特点简单地类型化，这种类型化在广阔基础上被接受：〔101〕存在着操作的和不操作的问题。操作的是良好地被定义的问题（良好地被建构的问题），不操作的指糟糕地被定义的问题

〔99〕 劳特曼，《司法——寂静的权力》（注 70）。

〔100〕 迪特尔·西蒙，《法官的独立性》，1975 年。

〔101〕 经常被引用：西蒙，H.（1959 年），《经济学和行为科学中决策理论》，《美国经济评论》，第 49 卷，第 3 期，第 253—283 页。

（糟糕地被建构的问题）。这种划分例如也为基尔施[102]所接受。人们可以随便地说，决策者在良好地被建构的问题中，发现一个完善的行动
339 程式，并且只需去贯彻它，相反，在一个糟糕地被建构的问题中，必须自己努力去制定这个行为程序。因为一方面，决策者经常也未完全认识或掌握业已存在的行为程序，另一方面，人们与十分简单的问题无关，一般看，这种问题不再是问题，所以，人们能在实践中，把问题的处理也描述成“克服诸多小麻烦”，一如林德布洛姆所称的。[103]

经验性决策理论当回答的是，决策者如何分别对待不同的问题情势，如何和是否认识每个问题的复合性，如何用适当的方式描摹这个复合性。在实践中考察这个问题，不仅由于组织的原因是困难的。在作出评判中，如果应不同于法律的/教义学的标准时，人们意欲联系到哪些标准，尚未解决。也就是，当不仅涉及内容“正确性”时，尤为如此。

不清楚的是，人们如何能努力弄清和描摹判决者的内部结构，也即在主要事件进程尚属未知时，去弄清和描摹他的问题的充分性，因为一个直接的询问将影响到结果。克拉伦波尔通过与联邦宪法法院的法官进行面谈，在回顾性地询问了影响因素时，就从某种意义上规避了这个问题，因此，联邦宪法法院的特殊性不应允许普适化为“那种”正义。[104]

10.3.3　理解性方法（立场）

一种中立的立场采取的态度是，明确关于可能对判决发生影响

〔102〕 维尔纳·基尔施,《决策问题的操作》，第5版，1998年。

〔103〕 夏勒斯·E.林德布洛姆,《处在“彻底混乱”中的科学》，载《公共行政评论》，第13期（1959年），第79页及以下诸页；亦见布莱博克/林德布洛姆,《决策的策略》，1963年。

〔104〕 克拉伦波尔,《咨询秘密的幕后：联邦宪法法院意愿形成程序和裁判程序》，2010年；亦见霍克斯,《法庭秘密与论证义务》，2002年，关于论证义务的历史。

的一个或数个要素。这些要素是法官的个性、前理解、是非感、组织（行政管理和判决过程中的），还有信息。

比勒[105]意欲沿着“法律获得的心理学”方向迈进。他想展示，为了法律判决的正确性，特殊个性的主观感受对判决发现过程的影响。比勒自己把其理论称为描述性的，它只是尚未在经验上被检验。根据我们的区分，他的理论仍然属于理解性倾向，这种倾向介于规范性理论（据此，规范控制着法官的行为）与判决的经验之间，因为他突出了理想类型的论证情势和论证模式，并在其中分析了是非感的不同作用。以他之构想，比勒最终研究的也是法学的基本问题，即，居于是非感框架中的正义观，在规范具体化的实践中发挥着和应当发挥什么作用。

从传统的关于前理解和法律获得的类推方法中，施奈德[106]建立了 340
一个沟通方向的理论，据此，信息是判决过程的结果。那么，信息与判决之间的作用关联，正好与传统的观点相反（首先与规范性判决理论）。但同时，在这种视野中，本来的判决（“唯一正确的”判决）的作用域，这种判决表现为理性的、决定性的、逐个行为的，也转移到沟通过程上，其每个具体的阶段作出各自的决定（判决的步骤）。这也将意味着从判决过程的线性阶段图式，退回到螺旋式的、重复的过程。如果人们遵循这种说法，那么，文件汇编系统[107]须被视作不适当的，

---

〔105〕 米夏埃尔·比勒,《是非感、制度和评价》，1979 年。

〔106〕 约亨·施奈德,《信息与法官的判决》，1980 年。

〔107〕 其发展参见哈夫特,《法律中的电子数据处理》，1970 年；斯沃博达,《法律信息系统》，1984 年；各法律信息系统：1986 年 6 月 5—6 日萨尔布吕肯信息科学和实践第三届论坛文章汇编，1987 年；贝尔克曼 / 西伯特,《JURIS 法律信息系统中各联邦最高法院判决文件汇编密度——分析和问题》,《计算机与法律》，1987 年，第 385 页；欧洲和国际的情况：罗伊德,《欧洲的法律数据库：用户的态度与供货商的策略》，1986 年；宾,《法律信息获取系统手册》，1984 年；关于美国的情况：尤见贝尔林,《全文本数据库和法律信息寻找》,《法学》，1987 年，第 5 页及以下诸页，第 70 页及以下诸页，第 115 页及以下诸页。

因为文件汇编系统的思路，是建立在传统的阶段图式上。但另一方面，不可误以为，法律判决者尤其对案件从中产生的问题情势的复合性之处理能力，可能被确定、理解和领悟。在根本上，问题情势的复合性对判决的影响，与结果导向相关，也许在唯一的条件性程序化中是可以忽视的。[108]

卢曼因此也一直强调，那个至少在外部上被应用的条件性程序是有功用的，这是考虑到只能被迫用特别容易的方式，去描摹环境的复合性这一必然性，这个特征好像是在事实上给定的。[109]

不同于规范性判决理论，尤其是不同于基利安和韦尔德，[110]卢曼认为，法律系统及法律教义学，目前尚未处在前瞻判决的结果并对之适当地加以考虑的境况之中。

对在内容上不可裁判的目的程序的内化、分层、合并，在法律关系本身中对未来责任的安排，这些是允许法律系统和法律教义学，通过纠错功能解决结果问题的机制和功能。这意味着，不存在一个一般的结果考量，即一个关于法律结果与现实结果的信息的全面处理，但在具体案件中却存在着结果考量，它相对于有条件的、一般的图式，
341 发挥着纠错功能。

“专家系统”“知识支持系统”以及专业人员和法官的工作台计算机的出现，比理论讨论更明显地昭示，规范性的、线性的图式在实践

〔108〕 卢曼，《公共行政中的法律与自动化》，1974年；同作者，《通过程序的合法性》，1969年；同作者，《法律系统与法律教义学》1974年。

〔109〕 卢曼，《法律系统与法律教义学》，1974年；关于结果导向，主要见德克特，《法律适用中的结果导向》，1995年。

〔110〕 注39，基利安，《法律判决与电子数据处理》；注49，韦尔德，《法律的结果导向》。

中不适用。[111] 这些发展也改变着法律判决，因为它们通过尝试和出错的策略（试错）揭示了，法律判决过程仍是不同于在理论中预设或接受的形象。尤其是联合的知识－组织的困惑表明，判决过程的运行比理论假设复杂得多。法律判决的自动化支持诸多尝试的失败，反映出规范性方案的不适应和与此相关的问题。

10.3.4 作为决策问题的信息收集和信息分析

根据某种理论，不确定性决策的原因在于不完全的信息。[112] 另一方面，为了降低复杂性，需要机制去淡化信息的不完全[113] 以及获取或构建一个将在其中获得信息的“世界”。在一个完全的信息和严格理性的个人世界中，任何人的行为都将是确定的，因为每个决策处在确定性中并根据效用最大化的原则产生。但是，事实上，每个决策过程以

〔111〕 关于法律专家系统和类似构想的论述，如见格伦德曼等，载埃德曼等（编），《计算机支持的法律专家系统》，1986 年；菲德勒，《法律专家系统发展方向——基础和可能性》，《计算机与法律》，1987 年，第 325 页；菲德勒等，《法律中的形式化考察——法律数据处理的基础研究论文集》，1984 年；菲德勒／特劳恩米勒，《法律中的形式化与法律专家系统倾向》，1986 年（及菲利普斯的论文）；格贝尔／施马尔茨，《法律实践中使用法律专家系统之问题》，《计算机与法律》，1986 年，第 510 页；哈夫特，《借助电子媒体的司法活动之未来展望》，《计算机与法律》，1987 年，第 641 页；科瓦尔斯基，《法律专家系统的答案倾向》，博士论文，1987 年；瓦特曼／彼得松，《法律判决创制专家系统》，《专家系统》第 3 卷（1986），第 212 页及以下诸页。关于专家系统，大体见阿尔蒂－科姆布斯，《专家系统——概念和实例》，1984 年；布劳尔／拉迪格，《知识支持系统》，1985 年德国（GI）信息学大会，柏林等，1985 年；夏尼阿克／麦克德莫特，《人工智能读本》，马萨诸塞州，1985 年；批评性的但又有些过时的：德赖弗斯，《人工智能的界限》，1985 年（1979 年初版）；德赖弗斯／德赖弗斯，《思维胜机器：计算机领域人的直觉和知识的力量》，1986 年；里希，《人工智能》，1983 年；尚克／奇尔德斯，《人工智能的未来——机遇和风险》，1986 年。

〔112〕 因德拉·施皮克尔，《不确定的国家决策：马克斯·普朗克项目组共同利益团体法的预印本》，波恩，2001 年，第 2 页。

〔113〕 卢曼，《通过程序的合法性》，1969 年。

及每个决策结果都反映了主观的（不完全的）信息水平和决策者“非理性的”时刻或个性要素。特别是对于法律决策“知识”因素起着重要作用，但它是非常主观的，也就是具有个人印记的。

342 只要决策者意识到这种影响，他应该按照理论，努力提高他的信息水平，以增加他的备选方案的数量，以便能够更好地评估不确定事件发生的可能性，并避免不确定的决策。

信息收集和评估通常与成本相关，即使只是需要消耗时间。例如，如果某些行为备选方案仅立即（即通过信息收集没有时间损失）可以实现，这些成本或避免成本的尝试可能是实际的决策要承担的。因此，关于信息收集和处理的方式和方法的决策，是决策过程框架中重要的部分和初步决策。关于“是否”和“如何”自我－告知的决策（已经）是一个风险决策。[114]

在计算机辅助的信息系统使用中的信息行为，以可客观化的形式提供了一个实证检验意义上的富有启发的论据。然而，在相反的作用方向上提出了难题：在建立法律人信息系统——法律数据库、法律文件系统中将假设，“更好”的信息也会导致“更好”的决策，即信息会影响决策。因此，应该联系决策的质量来考察提高信息收集的质量与其组织之间的关联。然而，虽然计算机辅助法律信息系统长期以来一直在深度地投入实际应用，但是，“更好”的信息（信息的更高质量）的标准应该是什么，是不清楚的。[115]标准可以是完整性、现时性、客观性、检索和重新获得、精确度（同时只有较低的负担，这影响了使用的经济性）和问题反映的充分性。如果在信息质量，信息行为与决

〔114〕 劳克斯／吉伦基尔希／申克－马特斯，《决策理论》（注9），第113页及以下诸页，第155页及以下诸页，第211页及以下诸页。

〔115〕 尤其是JURIS，同样，各出版社的在线系统和在线数据库。

策行为之间存在这种关联，从信息行为中可以总结出决策者的内部问题复杂性。从这个方面看，实证的决策研究关联着信息行为的研究领域，特别是与 JURIS 系统有关。

除了监督方面（数据保护问题，共同决定，如果不能确保完全匿名），方法论方面，如标准如何获得和衡量，也是不清楚的。然而，特别是，可以想象的是，如果决策者已经“正确地”定义了要解决的问题，并且因此已经——基于他们的前理解——预设了解决方案，他们只能和只愿向信息系统提出合适的问题。但是，对信息行为的考查实际上也会将决策结果作为对象，而不是决策行为的前提。因此，将信 343
息行为视为至少是决策文件的输出，是正确的。这么来看，实证的决策研究和法律文件或信息系统的应用可以用几乎理想的方式相互补充。事实上，这将是几乎不能追求的方法。

对基于非技术的信息系统部分或法官信息收集的考查基本上缺失。[116]但是，它可能被假设，“图书馆”属于经典信息库，从而法院的每个要约，其质量、现时性和范围，可以假定与所设计的问题的复杂程度和开放程度截然相反：在初审法院，特别是在没有律师压力的情况下，当然还有在有律师压力的法院，问题是通过经常是不充分的事实陈述，没有提供充分的信息支持（图书馆、助理、资料等）来非结构化地和完全开放地解决。通向技术支持的桥梁在关于“信息人”模式的理论中可以与问题处理的方法（与问题答案的方法相反）[117]一起完成。

“信息人”是一个（规范的）建构，类似于“经济人”“社会人”

〔116〕 JURIS 的用户研究工作尤其是指接受询问的法律人的自我评估，例如见容约哈恩,《法律人的信息行为和信息需求》，1974 年。

〔117〕 尤见维尔纳·基尔施,《决策问题的操作》，第 5 版，1998 年。

等。[118]所谓的信息处理方法将人的决策者视为信息处理系统，并将其与技术的（“人工的”）信息处理系统（原则上）等同起来。[119]这可能包含这些方法，它们取决于技术系统的充分性。简而言之，将技术系统定位到在实践中没有或很少遇到的用户水平没有多大的意义。这同样适用于信息系统的结构化，它对问题的“处理”必须是充分的。在实践中，与很难追求的“人工智能”方法[120]相比，这一点，一方面，在 JURIS 系统的成功中（实用、简单、全面，同时大多是全文，就判决所关涉的）得到了很好的体现。

另一方面，如果对信息需求进行分析，“信息需求通过决策中涉及的信息流程发生”，[121]那么，“将法律决策理解为信息过程”的方法[122]似乎是更详尽的。

344 在已查证中的实际相关的信息的比例应尽可能高。但是，查询语言的某些不准确性会不可避免地导致，如果人们提高了重复率，出现明显额外的不准确性，从而增加了负担（已查证但不相关的文件）。如果人们过于精确地查询，几乎只存在经过检测的相关文档。但是，应该有超比例的大量的同样相关的文件未被检测到，因此，检测的准确性和完整性受损。人们必须处理很多证据，也即通读它们，以能够剔除它们。否则，为了减少负担份额，存在用过窄的检索查询而阻断大

〔118〕拉尔夫·达伦多夫,《社会的人：对社会角色的历史、意义和批评的探讨》。

〔119〕尤见内韦尔/西蒙,《人的问题之解决》，1972年。

〔120〕见魏岑鲍姆,《计算机的力量和理性的软弱》，1977年；亦见范·拉登,《法官，计算器，现实》，1989年。

〔121〕F. 克吕格尔的博士论文第33章,《法律信息检索中的非线性信息检索》，1997年。

〔122〕信息需求的阶段模式在一定程度上建立在克吕格尔的理论基础上，这是典型的规范性决策理论（吸收了洪齐克的观点,《法律信息：对一个瑞士数据库中将接收的信息的考察之法律适用过程的理论分析》，1987年。）

量相关信息的风险——这只是表面上的精确。通过辅助信息减少认知失调[123]的定理意味着，决策者感到这些不同的（不和谐的）信息是负担且将它们隐藏起来。

“经济管理信息系统”在当时不仅败于决策结构过高的复杂性，它可能对当时的技术要求过高。可以假设，简单的决策行为在实践中与信息系统的供给不对称。所以，这样的项目及至人工智能被视为关于决策结构的假设和错误的非常出色的表现，同时也是在系统中融入理性模式的重要试金石。

管理自动化曾在其开始时是理论形成的主题，特别是在决策过程的结构方面。卢曼有两种不同类型的决策，即条件式的和最终的“编程”。对此作出的解释是，不是所有的决策过程可以使用计算机编程，而是条件式编程（如果……，那么……）符合电子数据处理的要求，相反，最终的编程（“为了……，而……”）在很大程度上反对自动化。[124]

法律程序的自动化始终也意味着权衡的模式化，“裁量和解释”的量化。因此，许多人认为，法律安定性的获得应该齐头并进。

法律安定性的获得应通过依据理性标准统一处理案件来实现。与之相对的是，不可量化的直观的程序，与案例相关的考虑被取代和溶解，因为这些方案在法律领域同样很少是（欠缺的）合适的，例如心理能力测试或“智力和能力的测量”。但是，这样的安排，即自动化计划，揭示了创建它们的人的许多想法。然而，通常不考虑或追求这一点。 345

[123] 费斯廷格，《一种认知消解理论》，1957年；同作者，《冲突、决定和消解》，1964年。

[124] 乌尔弗里德·诺伊曼，《法哲学和法律理论的新作》，载《哲学环视》，1981年，第189页及以下诸页，第213页。

法律概念的不准确性，规范缺乏逻辑结构以及可能还有这些不同的“编程类型”（开放的、复杂的、最终导向的任务的问题特征的结构）是要求“适合自动化立法”的理由。[125]

但总的来说，仍然缺乏有关信息与决策之间作用联系的可靠证明。

JURIS 和类似系统的所有“改进”都假定，根本上，对原始状态中在法律上相关信息的介绍，即没有加工和评估，导致“更好的”决策。这种关于因果关系的假设，[126]即“更好的信息”、更好的决策，应该被审查，并在经验上检验其正确性。有证据表明，重要的，如果不是最重要的，选择标准之一是先验知识和直觉，[127]即所谓好的判断、经验、是非感。[128]

另一方面，信息系统可被视为威胁法官独立性的规定性框架条件。法律信息系统对法官的独立性起着在法律政策上相关的，至少是间接的影响。它们预先形成了信息行为，因此也预先形成了决策过程的操作，从而预先形成法律的发展，如果人们肯定了信息与决策的作用关联。

如果它们实际上规定并预先选择了法官，他获得何种信息，如同他如何做出决策的结果（通过文本基础），则预先形成必须在集中组织的工作场所中被完成。尽管存在特别是由范·拉登引起的这些担忧，建立分散的、法官自己设定的、带有多功能设施的工作台（1989 年），但是，在司法机构中存在许多电子数据处理的应用，而法官的独立性受到失去的威胁这一问题并未受到特别关注。[129]

---

〔125〕 作为规范理论的基础，没有明确的关联，见菲利普斯，第 8 章；作为法律逻辑的基础，诺伊曼，第 7 章。

〔126〕 见上文 10. 3.1.1。

〔127〕 S. 埃塞尔，《法律发现中的前理解和方法选择》，第 2 版，1972 年。

〔128〕 S. 比勒，《是非感、体系与评价》，1979 年。

〔129〕 范·拉登，《法官，计算器，现实》，1989 年。

给决策过程的控制加冕的将是自动化的法律决策。通过自动化来高扬正义的观念是发条。“自动涵摄机”是一种出现了许多变体的想法，它在实践中是无法实现的，但是，一个非常有吸引力和成果丰厚的研究方向（人工智能，专家系统的现实化）对于法律领域富有成效。关于对与之相连的潜在危险，有趣的是这一事实，法律从属于 346
“自动机”是否符合人的尊严和其他制度，这个问题几乎不再讨论，然而，它在数据保护中创设了一项规定，据此，自动化决策可能侵犯人格权。〔130〕

因此，具有挑战性的是建立多种系统，它们自己进行法律决策，或者至少作为专家以胜任的方式支持法律发现对话。〔131〕

“自动机法官”或“自动涵摄”的观念已经相对陈旧。它属于法律专家系统或基于知识的法律系统。一个重要的，如果不是最重要的目标观念是“法律安定性”，〔132〕这也被抬高为“唯一正确的决策”，〔133〕尤其是在其决策的可预测性的变体中。然而，对自动涵摄程序的诸多努力（及其失败）可能更能说明法律人对法律决策的观念，而不是在该领域使用计算机的真实的现实可能性。但是，在第一种方法中，必须考虑到，电子数据处理技术由于其相对较低的性能而产生了重大的限

〔130〕《联邦数据保护法》第6a条第1款第4：对相关人员产生法律后果或对他有重大影响的决定，可能不仅仅基于与个人相关的数据的自动处理，这些数据用于评估个人人格特质。

〔131〕关于其基础和可能性见菲德勒，《法学》，1988年，第101页；菲德勒/特劳恩米勒，《法律中的形式化与法律专家系统倾向》，1986年；特劳恩米勒（主编），《法律中的形式化与形式模式》，1984年；科瓦尔斯基，《法律专家系统的答案倾向》，1987年；格伦德曼，载埃德曼等，《计算机支持的法律专家系统》，1986年，第97页；祖斯金德，《法律专家系统》，1987年；戈登，《法律－个人计算机》，1990年，第605、638页。亦见注98的文献。

〔132〕亦见弗兰岑，载菲德勒/特劳恩米勒，1986年，第131页。

〔133〕对此见9.4.2。人们也可以将相应的人工智能现实化的困难理解为对其错误方法的经验贡献。

制。更值得注意的尤其是祖尔的作品。[134]在那里，在“经典的”涵摄图式的实施中，试图对事实构成的概念进行分类和定义，以便创建一种概念树，在概念树中，所有的事实构成要素都可以被分解，个案事实的概念可以分别被分配给概念树。借助这第一个方法，“涵摄辅助”（“JUDITH”）在某种意义上继续存在。涵摄图式被扩展并可对话。[135]

这种概念树假设，法律概念相对清晰可辨，并且彼此之间存在明确的次序。虽然法哲学和法律理论早已明确表示，这些前提未被满足，但相应的尝试一再进行。基利安的工作[136]为这些方法提供了一种理论的上层结构。据此，理论方法的变化是必要的和应当进行，以便法律
347 决策在其结构中适应自动化实施的条件。计算自动机或计算机的双重结构可以不改变，因此，理论应该适应双重图式。出自企业决策理论的决策发现线性步骤的规范性理论提供了决策过程的基本网格。在决策进程的早期阶段，作为一个重要阶段，信息检索被突出，虽然这个阶段预先假定，问题的定义已经完成。[137]

波普/施林克[138]采取了相反的立场。在此，“人工智能”的见解已经化作努力使自动化系统的处理性能适应法律用户的要求。借助法律专家系统的工作同时为法律理论承担着基础工作。

蒂宾根项目关于德国《刑法典》第142条中合理等待时间的密集的和有充分根据的工作表明，在相对有限的任务设置中，就已有多么

〔134〕 祖尔（编），《作为对话伙伴的计算机》，1970年；祖尔等，《概念网，不变量，批评的程序》，1971年。

〔135〕 见祖尔等，1971年。

〔136〕 基利安，《法律判决与电子数据处理》，1974年。

〔137〕 见上文10.3.1.3。

〔138〕 波普/施林克，《法律中的数据处理》，1975年，第1页及以下诸页；第294页及以下诸页。

巨大的工作量存在于法律决策结构的实现或电子数据处理支持中。〔139〕

所谓专家法律系统的探讨及其发展是基于那个假设，清晰识别和处理决策的前提，从而给予系统以判断力，才是成功。反过来，这种能力当是开发基于知识的系统的重要前提，因此，它们可以像一位专家那样做出反应，提出有针对性的“智能的”、基于预设知识的问题，然后，用户必须以“是/否”类型的答案来回答这个问题。在医疗系统中的鉴别诊断的框架中，这样的方法可能仍然是合适的。在司法判决领域，到目前为止尚未取得突破性成就。然而，与此同时，在法律上相关的决策发现领域，借助新技术取得了很大的进展。这些新技术将通过“物联网”提供的大量数据（大数据）的收集和管理以及评估，〔140〕与同时具有高精度的特殊编程，例如警察的集中监视的控制，结合起来。〔141〕

这些技术也可以在使人工“神经网络”开端取得进展的方面发挥作用。“神经网络可以改善法律结构的表述；它们提供了一种控制的可能性，控制事情的结构性观念是否合适，以及思想是否找到其适当的 348
表达。”〔142〕所谓人工智能现在作为在技术/社会科学和医学领域的应用已有很大进展。在法律领域的成功应用指日可待。对在决策中人运行的神经元过程的研究，不仅能够在“人工”系统中进行更精确的模拟，

〔139〕 例如见格拉特沃尔的博士论文,《借助计算机阐明不确定的法律概念——以刑法典第142条“合理等待时间”为例的尝试》，蒂宾根，1987年，鲍曼/祖尔茨,《计算机与法律》，1989年，第331页。

〔140〕 尽管人们非常怀疑数据保护和作为“关键基础设施”的脆弱性，但欧盟委员会认为这是一个战略目标；关于“智能生活”，例如见，黑克曼,K & R 2011,1，关于“连接驱动”和数据保护，吕德曼，ZD 2015，247。

〔141〕 预测分析，例如作为“预测性警务”，见机遇与风险研究“北威州预测性警务”；德国联邦刑事警察局；人工智能论坛2，2015年6月25日。

〔142〕 菲利普斯,《类比与计算机》，载阿列克西/德莱尔/诺伊曼（编),《今日德国的法哲学和社会哲学》,《法哲学和社会哲学文汇》增刊44（1991年），第275页及以下诸页，第284页。

而且还面临着那个问题，在多大程度上必须放弃对理想主义决策的自由意志的建构性假设。[143]因此，关于在决策过程中神经条件的决定性的研究结果给决策理论提出了这样一个问题：一个核心的方法，即自主意识的选择，无法得到验证，且相应的行为必须表现得非常超前。此外，还必须审查这些结果。在理想情况下，存在多种合作模式和系统，[144]在那里，基于“神经科学”建立的人工系统伴随着具有复杂的分支决策过程的决策发现。[145]

与预期的神经网络相比，语义网络更简单。逃离计算机和决策者的“编程”的导向过度清晰和二进制图式这一视野和模糊关系问题的可能出路是“模糊逻辑”。[146]这不仅仅是一个概念，因为作为一种方法不时髦且目前经历新的接受和成功。[147]不再要求明确地定义概念或

〔143〕例如见，韦格纳,《有意的意志的幻觉》, 2002 年。关于“兼容性讨论”见罗斯,《大脑及其现实：认知神经生物学及其哲学后果》, 1996 年；比里,《自由的手工品：论自我意志的发现》, 2001 年；施皮策,《自我决定：大脑研究和问题，我们该怎么办》, 2004 年；辛格,《互联互通决定了我们：我们应该停止谈论自由》，载盖尔（编）,《大脑研究和意志自由：对最新实验的解释》，法兰克福，2004 年，第 30 页及以下诸页。同作者,《大脑中的观察者》（论文集）, 2009 年；罗斯,《大脑的角度》, 2009 年；贝克曼,《神经元的决定性与自由》（http://www.uni-bielefeld.de/philosophie/personen/beckermann/wille4.pdf）。

〔144〕例如见，克斯藤,《法律人报》, 2015 年第 1 期，第 4 页及以下诸页,《共生局面》。

〔145〕例如见，替代性争议解决的调解员和其他从业者正在使用从神经科学所收集的信息帮助客户度过充满冲突的过程。http://www.globallegalpost.com/global-view/mediators-aided-by-neuroscience-37026022/?utm_campaign=D1_29_10_15&utm_medium=email&utm_source=newsletter_d1.

〔146〕S. 菲利普斯，载《罗克辛纪念文集》, 2001 年，第 365 页及以下诸页。亦见《CR 2000 年会报告》，第 863 页；克莱因,《自动化的案件比较》, 1998 年；诺特布加・奥特,《不确定性，模糊性和理性决策：模糊方法在决策理论中的应用》, 2001 年，附有详细文献。

〔147〕例如见，温特 / 克龙,《模糊逻辑与社会秩序形成问题》,《信息型谱》总第 38 期（2015 年）第 6 期，第 463 页及以下诸页，附有详细文献。在 2015 年第 6 期还有其他文章。亦见克伦,《社会学杂志》第 3 期，2006 年 6 月，第 170 页及以下诸页。行为模式借助修改的价值期望理论并借助于模糊逻辑，根据情况被规定。

个别决策的步骤。相反，重叠的区域可以被确定，对于这些区域是否存在确定的标准。因此，不仅有“是 / 否”，而且还有“更少”或“更多”，“也”和可能的权重，也即存在在“更接近”或“更正确”含义
上的陈述，“足够的”和不够的全神贯注或认真，截止日期、期待或事 349
后纠正的“合理性”或“适当性”。

10.4 总结

现代总体上被认为是选择的时代。[148] 人每天都面临着选择的自由，一方面，选择的自由要求人的能力和品性，人可能无法获得这些能力和品性。另一方面，在执行决策中消耗着自由。为了使决策不令人失望，需要相当强的能力。法律决策理论的目的是，使法律人至少想到行为备选方案的巨大水池，以便他能够有意识地决定，在用尽选择可能性和认识形成中的影响因素这一含义上获得决策。在决策理论含义上，关于决策境况及其“正确的”处理的信息提高了法律决策者的绩效，从而有助于减少不确定性决策中的错误。这也适用于使用信息来源（如 JURIS）和支持系统。

然而，各种规范性决策理论尤其是应该受到批评性审查，因为它们淡化了个人为其选择所需要的信息和对信息的评估，也就是说，前问题及其解决方案。此外，主观因素将始终残留，它基于（不同的）需求和偏好以及对给定情况的评估。然而，规范性决策理论终究是探讨试图阐明描述性及现有方法的各种影响因素和要素，特别是探讨信息及其处理的重要性。

---

〔148〕 威廉 · 施密德，《生活艺术的哲学》，1998 年，第 188 页及以下诸页。

所提出的各种方法形成了决策的多层次和多因素的形象，最近也产生了对其的限制和重新定位。但是，不可避免地是，每种方法只有少数因素被阐明。处理问题的方法似乎是最可行的，[149]尤其是，因为各种因素——最终的各种导向，例如级别的安全性以及搜索辅助信息，在“主流观点”含义上的持久性等相似因素——可以很好地嵌入。但是，这含有对决策的要求的显著降低，包括为此所需的信息过程。与此同时，由于缺乏适当性，这是对通过“经典的”、强规范性决策理论进行决策的操作化的拒绝。

对在“人工智能”领域的发展的兴趣是，在法律领域“学习系
350 统”（认知计算）可能取得巨大的进步并提供有用的结果。[150]这些系统
不会翻译或采用规范性方法，这些方法通常只能巩固这些系统，而是
（也）采用启发式甚至诠释性的对话方式。

然而，它们还对至今的归责和责任问题提出了新的观点，特别是，例如，如果人们将驾驶员的决定让予自动驾驶的汽车和也可能是辅助系统，[151]且导入一个可能的新责任主体——机器人，汽车。[152]这些借助算法的人工决策的表现形式，算法遵循在冲突情况下（事故风险）的预编程式的评估，主题化和反思了至今关于“自由”决策以及神经元研究结果的假设。这要求（再次）修改和重新设计决策理论。

---

〔149〕 上文为什么尤参考维尔纳·基尔施，《决策问题的操作》，第5版，1998年。

〔150〕 见《作为年轻律师的人为形象的方法》，罗斯，https://www.bucerius-education.de/article/biglaw-job/。

〔151〕 关于这类系统的软件故障问题，例如见，迈尔/哈兰，《计算机与法律》，2007年，第689页；亦见《“机器人和法律”年会报告》，魏因曼，《计算机与法律》，2015年，第51页及以下；关于联网汽车的法律问题，魏瑟尔/费贝尔 MMR 2015年，第605页；关于新责任类别，施平德勒，《计算机与法律》，2015年，第766页。

〔152〕 关于关系自动机的自主局面的归责问题，克斯滕，《法律人报》，2015年，第1期，第6及下页。

文献辑选

基利安，沃尔夫冈，《法律决策与电子数据处理》，1974 年。

Kilian, Wolfgang, Juristische Entscheidung und elektronische Datenverarbeitung, 1974.

基尔施，维尔纳，《决策程序的操作》，第 5 版，1998 年。

Kirsch, Werner, Die Handhabung von Entscheidungsprozessen, 5. Aufl. 1998.

劳克斯，赫尔穆特，《决策理论》，第 8 版，2012 年。

Laux, Helmut, Entscheidungstheorie, 8. Aufl. 2012.

Laux, Helmut, Decision Theory, 8. Aufl. 2012.

内尔，恩斯特－路德维希，《法律判决中的概率判断》，1983 年。

Nell, Ernst-Ludwig, Wahrscheinlichkeitsurteile in juristischen Entscheidungen, 1983.

奥特，诺特布加，《不确定性，模糊和理性的决策：模糊方法在决策理论中的应用》，2001 年。

Ott, Notburga, Unsicherheit, Unschärfe und rationales Entscheiden. Die Anwendung von Fuzzy-Methoden in der Entscheidungstheorie, 2001.

菲利普斯，《类比与计算机》，载《当今德国的法哲学和社会哲学》，阿列克西 / 德莱尔 / 诺伊曼（编），《法哲学和社会哲学文汇》增刊 44，1991 年，第 275 页及以下诸页。

Philipps, Analogie und Computer, in: Rechts- und Sozialphilosophie in Deutschland heute, hrsg. Von Alexy/Dreier/Neumann, ARSP Beiheft 44 (1991), S. 275 ff.

文献精选

[illegible]：《[illegible]》，[illegible]，[illegible]。

[illegible] Tatsächliche Entscheidung und elektronische Datenverarbeitung, 1977.

[illegible]：《[illegible]》，第 5 [illegible]，1986 年。

[illegible], Die [illegible] von [illegible], 1998.

[illegible]，第 8 版，[illegible] 10 [illegible]。

Laux, Helmut, Entscheidungstheorie, [illegible] 2012.

Laux, Helmut, Decision Theory, [illegible] 2013.

[illegible]，[illegible] 年。

Nell, Ernst Ludwig, Wahrscheinlichkeitsurteile in juristischen Entscheidungen, 1983.

[illegible]

[illegible] 2008。

[illegible], Monika, [illegible] und [illegible]. Eine Untersuchung [illegible].

[illegible]

[illegible] 1991 年 [illegible]。

[illegible], Anthony und [illegible] und Sozial [illegible] in Deutschland heute [illegible], Deutsche Richterakademie [illegible] S. [illegible] ff.

D. 法学诸理论

11. 法学的科学理论 351

乌尔弗里德·诺伊曼　美因河畔法兰克福

11.1 法学与科学理论

“法学的科学理论”此一概念，仅是逐渐地被应用于法律理论文献中，“科学理论”这个关键词，在众多法哲学和法律方法论的基本著述中找不到。[1]然而，这不意指，归属法学的科学理论的诸种问题，似乎无关紧要或不过为新的一类，相反，此概念使用的虽少，但它包含的问题却老。譬如，法学是否及在何种意义上是一种科学，早在16世纪就为哲学家们和法学家们考证过。[2]另一方面，当时一般科学学说

〔1〕 但是例如参见比德林斯基，《法律方法论与法律概念》，第2版，1991年（2011年重印），第60页及以下诸页，第76页及以下诸页；阿图尔·考夫曼，《法哲学》，1997年，第54页及以下诸页；马斯托拉蒂，《法律思维》，2003年，第110边码及以下诸页，第623边码及以下诸页；勒尔/勒尔，《一般法律学说》，2008年，第79页及以下诸页；吕特尔斯/菲舍尔/比尔克，《法律理论和法律方法论》，第8版，2015年，第280边码及以下诸页；齐佩利乌斯，《法哲学》，第6版，2011年，第210页及以下诸页；对法学的科学理论的重要贡献，现在见M. 耶施泰特/O. 莱普修斯（编），《法学理论》，2008年，以及E. 希尔根多夫/H. 舒尔策－菲利茨（编），《法学的自我反思》，2015年。

〔2〕 参见特罗耶，《16世纪法学中的科学性和体系》，载布吕多恩/里特尔（主编），《哲学与法学》，1969年，第63页及以下诸页，其他各处；详见扬·施罗德，《作为科学的法学：从人文主义到历史学派的法律方法史》，第2版，2012年。

的状况，自然对法学中的讨论不无影响。[3] 随着各科学学科的不断专门化，虽然这种影响不是必然地失去了意义，但的确失去了不言而喻的性质。对法学“过多地受外来影响”的恐惧，部分相对于社会科学，这应觉察到，或许是法律人面对一般科学理论表现出保守性的原因。这种惧怕也是可以理解的：放弃对科学理论讨论的了解，意味着迁就法学可以避免的无动于衷。另一方面，法学可以不让从外部强加于自己以问题与答案，这也许意味，不把法学让渡给各种竞争中的科学理
352 论模式的某一个。[4] 借助一般科学理论是有裨益的，只是条件为，这有利于去发现、表达或解决法学的本来问题。

11.2 法学的科学性

在处理法学的科学理论的开端存在一个法学的科学性质问题。法学在其核心领域法律教义学中，是一种科学或仅仅是一种（法律）学说，一个关于各自法律制度的信息和意见的集合，是有争议的。置于这种普遍性中，法学的科学性问题表达了一个伪问题：[5] 只要在一门

〔3〕 有关历史联系见扬·施罗德,《18、19 世纪之交德国大学的“实践法学”与科学理论》，1979 年；赫贝格尔,《教义学——医学和法学中的概念和方法之历史》，1981 年（包括古代至 19 世纪的科学学说梗概）。

〔4〕 注 1，比德林斯基强调了这一点,《法律方法论与法律概念》，第 77 页。维亚克尔在法学中大量接受了一般科学理论,《法学中科学主义的利弊——舍尔斯基纪念文集》(F. 考尔巴赫和 W. 克拉维茨编)，1978 年，第 745—764 页，其他各处。

〔5〕 在此意义上，阿图尔·考夫曼也是,《法律获取的程序：一种 理性分析》，1999 年，第 41 页；同作者,《论法学的科学性：真理一致论的方法》，载《法哲学和社会哲学文汇》第 72 卷（1986），第 425 页及以下诸页，第 426 页。另见莱格,《实用主义与法学》，1999 年，第 405 及下页。就像在这里阿尔尼奥将法学的科学性理解成协议问题一样（阿尔尼奥,《法学的思维方式》，1979 年，第 37 页）。同样的意义，比德林斯基,《法律方法论与法律概念》(注 1)，第 76 页及以下诸页。对法学的至高理性的要求并不取决于对法学的科学特性的判断，应当是不言而喻的；比德林斯基恰当地如此说明,《法律方法论与法律概念》(注 1)，第 78 页。

学科的科学性的必要和充分标准上，不存在具有合意能力之目录，对此问题的回答可能未清楚反映对法学的主张，而是清楚地阐明了关于“科学”的基本概念的陈述。但关于此问题的各种讨论仍具有科学理论意义，因为被当作法学的科学性之标准来讨论的种种观点（陈述、对象、方法的可考察性），突显了科学理论的核心问题。

11.2.1 对象之维

法学的科学性之争端，首先源于亚里士多德主义的科学概念。据亚里士多德，科学（epistene，scientia）是存在者基于其原则的方法论认识。这个科学概念在本质上也是客体的预设性和不可变性。[6] 只要法学从先定秩序，即不可改变的法律原则之理念出发，它便能满足此科学概念。倘若法学研究的是随历史变迁的法律秩序，那根据这个科学的概念它只能被理解成技艺（techne，ars）或实践智慧（phronesis，prudentia）。[7] 353

当尤留斯·冯·基希曼将法学的科学性，当作一个“偶然成为法学的对象”[8] 的学问加以怀疑时，令人想到亚里士多德主义科学的标准。那种为法学的科学性辩护的尝试，[9] 即指出社会科学中具体问题的

---

〔6〕 因此，科学认识的对象具有必然性特点。也就是说，它是永恒的（亚里士多德，《尼各马可伦理学》，第6卷，1139 b [迪尔迈尔翻译]）。

〔7〕 参见德赖尔，《论作为科学的法学的自主性》，载《法律理论》第2卷（1971），第49页；扬·施罗德，《作为科学的法学：从人文主义到历史学派的法律方法史》（注3），第49及下页，注释39。关于在亚里士多德式科学学说体系中的司法活动，参见格勒施内尔，《在法学的辩证重构技术中的理论与实践之间的关系》，载克拉维茨 / 莫洛克（编），《在法律日常实践中法律方法的失败与复兴——理论与实践之间的突破？》，载《法律理论》第32卷（2001），第213页、第215页及以下诸页。

〔8〕 v. 基希曼，《作为科学的法学的无价值性》（1848），2000年，第29页。

〔9〕 参见如，拉伦茨，《论作为科学的法学的不可缺少性》，1966年，第23页。

恒定性，法律中“物之逻辑上的有条件结构”，在这里只能提供一些缓解，因为它们不能质疑法学、实证法主要的对象领域广泛的偶然的（随机的）特征。

现在，科学对象依空间和时间的可变性同样可以用于其他学科，如历史科学，[10]假若人们不想否认人文科学其他领域的科学特性，那就须把客观事物不可变这一亚里士多德式的标准，当作科学的分类准则，不是作为“非科学”领域的界限标志来运用。从这个意义上说，由新康德主义海德堡派（“西南德意志”）制定的学科的科学分类可以理解成，建立关于对象领域的一般规律（建立规律的科学）和表达单一描述（单一描述的科学）（文德尔班）。据此划分，法学当具有单一描述的特征。[11]

另一疑问是，作为法律教义学、实用法学，[12]在根本上为“描述式”学科的法学，是否当被理解成一门描述学科。因为法律教义学的目标，至少也在于领会非先定的法律规则，在这一点上，法学区别于所有其它的学科。“当一个科学的描述与世界不符时，描述是错误的，而世界并没有改变。但一个与来源不符的法律‘描述’却能改变
354 法律。”[13]（在讨论法律教义学的科学理论地位时，将不得不回到法学的创造性功能这种结果上。）[14]由于这一困难，那种趋势是可以理解的，即在法学的科学性问题的讨论中，要求讨论的重点从对象领域转

〔10〕 参见拉德布鲁赫，《法哲学》（学生版），第2版，2003年，第116及以下诸页。

〔11〕 拉德布鲁赫也这样明确地主张，《法哲学》，同上第116页。

〔12〕 这两个概念在此被当作近义词来使用。相反，巴尔韦格却将“法学”理解成教义实用法学的元理论，《法学与实用法学》，1970年，第1页及以下诸页。

〔13〕 佩克策尼克，《法律论证的基础》，1983年，第142页；类似的有阿多迈特/亨兴，《大学生法律理论》，第6版，2012年，边码15。

〔14〕 见下注，第360及下页。

向方法领域。[15]人们在法学的对象领域主题中由于法律的可变性和模糊性徒劳地寻找的立足点，确实可以在法律方法的安定性和可靠性中获得。

11.2.2 方法之维

如果人们把科学理解为“目标在于获得对计划之活动的认识”，[16]那么，因此，法学对“真正的”科学地位的主张显得是事实甚于合理：法律事务处理的是计划周全的精神活动，这无人会有争议。每一“理性的可检验之程序”，它借助具体的、依据对象形成的思维方法，去试图获得有序的认识，[17]在这一意义上的概念之精确化，指明了“科学”活动的重要前提：对被提出的断言可进行理性的检验。这一可检验性标准，使分析的科学理论的主要讨论重点凸显出来。

11.3 法学与分析的科学理论

11.3.1 经验的含义标准

分析的科学理论所致力的现代经验主义认为，以逻辑学和数学为一方，形而上学为另一方，经验科学的决定性标准是一个学科之断言在经验上的可检验性。在此不可能讨论经验的含义标准之不同理解。[18]

〔15〕对此参见如，马斯托拉蒂，《法律思维》（注1），第624边码。

〔16〕如，拉伦茨，《法学方法论》，第6版，1991年，第6页。

〔17〕注9，拉伦茨，《论作为科学的法学的不可缺少性》，第11页。

〔18〕见施特格米勒，《当代哲学的主要思潮—— 一个批判性导论》，第1卷，第7版，1989年，第380页及以下诸页。

这些不同理解的共通之处是，要求一切非逻辑真实的及逻辑上虚假的陈述，具有经验的可检验性及确证能力。

如果人们用这个含义标准的尺度来衡量法学，那么，结果似乎是清楚的：法学作为科学，应限制在描述含义上是可检验的命题之上。一个如此理解的法学之任务，除了描述立法文件和法官的裁判外，还可能是法官裁判的预测，因为裁判的表达无争议地是一个可观察的事实，裁判可能满足了经验的含义标准，相反，由于缺乏经验的可检验
355 性，法律教义学的整个领域，它涉及法律的解释和补充性法律规则的形成，必须被驱逐出法学领域。法学的科学性得以拯救——虽然以曲解法学为代价。因为这个符合所谓法律现实主义立场的解决方案，跳过了法学工作是为裁判进行准备的核心。

解释法律和形成“教义”规则并不是本身的目的，而是服务于确保一致的法官裁判实践。法律教义学也致力于此，特别是法官，他在案件的裁判中决定着一个可能的解释法律（因此也可能反对另一个）。然而，从学术性法学和法庭的法律实践的共同的视角看：为裁判作准备的规则解释和规则形成，法学不能被限制在描述和预测法律裁判的学科上。“法官不能经验-社会学地预言他自己的判词”。[19]作为给裁判作准备的教义学的法学，明显地不符合经验主义的含义标准。因为根据逻辑经验主义的构想，除了各实验科学外，只有作为形式学科的逻辑学和数学，可以要求获得“科学”的头衔，因此，作为法律教义学的法学当被驱逐出科学的圈子。[20]

---

〔19〕 埃尔沙伊德，《法律理论的研究理念》，载阿图尔·考夫曼（主编），《法律理论》，1971年，第5页及以下诸页，第13页。同样，H. 贡、坎托罗维奇，《对现实主义的理性主义评述》，载其主编《法学与社会学》，1962年，第113页及以下诸页。

〔20〕 对此亦见注1，勒尔/勒尔，《一般法律学说》，第79页及以下诸页。

11.3.2 法律命题的可检验性

然而问题产生了：逻辑经验主义的基本思想，即科学命题的主体间可检验性之必要，在事实上，是否强制成为对科学标准的一种经验的理解。因为观察自明性的科学理论意义，存在于其高度的主体间性，而不在于其获得的方法。这最终取决于，是否可以发现一个控制层次，这个层次为法学领域承担着观察自明性的功能。

作为这样一个控制实例，根据艾克·冯·萨维尼对高级法院刑事判决的理由结构这个仍然值得阅读的考查，是非感得到考虑。据冯·萨维尼，德国刑法学在科学理论上，应理解成一个价值假设系统，[21]这个假设系统，通过作为基本规定的价值判断能够被证伪。这个价值判断在价值自明性基础上，可能被接受或被证伪，价值自明性，分享了观察自明性在科学理论上的一切重要特点，特别是，它像观察自明性一样，形成了通过非任意决定的论证之统一。因为借助于基本命题的运用，它检验式地工作，所以，刑法学是一个严格含义上的 356
科学。

冯·萨维尼的考察清楚地说明，当法学拒绝注意一般科学理论中的发展时，它存有缺失。法学与经验科学在具体事务上的平行持续多久，还待探究。在那里，不仅存在不可能基于主体间的价值自明性之上的价值判断，而且应考虑到法学的“异质基础”，这意指那个事实：在法学中，除了表达各种评价的论证外，其他类型的论证也是允许的（系统的、历史的、法律政策的等）。[22]

---

〔21〕 E. v. 萨维尼,《刑法公理的可检验性》, 1967 年，第 95 页。

〔22〕 关于法学的异质基础参见 E. v. 萨维尼的论述，载诺伊曼 / 拉尔夫 / v. 萨维尼,《法律教义学与科学理论》, 1976 年，第 144 页及以下诸页。

11.3.3 法学中的证伪模式

科学理论的检验只有通过（试图）反驳（证伪），而不是证明其验证才是可能的这一理论，与其逻辑结构有关。科学理论通常具有全称命题的结构（“所有行星都在椭圆轨道上围绕太阳运行”；“所有乌鸦都是黑色的”；“所有通过利用他们的内疚和无助而故意杀害受害者的都是《刑法典》第 211 条含义上的谋杀者”）。因为这些全称命题涉及无限数量的案例和物体（不仅涉及已知太阳的已知行星，而涉及在所有可以想象的太阳的所有可想象的行星），它们通过如此多的单个观察是不可证明的。归纳原则，应该能够从众多观察到的个例中推论到所有可以想象的全部情况，不是一个逻辑上有效的原则，并受到“证伪模式”代表的严厉批评。[23] 那个现在几乎是经典的例子：所有乌鸦都是黑色的，不能通过展示如此多的黑色乌鸦来证明，而是通过一个非黑色的乌鸦这一证据被反驳。正如上所说，由于经验科学的理论具有全称命题的逻辑结构，因此，自然科学的知识一直只有一个暂时的特征：理论只能间接地，即证伪尝试的失败，被证实。在法律和伦理领域中，对充分论证观念，在根本上是对“论证思维”的批判，符合这种证伪模式，[24] 批判性检验的观念替代了论证的观念的位置。[25]

在何种程度上法学追随及应该追随证伪原则，存有争议。可以肯
357 定的是，不可能继续考虑与自然科学保持平行。那个法律教义学的命题：“所有通过利用他们的内疚和无助而故意杀害受害者的都是《刑法

〔23〕 波普尔，《研究的逻辑》，第 11 版，2005 年，第 3 页及以下诸页。

〔24〕 阿尔伯特，《批判理性论文集》，第 5 版，1991 年，第 9 页及以下诸页。

〔25〕 注 24，阿尔伯特，《批判理性论文集》，第 35 页及以下诸页；同作者，《理性实践论文集》，1978 年，第 11 页。

典》第211条含义上的谋杀者”，不可能通过证明一个不是《刑法典》第211条含义上的谋杀者的人而被证伪。另一方面，顾及至今未考虑到的案件群，放弃或限制教义学规定，不仅可能，而且还是日常实践。因此，联邦法院通过所谓的“法律结果解决方案”限制了“所有凶手都被处以终身监禁”(《刑法典》第211条第1款）的规定适用于特别的例外案件（《联邦最高法院刑事裁判集》30,105）。[26]在这种情况下，基于与案例群相关的含义，证伪方法在法学中是可适用的。[27]

另一个问题为，法学是否不得不限制在教义学理论的证伪方法上。这部分得到了回答，理由是法律教义学理论的验证是不可能的，因为法学所处理的是“未终了之现实”。[28]只要法律教义学的陈述在原则上保持着可纠正性，这肯定是正确的。在这个含义上，证实，即陈述正确性的不可辩驳的证明，就被排除。但是，对证实和证伪的选择，至少对于法学领域是不合适的。法学理论不可能被证实，但它能够和必须被证立。不能仅指明它至今尚未被证伪，来为一个法律教义学的断言辩护，[29]必须为断言的假设提供理由。[30]在我看来，法学理论证实的不可能性，其基础当然主要不是现实的未终了性，而是评价的可

---

〔26〕关于一个全称命题的两种证伪的区别，一是通过关联单各事实的基本命题，另一是通过指向一个事实群的规则陈述，详见诺伊曼，《法律论证学》，1986年，第39页及以下诸页。

〔27〕在这个意义上，亦见卡纳里斯，《法律理论的功能、结构和证伪》，载《法律人报》，1993年，第377、386页。

〔28〕施林克，《宪法学中方法讨论述评》，载《国家》第19卷（1980），第88及下页。

〔29〕因而在我看来施林克的断言有疑点，他认为，在不可能证实之处，证明可能仅意味着“在不发生及尚未发生证伪意义上的缓延”（第89页）。关于适合法学的证伪模式，详见诺伊曼，《法律论证学说》，注26，第37—45页。

〔30〕阿图尔·考夫曼也持此见，注5，《论法学的科学性——真理一致理论的起点》，第438页。有关支撑法律说明的要求的基本文献，见阿列克西，《法律论证理论》，第7版，2012年，第273页及以下诸页。

修正性，不意味着其不可证立性，那个不适合证实的归纳原则，在法学证立的范围里发挥着至关要紧的作用。[31]

但是，正确的是，这种证立不能被理解成证明，法律原则的提出是在一个试验性的、尝试的思维过程中实施的，[32]这个过程对于新的
358 经验和评价是未终了的。这没有排斥法律发现[33]或法律想象，[34]以及与此相连的法学[35]内部的进步之可能性。但是，可以最好地标明法学转折时刻的成果的想象这个概念的双重含义，同时说明了法律成果的临时性和建构之特点：它不关涉所谓预设的认识，而只涉及拟就一个合适的、解决具体社会问题的答案。这个被提供的想象，是实际上有助于进步，还是导向了一个死胡同，无法立即评估。

11.3.4　法学概念形成的难题

法学在很大程度上处理的是各种概念，如“财产权”“特殊犯罪”“法人”，它们与经验的既存无关，或至少无直接的关联。科学理论在此说明的是“**理论的概念**”。[36]，根据认识论，这类概念的运用是

---

〔31〕对此参见维特曼,《归纳逻辑与法学》，载《法律理论》，1978 年，第 43—61 页，其他各处。

〔32〕参见齐佩利乌斯,《法哲学》，注 1，第 66 及以下诸页。

〔33〕尤见德勒,《法律发现》，1958 年。

〔34〕埃尔利希把代表观念的发展与机车的发明作了比较（参见齐佩利乌斯,《法哲学》，注 32，第 68 页）。

〔35〕人们可能用这一进步之可能性来论证法律教义学的科学特点，阿列克西即是，注 30,《法律论证理论》，第 328 及下页。

〔36〕其疑问参见施特格米勒,《理论与经验——科学理论和分析哲学的问题和成就》，第 2 卷，上册，1970 年，第 181 页及以下诸页。区分理论概念与观察概念对于分析法学问题的意义，参见福尔克,《刑法教义学——理论与实际》，载《博克尔曼七十华诞纪念文集》，1979 年，第 75 页及以下诸页，其他各处。

有疑问的，因为它们导致了假定化之危险，即假设一个虚构的存在领域。由此可解释在分析科学理论中，有无数的把理论概念还原为经验概念的尝试。[37]

之于法学的理论概念，由于其规范的功能，不可能还原为经验概念，但教义学概念的功能解释是可以考虑的，据此，像“财产权”等概念，应理解成它们可适用性的前提与结果之间的联结点。[38] 倘若这种解释成立，在原则上，可以排除法律教义学的理论概念。这样，“财产权”这个概念，可能被前提（如：“谁占有动产十年……”）与财产权获得这一法律结果（“……能任意地处置物……”）[39] 的直接联系所替代。

排除法学教义学的一切理论概念，是否至少在原则上是可能的， 359
尚未最终得以澄清。[40] 但是，可以肯定，如果法律结果不（再）符合概念，那么至少，概念的本体论解释是不可避免的。[41]

11.3.5 法律教义学中的理论

11.3.5.1 与经验科学中的理论的平行

在一般的科学理论中，人们将“理论”理解为“在一组变量中某些

〔37〕 参见注 36，施特格米勒，《理论与经验——科学理论和分析哲学的问题和成就》，第 2 卷，上册，第 213 页及以下诸页；波德勒希的视角是法律理论的，《法律语言学》，载 D. 格林（主编），《法学与相邻科学》，第 2 卷，1976 年，第 113 页及以下诸页。

〔38〕 对此，吕贝－沃尔夫清楚地解释了，《法律结果与现实结果——结果权衡在法院规则形成和概念形成中可能发挥何种作用？》，1981 年，第 40 页及以下诸页。

〔39〕 德国《民法典》第 937 条第 1 款、第 903 条。

〔40〕 吕贝－沃尔夫持乐观态度，注 38，《法律结果与现实结果》，第 30 及下页，第 42 页，第 58 及下页；菲利普斯，《作为法律的工具的对话场景》，载《法社会学和法律理论年鉴》第 2 卷（1972），第 223 页及以下诸页；诺伊曼则怀疑之，《法道义论与法律论证——法律论证的道义论含意》，1979 年，第 53 页及以下诸页。

〔41〕 参见注 40，诺伊曼，《法道义论与法律论证——法律论证的道义论含意》，第 81 及下页。

关系的明确表达……，借助它可以解释更大类的在经验上可确定的规律性（或规律）”。[42] 如果被称为结果的定理可以从理论和边界条件合逻辑地被推导出来，结果就被解释了。因此，对已知事实的解释具有与对未知事实的预测相同的逻辑结构；解释和预测是科学理论的互补性功能。[43]

人们如果将这些赋予法律教义理论的任务与这些功能作一比较，首先会产生惊人的一致性：除了它们的教学法意义之外，即通过它的结构化以便于了解法律材料的任务，[44] 教义理论还具有解释既存的[45] 和准备提供不存在的法律条文的功能（启迪功能）。[46] 例如代理理论[47] 解释了那个事实，破产法院的属地管辖，不是根据破产管理人的法院地，而是根据债务人的法院地（《破产条例》第 43 条）来确定的，如同相对论解释了光线在引力场范围内的偏差。此外，代理理论允许推导未在制定法上确定的规则，即在逾越破产管理人的“行政权力”时，关于无代理权的代理人的规定（德国《民法典》第 179 条及以下）是可适用的。与经验科学中理论的解释和预测功能都相似的情况，是显而易见的。

360 11.3.5.2 与经验科学中的理论的差别

然而，关于这些相似之处，一方面，各经验理论之间的差异，另

〔42〕 纳格尔，《社会科学中概念形成和理论形成之问题》，载阿尔伯特（主编），《理论与现实》，第 2 版，1972 年，第 70 页。

〔43〕 注 23，波普尔，《研究的逻辑》，第 32 页。如果人们宽泛地理解推断的概念，那么，解释也能被解作推断（从已知事实中），参见注 23，波普尔，《研究的逻辑》，第 37 页注释 3。

〔44〕 对此参见波德勒希，《法律教义学方法论的法律教义学条件》，载《法社会学和法律理论年鉴》第 2 卷（1972），第 429 及下页。

〔45〕 参见瓦格纳，《法学中的理论》，载《法律教育》，1963 年，第 457 页及以下诸页。

〔46〕 注 45，瓦格纳，《法学中的理论》，第 460 及下页，和注 44，波德勒希，《法律教义学方法论的法律教义学条件》，第 493 页。经验科学的理论形成与法学的理论形成之关系，详见施拉普，《理论结构与法律教义学——法学的理论形成之结构主义观》，1989 年。

〔47〕 参见托马斯－普特措，《民事诉讼法》，第 36 版，2015 年，第 51 条评注第 27 边码。

一方面，各法律教义理论之间的差异，可能也不容忽视。这些差异关联着理论与它们的对象领域的关系。这里出现的差异来自两个不同的观点。一方面，各经验科学中的理论是受预先经验的约束；另一方面，它们在概念工具中基本上不受其对象范围的影响，在理论概念中存在疑问。人们是将光学基于欧几里得的还是仅基于黎曼的几何学，是一个合目的之问题。[48]但是，光学理论受制于某些恒定的经验（例如，在过道中通过其他稠度的介质观察光线折射的效果）。

相反，法律教义理论的对象领域：法律，部分由法律教义理论共同构成；一方面，这种教义理论可能通过立法被确定或废弃。以代理理论为例：这个理论具有规范性结果，在逾越破产管理人的行政权力时，适用德国《民法典》第 179 条及以下的规定；只要它影响法律状况和与之相关的“对象领域”。另一方面，随立法者的意愿，通过法律规定来肯定（“破产管理人作为共同债务人的代表”）代理理论或明确拒绝它。两者密切相关：因为和在一定程度上从法律教义理论中产生规范性后果，立法者必须自由地承认或否认这些理论。[49]

之于教义学理论的科学理论地位，这种立场特别重要。因为唯有规范，而不是认识公理，当然地由实证法规定来决定。倘若规范受立法者支配，那教义学理论就不是认识性的，而是规范性的，具体指它有规范建议的特点（因为它不是由具有约束性决定职权的权威人士来

〔48〕 注 22，E. v. 萨维尼，《作为解释的假定形成——一种具体分析》，载诺伊曼 / 拉尔夫 / v. 萨维尼，《法律教义学与科学理论》，多处。

〔49〕 因此当支持卡纳里斯，他将立法者不能规定教义学判断，只能规定法律结果的论断称为“极富争议的”（《法学中的系统思维和规定概念》，第 2 版，1983 年，第 101 页注释 53）。教义学理论是否能被如此界定或仅只确定具体的法律结果这一问题，参见卡纳里斯上述著作，注 40，诺伊曼，《法道义论与法律论证——法律论证的道义论含意》，第 90 页。

表达的）。[50] 在这个范围内，人们能有充足理由，怀疑教义学理论在科学理论含义上的理论地位。[51]

另外，由法学表达的理论一直也包含着认识性要素，教义学理论
361 不仅在内部，而且也在外部屈从于无矛盾的要求，[52] 即指其与预设性规定的一致性。法律教义学理论的这种两面性，即法律教义学在认识与规范创制之间的特殊立场，[53] 使得明确地回答：法律教义学理论是否应被理解成技术含义上的理论，特别困难。[54]

11.4 作为行为科学的法学

11.4.1 作为规范科学的法学

法学的“规范科学”特点有多重含义，在此，“规范性”是在下列含义上被理解：对有约束力的规则之建议、说明或确定（规范－建议、规范－说明和规范－表达的功能）。事实上，法学可能接受每一个功能：如果这涉及为立法的和法官的决定作准备的任务，那么，法学既具有规范－描述性（即，单个规范的有效性和内容是无可争议的），[55] 也具

〔50〕 对此详见下文 11.4.1。

〔51〕 如阿多迈特，《民法理论与民法教义学——附主体权利论》，载《法社会学和法律理论年鉴》第 2 卷（1972），第 505 页。

〔52〕 参见德赖尔，《法学中理论之形成》，载其《法—道德—意识形态》，1981 年，第 70 页及以下诸页，第 88 页及以下诸页。

〔53〕 注 13，佩克策尼克，《法律论证的基础》，第 88 页及以下诸页。

〔54〕 注 52，德赖尔持肯定态度，《法学中理论之形成》，第 94 页。

〔55〕 如若法学之任务在于对规范的描述，那它借此具有经验科学的特点（如注 1，勒尔 / 勒尔，《一般法律学说》，第 158 及下页）。但是，局限于纯朴描述和放弃自己的评价及解释意见的法学，可能会退化为拙劣的复习课。

有规范－规制性（就提交法律草案或教义式解决方案而言）。

只有人们赋予法学以批判性分析法律制定和法律适用的功能，法学才接受规范表达的功能。[56] 一个这样构想的法学之任务可能是，在（规范的）法律论证理论含义上，重建法律实践的判决理由，并且批判地，即以可达及的理性为指导，去检验这种判决理由。[57] 在这每一个职能中，法学活动指向影响社会行为，法学因此是一种行为科学。[58]

然而，依这一陈述，法学的任务范围尚未明确确定；特别是那个问题，法学是否应该局限于规范描述性和建议性（规范－描述性和规范－建议性）功能，或者还应该依据规范性标准去评估法律实践。

11.4.2 法学的社会技术含义 362

在第一种含义上，批判理性主义的代表回答了这个问题，他们偏爱法学的社会技术理解。[59] 在批判理性主义看来，法学当首先担负起一个现实科学的任务，即理解法律规则的事实有效性和社会控制效能。[60] 据阿尔伯特，法学作为具有规范特点的教义性科学的自我理解，一方面是未很好地区分规范与关于规范之陈述的结果，另一方面是未很好地区分法学的规范－描述性与规范（规范－表达）活动。法

〔56〕 罗特洛伊特纳，《作为社会科学的法学》，1973年，第86页；巴尔韦格持类似看法，注12，《法学与法律知识》。

〔57〕 注56，罗特洛伊特纳，《作为社会科学的法学》，第205、258页。

〔58〕 参见施韦尔特纳，《法学与批判理性主义》，载《法律理论》第2卷（1971），第232页及以下诸页；注4，维亚克尔，《法学中科学主义的利弊——舍尔斯基纪念文集》，第755页附有注释18（兼及对概念的模糊性之思考）。

〔59〕 注25，阿尔伯特，《理性实践论文集》，第60页及以下诸页，尤其是第75页及以下诸页。另，阿尔伯特，《作为现实科学的法学》，1993年。概貌式的介绍见希尔根多夫，《汉斯·阿尔伯特导论》，1997年，第108页及以下诸页。

〔60〕 注25，阿尔伯特，《理性实践论文集》，第65页。

学的陈述是关于规范的陈述，作为这样的法学，它本身不具有规范的特点。[61]关于法学的实践任务，社会技术论排除了其规范性：法学（仅）不得不对有效规范之含义解说和未来立法之建议作些铺垫（在这里使用的术语：法学的非规制性功能），法学是实践性的，不具规范性特征。[62]

须质疑的是，法学的这样一种自我限制，是否可能并值得去追求。无充分的理由去斥责这两个质问。具体的含义解说，包含着对有疑问规范的可能诠释，这一主张包括着评价。另外，法学的社会技术理解把法学的论证潜能，降低到一个唯一的论证类型，即结果论证类型上。

事实也丝毫没有改变，根据阿尔伯特，法学应被理解为受具体价值观指导的社会技术，[63]因为这一评价应被理解为对结果的评价，这种评价与解释建议的现实化连在一起，并且与那种评价不同：即建立在解释与法律的字面含义，与立法者的意志，或与正义的要求相一致之上的主张。充作一般规则（制定法）与具体裁判的中介，法学的这一任务，在社会技术的模式中找不到踪迹。[64]因此，为了“权威角色承担者”的决定，理性论证的领域受到极大地限制。因此又提出了第二个问题，即对法学的社会技术限制的可取性。在此首先需确定，所建议的任务界定适合于解决或者至少基本上消除主观评价和决策的问题，
363 这些主观评价和决策被装扮成法学的认识。为此付出的代价当然是高昂的，这个代价就是，放弃对评价的理性控制，这种评价决定着权威角色承担者的决策。

[61] 注 25，阿尔伯特，《理性实践论文集》，第 73 及下页。

[62] 注 25，阿尔伯特，《理性实践论文集》，第 80 页。

[63] 注 25，阿尔伯特，《理性实践论文集》，第 80 页。

[64] 相应地，阿尔伯特规划的法学不是诠释学的，而是现实科学的（同上）。

11.4.3 作为批判科学的法学

对批判理性主义偏爱的价值禁欲之选择，如果是对出现在法学和法律实践中的评价有意的和理性的控制，那么，法学的任务便是，有意地去制造法学和法官“认识”的影响，途径是通过非法律因素，如先见、有意的偏向、带倾向性的信息，以及在这个含义上的法律教义学和法律实践的“政治”特征。

据这种观点，一些关于法官社会学（参见第12章）或法律学术的社会化功能之研究，可能不交给法律的辅助学科，它们是法学原本之任务。然而，相应的关联的详细证明，似乎只是政治的，即批判的法学的任务之一。如果批判法学不仅在实质上意欲批判决策者的自我理解，而且也想批判决策本身，那么，它就需要决策在内容上的标准，即正当法，法律规定的“真理”之超实证标准。那么，这个真理当然不能在趋同理论含义上，被理解为法律规定与预设规范的协调一致，作为对象与认识相符的真理定义，在事物上被迫趋向一个既存前提，这个前提，充其量之于一贯的自然法法律思维是可以接受的。据此观点，那个建议显得有说服力：使法学接受合意理论的真理概念，[65]合意理论依据的是陈述的同意能力：“陈述的真实性的条件，是所有其他人潜在的同意。”[66]

对于法学而言，合意理论有两点至关重要：其一，它避免了本体论的困难，现实主义的真理概念裹挟着法学卷入本体论的困难之

〔65〕 J. 施米特，《再论真理概念与法学》，载《法律教育》，1973年，第219页。对哈贝马斯的真理理论的详析，见注30，阿列克西，《法律论证理论》，第134页及以下诸页。

〔66〕 哈贝马斯，《真理理论》，载《现实与反映——瓦尔特·舒尔茨六十华诞纪念》，1974年，第219页。

中；[67]其二，它允许也考虑规范和评价的真理价值。因此，一致理论必须坚持否定规范的真理能力，因为规范不强调自己可以与之一致的事实。相反，如果人们与哈贝马斯一道，把真理理解成言语行为之有效性要求，经商谈可兑现，[68]那么，规范也具有真理的价值，因为也
364 对命令和评价提出了当在实践商谈中得到证明的有效性要求。[69]在合意理论看来，法学的真理要求，不再去说明那个在认识论上有疑问的观念：只存在一个预设的唯一正确的决定，[70]而是表达要有令人信服的说明之要求。合意理论把注意力转向作为论证性学科的法学之特点：法学之理性在于它的论证之理性，或具体说，在于依据理性论证的标准去考察法律论证的可能性。[71]于是，法学的科学理论遂汇入法律论证理论之河。[72]

文献辑选

阿尔尼奥，《法学的思维方式》，1982 年。

Aarnio, Denkweisen der Rechtswissenschaft, 1982.

德莱尔，《法－道德－意识形态》，1981 年。

Dreier, Recht–Moral–Ideologie, 1981.

〔67〕 对此参见注 65，J. 施米特，《再论真理概念与法学》，第 207 页。

〔68〕 注 66，哈贝马斯，《真理理论》，第 218 页。

〔69〕 哈贝马斯，《真理理论》，第 220 页。详细的不同，现在见哈贝马斯，《正确性 v. 真实性》，载其《真理与正当性》，修订版，2004 年，第 299 页及以下诸页。

〔70〕 参见阿图尔·考夫曼，《诠释学视野中法的历史性》，载其《法律诠释学论文集》，1984 年，第 52 页："法的客观正确性不可能处于方法上法的发现过程之外"。但对于纯程序上理解的合意理论，考夫曼指出，真理理论以合意结果的实质趋同观为必要前提，注 5，阿图尔·考夫曼，《论法学的科学性——真理趋同理论的起点》，多处。

〔71〕 注 30，基本的见阿列克西，《法律论证理论》，第 259 页及以下诸页；注 13，佩克策尼克，《法律论证的基础》，第 167 页及以下诸页。

〔72〕 马斯托拉蒂持相同立场，《应用的法律来了》，2009 年，边码 11。

诺伊曼 / 拉尔夫 / E. v. 萨维尼,《法律教义学与科学理论》，1976 年。

Neumann/Rahl/E. v. Savigny, Juristische Dogmatik und Wissenschaftstheorie, 1976.

进阶文献

莱格，约阿希姆,《实用主义与应用法学》，1999 年。

Lege, Joachim, Pragmatismus und Jurisprudenz, 1999.

诺伊曼，乌尔弗里德,《法律理论与一般科学理论》(1993 年)，载同作者，《结构和论证的法》，2008 年，第 243 页及以下诸页。

Neumann, Ulfrid, Rechtstheorie und Allgemeine Wissenschaftstheorie (1993), in: ders., Recht als Struktur und Argumentation, 2008, S. 243 ff.

同作者,《作为世俗神学的法学：批判理性主义的科学理论的论题之阐释》(2006 年)，同前，第 318 页及以下诸页。

ders., Rechtswissenschaft als säkulare Theologie. Anmerkungen zu einem wissenschaftstheoretischen Topos des Kritischen Rationalismus (2006), a. a. O. S. 318 ff.

施拉普，托马斯,《理论结构与法律教义学》，1989 年。

Schlapp, Thomas, Theorienstrukturen und Rechtsdogmatik, 1989.

365

12．法律的经济分析

阿尔弗雷德·比勒斯巴赫　斯图加特

12.1　导论

“法律与经济的运动长时间曾被视为美国的运动。这从来不是完全正确的。它的起源，无疑，是国际化的，以英国经济学家亚当·斯密和杰里米·边沁为开端，后来A. C. 庇古和罗纳德·科斯（等其他人），起到了创始作用，就像马克斯·韦伯一样，他自己同时是法学家和经济学家。弗里德里希·哈耶克和布鲁诺·莱奥尼是英美圈以外学者的另外的例子，他们的思想已经影响到该运动。而且还有其他的人。今天，无论如何，清楚的是，该运动是国际性的。在欧洲和拉美以及北美，有许多法律与经济协会，法律与经济学科在各主要国家和许多小的国家被设立，一系列顶级期刊都在美国之外出版。”[1]

---

〔1〕 R. A. 波斯纳,《法律与经济百科全书》，1999年。

12.2 法律与经济路径的发展

12.2.1 行为相关性或因果性?

有关法律的经济分析的讨论在近几十年大大拓展。当国民经济学的概念如“激励制度”“利己倾向者”等被用于法律阐述中时，这几乎是顺理成章的。例如在环境法中的许可交易，[2]它通过可保险性来防范风险，或在刑法中讨论，[3]作为预防策略什么被证明是更有效的，是提高刑罚的强度还是改善侦破率。

作为行为控制的工具，法律规范通过行为科学的研究，特别是现在通过演算控制的信息技术分析，例如，大数据评估，[4]得以扩展。大数据评估不再基于因果关系的原则，而是一般行为形式的相关性和可能性。个体行为的相关性，通过使用各种软件，即分析性地评估大数 366
据存储和作出行为的预测，而被确定。

12.2.2 经济分析的领域

对法学的社会科学思考似乎是从法律的经济分析中转化而来的。

〔2〕 H. G. 卢琴格,《经济学视野中环境国的长期责任》，载：C. F. 格特曼、M. 克勒普弗、H. G. 卢琴格,《环境国的长期责任》，波恩，1993 年，第 42—78 页。

〔3〕 G. 贝克尔,《犯罪与惩罚：一种经济的立场》，载《政治经济杂志》第 76 期（1968 年），第 169 页及以下诸页。

〔4〕《大数据，综合科学的新允诺》，第 1 版，柏林，2013 年，此处迪尔克·贝克尔,《大数据》，第 156—186 页；达纳·博伊德 / 凯特·克劳弗特:《作为文化、技术和科学现象的大数据》，第 187—218 页；也见 Chr. 基希纳,《信息法：一个制度经济的入口》，载 J. 特格尔 / A. 维贝（编）,《信息 - 经济 - 法律：在知识社会的调控——W. 基利安寿诞文集》，巴登 - 巴登，2004 年，第 103—116 页。

对在政治、经济、法律、教育、文化、行为等领域中的制度和过程的详细分析，将作为经济学的经济方法运用到法学中，以分析“经济人”的行为、理性假设和福利经济学（帕累托法则和卡尔多－希克斯改进），以及将微观和宏观经济学方法用于法律。依据策略互动中的理性决策观点，博弈论对法学在解决利益冲突中有指导决策的作用。[5]

对经济学（经济学和国家学）的全面理解在德国早已展开，但是，在美国，是作为经济政治的理论（“新政治经济学”）经由国家理论、宪法理论和行政理论找到进入法学的入口（见公共选择理论与社会选择理论）。[6]

理性选择理论（Rational Choice）[7]是经济行为模式，该模式是基于人类理性地行动，即他们（1）通过个人的但稳定的优先次序和（2）考虑到最佳量的信息和其他输入（3）最大化其效用性。[8]

对于把法律规范解释为规范义务人及规范适用者的可预期行为的控制规范，理性选择理论可能是有用的。经济行为模式的普遍性对法学也是能很好适用的。该模式在文献中是被当作法律与经济运动对法学最重要的特殊贡献之一。[9]

---

〔5〕 见 E. V. 托菲 / N. 彼得森，《法律中的经济学方法——为法律人所作的导论》，图宾根，2010 年，与 M. 恩勒特、S. J. 格奥尔格、St. 马根和 A. 尼克利施合作，第 1 页及以下诸页，第 23 页及以下诸页，第 35 页及以下诸页，第 71 及下页，第 117 页及以下诸页，参见 J. 施奈德，第 10 章《法律判决理论》，本书第 316 页及以下诸页。

〔6〕 见注 5，托菲 / 彼得瑟斯，第六章《公共选择理论与社会选择理论》，第 133 页及以下诸页（135/136 页）。

〔7〕 参见上文，第七章《行为经济学》（M. 恩勒特），第 165 页及以下诸页。

〔8〕 M. 恩勒特，同上，第 166/167 / 168 页，第 169 页及以下诸页；G. 贝克尔，《人类行为经济学方法》，1976 年，第 14 页。

〔9〕 见上文边码第 166 页。

12.3 法律的经济分析

12.3.1 起源

法律的经济分析的思想史先驱追溯到早期古典学者，如亚当·斯 367
密，[10]他描述了法律的激励效果；大卫·休谟，[11]他同时把在资源匮乏的世界中的法律作为一个诸原则的整体，经济主体遵循它们，使合作成为可能；杰里米·边沁研究了由于法律的激励人如何行为和根据福利的标准如何评估结果。边沁既有人的行为模式（“自然已安排人类服从两个主人：痛苦和快乐的治理”），也有立法目标“一个共同体中个人的幸福……是立法者应该考虑的目的和唯一的目的”。[12]

除了法律现实主义外（特别是法律与社会运动以及批判法律研究），法律的经济分析也深受J. 边沁的功利主义的影响。

不可能详细地指明的在此还有C. 门格尔（奥地利国民经济学派）、F. A. v. 哈耶克、德国历史学派F. C. v. 萨维尼和卡尔·马克思的影响。马克思强调法律对生活关系的影响，并批评功利主义，因为它把人降低到可利用性的唯一关系中。[13]

---

〔10〕 A. 斯密，《国民财富的性质和原因的考察》，1976年，第二卷，第708页，载，R. H. 坎普威尔/A. S. 斯金纳/W. P. 托德（编），《亚当·斯密作品和通讯格拉斯哥版》，牛津，1976年。

〔11〕 大卫·休谟，《论文和调查报告》，1991年。

〔12〕 参见波斯纳，《法律与经济学运动，从边沁到贝克尔》，载《法律的起源与经济学》，第328—349页；另见K. 格雷舍尼西和M. 盖尔特，《法律思维的不同演变，论美国的法律经济学和德国的教义学》，《拉贝尔比较法杂志》第72卷（2008），第513—561页（530）；梅斯特米克，《一个没有法律的法律理论，哈耶克论法律经济分析》，图宾根，2007年，第16—20页（17）。

〔13〕 马克思，《德意志意识形态（1845—1846）》，《马克斯恩格斯全集》，第3卷，第394页及以下诸页。

12.3.2 “法律与经济”的方法

从20世纪60年代起，R. 科斯[14]以及卡拉布雷西[15]（耶鲁大学法学院）和理查德·波斯纳[16]（芝加哥大学法学院）发表了开拓性的论文，由此，现代法律与经济运动形成。[17]卡拉布雷西和波斯纳法官以及经济学家科斯将经济的立场和方法纳入他们的法律论证之中。R. D. 库特（伯克利）作为经济学家重新发现了把法律作为经济考察的对象
368 这个主题。G. 贝克尔转向犯罪的经济机制（1968）。[18]布坎南/塔洛克论述了宪法、国家和行政的经济分析。[19]

卡拉布雷西以经济效率标准论证了事故责任法，被认为是耶鲁大学法律与经济学派的创始人之一，该学派在福利经济学意义上展开规范性研究。纳入的效率标准，例如B. 帕累托准则或改进的卡尔多－希克斯标准，很明显地有别于美国法律系统中的普遍观点，它基于在法官个人价值判断基础上的法律结构的创造。

波斯纳（1972年）和兰德斯（1971）为民事诉讼的经济分析奠定了基石。波斯纳不仅支持规范经济学的功利主义立场，而且支持法

---

〔14〕 科斯，《社会成本问题》，《法律与经济学杂志》，第3期（1960年），第1—44页。

〔15〕 卡拉布雷西，《事故的成本，一种法律和经济学分析》，纽黑文，1970年，同作者，《关于风险分布和侵权法的思考》，《耶鲁法学杂志》，第70卷（1960/1961年），第498—553页。

〔16〕 波斯纳，《法律的经济分析》，第1版，1972年，第8版，纽约，2011年。

〔17〕 尚策，《美国的法律的经济分析——与现实的传统的联系》，载《法律的经济分析》，修订版，1993年，阿斯曼/基希纳/尚策编，第1—16页；格雷舍尼西/盖尔特，上文注12，第534—539页。

〔18〕 G. 贝克尔，《犯罪和惩罚，经济的立场》，载《政治经济学杂志》第76卷（1968年），第169页及以下诸页。

〔19〕 J. 布坎南/G. 图罗克，《共识的计算》，安娜堡，密歇根大学出版社（1962年）；亦见布坎南、乔纳·麦克基尔，载《新帕尔格雷夫经济与法律词典》，彼得·纽曼编，1998年，第1卷，第179—185页。

律的实证经济分析（实证主义）。因此，可以重构法律的论点，还有隐蔽的论点，并在规范性思考上评判其效果。这些实证的经济分析的代表例如法律与经济的芝加哥学派，在这派中也研究规制的经济理论（G. J. 施蒂格勒[20]），关联着科斯（1960）对社会成本问题的基本贡献，在这里，提出了有效的谈判解决的模式－理论方法。科斯在《社会成本问题》一文中提供了一个交易结构问题的答案——“科斯定理”：“在低的交易成本中，产权分配没有效率作用”。[21]

从中得出的结论是：不管国会或法官通常如何分配财产权利，如果各方可以就产权转让对低交易成本达成一致，那么，他们将获得一个有效的解决方案。[22]依据科斯，无需法官、律师和立法机关对其产生影响，世界在这个模式中是可能的。科斯定理表明，在一个模式般的世界中谈判可以导向在整体社会上有效率的解决方案。事实上，在现实中存在交易成本，它可能使政府干预成为必要。

12.3.3 “行为法学与经济学”的方法（行为经济学）

法律经济学（尤其是波斯纳）的“芝加哥立场”从一开始就遭受 369
批评。[23]此外，“行为法学与经济学”的最新研究方向通过放弃经济理

[20]《新帕尔格雷夫经济与法律词典》，第3卷，第544页。

[21] R. H. 科斯，上文，注14；同作者，《公司、市场与法律》，1988年，第95—156、157—185页（第174及下页）。科斯定理，载《新帕尔格雷夫经济与法律词典》，第1卷，1998年，第270—282页；也见上文，R. H. 科斯，第262—270页；见托菲／彼德森，《法律中的经济学方法》，注7，第165页及以下诸页（第188页及以下诸页）。R. 里希特／E. G. 弗鲁博滕，《新制度经济学》，第3版，图宾根，2003年，关于科斯和科斯定理尤见第111、113—116页，第138、139、143、144、401、402页。

[22] 参见说明性例子，载R. 基尔施泰因，《法律的经济分析》，讨论论文，2003年6月，第10—13页。

[23] A. M. 波林斯基，《法律与经济学导论》，第3版，2003年。

性假设常常提出相反的法律政策建议。[24]

借助“前景理论”卡尼曼和特沃斯基创建了自己的实证行为理论，他们发现，人的决策行为明显偏离经济的理性理论。[25]前景理论是公认的与理性理论预期立场相对立的模式。主流的行为科学对开明的经济学家而言，曾是认知心理学。这有几个原因，其一，心理学的子学科澄清了亚当·斯密已推测的事实；其二，他们的发现更加精确，比弗洛伊德的精神分析更优。随着绝大多数人偏离理性模式这种认识的系统化，对相对普适的“准理性”行为模式的可预测性和基础就确定下来。[26]

12.4 法律经济学的应用

应用特别广泛的领域是所有权法（保护和行为的权利，财产权利的分配，例如在环保许可中），合同法（合同自由的模型）和在信息，期待和机会成本变化时，交易成本演算（交易成本经济学）。再者，在传统的侵权法中（不法行为法、损害法、责任规则：一般责任/危险责任）用效率标准对其法律结果进行考察。

此外，法律经济学的研究领域是家庭法、竞争法、不同经济部门的监管、公用企业法、职业法、税法、社会保障法、公司法和补贴法。

---

〔24〕见乔斯/桑斯坦/塞勒,《法律与经济学的行为立场》,《斯坦福法律评论》第50卷（1997/1998），第1471—1550页；桑斯坦,《行为法和经济学》，第2版，2004年；艾登米勒,《人的经济学和债法，行为法和经济学的挑战》,《法律人报》，2005年，第216页及以下诸页。

〔25〕D. 卡内曼/A. 特沃斯基,《前景理论：风险决策分析》,《计量经济》第47卷（1979），第263—291页。

〔26〕见E. V. 托菲/N. 彼得森,《法律中的经济学方法》，第7章行为经济学（M. 恩勒特），第165—199页（168及下页，170页及以下诸页）。

刑法的经济分析形成一个独立的研究重点。

除了这些已经非常多样的应用和研究领域，在法律经济学中对法律的形成、发展、应用和遵守的研究领域一直在增加。因此，许多研究论文在讨论法律的基础，并且关联到其哲学基础（例如立法程序、立法学说、结果评估、最佳成本等）。法律经济学家也把注意力集中在 370
欧盟内国家立法的和谐化（例如，辅助性原则）。正义、自由、统一的基本价值观也受到法律经济学的重视。[27]

12.5 效率：法律规则的目的或竞争的产品（波斯纳 / v. 哈耶克）

梅斯特梅克探讨了波斯纳法律思想的影响和历史根源：为重新定义一个开明社会的统治和法律，发现作为经济体系的连贯模式的市场。法律是独立于不可改变的自然法原则，抛弃了传统的特权，并接受经济作为盟友。

波斯纳的“法律的经济分析”，是一种没有“从内部产生的”法律的法律理论，且不讨论法律与经济的联系。[28]这种“理论”转换了法

---

〔27〕 见《法哲学的问题史》（本书中阿图尔·考夫曼 / 迪特马尔·冯·普福尔滕），第23—142页；格雷舍尼西 / 盖尔特，《法律思维的不同演变，论美国的法律经济学和德国的教义学》，《拉贝尔比较法杂志》第72卷（2008），第513—561页（第543—559页）；斯蒂芬·马根，《公法基础研究的法律经济学的趋势》，集体公共品研究，马普研究所重印，波恩，2014 / 20，第1—20页，丰克 / 克吕佩尔 / 吕德曼（编），《公法研究的趋势》，图宾根（尚未发表）；J. 施莱德尔，《法律判决理论》，本书第316—350页；P. 贝伦斯，《法律的经济基础》，图宾根，1986年，附有70年代和80年代的德语文献对法律的经济分析的详释；舍费尔 / 奥特，《民法的经济分析教科书》，第5版，柏林 / 海德堡，2012年。

〔28〕 E.-J. 梅斯特梅克，《没有法律的法律理论——波斯纳与哈耶克的法律经济分析》，图宾根，2007年，第21页。

律的理性，经济的产生、应用和解释！

一种对法律与经济地位的不同的立场是，把经济体系视为自由的系统，它基于一个法律体系和保障作为个人权利的基本经济自由。[29]波斯纳激烈地批评这种由 A. 斯密和 v. 哈耶克代表的立场。

梅斯特梅克总结波斯纳/哈耶克的争论如下：

“波斯纳/哈耶克论战主要强调了理性所涉及的规范性影响，并部分上由经济资源的稀缺性所决定。基于经济的自身利益的理性选择，无疑，在最深刻的标准中常用来理解和预测人的行为。一个依赖市场作为处理稀缺性的主要制度的社会，不能忽视理性选择对我们关于合同、财产权或侵权责任或过失的理解的贡献。这是波斯纳和哈耶克的共同点。”[30]

371 但是，波斯纳和哈耶克的经济理论可用于不同的“法治”。波斯纳把法律归于经济之下，哈耶克则把抽象的法律规则融入他的自由秩序理论中。

12.6 法律的经济分析与教义学的自主性之争

经济分析作为一种科学的方法能够排挤掉法律教义学吗？是本文结尾的一个尖锐问题。从中总结出两个不同观点：

法律史、法哲学、法社会学、对社会科学的理论和研究结果的接收、心理学等，可对法律进行理解，但是，其机制（方法、理论）不

〔29〕 E.-J. 梅斯特梅克，《没有法律的法律理论》，第 22 页。

〔30〕 同上书，第 43 页。

直接导致对现行法律提出法学问题，而是提出各自专业科学的问题。各种非法学问题和方法的结合构成交叉学科性的目标。

相反，法律的经济分析基于经济学“是在一个相对于人的需求资源是有限的世界中，人的选择行为的科学，它研究和评估那种假设的影响：人是他的多重目标、多种满足，即我们所说的他的自我利益的理性增殖者”。〔31〕

法律经济学的研究可以针对所有专业领域，且在那里通过科学的确信力增进知识，但是，法律教义标准决定现行法律的解释。〔32〕

继续这样做，还是越来越笃信科斯定理？

文献辑选

阿斯曼 / 基希纳 / 尚策,《法律的经济分析》，图宾根，1993 年（含有卡拉布雷西、科斯、波林斯基、波斯纳的论文）。

Assmann/Kirchner/Schanze, Ökonomische Analyse des Rechts, Tübingen, 1993 (mit Beiträgen von Calabresi, Coase, Polinsky, Posner).

G. 贝克尔,《犯罪和惩罚：一种经济立场》，载《政治经济学杂志》，第 76 卷（1968 年），第 169 页及以下诸页。

G. Becker, Crime and Punishment. An Economic Approach; in: Journal of political Economy, 76 (1968) 169 ff.

P. 贝伦斯,《法律的经济基础》，图宾根，1986 年。

P. Behrens, Die ökonomischen Grundlagen des Rechts, Tübingen, 1986.

卡拉布雷西,《事故的成本：法律和经济分析》，耶鲁大学出版社，纽黑文，1970 年。

---

〔31〕 波斯纳,《法律和经济学，一个导论》，载阿斯曼 / 基什内尔 / 尚策,《法律的经济舱分析》，1993 年，第 79—98 页（第 80 页）；亦见波林斯基,《经济分析潜在缺陷产品：关于波斯纳法律的经济分析的使用者信息》，第 99—128 页。

〔32〕 亦见斯特凡 · 马根,《法律经济学的趋势》，上文，注 27，第 1—20 页（第 5 页）。

Calabresi, The Costs of Accidents. A Legal and Economic Analysis; Yale Uni Press, New Haven, 1970.

R. H. 科斯,《社会成本问题》，载《法律和经济学杂志》，第 1 卷（1960）。

R. H. Coase, The Problem of Social Cost, Journal of Law and Economics 1 (1960).

同作者,《公司、市场与法律》，1988 年，芝加哥大学（1990 年影印）。

ders., The Firm, the Market and the Law, 1988, University of Chicago (Pb 1990).

372 H. 艾登米勒,《作为一种法律原则的效率：法律的经济分析的可能性和局限性》，图宾根，第 2 版，1998 年。

H. Eidenmüller, Effizienz als Rechtsprinzip. Möglichkeiten und Grenzen der ökonomischen Analyse des Rechts, Tübingen, 2. Aufl. 1998.

C. F. 格特曼 / 克勒普弗 / 卢琴格,《环境国的长期责任》，波恩，1993 年。

C. F. Gethmann/Kloepfer/Nutzinger, Langzeitverantwortung im Umweltstaat, Bonn, 1993.

K. 格雷舍尼西 /M. 盖尔特,《法律思维的不同演变——论美国的法律经济学和德国的教义学》,《拉贝尔比较法杂志》第 72 卷（2008），第 513—561 页。

K. Grechenig/M. Gelter, Divergente Evolution des Rechtsdenkens—Von amerikanischer Rechtsökonomie und deutscher Dogmatik, RabelsZ Bd. 72 (2008), 513-561.

R. 基尔施泰因,《法律的经济分析》，法律和经济研究中心讨论论文，2003—2006 年。

R. Kirstein, Ökonomische Analyse des Rechts, Center for the Study of Law and Economics, Discussion Paper 2003-06.

基希纳,《信息法：制度经济入门》，载特格尔 / 维贝（编）,《信息学—经济学—法，知识社会中的规制：W. 基利安纪念文集》，巴登－巴登，2004 年，第 103—116 页。

Chr. Kirchner, Informationsrecht: ein institutionsökonomischer Zugang, in: Taeger/Wiebe (Hrsg.), Informatik-Wirtschaft-Recht, Regulierung in der Wissensgesellschaft; FS f. W. Kilian, Baden-Baden, 2004, 103-116.

M. 克勒普弗（编）,《作为未来的环境国：法律，经济和哲学问题》，波恩，1994 年；尤见第 69—99 页 E. 雷宾德的论文,《环境保护的经济手段的法律观察》，第 70 页及以下诸页，A. 恩德雷斯,《通过经济手段》(第 85 页及以下诸页)，齐默尔曼,《环境收费的应用领域和限制》，第 90 页及以下诸页。

M. Kloepfer (Hrsg.), Umweltstaat als Zukunft, juristische, ökonomische und philosophische Aspekte, Bonn, 1994; siehe insbes. S. 69-99 die Beiträge von E. Rehbinder, Ökonomische Instrumente des Umweltschutzes in jur. Sicht 70 ff., A. Endres, ..durch ökonomische Instrumente (85 ff.), Zimmermann, Einsatzfelder und Restriktionen für Umweltabgaben. 90 ff.

马根,《公法基础研究的法律经济学的趋势》，集体公共品研究，马普研究所重印，波恩 2014/20，12 月 14 日。

Magen, Konjunkturen der Rechtsökonomie als öffentlich-rechtlicher Grundlagenforschung, MPI for Research on Coll. Goods, Bonn 2014/20, Dez. 14.

E.-J. 梅斯特梅克,《没有法律的法律理论—波斯纳与哈耶克的法律经济分析》，图宾根，2007 年。

E.-J. Mestmäcker, A Legal Theory without Law-Posner v. Hayek on Economic Analysis of Law, Tübingen, 2007.

《新帕尔格雷夫经济学与法律词典》，彼得・纽曼（编）,3 卷，伦敦,1998 年。

The New Palgrave Dictionary of Economics and The Law, Ed. By Peter Newman in 3 Volumes, London, 1998.

A. M. 波林斯基,《法律与经济学导论》，第 3 版，2003 年。

A. M. Polinsky, An Introduction to Law and Economics, 3rd ed., 2003.

R. 波斯纳,《法律的经济分析法》，第 8 版，纽约，2011 年。

R. Posner, Economic Analysis of Law, 8th ed., New York, 2011.

J. 罗尔斯,《正义论》，美因河畔法兰克福，1975 年。

J. Rawls, Eine Theorie der Gerechtigkeit, Frankfurt/M., 1975.

R. 里希特 / E. G. 弗鲁博滕,《新制度经济学》，第 3 版，2003 年。

R. Richter/E. G. Furubotn, Neue Institutionenökonomik, 3. Aufl., 2003

H.-B. 舍费尔 / C. 奥特,《民法的经济分析教科书》，柏林 / 海德堡，第 5 版，2012 年。

H.-B. Schäfer/C. Ott, Lehrbuch der ökonomischen Analyse des Zivilrechts, Berlin Heidelberg, 5. Aufl. 2012.

St. 沃伊格特,《制度经济学》，慕尼黑，2002 年。

St. Voigt, Institutionenökonomik, München, 2002.

E. V. 托菲 / N. 彼得森,《法律中的经济学方法：给法律人的导论》，图宾根，2002 年。

E. V. Towfigh/N. Petersen, Ökonomische Methoden im Recht, Eine Einführung für Juristen, Tübingen, 2002.

E. 趋势

13. 医学伦理、生物伦理与法律 * 373

乌尔里希·施罗特 慕尼黑

13.1 概念

医学伦理学处理与人类疾病相关的规范性问题。这个概念是比医德更宽泛，医德讨论的是医患关系中的道德标准。因为医学伦理学还包括了在医学中出现的与规范性问题的关系，例如，有关人体实验或健康试验的许可问题。同样，现代医学伦理学研究生殖问题，例如，产前诊断和胚胎植入前遗传学诊断（PID）的许可问题，以及流产是否可能合法，如果是，流产何时可能合法的问题。在后一种情况中，核心是关于胚胎的道德地位问题。

生物伦理的概念专注于生命科学的规范性问题。这包括从基因工程到移植医学领域中规范标准问题。在生物伦理的范围内进一步提出了是否允许与堕胎相连的胚胎干细胞生产问题。克隆的合法性问题也是生物伦理的主题。

---

* 我感谢我的学术助手伊丽莎白·霍夫曼女士和薇罗妮卡·迈尔女士对本文所作的准备工作。

生物伦理也是作为消极的概念存在的。后来，功利的立场成为生物伦理的特点，这种立场希望从有用性上考虑扩大生物科学家和医疗人员的行为活动空间。

13.2　当代对医学伦理和生物伦理的兴趣

目前，在公开讨论中可以发现对医学伦理和生物伦理问题的极大兴趣。这与多个因素相连。医疗的各种可能性增加，例如，如果今天部分肝脏的活体移植是可能的，便提出了那个相关的问题，对捐赠者意味着不小风险的这种活体移植在什么时候是允许的。

374 新的治疗机会的获得也与对早期胚胎的存活利益的干预相连；在这里，提出了允许这种干预的问题。

此外，对医学伦理和生物伦理越来越强的兴趣归因于一个事实，即医生和研究人员在道德问题上不再被给予他们曾经有过的相同权威。社会本身具有直接的兴趣，去探究医学和生物科学关于规范许可的新的机会。医生和研究人员应该被承认的行为活动空间，被认为是一个应公开讨论的问题。

在一个我们生活于其中的多元化社会，不同的道德观念相互碰撞。但是，这不能免除去界定医学和生物科学领域的最低标准。

13.3　医学伦理和生物伦理的发展

医学伦理可能和医学本身一样古老。所谓希波克拉底誓言超过2000年之久。它包含那个前提，医嘱不能有损于患者和以不公平的方式对待患者，而只能为了患者的利益。它禁止以杀人为手段的救治，即使医生被请求和要求，也不能给女性堕胎。

医学伦理一个重要里程碑是1947年的纽伦堡法典，它是对1946年启动的纽伦堡医生审判的反应，在审判中，民族社会主义医疗滥用研究已经变得昭然若揭。这曾在第三帝国导致残酷和痛苦的研究方法。因此，在纽伦堡法典中确定了，医疗研究以患者和受试者自愿的和知情的同意为前提。

1964年，世界医学协会在赫尔辛基宣言中载明医生的自我承诺如下：医学研究只在受试者人自愿和充分了解后的同意之时方可进行。

自20世纪70年代起医学伦理在德国发展迅猛。在大学和教会内形成中心，创办杂志，出版教材。研究也被广泛地推进。自2003年以来，医学伦理在医生培训中发挥着重要作用。

在欧洲层面，人们试图确立生物伦理的最低标准。在所谓的“生物伦理公约”，一个关于生物医学的人权公约中，根据欧洲理事会的提议，规则应该保护在人类生物学和人类医学领域中的人的尊严。[1]在 375
第一条中，保护公民，他们的身体完整性和身份被作为该公约的目的。它确定了，医疗干预以了解后的赞同（同意）为前提。也载明了要求保护无能力同意者、精神病者、处在紧急状况的人。鉴于人类基因组，禁止基于遗传特征的歧视。体细胞基因治疗仅被允许用于医疗目的，生殖细胞治疗是完全禁止的。对人的医学研究，如果不存在这样的替代研究，风险/效益关系是可以接受的，通过伦理委员会审查的，以及相关人在全面了解后出具了书面同意书，才被允许。另外，对于无

---

〔1〕 对生物医学人权公约（生物伦理公约）的审议，参见联邦公报13/54435，1996年8月21日。这项生物伦理公约自此生效。德国既未签署也未批准该公约。

能力同意者，如果是为了相关人的健康，或为了在生物伦理公约中提到的群体的潜在益处，研究方被允许。

因此，纽伦堡法典被确定有国际约束力，先前仅通过赫尔辛基宣言被规定有职业法律效力。欧洲理事会的议会大会和部长委员会已经使之有可能通过议定书补充这个公约。第一个补充是1997年颁布的禁止克隆人的议定书。

13.4 医学伦理和生物伦理的方法

在医学伦理学和生物伦理学中，没有一个伦理理论已经单独占了上风。[2] 功利主义、[3] 义务伦理学与商谈伦理学各自仅被借用了一些论点和原则。

然而，存在着多种征兆，尝试一方面去建立规范系统，另一方面去提供借助它分歧能够得到解决的方法。格特、卡尔弗、克劳泽和丹纳提出了一个方案。[4]

相对的模式个例式地进行。它从那个前提出发：生物伦理依个案开始，伦理学家肩负着职责，从允许确定性评估的多个案例中处理不确定的案例。首先是，对相关者的效果评价。然后，必须分析相关人的权利（一方面，在实体上例如生命权，另一方面诉讼权利）。接着，
376 生物伦理必须考虑每个患者应享有的尊重。再就是，必须依据美德观点（同情、诚实等）对个案进行考量。最后是，对公正作出思考和对

〔2〕 关于不同的理论方法参见迪韦尔/施泰格勒德尔（编），《生物伦理》，2003年。

〔3〕 关于功利主义医学伦理参见辛格，《重新思考生死》，1994年；关于这种伦理，注2，迪韦尔，《功利主义与生物伦理》，载《生物伦理》，第57页及以下诸页。

〔4〕 参见格特/卡尔弗/克劳泽/丹纳，《生物伦理：返回基础主义》，1997年。

成本进行权衡。[5]

在医学伦理学中最知名的综合方法来自汤姆·博尚和詹姆斯·奇尔德雷斯。[6]在他们的著作《生物医学伦理的原则》(1979年第1版)他们确定了应该在医学和生物伦理方面发挥核心作用的四项原则:

- 对患者的自主权的尊重,
- 预防伤害,
- 照料义务及利益增值,
- 公正。

这些原则被称为中等作用范围的原则。它们从其直观易懂的事实中获得自己的合理性。它们不是源于人们可能拒绝或进一步发展的既有理论,而是来自医学和生物学的标准本身。

尊重患者自主权的必要性源于医疗行为往往干预患者的身体完整性。对身体的干预通常只是在法益主体以自主方式同意损害身体时,经由宪法才是允许的。考虑到自己的身体,患者一方面具有与身体相关的利益,如消除疼痛,但他们另一方面具有关联价值的利益。这些是人想成为什么样的人的思想表达。因此,医疗干预,即恢复健康,通过干预身体完整性,只有在尊重了患者个人的想法时才被认为是合法的。只要患者能够自主行动,这绝对适用。鉴于治疗行为的决定往往是在不确定性情况下作出的这一事实,其身体的完整性被干预的人,必须并能够决定,应该在什么条件下,用什么样的强度,有什么风险,干预才应发生。

---

〔5〕 布罗迪,《生与死:作出 决策》,1988年,第22页及以下诸页。

〔6〕 博尚/奇尔德雷斯,《生物医学伦理原则》,第7版,2013年,第101页及以下诸页,(自主),第150页及以下,(避免损害),第202页及以下诸页,(照料),第249页及以下诸页,(公正)。

然而，自主原则不单独引导医疗行为。在特殊情况下，患者希望医生替他们做决定；只要患者是自主地行为，这是允许的。有时患者是无意识的，不能决定。那么，它必须根据假定同意的原则来决定。如果缺乏同意的能力，应当委托其他人为患者作决定。

避免损害也属于医疗行为，这仅仅源于几百年以来希波克拉底誓言被承认作为理解医生角色的基础。

377 照料也属于医疗行为，从患者需要和要求医生的照料中可以看出。医疗行动应该是有益的，是基于这样的事实，只有有限的资源可用，并且人们应该尽量有效地用于健康。

由于资源的稀缺和个人在生病时得到治疗帮助的主观权利，也产生了进行公正地分配稀缺资源的必要性。例如，根据患者的经济能力来分配稀缺资源的医疗体系很少能被接受。

对比彻姆和柴德里斯的医学伦理观点的尖锐批评是基于四个最高的价值标准。这导致，在医学伦理领域探究特定的解决方案，且没有建立起自洽的理论。[7]然而，当人们将最高的价值标准理解为原则，而不是规则时，这样的批评可以缓和下来。[8]

涉及原则的主张首先意味着，它处理的是命令最优化。不同于人们是否满足规则，原则表达的规范包含以最大程度去实现的命令。原则应实现的程度大小取决于实际的可能性，以及它们与其他原则的关系。如果多个规则处在相互冲突中，一个规则就无效且不再适用。当多个原则处在相互冲突中，有可能是一个原则居于另一个之后。但这个原则不是无效，而是可以以另外的形式再次变得重要。如果医生被允许摘取活

〔7〕关于此，注4，格特/卡尔弗/克劳泽/丹纳；关于此，注2，匡特/菲尔特，《医学伦理需要什么原则》，载《生物伦理》，第145页。

〔8〕关于规则与原则的区别，参见阿列克西，《基本权理论》，1985年，第71页及以下诸页。

体捐赠者的一个肾，以帮助其他人，如同在那个活体捐赠个例中，尽管如此，在摘取肾脏中，医生仍然必须保持尽可能小的损害。[9]一个原则是否退居另一个背后，并不总是以同样的方式来回答：在其他事实状况下，这种关系可以逆转。例如，当有关活体捐赠导致捐赠者的死亡，不可处罚医生，因为在我们的法律制度中处死医生的要求被排除在外。为了治疗另一个人而牺牲自己的生命，是不可能的，因为法律制度通过《刑法典》第216条已经明确，患者为了另一个人甘心牺牲自己的意愿不可以得到实现。如果医生也基于患者的要求实施可能会导致患者死亡的活体捐赠，依据《刑法典》第216条他将受到刑罚。所以，上面提到的原则需要解释。如果明确了，它们应如何适用于每个事实状况，以及与其他原则处在何种关系中，那么，它们在其结构中才是清晰的。

下面我们将要论述原则在其中处在冲突中的一些事实状况。但是，378
这些原则还不足以全面地讨论生物和医学伦理问题。例如，胚胎必须在多大程度上被保护的问题，也需要对早期胚胎的道德地位作出回答。

13.5 医学伦理和生物伦理的几个核心问题

13.5.1 损害预防，对自主的尊重，对患者的照料：以活体捐赠为例[10]

医学伦理涉及的核心问题是，在何种程度上，人们必须尊重患者

〔9〕在德国，肾脏和肝脏活体器官捐赠目前仅在有限范围被允许。前提条件规定在移植法第8条中。

〔10〕关于以下的思考，详细参见古特曼/施罗特,《欧洲活体器官捐赠，合法监管模式，伦理讨论和实践动力》，2002年，附详尽的文献。

的自主，在何种程度上禁止损害他人，因此，应如何注重“首要的事是不要伤害”的原则。希波克拉底誓言的关键原理之一说：“医生应当依据最好的知识和可能性去运用他的技艺来医治患者，但是从不残害和损害他们”。

如果人们绝对地理解这一原则，器官的活体捐赠是不允许的。这在伦理上当被禁止。然而，把避免损害原则绝对化的希波克拉底式的立场，与其他原则相矛盾：尊重患者自主的原则、照料义务的原则和患者利益最大化的原则。

与利益最大化原则的冲突产生于，因为无论如何在夫妻间活体肾捐赠中，很清楚，为有利于他的妻子而让摘取一个肾脏的器官捐赠者，导致其妻子受益和自己的心理受益。例如，如果他的妻子的生活质量提高了，他心甘情愿。

但是，在活体捐赠中，避免损害原则与尊重愿意活体捐赠的患者自主权的原则激烈碰撞。今天，我们的出发点是，社会成员在一个非常广泛的范围内有权自己决定自身的身体完整性。这种认识源于人类与身体相关而存在的价值关系的利益，[11] 例如，他们希望如何构建自己的生活，或者他们对正确的生活有何想法。尊重自主的原则，一方面是有决定能力的人，另一方面是有深思熟虑决定能力的人，集中地关系到尊重这些价值关系的利益。当将人作为知道他在做什么的自主的人，这一原则愈当特别地予以重视。

379 在活体捐赠中，由于有能力同意的潜在的活体捐赠者的决定，禁止损害必须退让，捐赠者广泛地了解手术对自身的风险和对他生病的伴

〔11〕 对此见注 10，古特曼 / 施罗特，第 110 页；德沃金，《生命的边界》，1994 年，第 275 页及以下诸页。

侣的治疗机会，他愿意捐赠他的器官给患者。潜在的器官捐献者必须具有实现自己的关联价值的利益之权利，即使这与他们的身体损害相连。因此，活体捐赠尽管违反损害禁令，在根本上被认为是合乎伦理的。在伦理上，活体捐赠的合法性仅仅由于活体捐赠者的自主决定。如果他一方面是有能力决定，另一方面充分了解所有观点，这些观点对他决定自我损害发挥着作用，捐赠者便自主地行为。他不可被愚弄，他也不可承受压力，其决定必须是稳定的，也即，决定必须从时间上看能持久。

人们在此可能会反对说，活体捐赠是与行业医生的自我理解背道而驰，不要损害，正如在希波克拉底誓言中所表达的。

然而，医疗行为只能在部分上通过惯常的角色模式合法化。惯常的角色模式尤其无法质疑医生必须尊重患者的自主这一原则。今天的医生必须尝试合理地实现个人的关联价值的利益。相反，对潜在的器官捐献者坚守损害禁令，无非是一种管束。然而，人们应该承认，医生可能没有义务去实施活体捐赠，尽管患者愿意而医生不愿实施活体捐赠，因为他们不想损害。捐献者没有权利要求医生不惜一切代价去对他执行活体捐赠。

对尊重自主决定的要求提出了疑问，在器官的活体捐赠中自主行动是否完全可能。例如，面临听任受肝功能衰竭威胁的孩子死亡这种选择的母亲，能真正自愿地决定活体捐赠吗？[12]但是，这个反对的说法是没有说服力的，因为难于决定的事实是并不意味着决定是不自愿的。然而，必须预期，器官捐赠者已准备好应对风险。[13]他不能和不允许把风险的计算委托给医生，他必须被广泛地告知，在这种情况下器官活

〔12〕 关于这个论点参见注 10，古特曼 / 施罗特，第 111 页。

〔13〕 注 10，古特曼 / 施罗特，第 112 页。

体捐赠对他有何意义。由医生来代表作决定是不可能的。活体捐赠的合法性仅仅来自器官活体捐赠者考虑到风险的自主决定。风险告知的范围必须是非常广。不仅死亡率还有发病率的风险必须被告知给捐赠者。他
380 还必须被告知保险法的情况。毕竟，不小地损害他的生命过程的手术后果可能威胁到他。例如，他必须被告知，有慢性疲劳综合征的可能性，这种风险尚未得到充分探究。同样重要的是，活体捐赠者，因为他的最终愿望是帮助另一个人，将被告知对结果的展望，这意味着最终效果失败的展望。毕竟，这也可能是因为他的器官捐赠是没有用的，因为器官被排异。所以，必须同时考虑告知关于他所追求的目标的可实现性。他必须被告知一切对他的决定是重要的情况。接着，必须预期，捐赠者作出他要遵守的、植根于他的人格的、稳定的决定。也就是说，他在某一天同意活体移植，在另一天不同意，或者说，当他想到准备活体捐赠时在心理上完全垮掉，决定就是不充分的。不得不作出一个稳定的决定的必要性表明，人们必须给活体捐赠者以“时间”。

但是，这便提出了那个问题，尽管尊重自主原则的高位价值，避免损害原则是否就在活体捐赠的其他情况中不可能取。在我看来，活体移植的危险愈大，自主原则的价值则降低。在器官活体捐赠者在其生存受到和一定程度上受到威胁时，自主原则将不再重要。因此，如果存在一个具体风险，即器官捐赠者在活体捐赠中死亡，那么，避免损害原则依据刑法（《刑法典》第 216 条）的价值判断被视为较高的。医疗救助在此达到自己的界限，即为了拯救他人的生命，已出生的生命被毁灭，即使公民愿意这样。避免损害原则对医疗行为的界限的要求是，别人的康复不允许伴随已出生生命的毁灭。法律规则禁止安乐死的要求。这样的规定是有道理的，因为以这种方式“已出生的生命”的善被禁忌化了，权衡被取消了。生命不允许通过干预生命的存在得到拯救。在伦理

上，当要求医生必须抵制活体捐赠中的非理性行为。在不具有器官接受者的健康状况通过器官捐赠得到改善的现实可能性时，活体捐赠者的决定就是非理性的。在此，医生肯定有义务，不仅要告知，还要让患者也明确，依据医疗评估，活体捐赠的决定几乎没有成功的前景。

当前，在“正常”的医患关系中，尊重患者的自主的必要性得到普遍承认。涉及身体完整性的医疗健康干预，只有在患者自主地和被充分告知后同意才合法。避免损害或照料不再是医疗行为合法化的唯一理由，而被告知的患者的自主决定也是。自主的人具有道德上的并通过一般人格权保护的权利，去按照自己的观念安排自己的生活，只要他们在这个过程中不伤害他人。然而，患者有权转让其部分决定权
给医生。这也肯定适用于那些决定，即患者清楚，他是如何委托医生 381
作出决定。此外，患者能够希望不被告知，何时和多大程度清楚他了解“不”被告知的范围。将治疗方法的决定留给医生也属于患者的自主。在医疗健康干预中，避免损害原则也肯定会导致，医生必须试图避免患者的非理性决定。最后，在医疗健康干预中，避免损害原则导致不必告知何时告知他自己的生存受到威胁。但是，这并未赋权医生对患者普遍实行“仁慈的谎言”。在根本上，患者也必须被告知不良预期。人们可以对患者不抱希望的说法是不正确的。经验研究结果显示，患者可能由于不良预期重新建立起健康的意志，这个意志有治疗上的作用。

只要患者无法自己决定，例如，因为他们是无意识的，医生首先有义务避免损害。他必须考虑患者的利益而行为。由医生所发现的患者的可能想法，因为他治疗过患者，医生必须考虑（假定同意）。只要存在几个治疗方案选择，医生应当推迟可推迟的决定，以使患者稍后可以自己从多种治疗可能性中选择。

一个悬而未决的问题是，在患者希望，但干预在医疗上是禁忌的情况下，医生是否可以进行干预。[14]

13.5.2 自主决定的可能性的法律限制——家长主义的难题

立法者排除了陌生人的活体捐赠（《移植法》第812条）。如果捐赠者不是在第一或第二代上与接受者有亲属关系、订婚、结婚、存在已登记的生活伴侣关系，或者他与患者显然紧密地处在一个特殊的个人关联中，医生在患者自己不能重新生长出器官的情况下实施活体捐赠，可受刑罚。[15]

作为限制的理由，介绍三个论点。首先，通过限制捐赠者的范围，**器官交易**应当被排除。其次，个人应当被保护。最后，以这种方式活体捐赠应当被确定为连带行为。

382 这样的规则是家长式地针对潜在器官捐赠者。借助家长式的禁止，立法者试图为了他们的福祉而限制法益主体的自由。这些规则的根据是，每一个体在其整个生命周期中不允许被视为同一个人。那么，有人可能会论辩，人们经常改变他们的态度，因此并不总是相同的。如果这是正确的，那么，人们就可以继续这么做，后来的人必须被保护不受以前的人的某些行为的影响。如果这个论点是正确的，对个人的独裁式管束可能通过家长式的调控而发生：于是，人们必须强调，**后**

[14] 被位于慕尼黑的巴伐利亚州高等法院拒绝，《医疗法》，2003年，第104页；在我看来，人们不应一般地将根据患者要求的禁忌治疗宣布为违法，而仅仅要求医生列出这种禁忌。如果人们认为它不可能，那么，就把家长式的角色转移到医生身上。

[15] 关于对供体圈的可刑罚的限制，参见施罗特，《器官和组织活体捐赠的刑罚界限》，载罗克辛/施罗特（编），《医疗刑法手册》，2010年，第4版，第466页及以下诸页。

来的自己必须被保护不受以前的自己的某些行为的影响。这一后果已经单独地说明了反对家长式干预的理由。这个论证模式应予质疑的首先是，人们不能将一个人拆分成不同的人，否则，一个人的责任理念就消融了。只有被视为一体时，一个人才是有责任的。否则，任何人都可能依据自己与以前的人不同而作为后来的人。

但是，反对这样的家长主义的观点主要认为，它并没有充分考虑到有关健康的价值相关的利益。一个人的自主的价值通常被视为高于医学伦理的避免损害原则。

如果存在某个人侵犯他自己的人的尊严的风险，家长主义被一些作者视为合法的。对有关活体捐赠，人们能够争辩，人的尊严禁止自我伤害。这种说法有疑问。如果人们这样地限制一个人的行为空间，他不得侵犯其人的尊严，所以，要充分发挥个人的人的尊严反对他的行为自由。这是人的尊严是义务的论证。因此，不再是某个个人的人的尊严，而是人的尊严的社会图景将受到保护，这个社会图景与每一个行为者必须据此行动的要求相连。

如果家长主义将法益主体的自主确定作为善（弱家长主义），它会格外地考虑允许这样。例如，这一原则应当使限制活体捐赠的合法化。然而，一个诸如限制捐赠者范围的规则不有利于自主确定。一个人是否自主行为的问题，与他是否与器官接受者有亲属关系无关。

为确保个人的自主决策能力，弱家长主义是有意义的。在关系到医疗康复干预或陌生人活体捐赠时，这意味着：医生必须对潜在的捐赠者广泛地告知在活体捐赠中他会遭受的风险，并由此使他能自主地决定行为。自主确定的必要性不允许缩小器官捐赠中的捐赠者范围。

只在连带关系中允许陌生人活体捐赠的说法没有说服力。陌生人活体捐赠是合法的，目的是让潜在的捐赠者可能实现自己的关联价值

383 的利益。具有连带性质的捐赠者的意愿，不仅存在于密切的个人关系中，而且也存在于陌生人或捐赠者感到对其有义务的人的情况中。例如，如果潜在的器官活体捐赠者的救命恩人现在生病了，他可能会有合理的愿望，现在将一个肾脏捐赠给他的救命恩人。然而，立法者借助《移植法》第 812 条排除了这种活体捐赠。

禁止器官交易必须通过对捐赠者圈子的限制来保障的论证是没有说服力的。[16]一方面，禁止器官交易业已被制度确定了，根据《移植法》第 17、18 条违反它会导致刑罚。另一方面，在任何不能再生的器官的活体移植之前，一个委员会必须决定，是否存在器官交易的根据。完全没有进一步保障禁止器官交易的必要性。论辩地说：无疑，人们必须通过刑法规范来保护生命的法益免受侵害。但是，至今没有人主张禁止道路通行，即使它对生命有不小的危害。这仅仅是因为禁止道路通行的禁令将明显干扰了公民的自由。类比上适用于：对捐赠者圈子的限制不仅限制了陌生人捐赠者的行为自由，而且也阻止了重病患者可能获得广泛帮助的一切情况。

13.5.3 器官分配的效用性与紧迫性的对立

现代医学伦理的核心问题之一是稀缺资源的分配。[17]

---

〔16〕关于器官交易禁令的法益，参见施罗特，《器官交易禁令：合法性和家长主义刑法规范的内容》，载许内曼等（编），《克劳斯·罗克辛七十华诞纪念文集》，2001 年，第 869—890 页。这里指出，人的尊严不被视为器官交易禁令的法益，而是更多关涉器官捐献者和器官接受者的自主的框架条件。

〔17〕对此的详释见古特曼 / 施内温德 / 施罗特等，《公正的器官分配的基础》，2003 年；特别是古特曼 / 法塔赫 - 莫赫达姆的论文，《器官分配的法律问题》（谁决定？第 37 页及以下诸页；稀缺医疗物品分配的宪法要求，以器官分配为例，第 59 页及以下诸页；当前器官分配监管的规范性具体问题，第 105 页及以下诸页）；这里显示了不仅分配的法律基础是有问题的，而且分配标准也是有问题的，这已为联邦医学会所确认；附有丰富的详尽文献指南。

分配问题存在于宏观和微观层面上。在宏观层面上的问题是，可用于健康部门的资金量应该是多大。在微观层面上提出了那个难题，在资源不充足时，哪些医疗服务应被提供给哪些患者。因此，在多位器官接受者有资格时，谁可能获得死者的肾脏？

存在几种分配模式。例如对严重的肝病，人们可以对供使用的尸体器官这样来分配，以生命的年龄为标准来获取（根据效用标准来分配）。或者将供使用的尸体器官首先用于帮助那些受死亡威胁的人（根据紧迫性标准来分配）。紧迫性分配的后果是，器官捐赠的效用性降 384
低，因为对重病患者，尸体器官的功能优越性远不如对轻病患者那样有保障。第三种方案也许是抽签决定稀缺资源。

托马斯·古特曼和比杨·法塔赫-莫赫达姆[18]现在已经竭力主张那个观点，如果在稀缺的医疗资源的微观分配中，毫无疑问地采用严格理解的法律主体的平等要求这样的标准，自由法治国的基本原则才能被满足。因此，它们与功利主义分配标准冲突。只有对生命价值无差别的宪法原则而言是公正的立场，根据他们的看法，才可适应人的尊严和每个在轮候名单中的患者享有的那种宪法要求：机会平等地参与到现有的移植可能中。[19]如果人们适用这一原则，那么，患者的年龄或预计的器官存活时间对生存机会的分配不应起作用。因此，在稀缺资源的分配中，将不会给紧急需要医疗资源的患者保留资源，因为其他人借此也许保持更高的寿命和生活质量。假定人们的出发点是，为了实现正义，一方面，平等原则是至关重要的，而另一方面，存在

---

〔18〕 对此参见注 17，古特曼 / 法塔赫-莫赫达姆，第 59 页及以下诸页。

〔19〕 在器官分配方面的衍生参与权，亦参见施罗特 / 霍夫曼，2014 年《新刑法杂志》，第 486 页（第 491 及下页）；施罗特 / 霍夫曼，《操纵维持生命的资源的分配的归责问题》，《瓦尔特·卡格尔七十华诞纪念文集》，2015 年，第 523 页（第 530 页及以下诸页）。

选择操作方法的必要性，操作方法是不关生命价值的，所以，留下两种分配的可能。要么人们能为每个人保留平等的机会，并引进抽签程序，或者也可以根据急需程度来分配可用的器官。[20] 如果运用抽签程序，其后果是，不仅是最急需的患者得到器官，而且器官对他们特别有用。支持根据紧迫性平等分配器官的人主张，国家对重病患者也有保护的义务。如果这些想法是正确的，那么，根据效用性分配器官和
385 优先考虑最大化寿命的目标这样的分配标准肯定是错误的。《移植法》第 12 条第 3 款规定，器官应根据医学知识的水平，特别是成功的前景和紧迫性，分配给合适的患者。也即，移植法不知道某一个标准，但知道三个在相同方式上重要的标准。立法者欠缺一个决定，如何为某个标准在器官分配中进行加权。但是，这是必要的，因为在许多情况下，成功的前景和紧迫性的标准是矛盾的，在很强的紧迫性中，成功的前景往往降低，反之亦然。由于这种困惑，问题来了，《移植法》第 12 条第 3 款 1 是否仍可被视为是合宪的。当联邦宪法法院在学习位置分配判决中已经确定，在干预基本权利时，立法者必须自己拿出关键决策，这就更值得怀疑。[21]

〔20〕 然而，这种所谓的“重病优先规则”是一个固有的问题。在肝脏分配中，器官根据所谓的终末期肝病模型评分（MELD-Score）来分配。例如，终末期肝病模型评分为 40 意味着，在未来三个月的死亡率为 98%。在略低一些的终末期肝病模型评分中，未来三个月的死亡率可能约为 90%。人们可以争辩说，不管怎样，根据“重病优先规则”，死亡率为 98% 的患者必须接受器官，而不是死亡率只有 90% 的患者。但是，尽管如此，可能是那个较低的终末期肝病模型评分的人往往会死亡。概率命题不能肯定地看到未来。因此，这提出了一个问题，即如何有效地实施“重病优先”的原则。即使一个人坚持概率判断，也必须确保真实判断基于有效的基础。

〔21〕 参见在这方面已有的《联邦宪法法院裁判集》,《新法学周刊》1972 年，第 1561 页及以下诸页。

13.5.4 胚胎干细胞研究，胚胎在植入前的地位和对胚胎价值一致的保护问题[22]

胚胎干细胞研究在近几年取得了巨大的进步。它开辟了研究细胞、组织和器官发育的可能性，并打开了通向新的康复机会的大门。因此，存在一个现实的希望，将有可能替代被破坏的脑细胞，如帕金森氏病。存在这种可能性，在严重的心肌梗死后，未来的心肌细胞或肝细胞可重生。是否也将有可能生长出整个器官，却仍然不可预料。在德国，胚胎干细胞的提取在法律上被排除，伦理上有争议。不允许从早期胚胎中提取干细胞，这为《胚胎保护法》第2条第1款所禁止，它含有滥用胚胎的禁令。滥用指不以服务于保存胚胎为目的的任何使用。由于胚胎干细胞的提取具有破坏胚胎的后果，《胚胎保护法》第2条第1款禁止介入。从囊胚提取胚胎干细胞破坏了胚胎。据此，它与《胚胎保护法》第2条第1款刑罚保护的禁令不相容。立法者给德国研究人员设计的行为空间是复杂的。下图将清晰地说明这一点。对行为空间的限制是否有意义，[23]每一个读者可以自行判断。

提取和使用胚胎干细胞的可刑罚性 386

事实	法律评价
1. 在德国提取胚胎干细胞	依据胚胎保护法第2条第1款可刑罚
2. 德国人参与胚胎干细胞提取，参与仅在外国进行	只要胚胎干细胞提取在外国不可刑罚就不刑罚

---

〔22〕 关于不同的地位参见奥东居/施罗特/福森库尔，《干细胞研究和治疗性克隆》，2002年；对此全面的研究见，默克尔，《胚胎研究对象》，2002年。

〔23〕 关于行动空间界限的问题，亦参见注22，施罗特，《法律视角下对胚胎干细胞的研究：对干细胞法律草案的评论》，载《干细胞研究和治疗性克隆》，第249页，第279页及以下诸页。

续表

事实	法律评价
3. 国内的策划和参与提取	《胚胎保护法》第2条第1款,《刑法典》第26、27条通过第9条第2款2可刑罚
4. 从外国进口胚胎干细胞	根据《干细胞法》第13条第1款，如果未经批准进口（仅在2007年5月1日前获取干细胞，且在科学上服务于高质量的研究目标，才可能批准），可刑罚
5. 在德国使用胚胎干细胞	根据《干细胞法》第13条第1款，如果未经批准而使用，可刑罚
6. 德国人仅在外国使用胚胎干细胞	只要在外国不是犯罪就不刑罚
7. 在外国参与使用来自德国的胚胎干细胞（例如通过电话或互联网沟通）	不刑罚

在伦理上，反对允许（在外国）从胚胎中提起干细胞有两种相关论点被提出。其一，因为保护胚胎的必要性，需要禁止。其二，它声称，在这些情况中的公共利益将被损害。〔24〕

关于胚胎的保护，认为生产胚胎干细胞构成了对人的尊严的侵犯。接下来是，广泛保护的必要性来自胚胎的潜能，来自人的物种属性，来自出生人与未出生人和胚胎的生命权的延续性。

鉴于公共利益，申明对干细胞研究的禁令是必要的，因为否则就导致社会价值观的衰落。生命的神圣性也被破坏。最后，如果人们允许提取干细胞，人的自我理解受到质疑。生命即被工具化。

387 13.5.4.1 对胚胎的利益受侵害的论点的反驳

在从早期胚胎中生产胚胎干细胞的所有情况下，人的尊严受到侵

〔24〕 这些论点都在舍内克尔/达姆申（编）的文集中,《人类胚胎的道德地位：赞成和反对物种论点，延续论点，身份论点和潜能论点》，2002年，附有文献指南。

犯的论点，是不能令人信服的。胚胎在植入前是否享有人的尊严的保护是可疑的。在我看来，对人的尊严的保护，只是从着床起才发生，这是有道理的。[25]

- 从着床起胚胎是个体的人的生命，因为它不再能分裂。
- 只有从着床起胚胎的人的过程才完结。
- 从着床起胚胎与母亲形成一体，因此表明了社会存在。
- 给着床前的胚胎以人的尊严的保护也意味着，他将具有一种不可拒绝的委托给母亲的权利要求。这很难说是有意义的。

对人的尊严的考虑是一个典型的获胜论证。[26]如果人的尊严属于一个客体，它是充分地被保护了，与其他利益的权衡不再可能。人的尊严保护那些归属于人的尊严的客体的不可侵犯性。将在早期阶段的胚胎作为不可侵犯的没有什么意义。如果人们声称这一点，那么，他必须全面地保护在体内的胚胎。如果在植入前的胚胎是不可侵犯的，这将导致立法者有义务禁止“事后避孕丸”和“避孕环”作为避孕的手段。这样的立场很难为社会接受，特别是，“避孕环”是最常用的避孕方法之一。不能对体内和体外胚胎的保护相互比较，因为它在堕胎中涉及生存的决定，而在不采用胚胎时则不涉及，完全是不恰当的。在许多情况下，堕胎不涉及生存的决定。在避孕中，阻止着床时，几乎从未涉及生存的决定。这里受精卵在着床前也被杀死。

这并不意味着，立法者应该允许胚胎在早期阶段处在无保护中。但是，对其保护的需要必须这样来说明理由，其生命利益能够与其他

〔25〕 对此见肖尔茨，《新生物伦理与基本法》，载比登本德/屈内（编），《处在考验中的新能源法，于尔根·F. 鲍尔 纪念文集》，2002年，第663页及以下诸页。

〔26〕 关于人类尊严的争论，参见诺伊曼，《尊严的暴政》，载《法哲学和社会哲学文汇》1998年，第153页及以下诸页。

利益的平衡，例如，与对创建新型的康复机会的研究兴趣相平衡。更合适的也许是，承认胚胎在着床前具有产前人格权。

该潜能理论〔27〕声称对胚胎进行全面保护的必要性，因为胚胎将有
388 能力发展成一个活生生的人。这种说法是没有说服力的。精子和卵子已经有潜在性。在这个论点上，明显地符合特殊的潜能，它独自支撑着完整生命（积极的潜能）。然而，积极的潜能在精子穿透卵子时业已给出。但是，无人保护原核（生殖核），相反，它在体外受精期间被冻结，后来，当体外受精成功时被丢弃。这表明，支撑着完整生命的特殊的潜能，在其他情况下不能证明保护是合理的。

无论如何，潜能理论不能证明孤立的胚胎是需要保护的。也即，根据现行的胚胎保护法，在德国，胚胎不允许被转让给另一个女人，因为立法者想要阻止母亲地位的分裂。这意味着，德国的立法者不考虑这种潜能。

支持全面保护的必要性的观点进一步指出，早期胚胎已经属于人类。后者不被怀疑。但是，值得商榷的是，它是否必须被看作已拥有道德地位的人，道德地位要求全面的保护。如果早期胚胎是已经被全面保护的人，那么，它在被植入女人身体之前允许不保护就是不恰当的。

全面保护的必要性最终由此推出，人的进化进程在连续性上和人的属性是业已随着核结合而完全终结的。首先，值得怀疑的是，这种说法在经验上是否正确。一些著名的自然科学家认为，人的属性只是随着孕卵着床才完成。〔28〕接下来应该指出，胚胎保护在大多数社会依

〔27〕详见注 22，默克尔，第 131 页及以下诸页。

〔28〕对此参见尼斯莱因－福尔哈特，《何时动物是动物，人是人》，载《法兰克福汇报》2001 年 10 月 2 日第 55 页。

赖其发育，胚胎发育愈成熟，保护的强度愈高。一旦人出生，保护的强度最高。为了说明这一点有下面的例子：如果一个房子着火，一个儿科诊所和一个妇科诊所位于其中，这里将进行体外受精，对每一个公民不言而喻的责任是，首先抢救婴儿和儿童。而首先抢救保存在培养皿中的胚胎，并因此容允婴儿受伤的人，将（至少根据《刑法典》第 323 条 c）受刑罚。因为法律制度通过它的保护方式（杀人比杀害未出生的人总是要受到更重的惩罚）表明，它将已出生的人的生命法益视为更高的法益。[29]

为论证应该全面得到保护的胚胎的道德地位，[30]一种说法是，胚
胎据其本质是一个人，并且不仅仅演进成为一个人。进一步的论证是，389
胚胎是**在成长中的人**，并且不仅仅是一个成长中的人。同时还指出人类学的特征，如胚胎有帮助的需求，从而得出结论，胚胎从一开始与人的尊严相关，具有生命权和身体完整权，这出自人的本质。

这种推理是不恰当的。法律人业已在 20 世纪初将之批评为概念法学思维。从被提出的具体语义中不可推出道德和法律的权利要求。这种形式的论证将概念法学思维转到医学伦理上。与所谓人类学特征的关联也对论证各种权利不适合。当然，人们也可以另行定义人的本质。胚胎和已出生的人的某些人类学特征是一样的，从这个事实中得不出两者具有相同的权利。也有其他的关于人的概念的文字游戏。例如，《刑法典》，当它讲到人时，意指已出生的人。胚胎长期被认为是一个胎儿。那么，在这样的语言游戏中，胚胎是一个成长中的人。

完全与已出生的人一样，胚胎享有全面的人的尊严的保护，以及

〔29〕 对此见注 22，默克尔，第 151 页。

〔30〕 对此见注 2，奥东居，《胚胎的道德地位》，载《生物伦理学》，第 213 页及以下诸页。

生命权和身体完整权，这个论点，在法律现实上也是不合理的。这会在结果上意味着，人们必须以相同的方式保护胚胎与已出生的人。如上面的例子所示，在直观上，也不具说服力。

13.5.4.2　对干细胞提取损害公共利益之主张的反驳

干细胞的提取是社会中的道德衰落现象，这种看法是可怀疑的。《刑法典》第218条的自由堕胎的规定并没有导致在我们的社会中对生命的尊重有所减少。只要主张，法律秩序保障生命的神圣性，由于生产干细胞，生命的神圣性就被质疑，这个论证源于一个虚假的前提，是不得不反对的。法律秩序并不以保障一切生命在任何成长阶段的神圣性为出发点。

最终，反对从孤儿胚胎中提取胚胎干细胞的论证是说，它属于人，不服从于某一特定的目的。必须反对认为人是在我们的社会以多种方式被利用的说法。当法律秩序禁止被分裂的母亲身份，并禁止将孤儿胚胎移植给一位母亲，它在利用胚胎。显然，它认为执行禁止被分裂的母亲身份比胚胎的保护更重要。目前，确实存在不利用孤儿胚
390 胎的正当利益。但是，对对立的利益需要作出权衡：属于人的自我理解的也即是，他具有能够康复的能力，承认他有能力开辟了新的康复机会。在例外情况下，这种利益必须被视为比未利用反正必定死的早期孤儿胚胎的利益更重要。在有重大价值的研究中可以假定这样的情况。毕竟，通过胚胎干细胞研究可能为许多人开发出重要的康复机会。似乎很难说有道理的是，对还无接受能力的胚胎让其不利用就死亡的权利，这种胚胎反正会被丢弃，被视为价值高于新的康复机会。但是，必须防止仅仅为了研究的目而制造胚胎和将胚胎降为研究客体。

哈贝马斯现在已经认可胚胎干细胞研究在伦理上是不正当的，因

为它要求对“胚胎细胞群”采取一种利用的态度。[31]在细节上这意味着什么还不完全清楚。也许这种立场只是针对意图制造“设计婴儿”的研究。[32]应该明确的是，体外受精的可能性不可避免地以工具理性为前提。但是，目的理性不是一般的意识形态怀疑。体外受精使不孕父母可能实现有自己的孩子的愿望。体外受精允许自决。生育权还受宪法保护。干细胞研究进一步使研究人员开发新的康复机会。研究的权利也通过《基本法》第5条第3款受保护。如果没有工具理性，生命科学中的知识进步无法实现。

反对干细胞研究的论证结构概要

观点1 在胚胎问题上不允许的理由	观点2 在普适性问题上不允许的理由
1. 侵犯人的尊严 2. 潜能理论	6. 价值衰落；生命的神圣性也被破坏
3. 人的物种属性 4. 已出生的人与未出生的人的延续性	7. 侵犯人的道德自我理解（物种伦理学）
5. 胚胎的生命权	

〔31〕 哈贝马斯，《对反对意见的回答》，在《德国哲学杂志》，柏林第50卷（2002年）第2期，第283—298页（第297页）。

〔32〕 参见哈贝马斯，同上，第296页。哈贝马斯在这里区分了治疗师与设计师的态度，治疗师在临床实践的背景下，在合理假设的共识基础上，在治疗生命体时，可以这样来行为，好像将来会变成第二个人的这个生命体业已是第二个人；设计师对于基因待改变的胚胎，采取优化和工具化的态度。

391 **对反对干细胞研究的反驳的论证结构**

针对观点1：在胚胎植入前遗传学诊断和生产胚胎干细胞的所有情况中，应该是侵犯人的尊严的，这个论点是没有说服力的。其一，植入前的早期胚胎是否产生人的尊严的保护，目前还不清楚。人的尊严不可侵犯。把处在早期阶段的胚胎视为不可侵犯的，看上去几乎无意义。否则，人的尊严的论点突变成零钱*。因此，任何方式的权衡以及把胚胎等同于已出生的生命来保护当被禁止。其二，《刑法典》第218条第1款的规定随之也被视为非法的。

这并不当然意味着，处在早期阶段的胚胎是完全没有权利的。在我看来，人们应该给他一个产前的人格权。干预是否被允许的问题，是权衡的问题。

针对观点2：潜能理论声称，由于胚胎具有发育成一个活生生的人的能力，绝对的保护是必要的。

这种说法是没有说服力的。潜能在核结合前随着精子进入卵子就存在；尽管如此，在这里，积极的潜能仍然根本未被保护。那么，胚胎在被植入体内前也必须被保护。积极的潜能在着床前也显著减弱。

针对观点3：因为它属于人的物种，所以禁止杀戮的保护适用于早期胚胎。这种说法也可能是不正确的。只有能说明早期胚胎在规范性上应被视为等同于已出生的人，此观点才是可接受的。显然，我们的法律秩序的出发点是，不同的发展阶段需要不同的保护方案。体内胚胎在着床前是不受保护的。因此，为什么体外胚胎应受全面的保护，并不清楚。

---

* 意为人的尊严像零钱一样被随意使用。作者认为，这样会导致人的尊严的作用贬值。——译者

针对观点 4：保护的必要性也源于人的发展过程是延续的。

这种说法也不能使胚胎的全面保护合法化。这个观点是否与经验相符是颇值得怀疑的。人的进程其实只是随着着床才完结。此外，从这个前提中推不出那个规范性监管内容，从开始到结束的保护必须保证一样。延续性论点也必须被反驳，直到着床双胞胎的形成才是可能的。

针对观点 5：正如从基本法第 2 条第 2 款和《刑法典》第 218 条的规定所得出的，生命权被法律制度的保护不是没有限制的。

存在胚胎有“存活”的根本利益，这种说法是正确的。因此，在我看来，必要时，干细胞可以从孤儿胚胎中获得：因为它们不可能被 392
移植到任何其他女人身上，它们被“判处了死刑”。

针对观点 6：一方面，在预先植入诊断中允许提取干细胞是否导致价值衰落，这是非常有疑问的。根据《刑法典》第 218 条的宽泛规定，情况也不是如此。另一方面，法律制度也不是从生命的神圣性出发的。

针对观点 7：如果人们试图去证实关于使用孤儿胚胎的问题的论点，便提出了那个问题，每一个胚胎不利用地死亡了，因此也不应该允许从孤儿胚胎中生产干细胞，这是否属于人的自我理解。死者的不利用性是否真正属于人的自我理解，存有怀疑。在我看来，尽管有这种看法，如果存在同样属于自我理解的更重要的利益，干预自我理解就是合法的。人们能够治疗、帮助和研究，也属于自我理解，由此产生的干预能够合法化。

13.5.5 多胎减少的规范性难题

今天，通常是激素治疗导致怀孕。不能确诊的多个卵泡通过激素治疗成熟了，所以可能会出现多胎妊娠。其结果可能是多胎不能存活。例如，有一种在着床后 14 周后出现的怀孕，那么，问题产生了，医生是否有杀死多胎中的一个或多个的权利。如果这涉及受精 13 周后的怀孕，唯有《刑法典》第 218 a 条第 2 款考虑医生在法律上有正当理由。如果根据医生的意见，考虑到孕妇当前和未来的生活状况，宣布中止怀孕，根据《刑法典》第 218 a 条第 2 款，在孕妇同意下，它是允许的，以防止威胁孕妇的生命或严重危害其身心健康，并防止另一个对她们以可预期方式出现的不可避免的风险。这种调控是一个正当性理由，也就是，它在法律制度上使医生合法化。它确定了，何时可以干预未出生者的生命权。孕妇的同意，只是在合适的告知之前才是合法的。然而，难题是,《刑法典》第 218 a 条第 2 款不允许以保护其他胎儿为由部分中止怀孕。这意味着，一个胎儿的生命不能以另一个胎儿为代价而得到拯救。《刑法典》第 34 条规定的合理紧急状态，也不允许多胎妊娠的部分减少。这有两个原因:《刑法典》第 218 a 条第 2 款是一种特别规定，因此它优先于《刑法典》第 34 条。此外,《刑法典》第 34 条的前提不存在，因为第 34 条只有在更高的利益将被保护时才
393 允许干预权利。也就是说，多胎减少仅是在母亲同意何时和在多大程度上多胎妊娠损害其身心健康的情况下，才是允许的。

尽管如此，为了拯救多胎中的一个，减少多胎应该被允许。在此有三个论点应予详释:

- 一个法律体系不能保护本来无法被保护的多胎的生命利益。可能性是应然的前提。
- 基本法的出发点是每个胎儿的生命权。未出生的人的生命权完全不可权衡性原则也许将导致所有的胎儿必定死亡。因此，每个胎儿的生命权被剥夺。对于认为部分干预未出生的人的生命权是合理的世俗法律体系而言，如果其他重大利益受到影响（《刑法典》第 218 a 条第 2、3 款），便不具有要求未出

生的生命不可侵犯的规范性理由，如果所有胎儿的生命是有具体的危险。堕胎权恰好不是基于未出生的生命的神圣性，而是被这个前提所支撑：在与其他利益冲突的情况下可以干预胎儿生命权。

- 在医学伦理中，被写进希波克拉底誓言的避免损害原则，2000年以来就是公认的医生行为原则。避免损害原则还蕴含着坚持最小损害的戒律（如果必定造成损害）。这一原则必须尽可能大的程度实现，也就是说，它包含了最小损害原则。然而，在这样的情况下，保持最低限度的损害，是医疗的使命。

13.6 医学中的伦理与法律

在关于医学的伦理话语中，现行法律的规范也经常被引用。在涉及医疗干预的许可的法律话语中，经常发生伦理反思。这种密切的关联绝非偶然。

在医学伦理与医疗法律的问题中，涉及保护患者、志愿者或胚胎的生命和身体完整性。这些法益的重要性，特别是如果法律规定不明确，便促使进行伦理方面的思考，并在伦理话语中关注法律规定。

13.6.1 法律规则确保对患者自主的必要尊重

核心的伦理原则之一是，医生必须尊重患者的自主决定。

人们普遍认为，对身体完整性的医疗干预只有经患者的自主同意 394
才合法化。这个基本的伦理规定受法律的保护。法律也保障只有在被充分地告知后的患者的决定才是有效的。患者只有在了解他自己不得不判断的事实时，他才有足够的能力去行动。哪些前提在告知和可能放弃时必须提出，已在上文说明。[33] 如果同意是不可获得的，医生可以根据假定同意的原则作出医疗康复干预的决定。

13.6.2　法律规则为损害避免原则提供立足点

清楚的是，通常，避免损害原则处在患者自主原则之后。患者有权利自己确定，即使不治疗会损害他，他也可以拒绝有益的治疗。患者还有权利希望一个有助于他人的对他身体完整性的侵犯（活体器官捐赠的问题）。患者的关联价值的利益必须被考虑。但是，法律规则要求，患者知道哪种身体伤害他同意（如通过手术）。如果患者决定活体移植，那么，他必须知道他接受何种风险，由此为器官接受者开辟了何种治疗可能性。即使例如在整容手术中，患者也必须被告知与此相连的所有风险。

在自伤中，同意能力的绝对的界限在于，为了帮助另一个人而杀死他的请求。刑法排除生存攸关的自我牺牲。禁止应对方请求杀人的理由在于表明生命的价值。即使被杀死者这样请求，在为了帮助他人而可能被杀害时，医疗会失去它的社会认可度。

这些例子表明，法律规则给予医学伦理话语以基础。法律规则也为医学伦理话语的结果设置了限制。尽管存在这样的医学伦理学的论点，即父母为自己生病的孩子牺牲他们的生命，这种结果的付诸实施是可刑罚的行为。

禁止帮助自杀，例如还为关于安乐死的可能性和伦理合法性话语设定了界限。

禁止帮助自杀现在当然可以再被质疑。但是，为此，强制性的论

---

〔33〕 见 14. 5. 1。

点必须得到阐述。帮助自杀表达了生命的禁忌和那种价值观点，即没 395
有人应该面对请求或要求为他人可能牺牲他的生命。此外，它表达了在人们准备好“自杀”时，实际上准备去死这个事实。[34]但是，禁止帮助自杀并不排除间接安乐死，它是所希望的，且在这种情况下，医生服从患者无痛死亡的愿望。再者，医疗辅助的自杀未被排除，但在这种情况下，《刑法典》第217条的禁令必须被遵守。最后，被动的安乐死未被排除；其合理性仅仅出自那个事实：患者必须是有能力排除其他治疗方法。联邦最高法院已经完全清楚地判决了，在患者是无能力同意和在基本的疾病对患者已发展到致命阶段时，如果符合患者事前表示的意愿（通常以患者预立遗嘱的方式），挽救和延长生命的措施必须停止。这源出于人的尊严，它要求，如果患者不再有能力自我负责地决定，仍尊重他在有同意能力状态下行使的自我决定权。[35]现在，立法者也已经在《民法典》第1901 a条及以下中非常正确地规定了，在多大的程度上经由患者的决定可以作出终结生命的决断。

13.6.3 法律规则与医学伦理原则：医生在医患关系中也是正义的倡导者

德国公众面临着如何评价出现在2010—2012年的医生操纵器官分配的问题。刑法被呼吁评价该问题。一些检察院提起（未遂）杀人的诉讼，部分还提起（未遂）危险身体伤害诉讼。这些案件的结构特征在于，这里的患者在欧洲移植中心被登记为患上比他们实际要重的病。将这种行为置于刑罚之下的一个特别的事实构成，只是自2013年8月

〔34〕 对此见雅各布斯，《帮助自杀、安乐死和刑法体系》，1998年。

〔35〕 2003年3月17日的决定 -XII ZB2/03（=《新刑法周刊》2003，1588）。

1 日起规定在《移植法》第 19 条第 2 款 a 中。基于禁止溯及既往原则，这不能应用于所说的情况中。这就提出了那个问题，只要医生让其患者的病显得更严重，医生是否可因身体伤害甚至杀人罪被起诉。立法者在《移植法》第 12 条第 3 款中规定，器官应当根据与医学知识的水平相适应的规则进行分配，尤其是根据对合适的患者的成功前景和紧迫性来分配。这个规则必须被理解为在器官分配上的公正规则。因此，它是一个应该在器官分配上根据理性标准确保有序的程序的规则。这个问
396 题不能在此很详细地介绍，[36]但是提出三个关键的规范性问题。

核心器官，只要它们从死者身上被取出，根据《移植法》第1款 a 条 2，是需调查的。不是亲属或捐赠者在他去世前决定谁获得被取出的器官，而是国家负有分配的任务。位于等待名单上的和是移植的合适患者的任何人，具有相同的获得器官的权利。通过每个器官的分配，一个重病的器官接收者获得一个健康的机会，而由于器官的短缺在德国一直存在，就扣留了其他等待器官者的机会。然而，保护身体的完整性，甚至生命的犯罪规定，只是在等待某个器官的人具有优先于其他等待者获得它的权利时，才能实现。这就提出了如何论证优先权的问题。不存在一个可以处理的简单列表。所以，一项优先权，只是在存在一个分配权，或至少存在一种对分配权的候补权利时，才能被侵害。[37]

---

〔36〕 关于细节问题参见施罗特，《对操纵肝脏分配的刑法评估》，《新刑法周刊》，2013 年，第 437 页及以下诸页；施罗特 / 霍夫曼，《对操纵肝脏分配的刑法评估：对中期报告的批评性评论》，《新刑法周刊》，2014 年，第 486 页及以下诸页；施罗特 / 霍夫曼，《操纵维持生命物品的分配的归责问题：卡格尔纪念文集》，2015 年，第 523 页及以下诸页。

〔37〕 关于这个问题亦参见施罗特 / 霍夫曼，《对操纵肝脏分配的刑法评估：对中期报告的批评性评论》，《新刑法周刊》，2014 年，第 486 页（第 490 页及以下诸页）及以下诸页；施罗特 / 霍夫曼，《操纵维持生命物品的分配的归责问题：卡格尔纪念文集》，2015 年，第 523 页（第 530 页及以下诸页）。

下一个问题是谁有权确定优先权规则。器官分配在德国是这样规定的，死后器官的分配本身是国家的任务。但是，立法者只确定，器官应当分配给合适的患者，依据的规则是与医学知识的水平相应，尤其是成功的前景和紧迫性。在此，如上文所说，立法者遇到一个决策矛盾。因此，他未在真正意义上作出谁应该“首先”接受器官的规范性决定，而是把决定委派给德国医学协会。由此提出的问题是，国家作为有义务调节器官分配的机关，是否能够授权一个无权利能力的协会去分配生存机会。在联邦宪法法院关于学习位置分配判决之后，[38]在稀缺资源的分配上国家具有作出重要决策的任务。

第三个关键的问题是，正义规则在稀缺资源的分配中被违背了这
个事实，是否会导致保护身体完整性的不法行为可能实现。毕竟，所有
已经接受了器官的人具有获得自己的健康的请求权。另外，人们把学 397
习位置分配判决作为业已存在的且与宪法不符的分配规则的基础。这个规范性问题仍然在下面的例子中展现出来：在一次事故后，对于三个严重受伤者只有一个至关重要的呼吸机。然而，所有这三个事故遇险者迫切需要这个设备来维持生命。这就提出了一个如何评价第三方行为的问题，如果他通过欺骗行为安排他的患者接上这个机器，给这个遇险者（相对于其他人）更大的生存空间。在我看来，认定这一欺骗行为符合（未遂）身体伤害或（未遂）杀人，是不合适的。只有当存在一个给予他的优先权的要求，身体伤害甚至杀人罪可以考虑的，[39]

〔38〕《联邦宪法法院裁判集》,《新法学周刊》1972 年，第 1561 页及以下诸页。

〔39〕 在刑法教义学中已承认，一旦有人被接在维持生命仪上，就无法将其移开，去挽救一个年轻一点的患者的生命。这种规定的原因很明确：只要危重患者被接在维持生命仪上，他也有权获得这个拯救生命的机会。然而，这个例子还表明，在任何情况下，一个器官一旦被分配，患者也将有权获得该器官。（根据中文语序，对德文本注的内容与注 40 的内容作了互换。——译者）

但是，这个案件不是这种情况。[40] 检察院已经采取了在这种情况下考虑刑事责任的立场，因为欺骗是一种行为，不是合法的，在侵犯了合法行为时，因为保护身体完整性的不法行为，可以考虑可刑罚性。这种论证并不令人信服。因此，要强调，针对第三方的违反医疗标准，是有刑罚根据的。然而，医疗标准，依据所有人的观点，是不伤害原则的表达，因此，只适用于医患关系。它并不适用于第三方患者。对第三方患者（未遂）身体伤害不能被医生不公正地帮他自己的患者的说法所证成。在法律制度中确定的主张：适用"重病优先规则"（Sickest-First-Rule），因此，始终是病重的患者须得到帮助，可能无法证立可刑罚性。即使涉及的器官分配，不仅仅存在"重病优先规则"，而且也存在"抢救最重要生命"（Most-Lifes-Saved）的原则。立法者已经明显不回答何种原则应该适用。此外，值得怀疑的是，有 95% 的可能性在未来三个月内死亡的患者是否应置于有 90% 的概率在未来三个月内死亡的患者之前。死亡的概率统计报表对未来什么也没说。受威胁有 90% 的可能性在未来三个月内死亡的患者，可能仍然比有 95% 的可能性在未来三个月内死亡的患者早死。同时，非常值得怀疑的是，这里所用的统计数据是否真正是具备有效说明力的统计数据。

398 13.6.4 作为对法律规则的批评的医学伦理问题

当各种伦理反思显示在伦理上不能证立禁止陌生人活体捐赠时，它们就批评了法律规则。如所说的，德国法律有一个缓刑规定，只允许向第一和第二代亲属、配偶、登记的生活伴侣、未婚夫或妻捐赠，

〔40〕 关于一个可比较的问题，详参见施罗特 / 霍夫曼，《操纵维持生命物品的分配的归责问题：卡格尔纪念文集》，2015 年，第 523 页（第 530 页及以下诸页）。

或者向明显处于特殊的人身关联的人捐赠。如果人们承认个人的关联价值的利益，必须有可能是，潜在的器官捐献者承担有限的风险去帮助别人，尽管这个人与他不处在一个特殊的人身关系中。人们必须充分保护自己，且只允许在连带关系（密切的人身关系）中捐赠不能自我再生的器官，这种主张不能在伦理上合法化。但是，这个禁止合法化是可疑的（《移植法》第 8 条第 1 款第 2 项）。如果可证明给一个陌生人利他地捐赠器官，那么，一个（入刑的）禁止肯定是有问题的。立法者以意图排除器官交易的论点来论证用刑罚来限制捐助者圈。尽管立法者排除器官交易的目的是合法的，似乎在宪法上成问题，所以，可能拯救他人生命的利他主义的陌生人活体捐赠，一般应予排除。禁止器官交易服务于防止个人的自我堕落（也就是，长远利益 / 健康不应该被短期利益 / 高盈利的可能性所损害）。这个目的没有使广泛的可刑罚性规范合法化，而是仅仅论证了可能危及自主的行为的犯罪化。对关联价值的利益干预是受宪法保护的（《基本法》第 1 条第 1 款，结合第 2 条第 1 款）。干预基本权利（不仅适用于限制参与者圈子，也适用于器官交易禁止），如果在必要的合适的和合比例的范围内，才是合法的。防止自我堕落并不要求所有使用类型的器官交易将被刑罚，但依然要求禁止所有的陌生人活体捐献。

13.6.5　作为填补空缺的医学伦理

法律规则表现出仍有许多允许的行为活动空间。例如，刑法规则确定，何时安乐死仍然是允许的，而在什么时间点上，医生实施安乐死是可刑罚的。法律规则指向保护生命，这是绝对必要的。但它们没有确定安乐死应该是怎样的。处理这个问题是医学伦理的任务。医学伦理在给予医生的行为活动空间内确定了，医生对濒临死亡者承担哪些照料。理想的安乐死应该像什么样，不能由法律来规定。

医患关系因为其复杂性不能由法律全面调整。医学伦理具有填补医患关系中法律空缺的任务。

399 13.6.6 医学伦理作为规范性问题的讨论平台

医学伦理还有建构关于医学和生物科学未厘清的规范性问题讨论平台的任务。如果通过胚胎干细胞研究能发展出新的康复机会，而这只能通过抛弃早期胚胎，那么，必须有一个规范性思考的平台。这样，人们必须要问，胚胎在着床前有何道德地位。是否可以干预其道德地位，如果可以又在何时的问题，必须讨论。在此，医学伦理的思考回溯到法律。例如，它导致了胚胎的道德地位如何受法律保护的问题。

至于新的机会出现，尚不清楚在何种程度上是可实现的，这是作为规范性话语平台的医学伦理的任务。

13.6.7 法律规则和医患关系中的不和谐

法律规则将医患关系形式化。它们给予患者针对医生的请求权。如果患者的请求权有效，那么，实际上是基于连带关系的医患关系受损。然后，医生感觉患者是一个损害他作为一个医生的角色的人。医生可能会不好好地依据法律要求去照料患者。连带关系可能甚至被毁掉。

相反，权利也给予患者以自由的机会。患者可能诸如要求，他并不仅仅是医生的客体，而是必须被认真对待的主体。他决定，何种康复机会他想利用，何种不想。立法者被要求，在各种情况下，重新决定医患关系必须被形式化到什么程度，人们应该在多大程度上通过法律规则自行安排医患关系。医患关系的形式化导致不和谐，然而，患者的主体地位提高了；这导致患者必须自己参与，尤其在不确定性情况下作决策。但是，这会影响不希望自己决定，而是需要一个父亲般的人为他作决定的患者。医学伦理也与那个问题相关，人们必须在多大程度上形式化医患关系，且应该在法律的权利要求上如何自行安排医患关系。

文献辑选

博尚，汤姆 · L. / 奇尔德雷斯，詹姆斯 · F.,《生物医学伦理原则》，第 7 版，2013 年。

Beauchamp, Tom L. /Childress, James F., Principles of Biomedical Ethics, 7. Aufl. 2013.

迪韦尔，马尔库斯 / 施泰格勒德尔，克劳斯（编）,《生物伦理学：导论》，2003 年。

Düwel, Marcus/Steigleder, Klaus (Hrsg.), Bioethik. Eine Einführung, 2003.

古特曼，托马斯 / 施罗特，乌尔里希,《欧洲器官活体捐献：法律调整模式，伦理讨论和实践动力》，2002 年。

Gutmann, Thomas/Schroth, Ulrich, Organlebendspende in Europa. Rechtliche Regelungsmodelle, ethische Diskussion und praktische Dynamik, 2002.

古特曼 / 施内温德 / 施罗特等,《公正器官分配基础》，2003 年。

Gutmann/Schneewind/Schroth u. a., Grundlagen einer gerechten Organverteilung, 2003.

哈贝马斯，于尔根,《人的本性的未来：通往自由优生学之路》，2001 年。

Habermas, Jürgen, Die Zukunft der menschlichen Natur. Auf dem Weg zu einer liberalen Eugenik, 2001.

赫费 / 洪内菲尔德 / 伊森泽 / 基希霍夫,《基因技术与人的尊严》，2002 年。

Höffe/Honnefelder/Isensee/Kirchhof, Gentechnik und Menschenwürde, 2002.

伊尔冈，伯恩哈特,《医学伦理学原理》，1995 年。

Irrgang, Bernhard, Grundriss der medizinischen Ethik, 1995. 400

雅各布斯，京特，《帮助自杀、安乐死和刑法体系》，1998 年。

Jakobs, Günther, Tötung auf Verlangen, Euthanasie und Strafrechtssystem, 1998.

克内普夫勒，尼克劳斯 / 哈尼尔，安雅（编），《人的尊严与医学技术冲突案件》，2000 年。

Knoepfler, Nikolaus/Haniel, Anja (Hrsg.), Menschenwürde und medizinethische Konfliktfälle, 2000.

国家伦理理事会，《孕前和孕中的基因诊断学》，2003 年。

Nationaler Ethikrat, Genetische Diagnostik vor und während der Schwangerschaft, 2003.

诺伊曼，乌尔弗里德，《尊严的专横》，载《法哲学和社会哲学文汇》，1998 年，第 153 页及以下诸页。

Neumann, Ulfrid, Die Tyrannei der Würde, in: ARSP 1998, S. 153 ff.

奥东居 / 施罗特 / 沃森库尔，《干细胞研究和治疗学的克隆》，2002 年。

Oduncu/Schroth/Vossenkuhl (Hrsg.), Stammzellenforschung und therapeutisches Klonen, 2002.

同作者（编），《移植，器官获得和器官分配》，2003 年。

dies. (Hrsg.), Transplantation, Organgewinnung und-allokation, 2003.

珀尔特纳，京特，《医学 – 伦理学基础》，2002 年。

Pöltner, Günther, Grundkurs Medizin-Ethik, 2002.

罗克辛，克劳斯 / 施罗特，乌尔里希（编），《医学刑法手册》，第 4 版，2010 年。

Roxin, Claus/Schroth, Ulrich (Hrsg.), Handbuch des Medizinstrafrechts, 4. Aufl. 2010.

舍内克尔，迪特尔 / 达姆申，格雷戈尔（编），《人类胚胎的道德地位：赞同和反对种类、持续、同一性和潜在性的论点》，2002 年。

Schönecker, Dieter/Damschen, Gregor (Hrsg.), der moralische Status menschlicher Embryonen. Pro und contra Spezies-, Kontinuums-, Identitäts- und Potentialitätsargument, 2002.

施罗特，《对于肝脏分配操控的刑法判决》，2013 年第 437 页及以下诸页。

Schroth, Die strafrechtliche Beurteilung der Manipulation bei der Leberallokation, NStZ 2013, 437 ff.

施罗特，乌尔里希 / 霍夫曼，伊丽莎白,《对于肝脏分配操控的刑法判决：中期报告的批评性说明》，2014 年，第 486 页及以下诸页。

Schroth, Ulrich/Hofmann, Elisabeth, Die strafrechtliche Beurteilung der Manipulation bei der Leberallokation-kritische Anmerkungen zu einem Zwischenbericht, NStZ 2014, 486 ff.

施罗特 / 霍夫曼,《操纵维持生命的物资分配归责问题》,《瓦尔特・卡格尔七十华诞纪念文集》，2015 年，第 523 页及以下诸页。

Schroth/Hofmann, Zurechnungsprobleme bei der Manipulation der Verteilung lebenserhaltender Güter, Festschrift für Walter Kargl zum 70. Geburtstag, 2015, S. 523 ff.

401 # 14. 神经科学与法律

赖因哈德·默克尔　汉堡

14.1　基础

关于人的自然科学的突破性发展，特别是在生物、医学和神经心理学的基础研究的各个学科中，在过去二十年里开辟了许多新的可能性，以不同的方式进入以前未及的人的本性领域。这种干预对于无偏见的眼光而言，显得并不少见，同时是对人的条件的干预：干预我们认识人的精神和文化特点的基本形式和基本价值。众多例子是分子遗传学、合成生物学、胚胎研究、生殖医学，特别是神经科学领域众多的分支学科。

在 1990 年 7 月，美国总统乔治·H. W. 布什在一份“总统公告”中公布“脑的十年”：承诺美国国家和社会在未来特别努力地促进脑科学。这一倡议引发了一次重大的国际反响。那么，在宣布上述十年后，这个倡议成为日益密切的国际研究合作的全球性催化剂。此后，神经科学已经在世界范围内以吸引人的活力得以发展和分化出许多领域。[1]

---

〔1〕 简介见斯瓦普，《神经科学的发展——我们去过哪里；我们往哪里去》，载吉奥尔达诺 / 戈丁（编），《神经伦理学的科学和哲学观点》（2010 年），第 1—36 页。

可预见的未来可以期待这一活力的进一步增长而不是趋缓。

2013 年，在其未来与新兴技术计划的框架内，欧盟委员会批准了十亿欧元用于十年人脑项目（HBP）的资助，欧洲研究的两个“旗舰”项目之一的未来目标是，基于计算机模拟人脑的所有功能性互动的可能性。为了衡量这一目标的大小，人们必须澄清人脑的一些实质性基础。脑的基本组成部分是各种类型的神经细胞，即所谓的神经元。最近的神经解剖学研究估计，一个人脑中的神经元数量有 900 亿。[2] 每个神经元具有 1 000—20 000 的突触：处在它的表层的触点，经由它与其它神经元的相应数量进行沟通。如果人们把中等数量的 10 000 个突触作为整个大脑的平均数，那么，便从中在神经元之间产生 900 万亿 402
联通结果，一个难以想象的巨量。此外，所有这些联通都是动态的，即在强度、程度和空间位置上是可多样调制的。[3] 质言之，人脑的功能性整体模拟，如果它有朝一日应该是可能的，不应是十年，而是一个世纪的任务。

然而，人们在 HBP 开始了十年后对大脑的认识将比今天多得多。在 HBP 之后不久在美国和中国出现的类似的庞大研究项目将对此作出贡献。[4] 因此，为了科学、治疗和人格改变各种各样的目的，干预大脑的可能性也将大大增加。可见的与此相关的规范性问题早就成为一

〔2〕 此外，大脑中至少有大量所谓的神经胶质细胞，为神经活动提供不同的支持功能。大脑的神经元 / 神经胶质比率直到最近估计不同，即 1∶9（神经胶质细胞超过 9 倍）。修正阿泽维多等人的观点认为，相等数量的神经元和非神经元细胞使人类大脑成为等距放大的灵长类大脑，载《比较神经学杂志》，第 513 期（2009 年），第 532—541 页。当然这些数字仍然存在争议。

〔3〕 关于这些和其他的基础知识见奥谢，《大脑》（2008 年），第 2 和 3 章，第 22—63 页。

〔4〕 关于奥巴马总统提出的美国的“大脑倡议”，见 http://www.braininitiative.nih.gov/；关于“中国脑工程”，见 http://english.cas.cn/newsroom/news/201606/t20160617_164529.shtml。（本章中的所有互联网资源均于 2016 年 7 月 23 日最后访问。）

个正在崛起的学科“神经伦理学”的对象。[5]关于这些问题的特定的法律观点也显著增多。[6]

如果人们想从一个普适角度去整理神经科学与法律之间今天可识别的主题域，则它提供了更深入地干预大脑的正在增长的机会。可以区分三种干预模式。也许有一点修辞和暗示，它们给出了一个形象的第一印象：由相关经验科学提供的对大脑的（1）新的认识，（2）新的见解和（3）新的干预措施。根据这些标题和由此表达出的要点，它们将在下面被讨论。当然，不是几乎所有的，而只是被选择的几个主题作为例子能映入眼帘。最后，我们的考查将归为一个新的基本权利的假设：“精神自决”权。

14.2 新的认识

新的科学认识扩大我们现有的知识和（常常）改变了其构成的传统部分。在这两方面，神经科学研究成果应用于法律问题，可以在未来改变它的理论和在某一天改变它的实践。鉴于这项研究的快速发展，这也就不足为奇了。澄清人的主观（精神）状态对于许多法律问题起着重要的作用。精神状态基于大脑中的处理过程。在对这些处理过程
403 的微观结构日益了解的措施中，神经科学似乎特别注定要为关系到意

〔5〕从现在无法概述的文献中，只列出伊利斯/扎哈基安（编），《牛津神经伦理学手册》（2011年），克劳森/莱维（编），《神经伦理学手册》3卷（2014年）。关于干预的普通概念见，默克尔等人，《脑干预：改变心灵与社会》（2007年）。

〔6〕示例：帕特森/帕多（编），《法律和神经科学的哲学基础》（2016年）；《牛津神经科学，法律和哲学系列》，纳德尔/绍尔/辛诺特－阿赫姆斯通编（此处第9卷，第2011页及以下诸页）；耗资1000万美元的美国麦克阿瑟基金会“法律和神经科学研究网络”项目（http://www.lawneuro.org/）；施普兰格尔（编），《国际神经法学》（2012）。

识状态的法律问题提供新的答案。

这应该在下面通过对刑法的考察来进行。在一定程度上，神经科学也开放出应用于民法和公法之中的可能性。[7]但是，相比之下，它们没有在刑法中那样深远的影响。尤其是刑法的基础问题之一似乎对神经科学的分析以特别的方式开放：自由意志的问题。[8]可能是这种自由的必要或充分条件的东西，许多刑法学家将之当作刑事罪责条件。神经科学对刑法基础的可能影响还呈现在其他领域，例如，经验地澄清不同故意形式的神经关联，或者，人的行为如何基于“意志控制”行动而发生的问题，能满足刑法的事实构成。[9]下面我将把论述限制在自由问题上。

14.2.1 脑科学和自由意志的难题[10]

概念

人在任何情况下，或至少有时具有“自由意志”吗？而一个这样的意志是追究被禁止的犯罪的制造者之“责任”的前提吗？这明显地也取决于人们如何理解这些概念。人们应当如何理解它们，是有争议

〔7〕 一个民法的例子：在不久的将来，人们将能够在神经科学上证明，精神损害（疼痛，创伤后应激障碍等）的补偿的神经基础。因此，可以将模拟器受害者与可能的受害程度加强区分开来；参见克尔伯，《法律的经验未来》，载《埃默里法律杂志》第60卷（2001年），第585以下至652页。

〔8〕 相反，民法中意思表示自由的问题仅仅是外部行动自由之一，即对人们（决定与否）事实上实际想要之东西的不必要和欺骗性的表达。它没有引起任何哲学问题。

〔9〕 关于这个问题见帕多/帕特森，《思想，大脑和法律：法律和神经科学的概念基础》（2013年），第121—140页。

〔10〕 以下部分基于我们之前的调查，尤其是默克尔，《自由意志与法律责任》，第2版（2014年）和默克尔，《“自由意志”是刑事责任的条件？》，载哈施泰特（编），《权力与反思》，《德国哲学年鉴》，第6卷（2016年），第285页及以下诸页。

的。为了澄清自由难题，一些基本的区别却是可达成共识的。人们首先必须将一个社会的公民自由的制度（法律秩序[11]）与人的个人自由分离。前者应该在这里是毫无疑问的。对于后者，行为自由与意志自由应予区别。两者都涉及一个相当模糊的方式，但是，它可以存在于我们的关联中。这只应涉及自由意志，因此，只应涉及基于这样的意
404 志的行为。最后。可以区分"消极自由"与"积极自由"：前者是来自外部障碍的行为者的自由，后者是来自内部障碍的自由，内部障碍从行为者自身内心生成。这两个障碍都可能基于直接强制（绝对的），或基于单纯的必要（相对的）。外部强制可以是物理的或规范的，相比之下，内部的是心理的或规范的性质。

积极的自由，缺乏内部强制，往往被理解为行为者的"个人自主"。当然，自主的概念类似于多样的和有争议的自由的概念。例如，在康德那里，自主仅意味实践理性主体的自我立法：服从根据绝对命令自我行动的格言。通过道德律令这样的观念标准，自主将在规范性上一方面普适化，另一方面道德化，这带有一个明显的后果，即令人反感的、与道德律令相冲突的行为不可能是自主的。如今，在哲学中盛行的种种个人自主性的观念偏离了这一点。它们将自主主要理解为"自决"的实际能力，事实的而不是必要的对自己行为的道德约束，以及特点的相应属性。

自由是"选择行动的可能性"吗？是"出于理由的行为可能"吗？一个无偏见的自由行动概念似乎是以下说法：自由是一个行为，当且仅

〔11〕 在康德的著名定义中，指"根据普遍的自由法则，一个人的意志可以与另一个人的意志相结合的条件的总和"；康德，《道德形而上学》法律学说，导言 §B，AA第6卷（1907年），第230页。"意志"在康德那里仅仅指行动的实际决定；决定的自由只是外在的行动，而不是自由意志。

当行为者也可以采取不同的行动或不采取任何行动。这个解释通常被称为“选择可能性原则”（Prinzip der alternativen Möglichkeiten），在下文简称“PAM”。[12] PAM 也适用于（如果适用）自由意志的概念。据此，决定一个特定行为的人，如果他本也可以作出其他的决定，便是自由的。

PAM 似乎是意志自由行为的必要条件。当然，这并不是很清楚“其他行为的可能”具体意味什么：放弃采取非常具体行为的真正可能性？抑或只有一般的处置能力这样做，假设的（非事实的）有效性也可能在实际行动的具体情况下失败？[13] 无论如何，PAM 不是足够的自由条件。为此还要求，不仅实际发生的行为 X，而且有选择可能的行为 Y 对于行为者本身是“一般”方式的，也即，他掌握其类型的行为，是他在原则上可以重复的行为。因此，类型 X 的行为，对于一个行为者而言，可以在个别情况下成功实现，如果他完全没有能力为 X 行为，在这个意义上也是可能的。一个糟糕的射手可能会在距离很远时例外地击中靶心，尽管他的射击能力远远落后于所要求的。命中不会是射手自由行为的目标，而是他幸运的随机产物。这同样适用于放弃。不 405
为在一般上不掌控的行为，他不是放弃，而是屈服于其能力的界限。

首先在德国的讨论中，进一步阐述了意志的（和与此相关的行动的）自由概念发挥了突出作用。它与 PAM 没有强制的概念关联。[14]

---

〔12〕 对在国际讨论中常见的“PAP”:“Principle of Alternative Possibilities”（选择可能性原则）的翻译。

〔13〕 关于这种区别详见默克尔，载哈施泰特（注 10），第 308 页及以下诸页。

〔14〕 然而，“自由主义者”（自由意志的支持者）经常肯定两种自由标准；例如见，J. 尼达－吕梅林，《论人的自由》（2005 年），第 49—51 页；但另见同作者，《自由作为自然主义的次要理由》，载海林格（编），《自由的自然史》（2007 年），第 242 页（仅主要出于理由行事）。哈贝马斯也强调作为自由行动源泉的“理由空间”，《负责任的作者的语言游戏与意志自由问题：认识的二元论如何与本体论一元论相协调？》，载《德国哲学杂志》第 54 卷（2006 年），第 669 页及以下诸页。

它表明，如果行为者出于“理由”而行为，那么，一个行为是（意志的）自由的。这也具有直觉上的一目了然。如果人们详细观察，那么，出于“理由”的行为可能的自由标准同样被证明是不清楚的。“理由”具体是什么？是动机的（内部的）状态？还是规范的（外部的）要求？它们如何具体产生行为者的决定？是在一个因果过程的模式中？以及这样的决定是否可以被视为自由的？如果更具体地分析这些（和其他的）问题，那么，“理由”论证完全失去了其初始的合理性。[15]

这两个所说的自由标准可以结合起来。那么，人们就会得到一个强的自由概念，当然，也带有典型的种种不足，例如这些不足带来强断言。一个这样理解的自由称谓可能比我们通常采取的行动要少得多。另一方面，一个这类强的概念，只要被证明是合理的，可能在明显有利于前者来决定关于“自由意志或决定论”的争议。根据迄今为止所说的，自由看起来像是这样：一个行为 X（或放弃它）是“自由的”，当且仅当

（1）行为者有能力采取及放弃类型 X 的一般行为，

（2）他也能采取其他行为或放弃任何行为，

（3）他出于自己的理由采取具体行动 X，

（4）因此，行为的决定不外是通过他自己的以意志为基础的理由来确定的。

满足这些标准的行为将在双重意义上是自由的：消极的，因为行为者本来也可以为其他行为；积极的，因为他自主地，即出于自己的理由而行事。

责任；罪责

从这里，可以建立一个通向在直觉上相近的责任和罪责概念的桥

〔15〕 对此详见默克尔，载哈施泰特（注 10），第 293—301 页。

梁。上文概述的自由观念似乎提供了一个稳定的基础。曾经为过不公正的行为者的罪责似乎预先假定： 406

（1）基于意志自由的行为自由，本身就是要求，

（2）他按自己的理由决定并行事，

（3）他可能另外决定和行为，也是由于自己的原因。

条件（3）PAM 在此似乎要求世界的事件至少部分不是由自然法则决定的，不是“确定”的，即无论如何不是人的行为决定的，只要它们符合规定的标准。[16]

主要的反对意见

按照主要论点的顺序大体总结如下：

（1）无论术语“意志”还是“决定”[17]都意味着：无论如何，它们所表明的，属于心理领域。

（2）在今天的科学世界观的基础上，似乎很难描述，所有在人的意识中的心理（“精神”）现象都是基于他的大脑的活动。这种相关性是不对称的：精神事件由大脑中的过程产生，而不是相反。换句话说，当神经活动发生时，便产生心理活动；相反，不是心理事件产生大脑活动。

（3）大脑是物理系统。因此，它们的内部变更跟随自然规则（“自然法则”），它不能被人类改变和绕过。

（4）作为行为的物理基础的外部身体运动，经由大脑中的活动模

〔16〕“确定”一词含糊不清且有争议。我在这里和下面使用它并不是在严格意义上的，而是从直觉上来说，当一个现象的未来明确地由它的过去决定时，它就会被确定。在严格意义上，（理论物理学认为）世界的进程可能不是确定的。事物是“确定地”运行，在此不再是说遵循自然给定（通常是“自然法”）的规则，而这些规则，一直未被完全理解，无论如何，不是由人做出的，也不是由人的影响力被撤销的。

〔17〕对于我们思考的目的有益的是，将不明确的意志概念还原到“决定”（即决定一个行动）较窄的和清晰的意义上。参见默克尔，《意志自由》（注 10），第 15 及下页。

式和由它们引起的相关身体区域的神经支配过程而被触发和实现，因此也发生在受自然规则约束的物理过程的因果顺序模式中。

（5）作为在PAM意义上的“自由”或根据出于理由的行为标准，意志只能这样被理解，

a）如果它，不是自然规制的物理过程，真正触发和控制所涉及的行为（与它实现的身体运动一起）

b）并且如果它在此既不被这些规定触发也不被控制。

407 条件（5a）明显与前提（4）冲突。[18]且条件（5b）与前提（2）冲突。如果意志本身可以只在非对称地依赖受自然规则控制的神经生理过程中变得明显，那是很难看到，它或它的内容是如何脱离那个规制的标准——在PAM意义上的或根据“理由”论点——可能是自由的。

因此，最深刻的特点是在争论自由意志中的许多前沿问题。一方面，存在着“自然主义”或“物理主义”的所有种类，它将一切心理现象理解成依赖于（或等同于）神经生理过程，且因此其产生是一个过程，受自然法则的规制。[19]而另一方面，存在着在广义上理解的“心灵主义”，它虽然不否认需要精神与大脑之间的系统关联，但至少那些行为的决策，它所主张的决策自由，在某种意义上，必须被理解成从大脑的“确定性”系统中解放出来。

现在，第一组“自然主义者”的大多数支持者充分肯定了人的

---

〔18〕 除非人们想把第二种心理上的解释提供给在（4）中概述的运动触发的物理－因果主义解释。然后，运动过程不仅会被大脑触发，而且同时且独立于意志被触发，因此会被过度确定。这对单个行动难以想象；因为它以精神与物理过程之间的因果性互动（互动主义二元论，笛卡尔）为前提，这种互动与物理的基本定律相冲突。由于条件（5a）甚至关联着所有的意志自由行为，它也建立了这种行为的系统性过度确定——一种不太合理的形而上学论断。

〔19〕 这也是近年来大多数神经科学家关于自由意志的哲学讨论的论点。对此的简介见默克尔，《意志自由》（注10），第30页及以下诸页。

意志和行动的（充分）自由的可能性。这样的观念在哲学讨论中称为“兼容”。对于他们来说，情况是，在那里可能一直存在的意志，无论如何，基于神经的，即自然法则的过程，与其众所周知的自由相一致（相容）。相反，“心灵主义”的支持者是“自由的不相容者”。他们一方面声称，意志的自由与其神经基础的完全确定性不一致（不相容）；另一方面，精神与大脑的合规则的连接显出足够的空隙，或在 PAM 意义上，或是以理由行事，意志让自由有不确定的活动空间。[20]

对尚未决定和暂时不可决定的讨论

近年来，在对自由意志的哲学争论中，神经科学家也强调了这种讨论，即，不必惊讶，在自然主义的一边也是这样。这里有一个突出的例子：

> 大脑拥有的所有知识都在其功能结构中，在其数十亿神经细 408
> 胞的特殊互连中。[……] 由于进化的适应，大脑旨在不断寻找最佳的行为选择。[……] 为了决定，它们基于非常大量的变量：来自环境和身体的当前可用信号，以及整个存储的知识，包括情绪和动机评估。[……] 权衡策略，评估和隐性知识，它们通过遗传方式，幼儿期影响或无意识的学习过程进入大脑，[……] 不能作为有意识的决定的变量。不过，它们有着行为控制的作用。[它们] 确定，一个决定是更多归于无意识还是有意识的动机。[21]

---

〔20〕 不相容者显然也可以是一个自由否定者；然后是一个“强确定论”者（威廉·詹姆斯的用语），《确定论的困境》，载其《相信的意志：其他流行哲学论文集》（1896 年），第 145 页及以下诸页。

〔21〕 辛格，《自我体验和神经生物学的他人描述》，载克吕格尔（编），《作为主体的大脑？》（2006 年），第 53 及下页，第 56 页。

“搜索，决定，权衡”的大脑的隐喻话语在严格意义上是不合适的。我们作为个人是作决定的人。当然，我们这样做是凭着我们的大脑。所以，这样的隐喻可以用恰当的词汇来翻译。哲学家曾批评道：神经科学家把我们的行为严格地与大脑关联的描述违反了语义规则。这是正确的，但很少令人印象深刻。因为这种疏忽可以很容易地纠正。对于有争议的形而上学问题，从这一批评中什么也得不到。〔22〕

这种反对意见较为重要，许多神经科学家错误地认为，“精神”，即意志是否完全由神经元来确定，且因此是“不自由的”这个问题，可从经验上确定。在这个讨论中，所谓的“待命潜力”起着很大的作用。〔23〕在其中，由任意的身体运动引发的大脑活动，在行为人意识到自己的行动的决定之前，已经显现了400到500毫秒。〔24〕不少脑科研究人员从中得出结论，自由意志在经验上是可驳斥的。因为当行为人有意决定的时候，行动过程的因果程序已经开始。

这并不令人信服。一定程度上，意志活动是以大脑活动为基础的，其影响在行为者意识到自己作决定之前，这个活动就开始了，这很容易可信，实际上并不奇怪。〔25〕但是，这是否排除意志的“自由”，不是经

---

〔22〕一种庞杂冗余的客观性低的语言批评见本宁/哈克，《神经科学的哲学基础》，2003年；类似的亦见帕多/帕特森（注9）多处。

〔23〕科恩胡贝尔/德克于1964年发现，在人的自由运动和被动运动中大脑潜在的变化：待命潜力和重传输潜力，载《普夫吕格尔文汇》第284期（1965年），第1—17页。

〔24〕这是利贝特开创的，《感官体验和思维——大脑理论的主观假设》，载《生物理论杂志》第114期（1982年），第563—570页；利贝特等，《有意识地采取行动的时间与大脑活动（待命潜力）无意识地自由行为的关联》。关于利贝特的结果的哲学意义，见瓦尔德，《自由意志与大脑研究：该认知自由主义的自由模式》（2006年），第88—99页；关于对法学也具有的意义，见辛诺特-阿赫姆斯通纳德尔（编），《意识意志与责任》（2011年）。

〔25〕利贝特的结果已被多次证实，尤见哈加赫德/艾默，《论大脑潜力与自由运动的意识之间的关系》，载《经验性大脑研究》第126期（1999年），第128—133页。

验科学的问题，而是哲学的问题。即使一个自由问题的适当表达，也会引起许多概念的和形而上学的困难，这些困难是无法得到科学的解释的。409
例如，当那个称谓将关联“意志”时，“自由”究竟是什么意思？基于哪些理由而行为？不同选择之间可以决定吗？任选一个，对于整体也是完全无意义的选择？还是仅基于我们自己的价值观和愿望？（人们必须选择这个“自由”吗？）或者意味也许基于确定性神经元的简单的“理性自我控制”？这种自我控制是否也必须包括产生自己的意愿和价值观？“控制”是什么意思？是对自己大脑的进程的有意识的因果控制吗？如何通过“意志”来控制？这种“心理因果关系”如何一致地构想：精神现象对身体的物理世界及其运动的影响？那么，“意志”本身必须不是被引起的，而是物理因果链的原始起源，它最终导致身体运动的发生？

还可以考虑其他的问题。让我们考虑上文（1）—（5）中列出的我们的“主要反对意见”的要素。它们还包含引起哲学难题的歧义性和争议性术语。尤其是上文（2）中提出的论点不清楚，在核心方面不可理解，所有精神，即意志，都基于神经生理学原理。这可能意味着不同：（a）因果关系；（b）非因果构成关系；（c）纯粹“伴随”的简约关系，其中精神性因果无效；（d）精神的“崇高”；（e）通过神经物理的“实现”；（f）它与此相一致或其“可还原性”；最后（g）在最近的哲学讨论中称为“意外发生”的关联。这些术语没有一个是很清楚，都是多义的和有争议的，不存在必要或充分的经验验证的条件。[26]

---

〔26〕 克纳普关于这些概念：（a）精神与大脑之间的因果关系很少有说服力，因为因果关系指的是空间位置的相互关联，但是，对于“精神”，空间中的一个位置是不可想象的。（b）“构成”的构思（大体）类比于那种物体（例如原子）的微物理元素与其宏观物理特性（膨胀、重量、硬度等）存在的关联，（c）关于赫胥黎现象主义，《论动物是自动机的假设及其历史》（1874）。载同作者（1893年），《论文集》第1卷，第199—250页。（d）—（g）（“出现，实现，可还原性，超级性”），见基姆，《伴随性与思维》（1993年）。

示例："可还原性"这个有争议的概念，即精神基于大脑过程，可以（至少）意味着三件事：本体论的，语义学的或科学（或理论）还原论。第一种断言某些实体之间的系统的认同，第二种主张不同的描述性系统之间的语义等值性，第三种认为通过更基础的理论某些科学理论有完整的可解释性。这些术语都不可用于经验的确认或反驳。[27]

410 这一切都显示了两件事情。一是，属于自由问题的核心的是身体－灵魂（或精神－大脑）的经典问题：从物质（大脑）中如何可能产生意识的问题，因此是"精神哲学"最深刻的奥秘。[28]与此关联着的是：在上文（2）所定义的前提，以及它们从"因果关系"到"意外发生"的可想象的具体化，没有形成经验的论点，而是形而上学的论点。精神与大脑之间不对称的神秘关系的特殊模式是无法得到纯科学的解释。

小结

这是对自由问题的哲学讨论的一个清醒的发现。即使经过两千多年的讨论也没有一个具有共识能力的解决方案出现。[29]无数的理论观念由维护者如自由意志的批评者提出，但可能他们中每个人都被证明，在某种论点上，他们必须诉诸在最好的情况下在原则上无法确认，在更糟的情况下被错误主张的论据。与广泛的科学信念相反，神经科学也无法解决那个问题。当然，他们的许多研究结果表明，自由意志的假设在一种有选择可能性的全面原则的意义上是天真的，相应的假设是一个空想。但是，有很多哲学家一直在假设。因为最后，一切确定

---

〔27〕 关于此非常清楚的见基姆，《还原和还原解释：是否可能没有其他？》，载其《精神的形而上学论文集》（2010年），第207—233页。

〔28〕 关于此的哲学文献久已不再可查阅；对一些相关的问题尤见注10，默克尔，《意志自由》，第79—96页。

〔29〕 一些哲学家认为这个问题是西方哲学中最常讨论的问题。例如见马奇，《伦理：寻找正确和错误》（1981年），第311页（第9章的解释）。

性都不允许有任何选择，且一切非确定性不允许控制。对于自由意志，在PAM的意义或“出于理由的空间”[30]两者都需要。这是不可预料的。它与我们的科学世界观为全无依托的形而上学假设建立的界限相抵触。这些限制也由神经科学显示出来。

然而，正如我们所看到的，在人的方面，可能的自主和自决的合理观念，也存在这种界限。它们没有得到经验的驳斥。而且正是如此，激进的对立的理解，它将人类视为不外是一个以因果确定性方式起作用的、只不过是非常复杂的、合理性也不强的自动机。在这样的极端观点之间的某处，自由问题一直是一个深奥的秘密。它是否变得可以解决，尚未确定。

14.2.2 罪责的刑法概念的后果?

像许多大脑研究者一样，许多哲学家也这样假设，必须废除刑法中的罪责概念，根据神经科学的成果，这没有得到确证，实际上这不 411
可能有根本的理由得以证实。[31]当然，罪责概念的一些传统基础，鉴于最近的哲学讨论，而且（并且仍然是一种自信的确认）神经科学研究在今天似乎没有希望，应该重新考虑和修改。首先是人必须有罪责能力的假设，但是，人们可以假定有放弃某个具体行为的能力，也就是在我们的PAM意义上，为其他的行为。根据上述考查，要说的很少。罪犯可以在其实施禁止行动的时刻采取不同行动的论点——所有客观的环境条件，包括他脑中的所有神经元状态，绝对地同样想到

---

〔30〕哈贝马斯的观念如此（注14）。

〔31〕但是，对（道德）责任的每个概念的深刻的哲学攻击，见瓦勒，《反对道德责任》（2011），以及众多的声音，见卡鲁索（编），《自由意志与责任的错觉的探讨》（2013年）。所有反对道德责任的论点，比照上，对于有罪责的法律概念也具有重要意义。

了——在今天主流的思维哲学以及神经科学的所谓自然主义视野中，不仅说服力很小，而且很难理解。

然而，这种罪责能力标准并不是理性的法律罪责概念所要求的，尽管许多刑法人，尤其是联邦最高法院似乎接受了这一点。[32]“极端人格的下流”的假设是以在最终责任意义上犯罪者的能力为前提，使得对他的指控甚至在他永恒的法官面前可信，且由他永恒的法官提出的指控也如此。这样的最终责任，在一个不纯净的世界中，从最终性和自然规律的经验上是不可论证的。因此，人们不应该把它们假定为一种法律措施。当这种自我控制完全取决于大脑的神经物理功能并受限制时，不再要求足够的自我控制的能力的自主概念作为法律责任的标准，是可以理解和清楚的。借助一个在刑法中已经变得越来越普遍的术语，人们可以称之为“规范的可交谈性”。[33]既不能证明也不反驳其正当性的神经科学，对这个术语也没有异议。

神经科学与减免罪责能力的条件

因此，神经科学很少研究那个问题：自由意志原则上的不可能性，且因此一个颇具意义的刑法罪责概念，是否来自一切心理（精神）对神经基础的依赖状况，所以，不可高估它们对法庭科学任务的日益增长的意义，法庭科学的任务是解释犯罪者在具体个案中的罪责能力及
412 无罪责能力。这种日益增长的影响主要基于它们可以更准确地确定典

---

〔32〕 在1952年3月的大参议院（《联邦最高法院刑事裁判集》2，第200页）的重要决定之后，可以这么说，司法判决持久地沉默寡言。许多刑法人也反对这个违背刑法典第20条的罪责概念。虽然有些人支持，但并非强制性的；显得有说服力的见赫茨贝格，《意志自由与罪责指控》（2010年），第107及下页。

〔33〕 对于这个观念的详细解释，见默克尔，《罪责内疚，性格和规范的可交谈性》，载海因里希等人（编），《作为普遍科学的刑法：克劳斯·罗克辛纪念文集》（2011年），第737—761页。

型形式的异常行为，特别是暴力行为的神经生物学条件，并且也可以证明个别情况。[34] 然而，这种对某些形式的禁止行为依赖神经生物学基础的证明与日常直觉相反悖，这样的行为，只要犯罪者未表现是精神病患者，首先归于其恶性而不是其大脑中生理因果过程，这个过程可能被剥夺了他的“意志控制权”。如果行为可归于犯罪者的纯粹主观恶性，好像其因果起源是一个客观的自然过程的产物，刑事法官也就相当容易将责任归因于“极端人格的下流”。

一个案件可以清楚说明这种差异的法庭科学的意义，十多年前，神经科学，然后是“神经法学”的专业界在美国讨论了这个案件。一位教师，也是一位有家室的父亲，经过几十年的右脑控制生活，突然转向在他至今的生活中不存在的不受控制的恋童癖倾向。其原因是，在他被捕后，在前额叶皮质中发现脑肿瘤，它属于神经元的同一大脑网络，其功能是控制行动处置，很长时间以来运行良好。大脑肿瘤与犯罪行为之间的因果关系也是毫无疑问的，因为在肿瘤摘取后此相关的恋童癖即时消失，但一年后，肿瘤和恋童癖双双复发，然后，第二次手术重新将错误的性倾向与肿瘤一起消除了。[35]

也许大多数法院，包括德国法院，会认为这种关于禁止行为的后果重大的自然因果关系的证据对于行为者的罪责能力具有重大意义。最终，行为人不能为肿瘤做任何事情，没有肿瘤，他也许不会为性攻击，尽管有肿瘤，他是否应当能够避免这种情况，为犯罪行为提供绝

〔34〕关于这个新的“大脑犯罪生物学”惊人进展的海量的相关文献见，霍德金斯/维丁/普洛多夫斯基（编），《暴力的神经生物学基础》，（2009年）；基尔/辛诺特－阿赫姆斯通（编），《精神病与法律手册》（2013年）；雷恩，《暴力剖析》（2013年）。

〔35〕伯恩斯/斯韦尔德罗，《右眶额叶肿瘤伴有恋童癖症状和结构性失用症征》，载《神经学文汇》，第60卷（2003年），第437—440页。

对自然因果关系（肿瘤）的证据越清楚，显得越是有疑问。在确定他的罪责时忽视这些情况是不公平的。无论如何，减免他的罪责将会为大多数刑事法院所首肯。[36]

这导致了一个风险较低的假设。由于对异常行为的神经生物学基
413 础的不断增强的科学认识，在未来几年中，许可减免罪责能力的判决将大大增加。同样，这当然也是神经科学对法庭科学实践的影响。这种预测将引出以下章节。

14.3 新的展望

14.3.1 基础

如果不是所有的迹象有欺骗，我们面临将所谓的神经科学的成像方法（“神经显像”）或多或少地系统地引入法律领域。[37]这种方法有三种基本形式：“结构的”神经显像形成解剖结构，“分子的”形成微生物结构和“功能的”形成大脑某些功能。结构的方法的实例是例如计算机断层显像（CT）或磁共振断层显像（MRT），功能的方法的实例

---

〔36〕关于那个显而易见和对讨论自由相当恼人的问题，即基于肿瘤的神经元基础的恋童癖行为，在功能上和在脑结构上，与从一个生活史中获得的差异，究竟是什么，见默克尔，《意志自由》(注 10)，第 105 页及以下诸页。

〔37〕关于在美国刑事诉讼中使用此类方法今天已是广泛的实践，丹诺，《这个神话常常是一把双刃剑：对神经科学证据在刑事案件中的实证研究》，载《波士顿学院法律评论》第 56 卷（2015 年），第 493—551 页：在 1992 年至 2012 年之间，提供了神经影像学结果作为证据的 800 个案件，被这样要求并使用它们，或者在判决中正在讨论使用它们的问题。亦见法拉阿尼，《美国刑法中的神经科学与行为遗传学：一个实证分析》，载《法律和生物科学杂志》第 2 卷（2015 年），第 485—509 页（2005 年至 2012 年 500 例，是前 10 年的两倍）；亦见随后发表在所引用的同一期刊中的论文对英国、加拿大和荷兰刑事诉讼中类似的实证调查。

是脑电图（EEG）、正电子发射计算机断层显像（PET）和功能性磁共振断层显像（fMRI）。各种功能的方法对于法律的目的特别重要。因为它们使外部观察者能够在受试者的某些精神活动或心理状态中，了解当前“工作着的”大脑。从这样的检测中，可以再次得出关于他们主观态度的一些结论，这对于法律问题可能是重要的。

当然，在此已出现一个警告。所以，抽象地表达对外行的指引不啻是误导。大脑的功能既不能直接观察，也不可能从显像的数据中直接对受试者的精神状态得出结论。当人们明确了过程技术的原则时，这一点变得很明显。以下的概括限于功能磁共振断层显像。它在技术上是最先进的，对大脑功能的考察是迄今为止最有前途的，因此对未来在法律诉讼中的应用也是最有兴趣的。

技术

功能性磁共振断层显像的物理和技术异常复杂。它们的基础延伸到了量子力学的原理。[38]用方法所获得的数据，简而言之，基于磁性 414
差异，这些差异，一方面存在于血管的内容与周围脑组织之间，另一方面存在于大脑的富氧（动脉）与脱氧（静脉）血液之间。受试者在扫描仪中首先裸露于强磁场（0.5 至 5 特斯拉），然后裸露于大量的间歇辐射脉冲的快速频率。因此，大脑血管中亚原子氢颗粒（质子）的不同磁共振被激活和可测量。[39]

---

〔38〕洛果忒提斯的简短的、给非专家的但仍是很深入的介绍，《用功能性磁共振断层显像我们可以做什么和我们不能做什么》，载《自然》第 453 期（2008 年），第 869—878 页。

〔39〕磁场最初在目标脑区域中均匀地排列所有氢质子。那些然后在这些粒子上“射击”的辐射脉冲，使它们脱离这种平衡。但是，它们在每次冲动结束后都会退缩。在此，它们发出扫描仪测量和记录的微小辐射量子。这种微小辐射在其强度上据各自生物起源的性质（动脉或静脉血或其他组织）而有别。因此，发射的辐射量子的这些生物源可以精确地不同地表征出来。

在功能性磁共振断层显像测试时，大约需要半小时，会产生大量的数据。在它们中，显像了组织反应的明显差异。由此，3-D 图像扫描仪生成所谓的功能磁共振断层摄影图像。在此，为了可视化目的，组织共振放射的差异以不同的颜色示出，并且投射到先前通过结构的磁共振断层显像获得的受试者大脑的解剖图像中。不同的颜色反映了受试者对某些认知任务的理解时他的脑区不同血流的统计学平均值。从这一点可以得出结论，参与这些任务的精神活动的有关领域，在激活中存在差异。由于这些结论形成于由富氧及脱氧血液的颗粒生成的不同的“回波”，功能性磁共振断层显像通常会在前面显示缩写字母 BOLD——“血氧饱和度依赖性”。

没有“照片”的大脑的活动

如果人们以可靠的方式通过相应的比较测试来了解相关区域的“静止模式”的正常功能，那么，将可能从存在于某些认知，情绪或意愿表现过程中的它们的差异激活中，得出关于受试者的精神状态的结论。这些结论是关于受试者在测试中在实现这种具体的“精神”任务时所思考或感觉的东西，它们在很多方面是间接的和中介性的。因此，不同的被激活的脑区域的（已知）着色的磁共振断层显像图像与“行动中”的大脑的照片无关。它们来自扫描仪计算机的大量数据，即不是在给定时间内的激活值，而是作为统计平均值，它是在针对被调查的相应区域，从无数个体测量中，在测试期间被确定的。方法的复杂性表明了对其结果进行适当解释的难度。另外，人们只有能够在“活动中”的（在理解任务时）测试与“静息”的测试之间建构起足够的
415 具体差异时，以便从中凭借静息状态的“减法”，推断出关于“活动中”的活跃的大脑区域有何具体功能的有意义的结论，澄清受试者心理绩效与神经的相关性这个所追求的考察目标才能实现。然而，由于

所有的大脑区域都执行许多通常是非常不同的功能，所以，它是一个只有专家才能合理地承担的高度复杂的任务。[40]

14.3.2 在刑事诉讼中的应用

由于与上述自由问题类似的原因，我们也想将磁共振断层摄影在法律中的应用集中于刑法。这种应用的两种类型是显而易见的：（1）在认知过程中直接对大脑进行的“谎言检测”；（2）罪犯的未来危险的“神经诊断”，他们被逮捕后必须被考虑作为预防性拘留的人选，因此，必须通过检测程序来评估。

神经影像学测谎

在美国，磁共振断层显像（和其他成像方法）已经在许多刑事诉讼中被允许作为证据使用，尽管在更多的其他案件中虽已申请，但被拒绝。[41] 这些申请，就现在所知，几乎完全由各自的辩护人所提出。原因很明显。磁共振断层显像的有效性和可靠性尚未得到足够科学的确认，以满足指控的证据目的及定罪的证据要求，即以排除合理怀疑的概率来显示被告或证人说法的真实或虚假。但是，无罪推定的法治原则，对证明有罪的情况的假设要求有这样的概率。因此，为证明被告有罪而申请磁共振断层显像检测现在对于检察机关证明有罪的目的，是毫无意义的。因为它可能是完全不合适的，根据《刑事诉讼法》第244条第3段第2句，它将轻易被法院驳回。

---

〔40〕 关于这种“认知减法方法”的困难见郎列本 / 莫里亚蒂，《为检测谎言使用脑成像：科学，法律和政策相互冲突之处》，载《心理学，公共政策和法律》第19卷（2013年），第222—234页。

〔41〕 参见法拉阿尼（注37）；麦克斯纳，《神经科学在刑法中的应用：法律和方法论问题》，载《当前神经病学和神经科学报告》第15卷（2015年），第513页及以下诸页。在德国，我还不知道在刑事诉讼程序中提出磁共振断层显像申请的案例。

然而，为了辩护的目的，这就不同了。你或被告不必证明任何东西。他对法庭对确信他有罪表示怀疑就足够了。因此，对于这个证明目标，磁共振断层显像今天已经提供了一个相当合适的基础。当然，它们的证明价值（仍）很小。但是，如果被告的目的只是为了证明对被告有罪的怀疑，那么，他就不必超出这一点。此外，在磁共振断层显像技术发展的动力上，存在着这样的期待，对证言的真实性的检验，其有效性和可靠性在未来将会明显改进。所以，在德国刑事程序中，
416 在可预见的将来，也不得不考虑相应的辩护申请，且迟早会允许的。

谨慎和克制的警示

这引发了各种问题。首先，法官必须避免这样的错误，即认为磁共振断层显像检测的彩色图片就是“行动中”的大脑的照片。它们是在测试期间获得的计算机生成处理的数十万个数据的三重间接结果。首先，从血液磁特性的测量差异中只是得出一个结论，即在受试者完成测试任务时这些区域的氧消耗。其次，人们从中考察的氧消耗的数据，只是形成了在整体测试时从数千个区域对脑活动中获得的平均值。最后，即第三，在每个被扫描的“像素”[42]中的大脑活动是不可直接衡量的。而是它从每个像素中的氧消耗的平均值计算出的，并且被设置在比较的总体演算中。因此，已经明确地限制了证据的价值。[43]但还有其他的：

（1）到目前为止，在实验室测试中应用问题的程式化和简化的人

〔42〕 源自“体积元素”且适合用于二维表面单元的“像素”。对于当前的，像素具有1到2立方毫米的体积。这显示了该过程的高分辨率密度。在测试期间，像素中的相应共振效应的数万个单独记录在总体计算中被设置。

〔43〕 对此详见默克尔，《神经影像学和刑法》，见：克劳森/莱维（注5），第1335—1363页（1349及下页）。

工性，以及每个人所回答的“谎言”。[44] 从中产生怀疑，即这种测试结果对法庭的实际情况是否表明了重要意义。在此，可信度的问题，对于证人，有着不同于迄今为止的对于所有测试人的可能存在的意义。这可能会产生压力，这种压力自然表现在大脑的状态上，并可能扭曲测试结果。

（2）在撒谎时，涉及许多复杂的交叉的大脑区域，这种状况发生在其他认知活动或情绪状态中。在大脑中没有“谎言区”。

（3）另外的状况是，大多数目前可利用的磁共振断层显像关于在撒谎时激活的大脑区域的研究数据，并不是从单个受试者那里获得的。诸如“在心理活动 XY 中区域 a 到 n 被涉及”的结果，更多来自于众多的大脑；它们经常是从非常多的受试者的统计学平均值中获得的，因此，从中没有人必须显示所调查得来的总体结果本身。这种基于统计学的认识的哪一个结论可以用于个案，这是在刑事诉讼中要处理的，是不清楚的。[45] 然而，在克服这个问题的道路上的研究似乎取得了 417
很大的进步。最近，第一份研究出现了，在这个研究中，个体大脑的高度个人化的和恒定的激活特征在某些认知活动中能得到显示。[46]

（4）即使可以克服迄今为止提到的所有困难，科学可能是在通向目标的途中，概念上的问题依然存在，这些问题本身关系到撒谎，

---

〔44〕 人们甚至怀疑，在测试中，在受试者的具体回答中所期望的和获得的虚假是否正确地被称为“谎言”。

〔45〕 不同的个体的大脑（没有与任何其他完全相同的大脑）也会在其主人处理相同任务时在不同的神经模式中被激活。不得不“调适”这种差异是概述性统计方法的意义；对此见哈里里，《复杂行为特征的个体差异的神经生物学》，载《神经科学年度评论》第 32 期（2009 年），第 225—247 页。

〔46〕 塔弗尔等人，《无任务的磁共振断层显像预测在执行任务期间大脑活动的个体差异》，载《科学》第 352 卷，第 6282 期（2016 年），第 216—220 页。

且其可考察性的困难来自大脑的过程。“撒谎”究竟是什么意思？说“不”或说“是”才是正确的？还是讲述一个略有不同的故事？略掉些什么？在报告事实时用含糊的表述掩盖事实？歪曲，错误地复述，说个大概，遮掩，容易吗？这很难说。而目前完全不可能说，在每个大脑状态的哪些差异反映了一个证言的改变这种变化。〔47〕

如果法院的专家意见的要求被足够的尊重，然而，出于辩护目的，可以很好地考虑提出磁共振断层摄影结论作为被告的陈述是可信的证据。它们的证明价值很低。但不是不可接受的。〔48〕

鉴于（上文所显示的）为了证明罪责的目的，它是不被允许的，人们对此可能有争议。磁共振断层显像对谎言或真相的检测（无论如何，在目前）尚未大体达到在具体个案中必要的科学有效的程度。就这而言，它们是不被允许的。这可能呼吁平等武装的程序性原则，因此，可以呼吁按计划地公正审判，在此，例外地有利于起诉。〔49〕这作为证据在原则上被否认的东西，人们可能说，辩护也不应该用它。但是，它涉及的不同角色和任务将会被忽略，事实上，与起诉方和法院不同，就罪责假设而言，辩方不存在举证责任。因此，它仍然在完全是其程序性作用的范围内提供证据，这些证据由于对起诉无关痛痒是毫无意义的。为了辩护的目的，磁共振断层显像检测的有效性已经远

---

〔47〕然而，人们不应忽视，真相和谎言的这种变化自此一直是刑事诉讼中证据评估的日常问题的一部分。

〔48〕绍尔持相似观点，《坏的科学能否成为好的证据？》，载《康奈尔法律评论》第95卷（2010年），第1191—1219页。那个经常表示出的担忧：作为证据的神经影像可能误导相信科学的法官，被夸大了，施魏策尔/扎克斯指明了这一点，《神经影像证据与疯狂的辩护》，载《行为科学与法律》第29卷（2011年），第592—607页。

〔49〕关于平等武装的概述见罗克辛/许内曼，《刑事诉讼法》第28版（2014年），第11章边码7。

远高于美国刑事诉讼中所称的“垃圾科学”的界限，因此，在哪里都是不被允许的。[50]如果被告人希望或要求，从有利被告人计，因此，418
它们未来也应该被允许在这里落实。

这可以通过两个在最近震动了神经科学专业界的刑事审判来说明。在印度，一名女子于2008年因谋杀其丈夫被判处无期徒刑。依据对于脑电图大脑扫描的结果，[51]法院作出裁决。神经科学家对这个判决正确地提出了尖锐的批评。[52]现在，在这种情况下，人们考虑到以下几点。2002年，英国的一名女子因用毒药谋杀由她照顾多年的小孩未遂被判多年的监禁。她在被拘留期间也一直否认这一行为。她被释放后，一个知名专家组在2007年对她进行了一系列功能性磁共振断层显像检测的谎言测试。一方面，她面临着自己在法庭上的陈述，另一方面面临检察官的指控。研究结果正如科学家所指出的那样，与被判决者的陈述“非常一致”。当然，根据这个案件的科学报告，这些结果不能证明这个被判刑者是无辜的，但也可能是这样的。[53]那么，闻所未闻的是，印度妇女在大脑扫描的基础上受到判罚，那么，当然，在同样的基础上，英国妇女应被无罪释放，明显地是有说服力的。

主要的反对意见：强制性的功能性磁共振断层显像与“不自证己罪”原则

当然，功能性磁共振断层摄影对撒谎检测的很小的证据价值，也

---

〔50〕 美国刑事案件中的“垃圾科学”标准大致对应于《刑事诉讼法》第224条第3段第2句中的“完全不适合”的特征。它导源自美国“联邦证据规则第702条”。

〔51〕 吉里达拉达斯，《印度在法庭上使用脑部扫描的故事是有争论的》，载《纽约时报》，2008年9月14日。http://www.nytimes.com/2008/09/15/world/asia/15brainscan.html7_i-0。

〔52〕 例如见阿伽瓦尔，《神经影像学，文化和法庭精神病学》，载《美国精神病学和法律学院杂志》第37卷（2009年），第239—244页。

〔53〕 见施彭斯等，《“明希豪森的代理综合征”或“司法失误”？功能性神经影像学初步应用于有罪与无罪问题》，载《欧洲精神病学》第23期（2008年），第309—314页。

只有在陈述人合作的情况下才能实现。检测不能合理地强制进行。它们非常容易受到干扰，因此容易受到受试者的“对策”的破坏。咬牙、绷紧脚趾或伸展手臂肌肉，应该就足够了，并使测试结果无法使用。[54] 作为强制执行程序，功能性磁共振断层显像对真相调查，无论如何，在目前是无意义的。但科学的发展在未来也可能克服这种情况。[55] 那么，出现的问题是，功能性磁共振断层显像检测对真相调查是否可以违背陈述人的意愿来强制进行。

419 涉及被告的东西，首先必须指出，他有权拒绝任何旨在解释有罪指控的协助。这个不自证己罪的特权，拉丁语为：nemo tenetur se ipsum accusare，使他受到基本权利和人权的保护。[56] 但是，这并不意味着，他自己的身体不能被认为是针对他的可强制性证据。另外，在自由法治国程序规则中，不仅在德国，更是如此。例如，可以完全强制地使用诸如 X 射线或超声检查这样的解剖学成像的“经典”方法来澄清特定的身体特征。[57]

这导致对大脑的一种不合理的矛盾。一方面，它是一个与任何其他的器官一样的身体器官，因此在某些前提条件下可以强制检查，即也可以通过神经成像。另一方面，旨在发现真实的功能性磁共振断层显像并不主要是指向考察神经生理学的发现，而是指向被调查者在大

---

〔54〕参见甘尼斯等,《扫描仪中的撒谎：隐蔽的对策通过功能磁共振显像破坏了骗局的发现》，载《神经成像》第 55 卷（2011 年），第 312—319 页。

〔55〕见卢贝尔等,《在发现骗局中的非侵入性脑刺激：科学挑战和伦理后果》，载《行为科学与法律》第 27 卷（2009 年），第 191—208 页。在这里，受试者接受了有针对性的脑刺激的磁共振断层摄影；由此，受试者在中途放松的可能性变得异常困难。（在未来有可靠的功能的情况下，因其他原因在刑事诉讼中是否必须仍然禁止此类方法，是另一回事。）

〔56〕见《公民权利和政治权利国际公约》第 14 条第 3 款（g）项。

〔57〕或者进行验血以解释被告人的酒精中毒（《刑事诉讼法》第 81a 条第 1 款）。

脑中“实现”的某些精神状态（如所有的精神状态）。被告不必披露其精神内在世界的这些因素（不自证己罪原则）。在功能性磁共振断层摄影中我们必须将大脑主要视为身体器官，或者将其视为“灵魂之座”？

在德国，不自证己罪与容忍（可能是有罪者的）身体检查的义务之间的界限，根据现行的理解，产生了被告是否被迫积极地参与（禁止）或仅被动地容忍（允许）的问题。[58]该标准没有为我们的问题提供明确的解答。如果存在违反不自证己罪原则的情况，对被告的大脑扫描的检测没有其参与就产生了“积极性”吗？或者仅仅属于所谓的自主中枢神经系统对外部刺激的反应，如在功能性磁共振断层显像的情况下，被告不得不被动接受而不是通过自身成为积极贡献者？

在美国的刑事诉讼中，不是依据那个标准来划分“主动/被动”，而是依据被告受强制的程度应被认定为“言词的”还是仅仅为“实物的”。“定罪的言词的证据”不得强制执行，尽管“言词的证据”非常好。[59]这也没有提供明确的结果：在明显的意义上，旨在发现真实的功能性磁共振断层显像只有鉴定的和身体的两种：“它承诺”，美国诉讼法学家福克斯写道，“确定地说，有关意识的信息的鉴定，以身体形式表现得物化了”。[60]

德国的“主动/被动”标准和美国实证法律的“鉴定的/身体的”
原则都不能为我们提供这个问题的令人信服的解决方案。因此，让我 420
们从法律的和法律伦理的基本原则角度来考虑。神经影像的目的不是

〔58〕尤见博伊尔克，《刑事诉讼法》第13版（2016年），边码125。

〔59〕不自证己罪受美国宪法第五修正案中保护。对于“鉴定的/身体的”的界限见最高法院施默贝尔诉加利福尼亚案（1966年）的裁决，384 U. S. 757。

〔60〕福克斯，《作为保护心理控制的沉默的权利》，载《阿克伦法律评论》第42卷（2009年），第763—801页。

澄清大脑的生理特性或状态，而是考察某些精神过程，它作为可观察到的神经元状态的相关性应当从中被导出。容忍对一些东西的强制，即所谓的“吞并”了这个主体的最内层的监督机构，吞并了他对自己心理的权威、特定的回忆、知识、想法、欲望等，也就是他人格的核心领域。为了保护人格和他们的人的尊严（《基本法》第 2 条第 1 款和第 1 条第 1 款），国家不允许对“我”的精神吞并。因此，这种对灵魂的考查及对身体的考查违反了不自证己罪原则。其保护的范围必须也且首先包括，被告的精神的自我控制。对被告强迫的磁共振断层摄影是且将一直是被禁止的。

对证人是如何呢？他经常没有权利拒绝陈述。如果这种方法在某时也在没有受试者合作的情况下充分有效，那么，他可以被强制使用磁共振断层摄影吗？这也是必须否定的。一个自由宪法秩序的国家，一个约翰 · 罗尔斯[61]意义上的“良好秩序”的国家，不应该迫使自主的个人，为履行他们的见证义务，被置于大脑扫描仪中，从而对我的内心深处的内容进行强制的“提取”。他们也有一种受人的尊严和人格权保护的尊重他们精神自决的要求，禁止这样的事情的要求。

14.3.3　在规则程序中以“神经诊断”为目的应用

通过功能性磁共振断层显像可能的“神经诊断”的难题提出了其他的问题。是否可以使用确定犯罪人的未来危险性的方法，从而将其纳入决定潜在的预防性拘留的基础？对此的任何答案必须首先在明确的前提下确定：有人被预防性拘留，简单地说，不是因为他犯罪了，而是人们担心他未来会犯罪。这种预防性拘留总是处于法

〔61〕 罗尔斯，《正义论》（1975 年），第 8 章，第 69 节，第 493 页及以下诸页。

治的合法性的边缘。[62]

同样因此，为了确定这类行为人的未来危险性，国家有义务使用科学上足够有效的所有知识来源。目前，相应的预测是基于两位精神科或心理学的专家意见——一种被高度的不确定性、不一致性和错误所累，并且其有效性始终被怀疑的认知基础。[63] 因此，考察功能性磁共振断层显像方法的适用性，虽然难以替代但可能补充传统的专家认 421
知来源，是不难理解的。

在目前研究状况的背景下，这种适用性关系到至少两个精神倾向，它们可能是未来危险性的指标，在今天已经证实：恋童癖倾向的性犯罪人和明显的精神病行为人。这两组行为人明显较高的复发风险在犯罪学上得以确认。[64] 功能性磁共振断层显像的方法到目前为止已有长足的发展，人们可以将它用于确定具有高可靠性的性犯罪人的恋童癖性情。[65]

〔62〕因此，最后手段原则适用于预防性拘留，参见《联邦宪法法院裁判集》128，326（379）。

〔63〕从浩如烟海的国际文献中列出莫纳安等,《重新思考风险评估：精神障碍对暴力影响的麦克阿瑟研究》(2001 年)；卡瓦瑙等,《面对未来危险的恶魔》，载《法律与刑事司法杂志》第 2 期（2014 年），第 47—66 页。

〔64〕关于恋童癖：汉森 / 莫尔东 · 布尔贡,《持续性犯罪者的特征：对累犯研究的元分析》，载《咨询与临床心理学杂志》第 73 卷（2005 年），第 1154—1163 页；维尔松等,《恋童癖：诊断和风险预测方法的评估》，载《性虐待研究与治疗杂志》第 23 卷（2011 年），第 260—274 页。关于精神病暴力行为：奥尔弗 / 翁,《精神病，性骚扰和性犯罪者的累犯》，载《性虐待：研究和治疗杂志》第 18 卷（2006 年），第 65—82 页；赖斯 / 哈里斯,《精神病和暴力累犯》，载基尔 / 辛诺特 - 阿赫姆斯通（编）,《精神病与法律手册》(2013 年)，第 231—249 页。关于对于精神病性犯罪者：波特 / 维尔松,《犯罪状况与精神病和非精神病性罪犯的有条件释放的表现》，载《法律和犯罪心理学》第 14 卷（2009 年），第 109—118 页。

〔65〕对此见蓬塞提等,《利用血液动力学大脑对性刺激响应的恋童癖评估》，载《普通精神病学文汇》第 69 卷（2012 年），第 187—194 页（平均命中率 95%）；蒙克等,《恋童癖中大脑的改变：一个批评性评论》，载《神经生物学进展》第 122 卷（2014 年），第 1—23 页。

对于暴力行为人的精神病性情，类似情况也是如此，尽管程度低一些。[66] 由此，也可以在具体个案中获得未来危险的某些指标。

这不难得出那个结论，即无论如何，在直接引入刑事诉讼之前，神经显像方法代表着改善和安全的措施。它们肯定不能代替传统的精神病学报告。但是，它们可以并且应该尽可能地补充精神病学报告。当然，它们只可以尽量小心和克制地被纳入决策的基础中。尤其是，必须明确，它们能证明什么，不能证明什么：某人（例如）具有恋童癖倾向，并不意味着他会通过对儿童的性攻击来让这种倾向任意发展。另外，脑部扫描不能为个案证实任何可靠性。

成像方法可以帮助在未来减轻法治的黑色污渍，特别是在预防性拘留法中。然而，人们必须小心，成像方法不会给这块污渍再添加另一块危险的污渍：对它的科学信仰的夸大和与此相连的对它的误用。不存在“犯罪的大脑”。当然，存在行为的性情，它会提高主体的犯罪行为的风险。像所有的行为的性情一样，成像方法在大脑中拥有最终的（当然也不是唯一的）基础。在那里，成像方法尽可能好地运行，并以必要的怀疑谨慎帮助认同：这是未来的任务。

422

14.4 新的干预

14.4.1 基础；形式；区别；限制

临床的和理论的神经科学在过去几十年中，特别是自世纪之交以

〔66〕 对此见瓦伦德 / 克里斯蒂安松,《侵略、精神病和脑影像——评论和未来的建议》, 载《国际法律和精神病学杂志》第 32 卷（2009 年），第 266—271 页；霍德金斯 / 维丁 / 普洛多夫斯基（编）,《暴力的神经生物学基础》(2009 年）中的各篇文章。

来，已经开发了各种新式的、不少面向未来的对大脑的显性干预方法。对大脑足够深层的干预（如果不仅仅是去除功能障碍的组织，如肿瘤或血块），则同时是对“我”的干预，对其义务人主体性的干预。[67]这使它成为一个规范性的问题。虽然一方面，大脑是我们身体的像其他器官一样的生物器官；但另一方面，它对我们的意义上是独一无二的：作为我们的意识和自我意识，我们的思想、感觉、意愿、行为的来源，简短和有点老派地说，作为灵魂之栖息地。对大脑的深层干预使我们面对我们是谁和我们想要成为什么的问题。

干预的形式

用某种大概的类型学，可以区分五种类型的干预措施：

（1）药理学的，（2）遗传学的，（3）电磁学的，（4）手术的和（5）光遗传学的。第三种尤其是指大脑刺激的新可能性，如脑颅磁刺激、超声刺激，或深部脑刺激（DBS）。[68]第四种属于颅内细胞组织移植（例如神经元干细胞），颅内基因转移和神经假体的植入，其形式为大脑与计算机的耦合，并通过这些与其他机器（脑机接口或人脑－计算机接口）的耦合。第五种表示用光刺激脑的革命性方法。它分两步进行：首先，通过病毒载体外部基因转移到精确定义的神经元细胞中，经此，它们对特定波长的光具有敏感性。然后，将微米细玻璃纤维引入如此准备的脑区域中，通过该脑区域将光发送到遗传改变的靶神经元。因此，它们可以通过其他波长的光或被激活或被

---

〔67〕 参见上文边码第 406 页所概述的反二元论（大体上的“自然主义”或“物理主义”）的关于“精神与大脑”之间联系的思考。

〔68〕 对此见默克尔等，《对大脑的干预》（见注 5），第 161—186 页。只是深部脑刺激的这些刺激方法是侵入性的；另外两个是从头骨外面施加的。

“关闭”。[69]

所有这些方法及其众多子形式被开发出来，主要目的在于将来用于临床医学，即治疗和预防疾病。然而，很快就显而易见，其中许多也可以用来改善大脑功能，从而改善健康人的精神功效。对于这种大脑优化的策略，英语术语神经增强（Neuroenhancement）在全球讨论
423 中占上风。这里也应该使用它，不仅因为它的流畅性，而且还因为，直接翻译为“改善”伴随着一种积极评估的建议，这种建议在这种干预的规范性问题澄清之前是不合适的。[70]

在下面我们愿意考虑仅仅为了增强功能的目的而进行的干预。当然，在可能导致人格的实质性改变的治疗或预防性干预中，提出了许多问题。但是，其解决方案，在许多情况下可能是如此的困难，人们不得不在医疗和法律原则的传统体系中去寻求。[71]相反，仅仅是为了优化健康人对大脑的干预，突破了医学伦理通常的界限，并使我们面临哲学人类学关于人的自身形象的问题。

为了增强神经的目的，如果人们不是依据干预的方法模式，而是依据干预的精神目标来分类，可以区分四种形式：

（1）提高认知能力，如记忆能力（包括通过擦除自传式记忆的“逆转”），集中的能力或“执行”功能；[72]

（2）提高情绪状态和能力，如心情、同情心、利他主义倾向；

---

〔69〕 布亨对这个方法的一般介绍,《阐明大脑》，载《自然》第465卷（2010年5月6日），第26—28页；第一个用于小鼠的在活体内（in-vivo）有效性证明，见阿拉瓦尼斯/戴斯霍特等,《光学神经元界面：采用集成光纤和光遗传学技术对啮齿动物运动皮层进行体内控制》，载《神经工程杂志》第4期（2007年），第143—156页。

〔70〕 只要在下文提到“增强”的缩写，总是表示“神经增强”。

〔71〕 主要是在平衡合法目标的效用与实现程序的潜在风险的规则和原则中。

〔72〕 在所谓的认知装置的监督注意系统内控制功能。

（3）增强激励状态，包括“道德增强”的可能性，如通过神经干预来抑止侵略性驱动力；

（4）基于自主神经系统的功能，如梦想、性唤起等增强精神状态。

增强：外部和内部

增强的概念有不同的定义。通常这只会发生在直观上，诸如：增强是“任何旨在在一定程度上改善人的形式或功能的干预，它对于维持或恢复良好健康状态是必需的”。[73]一些更彻底的定义突出两个概念要素，具体地说，功能优化中的积极要素和治疗性干预的界限的消极要素。据此，“增强”是指“旨在感应改变的生理或精神状况的任何有效的或可能有效的方法，它（1）不能被认为是治疗的结果，和（2）至少从受用者本身被评价为改进”。[74]在相对的“治疗”的概念中，被 424
作为它的相关客体，“疾病”的概念同时是前提。这可以在人类生存的“缺陷导向”模式（区别于“福祉”模式）的框架中得到最合理的理解。那么，疾病就是任何“与人体有机体生物－生理－心理功能的特定类型正常状态不利的、足够严重的偏差”。[75]

为了我们的神经增强的规范分析的目的，一个进一步的区分是重要的：外部与内部之间的增强。这意味着：人们力图通过改善其环境中的某些条件提高自己的精神能力，从文字、书籍的发明到学校和大

〔73〕 尤恩斯特，《增强是什么意思？》，载帕伦斯（编），《增强人的特质：道德的和社会的意义》（1998年），第29页。

〔74〕 默克尔，《对大脑的新型干预》，载《整体刑法杂志》第121期（2009年），第919—953页（第929页）。

〔75〕 默克尔，同上，第930页。该疾病定义基于丹尼尔斯，《正常功能和治疗增强区别》，载《剑桥医疗保健伦理季刊》第9期（2000年），第309—322页。另外，从他以后，疾病的概念一直存在争议。尤参见洪贝尔／阿尔迈德（编），《什么是疾病？》（1997年）；施拉莫（编），《疾病理论》（2012年）。

学的心理遥控的优化，一直到开发功能更强的认知辅助工具，如电脑和互联网。这就是我所说的外部增强功能。与之相对的是对肉身自身的正在改善的生物技术的干预。我称之为内部增强。这些才是下文要谈的。

这个区别似乎是当然的，它是纯粹的现象类型的。要在规范性上证明它，相反更为困难。例如，让我们来看看经理M，他没有他的智能手机就无法处理他的日常生活，他从手机中全天候地获取无数的信息。这个微型计算机已经成为他认知自我的一个组成部分，他的头盖骨似乎是有意地作为精神自我与环境之间的界限。[76] 智能手机总是在口袋中随手可用，这对我们没有问题。相反，如果没有健康风险与之相连，通过直接将神经技术设备整合到大脑中，其持续的可利用性对很多人来说显得很恐怖。

原因是什么？作为我们自我的界限，我们的进化形成的自我形象直观地突现了我们身体的外壳。超越外壳的我们精神的功能承担者被认为是工具，在它们当中的一些是人本身的一部分。然而，描述这种划界的规范性意义是困难的。作为允许外部的增强和禁止内部的增强的指示器，它是误导性的。如果我们不仅仅准许精神能力在因子X上的外部增强，而且还发现它值得称赞，那么，完全相同的能力在完全相同的因素X上的内部增强，不加思索地总是受到谴责，似乎很奇怪。

425 **案例情形：各种区别**

对精神增强问题的规范分析需要一系列的进一步的区分。第一步是，人们必须区分增加自己的与别人的精神能力。第一类包括两个情

〔76〕 关于“头盖骨”界限的合理性的消失，哲学界在“延伸思想”的关键词下进行了广泛的讨论，它的起源见克拉克/查尔莫斯,《扩展的思想》，载《分析》第58卷（1998年），第10—23页；进一步辩论见梅纳瑞（编）,《扩展的思想》(2010年)。

形：只有一个参与者（所谓“单方情形”）和两个参与者（“两方情形”）。在单方情形中，一个人亲自接受对自身的干预，例如通过服用某些神经药物。在两方情形中，她接受第三人的帮助，常常是医生，例如要求颅脑刺激。

此外，第二种类型，即他人的精神增强，包括两个不同的情形：在待改进的第三者中，有同意的能力的和没有同意能力的。后一组的例子是小孩，其认知能力基于父母的要求，通过干预大脑应被增强。前一组包括一些处在预防性拘留中的危险的精神病暴力犯罪者，他们似乎可以在“道德上”增强，并表示同意，希望试图能够成为他们的暴力行为的控制者，从而创造释放他们的条件。

显而易见，这些差异在规范性上是重要的。在所有由这些差异造成的情况类型中，伦理的视角也必须与法律的视角分离。即使有这些较少的差异，存在着一个困难问题的迷宫般的腹地。在下文中，我们将仅限于自主个人的自我增强的问题，即是否存在或应该存在合法的自我支配的界限。如果可以为此目的制定合理的标准，那么，在目前伦理和法律原则的框架内，它们似乎可以延伸到大概的广泛的案例情形中。

14.4.2 主要的反对观点

针对自身个人的神经增强，显而易见存在伦理的或者法律来源上的八个基本的反对意见：

（1）可能的副作用的问题，即“改善”大脑干预的安全性。这里还包括风险界限的问题，即这种干预的义务人授权第三方的合法性。〔77〕

〔77〕 通过第三方对自己的身体进行这种自我谴责的刑法界限，见《刑法典》第228条。在大多数发达的法律体系中可能会发现类似的界限。

（2）自主、“真实性”、个人身份的问题：他们通过精神增强可能会受到损害，甚至可能被废掉吗？

426 （3）否认所追求的目标，从长远来看，甚至是所追求的目标的社会贬值，即人为地改善特征本身？〔78〕

（4）败坏人性？败坏人的尊严？

（5）增加了迄今为止在正常范围内的精神特征变体的医学矫正？

（6）滥用对人的外部控制？〔79〕

（7）军事的滥用？〔80〕

（8）社会正义的问题。

每种反对意见都有独立的论文。我们将限于考察其中两篇。〔81〕它们以特殊的方式触及法律伦理的基本问题。

对自主、真实性、个人身份的损害？

这种反对意见基于我们在关于意志自由问题的部分中已了解到的默认的形而上学假设：大脑是每一个人的主体性的组成部分。〔82〕因此，具有重大精神后果的非常深度的大脑干预可以实质性地改变人格。

神经增强损害了自主决定的基本条件这种论点认为：人们在自我

---

〔78〕 此种思考载《总统生物伦理委员会：超越治疗，生物技术和追求幸福》，2003 年，第 140 及下页。它似乎并不奇怪。想一下 1997 年国际象棋电脑（“深蓝”）对当时的世界冠军加西·卡斯帕罗夫的首次胜利。当时谁会认真地崇拜机器的智力？对于某些精神成就而言，如果仅仅通过技术手段（并因此在商业上）实现，那么，类似的贬值将作为一般的社会现象发生，这种恐惧并不是太牵强，

〔79〕 人们想一下阿拉瓦尼斯 / 戴斯霍特等人的研究团队（注 69）用光刺激老鼠的光遗传学实验。

〔80〕 对此见莫雷诺，《思想战争：21 世纪的脑科学和军事》，第 2 版（2012 年）。

〔81〕 对所有这些异议的深入分析，见默克尔等（注 5），第 6 章，第 289—382 页。

〔82〕 这个前提是形而上学的，因为它所说的是经验上完全被误解的，也许原则上是不可理解的。然而，作为关于世界基本状态的形而上学假设，即物质与“精神”的关系，它仍然是高度合理的。

的改变中不能自主地同意人们未知的改变的结果。如果自身人格的实质性改变与干预有关，或者是故意的，则排除了自主的同意，因为人不能知道，“人以后将成为谁”。[83]这说服力甚微。在这种情况下，谁的自主被侵害？同意者的自主当然不是。但是也很难是通过增强成为“新人”的人的自主。[84]在一个人存在的开始时要求事先同意（并且如果它将是一个激进的另外的“新人”在早期的“老人”身体中）将是矛盾的。如果后来的人与已同意的先前的人实际上如此不同，相对 427
于前者，他有权利尊重其自主，那么，在与其“自我”相关的意义上，他在这种变体之前不存在。谁都不存在，他们的同意不仅不是必需的，而是不可能的。此外，坚持认同生命被赢得的假设是相当奇怪的。它排除了自然生殖儿童的合法性。[85]

这些担心似乎考虑的是无视“真实性”，无视“自我存在”或“人是存在”，也即无视根据自己的人格和自己的性格的基本原则来决定和行动的戒律。关于改变遗传的干预，于尔根·哈贝马斯针对这个反对意见尖锐地指出，只有在我们的身体和精神存在的根本的“自然生长条件”下，我们才可以将我们自己和他人理解和认同为不可分割的“自己生活的创造者”和“作为道德社区的平等权利的成员”。[86]当然，

〔83〕赖曼·祖特如此认为，《真实的幸福？关于神经增强的伦理考虑》，载迈欧/克劳森/马勒（编），《人类没有办法？》(2008年)，第242—259页（第253页）。

〔84〕这个论点以通过神经增强来进行非常彻底的改变身份为前提；它以目前的方法是不可想象的，但在可预见的未来是可能的（特别是通过永久的脑-计算机耦合）。关于神经增强中的个人身份，见默克尔等（注5），第5章，第189—287页。

〔85〕关于完整的自治/真实性论证，详见布勃利茨/默克尔，《自主与增强型人格特质的真实性》，载《生物伦理学》23/6（2009年），第360—374页。

〔86〕哈贝马斯，《人类性质的未来》(2001)，第77页。哈贝马斯在此针对的是另一个人的更具问题的（遗传的）变化；但是，他如此全面地提出反对意见，这也涵盖了人的人为的自我改变。

这不是很清楚。我们没有明确的“真实性”概念。但是，如果真的有“真实存在”道德的戒律，那么，似乎没看到，为什么人们不应该改变个人的基础呢？为什么这不应属于个人的真实性，即允许自我的实质改变？如果某人愿意通过对其大脑的神经增强干预来激进地摆脱这个“自我”，我们真的会谴责他，其人生故事将他变成了一个“真实的”暴力罪犯？〔87〕

败坏人性？败坏人的尊严？

根据一种在德国宪法中极有代表性的学说，保护人的尊严等，包括人的“不可利用性、不可制造性”。因此，例如，通过“异种杂交”人的尊严被侵犯。总的来说，《基本法》第1条第1款，必须证明是“针对系统地优化人种的方式的最后的和不可逾越的障碍”。〔88〕这也似乎理解了某些形式的神经增强：至少那些例如通过人脑－计算机偶联的
428 方式产生了一种人和机器的混合体，其能力明显超过了该人种的精神边界。〔89〕如果这违反人的尊严，那么，法定的禁止就是强制性的要求。

但是这个反对意见有说服力吗？很明显的直觉就令人怀疑。意识的创造，“自我”的创造，通过人脑与猴脑的生物学交叉，似乎比将计算机芯片整合到人的大脑中更加受到谴责和更违背人的尊严，从心理

---

〔87〕这与前英国暴力犯罪分子汤米·麦克休的故事相对应，他在脑出血后性格发生了改变，后来成为一名狂躁的艺术家，见吉尔斯，《改变思想》，载《自然》第430卷（2004年7月1日），第14期。麦克休的存在是，他只有通过脑出血和由此产生的大脑变化才能发现其真正的“自我”。

〔88〕赫夫林，载萨克斯（编），《基本法评注》，第1条，第22边码及以下，第29边码。

〔89〕作为一种可能性，这不再是科幻小说，见拉江加姆/尼科莱里斯等，《用于灵长类动物全身导航的无线脑皮层的脑－机接口》，载《自然科学报告》第6卷，第22170期（2016年）；在线 http://www.nature.com/articles/srep22170；关于在两个人的大脑之间（通过互联网），在很远的距离，并完全围绕外部感觉器官，直接沟通感觉和行为冲动的看似未来主义的可能性，见拉奥等，《人的直接的脑－脑接口》，参见：《公共科学图书馆综合》杂志9/11（2014年），e 111332。

能力上超出了我们正常的物种界限。原因何在？ 机器具有比我们后代的遗传亲属更高的尊严？ 这说服力甚微。事实上，这完全不是杂交的问题，而是在人－猿的组合中，出现一种具有我们物种界限之下属性的生物，相反，在人－机组合中，出现一种具有高出这些界限的属性的生物。而这似乎比前一种情况要好接受得多。

但是，禁止“系统地优化人类”的论据人们并没有被驱散。仔细观察也让我们怀疑。让我们用来自另一个背景和出自理查德·道金斯的思想实验来说明这一点。让我们想像一个女人，她母亲站在她的左边，她的母亲的母亲站在更左边，如此类推。如果我们想想这条链子长达 200 公里，一个母猴就站在尽头。再想像一下，六百万年前，猴子在清醒时已经决定了，无比严格地守护自己能力的生物学界限，并保证严格禁止优化。如果它们成功了，我们就不会存在。

这不是一个什么肤浅的笑话！ 优化禁止与我们生物物种界限的“永久保障”(《基本法》第 79 条第 3 款）的结合，最终针对的是进化本身。这在各方面都是错误的。因此,《基本法》第 1 条不能被有意义地解释。但是，进化的思想实验不仅怀疑对被保护对象的反向理解，而且同时指向了其正确性。毕竟，从我们的猿猴祖先到我们的旅程业经六百万年了。这段漫长的时间允许无数次的适应事件，它们使猿逐渐转变为人而没有重大的灾难。可比拟的进化性飞跃未来可能在一百年后才紧迫的想法令人目眩。据我们所知，人类大脑的物质在整个宇宙中是最复杂的。其差异化的平衡，数百万年演变的结果可能会受到足够深入的技术干预而持续性地被破坏。[90] 然后，生物学、心理和社会的方式受 429

〔90〕 关于神经科学的相应忧虑，例如，尤库拉诺 / 卡多什,《认知增强的精神成本》，载《神经科学杂志》，33/10（2013 年），第 4482—4486 页。

到十分混乱的威胁。因此，这不关尊严，而是关乎安全，也即直接为了受保护的财产，对这些财产我们的法律制度至今只是部分地，而不是作为统一的整体来保护。让我们在此暂时称之为“精神整合”。

这种人类属性的错误进化和相应的败坏的紧迫风险，目前尚不可知。因此，考虑到此，目前法律对所有神经增强的禁止似乎无法表明是正确的。但在可预见的未来，它的可能性给立法者一个很好的理由，去详细观察这些方法的未来发展。在某个时候，出于宪法原因，它可能进行常规的干预，并防止不希望出现的生物的和社会的副作用。

14.4.3 法律的任务

在至目前为止概述的背景下，法律有四个主要任务。

1. 对植入神经技术的人，例如，人脑-计算机接口，保护未经受影响方同意的来自第三方的外部干预。如果这样的神经植入物与互联网有连接，例如直接地或经由其承担者的“智能手机”与手术医生相连，则它们可能被暴露为黑客所攻击。这种攻击可能成为一个新的，特别危险的“网络犯罪”一代。虽然 2001 年（自 2004 年 7 月起生效）欧洲委员会网络犯罪布达佩斯公约的立法者和签署国尚未知道，这种技术可能性已不再是科幻小说。[91]

2. 监管日益增长的神经增强工具，特别是脑刺激器的商业市场，这目前不受药品法的严格要求的限制，任何人都可以在互联网上轻松获得。[92]

---

〔91〕 见加松/科伯斯,《攻击性的人体植入物》，载《新一代网络犯罪》，载《法律，创新和技术》第 5 卷（2013 年），第 248—277 页。

〔92〕 对此见马斯兰等,《认知增强装置的调节：医学模式的扩展》，载《法律与生物科学杂志》（2014 年），第 68—93 页。

3. 保护个人免受不希望的来自第三方“改善”的干预。

4. 最后，个人自我利用的确定限度的法律保障——无论是对自己的家长式的人的保护，还是对作为整体的社会的保护。

让我们更具体地思考在 3 和 4 中提到的任务。

防止不希望的增强 430

这种保护早就不存在吗？针对没有他们的同意而改变身体组织如大脑的种种干预，个人未得到充分的保护吗？答案是否定的。对一些可想而知的和在我们的语境中是重要的干预目前不存在保护。让我们想象一下（带有一点科幻），经理 M 正在与他的交易对手 K 就一个公司收购进行着艰苦的敌对的谈判。在休息期间，M 指示其秘书，向会议室的空气中高强度地释放无味的神经肽催产素。这种物质在休息之后极大地改变了 K：他突然对 M 感到同情，完全相信他，最后签署了合同。如果人们加强对别人的友善和亲和力在任何情况下也作为增强，那么，K 在这个意义上是短暂地被“改善”。

这种情况不是一个脱离现实的科幻。十多年前，神经科学家已证明了催产素在人的相互关系中的促进信任的作用。[93] 让我们假设，在可预见的将来，为了能够使用像我们这个例子中的 M 让她所做的，秘书可以充分地增加释放。根据现行法律，M 不会受到惩罚。他既没有犯身体伤害也没有实施强制或欺诈。其他的犯罪构成与他的行为无关。但是，他的行动似乎是对另一个人自决的实质性干预，因此是非常值得刑罚的。[94]

---

〔93〕 科斯菲尔德等，《催产素增加了对人类的信任》，载《自然》第 435 卷（2005 年 6 月 2 日），第 673—677 页。

〔94〕 与该干预相连的大脑神经元过程的物理改变被认为是纯粹的身体的，没有足够的分量可理解成身体伤害。意义完全属于其精神的影响，而不是其神经生理学的基础。关于这种分化（它不是以形而上学，而只是以规范的二元论为前提）布勃利茨 / 默克尔，《反对思想罪》，载《刑法与哲学》第 8 期（2014 年），第 51—77 页。

其他的人的特征也可以没有相关人的同意被人为地改善。在科学杂志《自然》上，几年前发表了一份报告，它描述了药物能够通过有针对性地调整某些大脑区域来增强对其他人的感情。[95]这也许在不同的情况下有一定的意义。这样可以加强有些“狠心的父母或乌鸦父母”对他们子女的感情。但未经相关人的同意，应不被允许。它会违反了他们的自主。这是否可以理解为身体伤害是有疑的；这取决于可想而知的副作用的严重程度。但即使情况应该是这样，难道这不仅仅是无视自主的精神后果吗？无视自主似乎是一种值得刑罚的侵犯法益行为。

这种像我们以前的一些思考，明确地解释了适当保护主观权利的必要性。这样的权利将受到上述第四项任务“保障自我增强的法律界
431 限”的限制。因此，这个限制规定的问题只有在主观法的阐述之后才会被讨论。

14.5 精神自决的人权

这里的问题也是很明显的：即使也许在另一个标题下，这不再存在吗？ 但事实并非如此。当然，这类权利的具体要素是传统基本权利和人权例如良心自由或宗教信仰自由等的保护对象。但是，不存在整个领域的全面保护，一个很好理解的“精神自决”的概念开辟了这个领域。虽然人们可能把这归功于根据《基本法》第 2 条第 1 款对一般人格权的保护。不过，对这个权利的具体特征和它对个人的特殊意义

〔95〕 扬，《爱：神经科学揭示了一切》，载《自然》第 457 卷（2009 年 1 月 8 日），第 148 页。

都被不适当地模糊掉。[96]

下文要揭示这样的权利的必要性，以及对自由宪法的法律秩序的缺席的漠不关心。在各种人权公约的目录中，例如在 1948 年《世界人权宣言》第 18 条或《欧洲人权公约》第 9 条中，明确规定了“思想自由权”。但是，到目前为止，几乎没有任何一个国家以任何可识别的方式实际真正获取这个权利。[97] 人们认为，除了庄严的宣布之外，这种保护根本没有必要。例如，美国最高法院在 1942 年的一项判裁中表达了这样做的原因:“思想自由是人们自己本性的绝对之事；最暴政的政府无力控制思想的内在工作。”[98] 但是，今天这不再是真的。我们以前的思考使得这一点非常清楚。现在不仅是实现思想自由的保护，而且也是在实证法律的适当规范中实现精神自决的时候。

精神自决的基本要素

这样的权利有两方面：首先，消极的防御权，针对另一个人的任何十分重要的未经同意和直接作用于大脑精神的干预。其次，广泛的积极的形成权，旨在自主地支配自己的意识状态，也包括神经增强的方法和不受制于国家的禁令。 432

这个权利的主要难题是，系统地界定以日常的和社会习惯的形式非法地干预别人的意识状态。每个沟通，每个论点，每个讲座，一切让别人处于兴奋或激动的心情中的调情——简而言之，在日常生活中人们之间几乎所有形式的无所不在的互动，都会改变别人的意识状态

〔96〕 关于在基本权利方面保护需要的讨论，见阿尔伯斯,《由于新的见解和对大脑的干预的基本权利保护和创新要求》，载林德纳（编)，《人的神经自决》(2016 年)，(即将出版)。

〔97〕 对此详见布勃利茨,《认知自由或思想自由的国际人权》，载克劳森 / 莱维（编)，《手册》(注 5)，第 3 卷，第 1309—1333 页。

〔98〕 琼斯诉欧佩莱卡，316 U. S. 584，618 (1942)。

和大脑状态。

这个界限的决定性标准不是这种干预或其后果的心理的重要性。即使是其他人的严重的和故意的精神侵扰也能轻松容忍。[99] 相反，是指这种情况，直接影响他人的大脑，而且不是像上述的沟通形式，使用公共空间，通过接收人的感觉器官而发生。然而，由于对陌生大脑的直接影响，其感性和与此相关的其认知控制装置被规避或削弱。诚然，为促进权利的防御功能，在此，心理上的后果也必定不只是次要的。但是，如果是这样，那么，引起认知控制装置的生理上最小的大脑干预将会导致严重地侵犯他们的精神自决。[100] 这是我们最后一个要思考的。

针对自己的人的保护？

干预自己大脑的个人自我支配的强制性法律限制在原则上是可能的，在一定程度上是合法的。然而，目前还不清楚这些限制将在哪些方面具体被制定。[101] 毕竟可以说，它们还没有实现今天的神经技术自我增强的可能性。禁止自主的个人自由地处置自己的精神能力的家长主义立法障碍，在自由的法律秩序中，必定是巨大的——恰恰是在精神自决权的背景下。无论如何，刑法不应该在人类的技术性自我革命面前不加思考地普遍恐惧，借机认为是自己的职权和自己的工具是合法的。令人遗憾的是，这似乎有时候可能是：不存在一种持续保护传

〔99〕 设想一个相对另一个伙伴的绝望的愿望，持久的爱情或婚姻关系的破裂，以及其他许多存在受保障的个人自由的领域。

〔100〕 这在布勃利茨 / 默克尔（注 94）那里得到了深入的发展和论证。亦见布勃利茨 / 默克尔，《洗脑中有罪的思想？》，载文森特（编）《神经科学与法律责任》（2013 年），第 335—374 页。

〔101〕 关于此问题的讨论，见默克尔等，（注 5），第 327 页及以下诸页，364 页及以下诸页。值得注意的反对任何超出了人类物种现有限制的“激进的增强”（不仅仅是神经增强模式）的伦理观点，见阿伽尔，《真正的人类增强》（2014 年）。

统社会生活方式的根本的权利。

但是，存在着立法者对这样的社会发展保持警惕的义务，它在社
会上是不利的，对集体是有害的或是严重的不公正的，它极可能显得 433
在遥远的未来是大量的个人自我增强的副作用。然而，就目前可见的
而言，允许立法者冷静地履行其观察的义务。仓促的预防策略既无帮
助也不合适。在必要的观察与尊重自主个人的精神自决权之间找到适
当的平衡：这是未来的任务。

434

15.（刑）法中的程序化

弗兰克·萨利格　慕尼黑

15.1　法的程序化和法中的程序化

只要我们尝试研究程序化与法之间的关系，很快就会遇到彼此关联的两重困境。

15.1.1　程序化和法的多元视角

第一重困境源自多元视角，即程序化与法的关系可以而且将会成为多个视角下的研究对象。[1]进而，无论是否把“程序化”笼统视作以程序为导向，或者是否将“法”的概念限定为实定法，我们都可以从两个不同的基础视角出发来观察程序化与法的关系。视角一：以法的程序化（或者说程序性）为研究课题；视角二：以法中程序化（或者说程序性）为研究课题。[2]

〔1〕 本书作为导论，并不试图从所有视角对程序化与法的关系问题进行研究，此处只探讨其中最重要的方面。

〔2〕 两者的区分仅需参见桑德福特，《程序性调控模式和现代国家性》，2002 年，第 294 页及以下诸页，第 309 页及以下诸页。

法的程序化（或者说程序性）问题亦有不同的解读方式。首先，法本身的构造程序性就是一个值得研究的课题。因为所有实证法一开始均以抽象文本的形式呈现，其现实效果只能从实际的法的适用程序中获得。就此而言，我们可在法哲学层面追问：为实现正义，法的程序必须满足哪些规范性要求？〔3〕

其次，可以把法的程序化建构成历史性的和（或）理想型的，比如将其作为现代法发展的终点。在这个意义上，法社会学 / 法律理论的程序化理论认为，程序之法不仅是通常意义上现代法发展三阶段模型的最后一个阶段，同时也构成了具备学习能力的法的新型调控范畴。〔4〕与此相对，法哲学的理论则将程序正义的重心首先置于法的证立之上。它从确定性丧失这一多元现代性的典型特征以及认识论和实践哲学中的证立问题出发，追问“如何实现”正义，而非“什么是”正义。在康德之 435
绝对命令这一本质上形式性的审查程序〔5〕之后，又出现了诸如罗尔斯的契约论和作为正义原则选择方法的“无知之幕”〔6〕以及哈贝马斯的商谈原则〔7〕，来为正义的规范提供程序上的证立。〔8〕最后，有些研究要求为

〔3〕 例如霍夫曼,《程序正义：程序正义理论研究》，1992 年，第 14、39 页；同时参见注 8 中的“正义创制理论”。

〔4〕 参见 15.2 的论证。

〔5〕“你要仅仅按照那个准则，即同时你也能愿意它成为一条普遍法则的准则，去行动。”[康德,《道德形而上学奠基》(1785 年)，魏舍德尔出版社版，第七卷，1968 年，第 51 页。]

〔6〕 罗尔斯设想，当民众必须在无知之幕背后对其在未来社会中的处境予以抉择时，民众作为虚构的社会契约之成员，就会基于正义原则互相取得一致。[参见罗尔斯,《正义论》(1971 年)，1975 年德文版，第 159 页及以下诸页。]

〔7〕“所有可能的相关者作为合理商谈的参与者都能够同意的行为规范，才是有效的行为规范。”(哈贝马斯,《在事实与规范之间》，1992 年，第 138 页。)

〔8〕 进一步了解程序正义理论请参见阿图尔·考夫曼,《正义的程序论》，1898 年；霍夫曼，注 3，第 166 页及以下诸页；辰切尔,《正义的程序论》，2000 年，和其他的区分在第 133 页及以下诸页，有关程序的正义产生论。此外还有埃尔沙伊德，本书中，3.2.7.2 及以下诸页。

部门法领域建构程序化的调控模式，这些也可归入法的程序化。[9]

法中程序化必须与法的程序化加以区分。就法中程序化而言，程序化是一个集合概念，以统称所有为扩大传统的规制机制或者创设新的程序性或组织性规制机制所做的努力。[10]进而，其所涉内容之光谱可谓相当广阔。在通过程序实现基本权利保护的宪法[11]、各个法领域[12]或者一些特定问题[13]之中，均出现了程序化意义上的讨论。此外，关于程序法内在价值的程序正义与实体正义之争，同样属于法中程序化的体现。[14]

---

〔9〕 费斯廷,《程序化的广播电视法》，1997 年；鲍尔,《联邦立法者对联邦宪法法院裁判的重要结果责任》，2003 年；艾克,《刑法的程序化：范式转换的形成、价值和未来》，2010 年。

〔10〕 桑德福特，注 2，第 309 页。

〔11〕 下文 15.3 进一步阐明。

〔12〕 将行政法作为法中程序化主演练场的有：维特赫尔特,《法社会学与法律理论年刊》，第 8 卷（1982 年），第 38 页（40 页及以下诸页）；格林,《行政法新期刊》，1985 年，第 865（867）页；埃德,《法社会学期刊》，第 8 卷（1987 年），第 193（219）页。专门针对行政程序法的：夸贝克,《行政程序的服务功能以及程序化》，2010 年。针对医疗法的：萨利格，发表在贝尔纳特和克勒尔主编的《药品研究的法和伦理》，2003 年，第 124 页。针对刑法的：温弗里德·哈斯默尔，发表在皮特和泽尔曼主编的《程序化思考作为实体刑法的革新动力》，2006 年，第 9 页；以及施特拉腾韦特发表在《哈斯默尔祝寿论文集》上的，2010 年，第 639 页。针对经济刑法的：弗兰楚斯基,《经济刑法中的程序化》，2014 年。

〔13〕 针对程序上的合法化：温弗里德·哈斯默尔,《马伦霍尔茨华诞纪念文集》，1994 年，第 731 页；以及萨利格,《哈斯默尔华诞纪念文集》，2010 年，第 599 页。针对安乐死问题：萨利格,《立法与法学批判季刊》，1998 年，第 118 页以及他发表在舒尔茨主编的《实体归责和程序归责的合法化》,《法哲学和社会哲学文汇》增刊 75 号，2000 年，第 102 页。尤其是针对患者决定权问题的：波普,《整体刑法学杂志》，第 118 卷，2006 年，第 639 页；阿茨特,《曼弗雷德·沃尔夫纪念文集》，2011 年，第 609 页；施特恩贝格－利本,《克劳斯·罗克辛华诞纪念文集》，2011 年，第 599 页；博尔曼,《刑法对照管法程序调控关于患者决定权问题（〈德国民法典〉第 1901 条 a 及以下）的附加要求》，2016 年。

〔14〕 针对刑事诉讼的参见拉德布鲁赫,《法哲学入门》，1959 年第二版，第 62 页及以下诸页；格尔茨,《石勒苏益格－荷尔斯州公报》，1964 年，第 57 页；沃尔弗拉姆·亨克尔,《程序法规范的正义价值》，1966 年；乌尔弗里德·诺伊曼,《整体刑法学杂志》，第 101 卷，1989 年，第 52 页；霍夫曼，注 3，第 27 页及以下诸页。

最后，主张立法者针对宪法上无法或者很难通过实体基准来解决的规制
难题，负有证立、核查及观察义务的观点，也可归入这里所讨论的程序 436
化概念之中。[15]

15.1.2 法中程序化概念的多样性

上文法中程序化的最后一个例子，已经指向了处理法程序化问题将会面临的第二重困境：**程序化概念使用不统一**的问题。程序化并非一个法律预先规定的法概念。进而，这一概念不仅在法学文献中被千差万别地使用，其还具有时髦概念的特性，因此已经被视为“在讨论中难以看出其真正内涵”了。[16]刑法学中关于法中程序化的相关讨论，就非常典型地展现了人们对程序化概念的不同理解。[17]

自温弗里德·哈斯默尔开始，刑法学界有种流传甚广的观点认为，刑法中的程序化源于对某些内容的认知缺失，而这些缺失的认知内容恰恰对特定决定具有重大意义。在这种情形下，即应当通过程序来“曲线救国”，以推断展现那些难以直接获知的内容，此时通过程序得出的任何结论都应被采纳。在哈斯默尔看来，此种意义上的程序性概念针对的是特殊情形，例如极端情况（卡涅阿德斯船板困境[18]中的紧急避险），预测不确定（有特权的错误）和评价不确定（经过咨询的堕胎行为的出罪、安乐死）。这包含所有下述裁判情形，在这些情形中，不断增加的规制复杂性必须通过涉及注意、审查或咨询义务的程序来解决，因为只

〔15〕参见仅针对公务员法的：《联邦宪法法院裁判集》130，263（301 及以下）；此外，弗里施，《刑法新杂志》，2016 年，第 16（24）页。

〔16〕桑德福特，注 2，第 286 页。

〔17〕其他法领域对这一概念的多样解读参见艾克，注 9，第 106 页及以下诸页。

〔18〕船难后，两个幸存者争夺最后一块木板，这块木板只能承重一个人。

有这些程序，才能将专业鉴定或伦理评价输送至刑法之中。[19]

在此基础上，在进一步具体化的过程中又发展出了各种不同的对程序化概念的理解。但无论如何，卡涅阿德斯船板困境都不应当归入程序化的范畴，因为这里缺乏程序外在的标准，故而完全不构成一种正当化，并未优先选择任何评价，反而恰恰是放弃了评价。[20]就其所涉及的程序类型而言，亦可对程序化概念做狭义和广义的区分，狭义概念限于跨主体－商谈的程序类型，广义概念还包括主体内部－形式上的程序类型。[21]这个区分令人困惑之处在于，关于德国《刑法典》第218条c和《阉割法》第7条中对违反程序的处罚或《胚胎保护法》第3条a第3款规定的伦理委员会对胚胎植入前基因筛查之条件的审查，
437 这些却并不被广义程序化概念的主张者视作程序化在刑法中的表现形式。[22]如此理解的“广义”程序化概念，在适用范围上，反而比设想的狭义程序化概念更加狭义。[23]

第三种观点，同样是在广义和狭义的程序化之间进行区分，此时困惑就更多了。程序化在广义上——无关对错——是指，所有那些因为通过特殊程序而产生的并因此具备了独立效力的法律规定。与此相

〔19〕 哈斯默尔，注13，第731（749、751）页，另外参见他发表在肯普夫等人主编的《雇主的行为自由》上的文章，2009年，第29（42）页；主要参见波普，注13，第664页及以下；还有弗兰楚斯基，注12，第172页及以下诸页、第180页、第187页。

〔20〕 波普，注13，第668页；具体支持的观点：萨利格，注13，2010年。第604页及以下诸页；弗兰楚斯基，注12，第182页。

〔21〕 首先，萨利格，注13，2000年，第127页和同作者，注13，2010年，第602页及以下诸页，赞成狭义的概念；相反，弗兰楚斯基，注12，第172页及以下诸页，明确支持广义的程序化概念。

〔22〕 弗兰楚斯基，注12，第193页及以下诸页、第194页及以下诸页、第200页及以下诸页。

〔23〕 后者参见萨利格，注12，第135页及以下诸页。

对，狭义的程序化仅仅是指，这一程序至少部分替代了实体规范的情形。[24]接下来的结论是：几乎所有迄今所讨论的程序化的表现形式（环境刑法中的行政从属要求、堕胎中的咨询程序、安乐死中的同意，等等）[25]有可能都不属于至少狭义概念上的程序化。[26]

最后还有一种概念解读，其承接了先前的区分并对其概念上的混淆进行补充说明，该观点强调认为：按照德国《民法典》第1901条a及以下各条的规定，照管法上对患者预立遗嘱的程序规范并非程序上的正当化事由。即便程序规范“在某种程度上显示出了程序性正当化事由的一些特征”。[27]（但该观点认为）程序规范总归无法作为程序上的正当化事由，因为它无法替代实体规范。[28]

至此，为厘清程序化的概念以及程序化在刑法中的表现形式，最好先回溯一下程序化的历史发展脉络。其历史背景可以解释，为什么——毫无疑问——日益复杂的裁判问题需要借助日益复杂的裁判程序来解决？[29]以及为什么与此相应的法中程序化的增多（也）与现代（刑）法的调控问题互相关联？

15.2 法发展的三个阶段

从法社会学/法律理论的程序化理论[30]出发，可以探寻程序之法

〔24〕 施特拉腾韦特，注12，第639页及以下诸页。

〔25〕 下文15.5进一步阐明。

〔26〕 参见施特拉腾韦特，注12，第640页及以下诸页；支持这一观点的还有施特恩贝格-利本，注13，第550页。

〔27〕 博尔曼，注13，第180页。

〔28〕 博尔曼，注13，第209页，还有第169页。

〔29〕 萨利格，注12，第124页。

〔30〕 萨利格，注13，2000年，第108页及以下诸页、第117页及以下诸页。

438 的革新价值。结合韦伯的概念术语，程序化理论将法的程序化解释为现代法发展三阶段模式——形式之法、实体之法和程序之法——的历史性和系统性的最后阶段。[31]

据此，形式之法指的是19世纪最为典型的自由和市民法治国的法。说它是形式的，原因在于它仅仅为主观行为自由的消极排除情况划定了“形式上的”框架秩序。在形式之法中会产生社会成本（例如不平等问题），为解决这一问题，大约自19世纪末以来出现了福利国和社会国的实质之法。实体之法的特征是，它将自由形式之法的条件模式（“如果－那么”的禁止或者命令）扩展至对于政治目标的直接实现。然而，实体之法也有其缺陷。其目的模式具有调控过度的倾向，具体表现为各种调控问题（低效率、执法不足、系统失稳）和对自由的限制。为补救这些问题，大概自20世纪60年代末以来出现了程序之法。程序之法是多元宪法国家的法，它立足于对实体之法调控问题的批判性反思，退回到了组织和程序在其学习范围内的间接调控模式。

这一现代法学发展的三部曲同样出现在哈贝马斯法哲学的法律商谈理论中。[32]在哈贝马斯看来，一方面，程序之法可以避免自由主义法律范式和社会国法律范式的缺陷；另一方面，程序之法的核心是更

---

〔31〕维特赫尔特，注12，第39页及以下；托伊布纳，《法哲学和社会哲学文汇》，第68卷，1982年，第23页及以下诸页；托伊布纳和维尔克，《法社会学期刊》，第6卷，1984年，第19页及以下诸页；埃德，参见格林主编的《国家任务的变更——法调控力的下降》，1990年，第164页及以下诸页；拉多伊尔，《法学批评》，1994年，第42页及以下诸页；卡利斯，《程序之法》，1999年，第39页及以下诸页，第49页及以下诸页，第60页及以下诸页。卢曼的著名作品《经由程序的合法性》（1969年）和这个问题没有关系，参见他的《社会的法律》，1993年，第332页的注73。

〔32〕参见哈贝马斯，注7，第472页及以下诸页。对此具有启发性的文章还有克劳斯·京特在格林主编的（注31）第53页及以下诸页、第66页及以下诸页，区分了消极的、积极的和商谈的相关性原则。

高层级的反思阶段。[33]他指出，另外两种法律范式的根本错误在于其只关注了私人自主。[34]如此一来，自由主义的法律范式试图保障公民消极的法律上的自由，但却强化了事实上的不平等。与此相对，社会国的法律范式致力于通过保障社会权利来确立事实上的平等，但却导致限制自由的家长主义。只有程序的法律范式才能注意到此前被忽视的**私人自主与公共自主之间的关联**。它要求一种商谈的法律制度化，以同等实现公民的私人自主和公共自主。[35]在这一点上，按照哈贝马斯的看法，**程序的法律范式**应该具备三种功能：“满足对复杂社会的最好描述”，“重新呈现自由平等之公民共同体的自我构成这一原初观 439
念”，“克服法律秩序日益蔓延的特殊主义”。[36]

现代法学发展的三阶段模式同样可以转用到**刑法的发展历程**中。[37]**形式性刑法**是19世纪由费尔巴哈创建的自由主义刑法，以罪刑法定原则、行为刑法和法益保护为其标志。接着，**实质性刑法**则是20世纪工业社会的刑法，以李斯特的社会刑法学派为代表，以目的刑论、行为人刑法和特殊预防为其标志。最后，**程序性刑法**主要针对现代风险刑法、预防刑法和安全刑法的调控危机，以多元法益（环境、经济、人民健康，等等）、危险犯和刑事可罚性的前移为其标志。程序性刑法有助于缓解现代刑法的调控问题和执行问题。为此，它以“范式转换”之方式发展至“自愿、合作、商谈以及决策过程充分参

---

〔33〕哈贝马斯，注7，第494页，第500页和第528页。

〔34〕哈贝马斯，注7，第491页及以下诸页、第505页。

〔35〕哈贝马斯，注7，第499页、第503页、第515页、第532页及以下诸页。

〔36〕哈贝马斯，注7，第474页。

〔37〕艾克，注9，第7页及以下诸页（第10页及以下诸页）。同时还可参见弗兰楚斯基，注12，第49页及以下诸页。但他并不赞同艾克有关范式转换的论点（参见此书第103页和第172页）。

与和公开”[38]式的“软性”调控。

反对这种三阶段模式的声音也很早就已出现。它的历史有效性[39]，程序之法调控理论的适当性[40]，乃至程序之法日益增多的观点[41]都遭到了批判。此外，针对哈贝马斯的见解，程序之法律范式可以克服法律秩序日增的分立，其论断究竟能否实现也受到了质疑。[42]事实上，刑法范式转换之命题首先针对的是一个弹性的程序之法，这似乎是有悖于直觉的，因为刑法期待的恰恰是明确性、原则性、形式规范以及规则约束。[43]但这里所言却并非取决于此。[44]在程序化理论中，一方面，重要之处在于，法中程序化的日益增多是由现代社会的多元和动态变化所导致的，（在现代社会）从分立的内容中获取“正确”信息的难度越来越大，程序化的增加是在这样的社会（“干预国家的危机”）对法之调控问题的一个回应。另一方面，程序化理论开启了对法中“程序化”这一概念的准确阐释。[45]

440 15.3 法中程序化是通过程序保护基本权利

在厘清（法中程序化）概念之前，尚需说明程序之法在宪法上的

〔38〕艾克，注 9，第 79 页。

〔39〕弗罗梅尔，《法社会学期刊》，第 7 卷，1986 年，280 页以及以下诸页。

〔40〕参见托伊布纳所提及的自省法，注 31，第 13 页及以下诸页；以及托伊布纳和维尔克，注 31，第 4 页及以下诸页；卢曼，《法社会学期刊》，第 6 卷，1985 年，第 1 页及以下诸页；明希，同上，第 19 页及以下；纳哈莫维茨，同上，第 29 页及以下诸页。

〔41〕参见罗特莱特纳，《法社会学期刊》，第 6 卷，1985 年，第 226 页及以下诸页；勒尔，《法社会学期刊》，第 14 卷，1993 年，第 22 页。

〔42〕阿列克西，《迪塞尔霍斯特华诞纪念文集》，1996 年，第 86 页及以下诸页。

〔43〕相关论述见哈斯默尔，《法兰克福汇报》，2011 年 1 月 14 日对艾克的书评。

〔44〕批判法中程序化日益增多的观点站不住脚，详细论述在下文 15. 5 阐明。

〔45〕下文 15.4 进一步论述。

地位。对此务必认识到，程序之法是通过程序保护基本权利的体现。[46] 这一表述于1968年被首次提及[47]，它在这里表明，基本权利的落实和保障同样且关键性地取决于组织和程序。[48] 因为基本权利不仅影响实体法，同时还塑造程序法，程序法有效实现了对基本权利的保护。[49]

一般而言，通过程序保护基本权利（这个概念）是围绕着一个基本权利理论和基本权利教义学上的问题域而展开的，这个问题域外延宽泛且至今结构仍未统一。它既囊括传统的程序性基本权利，其中特定程序本身就是基本权利保障的主体（例如，按照德国《基本法》第19条第4款的诉讼保障，司法基本权）；又包含以基本权利为导向的程序规范之解释（“在程序中的基本权利保护”）和有程序参与其中的主观权利（主要在行政程序中）；还涉及向国家提出通过程序保护和扩展某些特定基本权利的诉求。[50]

---

〔46〕 参见萨利格，注13，2000年，第103页及以下诸页、第121页及以下诸页；以及萨利格，注12，第126页及以下诸页、第133页及以下诸页；与该观点相关的更多论述参见艾克，注9，第159页及以下诸页；弗兰楚斯基，注12，第203页及以下诸页（第216页及以下诸页）。

〔47〕 参见《联邦宪法法院裁判集》24，367（401），堤坝案裁定，《基本法》第14条，在“基本权利固有之法律保护”中使用。

〔48〕 黑塞，《欧洲基本权利期刊》，1978年，第427页（第434页及以下诸页）；贝特格，《新法学周刊》，1982年，第1页；施密特－阿斯曼，发表在伊森泽和基希霍夫主编的《国家法手册》，第5卷，第3版，2007年，第109条，第21边码及以下诸页。

〔49〕《联邦宪法法院裁判集》53，30（65），米尔海姆－克尔利希核电站裁定；《基本法》第2条第2款第1句在核许可程序中的意义；《联邦宪法法院裁判集》65，76（94），庇护程序；《联邦宪法法院裁判集》84，59（72），审查程序；《联邦宪法法庭裁判集》18，158（170），获取教授资格程序。

〔50〕 参见黑塞，注48，第434及以下诸页；奥森比尔，《艾兴贝格尔华诞纪念文集》，1982年，第183页及以下诸页；胡贝尔，《在分权和联邦国家通过组织和程序保护基本权利的权限问题》，1988年，第65页及以下诸页；施特恩，《国家法》，第3卷，第1版，1988年，第953页及以下（第961页及以下诸页、第965页及以下诸页）；登宁格，发表在伊森泽和基希霍夫主编的，注48，第5卷，第2版，2000年，第113条，第7边码。

15.3.1 通过程序保护基本权利的原因

何处基本权利无法有效履行其实体上的保护功能，那里就需要（“原因”）程序上的基本权利保护。[51] 主要有三个相互关联的原因。第一个原因是规范性法律漏洞。这一漏洞表现在：针对国家具体措施的实体法规无法从一项基本权利中推导出来之时；[52] 或者由于问题域的特征或法定目标的冲突，针对国家行为的实体法规只能通过需要补充的规范概念和一般性条款进行解释之时。[53]

第二个基本权利实体调控出现问题的原因是认知缺失。这一缺失出现在，对一个高难度问题做权威裁判之时，认知在一定程度上是必不可少的，只有合乎法定形式之程序的商谈过程才能够激活此类认知，
441 譬如（尤其）在环境法和科技法中。[54] 第三，单纯的时间因素也能令实体上的基本权利保护落空。这一因素体现在，实体上的结果审查只存在于一个时间点，但处于这个时间点之时，对基本权利的损害可能已经不可逆了。[55] 上述所有情形中，不仅何人以何种方式裁判的程序问题非常重要。而且，基本权利保护的时效性也要求其在裁判程序中可以自我前置（事前），而非通过实体上的结果审查将公民置于事后的

〔51〕《联邦宪法法院裁判集》90，60（96），广播电视费裁定；根据《基本法》第5条第1款第2句的广播自由。

〔52〕同注51。

〔53〕《联邦宪法法院裁判集》33，303（341），《基本法》第12条；高校入学许可的能力评估；《联邦宪法法院裁判集》53，30（75）。

〔54〕《联邦宪法法院裁判集》53，30（76及以下）；此外参见哈格纳，格林主编的《国家的任务》，1994年，第488页及以下诸页；以及弗雷勒，《乌勒华诞纪念文集》，1987年，第55页（第64页及以下诸页）。

〔55〕《联邦宪法法院裁判集》90，60（96）；更多内容参见《联邦宪法法院裁判集》24，367（401及以下）；以及格利希，《作为程序保障的基本权利》，1981年，第58页及以下诸页。

更微弱的保护之下。[56]

15.3.2 通过程序保护基本权利的功能

通过程序保护基本权利的原因同时也指明了程序的功能。首先，通过对认知缺失和时间滞后的补偿，程序上的基本权利保护发挥了法程序的主要功能：真正实现或者说创制实体上的法。[57]但其功能不限于此。进一步且更重要的是，借助了弥补规范性保护赤字，通过程序进行的基本权利保护还获得了一种原生正当化功能，即对实体法的共同证立。[58]程序之法由此就补充和 / 或替代了实体法。

此外，通过程序保护基本权利的更多功能还体现在联邦宪法法院的裁判中。程序性基本权利保护的一个"重要附加优势"在于，它使得行政法院可以将"其审查重点从对科技和自然科学争议的棘手评判转移至对实际做出决定之机关行为和程序的审查，这样，法院即可承担其更擅长的职能，认真履行此种职能进而也保障了公民享有相应的权利保护"。[59]程序性基本权利保护强化了（行政）法院的审查，并通过这种方式提升了对公民权利的保护，并由此加强了法程序的法安定性功能。

最后，通过程序保护基本权利还具备一种表现为参与形态的正当化功能。当司法裁判提出，行政程序中公共参与的目的——同样也是

---

〔56〕《联邦宪法法院裁判集》33，303（341）;《联邦宪法法院裁判集》53，30（64 及以下诸页，75，77 及以下诸页，94 及以下诸页）;《联邦宪法法院裁判集》90，60（96）。

〔57〕 有关程序的功能参见卢曼,《通过程序的正当化》(1969 年)，1983 年，第 41 页；格利希，注 55，第 46 页；阿列克西,《基本权利理论》，1986 年，第 431 页；霍夫曼，注 3，第 40 页及以下诸页（第 44 页）。

〔58〕 萨利格，注 12，第 129 页、第 163 页及以下诸页；萨利格，注 13，2010 年，第 605 页及以下诸页。

〔59〕《联邦宪法法院裁判集》53，30（81 及以下）。

“重要附加优势”——在于“对程序法的公正适用……构成了人民对（行政机关）决定不可或缺的认同之前提”之时，其就指向了此种正当性功能。[60]

442 ### 15.3.3 通过程序保护基本权利的结构

阐释了通过程序保护基本权利的原因（“是否”要通过程序保护基本权利）和功能之后，尚需说明通过程序保护基本权利的结构（“如何”通过程序来保护基本权利）。最关键的一个结构要素在于：实体基本权利取决于程序性基本权利保护。如果程序之法首先是实体基本权利保护达成目的的手段（“通过”程序之法践行实体上的基本权利保护），那么实体基本权利保护就是程序性基本权利保护的理由和边界。[61]“理由”指的是，只有在对实体基本权利保护适当的前提下，程序性基本权利保护才是合法的。[62]“边界”指的是，只有在实体基本权利容许的保护范围内，程序性基本权利保护才是有必要的。上述两个方面均存在谬误的可能，从而导致程序之法由保护基本权利的工具变为危害和侵犯基本权利的来源。[63]

此外，通过程序保护基本权利的另一个结构要素在于：合比例原则。[64]同所有国家法一样，程序之法也必须是适当的、必要的和可期

〔60〕 参见《联邦宪法法院裁判集》53，30（81及以下诸页），米尔海姆－克尔利希核电站裁定中的反对意见。

〔61〕 赞成的观点参见弗兰楚斯基，注12，第216页。

〔62〕 参见《联邦宪法法院裁判集》63，131（143），回应报道权属于一般人格权的一部分：“如果立法者制定的程序法不能完成其任务，或者给法律适用设置了很高的障碍，那么实体基本权利地位降低的风险就会出现，如此一来就与通过程序保护基本权利不一致了。”

〔63〕 详细见下文15.6.2的论述。

〔64〕 弗兰楚斯基，注12，第224页及以下诸页。

待的。[65]适当性从程序之法到实体基本权利的“手段－目的”关系中就有所体现。具体而言，合比例结构依赖于程序上的基本权利保护以及各个事实问题的不同情况。与此相关的有：基本权利的保护方式、基本权利被侵犯的程度、规范目的的复杂性以及事后调控的效果。[66]通过程序保护基本权利的最后一个结构要素在于：程序的内在价值。它指的是在程序中的基本权利保护，例如在酷刑禁止中，这种酷刑禁止就在单一合目的的领域强调了刑事程序（的重要价值）。[67]

15.4 界定和划分：法中程序化的概念

在重构了现代法学发展的三阶段模式、展开了通过程序实现基本权利保护之观点之后，进一步厘清法中程序化这个概念就有了可能。

15.4.1 程序化和程序法 443

第一个区分直接来自于程序化理论，其观点是：法中的程序化同实体法借助形式法的事后执行没有任何关系，形式法以程序法（刑事诉讼法、民事诉讼法、行政诉讼法）以及对程序法进行补充的组织法（法院法）的形式出现。法中程序化的增多是 20 世纪下半叶实体法出

〔65〕《联邦宪法法院裁判集》16，194（201 及以下），《基本法》第 2 条第 2 款第 2 句；德国《刑事诉讼法》第 81 条 a；基希霍夫，发表在伊森泽和基希霍夫主编的《国家法手册》，第 3 卷，第 1 版，1988 年，第 59 条，第 55 边码；格利希，注 66，第 67 页。

〔66〕《联邦宪法法院裁判集》84，34（46）；登宁格，发表在伊森泽和基希霍夫主编的，注 50，第 113 条，边码 19；批判的观点参见施密特－阿斯曼，发表在默腾和帕皮尔主编的《基本权利手册》，第 2 卷，第 1 版，2006 年，第 45 条，边码 28。

〔67〕《联邦宪法法院裁判集》17，108（117）针对德国《刑事诉讼法》第 81 条 a；更多论述参见诺伊曼，注 14，第 54 页及以下诸页、第 67 页及以下诸页、第 69 页及以下诸页；弗兰楚斯基，注 12，第 218 页及以下诸页。

现调控危机所造成的结果，同传统的借助法院诉讼规范实现的法律执行没有关系，这类诉讼规范早在19世纪就已被制定出来，例如刑事诉讼法、民事诉讼法和法院法。从这一点来看，程序法的适用范围要窄于通过程序实现基本权利保护的适用范围。[68]

但是，程序法在文献中还有广义和狭义的区分。广义上，程序法是所有职权规范、组织规范和诉讼规范的统称，用来规制实体法的适用；狭义上，程序法仅指形式上的法律规范，即保障裁判合理或至少促进裁判合理的有关实体问题裁判的规范。[69]显然，如果程序法的特征涉及根据它而做出的裁判的正确性，便是更狭义而言的[70]，只要尚未排除通过程序实现的法律创制[71]，那么广义狭义之分倒也无伤大雅。有趣的是，这里是将程序化或者说程序法同传统的程序法相区分，传统的程序法把实体法适用在过去发生的事实中，在此意义上传统的程序法是事后执行。

15.4.2 程序化与实体法——程序法的概念

程序法与实体法的关系尚存争议。有种观点认为，程序法是实体法的一部分。产生此观点的原因在于，法之程序化的核心是证立正义，因此必须严格区分程序法与程序上的作为法律创制的法律适用。这里的程序法仅指实体法中的诉讼规范，这类诉讼规范至少可以部分替代作为实质性调控的实体法，例如，刑法中这类诉讼规范负责公正的、

---

〔68〕参见上文15.3的结尾以及注50。

〔69〕卡利斯，注31，第175页及以下诸页；同时可参见辰切尔，注8，第132页及以下诸页。

〔70〕卡利斯，注31，第176页及以下诸页。

〔71〕辰切尔，注8，第133页及以下诸页、第142页；弗兰楚斯基，注12，第132页及以下诸页、第173页及以下诸页。

以法益为导向的对刑事可罚性进行判定。[72]所以，程序化被理解为“通过在实体（刑法）中嵌入程序规范从而实现的法之自我约束。在遵守这些程序规范过程中得到的结论被认为是内容‘正确的’而被采纳，并免除……进一步的复审。”[73]

在这种概念理解之下，将程序法视作实体法的一部分并且还补充或者 444
替代实体法的观点就是正确的。举个刑法中阻却构成要件的例子：孕妇在妊娠十二周以内要求堕胎的，只要她能向医生出具一份证明，表明自己在手术的至少三天前已经接受过咨询（德国《刑法典》第218条a第1款）。[74]

但是，程序法不仅局限于此种功能。如果法中的程序化是通过程序保护基本权利的体现，（那上述观点）就忽视了，为何程序法不可以同样也具备程序性基本权利保护功能尤其是正当**法律创制**功能的复杂性呢？[75]德国《阉割法》第5条规定，执行阉割必须取决于鉴定机构的同意，这甚至算是实体上的正当化了；但仅仅因为将该规定只视为法的实践而没有视为实体法的合法化，所以就不将其称之为程序化，这种论证不具备说服力。[76]同时被忽视的还有，严格的程序性保障过去曾是对规范的法令不确定性的一种回应，即当时对这一重大侵害未能取得一致见解的情形、纳粹时期对强制阉割的许可以及1963年联邦

〔72〕弗兰楚斯基，注12，第173页及以下诸页；对这一功能的苛评同时参见施特拉腾韦特，注12，第640页；施特恩贝格-利本，注13，第550页关于程序性法律证成；博尔曼，注13，第209页和169页。

〔73〕弗兰楚斯基，注12，第180页；同时参见辰切尔，注8，第133页及以下诸页。

〔74〕只需参见哈斯默尔，注13，第736页及以下诸页；萨利格，注13，2000年，第127页及以下诸页；弗兰楚斯基，注12，第190页及以下诸页。对不法的其他观点参见施特拉腾韦特，注12，第645页及以下诸页。

〔75〕参见上文的15.3.2。

〔76〕弗兰楚斯基，注12，第200页及以下诸页；同时参见博尔曼，注13，第197页；施特拉腾韦特，注12，第639页及以下诸页，对其而言，该规定只属于广义上的程序化。

最高法院阉割判决中那些悬而未决的问题。[77]出于同样原因不成立的还有，不承认由照管人采取的特定安乐死措施，同按照德国《民法典》第1904条及《家事案件和非讼事件程序法》[78]第287条第3款及第298条规定的照管法庭批准程序的结合，属于程序法。[79]最后反直觉的还有，不把刑法上违反程序行为的入罪化归入刑法中的程序化，例如德国《刑法典》第218条c和《阉割法》第7条。[80]因为这些规范是围绕着实体上的刑罚威胁（德国《刑法典》第218条或者说第223条及其以下[81]）展开的，所以看似构成了程序性刑法的闭环。[82]

程序法和实体法的正确区分应当是，程序法包括所有这类程序规范，它们非传统的程序法并且以事前方式关涉实体裁判的正确性。在事前关涉正确性层面，程序法可以是实体法（例如德国《刑法典》第218条a第1款），但是更进一步来看，程序法也可以是形式法（例如，
445《家事案件和非讼事件程序法》第287条第3款和第298条，行政程序法的一些规范）。就此而言，程序法是一类自成一派的法律范畴，[83]其

〔77〕其背景参见联邦议会印刷品，V/3702，第4页及以下诸页；萨利格，注12，第135页及以下诸页。

〔78〕全称为德国家事案件和非讼事件程序法。

〔79〕参见博尔曼，注13，第209页和169页；对此的反对观点参见萨利格，注12，第157页及以下诸页；波普，注13，第670页；在结论上具体还有，弗兰楚斯基，注12，第198页及以下诸页，不把法律落实当做程序化的观点显然与他的观点相矛盾。

〔80〕弗兰楚斯基，注12，第193页及以下诸页、第194页及以下诸页、第200页及以下诸页。

〔81〕对此实体和形式互相交织的观点参见萨利格，注12，第137页和141页。

〔82〕参见哈斯默尔，注13，第737页，支持埃泽尔有关堕胎的紧急情况导向的商谈模式；萨利格，注12，第166页及以下诸页。

〔83〕参见艾克，注9，第116页及以下诸页，程序之法归属于实体法和形式法（第128页）并且此外区别于自我获取信息的程序（知识累积），经验主义的自我检验程序（模拟），自我参与程序（参与），自我观察程序（监控、评价）和自我修正程序（复审）(第121页及以下诸页、第129页）。

鉴于实体法在规范性、认知性和时间性的调控问题而承担着法律证立（合法化）、法律创制（法律适用）、法安定性和参与的功能。[84]

15.4.3 广义和狭义的法中程序化之概念

广义和狭义概念的法中程序化是否应当区分和应当在何种程度上区分的问题是一个实用性问题。如人们所见，文献里提及过多种针对这一区分的建议。一种建议认为，作为所有形式法总和的程序法（广义）和作为程序规范总和的程序法，这些程序规范与根据它们而做出的实体裁判的正确性有关（狭义）是不同的。[85]另外一种建议认为，由法律程序产生的程序性规定（广义）和至少部分取代实体规范的程序法（狭义）是不同的。[86]第三种建议根据在程序化中讨论的程序类型加以展开。它认为，一则规范的所有形式层面（管辖权要求、形式要求和程序要求）以及主体内部－形式上的程序执行（广义）和作为社会性跨主体之程序的商谈（狭义）是不同的。[87]

---

〔84〕 罗尔斯［《正义论》（1971 年），1979 年，第 105 页及以下诸页］提出，根据程序外标准对于程序结果之质量的意义，可将程序正义分为：纯粹程序正义（不存在判断正确性的程序外标准，故遵守程序即可得出正确的结果，例如赌博）、不完善的程序正义（遵守程序可以提高做成实体上正确结果的可能性）和完善的程序正义（遵守程序即可确保得出所想的结果，例如分蛋糕）。但鉴于法体系中实体和形式方面的交织以及大量的关涉点，将罗尔斯这种分类引入法体系——尤其是就纯粹程序正义而言——并不具有多大意义；关于刑法领域的讨论，波普，注 13，第 667 页及以下诸页；萨利格，注 13，2010 年，第 604 页及以下诸页；弗兰楚斯基，注 12，第 150 页及以下诸页、第 177 页及以下诸页。法程序本来也不涉及完善的程序正义的情形；关于罗尔斯，还可以参见霍夫曼，注 3，第 174 页及以下诸页（第 176 页及以下诸页）。

〔85〕 参见上文 15.4.1 和注 69。

〔86〕 参见上文 15.1.2 和注 24。

〔87〕 参见上文 15.1.2 和注 21。

第一种建议的两类区分不可取。法中程序化的增多是大概 20 世纪末实体法出现调控问题之后的现象，那么将传统的程序法也归入广义程序法的分类建议便不具备实用性。[88] 第二种建议的反对观点认为，这一区分将狭义的程序法限缩在了替代实体法的功能上。如果程序法是通过程序保护基本权利的体现，那么其功能便不仅限于法律证立，它还具备法律创制的功能。[89] 最后，第三种建议不应被过誉。
446 尽管，或许能承认商谈性程序建构了程序法的特性，就像讨论通过程序保护基本权利时所揭示的那样。同时，或许能更清晰地对概念加以区分，一方面是商谈性程序（例如，咨询要求、批准要求和同意要求），另一方面是纯粹的形式规范（例如，管辖权要求和文档记录要求）。但是，该建议在概念层面仍然不是不可替代的，纯想象的程序（例如，按照比例方法审查起诉书的一贯性）或者形式规范撰写时的主体内部执行（例如，患者预立医疗决定）同样可以称为程序法。[90] 此外，还应注意的是，程序化在实践中除了形式要素之外，还经常具备商谈要素。[91]

15.5 刑法中程序化的表现形式

在上述概念界定的基础上，接下来将概括介绍法中程序化的表现形式。程序化在刑法中的表现形式可能是最具代表性的，因为它或许

〔88〕 参见上文 15.4.1。

〔89〕 参见上文 15.4.2。

〔90〕 更进一步的讨论参见萨利格，注 13，2010 年，第 602 页及以下诸页；弗兰楚斯基，注 12，第 172 页及以下诸页。

〔91〕 详细论述见 15. 5。

是程序法本身所面临的最无法确定之领域。刑法通常被视为明确的实质性评价，看似不存在程序化的空间，[92] 所以甚至有个别观点认为“刑法在根本上排斥程序化”。[93]

一般而言，程序化在刑法中可以被定义为：通过遵守特殊程序，从而对侵害法益或关涉法益的行为免予刑事处罚。[94] 在犯罪论体系中，程序上的合法化要么放在构成要件层面，要么放在正当化层面。实质上，这是对免予刑事处罚之前提的事前审查，即在问题行为实行之前就予以审查，区别于传统刑法的事后审查。程序之法经常同实体刑法规范的附属要求联系在一起，这类附属要求是指刑法以外的规范包括形式之法。在这层意义上，程序化的重点离开刑法、转移到了其他法领域。[95] 程序化在刑法中的表现形式和涉及范围千差万别。其中既包括形式上的文档记录义务和书面格式要求，也包括遵守特殊裁判程序和聘请其他审查人员，还包括一些来自鉴定机构、咨询机构、伦理委 447
员会和照管法庭的高度形式化程序。此外，程序化还部分包括单纯违反程序的刑罚和/或（行政）罚款的强化保障。

15.5.1 医疗（刑）法中的程序化

程序法盛行于医疗（刑）法中。这里通常通过同意的程序化来置

---

〔92〕施特拉腾韦特，注12，第646页，以及施特恩贝格-利本，注13，第550页；两人都提及刑法中的异物。

〔93〕博尔曼，注13，第182页及以下诸页和第209页，但是基于误解，他认为程序法必须替代实体法。

〔94〕萨利格，注13，1998年，第145页；萨利格，注13，2010年，第601页及以下诸页；赞同的观点有施特恩贝格-利本，注13，第549页和弗兰楚斯基，注12，第150页及以下诸页。

〔95〕萨利格，注13，1998年，第146页及以下诸页；萨利格，注13，2000年，第131页。

换实体法中常见的规范及其适用的安定性，并以此提升法的安定性。[96]按照时间顺序枚举如下：

- 针对阉割的规定（1969年）通过一个鉴定机构或者一个照管法庭对同意的前提条件进行审查（《阉割法》第5、6条）以及对违反程序的行为实行入罪化（《阉割法》第7条）；
- 针对堕胎的规定（1995年）妊娠三个月内接受了咨询的堕胎行为不符合犯罪构成要件（德国《刑法典》第218条a第1款），对咨询程序的安排（德国《刑法典》第219条结合妊娠冲突法）以及对违反程序行为的制裁（德国《刑法典》第218条c）连带对周围人的惩罚（德国《刑法典》第240条第4款第2项、第170条第2款）[97]；
- 《器官移植法》的规定（1997年）在死后取出器官的情形下，认定死亡需要通过两位独立专业医生的确证程序（《器官移植法》第5条第1款和第2款），文档记录义务（《器官移植法》第5条第2款第3至5句）[98]以及对违反程序行为的制裁（《器官移植法》第20条第1款第1项），死后取出器官需要其他人的同意（同意程序规定在《器官移植法》第4条第1款第2至6句、第2款和第3款，文档记录参照《器官移植法》第4条

〔96〕对下列内容更详细的论述见萨利格，注13，2000年，第127页及以下诸页；萨利格，注12，第135页及以下诸页；萨利格，注13，2010年，第607页及以下诸页；单独讨论安乐死问题的还有，艾克，注9，第203页及以下诸页。但是，对此持有不同的概念理解和相应不同的分类的参见施特拉腾韦特，注12，第640页及以下诸页，和弗兰楚斯基，注12，第189页及以下诸页，以及博尔曼，注13，第186页及以下诸页。

〔97〕针对这一问题还有埃泽尔，《立法与法学批判季刊》（哈斯默尔六十岁生日特刊），2000年，第43页；贝尔丁，《布塞留斯法律杂志》，2010年，第39页。

〔98〕被立法者自己称作"程序法的要求"，联邦议会印刷品，13/4355，第19页。

第 4 款第 1 句，审核权参照《器官移植法》第 4 条第 4 款第 2 句，针对没有征求同意的制裁规定在《器官移植法》第 19 条第 2 款以及结合第 4 条第 1 款第 2 句）以及活体取出器官时，器官捐献者需要一位其他医生在场的情况下做出声明（《器官移植法》第 8 条第 2 款第 3 句），文档记录（《器官移植法》第 8 条第 2 款第 4 句），经由一个委员会进行审查（《器官移植法》第 8 条第 3 款第 2 句）和针对违反声明义务的制裁（《器官移植法》第 19 条第 1 款第 1 项以及结合第 8 条第 1 款第 1 句第 1 项 b）[99]；

- 药品和医疗产品的人体临床测试（1998 年以及之后）取决于伦理委员会的同意表决和联邦主管机关的批准（《药品法》第 40 条第 1 款第 2 句,《医疗产品法》第 20 条第 1 款第 1 句以及第 22 条）以及对违反相关程序行为的制裁（《药品法》第 96 条第 11 项,《医疗产品法》第 41 条第 4 项）；
- 照管人对病人意愿的查明程序（德国《民法典》第 1901a 条第 2 款以及结合第 1901b 条）和安乐死中照管法院的批准程序（德国《民法典》第 1904 条以及结合《家事案件和非讼事件程序法》第 287 条第 3 款和第 298 条；2009 年）；
- 针对胚胎植入前基因筛查的规定（2011 年）通过一个跨学科 448
综合的伦理委员会对许可之前提条件进行审查（《胚胎保护法》第 3a 条第 3 款第 1 句第 2 项）以及文档记录（《胚胎保护法》第 3a 条第 3 款第 2 句）。

〔99〕 关于活体器官捐赠中的程序化见，瓦格纳和法塔赫－莫赫达姆,《社会世界——社会科学研究期刊》，2005 年，第 73 页（79 页及以下诸页）。

15.5.2 普通刑法中的程序化

但是，程序法同样也存在于普通刑法中。程序化的一个传统体现是：许多刑法规范的行政从属性，例如体现为未经许可的赌博活动的刑事可罚性（德国《刑法典》第284条）或者体现为环境刑法犯罪中“未经授权”（德国《刑法典》第324条、第326条），“违反行政法义务”（德国《刑法典》第324a条、第325条、第325a条、第328条第3款）或“未经批准”（德国《刑法典》第327条、第328条第1款）的表述。[100] 这些行政从属性的程序特征在于：予以批准要求以申请人和潜在行为人（例如，《行政程序法》第28条的听证当事人）共同参与商谈的行政程序为前提，并由行政人员基于其管理权限对法益的处理做出授权。[101]

反对将行政从属性的授权作为程序之法的观点认为，（即便）通过程序得出了行政法上的规范，（但）此处最关键的也不是程序，而只是结果。[102] 这种反对观点基于误解而产生，即认为程序法必须总是替代实体法[103]，除了这个误解之外，反对观点还误以为，环境刑法中的刑事违法性主要由环境法来构建。因为环境保护主要由国家的环境法来负责，而刑法只起到一个附属的、补强的作用。[104] 这种观点无法向公民证立下述情形，即便垃圾填埋企业获得了具有法律效力的批准，它

---

〔100〕 对环境刑法中的行政从属性的进一步研究见，萨利格，《环境刑法》，2012年，边码63及以下。

〔101〕 参见伦瑙，《德国刑法》，第12版，2006年，第32条的前述，边码273；黑格曼斯，《犯罪构成要件保护行政法或行政行为的教义学基本特征》，2000年，第183页及以下诸页。

〔102〕 施特拉腾韦特，注12，第642页。

〔103〕 对此见上文15.4.2和15.4.3。

〔104〕 详细论述见萨利格，注100，边码5及以下。

在刑事上也是可罚的（参见德国刑法典第 327 条第 2 款第 3 项）。[105]

此外，实体刑法中的程序化还包括有特权的错误，即在程序上没有瑕疵但之后无法证实的预测（例如，暂时逮捕按照刑事诉讼法第 127 条第 2 款是违法阻却事由）。[106] 但是，诸如卡涅阿德斯船板困境中的法外空间并不归属于程序法，因为在类似情形中程序对法的证立或创制而言显得微不足道。[107]

15.5.3 经济刑法中的程序化 449

最后，程序法——尤其基于广义的程序化概念，即包含注意要求的纯粹执行[108]——也越来越多的出现在经济刑法中。[109] 这里的程序法也是回应实体刑法在规范性（伦理 - 道德上的不确定性）、认知性（专业化和复杂性相关的不确定性）和时间性（预测的不确定性）的调控问题。[110] 适当的程序性经济刑法或许应当通过调动各个领域的裁判合理性，一方面安置持续有效的刑法禁止标牌，另一方面为交易者指明免受刑罚的（相对）安全港口。

---

〔105〕 在结论上支持将行政从属性作为程序法的分类见，阿梅隆和布劳尔，《法学综览杂志》，1985 年，第 474 页；萨利格，注 13，2010 年，第 608 页及以下诸页；弗兰楚斯基，注 12，第 201 页及以下；博尔曼，注 13，第 203 页。

〔106〕 哈斯默尔，注 13，第 744 页及以下诸页；支持的观点见，波普，注 13，第 665 页及以下诸页。

〔107〕 同样的观点见，波普，注 13，第 668 页；萨利格，注 13，2010 年，第 604 页及以下诸页；弗兰楚斯基，注 12，第 182 页及以下诸页；同时参见上文 15.1.2 以及注 18 和注 20。不同的观点见，哈斯默尔，注 13，第 739 页及以下诸页。

〔108〕 对此见 15.4.3。

〔109〕 哈斯默尔，注 12，第 9（26）页；哈斯默尔，注 19，第 29（42）页；艾克，注 9，第 168 页及以下诸页；伦瑙，《刑事辩护人杂志》，2011 年，第 753 页（第 757 页及以下诸页）；弗兰楚斯基，注 12，第 291 页及以下诸页。此外，还有进一步的文献。

〔110〕 弗兰楚斯基，注 12，第 114 页及以下诸页。

一方面，鉴于各种不确定性，程序化表现为在企业经营决策过程中（德国《股份公司法》第93条第1款第2句规定的商业判断原则）以德国刑法典第266条背信罪的犯罪构成要件为框架对义务违反所做的规定；鉴于预测的不确定性，程序化表现为在破产类刑法中对“符合秩序的经济之要求”所做的规定（德国《刑法典》第283条及其以下）和在腐败类刑法中对不法约定之不正当性所做的规定（德国《刑法典》第299条、第331条及其以下）。〔111〕除此之外，行政从属性也是程序化在经济刑法中的常见表现形式，例如未经许可情况下企业参与银行业务可罚的规定（参见德国《信用制度法》第54条）或者在对外经济法中未经许可情况下出口特殊商品可罚的规定（参见德国《对外经济法》第18条）。

另一方面，并非所有程序化都在程序性经济刑法的范畴中讨论。（有观点认为）洗钱法是一种纯粹的框架法，它将刑事追诉转嫁至私人，规定了自我规制并预设了政府参与，只有在这种情形下反洗钱才归属于程序性经济刑法。〔112〕这种分类存在两处疑问。其一，洗钱法规范的目的不再是为了最初的不法之证立，而成了事后的刑事追诉之落实。其二，义务的承担者成了银行职员或相关行业的工作人员，而非（刑法上的）主犯。〔113〕

---

〔111〕 对此具有代表性的深入讨论见，弗兰楚斯基，注12，第312页及以下诸页、第364页及以下诸页、第436页及以下诸页、第464页及以下诸页。强调知识累积、透明性和商谈是建构程序性经济刑法的基本准则。不涉及程序化的概念时有关德国《刑法典》第266条还可见，阿迪克，《机关背信罪和商业判断原则——对公司行为的刑法评估参考程序规则》，2010年。

〔112〕 艾克，注9，第168页及以下诸页，针对瑞士的反洗钱。

〔113〕 同样，《联邦最高法院刑事裁判集》47，187（197）对程序化的分类也存在问题，仅仅因为这里同样缺乏企业内部的透明度（参见兰西耶克，《整体刑法学杂志》，第116卷，2004年，第634页、第674页及以下诸页）。因为企业捐款可罚的其他三个标准，尤其是需存在违法动机这一核心标准，都是实体上的特征。

15.6 （刑）法中程序化的质疑和边界 450

15.6.1 对程序化的质疑

反对（刑）法中程序化的观点总是一再被提及，但这些质疑通常基于误解产生。大部分程序化的支持者们并不赞成为了刑法中的程序化便在范式转换意义上彻底变革所有的刑法。[114] 他们只主张在特殊情况下审慎运用间接的程序性调控形式，特殊情况指的是实体刑法存在规范、认知或时间上的调控问题之时。[115] 程序化的过程绝不是在程序上瓦解实体刑法，也绝不是分散责任或者仅仅从形式上制造新的内容。[116]

程序法必须至少部分替代实体法的观点是一种广为流传的误解。只要人们认识到，很多情况下程序法“只是”实体法的补充或者正确法律适用的保障时，批判和拒绝便随之而来。[117] 当把程序法视作通过程序保护基本权利时，这种分类可以消除误解。[118]

有时，刑法中程序化的诉求从根本上就被误解了。人们谴责德国《民法典》第 1901a 条及其以下条款中患者预立医嘱的程序化是“通过程序丧失权利”。因为患者预立医嘱中的程序解决方案意味着，“公民（将会）被认为是没有判断能力的，除非他在一个检验程序中证明了自

〔114〕 明确表达赞成的只有艾克，注 9。对他的批判见上文 15. 2 以及注 43。

〔115〕 审慎观点见哈斯默尔，注 13，第 751 页，但他在程序之法问题上只谈及例外情况和临时性。

〔116〕 程序化的程序类型并非没有责任或者说中立的。萨利格，注 13，2000 年，第 120 页及以下诸页。

〔117〕 参见上文 15.1.2 以及注 24 至 28。

〔118〕 上文 15.4.2。

己的判断能力。”[119]“并非合法化，而是入罪化”所以“程序化的目的是将自我决定的摒除作为保护法益”。[120]本文应当已明确阐释过，程序性刑法的核心目的是以及为什么是去罪化。难以理解为何与执行患者预立遗嘱密切相关的程序性检验会摒除相关者的自我决定。

另外，并非每个违反程序法的行为都自动具备可罚性。只要违反程序的行为不被特殊的刑法规范入罪处理，即便该行为满足了实质上的侵害前提，它仍是免予刑罚的。[121]

451 ### 15.6.2　边界：超程序主义

对程序化的质疑虽然均已被驳回，但（刑）法中的程序化确有其边界。[122]一个主要边界划定于家长式超程序主义问题上，当程序法超越其实体基本权利相关性的边界时，这个问题就会显现。[123]家长主义是一种按照个人福利的管控，这种管控反对或忽略个人能力意愿地干预其行为自由。如果人的尊严推导出了提供程序的主观权利，作为权利平等的商谈主体互相主张彼此的承认，这种主张可以在这些所提供的程序中获得以自主和需求为导向的真实[124]，那么也就出现了可选性，即这些所提供的程序要么能维护自主或需求的导向，要么会缺乏自主或需求的导向。假如这些程序维护自主导向，而不取决于患者实

---

〔119〕阿茨特，注13，第618页。

〔120〕阿茨特，注13，第619页的注28。

〔121〕这个现今讨论很多的问题具有代表性的观点见，萨利格，注13，1998年，第139页及以下诸页；博尔曼，注13，最近提供了大量证明。

〔122〕萨利格，发表在约尔登、希尔根多夫和蒂勒主编的《人的尊严和医疗》，2013年，第265页（第286页及以下诸页）。

〔123〕见上文15.3的论述。

〔124〕人的尊严的自主导向概念和需求导向概念的不同之处见，比恩巴赫尔，发表在布鲁德米勒和泽尔曼主编的《人的尊严和其他》，2008年，第1页、第9页及以下诸页。

际的承诺能力，那么这就是一种自主导向的程序性家长主义，作为在自由法治国之中软性的、自主导向的家长主义，它在原则上来说是正当的。[125] 正是因为它与实体基本权利保护的相关性，程序性家长主义同时又补充着实体法，也因此无法取代实体法。[126]

然而，假如这些程序缺乏自主导向，即它们过于严格，那么就会出现一种无法接受的家长式超程序主义。[127] 例如，德国《刑法典》第170条第2款规定了对导致堕胎的周围人的惩处。这一刑罚走得太远了，因为它还惩处已经和孕妇离婚的同胎儿完全没有任何关系的前夫，如果他扣留离婚后怀上别人孩子的前妻的赡养费。[128] 还有一些失败建议的例子，让患者预立医嘱的法律效力取决于一份公证证明[129] 或者一份之前的医生说明的文件[130]，或者采用一种额外的强制咨询。[131] 此外，屈纳斯特和西特等人提出的未通过多数投票的协助自杀应免予刑罚的法律草案也呈现出一种超程序主义的趋势，这一草 452
案欲对纯粹违反程序的行为惩处同实体刑罚一样的量刑（参见草案第

〔125〕 参见法塔赫－莫赫达姆，发表在法塔赫－莫赫达姆、泽尔迈尔和福森库尔主编的《家长主义的边界》，2009年，第21页（第27页及以下诸页、第39页及以下诸页）。

〔126〕 诺伊曼，发表在法塔赫－莫赫达姆等人主编的，注125，第245（263）页。

〔127〕 或者说是程序性的超家长主义。

〔128〕 代表性的批判观点见，舍恩克和施罗德－伦克纳和博施，《德国刑法》，第29版，2014年，第170条，边码34a；伦克纳和屈尔，《德国刑法》，第28版，2014年，第170条，边码1，第218条的前述，边码24。

〔129〕 例如，杜特格，《自由的代价——工作组的最终报告“生命结束时的患者自主”》，2004年，第19页。

〔130〕 莱茵兰－普法尔茨州的生物伦理委员会，《安乐死和临终关怀》，2004年4月23日的报告，第41页。此外还有，舍希、费雷尔和其他人，《临终关怀的可选方案》，《戈尔特达默刑法档案》，2005年，第566页及以下诸页。

〔131〕 调查委员会在德国联邦议院对现代医学的伦理和法律的建议，联邦议会印刷品，15/3700，第43页及以下诸页。

9 条第 1 款和第 5 条）。[132] 程序性家长主义的可接受基准在于合比例原则。[133] 一般而言，必须防范程序成为一种比（实体上）全面禁止问题行为更严厉的刑罚方式。

〔132〕 参见联邦议会印刷品，18/5375，第 4 页及以下、第 11 页、第 13 页。原则上，程序性义务违反是比实体性义务违反程度更低的刑事不法，该内容参见萨利格，注 12，第 167 页及以下诸页；萨利格，注 13，2010 年，第 614 页。

〔133〕 法塔赫－穆加达姆，注 125，第 21（第 39 页及以下诸页）；上文 15.3。

人名对照索引*

* 本索引中页码为原书页码，即本书边码。

术语对照索引*

* 本索引中页码为原书页码，即本书边码。

译后记

《当代法哲学和法律理论导论》于1977年问世，后以平均5年一次的修订频率，在2016年推出最新的第9版。历四十载风雨，篇章虽是几经增删，其“当代”的初衷却也未改。本人于2002年译出的第6版共15章，在本第9版中，6章被完全更替，在保留的9章中，有3章大修过半，余下修订程度各异。总之，两版相较，三分篇幅，二分不一。是故，两版可独立刊行，第6版仍由法律出版社刊行，第9版则交商务印书馆出版。

本版译出，一如既往得到诺伊曼先生在版权转让和翻译释疑上的帮助；第15章的中译由该章作者的博士生——慕尼黑大学法学院的郑童完成；我的博士生陈鲁夏初译了目录、德中文缩略语对照表、人名对照索引和术语对照索引。在此，对他们致以衷心的感谢！

特别的感谢当属于本书的责任编辑高媛，她对照德文逐字逐句地审读了译稿，提出了诸多中肯的建议，使译文更接近“信”这个我一直秉承的翻译第一要义。

第九版修订情况说明

1994 年第 6 版目录	修订情况	2016 年第 9 版目录
1. 法哲学、法律理论和法律教义学	小部分修订	1. 法哲学、法律理论和法律教义学
2. 法哲学的问题史	小部分修订	2. 法哲学的问题史
3. 自然法问题：一个系统的指南	大部分修订	3. 自然法思想的结构
4. 法律体系和法典：法律对法官的约束	小部分修订	4. 法与道德
5. 法律与语言	删去	5. 法律体系与法典：法律对法官的约束
6. 法律逻辑学	小部分修订	6. 哲学诠释学与法律诠释学
7. 规范理论	小部分修订	7. 法律逻辑学
8. 分析法律理论	删去	8. 规范理论
9. 哲学诠释学和法律诠释学	大部分修订	9. 法律论证理论
10. 系统理论	删去	10. 法律裁判理论
11. 马克思主义和社会主义法律理论	删去	11. 法学的科学理论
12. 法学的科学理论	小部分修订	12. 法律的经济分析
13. 法学与社会科学	删去	13. 医学伦理、生物伦理与法律
14. 法律的规范适用的方式：确定，论证和判决	大部分修订 见第 9 版 10	14. 神经科学与法律
15. 电子数据处理与法律——法律信息学	删去	15.（刑）法中的程序化

郑永流

2020 年 4 月 23 日

图书在版编目（CIP）数据

当代法哲学和法律理论导论 /（德）温弗里德·哈斯默尔，（德）乌尔弗里德·诺伊曼，（德）弗兰克·萨利格主编；郑永流译．—9 版．—北京：商务印书馆，2021（2022.3 重印）

ISBN 978-7-100-19776-2

Ⅰ．①当… Ⅱ．①温… ②乌… ③弗… ④郑… Ⅲ．①法哲学 ②法理学 Ⅳ．① D90

中国版本图书馆 CIP 数据核字（2021）第 059763 号

当代法哲学和法律理论导论

（第九版）

温弗里德·哈斯默尔
〔德〕乌尔弗里德·诺伊曼 主编
弗兰克·萨利格
郑永流 译

商 务 印 书 馆 出 版
（北京王府井大街 36 号 邮政编码 100710）
商 务 印 书 馆 发 行
北京市十月印刷有限公司印刷
ISBN 978-7-100-19776-2

2021 年 7 月第 1 版　　开本 850×1168 1/32
2022 年 3 月北京第 2 次印刷　　印张 23½

定价：98.00 元